"한 권으로 끝내는"

시원스쿨
기본토익.
700+

KB060711

시원스쿨 LAB

시원스쿨
기본토익 700+

초판 1쇄 발행 2020년 6월 16일
개정1판 1쇄 발행 2024년 5월 30일

지은이 시원스쿨어학연구소
펴낸곳 (주)에스제이더블유인터내셔널
펴낸이 양홍걸 이시원

홈페이지 www.siwonschool.com
주소 서울시 영등포구 영신로 166 시원스쿨
교재 구입 문의 02)2014-8151
고객센터 02)6409-0878

ISBN 979-11-6150-851-1 13740
Number 1-110103-18020407-06

토익 700+ 20일 완성 프로젝트
「시원스쿨 기본토익 700+」

졸업, 취업, 승진, 이직, 공무원 시험의 첫 관문인 토익. 일단 700점 이상을 확보해 두어야 다음 단계의 준비를 마음 편히 할 수 있겠죠. 그런데 이 토익이라는 시험은 처음 방향을 잘못 잡거나 단기간에 집중해서 준비하지 않으면 6개월, 1년 까지도 늘어질 수 있고, 그러다 보면 다른 준비에 걸림돌이 되기 쉽습니다. 바로 그래서! 처음 시작을 어떻게 하는지가 매우 중요합니다.

이에 시원스쿨어학연구소에서는 「시원스쿨 처음토익 550+」로 입문 과정을 막 끝낸 학습자, 첫 토익 시험에서 700+ 를 받겠다는 목표를 가진 수험자 여러분들을 위해 단 20일 만에 700+ 필수 과정을 끝낼 수 있는 「시원스쿨 기본토익 700+」를 개발하였습니다.

「시원스쿨 기본토익 700+」는 토익 700점 이상이 목표인 토익 학습자들이 시간적·경제적 부담을 느끼지 않고 가뿐하 고 재미있게 토익 700+ 과정을 끝낼 수 있도록 [LC + RC + VOCA + 모의고사]를 단 한 권으로 집약한 교재입니다.

시원스쿨 기본토익 700+는

❶ **딱 한 권으로 토익 700+ 과정을 끝냅니다.**
   LC, RC, VOCA의 핵심 내용을 한 권에 담았으며, 교재 학습이 모두 끝난 후 실제 시험처럼 풀어볼 수 있도록 모의 고사 1회분과 해설, 그리고 해설강의까지 무료로 제공합니다.

❷ **핵심만 다루어 분량이 많지 않습니다.**
   700+ 득점에 꼭 필요한 핵심 내용만 다루었기 때문에, 교재에서 제공하는 학습 플랜을 따라가면 단 20일 만에 완성할 수 있습니다.

❸ **토익 전문 스타 강사가 초밀착 코칭을 해드립니다.**
   QR코드 이미지를 스캔하여 전문 강사의 심층 설명을 동영상 강의로 들어볼 수 있고, 온라인 스터디방에 참여하여 토익 문제 질문 답변 및 공부 방법에 대한 실시간 코칭을 받을 수 있습니다.

❹ **기본기와 실전력을 동시에 길러줍니다.**
   [최빈출 출제 포인트 완벽 정리] + [출제 포인트 문제 적용 QR 핵심 강의] + [기출변형 실전 문제 풀이]를 통해 기본기와 실전력을 동시에 완성시켜 짧은 기간에 점수를 대폭 올려줍니다.

아무쪼록 이 책으로 최단 시간 내에 토익 700+를 달성하고 다음 목표를 향해 힘차게 나아가길 바랍니다.

시원스쿨어학연구소 드림

목차

LC

RC

VOCA [미니북]

정답 및 해설 [별책]

시원스쿨랩 홈페이지   lab.siwonschool.com

- 본서 음원(MP3)
- 실전 모의고사 음원(MP3) ㅣ 문제 ㅣ 해설 ㅣ 해설강의
- VOCA 오디오북(MP3)
- QR 특강 자료

왜 「시원스쿨 기본토익 700+」인가?

① **[LC + RC + VOCA] 한 권으로 첫 토익 시험 700+ 도전!**

▷ 첫 토익에서 700+ 달성을 목표로 하는 수험자들을 위해 700+에 가장 필수적인 핵심 내용만 선별해 담았으며, <출제 포인트 → 실전 문제 풀이>의 초단순/초스피드 구성으로 빠르게 끝낼 수 있습니다.

▷ 토익은 천천히 오랫동안 공부하는 시험이 아닙니다. 짧고 굵게! 단기간에 토익 700+ 핵심 과정을 끝내고 다음 단계의 준비를 할 수 있도록 [LC + RC + VOCA]를 한 권으로 구성하였으며, 모의고사 1회분을 무료로 제공합니다. LC, RC, VOCA, 모의고사 교재를 따로따로 구매할 필요가 없어 경제적이고, 빠릅니다.

② **QR코드로 부르는 나만의 선생님**

▷ 교재 학습 도중 좀 더 자세한 설명이 필요할 때, QR코드를 찍어 선생님의 도움을 받을 수 있습니다. 교재 내 QR코드 이미지를 스캔하면 시원스쿨랩 토익 전문 강사인 Kelly, 최서아 선생님이 머리에 쏙쏙 들어오도록 영상을 통해 직접 설명해 줍니다.

▷ QR 특강은 교재에서 학습하는 분량에 만족하지 못하는 분들, 좀 더 깊이 있는 공부를 하고 싶은 분들이 주어진 핵심 사항을 완벽히 이해할 수 있도록 구성하였습니다. 교재와 강의를 넘나드는 입체적 학습을 통해 핵심 내용을 명확히 이해하고 보다 재미있게 학습을 이어갈 수 있습니다.

▷ 특히, 「실전 감잡기」 코너의 QR 특강은 출제 유형과 포인트를 실전 문제에 적용하는 방법과 타이밍을 구체적으로 보여줍니다.

③ **토익 전문 스타 강사의 초밀착 코칭 족집게 강의**

▷ 토익 학습자들과의 1:1 소통으로 유명한 Kelly, 최서아 강사가 꿀팁 및 700+ TIP을 통해 반드시 알아야 할 포인트뿐만 아니라 실전에서 적용할 수 있는 유용한 팁까지 자세히 안내합니다.

▷ 속 시원한 시원스쿨랩 인강! 초단기에 700+ 목표 점수를 달성하고, 고급 레벨로 빠르게 도약할 수 있도록 토익의 파트별 핵심 사항을 콕콕 짚어 주고, 기초 학습자들이 특히 약한 부분을 시원하게 긁어줍니다. 또한, 자꾸 헷갈리는 요소들을 명확히 구분해 오래 기억하는 법을 알려줍니다.

④ 시험에 꼭 나오는 최빈출 정답 어휘 미니북 & 오디오북 제공

▷ 기출 빅데이터로 추출한 정답 어휘 중에서도 가장 출제 빈도가 높은 어휘들만 골라 Day별로 학습하도록 구성하였습니다.

▷ 휴대가 간편한 미니북 형태로 제작하여 언제 어디서나 자주 꺼내서 암기할 수 있도록 하였습니다.

▷ 미국 및 영국 성우의 발음으로 녹음한 오디오북을 무료로 제공하여 발음도 함께 완벽하게 익힐 수 있습니다.

⑤ 따라 하기 쉬운 초스피드 학습 플랜

▷ LC, RC, VOCA 섹션은 각각 20개 Day로 구성되어 있으며, 각 Day는 부담 없는 분량으로 되어 있어 20일 안에 [LC + RC + VOCA]로 이루어진 한 권을 거뜬히 끝낼 수 있습니다. 또한 누구나 따라하기 쉽도록 단순하고 명료한 학습 플랜을 제시합니다.

▷ 인강을 수강할 경우 더욱 쉽고 빠르게 700+ 완성이 가능합니다. LC와 RC 각 Day의 강의 시간이 30분 내외이기 때문에, 하루에 1시간 30분 ~ 2시간 정도 토익 공부에 시간을 할애할 수만 있다면, 단 20일 안에 본 교재 한 권을 끝낼 수 있습니다.

⑥ 최신 경향 실전 모의고사 1회분

▷ 최신 토익 시험과 난이도 및 유형 면에서 거의 유사한 실전 모의고사 1회분을 시원스쿨LAB 홈페이지 (lab.siwonschool.com)에서 제공합니다.

▷ 모의고사의 음원, 스크립트, 상세한 해설도 모두 무료로 제공합니다. 또한 도서 내 쿠폰을 이용해 Kelly, 최서아 강사의 명품 동영상 해설강의도 무료로 수강할 수 있습니다.

이 책의 구성과 특징

QR로 부르는 나만의 선생님

교재 학습 중 좀 더 자세한 설명이 필요할 때, 교재 내 QR코드 이미지를 스캔하면 Kelly, 최서아 선생님이 나와 머리에 쏙 들어오도록 강의를 해줍니다. 교재와 강의를 넘나드는 입체적 학습을 통해 핵심 내용을 명확히 이해하고 재미있게 학습을 이어갈 수 있습니다.

아기자기한 일러스트로 이해도 UP!

학습 내용의 이해를 돕는 아기자기한 일러스트들을 삽입하여 쉽고 재미있게 학습할 수 있도록 하였습니다. 학습 도중 지칠 때 기분을 업 시켜줄 뿐만 아니라, 학습 내용이 오래 기억에 남도록 해줍니다.

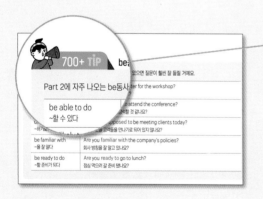

700+ TIP

기본적인 학습 내용에서 더 나아가, 알고 있을 경우 고난도 문제 대처 능력이 높아지는 추가 학습 내용을 정리한 코너입니다. 첫 시험 700+를 목표로 한다면 반드시 챙겨 봐야 합니다.

문제 풀이 전략

문제 풀이의 순서와 전략을 정확하게 짚어주며 토익 학습자에게 든든한 길잡이가 될 수 있는 핵심 스킬을 알려 줍니다.

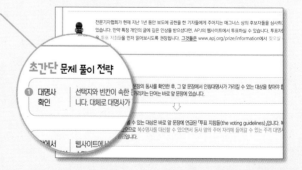

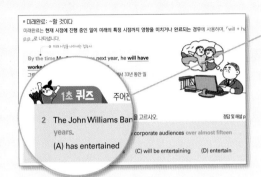

1초 퀴즈

기출 문제의 핵심 포인트만을 강조한 퀴즈를 통해 Part 5의 출제 포인트를 완벽히 체득할 수 있습니다. 출제자의 의도를 파악하고 단서만 가지고 문제를 풀 수 있는 힘을 길러 주는 코너입니다.

실전 감잡기

해당 Day의 학습이 끝나면 실제 시험과 비슷한 난이도의 문제들을 풀면서 학습이 잘 되었는지 점검합니다. 채점 후, 틀린 문제는 오답 노트에 기록하여 취약한 부분을 완전히 보충하고 넘어가야 합니다.

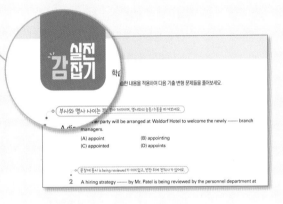

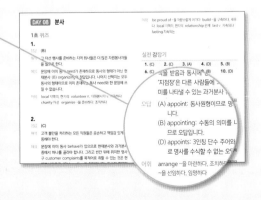

바로 점수를 올려주는 VOCA

토익 Part 5&6에서 정답으로 가장 자주 출제되는 정답 어휘들과, Part 3&4 패러프레이징 중요 어휘, Part 7 동의어 문제 기출 어휘들을 엄선하여 실었습니다. 또한, 미국 및 영국 성우가 녹음한 오디오북을 무료로 제공하여 발음까지 완벽하게 익힐 수 있습니다.

오답인 이유까지 해설

토익 학습자들이 문제 풀이 시 가장 필요로 하는 오답 해설을 실었습니다. 정답이 되는 이유 뿐만 아니라, 각 선택지가 왜 오답인지까지 설명해 줌으로써 출제자가 의도한 함정에 빠지지 않는 토익 센스와 문제 응용력을 기르도록 해줍니다.

9

TOEIC이 궁금해

토익은 어떤 시험이에요?

TOEIC은 ETS(Educational Testing Service)가 출제하는 국제 커뮤니케이션 영어 능력 평가 시험(Test Of English for International Communication)입니다. 즉, 토익은 영어로 업무적인 소통을 할 수 있는 능력을 평가하는 시험으로서, 다음과 같은 주제를 다룹니다.

기업 일반	계약, 협상, 홍보, 영업, 비즈니스 계획, 회의, 행사, 장소 예약, 사무용 기기
제조 및 개발	공장 관리, 조립 라인, 품질 관리, 연구, 제품 개발
금융과 예산	은행, 투자, 세금, 회계, 청구
인사	입사 지원, 채용, 승진, 급여, 퇴직
부동산	건축, 설계서, 부동산 매매 및 임대, 전기/가스/수도 설비
여가	교통 수단, 티켓팅, 여행 일정, 역/공항, 자동차/호텔 예약 및 연기와 취소, 영화, 공연, 전시

토익은 총 몇 문제인가요?

구성	파트	내용	문항 수 및 문항 번호		시간	배점
Listening Test	Part 1	사진 묘사	6	1~6	45분	495점
	Part 2	질의 응답	25	7~31		
	Part 3	짧은 대화	39 (13지문)	32~70		
	Part 4	짧은 담화	30 (10지문)	71~100		
Reading Test	Part 5	단문 빈칸 채우기 (문법, 어휘)	30	101~130	75분	495점
	Part 6	장문 빈칸 채우기 (문법, 문맥에 맞는 어휘/문장)	16 (4지문)	131~146		
	Part 7 독해	단일 지문	29 (10지문)	147~175		
		이중 지문	10 (2지문)	176~185		
		삼중 지문	15 (3지문)	186~200		
합계			200 문제		120분	990점

토익 시험을 보려고 해요. 어떻게 접수하나요?

▹ 한국 TOEIC 위원회 인터넷 사이트(www.toeic.co.kr)에서 접수 일정을 확인하고 접수합니다.

▹ 접수 시 최근 6개월 이내에 촬영한 jpg 형식의 사진이 필요하므로 미리 준비합니다.

▹ 토익 응시료는 (2024년 6월 기준) 정기 접수 시 52,500원입니다.

시험 당일엔 뭘 챙겨야 하나요?

▸ 아침을 적당히 챙겨 먹습니다. 빈속은 집중력 저하의 주범이고 과식은 졸음을 유발합니다.

▸ 시험 준비물을 챙깁니다.

   – 신분증 (주민등록증, 운전면허증, 기간 만료 전 여권, 공무원증만 인정. 학생증 안됨. 단, 중고등학생은 국내 학생증 인정)
   – 연필과 깨끗하게 잘 지워지는 지우개 (볼펜이나 사인펜은 안됨. 연필은 뭉툭하게 깎아서 여러 자루 준비)
   – 아날로그 시계 (전자시계는 안됨)
   – 수험표 (필수 준비물은 아님. 수험 번호는 시험장에서 감독관이 답안지에 부착해주는 라벨을 보고 적으면 됨)

▸ 고사장을 반드시 확인합니다.

시험은 몇 시에 끝나나요?

오전 시험	오후 시험	내용
9:30 – 9:45	2:30 – 2:45	답안지 작성 오리엔테이션
9:45 – 9:50	2:45 – 2:50	수험자 휴식 시간
9:50 – 10:10	2:50 – 3:10	신분증 확인, 문제지 배부
10:10 – 10:55	3:10 – 3:55	청해 시험
10:55 – 12:10	3:55 – 5:10	독해 시험

▸ 최소 30분 전에 입실을 마치고(오전 시험은 오전 9:20까지, 오후 시험은 오후 2:20까지) 지시에 따라 답안지에 기본 정보를 기입합니다.

▸ 안내 방송이 끝나고 시험 시작 전 5분의 휴식 시간이 주어지는데, 이때 화장실에 꼭 다녀옵니다.

시험 보고 나면 성적은 바로 나오나요?

▸ 시험일로부터 9일 후 낮 12시에 한국 TOEIC 위원회 사이트(www.toeic.co.kr)에서 성적이 발표됩니다.

초단기 완성 학습 플랜

- 다음의 학습 진도를 참조하여 매일 학습합니다.
- 해당일의 학습을 하지 못했더라도 이전으로 돌아가지 말고 오늘에 해당하는 학습을 하세요. 그래야 끝까지 완주할 수 있답니다.
- 교재의 학습을 모두 마치면 시원스쿨랩 홈페이지(lab.siwonschool.com)에서 토익 최신 경향이 반영된 실전 모의고사를 다운로드하여 꼭 풀어보고 Kelly, 최서아 강사의 명쾌한 해설강의를 들어보세요.
- 교재를 끝까지 한 번 보고 나면 2회 학습에 도전합니다. 두 번째 볼 때는 훨씬 빠르게 끝낼 수 있어요. 토익은 천천히 1회 보는 것보다 빠르게 2회, 3회 보는 것이 훨씬 효과가 좋습니다.

20일 완성 학습 플랜

1일	2일	3일	4일	5일
LC Day 1 RC Day 1 VOCA Day 1	LC Day 2 RC Day 2 VOCA Day 2	LC Day 3 RC Day 3 VOCA Day 3	LC Day 4 RC Day 4 VOCA Day 4	LC Day 5 RC Day 5 VOCA Day 5

6일	7일	8일	9일	10일
LC Day 6 RC Day 6 VOCA Day 6	LC Day 7 RC Day 7 VOCA Day 7	LC Day 8 RC Day 8 VOCA Day 8	LC Day 9 RC Day 9 VOCA Day 9	LC Day 10 RC Day 10 VOCA Day 10

11일	12일	13일	14일	15일
LC Day 11 RC Day 11 VOCA Day 11	LC Day 12 RC Day 12 VOCA Day 12	LC Day 13 RC Day 13 VOCA Day 13	LC Day 14 RC Day 14 VOCA Day 14	LC Day 15 RC Day 15 VOCA Day 15

16일	17일	18일	19일	20일
LC Day 16 RC Day 16 VOCA Day 16	LC Day 17 RC Day 17 VOCA Day 17	LC Day 18 RC Day 18 VOCA Day 18	LC Day 19 RC Day 19 VOCA Day 19	LC Day 20 RC Day 20 VOCA Day 20

30일 완성 학습 플랜

1일	2일	3일	4일	5일
LC Day 1, 2, 3 VOCA Day 1	RC Day 1, 2 VOCA Day 2	LC Day 4, 5 VOCA Day 3	RC Day 3, 4 VOCA Day 4	LC Day 6, 7 VOCA Day 5
6일	**7일**	**8일**	**9일**	**10일**
RC Day 5, 6 VOCA Day 6	LC Day 8, 9 VOCA Day 7	RC Day 7, 8 VOCA Day 8	LC Day 10 VOCA Day 9	RC Day 9, 10 VOCA Day 10
11일	**12일**	**13일**	**14일**	**15일**
LC Day 11 VOCA Day 11	RC Day 11, 12 VOCA Day 12	LC Day 12 VOCA Day 13	RC Day 13, 14 VOCA Day 14	LC Day 13 VOCA Day 15
16일	**17일**	**18일**	**19일**	**20일**
RC Day 15 VOCA Day 16	LC Day 14 VOCA Day 17	RC Day 16 VOCA Day 18	LC Day 15 VOCA Day 19	RC Day 17 VOCA Day 20
21일	**22일**	**23일**	**24일**	**25일**
LC Day 16 VOCA Day 1, 2	RC Day 18 VOCA Day 3, 4	LC Day 17 VOCA Day 5, 6	RC Day 19 VOCA Day 7, 8	LC Day 18 VOCA Day 9, 10
26일	**27일**	**28일**	**29일**	**30일**
RC Day 20 VOCA Day 11, 12	LC Day 19 VOCA Day 13, 14	RC Day 1~20 총복습 VOCA Day 15, 16	LC Day 20 VOCA Day 17, 18	LC Day 1~20 총복습 VOCA Day 19, 20

LISTENING
COMPREHENSION

LC

기본토익 700+

PART 1

PART 1

사진 묘사 문제 미리보기

▷ 문항 수: 6문항 (1번~6번)

▷ 사진을 보고, 들려주는 네 개의 선택지 중에서 사진의 상황을 가장 잘 묘사한 것을 고르는 문제입니다.

▷ 반드시 미리 사진을 훑어본 뒤 듣도록 합니다.

▷ 소거법을 이용해 오답을 철저하게 가려내야 합니다.

 문제지

1.

 음원

Number 1. Look at the picture marked number 1 in your test book.

(A) The man is looking at a monitor.
(B) The man is talking on the phone. ∨
(C) The man is crossing his legs.
(D) The man is holding a pen.

Part 1은
무조건 다 맞힐테다!!

DAY 01 인물 사진

① 인물 사진 핵심 사항 🎧 01-1.mp3

■ 인물의 동작/상태 파악하기

주로 사람을 주어로 하는 문장이 나오며, 사진 속 사람의 동작이나 상태는 대부분 현재진행 동사로 나타냅니다.

> **현재진행형** **be동사 + ing** (~하고 있다, ~하는 중이다)

- **He is wearing** eyeglasses.
  남자가 안경을 쓴 상태이다.
- A man **is typing** on a keyboard.
  남자가 키보드로 타자를 치고 있다.

■ 여러 사람이 등장하는 경우 주어에 주의해 듣기

- 등장인물 전부 They / People
- 전체 중 일부 사람들 Some people
- 남자들 중 한 명 One of the men / A man
- 여자들 중 한 명 One of the women / A woman

■ 여러 사람이 등장하는 경우 동작/상태 파악하기

여러 사람이 등장하는 사진에서는 인물들의 공통적인 동작이나 상태뿐만 아니라 개별적인 동작과 상태도 함께 재빠르게 파악해야 합니다.

- **A woman is wearing** eyeglasses.
  한 여자가 안경을 쓴 상태이다.
- **The men are shaking** hands.
  남자들이 악수를 하고 있다.
- **They are sitting** around the table.
  사람들이 테이블 주위에 앉아 있다.

❷ 인물 사진 동사 표현 익히기 🎧 01-2.mp3

▪ 보다, 읽다

reading a book
책을 읽고 있다

looking at a map
checking a map
지도를 보고 있다

looking in a drawer
서랍 안을 들여다보고 있다

▪ 걷다

walking along the beach
해변을 따라 걷고 있다

crossing a street
길을 건너고 있다

walking up the stairs •
계단을 오르고 있다
cf. **walking down the stairs**
계단을 내려가고 있다

🐝꿀팁 계단: stairs, steps, staircase, stairway

▪ 앉다, 서다, 기대다

sitting at a desk
책상에 앉아 있다

standing behind a man
남자 뒤에 서 있다

waiting in line
줄 서서 기다리고 있다

leaning against a wall
벽에 기대어 있다

▪ 들다, 잡다, 나르다

holding a piece of paper
종이 한 장을 잡고 있다

carrying a briefcase
서류 가방을 들고 있다

pushing a cart
카트를 밀고 있다

■ 일하다, 작업하다

sweeping the floor
바닥을 쓸고 있다

typing on a keyboard
키보드로 타자를 치고 있다

repairing a car
자동차를 수리하고 있다

working at a construction site
공사장에서 작업하고 있다

preparing some food
음식을 준비하고 있다

loading some boxes into a vehicle
상자를 차량에 싣고 있다

■ 착용하다

wearing a hat
모자를 쓴 상태이다
cf. putting on a hat은 모자를 쓰는
'동작'임에 주의

trying on headphones
헤드폰을 써보고 있다

특강 01
'입다', '벗다' 관련
중요 기출 표현

■ 기타 빈출

boarding a bus
버스에 오르고 있다

shaking hands
악수하고 있다

facing each other
서로 마주 보고 있다

PRACTICE 🎧 01-3.mp3

정답 및 해설 p. 2

음원을 듣고 주어진 사진을 바르게 묘사한 문장이면 O, 아니면 X에 표시하고, 빈칸을 채워보세요.

1

(A) She is _____ her jacket.   [O X]

(B) She is _____ on a keyboard.   [O X]

(C) She is _____ from a cup.   [O X]

(D) She is _____ a drawer.   [O X]

2

(A) The man is _____ a safety vest.   [O X]

(B) The man is _____ some materials.   [O X]

(C) The man is _____ the floor.   [O X]

(D) The man is _____ boxes onto a cart. [O X]

3

(A) One of the men is _____ a building. [O X]

(B) They are _____ down some stairs. [O X]

(C) One of the men is _____ a cup.   [O X]

(D) They are _____ a street.   [O X]

이 단어만은 꼭!

1 take off ~을 벗다 type 타자를 치다 drink from a cup 컵에 든 것을 마시다 look in ~ 안을 들여다보다 drawer 서랍 **2** safety vest 안전 조끼 move ~을 옮기다 material 물품, 재료, 자재 sweep ~을 빗자루로 쓸다 floor 마루, 바닥 load ~을 싣다 onto ~위로 cart 카트, 수레 **3** enter ~에 들어가다 walk down ~을 걸어 내려가다 hold ~을 들다, 붙잡다, 쥐다 cross ~을 건너다, 가로지르다

감 실전 잡기

학습한 내용을 적용해 실제 시험 난이도와 비슷한 문제들을 풀어 보세요. 🎧 01-4.mp3

Part 1 실전 문제 풀이 지침

1. 반드시 미리 사진을 훑어본 뒤 듣도록 합니다.
2. (A), (B), (C), (D) 각 선택지를 들으면서 확실한 오답은 X, 확실한 정답은
   O, 모호한 것은 △ 표시해 두세요. 듣는 도중에 정답이라고 생각되는 것이
   있더라도 끝까지 듣고 확인한 후 정답을 마킹하세요.

특강 02
실전 문제
풀이 시연

1

2

3

4

정답 및 해설 p. 2

5

6

7

8

9

10

1

(A) The woman is washing some plates.
(B) The woman is putting on an apron.
(C) The woman is preparing some food.
(D) The woman is wiping a counter.

2

(A) A man is leaning against a wall.
(B) A man is packing his luggage.
(C) A man is talking on the phone.
(D) A man is leaving the office.

3

(A) She is strolling along a beach.
(B) She is swimming in the ocean.
(C) She is fishing from a pier.
(D) She is resting outdoors.

4

(A) A woman is pushing a shopping cart.
(B) A woman is paying for her purchase.
(C) A man is opening a cash register.
(D) A man is wrapping some merchandise.

5

(A) They're shaking hands.
(B) They're seated next to each other.
(C) They're setting the table.
(D) They're facing each other.

6

(A) A man is trimming some bushes.

(B) One of the women is watering a plant.

(C) The women are facing each other.

(D) They are kneeling under a tree.

7

(A) People are wearing safety helmets.

(B) A man is putting on a shirt.

(C) They are handing out documents.

(D) People are walking outside.

8

(A) People are running in a race.

(B) One of the men is carrying a briefcase.

(C) Some people are getting into a car.

(D) Some pedestrians are crossing the street.

9

(A) People are looking at a map.

(B) People are standing on the platform.

(C) Travelers are seated in a waiting area.

(D) Passengers are boarding a train.

10

(A) A man is serving food on a plate.

(B) A woman is drinking from a cup.

(C) A man is wiping a table.

(D) Some customers are waiting to be seated.

DAY 02 사물/풍경 사진

❶ 사물/풍경 사진 핵심 사항 🎧 02-1.mp3

▪ 사물의 상태를 나타내는 수동태 동사 파악하기

사진 속 사물의 상태는 주로 현재 수동태나 현재완료 수동태로 나타냅니다. 현재 수동태는 『be동사 + p.p.』, 현재완료 수동태는 『have/has been + p.p.』이며, Part 1에서는 둘 사이에 큰 의미 차이가 없습니다.

> 현재 수동태 **be동사 + p.p.** (~되어 있다)
>
> 현재완료 수동태 **have/has been + p.p.** (~된 채로 있다)

○ ▪ **Boxes are stacked.**
= **Boxes have been stacked.**
상자들이 쌓여 있다.

▪ 사물의 상태를 나타내는 현재시제 동사 파악하기

> 단순 현재시제 **현재시제 동사 + 전치사구**
>
> There is/are 구문 **There is/are + 주어 + 전치사구**

○ ▪ A potted plant is <u>on the desk</u>.
          전치사구
= **There is a potted plant <u>on the desk</u>.**
화분에 담긴 식물이 책상 위에 있다.

○ ▪ The staircase leads <u>to the beach</u>.
계단이 해변으로 이어져 있다.

■ 사무 장소

A laptop computer is on a desk.
노트북 컴퓨터가 책상 위에 있다.

Monitors are positioned side by side.
모니터들이 나란히 위치해 있다.

A potted plant has been placed in the corner.
화분에 담긴 식물이 구석에 놓여 있다.

■ 상점

Bags are displayed on the shelves.
가방들이 선반에 진열되어 있다.

Some bags are on display.
몇몇 가방들이 진열되어 있다.

The shelves have been filled with items.
선반이 제품들로 가득 채워져 있다.

The shelves have been stocked with products.
선반이 제품들로 채워져 있다.

Clothing is hanging on racks.
옷이 옷걸이에 걸려 있다.

■ 주택

Cushions have been arranged on a couch.
쿠션들이 소파 위에 정렬되어 있다.

Some artwork has been mounted on the wall.
몇몇 미술품이 벽에 걸려 있다.

Light fixtures are hanging from the ceiling.
조명 장치가 천장에 걸려 있다.

Light fixtures are hanging above the table.
조명 장치가 테이블 위에 걸려 있다.

■ 교통 수단

Train tracks **run** <u>alongside the</u>
<u>coast</u>.
기찻길이 해변을 따라 뻗어 있다.

Cars **are parked** <u>in a row</u>.
차들이 한 줄로 주차되어 있다.

Some boats **are docked** <u>at a</u>
<u>pier</u>.
Some boats **are tied** <u>to a</u>
<u>dock</u>.
몇몇 보트들이 부두에 정박되어 있다.

A dock **has been built** <u>in a</u>
<u>harbor</u>.
항구에 부두가 지어져 있다.

■ 풍경

There's a fountain <u>in front of</u>
<u>a building</u>.
분수대가 건물 앞에 있다.

Some buildings **are located**
<u>near a hill</u>.
몇몇 건물들이 언덕 근처에 위치해 있다.

Trees **have been planted**
<u>around the house</u>.
나무들이 집 주변에 심어져 있다.

 **700+ TIP** 사물 사진에서 필수인 위치 전치사구

1. (표면에 붙어) ~ 위에, ~에
   on the table, on the wall

2. (표면에서 떨어져서) ~ 위에
   above the table

3. ~ 앞에
   in front of a building

4. ~ 뒤에
   behind the park

5. 한 줄로 / 여러 줄로
   in a row / in rows

6. ~ 주변에
   around the house

7. 나란히
   side by side

8. ~를 따라
   along the street, alongside the coast

음원을 듣고 주어진 사진을 바르게 묘사한 문장이면 O, 아니면 X에 표시하고, 빈칸을 채워보세요.

1

(A) A light fixture is ⬜ from the ceiling. [O X]

(B) The chairs have been ⬜ in the [O X] corner.

(C) A table ⬜ for a meal. [O X]

(D) The curtains ⬜. [O X]

2

(A) A door has been ⬜. [O X]

(B) A staircase ⬜ a building. [O X]

(C) A light fixture has been ⬜ on the wall. [O X]

(D) There are benches ⬜ a building.[O X]

3

(A) The shelves have been ⬜ with [O X] items.

(B) Boxes have been ⬜ on top of [O X] each other.

(C) Some fruit ⬜ for sale. [O X]

(D) Some groceries have been ⬜ in a [O X] shopping cart.

이 단어만은 꼭!

1 light fixture 조명 장치 hang 걸려 있다 ceiling 천장 place ~을 놓다, 두다 set ~을 차리다, 설치하다 meal 식사 2 be left open 열려진 채로 있다 staircase 계단 lead to ~로 이어지다 mount ~을 설치하다, 고정시키다 in front of ~의 앞에 3 be filled with ~로 가득 차 있다 stack ~을 쌓다 on top of each other 차곡차곡 display ~을 진열하다 for sale 판매용의 grocery 식료품 put ~을 놓다, 두다

감 실전 잡기

학습한 내용을 적용해 실제 시험 난이도와 비슷한 문제들을 풀어 보세요. 🎧 02-4.mp3

> **Part 1** 실전 문제 풀이 지침
>
> 1. 반드시 미리 사진을 훑어본 뒤 듣도록 합니다.
> 2. (A), (B), (C), (D) 각 선택지를 들으면서 확실한 오답은 X, 확실한 정답은 O, 모호한 것은 △ 표시해 두세요. 듣는 도중에 정답이라고 생각되는 것이 있더라도 끝까지 듣고 확인한 후 정답을 마킹하세요.

특강 03
실전 문제 풀이 시연

1

2

3

4

정답 및 해설 p. 5

5

6

7

8

9

10

1

(A) Items have been placed in a shopping cart.
(B) Some jewelry is on display.
(C) Merchandise is arranged outdoors.
(D) Some customers are leaving a shop.

2

(A) The desk is covered with papers.
(B) The chairs are stacked in the corner.
(C) The door has been left open.
(D) The office is unoccupied.

3

(A) Leaves have fallen on the ground.
(B) A path leads to a building.
(C) Some trees are being trimmed.
(D) Some buildings overlook a forest.

4

(A) A sidewalk is being repaired.
(B) Some people are walking through an archway.
(C) There are lampposts along the walkway.
(D) Some trees have been cut down.

5

(A) A swimming pool has been filled.
(B) A boat is tied to a dock.
(C) A bridge crosses over a waterway.
(D) A ship is approaching a pier.

6

(A) The road is being paved.

(B) Some steps lead up to a doorway.

(C) A bicycle has been parked near a wall.

(D) Some plants are hanging in a row.

7

(A) A fence has been built outside the house.

(B) A building is under construction.

(C) A field of grass is being mowed.

(D) Potted plants have been placed outside.

8

(A) Curtains are pulled closed.

(B) A flower arrangement is on the table.

(C) Some pictures are leaning against a wall.

(D) A table is set for dinner.

9

(A) A library is being cleaned.

(B) A librarian is putting materials on a cart.

(C) Shelves are stocked with books.

(D) Some books are spread out on a counter.

10

(A) Airplanes are on the runway.

(B) Passengers are boarding an airplane.

(C) Lines are being painted on the road.

(D) Some people are unloading luggage.

① 고난도 문제 유형 🎧 03-1.mp3

■ 사물 주어로 동작을 표현하는 문제
사물에 대해 행해지는 동작을 나타낼 때 사물 주어와 함께 현재진행 수동태가 사용됩니다.

> 현재진행 수동태 **be동사 + being + p.p.** (~되어지고 있다, ~되는 중이다)

- **A table is being cleaned.**
  테이블이 닦이고 있다.

'여자가 테이블을 닦고 있다'를 정답으로 예상하기 쉽지만, 사물인 테이블을 주어로 해서 '테이블이 닦이고 있다'와 같이 표현하는 것에 유의해야 합니다.

■ 파악해야 할 요소가 많은 사진 문제
여러 사람과 다양한 사물이 함께 등장해 확인할 요소들이 많은 사진 문제입니다. 선택지마다 주어가 다르고, 능동태와 수동태, 동작과 위치 관계 표현들이 마구 섞여 나오기 때문에 어렵게 느껴집니다. 음원을 듣기 전에 인물의 동작 및 상태, 사물의 위치를 미리 파악해 놓는 것이 가장 좋은 방법입니다.

(A) Some people are attending a presentation. (X)
  몇몇 사람들이 발표에 참석하고 있다.
(B) The carpet has been rolled up. (X)
  카펫이 말려져 있다.
(C) Some artwork is lying on the floor. (X)
  몇몇 예술 작품이 바닥에 놓여 있다.
(D) All the chairs are occupied. (O)
  모든 의자에 사람들이 앉아 있다.

■ 생소한 어휘가 등장하는 문제
평소에 자주 접하지 못한 생소한 어휘들이 등장해서 당황하게 만드는 경우가 종종 있습니다. 따라서 Part 1에 종종 나오는 생소한 어휘들을 미리 알아두는 것이 좋습니다.

- **A bicycle is parked near a curb.**
  자전거 한 대가 연석 근처에 세워져 있다.

○ **curb** (도로와 경계를 이루는) 연석

Food is being served.
음식이 제공되는 중이다.

Some light fixtures are being repaired.
조명 장치가 수리되는 중이다.

A cart is being pushed.
카트가 밀리는 중이다.

Water is being sprayed from a hose.
물이 호스에서 뿜어져 나오고 있다.

A rug is being rolled up.
양탄자가 돌돌 말려지고 있다.

The tables are occupied.
테이블들이 점유되어 있다.
(테이블에 사람들이 앉아 있다.)

Columns line a walkway.
기둥들이 통로를 따라 늘어서 있다.

The skateboards are propped against the wall.
스케이트보드가 벽에 기대어져 있다.

The counter has been cleared of objects.
카운터에 물건들이 없다.

 700+ TIP 주의해야 할 오답

깨끗하게 닦여 있는 테이블의 상태만 보고 A table is being cleaned(테이블이 닦이고 있다)를 정답으로 고르지 않도록 주의하세요. 현재진행 수동태인 is being cleaned는 현재 사람에 의해 진행중인 동작을 나타냅니다.

③ 생소한 명사 어휘 익히기 🎧 03-3.mp3

ramp 경사로

railing 난간

wheelbarrow 외바퀴 손수레

container 그릇, 용기

patio 야외 테라스

lawn mower 잔디 깎는 기계

archway 아치형 길[입구]

ladder 사다리

scaffolding 비계(공사장에서 높은 곳의 공사를 위해 임시로 설치한 가설물)

bushes 덤불, 관목

dock, pier 부두

pedestrians 행인들

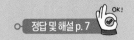

음원을 듣고 주어진 사진을 바르게 묘사한 문장이면 O, 아니면 X에 표시하고, 빈칸을 채워보세요.

1

(A) Some people are walking under an _____. [O X]

(B) A road is being _____ with bricks. [O X]

(C) A sign is being _____ on a wall. [O X]

(D) There are lampposts _____. [O X]

2

(A) The woman is _____ the lawn. [O X]

(B) There are leaves in a _____. [O X]

(C) Some leaves have been _____ into a pile. [O X]

(D) Some trees are being _____. [O X]

3

(A) A stage is being _____ indoors. [O X]

(B) People are _____ at an entrance. [O X]

(C) People _____ for a concert. [O X]

(D) A concert hall is _____. [O X]

이 단어만은 꼭!

1 archway 아치형 길, 아치형 입구 road 도로 pave (도로 등) ~을 포장하다 brick 벽돌 sign 간판, 표지판 post ~을 게시하다
lamppost 가로등 along (길 등) ~을 따라 walkway 보도 **2** mow the lawn 잔디를 깎다 wheelbarrow 외바퀴 손수레 rake
~을 갈퀴로 모으다 pile 더미 cut down ~을 잘라 넘어뜨리다 **3** stage 무대 set up ~을 설치하다 indoors 실내에 wait in line 줄
서서 기다리다 entrance 입구 gather 모이다 unoccupied (자리 등이) 비어 있는, 사람이 없는

감 실전 잡기

학습한 내용을 적용해 실제 시험 난이도와 비슷한 문제들을 풀어 보세요. 🎧 03-5.mp3

특강 04
실전 문제
풀이 시연

Part 1 실전 문제 풀이 지침

1. 반드시 미리 사진을 훑어본 뒤 듣도록 합니다.
2. (A), (B), (C), (D) 각 선택지를 들으면서 확실한 오답은 X, 확실한 정답은
   O, 모호한 것은 △ 표시해 두세요. 듣는 도중에 정답이라고 생각되는 것이
   있더라도 끝까지 듣고 확인한 후 정답을 마킹하세요.

1

2

3

4

PART 1
PART 2
PART 3
PART 4

5

6

7

8

9

10

1

(A) A pedestrian is crossing the street.

(B) There are cars parked along the street.

(C) Some trees are growing alongside a building.

(D) Columns line a walkway.

2

(A) Some people are unloading luggage.

(B) Airplanes are parked side by side.

(C) Some people are opening suitcases.

(D) Steps are positioned next to an aircraft.

3

(A) A man is carrying a bucket.

(B) A man is planting some flowers.

(C) Water is being sprayed from a hose.

(D) A fence is being built around a yard.

4

(A) Some fruit has been put in a shopping cart.

(B) Food is on display in a cafeteria.

(C) An outdoor area is crowded with people.

(D) Picnic tables are being cleaned.

5

(A) Carts are being loaded with bricks.

(B) A sign is being posted.

(C) Some wheels are being replaced.

(D) Wheelbarrows are propped against a wall.

6

(A) Some plants are hanging from the ceiling.

(B) Some artwork is being framed.

(C) Some chairs have been stacked in the corner.

(D) A seating area has been set up outside.

7

(A) Some bushes are being trimmed.

(B) Some people are hiking through a forest.

(C) There are some people cycling outdoors.

(D) Some bicycles have been parked along a railing.

8

(A) Boxes are stacked on a warehouse floor.

(B) A ladder is leaning against a shelving unit.

(C) Some packages are being inspected.

(D) Items are being placed into boxes.

9

(A) Some curtains are being installed.

(B) Vegetables are being washed in a sink.

(C) Potted plants have been placed in front of the window.

(D) Some containers have been filled with food.

10

(A) The man is holding onto a railing.

(B) The man is descending some stairs.

(C) There's a door beneath the staircase.

(D) A stone structure is being constructed.

PART 2

PART 2

질의 응답 문제 미리보기

▷ 문항 수: 25문항 (7번~31번)

▷ 한 개의 질문을 들려주고, 이에 대한 세 개의 응답 중 가장 적절한 응답을 고르는 문제입니다.

▷ 할 수 있는 최대한의 집중력을 발휘하여 질문의 첫 부분을 반드시 들어야 합니다.

▷ 소거법을 이용해 오답을 가려내는 방식으로 풀어야 합니다.

 문제지

7. Mark your answer on your answer sheet.

 음원

Number 7. When will you return from your vacation?

(A) Next Tuesday. V
(B) Because I don't have time.
(C) To Europe.

DAY 04 쉬운 난이도 When, Where, Who 의문문

① When (언제) 🎧 04-1.mp3

▸ '언제'를 의미하는 When으로 묻는 질문엔 **시점(날짜, 요일, 시간 등)**으로 대답하는 것이 기본입니다.

▸ When만 제대로 들어도 시점 표현이 나오는 선택지를 골라 정답을 맞힐 수 있으므로 반드시 의문사 When을 챙겨 들어야 해요.

■ 가까운 미래 시점 응답

Q	(When) will the **renovations** be **finished**?	개조 공사가 언제 끝날까요?
A1	In two weeks.	2주 후에요.
A2	By the end of the month.	이번 달 말쯤에요.

Q	(When) can I see the **final version** of the **pamphlet**?	제가 언제 팸플릿의 최종 버전을 볼 수 있을까요?
A1	Monday at the latest.	늦어도 월요일에요.
A2	Sometime in March.	3월 중에요.
A3	Not until next week.	다음 주는 되어야 해요.

■ 과거 시점 응답

Q	(When) did you **come back** from your trip?	언제 여행에서 돌아오셨나요?
A1	Several days ago.	며칠 전에요.
A2	Last week.	지난 주에요.

특강 05
When 의문문 정답으로 잘 나오는 시점 표현

 **700+ TiP** 의문사를 놓치면 절대 안되는 이유

(Ex) **When** are we going out for lunch?

(A) That sounds great.
(B) At noon.
(C) A new Italian restaurant.

의문사 When을 놓치거나, 듣고도 확실히 기억하지 못할 경우 '점심을 먹으러 가자는 말이었나?'하고 (A)를 고르거나, '의문사가 Where였던가?'라고 착각하여 (C)를 고를 위험이 있기 때문에 의문사를 듣자마자 꼭 적어 두어야 합니다.

② Where (어디) 🎧 04-2.mp3

‣ Where 의문문은 '어디'를 묻는 질문이므로 특정 **장소나 위치를 나타내는** 「**전치사 + 명사**」 형태가 정답으로 제시되는 것이 일반적입니다.

‣ 영국 또는 호주 성우가 Where를 발음할 때 [r] 발음이 들리지 않기 때문에 **순간적으로 의문사 When과 착각할 수 있어요.** 따라서 이러한 특성을 미리 염두에 두는 것이 좋습니다.

■ 장소/위치 응답

Q	(Where) did you leave the invoice?	거래 내역서를 어디에 두었나요?
A1	In your mailbox.	당신의 우편함 안에요.
A2	It's on my desk.	제 책상 위에 있어요.

Q	(Where)'s the closest gas station?	가장 가까운 주유소가 어디에 있나요?
A1	There's one on Main Street.	메인 스트리트에 하나 있어요.
A2	Near the post office.	우체국 근처에 있어요.

꿀팁 「There's one + 장소/위치」는 '~에 하나 있어요'라는 뜻으로, Where 의문문에 There's one ~으로 대답하면 90% 이상 정답이에요.

③ Who (누구) 🎧 04-3.mp3

‣ Who 의문문은 사람에 대해 묻는 질문으로, 이에 대한 응답으로 특정한 사람의 이름이나 구체적인 직책, 직업 등이 나옵니다. 이때 사람 이름이 아닌 **부서나 회사명**으로 대답하는 것도 가능합니다.

‣ 의문사 Who는 미국/영국/호주간 발음 차이가 없고 명확하게 들리는 편이기 때문에 알아듣기 쉽습니다. 단, **Who is 또는 Who has를 Who's로 줄여서 발음**하는 것에 유의하세요.

■ 이름/직책/부서명 응답

Q	(Who)'s leading the training workshop?	누가 교육 워크숍을 진행하나요?
A1	That's Mandy's job.	그건 맨디 씨의 일이에요.
A2	I asked Daniel to do it.	대니얼 씨에게 해달라고 부탁했어요.

Q	(Who) authorized that purchase?	누가 그 구매를 승인했나요?
A1	The department manager.	부장님이요.
A2	Someone in the Accounting Department.	회계부의 누군가요.

누구의 차례

Q	(Whose turn) is it to refill the ink?	잉크를 다시 채우는 일이 누구의 차례죠?
A1	It's Jenny's.	제니 씨가 할 차례에요.
A2	I did it last time.	제가 지난번에 했어요.

꿀팁 Whose는 '누구의'라는 뜻의 소유격 대명사로, 바로 뒤에 명사가 옵니다. Who's라고 생각하지 않도록 주의하세요.

4 간접 응답 / 의외의 응답 🎧 04-4.mp3

질문에 대한 직접적인 응답 대신 의외의 응답이 정답인 경우가 종종 등장하는데, 이러한 유형에 잘 대비해 두어야 Part 2에서 고득점을 할 수 있습니다. 그렇게 하기 위해서는 평소 [질문-응답]의 다양한 조합을 많이 듣고 익혀 두어야 합니다.

■ 모르겠어요 / 알아보겠습니다 / ~에게 물어보세요

Q (When) was the last safety inspection? | 마지막 안전 검사가 언제였죠?
A1 You can find it online. | 그건 온라인으로 찾아볼 수 있어요.
A2 Let me ask the manager. | 매니저님께 물어볼게요.

Q (Where)'s the main exhibition hall? | 주 전시실이 어디에 있죠?
A1 I have no idea. | 모르겠어요.
A2 There's a floor plan near the elevator. | 엘리베이터 근처에 배치도가 있어요.

■ 아직 결정되지 않았어요

Q (Who) is leading the meeting tomorrow morning? | 내일 오전 회의는 누가 진행하나요?
A It hasn't been decided yet. | 아직 결정되지 않았습니다.

■ 되묻기

Q (Where) are the extra keyboards? | 여분의 키보드가 어디에 있죠?
A Did you check the supply room? | 비품실은 확인해 보셨나요?

🍯꿀팁 질문 내용과 관련하여 되묻는 응답은 정답일 확률이 매우 높습니다. 만일 질문을 잘 알아듣지 못했는데 선택지 중에 되묻는 응답이 나온다면 그걸 정답으로 고르세요.

■ 기타 의외의 응답

Q (When) will Dr. Martin be available? | 마틴 박사님이 언제 시간이 나실까요?
A He's busy all day. | 그분은 하루 종일 바쁘세요.

 **PRACTICE** 🎧 04-5.mp3

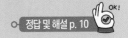 정답 및 해설 p. 10

음원을 듣고 각각의 선택지가 질문에 알맞은 응답이면 O, 아니면 X에 표시한 뒤, 빈칸을 채워보세요.

1 　　　　　　 will the new software be installed?

(A) On the 3rd floor. [O X]

(B) 　　　　　　 next week. [O X]

(C) Not until this Friday. [O X]

2 　　　　　　 the nearest bookstore?

(A) Just 　　　　　　. [O X]

(B) I have no idea. [O X]

(C) It has a wide collection. [O X]

3 　　　　　　 do you finish work today?

(A) It was 　　　　 yesterday. [O X]

(B) He works in the sales team. [O X]

(C) I still have 　　　　　　. [O X]

4 　　　　　　 did Nick ask for a computer upgrade?

(A) As soon as he gets here. [O X]

(B) Sometime last week. [O X]

(C) 　　　　　　. [O X]

5 　　　　　 is responsible for organizing the company picnic?

(A) To the Central City Park. [O X]

(B) Terry would know. [O X]

(C) Mr. Ramirez 　　　　　 that. [O X]

이 단어만은 꼭!

1 install ~을 설치하다 `sometime 언젠가 not until + 시점: ~나 되어야 한다 **2** just around the corner 모퉁이를 돌아 바로
collection 수집(품), 소장(품) 3 be due + 시점: ~가 기한이다 4 ask for ~을 요청하다 as soon as ~하자마자 get here 여기에
도착하다 5 be responsible for ~에 대한 책임이 있다 organize ~을 준비하다, 조직하다 handle ~을 처리하다, 다루다

○ 정답 및 해설 p. 11

학습한 내용을 적용해 실제 시험 난이도와 비슷한 문제들을 풀어 보세요. 🎧 04-6.mp3

특강 06
실전 문제
풀이 시연

> **Part 2** 실전 문제 풀이 지침
>
> 1. 순식간에 지나가기 때문에 0.1초만 딴 생각을 해도 놓치게 됩니다. 최대한 집중력을 유지하세요.
> 2. 의문사 의문문이 나오면 문제지에 의문사를 적어야 해요. 안 적으면 선택지를 듣는 도중에 헷갈립니다.
> 3. 각 선택지를 들으면서 확실한 오답은 X, 확실한 정답은 O, 모호한 것은 △ 표시해 두세요. 듣는 도중 정답이라고 생각되는 것이 있더라도 끝까지 듣고 확인한 후 정답을 마킹하세요.

1   Mark your answer.   (A)   (B)   (C)

2   Mark your answer.   (A)   (B)   (C)

3   Mark your answer.   (A)   (B)   (C)

4   Mark your answer.   (A)   (B)   (C)

5   Mark your answer.   (A)   (B)   (C)

6   Mark your answer.   (A)   (B)   (C)

7   Mark your answer.   (A)   (B)   (C)

8   Mark your answer.   (A)   (B)   (C)

9   Mark your answer.   (A)   (B)   (C)

10   Mark your answer.   (A)   (B)   (C)

11   Mark your answer.   (A)   (B)   (C)

12   Mark your answer.   (A)   (B)   (C)

실전 감잡기 Script

1 When will the new accounting software be installed?

(A) I already knew.

(B) It's still there.

(C) In about three weeks.

2 Where is the investment seminar being held?

(A) In the conference room.

(B) The handouts are ready.

(C) Some budget information.

3 Who is in charge of sending invitations?

(A) It hasn't been decided yet.

(B) For the fundraising event.

(C) No, I wasn't invited.

4 When can I get the copy of the rental contract?

(A) On Monday morning, I guess.

(B) Of course, you can.

(C) Put it on my desk, please.

5 Who is going to pick up Mark from the airport?

(A) At Pearson Airport.

(B) Not yet.

(C) I can do that.

6 When will you decide on the date for the banquet?

(A) The annual staff party.

(B) A little more color.

(C) I picked one already.

7 Who will be the keynote speaker at the conference?

(A) We'll arrive at 9.

(B) I heard it's Mr. Choi.

(C) At the headquarters.

8 When did you send that order?

(A) To the branch in Texas.

(B) Well, that should be enough time.

(C) Several days ago.

9 Where can I see tomorrow's schedule of events?

(A) It's posted on our Web site.

(B) Probably around 5 P.M.

(C) I saw it yesterday.

10 Who did Chloe have lunch with?

(A) During lunchtime.

(B) Next Sunday.

(C) Someone from the marketing team.

11 Where do you want me to put these packages?

(A) I put the sales report on your desk.

(B) Just leave them here, thanks.

(C) Of course.

12 Who can I talk to about signing up for a workshop?

(A) You can do it online.

(B) Yes, Ms. Kim found it very informative.

(C) To learn computer skills.

① What (무엇) 🎧 05-1.mp3

▸ What은 '무엇'을 뜻하며, 사람/사물의 이름, 사물의 상태, 목적, 금액, 수치, 상대방 의견 등을 묻는 다양한 질문에 사용됩니다.

▸ When, Where, Who 의문문과 달리 정형화된 응답 패턴이 없어 질문 내용을 정확히 이해해야만 풀 수 있습니다.

▸ 특히, What 뒤에 이어지는 명사나 동사에 유의해 질문의 의도를 파악하여 그에 맞는 응답을 골라야 합니다.

■ 구체적 사실을 묻는 질문

🍯꿀팁 What's wrong with ~?: ~에 무슨 문제가 있나요?
= What's the problem with ~?

Q What's the problem with the machine?   기계에 무슨 문제가 있나요?

A1 Some parts didn't arrive.   일부 부품들이 도착하지 않았어요.

A2 It's not working properly.   제대로 작동하지 않아요.

Q What happened at the monthly meeting yesterday? 어제 월례 회의에서 무슨 일이 있었나요?

A1 I missed it, too.   저도 못 갔어요.

A2 We discussed the product design.   상품 디자인을 얘기했어요.

■ 의견을 묻는 질문

🍯꿀팁 What do you think about[of] ~?: ~에 대해 어떻게 생각하세요?
이 질문에 대해서는 주로 긍정적인 답변들이 등장해요.

Q What do you think about this coffee shop?   이 커피숍 어때요?

A1 It has a good dessert menu.   좋은 디저트 메뉴가 있어요.

A2 It's my favorite place.   제가 가장 좋아하는 곳이에요.

Q What did you think of the computer workshop?   컴퓨터 워크숍 어땠나요?

A1 It was very informative.   매우 유익했어요.

A2 I didn't sign up for it.   전 신청하지 않았어요.

■ 액수 등 숫자 정보를 묻는 질문

Q	What's the price for this rain coat?	이 우비는 얼마인가요?
A1	It's thirty-two dollars.	32달러입니다.
A2	Doesn't it have a price tag?	가격표가 있지 않나요?

Q	What's the membership fee at this tennis club?	이 테니스 클럽의 회비는 얼마인가요?
A1	120 dollars a month.	월 120달러입니다.
A2	You can ask at the front desk.	프런트 데스크에 물어보세요.

■ 기타 질문

특히 『What 명사 ~?』 형태의 질문이 자주 나옵니다. What 바로 다음에 나오는 명사 표현까지 반드시 함께 챙겨 듣도록 하세요.

Q	What time do you usually get to work?	보통 몇 시에 회사에 도착하세요?
A1	Around 9 o'clock.	9시 쯤에요.
A2	It depends on the traffic.	교통 상황에 따라 달라요.

Q	What floor is Ace Media on?	에이스 미디어 사가 몇 층에 있습니까?
A1	It's on the third floor.	3층에 있습니다.
A2	Here's the building directory.	여기 건물 안내도가 있어요.

Q	What kind of bicycle do you have?	어떤 종류의 자전거를 가지고 계세요?
A1	I have a folding bike.	접이식 자전거를 갖고 있어요.
A2	Are you thinking of buying one?	하나 구입할 생각이세요?

❷ Which (어느, 어느 것) 🎧 05-2.mp3

▸ Which는 '어느, 어느 것'을 뜻하며, What과 마찬가지로 상대방의 의견, 방법, 정보, 일/사건, 금액, 시간, 날짜, 수치 등을 묻는 다양한 질문에 사용됩니다.

▸ 『Which 명사 ~?』혹은 『Which of 명사 ~?』구조로 출제되므로 Which 뒤에 언급되는 명사를 놓치지 않고 들어야 합니다.

> 🐝 꿀팁 Which 의문문에 대한 답변에 대명사 one이 등장하면 99% 정답입니다.
> 이때 one은 질문에 언급된 명사와 같은 종류의 것 하나를 지칭하는 대명사로, '~인 것'이라고 해석해요.

■ Which 명사 ~? (어느 ~?)

Q	**Which restaurant** did you choose?	어느 식당을 선택했나요?
A1	The <u>one</u> on Brooks Street. 　　restaurant	브룩스 스트리트에 있는 것이요.
A2	I'm still considering a few.	여전히 몇 군데를 고려하는 중이에요.
Q	**Which envelopes** do we use to mail out invitations?	초대장을 우편으로 발송할 때 어느 봉투를 사용하나요?
A1	The yellow <u>ones</u> in the second cabinet. 　　　　envelopes	두 번째 캐비닛에 있는 노란색으로 된 것들이요.
A2	I think we're out of them.	그것들이 다 떨어진 것 같아요.

■ Which of 명사 ~? (~ 중에 어느 것?)

Q	**Which of these seminars** should I attend?	이 세미나들 중 어느 것에 참석해야 하나요?
A1	The <u>one</u> on photo editing. 　　seminar	사진 편집에 관한 것이요.
A2	It's posted on the bulletin board.	알림판에 게시되어 있어요.
Q	**Which of our company's books** has been the most successful this month?	우리 회사 책들 중 어느 것이 이번 달에 가장 성공적이었나요?
A1	It hasn't been announced yet.	아직 발표되지 않았어요.
A2	*The Kingdom* by James Gold.	제임스 골드의 <킹덤>이요.

 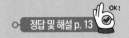

음원을 듣고 각각의 선택지가 질문에 알맞은 응답이면 O, 아니면 X에 표시한 뒤, 빈칸을 채워보세요.

1 _____ the new manager?

(A) She's highly _____.   [O X]

(B) I knew about it.   [O X]

(C) I haven't talked to her yet.   [O X]

2 _____ of chair are you looking for?

(A) In the living room.   [O X]

(B) Have you looked under the desk?   [O X]

(C) _____ very comfortable.   [O X]

3 _____ does the next train to Albany leave?

(A) The schedule is over there.   [O X]

(B) _____.   [O X]

(C) At Grand Central Station.   [O X]

4 _____ is yours?

(A) _____ with a name tag.   [O X]

(B) I bought it online.   [O X]

(C) Yes, that would be great.   [O X]

5 _____ does Martin work for?

(A) That was his first company.   [O X]

(B) _____ at the C&C Corporation? [O X]

(C) Yes, he'll be working until four.   [O X]

 이 단어만은 꼭!

1 highly 매우 qualified 자격을 갖춘, 적격인 2 look for ~을 찾다 comfortable 편안한, 안락한 3 leave 출발하다 over there 저쪽에 in half hour 30분 후에 4 name tag 이름표 5 firm 회사, 업체 corporation 기업, 회사

학습한 내용을 적용해 실제 시험 난이도와 비슷한 문제들을 풀어 보세요. 🎧 05-4.mp3

특강 07
실전 문제
풀이 시연

> **Part 2** 실전 문제 풀이 지침
>
> 1. 순식간에 지나가기 때문에 0.1초만 딴 생각을 해도 놓치게 됩니다. 최대한 집중력을 유지하세요.
> 2. 의문사 의문문이 나오면 문제지에 의문사를 적어야 해요. 안 적으면 선택지를 듣는 도중에 헷갈립니다.
> 3. 각 선택지를 들으면서 확실한 오답은 X, 확실한 정답은 O, 모호한 것은 △ 표시해 두세요. 듣는 도중 정답이라고 생각되는 것이 있더라도 끝까지 듣고 확인한 후 정답을 마킹하세요.

1 Mark your answer. (A) (B) (C)

2 Mark your answer. (A) (B) (C)

3 Mark your answer. (A) (B) (C)

4 Mark your answer. (A) (B) (C)

5 Mark your answer. (A) (B) (C)

6 Mark your answer. (A) (B) (C)

7 Mark your answer. (A) (B) (C)

8 Mark your answer. (A) (B) (C)

9 Mark your answer. (A) (B) (C)

10 Mark your answer. (A) (B) (C)

11 Mark your answer. (A) (B) (C)

12 Mark your answer. (A) (B) (C)

1   What do you think of our new office?
    (A) It looks great.
    (B) The desk is over there.
    (C) On the 4th floor.

2   What's the extension for Customer Service?
    (A) At the service desk.
    (B) 100 dollars.
    (C) It's 8160.

3   Which hotel is hosting this year's conference?
    (A) Over 3,000 attendees.
    (B) The same one as last year.
    (C) You can register online.

4   What did the client say about our budget proposal?
    (A) She was very impressed.
    (B) The sales figures.
    (C) Without his approval.

5   Which department am I training in today?
    (A) The train departs every 30 minutes.
    (B) Everyone is pleased with your work.
    (C) Didn't you check the bulletin board?

6   What's tomorrow's meeting about?
    (A) At 10 A.M.
    (B) A new vacation policy.
    (C) I met them on Tuesday.

7   What time does the bus arrive?
    (A) It should be here in 10 minutes.
    (B) Four bus tickets, please.
    (C) No, I'm not too busy.

8   Which of these paintings would look best in the dining room?
    (A) I like the yellow one.
    (B) No, it's in the living room.
    (C) I didn't get a chance to see him.

9   What's the entry fee at the museum on Locke Street?
    (A) Three new exhibits.
    (B) The entrance is on Kent Avenue.
    (C) It's free for students.

10 Which airline should we take for our trip to London?
    (A) We already booked a flight.
    (B) At the airport.
    (C) I'm looking forward to it, too.

11 What's the estimated budget for the trip to Chicago?
    (A) Give me the estimate by Friday.
    (B) They're meeting in March.
    (C) Approximately $1,500.

12 Which font should I use for the advertisement?
    (A) A television commercial.
    (B) I think it looks great.
    (C) Whatever you think is best.

① How (어떻게, 얼마나) 🎧 06-1.mp3

▸ How 의문문이 '어떻게'라는 뜻으로 쓰일 때는 방법이나 수단 등을 묻습니다. 이때 How 의문문의 동사 부분에 특히 집중해서 들어야 합니다.

▸ How 의문문이 '얼마나'라는 뜻으로 쓰일 때는 의문사 How가 형용사나 부사와 결합하여 기간, 빈도, 거리, 금액, 수량 등을 묻습니다. 따라서 How 다음에 이어지는 형용사 또는 부사를 반드시 들어야 합니다.

▸ 질문 유형이 다양한 만큼 그에 어울리는 응답 유형도 다양하므로 아래에 정리된 빈출 [질문-응답] 세트를 충분히 익혀 두도록 하세요.

■ 방법, 수단

Q How do I get to the Tower Hotel?	타워 호텔에 어떻게 가나요?
A1 Take bus number 24 there.	저기서 24번 버스를 타세요.
A2 Actually, it's my first time here.	사실, 전 여기 처음이에요.

Q How can I become a member of the association?	어떻게 협회의 회원이 될 수 있죠?
A1 Fill out this form.	이 서식을 작성하세요.
A2 I applied on their Web site.	전 그곳의 웹사이트에서 지원했어요.

🍯꿀팁 회사나 단체 등을 지칭할 때 그곳의 사람들을 가리키는 의미로 복수 대명사 they/their/them을 사용합니다.

■ 상태, 의견

Q How was the movie festival yesterday?	어제 영화제 어땠어요?
A1 It was very successful.	매우 성공적이었어요.
A2 There were too many people.	사람이 너무 많았어요.

Q How do you like your new job?	새 직장은 어때요?
A1 It's great, so far.	아주 좋아요, 지금까진요.
A2 I'm starting next week.	전 다음 주에 일을 시작해요.

- 기간, 빈도, 거리

얼마나 오래
Q **How long** will it take to drive to the airport?   공항에 운전해서 가는데 얼마나 걸릴까요?

A1 About an hour.   약 한 시간이요.

A2 I wouldn't recommend driving.   운전하는 건 추천하고 싶지 않아요.

얼마나 자주
Q **How often** does the shuttle bus leave?   셔틀버스가 얼마나 자주 출발하나요?

A1 Every 20 minutes.   20분마다요.

A2 Check the schedule online.   온라인으로 일정을 확인해 보세요.

> 🍯**꿀팁** 빈도를 나타내는 「every + 시간 표현」을 알아두세요. '매 ~', '~마다'라고 해석합니다.

얼마나 곧(빨리)
Q **How soon** will I get my order?   제가 주문한 것을 얼마나 빨리 받게 될까요?

A1 In two days.   이틀 후에요.

A2 It will be delivered tomorrow.   내일 배송될 거예요.

- 금액, 수량

얼마 (금액)
Q **How much** does this frying pan cost?   이 프라이팬은 얼마인가요?

A1 30 dollars.   30달러입니다.

A2 You can ask the clerk over there.   저쪽에 있는 점원에게 물어보세요.

얼마나 많은 (개수)
Q **How many** chairs will you need for the training?   교육에 얼마나 많은 의자가 필요할까요?

A1 At least 30, I guess.   적어도 30개일 것 같아요.

A2 Let me check with the Personnel Department.   제가 인사팀에 확인해 볼게요.

700+ TIP   How 의문문 구조와 의미 정리

① 수단이나 방법을 물을 때: How + 조동사 + 주어 + 일반동사 ~? (어떻게 ~?)

② 어떤 대상의 상태를 물을 때: How is/are ~? (~은 상태가 어때요?)

③ 상대방의 의견을 물을 때: How do/did you like ~? (~은 어때요/어땠나요?)

④ 정도(수량, 빈도, 기간, 금액 등)를 물을 때: How + 형용사/부사 ~? (얼마나 ~?)

② Why (왜) 🎧 06-2.mp3

▸ Why 의문문은 '왜 ~?'라는 뜻으로, 특정 상황이나 사건이 발생한 원인 또는 이유를 묻습니다.

▸ 다른 의문사 의문문과 달리 의문사 Why 자체보다 그 뒤에 이어지는 내용을 이해하고 의도를 파악해야 정답을 고를 수 있으므로 질문 내용을 정확히 듣는 데 집중해야 합니다.

■ 원인·이유 응답

> 🍯꿀팁 Because of + 명사(구) / Due to + 명사(구): ~ 때문에
> Because + 주어 + 동사: ~이기 때문에

Q	Why is there so much traffic this afternoon?	오늘 오후에 왜 이렇게 교통량이 많죠?
A1	Because of the festival in town.	시내에서 열리는 축제 때문에요.
A2	There was a car accident on Main Street.	메인 스트리트에 자동차 사고가 있었어요.

Q	Why didn't the shipment of shoes arrive today?	신발 배송이 왜 오늘 도착하지 않았죠?
A1	Because the truck broke down.	트럭이 고장 났거든요.
A2	I'll call the warehouse right away.	지금 바로 창고에 전화해 볼게요.

■ 목적을 나타내는 to부정사구 응답

Q	Why is the supermarket closing this week?	이번 주에 슈퍼마켓이 왜 문을 닫나요?
A	To do some repairs.	수리 작업을 하기 위해서요.

Q	Why did you leave early yesterday?	어제 왜 일찍 가셨어요?
A	To pick up my daughter.	딸을 데리러 가기 위해서요.

700+ TIP   Why don't you[we] ~? (~하시겠어요?)

Why don't you[we] ~?는 이유를 묻는 부정 의문문이 아니라 '~하시겠어요?'라고 제안하는 의문문이므로 이 유형의 질문에 Because나 Because of로 대답한 것을 고르면 절대 안됩니다.

Ex Q. **Why don't you** join us for lunch?   우리랑 같이 점심 먹을래요?

(A) Because I was not hungry. (X)   (A) 배가 고프지 않았기 때문이에요.
(B) I'd love to. (O)   (B) 꼭 그러고 싶어요.

 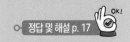

음원을 듣고 각각의 선택지가 질문에 알맞은 응답이면 O, 아니면 X에 표시한 뒤, 빈칸을 채워보세요.

1 ⬜ was the train ⬜ ?

(A) For almost an hour. [O X]

(B) There was ice on the rails. [O X]

(C) Because of some ⬜ . [O X]

2 ⬜ did you ⬜ our office?

(A) Ms. Shepherd ⬜ . [O X]

(B) I ⬜ on a map. [O X]

(C) It's located in Singapore. [O X]

3 ⬜ your new apartment?

(A) Better than I expected. [O X]

(B) It's very ⬜ . [O X]

(C) A one-bedroom apartment. [O X]

4 ⬜ is there a ⬜ at this store?

(A) On the second floor. [O X]

(B) They're having a ⬜ . [O X]

(C) I have no idea. [O X]

5 ⬜ responded to the invitation?

(A) Only four or five. [O X]

(B) I just mailed them out. [O X]

(C) To ⬜ my retirement. [O X]

이 단어만은 꼭!

1 delay ~을 지연시키다, 미루다 almost 거의 rail 철로, 선로 mechanical 기계적인 2 look A up: A를 찾아보다 be located in ~에 위치해 있다 3 expect 예상하다, 기대하다 spacious 넓은, 널찍한 4 crowd 사람들, 군중 clearance sale 정리 세일 행사 5 respond to ~에 응하다, 답변하다 invitation 초대(장) mail A out: A를 우편으로 발송하다 celebrate ~을 축하하다, 기념하다 retirement 은퇴, 퇴직

정답 및 해설 p. 18

학습한 내용을 적용해 실제 시험 난이도와 비슷한 문제들을 풀어 보세요. 🎧 06-4.mp3

특강 08
실전 문제
풀이 시연

> **Part 2** 실전 문제 풀이 지침
>
> 1. 순식간에 지나가기 때문에 0.1초만 딴 생각을 해도 놓치게 됩니다. 최대한 집중력을 유지하세요.
> 2. 의문사 의문문이 나오면 문제지에 의문사를 적어야 해요. 안 적으면 선택지를 듣는 도중에 헷갈립니다.
> 3. 각 선택지를 들으면서 확실한 오답은 X, 확실한 정답은 O, 모호한 것은 △ 표시해 두세요. 듣는 도중 정답이라고 생각되는 것이 있더라도 끝까지 듣고 확인한 후 정답을 마킹하세요.

1 Mark your answer.　(A)　　(B)　　(C)

2 Mark your answer.　(A)　　(B)　　(C)

3 Mark your answer.　(A)　　(B)　　(C)

4 Mark your answer.　(A)　　(B)　　(C)

5 Mark your answer.　(A)　　(B)　　(C)

6 Mark your answer.　(A)　　(B)　　(C)

7 Mark your answer.　(A)　　(B)　　(C)

8 Mark your answer.　(A)　　(B)　　(C)

9 Mark your answer.　(A)　　(B)　　(C)

10 Mark your answer.　(A)　　(B)　　(C)

11 Mark your answer.　(A)　　(B)　　(C)

12 Mark your answer.　(A)　　(B)　　(C)

1   Why was the music festival canceled?

(A) Due to the bad weather.

(B) Yes, I heard about it.

(C) I like that song.

2   Why was the file cabinet moved from the corner?

(A) To make more space for a new printer.

(B) Right around the corner.

(C) It's on my desk.

3   How often is the software upgraded?

(A) Let me show you how.

(B) Once a month.

(C) About a couple of days ago.

4   How many computers will we need for the training session?

(A) I enjoyed the speech.

(B) It's raining now.

(C) At least 20, I guess.

5   Why is there so much traffic in the city today?

(A) My car is stuck in traffic.

(B) That's okay.

(C) Because of the construction.

6   How long will it take to drive to the hotel?

(A) In room 804.

(B) About 30 minutes.

(C) For three nights.

7   Why did we purchase the office supplies from a different store?

(A) Every Monday.

(B) On their Web site.

(C) The other one closed.

8   How much are the tickets for the concert?

(A) At the box office.

(B) They cost 30 euros each.

(C) It was very exciting.

9   How was your trip to Vietnam?

(A) Only for seven days.

(B) I had a great time.

(C) I would like to take the train.

10   Why was the projector removed from Meeting Room A?

(A) Yes, in the large meeting room.

(B) I'll move it later.

(C) Because it needs to be fixed.

11   How do I renew my subscription?

(A) By calling customer service.

(B) Your membership card is available.

(C) How long did it take?

12   How can I get reimbursed for the travel expenses?

(A) Give your receipts to Ms. Jones.

(B) I flew back to Indonesia.

(C) I think they were sold out.

일반 의문문

① Do/Have 조동사 의문문, Be동사 의문문 🎧 07-1.mp3

▸ Do, Have, Be동사 자체보다는 그 뒤에 이어지는 동사(구) 및 핵심 단어를 잘 알아듣고 다양한 상황 속에서 질문의 의도를 정확히 파악하는 것이 핵심입니다.

▸ Yes/No로 대답하는 것이 가능한 의문문이지만, 그렇지 않은 선택지가 정답인 경우가 상당히 많으므로 Yes/No만을 기다리기 보다는 질문과 선택지 사이의 연관성을 찾아내야 합니다.

■ Do 조동사 의문문

Q Do you **have some cash** I can borrow?	제가 빌릴 수 있는 현금이 좀 있으세요?
A Yes. How much do you need?	네. 얼마가 필요하세요?

Q Does this hotel **have a gift store**?	이 호텔에 선물 매장이 있나요?
A You can find one next to the elevator. → Yes 생략	엘리베이터 바로 옆에서 하나 찾으실 수 있어요.

Q Did you **attend** the leadership **workshop** last week?	지난 주에 리더십 워크숍에 참석하셨나요?
A No, I was out of town.	아뇨, 전 다른 지역에 가 있었어요.

■ 간접 의문문

『Do you know + 의문사 ~?』와 같은 구조로 된 의문문을 간접 의문문이라고 합니다. 이때 Do you know는 가볍게 듣고 그 뒤에 나오는 의문사절에 집중해서 듣습니다. 간접 의문문은 일반 의문문의 형태(Do you know ~)이므로 Yes/No 응답도 가능하지만 주로 Yes/No를 생략하고 해당 의문사에 어울리는 답변을 하는 정답이 제시됩니다.

Q Do you know **where I can find a printer**?	프린터를 어디에서 찾을 수 있는지 아세요?
A There's one in the lobby. → Yes 생략	로비에 한 대 있어요.

Q Do you know **how to use the new coffee machine**?	새 커피 기계를 어떻게 사용하는지 아세요?
A Isn't there an instructional manual?	설명서가 있지 않나요?

Q Do you know **who will be leading the training** session today?	오늘 누가 교육 시간을 진행하는지 아세요?
A Daryl is. → Yes 생략	대릴 씨요.

🍯꿀팁 Daryl is leading the training session today에서 질문 내용과 중복되는 부분을 생략하고 간단히 답한 표현이에요.

■ Have 조동사 의문문

Q Have you **checked** your e-mail yet?   이메일 확인하셨어요?

A I've been too busy. → No 생략   너무 바빴어요.

Q Has the **client arrived** yet?   혹시 고객이 도착했나요?

A No, the meeting isn't until noon.   아뇨, 회의는 정오나 되어야 해요.

■ Be동사 의문문

Q Are we **leaving** for the airport at 5 o'clock?   우리는 5시에 공항으로 출발하나요?

A Yes, let's hurry.   네, 서두릅시다.

Q Is the **Internet connection working** in your office?   당신 사무실에 인터넷 연결이 잘 되나요?

A We just called Technical Support. → No 생략   방금 기술 지원팀에 전화했어요.

Q Was the **ferry** to the island **canceled**?   그 섬으로 가는 배가 취소되었나요?

A No, it was just delayed for an hour.   아뇨, 그냥 한 시간 지연되었어요.

 **700+ TIP**   be동사 숙어 표현

Part 2에 자주 나오는 be동사 숙어 표현들을 미리 알고 있으면 질문이 훨씬 잘 들릴 거예요.

be able to do ~할 수 있다	Were you able to register for the workshop? 워크숍에 등록할 수 있었나요?
be likely to do ~할 것 같다	Is Ms. Jones likely to attend the conference? 존스 씨가 컨퍼런스에 참석할 것 같나요?
be supposed to do ~하기로 되어 있다	Aren't we supposed to be meeting clients today? 우리가 오늘 고객들을 만나기로 되어 있지 않나요?
be familiar with ~을 잘 알다	Are you familiar with the company's policies? 회사 방침을 잘 알고 있나요?
be ready to do ~할 준비가 되다	Are you ready to go to lunch? 점심 먹으러 갈 준비 됐나요?

② 부정 의문문 🎧 07-2.mp3

‣ 부정 의문문은 일반 의문문의 조동사나 Be동사에 not을 붙인 형태로, 어떤 사실을 다시 한 번 확인하기 위한 질문입니다.

‣ 부정 의문문이 나오면 문장의 **not은 신경 쓰지 말고 긍정 의문문으로 해석**하세요. 그래야 헷갈리지 않아요. 그런 다음 질문 내용에 대해 긍정이면 Yes, 부정이면 No라고 응답하는 것을 찾으면 됩니다. 단, 일반 의문문과 마찬가지로 Yes/No를 생략한 응답이나 의외의 응답이 정답이 되는 경우도 많다는 것에 유의하세요.

Q Don't you **want to go** to the **baseball game** tonight?	오늘 저녁에 야구 경기 보러 가고 싶지 않으세요?
= Do you **want to go** to the **baseball game** tonight?	→ 오늘 저녁에 야구 경기 보러 가고 싶으시죠?
A1 Yes, I'd love to.	네, 꼭 그러고 싶어요.
A2 I'm meeting my friend after work.	저는 퇴근 후에 친구를 만날 예정이에요.
Q Isn't the **restaurant closed** for renovation?	그 식당이 개조 공사 때문에 문을 닫지 않았나요?
= Is the **restaurant closed** for renovation?	→ 그 식당이 개조 공사 때문에 문을 닫았죠?
A1 Yes, until next week.	네, 다음 주까지요.
A2 No, they finished last week.	아뇨, 지난주에 끝냈어요.
Q Hasn't the **engineer installed** the **software** yet?	기술자가 소프트웨어를 아직 설치하지 않았나요?
= Has the **engineer installed** the **software** yet?	→ 기술자가 소프트웨어를 설치했죠?
A1 He did it yesterday. → Yes 생략	어제 설치했어요.
A2 No, not yet.	아뇨, 아직이요.

700+ TIP 주의해야 할 부정 의문문의 연음

뒤에 이어지는 주어와 함께 빠르게 발음되어 연음이 될 경우, 당황해서 소리는 물론 의미까지 놓치기 쉬우므로 평소에 그 소리에 익숙해져 있어야 합니다.

Haven't you already got tickets for the show?	이미 그 쇼의 입장권을 구하지 않으셨나요?
[해븐츄]	
Shouldn't we update our company logo?	우리 회사 로고를 업데이트해야 하지 않나요?
[슈른위]	
Won't you be at the panel discussion tomorrow?	내일 공개 토론회에 가시지 않나요?
[워운츄]	

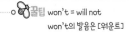 꿀팁 won't = will not
won't의 발음은 [워운트]

 PRACTICE 🎧 07-3.mp3

정답 및 해설 p. 21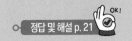

음원을 듣고 각각의 선택지가 질문에 알맞은 응답이면 O, 아니면 X에 표시한 뒤, 빈칸을 채워보세요.

1 Is Monica ⬚ sales and marketing?

    (A) No, about two months.   [O X]

    (B) Yes, she was ⬚ last year.   [O X]

    (C) A new marketing campaign.   [O X]

2 Did you ⬚ finding the conference hall?

    (A) No, the signs were ⬚.   [O X]

    (B) Yes, go two blocks east and turn right.   [O X]

    (C) I'm sorry you couldn't attend the event.   [O X]

3 Have you ⬚ the order form yet?

    (A) Yes, it was filled with supplies.   [O X]

    (B) I ⬚ this morning.   [O X]

    (C) No, ⬚.   [O X]

4 ⬚ to the company picnic?

    (A) In Central Park.   [O X]

    (B) Yes, but I'll be ⬚.   [O X]

    (C) No, I don't have time.   [O X]

5 Wasn't Ms. Tanaka ⬚ for her check-up at 10 A.M.?

    (A) She ⬚ her appointment.   [O X]

    (B) Yes, let's check the flight details.   [O X]

    (C) No, her ⬚ is in the afternoon.   [O X]

이 단어만은 꼭!

1 be in charge of ~을 맡다, 책임지다 hire ~을 고용하다 2 have a problem -ing ~하는 데 문제가 있다 sign 표지판 follow ~을 따라가다 turn right 우회전하다 attend ~에 참석하다 3 fill out ~을 기입하다, 작성하다 order form 주문서 be filled with ~로 가득 차다 supplies 물품, 용품 hand A in: A를 제출하다 not yet 아직 아니다 5 be supposed to do ~하기로 되어 있다, ~할 예 정이다 arrive 도착하다 check-up 검진 cancel ~을 취소하다 appointment 예약, 약속 details 상세 정보, 세부 사항

학습한 내용을 적용해 실제 시험 난이도와 비슷한 문제들을 풀어 보세요. 🎧 07-4.mp3

특강 09
실전 문제
풀이 시연

Part 2 실전 문제 풀이 지침

1. 순식간에 지나가기 때문에 0.1초만 딴 생각을 해도 놓치게 됩니다. 최대한 집중력을 유지하세요.

2. 가능하다면 질문의 가장 중요한 키워드를 적어 두세요. 질문의 핵심 내용을 끝까지 기억하는 데 도움이 됩니다.

3. 각 선택지를 들으면서 확실한 오답은 X, 확실한 정답은 O, 모호한 것은 △ 표시해 두세요. 듣는 도중 정답이라고 생각되는 것이 있더라도 끝까지 듣고 확인한 후 정답을 마킹하세요.

1 Mark your answer.   (A)   (B)   (C)

2 Mark your answer.   (A)   (B)   (C)

3 Mark your answer.   (A)   (B)   (C)

4 Mark your answer.   (A)   (B)   (C)

5 Mark your answer.   (A)   (B)   (C)

6 Mark your answer.   (A)   (B)   (C)

7 Mark your answer.   (A)   (B)   (C)

8 Mark your answer.   (A)   (B)   (C)

9 Mark your answer.   (A)   (B)   (C)

10 Mark your answer.   (A)   (B)   (C)

11 Mark your answer.   (A)   (B)   (C)

12 Mark your answer.   (A)   (B)   (C)

정답 및 해설 p. 22

1 Do you have time to help me fill out this form?
   (A) It seems informative.
   (B) Fill it to the top.
   (C) Of course. What can I do?

2 Don't you have an appointment with the public relations manager?
   (A) Yes, I'm leaving for it now.
   (B) She made a very good point.
   (C) Go to the second floor.

3 Do you think I should reserve a table at the restaurant?
   (A) It's not supposed to be busy.
   (B) I had a wonderful time.
   (C) The grilled fish, please.

4 Aren't you wearing a suit for your interview?
   (A) A position in marketing.
   (B) I'm considering it.
   (C) Let's check the schedule.

5 Have you checked your e-mail account yet?
   (A) So does she.
   (B) I've been too busy.
   (C) Near the post office.

6 Do you know who's coming to the dinner party tonight?
   (A) I don't know where to go.
   (B) All of the staff members.
   (C) It was very delicious.

7 Has anyone checked the sales figures yet?
   (A) That sounds pretty accurate.
   (B) Mr. Camby might have.
   (C) They are having a sale.

8 Are you planning to take our guests out to lunch?
   (A) Where did you go?
   (B) No, they're leaving before noon.
   (C) Help yourself.

9 Is there a computer that I can use to print?
   (A) The library opened at 9 A.M.
   (B) Thanks for printing it.
   (C) It's out of order right now.

10 Is this year's job fair going to be in Germany?
   (A) It is fairly big.
   (B) No, it's next month.
   (C) Why don't you ask Emma?

11 Didn't Mr. Shin tell you to cancel the award ceremony?
   (A) No, I didn't win it.
   (B) Yes, but he changed his mind.
   (C) We'll try again next year.

12 Have the product samples come yet?
   (A) They're on your desk.
   (B) Ten pieces, please.
   (C) Every day next week.

PART 1

PART 2

PART 3

PART 4

DAY 08 제안·요청 의문문/선택 의문문

① 제안 · 요청 의문문 🎧 08-1.mp3

제안이나 요청, 부탁을 나타내는 의문문은 질문 내용에 대해 **수락 또는 거절하는 응답이 상당히 많은 정답 비중**을 차지합니다. 따라서 질문 뿐만 아니라 수락 및 거절을 나타내는 다양한 표현들을 충분히 익혀 두는 것이 좋습니다.

■ 수락/긍정의 응답

Q Why don't we go for a walk during the lunch break?
점심 시간에 산책 갈래요?

A Sure, that's a good idea.
그럼요, 좋은 생각이에요.

Q Can you show me how to use the new printer?
새 프린터를 어떻게 사용하는지 알려주시겠어요?

A I can do it after lunch.
점심 식사 후에 해드릴 수 있어요.

Q Do you mind filling out this survey?
이 설문지를 작성해 주시겠습니까?

A1 Sure, I can do that.
그럼요, 할 수 있어요.

A2 No, I don't mind.
그럼요, 좋습니다.

> 🐝꿀팁 Do you mind -ing? / Would you mind -ing?는 상대방에게 정중히 부탁할 때 쓰는 표현입니다. 동사 mind는 원래 '꺼리다, 싫어하다'라는 뜻이므로 이 표현을 직역하면 '~하면 싫으세요?'라는 의미이기 때문에 No, I don't mind / No, not at all은 '아뇨, 싫지 않아요'라는 뜻으로 수락을 나타냅니다.

■ 거절/부정의 응답

Q Would you like to order some Chinese food?
중국 음식을 주문하시겠어요?

A No, I was planning on getting a sandwich.
아뇨, 저는 샌드위치를 먹을 계획이었어요.

Q Would you like me to give you a ride today?
제가 오늘 차 태워드릴까요?

A I brought my car.
제 차 가져왔어요.

700+ TIP 꼭 알아야 할 최빈출 제안 · 요청 의문문 표현

- Why don't you[we] ~? ~하는 게 어때요?
- How about ~? ~하는 게 어때요?
- Would[Could] you ~? ~해 주시겠어요?
- Would you like[prefer] to ~? ~하시겠습니까?
- Do[Don't] you want to ~? ~하시겠어요?
- Would you mind -ing? / Do you mind if I ~? ~해 주시겠습니까? / ~해도 되겠습니까?

■ 기타 응답

Q Why don't we meet after lunch to discuss the budget?　　예산을 논의하기 위해 점심 식사 후에 만나는 게 어때요?

A I'll see if I'm available.　　제가 시간이 되는지 볼게요.

Q Can I make a dinner reservation for 7:30?　　7시 30분으로 저녁 식사 예약할 수 있을까요?

A How about at 8 o'clock?　　8시는 어떠세요?

Q Would you mind helping me decorate the banquet hall?　　제가 연회장 장식하는 걸 도와주시겠어요?

A Which day would you need me?　　무슨 요일에 제가 필요하세요?

Q Would you like me to give you the samples today?　　오늘 견본을 드릴까요?

A I'll only be in the office until 3.　　저는 3시까지만 사무실에 있을 거예요.

 700+ TIP 토익에 잘 나오는 수락 또는 거절 응답

수락

- That'll be great. / That would be good. 그럼 좋겠어요.
- That's a good idea. 좋은 생각이에요.
- That sounds good. 좋아요.
- Sure, I'll do it right now. 물론이죠, 지금 바로 할게요.
- I'd be happy to. 기꺼이 할게요.
- I'll be there in a minute. 잠시 후에 갈게요.
- Of course. 물론이죠. (= Absolutely, Certainly, Definitely)
- I'd appreciate that. 그럼 감사하죠.

거절

- I have other plans. 다른 계획이 있어요.
- I'm afraid I can't. 유감스럽지만 못해드릴 것 같아요.
- I did already. 저는 이미 했어요.
- Thanks, but ~ 감사합니다만, ~
- I wasn't planning to. 그럴 계획이 아니었어요.
- Sorry, I'm busy that day. 죄송해요, 저 그날 바빠요.
- I'd like to, but ~ 그러고 싶지만, ~

❷ 선택 의문문 🎧 08-2.mp3

‣ 선택 의문문은 'A or B'의 구조로 두 가지 선택 사항을 제시하는 의문문으로, 둘 중 한 가지 선택 사항을 택하는 내용이 정답인 경우가 가장 많습니다.

‣ 둘 다 아닌 제 3의 것을 언급하거나 '아직 결정나지 않았다', '잘 모르겠다'와 같은 유형의 응답도 정답이 될 수 있으니 이러한 응답에 대비하면서 듣도록 합니다.

■ A, B 중 하나 선택

꿀팁 가장 흔한 정답 유형으로, A, B 둘 중 하나를 선택할 때 질문에 나온 단어나 표현을 그대로 씁니다.

Q Should we <u>fax the report</u> or <u>send it by mail</u>? A B	보고서를 팩스 보내야 할까요, 아니면 우편으로 보내야 할까요?
A A fax would be much quicker.	팩스가 훨씬 더 빠를 것 같아요.
Q Have you <u>ordered more paper</u>, or <u>should I do it</u>? A B	종이를 더 주문하셨나요, 아니면 제가 해야 할까요?
A I took care of it.	제가 처리했어요.

꿀팁 고난도 문제의 경우 이와 같이 A, B 둘 중 하나를 선택해 다른 말로 바꿔 말합니다.

■ 둘 중 아무거나, 둘 다 아님

Q Would you rather <u>get tickets for Saturday</u> or <u>Sunday</u>? A B	토요일 티켓을 원하세요, 아니면 일요일 티켓을 원하세요?
둘 중 어느 것 **A1** <u>Either</u> day is fine with me.	전 둘 중 아무 날이나 괜찮아요.
둘 중 아무 것도 아닌 **A2** <u>Neither</u>. I prefer Friday.	둘 다 아니에요. 전 금요일이 좋아요.

■ 제 3의 선택, 의외의 응답

Q Does Mr. Crawford work in <u>Marketing</u> or <u>Accounting</u>? A B	크로포드 씨는 마케팅부에서 근무하시나요, 아니면 회계부에서 근무하시나요?
A1 He works in Sales. → A, B 이외의 제 3의 응답	그는 영업부에서 근무해요.
A2 I'm not sure. → 의외의 응답	잘 모르겠어요.

 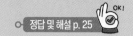
음원을 듣고 각각의 선택지가 질문에 알맞은 응답이면 O, 아니면 X에 표시한 뒤, 빈칸을 채워보세요.

1 Do you want to [_____] the laptop or the tablet computer?

(A) It's on top of the shelf.   [O X]

(B) The tablet's [_____].   [O X]

(C) It's 500 dollars.   [O X]

2 Can you [_____] the lighting, or should we [_____] an electrician?

(A) He already faxed me.   [O X]

(B) It gets dark around five.   [O X]

(C) I think [_____].   [O X]

3 [_____] extra uniforms for the new employees?

(A) In the supply room.   [O X]

(B) I already did.   [O X]

(C) Oh, [_____].   [O X]

4 Would you like to [_____] notifications by mail or e-mail?

(A) I [_____] e-mails.   [O X]

(B) Could you call me instead?   [O X]

(C) [_____].   [O X]

5 Could you [_____] the employees about our new vacation policy?

(A) Two weeks in July.   [O X]

(B) Anyone can apply.   [O X]

(C) [_____], I'll do it right now.   [O X]

🚩이 단어만은 꼭!

1 on top of ~ 맨 위에, 꼭대기에 carry ~을 휴대하다, 나르다 2 fix ~을 수리하다, 고치다 electrician 전기 기사 fax v. ~에게 팩스를 보내다 3 extra 추가의, 여분의 4 receive ~을 받다 notification 통지(서) prefer ~을 선호하다 instead 대신에 either 둘 중 어느 것이든 5 remind ~에게 상기시키다 policy 정책, 방침 apply 지원하다, 신청하다

정답 및 해설 p. 26

학습한 내용을 적용해 실제 시험 난이도와 비슷한 문제들을 풀어 보세요. 🎧 08-4.mp3

특강 10
실전 문제
풀이 시연

> **Part 2** 실전 문제 풀이 지침
>
> 1. 순식간에 지나가기 때문에 0.1초만 딴 생각을 해도 놓치게 됩니다. 최대한 집중력을 유지하세요.
> 2. 가능하다면 질문의 가장 중요한 키워드를 적어 두세요. 질문의 핵심 내용을 끝까지 기억하는 데 도움이 됩니다.
> 3. 각 선택지를 들으면서 확실한 오답은 X, 확실한 정답은 O, 모호한 것은 △ 표시해 두세요. 듣는 도중 정답이라고 생각되는 것이 있더라도 끝까지 듣고 확인한 후 정답을 마킹하세요.

1 Mark your answer. (A) (B) (C)

2 Mark your answer. (A) (B) (C)

3 Mark your answer. (A) (B) (C)

4 Mark your answer. (A) (B) (C)

5 Mark your answer. (A) (B) (C)

6 Mark your answer. (A) (B) (C)

7 Mark your answer. (A) (B) (C)

8 Mark your answer. (A) (B) (C)

9 Mark your answer. (A) (B) (C)

10 Mark your answer. (A) (B) (C)

11 Mark your answer. (A) (B) (C)

12 Mark your answer. (A) (B) (C)

1 Could you make me a copy of this sales report?

(A) It hasn't been reported yet.

(B) I'm afraid the copy machine is out of order.

(C) OK, you can contact him by e-mail.

2 Would you like to come to the cooking demonstration?

(A) In the shopping mall.

(B) Who else is attending?

(C) Every Monday.

3 Would you rather book a room downtown or near the beach?

(A) How about at noon?

(B) Yes, I have one.

(C) Either is fine.

4 Do we have enough printing paper, or should we order more?

(A) I prefer the colored copy.

(B) That's a good deal.

(C) I'll check the storage room.

5 Would you mind if I opened the window?

(A) No, I don't mind.

(B) It's a nice view.

(C) The bakery closes at 9.

6 Are you going anywhere over the weekend or are you staying home?

(A) I'm going camping.

(B) We'll stay a little longer.

(C) Isn't it too boring?

7 Would you like a paper or a plastic bag for your purchases?

(A) Neither, actually.

(B) Extra bread, please.

(C) I wrote it on the paper.

8 Could you help me set up these tables on the first floor?

(A) Perhaps we can hold it indoors.

(B) At the back of the building.

(C) Sure, just give me a moment.

9 Would you prefer a room with a balcony or one without?

(A) I have no preference.

(B) To see the river view.

(C) I appreciate it.

10 Do you want to pick up the books or would you rather have them delivered?

(A) I'll stop by your store after 6 P.M.

(B) I just need four copies.

(C) Yes, she arrived last night.

11 Would you like to join us for a coffee after work?

(A) No, I didn't receive a memo.

(B) Sure, that would be lovely.

(C) It starts in August.

12 Would you prefer to meet at lunch time, or another time?

(A) I'd prefer chicken.

(B) Whatever is convenient for you.

(C) It was delicious, thank you.

DAY 09 평서문/부가 의문문

1 평서문 🎧 09-1.mp3

▸ 마침표로 끝나는 일반 문장이 제시되고, 그 말에 대한 적절한 반응을 고르는 문제가 매회 2~4 문항 출제됩니다.

▸ 상대방에게 궁금한 것을 묻는 질문이 아니기 때문에 정답으로 적절한 반응을 예측하기가 쉽지 않아 난이도가 높습니다.

▸ **강하게 발음되는 내용어(대체로 동사나 명사) 위주로 들어** 말하는 이의 의도를 재빨리 파악하고 각 선택지와의 의미 관계를 명확히 판단해 내는 것이 핵심입니다.

▪ 정보/사실 전달
정보나 사실을 전달하는 평서문에 대해 **추가 정보를 되묻는 응답**이나 **제공된 정보에 대한 의견**이 정답으로 잘 나옵니다.

Q You need to **fill out** this **application form** to become a **member**.	회원이 되려면 이 신청서를 작성하셔야 합니다.
A Can I do it online?	온라인으로 할 수 있을까요?
Q I just **found out** that we **have a meeting** today.	오늘 회의가 있다는 걸 방금 알았어요.
A What is it about?	무엇에 관한 거죠?
Q The **parking fee** is **three dollars** an hour.	주차료가 시간당 3달러입니다.
A That's expensive.	비싸네요.

▪ 문제 상황 알림
문제 상황을 알리는 평서문에 대해 **해결책을 제시하는 응답**이 정답으로 잘 나옵니다.

Q I don't **understand** what this **error message means**.	이 오류 메시지가 무슨 뜻인지 모르겠어요.
A I have the user manual on my desk.	제 책상 위에 사용 설명서가 있어요.
Q I can't **reach** the top shelf.	꼭대기 선반에 손이 닿질 않아요.
A Why don't you use a ladder?	사다리를 이용하는 게 어때요?
Q The **photocopier** is **broken** again today.	복사기가 오늘 또 고장 났네요.
A I know. I just called the engineer.	알아요. 방금 기술자에게 전화했어요.

■ 감정/의견 표현

자신의 감정이나 의견을 밝히는 평서문에는 상대방의 말에 대한 **의견을 제시하는 응답**이 자주 정답으로 나옵니다.

Q I'm **not sure** if I should **take this Web design class.**	이 웹 디자인 수업을 들어야 할지 잘 모르겠어요.
A I found it helpful when I took it last month.	제가 지난달에 들었을 때 도움이 된다고 생각했어요.
Q I think we should **let Kelly make the presentation.**	제 생각에 켈리에게 발표를 시켜야 할 것 같습니다.
A But Sam knows the material better.	하지만 샘이 그 자료를 더 잘 알잖아요.
Q I really **like the shoes** in the display window.	진열대에 있는 신발이 정말 마음에 들어요.
A Let me see if we have any in stock.	재고가 있는지 알아보겠습니다.

■ 제안/요청

의문문이 아닌 **평서문으로도 제안이나 요청**을 할 수 있습니다. 이 유형의 다양한 표현들(Let's ~, I'd like you to ~, Please ~, We should ~)과 함께 제안이나 요청에 어울리는 응답도 알아두세요.

Q **Let's continue this conversation** tomorrow.	이 대화를 내일 계속해서 합시다.
A When would be a suitable time?	언제가 적당한 시간일까요?
Q **I'd like you to review** these slides before my presentation.	제 발표 전에 이 슬라이드 좀 검토해 주셨으면 합니다.
A Let me check my schedule.	제 일정 좀 확인할게요.
Q **Please unplug the device** when you're done with it.	다 쓰시면 그 기기의 플러그를 빼 주세요.
A I'll be sure to do it.	꼭 그렇게 하겠습니다.

꿀팁 I'd like you to do: 당신이 ~해주면 좋겠어요.
I'd like to do: 저는 ~하고 싶습니다.

② 부가 의문문 🎧 09-2.mp3

▸ 부가 의문문은 『평서문 + 꼬리말』의 구조로, 상대방으로부터 동의를 이끌어 내거나 사실을 확인하는 용도로 사용하는 의문문입니다.

▸ 평서문이 긍정문이면 꼬리말에 not이 붙고, 부정문으로 제시되면 꼬리말에 not이 붙지 않습니다.

   ex. You are the new manager, aren't you?
      Mr. Chen didn't attend the meeting, did he?

▸ 대부분 Yes/No로 답한 후 관련 정보를 추가로 언급하는 방식으로 정답이 제시됩니다. 하지만 오답 선택지에도 Yes/No를 배치해 혼동을 유발하는 경우가 많으므로 선택지를 하나하나 들으면서 질문 내용과의 연관성을 확인해야 합니다.

■ 긍정문 + 부정 꼬리말

> **Q Rachel Wood is the new head of our department**, isn't she?
>
>   레이첼 우드 씨가 우리 부서의 신임 부장님이시죠, 그렇지 않은가요?
>
>   → 레이첼 우드 씨가 우리 부서의 신임 부장님이시죠?
>
> **A1 Yes, she was appointed last week.**
>   네, 지난주에 임명되셨어요.
>
> **A2 No, she manages another office.**
>   아뇨, 그분은 다른 사무실을 관리하세요.
>
> 🐝**꿀팁** 문제를 풀 때 꼬리말의 형태가 어떻든 전혀 신경 쓰지 않아도 됩니다. 앞에 제시되는 평서문을 잘 듣고 문장의 내용이 맞으면 Yes, 아니면 No로 대답하는 것을 고르면 됩니다.

■ 부정문 + 긍정 꼬리말

> **Q This month's magazine hasn't arrived yet**, has it?
>   → This month's magazine has arrived
>
>   이번 달 잡지가 아직 도착하지 않았죠, 그렇죠?
>
>   → 이번 달 잡지가 도착했죠?
>
> **A1 It's on the lounge desk.**
>   라운지 책상 위에 있어요.
>
> **A2 I'm not sure. Let me check.**
>   모르겠어요. 확인해 볼게요.
>
> 🐝**꿀팁** 부가 의문문이 나오면 주어진 문장에 not이 있더라도 무조건 긍정으로 해석해서 문장의 내용이 맞으면 Yes, 아니면 No로 대답하는 것을 고르면 됩니다. 이때 Yes/No를 생략하고 대답하는 경우나 의외의 응답을 하는 경우에 주의해야 합니다.

■ 긍정문/부정문 + 꼬리말 right

> **Q You've met Mr. Spencer before**, right?
>   전에 스펜서 씨를 만난 적 있죠, 그렇죠?
>
>   → 전에 스펜서 씨를 만난 적 있죠?
>
> **A1 I met him at a trade fair.** → Yes 생략
>   무역 박람회에서 만났어요.
>
> **A2 I don't think so.** → No 생략
>   그런 것 같지 않은데요.
>
> 🐝**꿀팁** 앞에 제시되는 평서문의 주어-동사 형태와 상관없이 쓰이는 꼬리말, right도 알아두세요.

 PRACTICE 🎧 09-3.mp3

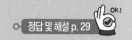 정답 및 해설 p. 29

음원을 듣고 각각의 선택지가 질문에 알맞은 응답이면 O, 아니면 X에 표시한 뒤, 빈칸을 채워보세요.

1 I just heard that the concert has been [   ].

(A) No, I haven't heard from him. [O X]

(B) [   ]? [O X]

(C) That's very [   ]! [O X]

2 Please [   ] when you're finished with the copy machine.

(A) Sure, I'm [   ]. [O X]

(B) It's on the second floor. [O X]

(C) The copy room has plenty of paper left. [O X]

3 Ms. Bowen [   ] today, didn't she?

(A) Sure, I'll design it again. [O X]

(B) That's [   ]. [O X]

(C) Yes, this morning. [O X]

4 This month's budget report [   ] yet, has it?

(A) I'll help with your proposal. [O X]

(B) It [   ] discussed more. [O X]

(C) The manager just received it. [O X]

5 I'd like you to [   ] last month's sales figures in the report.

(A) Where should I [   ] in the report? [O X]

(B) Sure, it's no problem. [O X]

(C) Yes, I've figured it out. [O X]

이 단어만은 꼭!

1 postpone ~을 연기하다, 미루다 disappointing 실망시키는 2 let A know: A에게 알리다 be finished with ~을 마치다, 끝내다 copy machine 복사기 be almost done 거의 다 되다 have A p.p.: ~된 A가 있다 plenty of 많은 leave ~을 남기다 3 resign 사임하다 4 budget 예산 approve ~을 승인하다 help with ~하는 것을 돕다 proposal 제안(서) discuss ~을 논의하다, 이야기하다 receive ~을 받다 5 include ~을 포함하다 sales figures 매출 수치 figure A out: A를 알아내다

정답 및 해설 p. 30

학습한 내용을 적용해 실제 시험 난이도와 비슷한 문제들을 풀어 보세요. 🎧 09-4.mp3

특강 11

실전 문제
풀이 시연

Part 2 실전 문제 풀이 지침

1. 순식간에 지나가기 때문에 0.1초만 딴 생각을 해도 놓치게 됩니다. 최대한 집중력을 유지하세요.

2. 가능하다면 질문의 가장 중요한 키워드를 적어 두세요. 질문의 핵심 내용을 끝까지 기억하는 데 도움이 됩니다.

3. 각 선택지를 들으면서 확실한 오답은 X, 확실한 정답은 O, 모호한 것은 △ 표시해 두세요. 듣는 도중 정답이라고 생각되는 것이 있더라도 끝까지 듣고 확인한 후 정답을 마킹하세요.

---

1 Mark your answer.   (A)   (B)   (C)

2 Mark your answer.   (A)   (B)   (C)

3 Mark your answer.   (A)   (B)   (C)

4 Mark your answer.   (A)   (B)   (C)

5 Mark your answer.   (A)   (B)   (C)

6 Mark your answer.   (A)   (B)   (C)

7 Mark your answer.   (A)   (B)   (C)

8 Mark your answer.   (A)   (B)   (C)

9 Mark your answer.   (A)   (B)   (C)

10 Mark your answer.   (A)   (B)   (C)

11 Mark your answer.   (A)   (B)   (C)

12 Mark your answer.   (A)   (B)   (C)

실전 감잡기 Script

1 Today is the perfect day for a golf tournament, isn't it?

(A) Right, the weather is beautiful.

(B) It will start soon.

(C) Usually every weekend.

2 You've met Mr. Hawkins before, haven't you?

(A) Sometime next week.

(B) No, I don't think so.

(C) He's the most qualified.

3 I'd like to make a reservation for a rental car.

(A) Your name, please?

(B) I thought I returned it.

(C) Thanks, I'd love to.

4 I heard the project manager is going on a business trip to South Africa.

(A) How long will it be?

(B) A factory in Taiwan.

(C) Yes, he came back from his trip.

5 You're going to the music festival, aren't you?

(A) There were many musicians.

(B) Could you turn the volume down?

(C) Only if I can get a day off.

6 Sales of our new menu items have been lower than we expected.

(A) At tomorrow's meeting.

(B) I know. It's disappointing.

(C) It's on sale now.

7 That was the last session of the workshop, right?

(A) Last semester.

(B) No, there's a couple more.

(C) Yes, I registered in advance.

8 Rhonda has offered to organize the design workshop.

(A) That will be a great help.

(B) Place the sign by the front door.

(C) It's open to all team members.

9 We should send travel receipts to the Personnel Department, shouldn't we?

(A) Thanks, we had an amazing trip.

(B) I'll give you a ride.

(C) No, to Cathy in Accounting.

10 We should check for any errors in these blueprints.

(A) Building designs, I think.

(B) Alex already reviewed them.

(C) Yes, for a new shopping mall.

11 I think Luis will be the top salesman this month, don't you?

(A) Well, it was on sale.

(B) Yeah, he's done very well.

(C) No, in Human Resources.

12 I don't know where my ID card is.

(A) We'll find out tomorrow.

(B) I saw it in the break room.

(C) Let's get a rental car.

기본토익 700+

PART 3

짧은 대화 문제 미리보기

▷ 문항 수: 39문항 (32번~70번)
▷ 두 명, 혹은 세 명이 나누는 대화를 듣고 관련 질문에 대한 정답을 고르는 유형입니다.
▷ 총 13개 대화가 나오고, 대화 한 개당 세 문제씩 제시됩니다.
▷ 대화를 듣기 전에 문제지에 제시된 문제들을 미리 읽어 두어야 합니다.

 문제지

32. Where are the speakers?
    (A) In a gym
    (B) In an office
    (C) In a clinic
    (D) In a store V

33. What does the man inquire about?
    (A) Size options V
    (B) Special discounts
    (C) Available colors
    (D) Product prices

34. What does the woman suggest?
    (A) Coming back tomorrow
    (B) Looking for an item together V
    (C) Trying out a different product
    (D) Purchasing an item online

 음원

Questions 32-34 refer to the following conversation.

M Hello, I'm looking for some running shoes. They're the Ultra Boost 301s. Do you carry them?

W Actually, we do. In fact, that style is currently available at 40 percent off.

M Great! And I was wondering if they're available in large sizes such as size 295 or 300.

W I'm not sure. Let's go to the display stands and take a look at what we have available.

Number 32. Where are the speakers?

Number 33. What does the man inquire about?

Number 34. What does the woman suggest?

DAY 10 주제/목적/문제점 문제

① 주제/목적을 묻는 문제 🎧 10-1.mp3

▸ Part 3에서는 대화 하나당 세 문제씩 출제되는데, 그 중 **첫 번째 문제로** 잘 나오는 문제 유형입니다.

▸ 질문을 먼저 읽고 주제/목적 문제임을 파악한 후, 대화가 시작되면 첫 번째 화자의 말에 집중해 듣고 **그 화자의 말이 다른 말로 약간 바뀌어 나온(Paraphrase) 선택지를 고르면** 됩니다.

Q. **What are the speakers mainly discussing?** → 화자들이 주로 이야기하고 있는 것

(A) An office renovation　　　　　　　　　　사무실 개조

(B) **Some new policies** ∘⁻⁻ 몇몇 새로운 정책

(C) A new product　　　　　　　　　　　　신상품

(D) Building repairs　　　　　　　　　　　건물 수리

W: How do you feel about our new CEO? He has implemented a lot of strict **new policies** that will affect our office environment. **M:** Yes, I really don't think it is necessary to **ban all mobile phone use** and **shorten our break times.**	여: 우리 신임 대표이사님에 대해 어떻게 생각하세요? 그분께서 우리 사무실 환경에 영향을 줄 엄격한 새 방침을 많이 실시하셨잖아요. 남: 맞아요, 전 정말 모든 휴대폰 사용을 금지하고 우리 휴식 시간을 줄이는 게 필요하다고 생각하지 않아요.

■ 대화에서 주제나 목적이 드러나는 문장 유형

첫 번째 화자의 질문	**What do you think about** the new software program? 새 소프트웨어 프로그램에 대해 어떻게 생각해요? ❶ 예상 대화 주제 새로운 소프트웨어 프로그램
전화 용건을 말하는 문장	**I'm calling to inquire about** shipping items to some European countries. 몇몇 유럽 국가들로 제품을 발송하는 것에 대해 문의하기 위해 전화 드립니다. ❶ 예상 전화 목적 해외 발송 서비스에 대해 문의하려고
요청 사항을 말하는 문장	**I'd like to make a reservation. I'm organizing a dinner** for 10 people. 예약을 하고 싶습니다. 제가 10명 저녁 식사 자리를 마련하는 중입니다. ❶ 예상 대화 주제 저녁 식사 예약

② 문제점을 묻는 문제 🎧 10-2.mp3

▸ 질문에 problem이 보이면 문제점을 묻는 것이므로 **대화에 부정적인 내용**(작동이 안 된다, 너무 비싸다, 재고가 없다, 늦었다 등)이 나올 것을 예상하고 들어야 합니다.

▸ 문제점을 묻는 문제가 있으면 첫 번째 화자가 문제점 발생 상황을 언급하는 것으로 대화가 시작되기 때문에 **첫 번째 화자의 말**을 놓치지 않고 잘 들어야 합니다.

▸ 단서 내용이 선택지에 다른 말로 약간 바뀌어 나오며, 4개의 선택지가 모두 문장으로 제시되므로 빠르게 해석할 수 있어야 합니다.

Q. What problem does the man mention? → 남자가 말하는 문제점

(A) A workshop was canceled.   워크숍이 취소되었다.

(B) An employee missed a meeting.   직원이 회의에 참석하지 않았다.

(C) A room was not reserved. ○   방이 예약되지 않았다.

(D) A machine is not working.   기계가 작동하지 않는다.

W: Is everything arranged for the employee training workshop this morning?

M: Actually, we were planning to hold the session here in our main building, but I forgot to reserve the meeting room.

여: 오늘 오전에 있을 직원 교육 워크숍에 필요한 모든 것이 준비되어 있나요?

남: 사실, 우리가 그 시간을 이곳 본관에서 열 계획이었는데, 제가 회의실을 예약하는 것을 잊었습니다.

■ 대화에서 문제점이 언급되는 문장 유형

문제점이 있다	We're currently **having some problems** with our Web site. 현재 우리 웹사이트에 몇몇 문제점들이 있어요.
~할 수 없다	**I can't** connect to the Internet, so **I can't** check my e-mail. 제가 인터넷에 접속할 수가 없어서, 제 이메일을 확인할 수 없어요.
부정적인 내용을 알리는 신호	**Unfortunately**, the cars you liked are not within your budget. 안타깝게도, 당신이 마음에 들어한 차들은 당신의 예산 내에 있지 않아요. ❶ 부정적인 표현 Unfortunately, I'm sorry, I'm afraid, but, actually, however

특강 12
토익에 잘 나오는
문제 상황들

③ 주제/목적/문제점 질문 유형 🎧 10-3.mp3

다양한 질문 형태를 미리 충분히 익혀 두세요. 그렇게 하면 실전에서 질문을 파악하는 데 0.5초 밖에 걸리지 않으므로 어느 부분에 초점을 맞춰 들어야 하는지 미리 대비하고 대화를 들을 수 있어 유리합니다.

대화의 주제를 묻는 질문 유형

What is the conversation mainly about?
대화는 주로 무엇에 관한 것인가?

What are the speakers mainly discussing?
화자들은 주로 무엇을 얘기하고 있는가?

What is the main topic of the conversation?
대화의 주제는 무엇인가?

What are the speakers planning?
화자들은 무엇을 계획하고 있는가?

🍯꿀팁 주제 문제의 단서는 대화의 첫 대사에 나오는 경우가 대부분이기 때문에 대화가 시작되는 시점에 최대한 집중해 첫 대사를 놓치지 말고 들어야 합니다. 주제를 묻는 일반적인 질문 외에도 '화자들은 무엇을 계획하고 있는가?'와 같은 질문도 종종 나옵니다.

전화의 목적을 묻는 질문 유형

Why is the man calling?
남자는 왜 전화하는가?

What is the purpose of the call?
전화의 목적은 무엇인가?

🍯꿀팁 전화 대화에서 전화를 건 목적이나 이유를 묻는 문제가 잘 나옵니다. 대화가 시작될 때 전화를 건 사람의 첫 대사에 반드시 용건이 언급되므로 그 내용을 놓치지 말아야 합니다.

문제점을 묻는 질문 유형

What is the problem?
무엇이 문제인가?

What problem does the man mention?
남자가 무슨 문제점을 언급하는가?

What is the woman concerned[worried] about?
여자는 무엇에 대해 우려[걱정]하는가?

🍯꿀팁 특정 문제점이나 걱정거리가 무엇인지 묻는 유형으로, 부정적인 내용을 말하는 문장에 정답 단서가 있습니다. 따라서 이러한 유형의 질문이 보이면 대화에 부정적인 내용이 제시된다는 것을 미리 생각하고 듣는 것이 좋습니다.

 **PRACTICE** 🎧 10-4.mp3 ○● 정답 및 해설 p. 33 👌

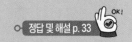

음원을 듣고 질문에 맞는 선택지를 고른 뒤, 빈칸을 채워보세요.

1 Why is the **man calling**?

(A) To check the status of an order 주문 상태를 확인하기 위해
(B) To inquire about a menu 메뉴에 관해 문의하기 위해
(C) To request a group discount 단체 할인을 요청하기 위해
(D) To schedule a meeting 회의 일정을 잡기 위해

M: Hi, I'm organizing a birthday party for my manager. Do you [＿＿＿＿＿＿] [＿＿＿＿] for birthday parties? I think there should be around 20 people in total.

W: Yes, we offer a special 5-course meal for group celebrations like that. And, you can personalize some of the courses, according to your preferences.

2 What problem does the **man mention**?

(A) A phone number is wrong. 전화번호가 잘못되었다.
(B) A photocopier is broken. 복사기가 고장 났다.
(C) Some parts were not delivered. 일부 부품이 배송되지 않았다.
(D) Repair costs are too high. 수리비가 너무 비싸다.

M: Polly, I'm afraid the photocopier [＿＿＿＿＿＿＿＿＿＿].
All of the copies are messy, and I already tried changing the ink cartridge.

W: Oh, I think I have the number for the repair technician. Here you are. It's 555-3987.

이 단어만은 꼭!

1 check ~을 확인하다 status 상태 order 주문(품) inquire about ~에 대해 문의하다 request ~을 요청하다 schedule v. ~의 일정을 잡다 organize ~을 준비하다, 조직하다 around 약, 대략 in total 총, 모두 합쳐 offer ~을 제공하다 celebration 기념 행사, 축하 행사 personalize ~을 개인의 필요에 맞추다 according to ~에 따라 preference 선호(하는 것) 2 mention ~을 언급하다 photocopier 복사기 broken 고장 난 part 부품 deliver ~을 배송하다 repair 수리 cost 비용 I'm afraid (that) (부정적인 일에 대해) ~인 것 같다 work (기계 등이) 작동되다 properly 제대로, 적절히 messy 엉망인, 지저분한 try -ing ~하려 해보다, 시도하다 technician 기술자

학습한 내용을 적용해 실제 시험 난이도와 비슷한 문제들을 풀어 보세요. 🎧 10-5.mp3

Part 3 실전 문제 풀이 지침

1. 대화가 나오기 전에 세 개의 문제를 빠르게 읽고 핵심을 파악합니다. 이때 키워드에 동그라미를 쳐 둡니다.
2. 미리 읽은 문제와 관련된 내용을 노려 듣습니다.
3. 정답을 찾으면 문제지에 바로 체크하고 다음 문제를 읽습니다. 답안지 마킹은 나중에 한꺼번에 해도 됩니다.

특강 13
실전 문제
풀이 시연

1 What are the speakers mainly discussing?

(A) A sales report
(B) A product launch
(C) A store opening
(D) A training session

2 What problem does the man mention?

(A) Some staff members are late.
(B) A meeting was postponed.
(C) Some information was not sent.
(D) A product has sold poorly.

3 What does the man agree to do by Tuesday?

(A) Arrange a meeting
(B) Speak with his manager
(C) E-mail a document
(D) Visit a client

4 What are the speakers discussing?

(A) Organizing a trip
(B) Purchasing a property
(C) Renovating a building
(D) Planning an event

5 Who most likely is Mr. Goldberg?

(A) An architect
(B) An interior designer
(C) A real estate agent
(D) A financial advisor

6 What does the woman recommend that the man do?

(A) Call an office
(B) Provide an e-mail address
(C) Visit a Web site
(D) Fill out a survey

정답 및 해설 p. 34

7 Why is the man calling?

(A) To organize a meal
(B) To increase an order
(C) To request information
(D) To complain about some items

8 Where does the woman probably work?

(A) At a coffee shop
(B) At a supermarket
(C) At a factory
(D) At a hotel

9 What does the woman say she will do?

(A) Speak to her supervisor
(B) Provide a bulk discount
(C) Prepare some food items
(D) Change a delivery time

10 What is the problem?

(A) A blueprint has been misplaced.
(B) A computer is malfunctioning.
(C) A client has not arrived.
(D) Some information is wrong.

11 Why is the woman concerned?

(A) She has to finish some work.
(B) She is late for a meeting.
(C) She forgot to save a document.
(D) She lost some contact details.

12 What does the woman say she will do next?

(A) Cancel a meeting
(B) Back up her work
(C) Contact a client
(D) Install some software

Questions 1-3 refer to the following conversation.

W: Good afternoon, Terry. I'm calling about the report you are writing. You've been adding up the sales of all our products, right?

M: Yes, that's right. But, some figures from our Chicago branch haven't been sent yet. As a result, I think the report might be delayed by a couple of days.

W: That's not a problem. But I'd appreciate it if you could e-mail the document to me as soon as it's finished. I'll need it for next week's management meeting.

M: Sure. I'll get it to you by Tuesday at the latest.

1 What are the speakers mainly discussing?

(A) A sales report
(B) A product launch
(C) A store opening
(D) A training session

3 What does the man agree to do by Tuesday?

(A) Arrange a meeting
(B) Speak with his manager
(C) E-mail a document
(D) Visit a client

2 What problem does the man mention?

(A) Some staff members are late.
(B) A meeting was postponed.
(C) Some information was not sent.
(D) A product has sold poorly.

Questions 4-6 refer to the following conversation.

M: Hi, Joanna. I'm considering buying a new house, and I heard you mention that you bought yours through Goldberg Realty. Were they helpful?

W: Definitely. You should go to their offices and have a chat with Jeff Goldberg. He has so much experience in finding the perfect homes for his clients, especially young families.

M: That sounds perfect. Where is his agency?

W: It's on the corner of Mitchum and Twelfth. But, I would strongly recommend visiting the company's Web site first. There's a lot of useful information on it that will help you prepare for your meeting.

4 What are the speakers discussing?

(A) Organizing a trip
(B) Purchasing a property
(C) Renovating a building
(D) Planning an event

6 What does the woman recommend that the man do?

(A) Call an office
(B) Provide an e-mail address
(C) Visit a Web site
(D) Fill out a survey

5 Who most likely is Mr. Goldberg?

(A) An architect
(B) An interior designer
(C) A real estate agent
(D) A financial advisor

Questions 7-9 refer to the following conversation.

M: Hi, this is Jim Thorpe from the Bridges Corporation. I called you earlier this morning to place an order for 25 beverages for our lunchtime meeting. I'd like to increase the order to 50 beverages. Can you still bring those up to our offices by 1 P.M. today?

W: I'm sorry, sir, but our coffee shop is understaffed today, and lunchtime is our busiest period. If you require 50 beverages, we might not manage to deliver them until around 2.

M: Really? Well, maybe we can just take the 25 drinks, but could you include 25 muffins as well?

W: Yes, that will be possible. I can warm those up quite quickly and bring them along with your drinks at 1 P.M.

7 Why is the man calling?

(A) To organize a meal
(B) To increase an order
(C) To request information
(D) To complain about some items

9 What does the woman say she will do?

(A) Speak to her supervisor
(B) Provide a bulk discount
(C) Prepare some food items
(D) Change a delivery time

8 Where does the woman probably work?

(A) At a coffee shop
(B) At a supermarket
(C) At a factory
(D) At a hotel

Questions 10-12 refer to the following conversation.

M: Good morning, Ms. Lang. I am here to fix the laptop that you called about. What exactly is the matter with it?

W: The laptop keeps shutting down by itself every 10 minutes or so. I need to finish working on a blueprint that I should send to a client within the hour. Will you be able to fix the problem quickly?

M: I think I'll need to download and install some software and reboot the system. It'll probably take at least 30 minutes.

W: Oh, then I'm not going to have much time left for my work. I'd better call my client and let him know about the delay.

10 What is the problem?

(A) A blueprint has been misplaced.
(B) A computer is malfunctioning.
(C) A client has not arrived.
(D) Some information is wrong.

11 Why is the woman concerned?

(A) She has to finish some work.
(B) She is late for a meeting.
(C) She forgot to save a document.
(D) She lost some contact details.

12 What does the woman say she will do next?

(A) Cancel a meeting
(B) Back up her work
(C) Contact a client
(D) Install some software

DAY 11 장소/신분/직업 문제

❶ 대화 장소를 묻는 문제 🎧 11-1.mp3

▸ 대화가 진행되는 장소를 묻는 문제에 대한 단서로 장소의 명칭 등이 대화에 직접적으로 언급되기도 하지만, 어려운 문제의 경우 대화 중에 드러나는 관련 단어들을 통해 장소를 유추해야 합니다.

▸ 이때 반드시 **2개 이상의 키워드를 종합해** 정답을 고르도록 하세요. 처음에 들리는 키워드 한 개만 듣고 섣불리 유추하면 오답 함정에 빠질 수 있습니다.

Q. **Where** most likely are the **speakers?** → 화자들이 있는 곳

   (A) At a manufacturing facility   제조 시설에

   (B) **At an auto repair shop** ○······   자동차 수리소에

   (C) At a gas station   주유소에

   (D) At a parking garage   실내 주차장에

W: Here are my keys. Can you tell me roughly when I should come back to pick up the car?

M: We are going to replace some parts, change the oil, and perform a safety inspection. So it won't be ready until 4 o'clock.

여: 여기 제 열쇠가 있어요. 차를 가지러 대략 언제쯤 다시 오면 되는지 알려주시겠어요?

남: 일부 부품을 교체하고, 오일을 교환한 다음, 안전 점검을 실시할 겁니다. 따라서 4시나 되어야 준비될 겁니다.

▪ 대화 장소 및 관련 직업 키워드

장소	관련 직업	키워드	
store 매장	store clerk 매장 점원 sales representative 판매원 customer service representative 고객 서비스 담당 직원	in stock 재고가 있는 receipt 영수증 refund 환불, 환불해주다 special offer 특가 accept credit card 신용 카드를 받다	out of stock 재고가 없는 discount 할인 exchange 교환, 교환하다
hotel 호텔	front desk clerk 안내 데스크 직원	check in 입실 수속을 하다 reservation 예약 suite room 스위트 룸	check out 퇴실 수속을 하다 room service 룸서비스 banquet hall 연회장
auto repair shop 자동차 수리소	mechanic 정비사	auto parts 자동차 부품 flat tire 펑크 난 타이어 have the tires replaced 타이어를 교체 받다	inspection 점검, 검사 garage 차량 정비소
catering company 출장 요리 제공 업체	caterer 출장 요리 제공업자	catering service 출장 요리 서비스 food service 음식 서비스 cater an event 행사에 출장 음식을 제공하다 corporate party 회사 파티 food order 음식 주문	

❷ 신분/직업/직책을 묻는 문제 🎧 11-2.mp3

▸ 대화를 나누는 사람들이 누구인지 묻거나 그중 한 사람이 누구인지 묻는 문제가 나옵니다.

▸ 화자들 중 한 사람의 신분을 묻는 문제의 정답 단서가 그 사람의 말이 아닌 상대방의 말에 언급되는 경우도 많으므로 **두 사람 모두의 말에 귀 기울여야** 합니다.

Q. Who most likely is **the man**? → 남자의 신분

(A) **A caterer** o ·············   출장 요리 제공업자

(B) A food critic   음식 비평가

(C) A supermarket manager   슈퍼마켓 매니저

(D) A delivery worker   배송 직원

M: Thank you for your interest in **our catering service**, Ms. Clark. When will you send us **your menu choices for the banquet**?

W: Actually, we're still waiting on feedback from our employees before we make a final decision. The banquet will be held on July 21, so we'll give you a detailed food order by July 14.

남: 저희 출장 요리 서비스에 대한 관심에 감사드립니다, 클라크 씨. 언제 저희에게 연회 메뉴 선택 사항을 보내주시겠습니까?

여: 사실, 최종 결정을 내리기 전에 여전히 저희 직원들로부터 의견을 기다리는 중입니다. 연회는 7월 21일에 개최되기 때문에, 7월 14일까지 상세한 음식 주문 사항을 전해 드리겠습니다.

■ 대화 장소 및 관련 직업 키워드

장소	관련 직업	키워드	
real estate agency 부동산 중개업체	real estate agent 부동산 중개인 property manager 건물 관리자	resident 주민 lease 임대차 계약(서) office space 사무 공간	tenant 세입자 rent 임대하다, 임대(료) property 부동산, 건물
medical clinic, doctor's office 병원, 진료소	doctor 의사 nurse 간호사 receptionist 접수 직원 dentist 치과 의사	patient 환자 appointment 진료 예약 test results 검사 결과 cavity 충치	medical records 진료 기록 regular check-up 정기 검진 medication 약물 (치료) dental appointment 치과 예약
factory 공장 manufacturing facility 제조 시설	factory worker 공장 직원	give a tour 견학을 시켜주다 machine 기계, 장비 safety inspection 안전 점검	assembly line 조립 라인 conveyor belt 컨베이어 벨트
magazine company 잡지사 newspaper company 신문사	journalist 언론인 reporter 기자 staff-writer 전속 기자	article 기사 subscribe to ~을 구독하다 renew one's subscription 구독을 갱신하다 digital subscription 디지털 구독	next issue 다음 호 sign up for ~을 신청하다
library 도서관	librarian 사서	check out a book 책을 대출하다 return a book 책을 반납하다 owe a fine 벌금을 내야 하다	borrow a book 책을 빌리다 due + 시점: ~가 반납 기한인

③ 장소/신분/직업 질문 유형 🎧 **11-3.mp3**

다양한 질문 형태를 미리 충분히 익혀 두세요. 그렇게 하면 실전에서 질문을 파악하는 데 0.5초 밖에 걸리지 않으므로 어느 부분에 초점을 맞춰 들어야 하는지 미리 대비하고 대화를 들을 수 있어 유리합니다.

대화 장소 또는 근무 장소를 묻는 질문 유형

Where (most likely) are the speakers?
화자들은 어디에 있는 것 같은가?

Where is the conversation (most likely) taking place?
대화가 어디에서 이뤄지고 있는 것 같은가?

Where do the speakers (most likely) work?
화자들은 어디에서 근무하는 것 같은가?

Where does the man (most likely) work?
남자는 어디에서 근무하는 것 같은가?

What type of company does the man (most likely) work for?
남자는 어떤 종류의 회사에서 근무하는 것 같은가?

🍯**꿀팁** most likely는 '가장 가능성이 높은'이라는 뜻으로, 신경 쓰지 않아도 돼요. most likely에 괄호를 쳐보세요. 그럼 질문의 핵심이 더 잘 보일 것입니다.

화자(들)의 신분을 묻는 질문 유형

Who (most likely) are the (speakers)**?**
화자들은 누구일 것 같은가?

Who (most likely) is the (woman)**?**
여자는 누구일 것 같은가?

Who (most likely) is the (woman talking to)**?** •········o
여자는 누구에게 말을 하고 있는 것 같은가?
(= 남자는 누구인가?)

🍯**꿀팁** 질문을 읽을 때 누구에 대해 묻는지 해당 부분에 동그라미를 치면 헷갈리지 않아요.

🍯**꿀팁** 이와 같이 대화 상대를 묻는 질문에 유의하세요. 질문의 주어가 여자인데 동사가 talking to로 나오면 남자가 누구인지 묻는 것이므로 여자에 대해 묻는 것으로 생각하지 말아야 합니다.

제3자의 신분을 묻는 질문 유형

Who is (Diane Hassel)**?**
다이앤 하셀은 누구인가?

🍯**꿀팁** 질문에 특정한 사람 이름이 언급되면 재빨리 동그라미를 치고 대화에 그 이름이 언급되는 부분에서 단서를 찾아야 합니다. 이때 이름의 철자와 발음이 생소하면 당황할 수도 있으므로 유의하세요.

 **PRACTICE** 🎧 11-4.mp3

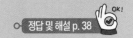 정답 및 해설 p. 38

음원을 듣고 질문에 맞는 선택지를 고른 뒤, 빈칸을 채워보세요.

1 **Who** most likely is the **woman**?

(A) A dentist 치과 의사
(B) A sales clerk 판매원
(C) A technician 기술자
(D) A receptionist 접수 직원

M: Hi. My name is Norman Watts. I have a 3:30 _____ with Dr. Morrison for a dental check-up.

W: Hello, Mr. Watts. Dr. Morrison is a bit behind schedule today, so you'll need to wait for around 15 minutes. Are you a new patient?

M: Yes, I just registered with this clinic through your Web site.

2 **Who is Michelle Scott?**

(A) A guest speaker 초청 연사
(B) An event organizer 행사 주최자
(C) A Web designer 웹 디자이너
(D) A business owner 사업체 소유주

M: Have you heard about the workshop in the main conference room? Michelle Scott is _____ about how artificial intelligence can be useful in marketing. Would you be interested in signing up for it?

W: Yes, it sounds very interesting. Do I just need to fill out a form?

M: You can sign up online. Let me give you the Web site address.

 이 단어만은 꼭!

1 appointment 예약, 약속 dental 치아의, 치과의 check-up 검진 a bit 약간, 조금 behind schedule 일정에 뒤처진 around 대략, 약 patient 환자 register 등록하다 clinic 진료소, 병원 through ~을 통해서 **2** organizer 주최자 owner 소유주 give a lecture 강연하다 artificial intelligence 인공 지능 sign up (for) (~에) 등록하다, (~을) 신청하다 sound + 형용사: ~인 것 같다 fill out ~을 작성하다 form 양식, 서식 online 온라인으로

학습한 내용을 적용해 실제 시험 난이도와 비슷한 문제들을 풀어 보세요. 🎧 11-5.mp3

Part 3 실전 문제 풀이 지침

1. 대화가 나오기 전에 세 개의 문제를 빠르게 읽고 핵심을 파악합니다. 이때 키워드에 동그라미를 쳐 둡니다.

2. 미리 읽은 문제와 관련된 내용을 노려 듣습니다.

3. 정답을 찾으면 문제지에 바로 체크하고 다음 문제를 읽습니다. 답안지 마킹 은 나중에 한꺼번에 해도 됩니다.

특강 14 실전 문제 풀이 시연

1 Where most likely are the speakers?

(A) In a hotel
(B) On a ship
(C) At a travel agency
(D) In a train station

4 Who most likely is the man?

(A) A factory manager
(B) A repair technician
(C) A recruitment agent
(D) A safety inspector

2 What does the woman ask about?

(A) Admission fees
(B) Room rates
(C) City tours
(D) Water sports

5 What was the woman concerned about?

(A) The location of a building
(B) The condition of some machines
(C) The quality of some work
(D) The deadline for a project

3 What will the man probably do next?

(A) Change a travel itinerary
(B) Call a hotel manager
(C) Print a ticket for the woman
(D) Give the woman a brochure

6 What does the man say he will do?

(A) Speak to a colleague
(B) Order spare parts
(C) Send a document
(D) Reschedule a meeting

정답 및 해설 p. 38

7 Who most likely is the man?

(A) A tour guide
(B) An art critic
(C) A store clerk
(D) A painter

8 Where did the woman get the man's contact information?

(A) From an article
(B) From a brochure
(C) From a Web site
(D) From a friend

9 According to the man, what is the problem with the largest artwork?

(A) It has been damaged.
(B) It is too heavy to hang.
(C) It is no longer available.
(D) Its price has increased.

10 Where does the woman most likely work?

(A) At a supermarket
(B) At a bakery
(C) At a restaurant
(D) At a clothing shop

11 Why is the woman calling the man?

(A) To request a payment
(B) To inform him that an item is ready
(C) To recommend some new products
(D) To confirm the date of an event

12 What service does the woman mention?

(A) Store membership
(B) Gift wrapping
(C) Bulk discounts
(D) Home delivery

Questions 1-3 refer to the following conversation.

M: What do you think about this 8-day cruise in the Mediterranean Sea? The package includes a first-class cabin. It's great for people who want to relax and enjoy some beautiful views of the sea.

W: It seems nice, but I would prefer to travel by train, and I'd like to join some guided tours in European cities. Do you have any packages that include these?

M: Sure, we have several packages that include that kind of thing. Just let me grab some brochures for you.

1 Where most likely are the speakers?

(A) In a hotel
(B) On a ship
(C) At a travel agency
(D) In a train station

3 What will the man probably do next?

(A) Change a travel itinerary
(B) Call a hotel manager
(C) Print a ticket for the woman
(D) Give the woman a brochure

2 What does the woman ask about?

(A) Admission fees
(B) Room rates
(C) City tours
(D) Water sports

Questions 4-6 refer to the following conversation.

M: Ms. Barton, I've just completed the inspection of your factory. You'll be pleased to hear that the factory meets all of the safety regulations.

W: That's great news. I was worried that some of the older manufacturing machines might be in poor condition. And, I can't really afford to replace those right now.

M: Don't worry. All of the manufacturing and packaging machines were closely inspected, and they are still functioning perfectly. I'll be preparing my report tomorrow, and I'll e-mail a copy of it to you before the end of the week.

4 Who most likely is the man?

(A) A factory manager
(B) A repair technician
(C) A recruitment agent
(D) A safety inspector

6 What does the man say he will do?

(A) Speak to a colleague
(B) Order spare parts
(C) Send a document
(D) Reschedule a meeting

5 What was the woman concerned about?

(A) The location of a building
(B) The condition of some machines
(C) The quality of some work
(D) The deadline for a project

Questions 7-9 refer to the following conversation.

> **W:** Hi, I just saw some pictures of your paintings online, and I'm very impressed with your talent. In fact, I'd like to buy one for my new apartment. I found your mobile number on your Web site, so I thought I'd call you directly.
>
> **M:** Yes, thanks for calling. Which artwork are you interested in?
>
> **W:** The largest one, which shows a beautiful view of the ocean. It would look fantastic on the wall in my new dining room.
>
> **M:** Oh, I'm afraid the largest artwork has already been sold. I do have some smaller ones that are quite similar in style. If you'd like to drop by my art studio, I can let you have a look at them.

7 Who most likely is the man?

(A) A tour guide
(B) An art critic
(C) A store clerk
(D) A painter

9 According to the man, what is the problem with the largest artwork?

(A) It has been damaged.
(B) It is too heavy to hang.
(C) It is no longer available.
(D) Its price has increased.

8 Where did the woman get the man's contact information?

(A) From an article
(B) From a brochure
(C) From a Web site
(D) From a friend

Questions 10-12 refer to the following conversation.

W: Hi, Mr. Miller. This is Jessie from Harvest Baked Goods. I'm just calling to let you know that the personalized birthday cake you ordered is now finished and available for pick-up.

M: Oh, that was fast! I'm kind of busy during lunchtime, though. I might not be able to make it to your store until late afternoon. What time do you close?

W: We shut at 5:30 P.M. today. We'd be happy to deliver the cake directly to your house, if you'd like. The service only costs an additional five dollars. If you're interested, what time works best for you?

M: That would be convenient. Let's say 4 o'clock. Thanks.

10 Where does the woman most likely work?

(A) At a supermarket
(B) At a bakery
(C) At a restaurant
(D) At a clothing shop

12 What service does the woman mention?

(A) Store membership
(B) Gift wrapping
(C) Bulk discounts
(D) Home delivery

11 Why is the woman calling the man?

(A) To request a payment
(B) To inform him that an item is ready
(C) To recommend some new products
(D) To confirm the date of an event

DAY 12 세부 사항/say about 문제

① 세부 사항을 묻는 문제 🎧 12-1.mp3

▸ 세부 사항 문제들 중에서 가장 많이 나오는 것은 특정 과거 시점의 일을 묻는 문제와 특정 대상에 대해 묻는 문제입니다.

▸ 반드시 문제를 미리 읽고 키워드를 확인한 후 대화에서 키워드가 언급될 때 함께 제시되는 관련 정보를 놓치지 말고 들어야 합니다. 키워드와 단서가 대화에서 잠깐 언급되고 지나가기 때문에 대화를 다 듣고 나서는 풀기가 어렵습니다.

Q. What did the man do (yesterday)? → 남자가 어제 한 일

   (A) He downloaded an application. ○┄┄┄┄┄   애플리케이션을 다운로드 했다.

   (B) He purchased a new device.   새 기계를 구매했다.

   (C) He attended a conference.   컨퍼런스에 참석했다.

   (D) He went to a concert.   콘서트에 갔다.

M: Mercedes, you're good with technology. I'm having some difficulties with my wireless earphones. **W:** Oh, I have that same pair. **Do you have the application on your mobile phone?** **M:** Yeah, **I downloaded it yesterday.** But, whenever I choose a song to play, the earphones disconnect from my phone.	남: 메르세데스, 당신은 기계를 잘 다루죠. 제가 무선 이어폰에 어려움을 좀 겪고 있어요. 여: 오, 저도 같은 걸 갖고 있어요. 휴대폰에 애플리케이션이 있나요? 남: 네, 어제 다운로드했어요. 하지만 재생할 곡을 선택할 때마다 휴대폰과 이어폰 연결이 끊어져요.

■ 세부 사항 문제에 대비하는 요령

질문	요령
What did the man do yesterday? 남자는 어제 무엇을 했는가?	대화 중에 yesterday가 언급되는 부분에서 정보를 파악합니다.
How can the woman receive a free service? 여자는 어떻게 무료 서비스를 받을 수 있는가?	free(무료의)와 같은 의미인 complimentary, for free, for nothing, at no cost 등이 언급되는 부분에 정답 단서가 제시된다는 점을 기억하고 듣습니다.
What does the man say is available on the Web site? 남자는 웹사이트에서 무엇이 이용 가능하다고 말하는가?	Web site를 다르게 표현한 homepage, online 등이 언급되는 부분에 정답 단서가 제시된다는 것을 예상하며 들어야 합니다.
What will happen on September 2? 9월 2일에 무슨 일이 있을 것인가?	요일이나 날짜 등의 키워드는 다른 말로 바꿔 제시하기 어려우므로 September 2가 그대로 언급되는 부분에 함께 제시되는 정보를 찾으면 됩니다.

② say about 문제 🎧 12-2.mp3

▸ 한 화자가 특정 대상에 대해 말한 내용을 듣고 정확히 이해했는지 확인하는 문제로서, 질문에서 say about 다음에 나온 대상에 동그라미를 치고 대화에서 이 대상이 언급되는 곳을 잘 들어야 합니다.

▸ Part 3에서 가장 어려운 유형에 해당됩니다. 선택지가 문장으로 제시되기 때문에 대화에서 나온 말이 다른 말로 바뀌어 나온 (Paraphrase) 정답 문장을 순간적으로 가려낼 수 있는 속독 능력이 요구됩니다.

Q. What does the woman say about the (Saturn G7)? → Saturn G7에 대해 여자가 한 말

(A) It breaks easily.	쉽게 고장 난다.
(B) It is a popular model.⚬	인기 있는 모델이다.
(C) It is inexpensive.	비싸지 않다.
(D) It is lightweight.	가볍다.

M: Good morning, I'd like to buy a new protective case for my cell phone.

W: No problem. I see that you have a Saturn G7 phone. That's one of the best-selling phones these days, so you have a lot of cases and other accessories to choose from. Please follow me and I'll show you some options.

남: 안녕하세요, 제 휴대폰에 쓸 새 보호 케이스를 구입하고 싶습니다.

여: 좋습니다. 새턴 G7 전화기를 갖고 계신 것이 보이네요. 요즘 가장 잘 판매되는 전화기들 중 하나이기 때문에, 선택하실 수 있는 케이스와 다른 부대용품이 많습니다. 저를 따라오시면 몇몇 선택권을 보여드리겠습니다.

■ say about 문제 빈출 유형 및 정답

say about 인물	He is very qualified. 자격을 잘 갖추고 있다. He is familiar with company policies. 회사 정책을 잘 알고 있다. She has recently joined the company. 최근에 입사했다.
say about 업체	It has a good reputation. 평판이 좋다. It is out of some items. 몇몇 물품이 떨어졌다. It opened recently. 최근에 열었다.
say about 제품	It needs to be fixed. 수리되어야 한다. It received an award. 상을 받았다. It is out of stock. 재고가 없다. It is currently unavailable. 현재 이용할 수 없다.
say about 행사	It is closing soon. 곧 종료될 것이다. It will be rescheduled/postponed. 일정이 재조정될 것이다/연기될 것이다. It was crowded. 사람들로 붐볐다.

③ 세부 사항 / say about 질문 유형 🎧 12-3.mp3

다양한 질문 형태를 미리 충분히 익혀 두세요. 그렇게 하면 실전에서 질문을 파악하는 데 0.5초 밖에 걸리지 않으므로 어느 부분에 초점을 맞춰 들어야 하는지 미리 대비하고 대화를 들을 수 있어 유리합니다.

세부 사항을 묻는 질문 유형

대상
What information does the woman (ask for)?
여자가 무슨 정보를 요청하는가?

특정 시점
(According to the woman,) what will happen (next Monday)?
(여자의 말에 따르면) 다음 주 월요일에 무슨 일이 있을 것인가?

What did the man do (yesterday)?
남자는 어제 무엇을 했는가?

이유
Why did the man take a (new job)?
남자는 왜 새 직업을 구했는가?

방법
(According to the man,) how can the woman find (additional information)?
(남자의 말에 따르면) 여자는 어떻게 추가 정보를 찾을 수 있는가?

> 🍯꿀팁 다양한 질문이 제시되지만 중요한 점은 키워드를 빠르게 파악하고 키워드에 동그라미 표시를 해서 어떤 정보에 주의해 들어야 하는지 미리 대비하는 것입니다. 특히 'According to ~'라는 말이 질문에 포함되어 있으면, 어느 화자의 말에 귀 기울여야 하는지 명확히 알 수 있습니다.

say about 질문 유형

What does the man say about (Inez Bowman)?
남자는 이네즈 보우만 씨에 대해 뭐라고 말하는가?

What does the woman say about (her office)?
여자는 자신의 사무실에 대해 뭐라고 말하는가?

> 🍯꿀팁 질문 형태가 단순해서 키워드를 파악하기 쉽습니다. 남자와 여자 중 누가 하는 말을 묻는 것인지 확인하고, about 바로 뒤의 단어에 동그라미 표시해 둡니다.

 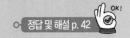
음원을 듣고 질문에 맞는 선택지를 고른 뒤, 빈칸을 채워보세요.

1 What did the **woman do this morning**?

(A) She attended a meeting. 회의에 참석했다.
(B) She hired a new editor. 새 편집자를 고용했다.
(C) She printed some documents. 몇몇 서류를 출력했다.
(D) She reviewed a report. 보고서를 검토했다.

> M: Hi, Amelia. How's everything going with tomorrow's edition of our newspaper?
>
> W: Everything is looking great! I [＿＿＿＿＿＿＿＿＿] with the editor-in-chief this morning, and we finalized the front page layout for tomorrow.
>
> M: Great! Do you mind if I take a look?

2 What does the **woman** say about the **Pacific Plaza**?

(A) It has lots of rooms available. 이용 가능한 방이 많다.
(B) Its rooms have Internet access. 객실에 인터넷 연결 서비스가 있다.
(C) It is being renovated. 보수 공사 중이다.
(D) It is located in the city center. 도심에 위치해 있다.

> M: Angela, would you please look into getting hotel rooms in San Diego from July 7 to the 10? Philip and I have a business trip there.
>
> W: You could stay at the Pacific Plaza. It provides [＿＿＿＿＿＿＿＿＿], so you can work in your room. But you would need to decide quickly as rooms there are often fully booked.
>
> M: That sounds wonderful. Please reserve two single rooms for us.

 이 단어만은 꼭!

1 attend ~에 참석하다 hire ~을 고용하다 editor 편집자 print ~을 출력하다, 인쇄하다 review ~을 검토하다 edition (출판물 등의) 판, 호 editor-in-chief 편집장 finalize ~을 최종 확정하다 layout 구성, 배치 take a look 한번 보다 **2** available 이용 가능한 access 연결, 이용, 접근 renovate ~을 보수하다 be located in ~에 위치해 있다 look into ~을 조사하다, 살펴보다 provide ~을 제공하다 connection 연결 decide 결정하다 fully booked 예약이 꽉 찬 sound + 형용사: ~인 것 같다 reserve ~을 예약하다

학습한 내용을 적용해 실제 시험 난이도와 비슷한 문제들을 풀어 보세요. 🎧 12-5.mp3

Part 3 실전 문제 풀이 지침

1. 대화가 나오기 전에 세 개의 문제를 빠르게 읽고 핵심을 파악합니다. 이때 키워드에 동그라미를 쳐 둡니다.

2. 미리 읽은 문제와 관련된 내용을 노려 듣습니다.

3. 정답을 찾으면 문제지에 바로 체크하고 다음 문제를 읽습니다. 답안지 마킹은 나중에 한꺼번에 해도 됩니다.

특강 15
실전 문제
풀이 시연

1 What does the man want to do?

(A) Hire new staff
(B) Organize a trip
(C) Hold some seminars
(D) Survey some customers

2 What will happen in April?

(A) An employee will be promoted.
(B) A company office will be moved.
(C) A store will be opened.
(D) A new product will be launched.

3 What is the woman concerned about?

(A) A busy work schedule
(B) A delivery delay
(C) The cost of an item
(D) The attendance at an event

4 Where are the speakers?

(A) In an art gallery
(B) In a library
(C) In a fitness center
(D) In a department store

5 What does the woman suggest that the man do?

(A) Watch a video
(B) Download an app
(C) Apply for a membership
(D) Use a coupon

6 What does the woman give to the man?

(A) A password
(B) A flyer
(C) A beverage
(D) A schedule

7 What does the woman want to reserve?

(A) A live performer
(B) A company vehicle
(C) A conference venue
(D) A dining room

8 What does the man offer to send to the woman?

(A) Discount vouchers
(B) Menu options
(C) Photographs
(D) A brochure

9 What does the man say about the rooms on the third floor?

(A) They are more expensive.
(B) They seat fewer people.
(C) They do not have windows.
(D) They are currently unavailable.

10 What does one of the men say they are accustomed to?

(A) Long drives
(B) Messy workspaces
(C) Short notices
(D) Late responses

11 Why are the men visiting the factory?

(A) To deliver a machine
(B) To install some software
(C) To repair some equipment
(D) To inspect the building

12 What does one of the men warn the woman about?

(A) A work delay
(B) A high cost
(C) A poor service
(D) A contract term

Questions 1-3 refer to the following conversation.

> **M:** Nina, I wanted to ask you about the customer service seminars for our employees. Is it okay to hold them during the first week of April?
>
> **W:** Well, we have several crucial work deadlines at the beginning of April. We'll also be busy opening the newest branch of our supermarket chain that month. It might not be the best time. Could you hold the seminars in May instead?
>
> **M:** Sure, that'll work, too. I totally forgot that April will be such a busy time for us.

1 What does the man want to do?

(A) Hire new staff
(B) Organize a trip
(C) Hold some seminars
(D) Survey some customers

3 What is the woman concerned about?

(A) A busy work schedule
(B) A delivery delay
(C) The cost of an item
(D) The attendance at an event

2 What will happen in April?

(A) An employee will be promoted.
(B) A company office will be moved.
(C) A store will be opened.
(D) A new product will be launched.

Questions 4-6 refer to the following conversation.

> **M:** Excuse me. This is my first time coming to Mayer's Gym. Are there any classes I could join?
>
> **W:** Well, there aren't any scheduled for today, but you can watch our introductory video. Just play it here on this tablet. It will teach you the basics of using our fitness equipment.
>
> **M:** Oh, that sounds good. And, I saw a flyer that says I can get a sports drink.
>
> **W:** Right, here you go. You can get one for free each day as part of our special promotion.

4 Where are the speakers?

(A) In an art gallery

(B) In a library

(C) In a fitness center

(D) In a department store

6 What does the woman give to the man?

(A) A password

(B) A flyer

(C) A beverage

(D) A schedule

5 What does the woman suggest that the man do?

(A) Watch a video

(B) Download an app

(C) Apply for a membership

(D) Use a coupon

Questions 7-9 refer to the following conversation.

W: Hi, I'm interested in reserving one of your private dining rooms. A colleague of mine held a celebration at your restaurant last month and he highly recommends your food and service.

M: That's nice to hear. Would you like me to e-mail you some photos and additional details for each of our private rooms?

W: That would be great. My address is sarasmith@gomail.com. By the way, I'd prefer a room that has a good view, if possible.

M: Well, our rooms on the third floor provide a nice view of the sea. However, they have a slightly lower seating capacity than our other rooms.

7 What does the woman want to reserve?

(A) A live performer
(B) A company vehicle
(C) A conference venue
(D) A dining room

8 What does the man offer to send to the woman?

(A) Discount vouchers
(B) Menu options
(C) Photographs
(D) A brochure

9 What does the man say about the rooms on the third floor?

(A) They are more expensive.
(B) They seat fewer people.
(C) They do not have windows.
(D) They are currently unavailable.

Questions 10-12 refer to the following conversation with three speakers.

W: Thanks for coming to our factory. I know we're far away from the city.

M1: It's no problem. We always drive all over the place doing repairs.

M2: Right, it's just part of our job. So, you mentioned on the phone that your packaging machine hasn't been working properly. Does it operate?

W: It runs, but the cutter isn't functioning well.

M1: OK. We'll take a look at it. Hopefully it's an easy fix, but you did mention that it's an old model. If we can't fix it, you might have to buy a new unit. And, as you know, these machines can be costly.

10 What does one of the men say they are accustomed to?

(A) Long drives
(B) Messy workspaces
(C) Short notices
(D) Late responses

12 What does one of the men warn the woman about?

(A) A work delay
(B) A high cost
(C) A poor service
(D) A contract term

11 Why are the men visiting the factory?

(A) To deliver a machine
(B) To install some software
(C) To repair some equipment
(D) To inspect the building

DAY 13 제안·요청 사항/do next 문제

① 제안·요청 사항을 묻는 문제 🎧 13-1.mp3

▸ 화자 한 명이 상대방에게 무엇을 하도록 제안 또는 요청하는지를 묻는 문제가 나옵니다. 그 **단서가 제안·요청하는 표현과 함께 제시**되므로 여러 가지 제안·요청 표현들을 미리 알고 있으면 쉽게 풀 수 있습니다.

▸ 문제를 읽을 때 **누가 제안·요청하는지**, 그리고 **누가 제안·요청을 받는지**를 정확히 파악해야 합니다.

▸ 선택지가 비교적 짧은 동사구나 동명사구로 나오므로 선택지까지 먼저 읽고 대화를 들으면 유리합니다.

Q. What does the woman **suggest** the man do? → 여자가 남자에게 제안하는 것

(A) **Visit another location** ○············   다른 곳 방문하기

(B) Come back later   나중에 다시 오기

(C) Cancel a meeting   회의 취소하기

(D) Buy a new shirt   새 셔츠 구매하기

M: Hi, my shirt has a coffee stain on it and I was hoping you could remove it by 5 o'clock today.

W: We could definitely get the stain out, but it wouldn't be ready until tomorrow. Why don't you **try other dry cleaners nearby**? There's a place two blocks from here. I believe they provide express service.

남: 안녕하세요, 제 셔츠에 커피 자국이 있는데, 오늘 5시까지 제거해 주실 수 있었으면 합니다.

여: 저희가 그 자국을 확실히 없애 드릴 수는 있지만, 내일이나 되어야 준비될 겁니다. 근처에 있는 다른 세탁소에 한번 가보시겠어요? 여기서 두 블록 떨어진 곳에 하나 있습니다. 그곳에서 신속 서비스를 제공해 줄 겁니다.

■ 제안·요청 사항이 드러나는 문장 유형과 정답

단서 문장	정답
Why don't you talk to one of our technicians? 저희 기술자들 중 한 명과 얘기해 보시는 건 어떠세요?	Speak to a technician 기술자와 얘기하기
I suggest you come back in an hour to pick it up. 한 시간 후에 다시 오셔서 가져가시도록 권해 드립니다.	Come back later 나중에 다시 오기
You will need to fill out an application form. 신청서를 작성하셔야 할 겁니다.	Complete a form 양식 작성하기
I was wondering if you could work late tonight. 오늘 밤 늦게까지 일하실 수 있는지 궁금했어요.	Work extra hours 초과 근무하기
I'd appreciate it if you could send me the cost estimate via e-mail. 저에게 이메일로 비용 견적서를 보내 주실 수 있다면 감사하겠습니다.	Send an e-mail 이메일 보내기

❷ do next 문제 🎧 13-2.mp3

▸ 두 명의 화자 또는 한 명의 화자가 대화가 끝난 후에 이어서 할 일을 묻는 문제로서, 질문이 '~ do next?'와 같이 제시됩니다.

▸ 대화의 마지막 부분에서 **계획이나 일정 등과 관련해 미래시제로 말하거나 화자의 의지 등을 말하는 부분**이 주로 단서가 됩니다.

Q. What will the woman probably do next? → 여자가 곧이어 할 일

    (A) Arrange a meeting room   회의실 마련하기

    (B) Set up some equipment   장비 설치하기

    (C) Revise a report   보고서 수정하기

    (D) **Contact a colleague** o⌐⌐⌐⌐⌐⌐⌐⌐⌐⌐⌐⌐⌐ 동료 직원에게 연락하기

M: **Mr. Lewis from the Accounting Department** stopped by while you were out. He'd like to go over the monthly expense report with you. He thinks that some items on the list are unnecessary.

W: Okay, then **I'll call him now** and set up a suitable time to meet.

남: 당신이 자리를 비운 동안 회계부의 루이스 씨가 들렀어요. 당신과 함께 월간 지출 보고서를 검토해 보고 싶어 하세요. 그 목록에 있는 몇몇 항목들이 불필요하다고 생각하시던데요.

여: 알겠어요, 그럼 지금 그분에게 전화해서 만나기에 적합한 시간을 정할게요.

■ do next 문제의 단서가 드러나는 문장 유형과 정답

단서 문장	정답
I'll go **put in an order** right now. 제가 가서 지금 바로 주문할게요.	Place an order 주문하기
I'll **take a look at the budget** and let you know. 제가 예산을 한번 확인해 보고 알려 드릴게요.	Review a budget 예산 검토하기
I just realized I forgot to **call my client**. Will you excuse me for a minute? 제 고객에게 전화하는 일을 잊었다는 걸 막 알았어요. 잠시 실례해도 될까요?	Make a phone call 전화하기
o I'd be happy to **talk about the assignment** with you. 함께 할당 업무에 관해 기꺼이 얘기해 보고 싶습니다.	Discuss an assignment 할당 업무 이야기하기
o Could you **offer our listeners some advice** on buying a car? 자동차 구입에 관해 저희 청취자들에게 조언 좀 해 주시겠습니까?	Give some advice 조언 제공하기
o Just **go to our Web site**. It will have all the information you need. 그냥 저희 웹사이트로 가보세요. 필요하신 모든 정보가 있을 겁니다.	Visit a Web site 웹사이트 방문하기
o I need your **signature on this registration form**. 이 등록 양식에 당신의 서명이 필요합니다.	Sign a form 양식에 서명하기

• 🔵꿀팁 대화 후반부에서 한 화자가 제안이나 요청을 하고 상대방이 이를 수락하는 경우에 그 제안·요청 사항이 do next 문제의 정답 단서가 됩니다.

❸ 제안·요청 사항 / do next 질문 유형 🎧 **13-3.mp3**

다양한 질문 형태를 미리 충분히 익혀 두세요. 그렇게 하면 실전에서 질문을 파악하는 데 0.5초 밖에 걸리지 않으므로 어느 부분에 초점을 맞춰 들어야 하는지 미리 대비하고 대화를 들을 수 있어 유리합니다.

제안·요청 사항을 묻는 질문 유형

What does the man ask the woman to do? → 남자가 하는 말에 집중
　　　　　　　남자가 요청하다
남자는 여자에게 무엇을 하도록 요청하는가?

What is the man asked to do? → 상대방인 여자가 하는 말에 집중
　　　　남자가 요청 받다
남자는 무엇을 하도록 요청 받는가?

What does the man suggest the woman do?
　　　　　　　남자가 제안하다
남자는 여자에게 무엇을 하도록 제안하는가?

What does the man recommend doing?
　　　　　　　남자가 추천하다
남자는 무엇을 하도록 추천하는가?

What does the woman offer to do? → 여자가 하는 말에 집중
　　　　　　여자가 자신이 하겠다고 제안하다
여자는 무엇을 하겠다고 제안하는가?

🐝**꿀팁** 가장 중요한 것은 누가 누구에게 제안하는지를 잘 파악하는 것입니다. 특히 남자 또는 여자가 요청하는 것을 묻는지(능동태로 표현), 요청 받는 것을 묻는지(수동태로 표현) 구분할 수 있어야 해요.

---

do next 질문 유형

What will the speakers (most likely) do next?
화자들은 이어서 무엇을 할 것 같은가?

What will the woman (probably) do next?
여자는 아마도 이어서 무엇을 할 것인가?

What (does the man say) he will do?
남자는 무엇을 하겠다고 말하는가?

🐝**꿀팁** most likely, probably, does the man say와 같은 형식적인 표현에 괄호를 치면 질문의 핵심이 더 잘 보여요.

 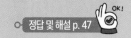
음원을 듣고 질문에 맞는 선택지를 고른 뒤, 빈칸을 채워보세요.

1   **What** does the **man suggest**?

(A) Canceling a reservation 예약 취소하기
(B) Booking a flight 비행편 예약하기
(C) Taking an express bus 고속버스 타기
(D) Revising a schedule 일정 수정하기

M: A limousine is supposed to pick us up from this airport at 11 o'clock, but it's already 11:30. Perhaps the driver went to the wrong terminal.

W: You may be right. What should we do?

M: Maybe we should forget about the limousine. Why don't we _____ _____? I'll find out when the next one is scheduled to leave.

2   **What** will the **man** most likely **do next**?

(A) Watch a performance 공연 보기
(B) Purchase tickets 입장권 구입하기
(C) Visit a Web site 웹사이트 방문하기
(D) Submit a form 서식 제출하기

M: Good morning, can I _____ for Sunday night's theater show, please?

W: I apologize, but tickets for that show have been sold out already. However, we have tickets available for the 2 P.M. and 4 P.M. shows. What do you think?

M: I'll _____ the 4 P.M. show then.

**이 단어만은 꼭!**

1 cancel ~을 취소하다 book v. ~을 예약하다 flight 비행편 revise ~을 수정하다 be supposed to do ~하기로 되어 있다 pick up ~을 데려가다, 데리러 오다 forget 잊다 find out ~을 알아내다 be scheduled to do ~할 예정이다 leave 출발하다, 떠나다
2 performance 공연, 연주(회) submit ~을 제출하다 form 서식 apologize 사과하다 sold out 매진된 have A available: 구매 가능한 A가 있다, 이용 가능한 A가 있다 go with ~로 정하다 then 그럼, 그렇다면

실전 감 잡기

학습한 내용을 적용해 실제 시험 난이도와 비슷한 문제들을 풀어 보세요. 🎧 13-5.mp3

Part 3 실전 문제 풀이 지침

1. 대화가 나오기 전에 세 개의 문제를 빠르게 읽고 핵심을 파악합니다. 이때 키워드에 동그라미를 쳐 둡니다.
2. 미리 읽은 문제와 관련된 내용을 노려 듣습니다.
3. 정답을 찾으면 문제지에 바로 체크하고 다음 문제를 읽습니다. 답안지 마킹은 나중에 한꺼번에 해도 됩니다.

특강 16
실전 문제
풀이 시연

1 What does the man show to the woman?

(A) A work schedule
(B) A company ID card
(C) An employment contract
(D) An application form

2 What does the woman say about the man's job?

(A) He will be helping a supervisor.
(B) He will be responsible for finances.
(C) He will work on the weekends.
(D) He will be required to serve customers.

3 What does the woman ask the man to do?

(A) Join a group
(B) Fill out a form
(C) Give a presentation
(D) Read a handbook

4 Where does the man work?

(A) At a restaurant
(B) At a radio station
(C) At a dry cleaner
(D) At a grocery store

5 What is the woman concerned about?

(A) A service cost
(B) A delivery time
(C) A membership fee
(D) A seating capacity

6 What will the man most likely do next?

(A) Transfer the call
(B) Speak with a manager
(C) Refund a purchase
(D) Check an inventory

7 Where does the man most likely work?

(A) At a holiday resort
(B) At a sports stadium
(C) At a convention center
(D) At a government building

8 What does the woman inquire about?

(A) Changing a venue
(B) Transporting equipment
(C) Selling merchandise
(D) Purchasing tickets

9 What does the man suggest the woman do?

(A) Fill out a form
(B) Reschedule a presentation
(C) Visit an event site
(D) Speak to his manager

10 Where most likely are the speakers?

(A) At a dental clinic
(B) At a job center
(C) At a grocery store
(D) At an auto shop

11 What is the reason for the delay?

(A) A reservation error was made.
(B) Some equipment is faulty.
(C) There is heavy traffic.
(D) A staff member is sick.

12 What does the man offer to do?

(A) Provide a voucher
(B) Offer a refund
(C) Contact a supervisor
(D) Arrange a free service

Questions 1-3 refer to the following conversation.

W: Good morning, and welcome to Muller Corporation's orientation session for new interns. Have you been assigned to a department?

M: Yes, I just received my employment contract from the personnel manager. Here it is. It says I've been placed in the general affairs department.

W: I see. It actually says you'll be assisting the manager of the department, so that's a very important role. Now, while we are waiting for the others to arrive, please have a quick read through the employee handbook that you can find on your chair.

1 What does the man show to the woman?

(A) A work schedule
(B) A company ID card
(C) An employment contract
(D) An application form

3 What does the woman ask the man to do?

(A) Join a group
(B) Fill out a form
(C) Give a presentation
(D) Read a handbook

2 What does the woman say about the man's job?

(A) He will be helping a supervisor.
(B) He will be responsible for finances.
(C) He will work on the weekends.
(D) He will be required to serve customers.

Questions 4-6 refer to the following conversation.

M: This is Kohlman's Supermarket. How can I help you today?

W: Hello. I just heard on the radio that you now deliver grocery orders. I'd like some more information about it.

M: Sure, what would you like to know?

W: It sounds great, but won't the order take a few days to arrive?

M: Actually, it's same-day delivery, guaranteed.

W: Oh, fantastic. I'll try it this week. Umm… and since I have you on the line, could you check if you have any Roma pasta sauce in stock?

M: Of course. Let me do a quick search for you.

4   Where does the man work?

(A) At a restaurant
(B) At a radio station
(C) At a dry cleaner
(D) At a grocery store

6   What will the man most likely do next?

(A) Transfer the call
(B) Speak with a manager
(C) Refund a purchase
(D) Check an inventory

5   What is the woman concerned about?

(A) A service cost
(B) A delivery time
(C) A membership fee
(D) A seating capacity

Questions 7-9 refer to the following conversation.

M: Hi, this is Richard Davis calling from Metro Convention Center. I'd just like to confirm your reservation for next month's software convention. You requested to use Public Hall 2 on September 14, didn't you?

W: Yes, that's right. And, I was wondering if we will be allowed to sell any of our branded merchandise during our presentation. Just some hats and T-shirts.

M: No problem. But you'll need to complete a form in order to have permission for that. I'll send you one by e-mail now. Please send the completed one back to me as quickly as possible.

7 Where does the man most likely work?
(A) At a holiday resort
(B) At a sports stadium
(C) At a convention center
(D) At a government building

9 What does the man suggest the woman do?
(A) Fill out a form
(B) Reschedule a presentation
(C) Visit an event site
(D) Speak to his manager

8 What does the woman inquire about?
(A) Changing a venue
(B) Transporting equipment
(C) Selling merchandise
(D) Purchasing tickets

Questions 10-12 refer to the following conversation.

W: Excuse me, it's been almost an hour since I arrived for my dental appointment. Do you know why it is taking so long? I have to be at a job interview at noon.

M: Oh, I'm sorry. One of our dentists had to go home ill this morning, so the other one, Dr. Martinez, is seeing all patients today. Hopefully, he'll be able to see you soon. As an apology for the delay, I can offer you a free teeth cleaning service.

W: That would be appreciated. But, I doubt I'll have time to take advantage of it today. I don't want to be late for my interview.

10 Where most likely are the speakers?

(A) At a dental clinic
(B) At a job center
(C) At a grocery store
(D) At an auto shop

11 What is the reason for the delay?

(A) A reservation error was made.
(B) Some equipment is faulty.
(C) There is heavy traffic.
(D) A staff member is sick.

12 What does the man offer to do?

(A) Provide a voucher
(B) Offer a refund
(C) Contact a supervisor
(D) Arrange a free service

의도 파악 문제

① 화자가 한 말의 의미/속뜻은 무엇인가? 🎧 14-1.mp3

대화 중에 한 명의 화자가 하게 될 말을 문제에서 미리 보여주고, 대화 흐름상 그 말이 어떤 의미/속뜻을 갖는지 묻는 문제가
나옵니다. 세 개의 문제 중에 인용 문장이 포함된 질문이 보이면 먼저 밑줄을 긋고 재빨리 해석해 두세요.

우리 회사에서 유람선 여행을 간대요.
놀라운 여행이 될 거예요.

방금 들었어요!
그건 예상하지 못했어요!

Q. **What** does the **man imply** when he says, "<u>I didn't expect that!</u>"? → "그건 예상하지 못했어요"라는 말의 속뜻

(A) He needs to check some information.   일부 정보를 확인해야 한다.

(B) **He is pleased by some news.** ○┄┄┄┄   어떤 소식을 듣고 기뻐하고 있다.

(C) He wants to change the decision.   결정을 바꾸고 싶어 한다.

(D) He has a scheduling conflict.   일정이 겹친다.

W: Did you hear the news? **We're going on a**
cruise for our company trip. It will be amazing!

M: I just heard! I didn't expect that! And we'll be
stopping at several beautiful locations.

W: I've always wanted to visit the Bahamas. It's
supposed to be gorgeous.

여: 소식 들으셨어요? 우리가 회사 야유회로 유람
선 여행을 간대요. 놀라운 여행이 될 거예요!

남: 저도 방금 들었어요! 그건 예상하지 못했어요!
여러 아름다운 장소에 들르게 되겠네요.

여: 저는 항상 바하마를 방문해 보고 싶었어요. 아
주 아름다운 곳일 거예요.

이렇게 풀어요!

❶ 여자가 회사에서 유람선 여행을 간다는 소식을 전하면서 놀라운 여행이 될 것이라고 말합니다. 좋은 소식임을 알 수 있죠.

❷ 남자가 이 말을 듣고 "그건 예상하지 못했어요!"라고 반응하는데, 이 말의 속뜻은 무엇일까요? 여자가 전한 유람선 여행 소식에 매우 기쁘다는
뜻이겠죠.

❸ 이와 같이 의도 파악 문제는 인용 문장의 바로 앞부분에 결정적인 힌트가 나오는 경우가 많아요. 따라서 대화의 흐름을 명확히 파악하는 것이
매우 중요해요.

② 화자가 왜 "~"라고 말하는가? 🎧 14-2.mp3

한 명의 화자가 특정한 말을 하는 이유를 묻는 문제로, 이 유형의 문제에서 선택지는 To부정사구(~하기 위해) 형태로 제시되는 경우가 많습니다.

제가 책상 위에 둔 예산 보고서 확인하셨어요?

네, 그런데 그 일에 시간을 좀 더 들이셔야겠어요. 우리 데이터와 수치가 일치하지 않아요.

Q. Why does the **woman** say, "<u>you should spend some more time on it</u>"? → "그 일에 시간을 좀 더 들이셔야 겠어요"라고 말하는 이유

  (A) To extend a deadline   마감일을 연장하기 위해

  (B) **To express dissatisfaction** ○ · · · · · · · · ·   불만족스러움을 표현하기 위해

  (C) To refuse a request   요청을 거절하기 위해

  (D) To compliment some work   작업에 대해 칭찬하기 위해

M: Hello, Mindy. Did you check the budget report that I left on your desk? I stayed late working on it.

W: I looked it over, and… **you should spend some more time on it. Some of the numbers don't match our data.**

M: Oh. Then I'll double-check everything.

남: 안녕하세요, 민디 씨. 제가 당신 책상 위에 둔 예산 보고서를 확인해 보셨나요? 그 작업을 하느라 늦게까지 있었어요.

여: 검토해 보긴 했는데… 그 일에 시간을 좀 더 들이셔야 겠어요. 일부 수치가 우리 데이터와 일치하지 않아요.

남: 아. 그럼 모든 것을 다시 확인하겠습니다.

 이렇게 풀어요!

❶ 남자가 여자에게 자신이 작업한 예산 보고서를 확인해 보았는지 묻자, 여자는 남자에게 그 일에 좀 더 시간을 들이는 것이 좋겠다고 말합니다. 왜 이 말을 했을까요?

❷ 여자가 이어서 덧붙이는 말을 들으면 알 수 있어요. 남자가 쓴 보고서의 몇몇 수치가 데이터와 일치하지 않는다고 알리고 있어요. 이를 통해 여자는 남자가 작성한 예산 보고서에 만족하지 못한다는 것을 알 수 있죠.

❸ 바로 뒤에 이어지는 이 문장의 내용(수치가 일치하지 않는다)이 결정적인 정답 단서를 제공해 주고 있어요. 의도 파악 문제의 약 70%는 인용 문장 바로 앞에서 결정적인 단서가 제시되지만, 나머지 약 30%는 이렇게 바로 뒤에 이어지는 문장에서 확실한 정답 단서가 제시되기 때문에 이러한 유형에도 대비해야 합니다.

③ 의도 파악 문제 질문 유형 🎧 14-3.mp3

의도 파악 문제의 질문은 무조건 다음 세 가지 유형으로만 제시되기 때문에 쉽게 의도 파악 문제임을 알 수 있어요. 따라서, 문제를 읽을 때 따옴표와 함께 나오는 인용 문장에 먼저 밑줄을 긋고 해석한 다음, 대화를 들을 때 그 흐름에 집중하면서 해당 문장이 나오는 순간을 잘 포착해야 합니다.

의미

What does the **woman mean** when she says, "That's the third time this year"?
여자가 "올해만 세 번째예요"라고 말할 때 그 말의 의미는 무엇인가?

속뜻

What does the **man imply** when he says, "I never considered that"?
남자가 "그건 한 번도 고려해보지 않았어요"라고 말할 때 그 말의 속뜻은 무엇인가?

말하는 이유

Why does the **woman say**, "I work until 5:00 P.M."?
여자가 "저는 오후 5시까지 근무합니다"라고 말하는 이유는 무엇인가?

🐝꿀팁 의도 파악 문제는 단순히 주어진 문장 자체의 의미를 묻는 것이 아니라 그 말을 한 의도나 이유를 묻는 문제입니다. 따라서 주어진 문장의 의미를 정확히 해석한 다음, 이 문장이 대화에서 어떤 의도로 사용되는지를 확인해야 합니다. 단순히 인용 문장을 다른 말로 바꾼 선택지는 함정이라는 것을 명심하세요.

 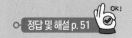
음원을 듣고 질문에 맞는 선택지를 고른 뒤, 빈칸을 채워보세요.

1 What does the **woman mean** when she says, "Could you help me out"?

(A) She wants to change an order. 주문을 변경하고 싶어 한다.
(B) She wants the man to recommend a menu item. 남자가 메뉴 품목 하나를 추천해주기를 바란다.
(C) She doesn't know where to go. 어디로 가야 할 지 모른다.
(D) She is hoping to receive a refund. 환불을 받고 싶어 한다.

M: Welcome to Avalanche Pizza! We have a large variety of specialty pizzas, and you can try them by the slice.

W: There are _____, and I've never been here before. Could you help me out?

M: Well, my personal favorite is the Triple Cheese.

2 Why does the **woman say**, "Another repair service told me $100"?

(A) To explain a cost 비용을 설명하기 위해
(B) To correct a mistake 실수를 바로잡기 위해
(C) To recommend another option 다른 선택 사항을 추천하기 위해
(D) To negotiate a price 가격을 협의하기 위해

M: I've run some tests, and I think it will cost around $200 to fix your computer.

W: $200? _____. Another repair service told me $100. I just came here because my friend recommended your shop.

M: I could do it for that price, but I won't be able to back up your data. That probably wasn't included in your other quote.

 이 단어만은 꼭!

1 order 주문(품) recommend ~을 추천하다 item 품목, 항목, 제품 refund 환불 a large variety of 아주 다양한 try ~을 한번 먹어보다, 해보다 option 선택 사항 help A out: A를 돕다 personal 개인적인 favorite n. 가장 좋아하는 것 2 cost n. 비용 v. ~의 비용이 들다 correct v. ~을 바로잡다 mistake 실수 negotiate ~을 협의하다 run a test 테스트하다, 시험하다 around 약, 대략 fix ~을 수리하다, 고치다 repair 수리 be able to do ~할 수 있다 include ~을 포함하다 quote 견적(서)

감^{실전}잡기

학습한 내용을 적용해 실제 시험 난이도와 비슷한 문제들을 풀어 보세요. 🎧 14-5.mp3

Part 3 실전 문제 풀이 지침

1. 대화가 나오기 전에 세 개의 문제를 빠르게 읽고 핵심을 파악합니다. 이때 의도 파악 문제가 보이면 인용 문장에 밑줄을 긋고 해석을 해둡니다.
2. 대화의 흐름에 특히 유의하면서 미리 읽은 문제와 관련된 내용을 노려 듣습니다.
3. 정답을 찾으면 문제지에 바로 체크하고 다음 문제를 읽습니다. 답안지 마킹은 나중에 한꺼번에 해도 됩니다.

특강 17
실전 문제
풀이 시연

1 What position is the man inquiring about?

(A) Office manager
(B) Sales associate
(C) Graphic designer
(D) Maintenance worker

2 What does the man mean when he says, "that isn't an issue"?

(A) He is aware of a problem.
(B) He is familiar with a program.
(C) He already completed a task.
(D) He meets a requirement.

3 What does the woman ask the man to do?

(A) Attend an interview
(B) Provide contact information
(C) Submit a résumé
(D) Complete a form

4 According to the man, why are many people traveling to Miami?

(A) To attend a seminar
(B) To enjoy the weather
(C) To attend a music festival
(D) To participate in a sports event

5 What does the woman imply when she says, "He has been working so hard"?

(A) She has been helping her brother.
(B) She wants her brother to take a vacation.
(C) She cannot miss her brother's event.
(D) She thinks her brother deserves a reward.

6 What does the man suggest?
(A) Taking another bus
(B) Going to the train station
(C) Renting a vehicle
(D) Changing a schedule

정답 및 해설 p. 52

7 Which field does the man most likely work in?

(A) Entertainment
(B) Catering
(C) Real estate
(D) Landscaping

8 What does the woman inquire about?

(A) A performance stage
(B) Some furniture
(C) A room size
(D) Some audio equipment

9 What does the woman mean when she says, "You know where the storage room is, right?"

(A) She wants to reorganize an event area.
(B) She wants the man to give her directions.
(C) She wants the man to complete a task.
(D) She wants to look for a missing item.

10 What are the speakers mainly discussing?

(A) Planning an event
(B) Improving productivity
(C) Changing a business location
(D) Opening a new branch

11 Where does the woman plan to make an announcement?

(A) At a shareholder meeting
(B) At a work seminar
(C) At a staff dinner
(D) At a press conference

12 Why does the man say, "Kyle Firth has been with us for over five years"?

(A) To congratulate an employee
(B) To make a recommendation
(C) To express surprise
(D) To correct the woman's error

Questions 1-3 refer to the following conversation.

> **M:** Hi, I saw the job posting for your design agency. Have you hired anyone yet?
>
> **W:** No, we haven't. We need someone who has been working in graphic design for a while.
>
> **M:** Well, that isn't an issue. I have over ten years of experience, and I brought my portfolio. It showcases some of my best work.
>
> **W:** Let's see... do you have time for an interview now? The personnel manager just got back from lunch.

1 What position is the man inquiring about?

(A) Office manager
(B) Sales associate
(C) Graphic designer
(D) Maintenance worker

2 What does the man mean when he says, "that isn't an issue"?

(A) He is aware of a problem.
(B) He is familiar with a program.
(C) He already completed a task.
(D) He meets a requirement.

3 What does the woman ask the man to do?

(A) Attend an interview
(B) Provide contact information
(C) Submit a résumé
(D) Complete a form

Questions 4-6 refer to the following conversation.

W: Hello, I would like a round trip ticket for the bus to Miami that leaves at 9:00 A.M.

M: I'm sorry, but those tickets are sold out. A lot of people are traveling to Miami this weekend to attend the Summertime Music Festival on South Beach.

W: Oh, no! But I have to get to Miami by 5 P.M. for my brother's graduation. He has been working so hard.

M: Well, there are a couple of seats left on a bus that leaves at 9:30, but it makes several stops along the way. But, that should still get you to Miami by 4:30. Hopefully, that works for you.

4 According to the man, why are many people traveling to Miami?

(A) To attend a seminar
(B) To enjoy the weather
(C) To attend a music festival
(D) To participate in a sports event

6 What does the man suggest?

(A) Taking another bus
(B) Going to the train station
(C) Renting a vehicle
(D) Changing a schedule

5 What does the woman imply when she says, "He has been working so hard"?

(A) She has been helping her brother.
(B) She wants her brother to take a vacation.
(C) She cannot miss her brother's event.
(D) She thinks her brother deserves a reward.

 Script

Questions 7-9 refer to the following conversation.

M: Hello, Ms. Wexler. My team has just finished setting up the buffet. Once the roasted chicken is finished, all the food should be ready for your luncheon.

W: We're right on schedule, then. Thank you, Matt. I'm very pleased with your services. Oh, and have the chairs arrived yet for the seating area?

M: Yes, they were unloaded from the truck, but haven't been set up.

W: OK. I think we'll need some extra. You know where the storage room is, right?

7 Which field does the man most likely work in?
(A) Entertainment
(B) Catering
(C) Real estate
(D) Landscaping

8 What does the woman inquire about?
(A) A performance stage
(B) Some furniture
(C) A room size
(D) Some audio equipment

9 What does the woman mean when she says, "You know where the storage room is, right?"
(A) She wants to reorganize an event area.
(B) She wants the man to give her directions.
(C) She wants the man to complete a task.
(D) She wants to look for a missing item.

Questions 10-12 refer to the following conversation.

M: Hi, Samantha. Since our pizza shop is becoming so popular, I think it's time to open a second location in Circleville.

W: I was thinking the same thing. Maybe we can tell our employees next week at our staff appreciation dinner.

M: That would be perfect. Plus, I think it would be best to make one of our current workers the manager of the new shop.

W: I agree. We need someone who is responsible.

M: Right, but loyalty is important, too. You know, Kyle Firth has been with us for over five years.

W: Hmm… he has been a great employee.

10 What are the speakers mainly discussing?

(A) Planning an event
(B) Improving productivity
(C) Changing a business location
(D) Opening a new branch

12 Why does the man say, "Kyle Firth has been with us for over five years"?

(A) To congratulate an employee
(B) To make a recommendation
(C) To express surprise
(D) To correct the woman's error

11 Where does the woman plan to make an announcement?

(A) At a shareholder meeting
(B) At a work seminar
(C) At a staff dinner
(D) At a press conference

① 표/리스트형 시각자료 🎧 15-1.mp3

시각자료 연계 문제 중에서 가장 많이 출제되는 유형입니다. 이 유형 중에서도 가격 목록이 가장 자주 나오고, 그 다음으로 일정표, 건물의 층별 안내, 명부(사무실 및 내선 번호, 업무 담당자 정보) 등이 골고루 출제되고 있습니다. 대화를 잘 듣고 시각자료의 항목 중 어디에 해당하는지 찾아 내용을 확인하면 됩니다.

Ticket Prices	
Children (under 12)	$6
Senior (65+)	$8
Group Discount **(at least 6 in a group)**	$10
Adult	$12

Q. Look at the graphic. **What ticket price** will the speakers probably **pay** per person?
→ 화자들이 1인당 지불할 티켓 가격

(A) $6

(B) $8

(C) $10

(D) $12

W: Henry, a few of us are going to a baseball game after work on Friday. Would you like to come?

M: Yeah, that sounds great. How much are tickets?

W: There are different prices, but since there will be six of us, we'll qualify for a special price.

M: Good! I'm looking forward to it.

여: 헨리 씨, 저희 몇 명이 금요일 퇴근 후에 야구 경기를 보러 갈 거예요. 함께 가시겠어요?

남: 네, 아주 좋을 것 같아요. 입장권이 얼마인가요?

여: 서로 다른 가격들이 있기는 하지만, 저희가 6명이 될 것이기 때문에, 특가 이용 자격이 있을 거예요.

남: 좋아요! 정말 기대가 되네요.

이렇게 풀어요!

❶ 질문을 먼저 읽고 무엇을 묻는지 파악합니다. '화자들이 입장권 가격으로 1인당 얼마를 지불할지'를 묻고 있으며, 시각자료로 티켓 가격 정보가 나와 있습니다.

❷ 대화를 들으면서 화자들이 말하는 조건이 시각자료의 어느 항목에 해당하는지 파악해야 합니다.

❸ 여자가 '우리는 6명이라서 특가 서비스에 대한 자격이 있다(there will be six of us, we'll qualify for a special price)'라고 말하고 있습니다.

❹ 이제 시각자료에서 '6인 할인'에 해당하는 항목을 찾아보면, 세 번째 칸의 '최소 6명으로 된 단체에 대한 할인(Group Discount / at least 6 in a group)'에 해당된다는 것을 알 수 있습니다. 이 항목의 가격이 10달러로 쓰여 있으므로 (C)가 정답입니다.

② 지도형 시각자료 🎧 15-2.mp3

표/리스트형 시각자료 다음으로 자주 출제되는 유형입니다. 특정 위치를 찾는 유형이므로 지도나 평면도가 시각자료로 제시되면 대화 중에 결정적인 단서가 되는 위치나 이동 방향과 관련된 표현에 반드시 집중해야 합니다.

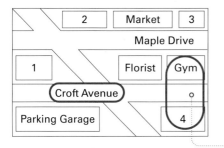

Q. Look at the graphic. **Which building** will the speakers **go to** on **Friday?** → 화자들이 금요일에 갈 건물

(A) Building 1

(B) Building 2

(C) Building 3

(D) **Building 4**

M: Is it true that our clients at Sitwell aren't happy with the Web site we designed for them?

W: Yes, sadly. They want to meet tomorrow to discuss their issues with it. Why don't we have lunch with them at Mango Bistro? It's **across from the gym on Croft Avenue.**

M: That will work for me.

남: 시트웰 사의 고객들이 우리가 디자인해 드린 웹 사이트를 마음에 들어 하지 않는다는 게 사실인가요?

여: 안타깝게도, 그렇습니다. 그분들이 그것과 관련된 사안들을 논의하기 위해 내일 만나고 싶어 하십니다. 망고 비스트로에서 그분들과 함께 점심 식사하면 어떨까요? 크로프트 애비뉴에 있는 체육관 맞은편입니다.

남: 저는 좋을 것 같아요.

특강 18
지도 문제 필수!
위치 관계 묘사
표현

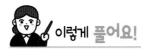 이렇게 **풀어요!**

❶ 지도가 시각자료로 제시되어 있고, 질문의 핵심은 '화자들이 금요일에 갈 건물'입니다.

❷ 대화를 들어보면 여자가 망고 비스트로에서 고객들을 만날 것을 제안하면서 그곳의 위치를 '크로프트 애비뉴에 있는 체육관 맞은편(across from the gym on Croft Avenue)'이라고 설명합니다.

❸ 이제 시각자료에서 그 위치를 찾아야 합니다. 크로프트 애비뉴에 위치한 체육관 맞은편에 있는 건물이 '4'로 표기되어 있으므로 (D)가 정답입니다.

③ 그래프형 시각자료 🎧 15-3.mp3

원 그래프, 막대 그래프, 선 그래프 등이 제시되며, 파악하기 어렵고 복잡한 것은 나오지 않습니다. 대화에 '가장 많은(the most)', '가장 높은(the highest)', '두 번째로 많은(the second most)', '가장 저조한(the poorest)'등의 최상급 표현이 결정적인 정답 단서로 제시되는 경우가 많습니다. **숫자 및 순위 표현**에 주목하세요.

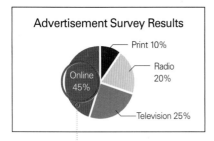

Advertisement Survey Results

Print 10%
Radio 20%
Online 45%
Television 25%

Q. Look at the graphic. **Which advertising method** will the **man** probably **discuss next?** → 다음 순서로 논의할 광고 방법

(A) Print
(B) Radio
(C) Television
(D) Online

M: Kathy, we need to discuss different advertising methods.

W: Right, I just saw the survey results. Our print ads only bring in 10% of our customers, and radio accounts for 20%.

M: I don't think they're our main concern. I'd rather focus on the advertising method that attracts the most customers.

남: 캐시 씨, 우리는 다른 광고 방법들을 논의해야 합니다.

여: 맞아요, 제가 방금 설문 조사 결과를 봤어요. 우리 인쇄물 광고는 우리 고객의 겨우 10퍼센트만 끌어들이고 있고, 라디오는 20퍼센트를 차지하고 있어요.

남: 저는 그것들이 우리의 주된 우려 사항이라고 생각하지 않습니다. 저는 차라리 가장 많은 고객을 끌어들이는 광고 방법에 초점을 맞추고 싶어요.

이렇게 풀어요!

❶ 질문을 먼저 읽고 무엇을 묻는지 파악한 후, 시각자료를 봅니다. 그래프형 시각자료는 항목이 구분되어 있으므로 각각의 항목명과 수치 정보도 함께 확인합니다.

❷ 질문의 핵심은 남자가 논의하려고 하는 광고 방법입니다. 따라서 남자가 생각하고 있는 광고 방법에 해당되는 수치 정보가 정답 단서로 제시될 것으로 예상할 수 있습니다.

❸ 대화 마지막에 남자가 가장 많은 고객들을 끌어들이는 광고 방법에 초점을 맞추고 싶다고 말하고 있는데, 그래프에 45퍼센트로 표기된 '온라인' 이 가장 많은 비율을 차지하고 있으므로 (D)가 정답입니다.

 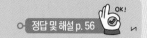
음원을 듣고 질문에 맞는 선택지를 고른 뒤, 빈칸을 채워보세요.

Community Cooking Classes	
Cooking Course	Time
Italian	10 A.M. – 12 P.M.
Spanish	12 P.M. – 2 P.M.
Korean	4 P.M. – 6 P.M.
Chinese	7 P.M. – 9 P.M.

1 Look at the graphic. **Which course** will the **man** most likely **recommend**?

(A) Italian
(B) Spanish
(C) Korean
(D) Chinese

W: Hello. I'd like to sign up for one of your cooking classes.

M: OK. Which one would you like to join?

W: Well, I have a tight schedule, so it just needs to be at a time when I'm available.

M: When are you free?

W: I work in the afternoon and evenings, so preferably one that _____ .

Park	A	Library
	City Hall	B
D	C	Shopping
Bank	Cafe	Mall

2 Look at the graphic. **Which location** do the **speakers choose** for their bakery?

(A) Location A
(B) Location B
(C) Location C
(D) Location D

W: I'm glad we spoke with a realtor. There are a lot of great spots available for our bakery.

M: I think the location _____ would be best.

W: I agree. It's _____ , too. People could buy bread from us and then go on a picnic.

 이 단어만은 꼭!

1 **community** 지역 사회 **sign up for** ~에 등록하다, ~을 신청하다 **join** ~에 참가하다, 함께 하다 **tight** (일정, 비용 등이) 빡빡한, 빠듯한 **available** (사람이) 시간이 나는(= free) **preferably** 가급적이면 **around** ~쯤, 약, 대략 2 **location** 위치, 지점 **realtor** 부동산 중개인 **spot** 자리, 장소 **available** 이용 가능한 **next to** ~ 옆에 **city hall** 시청 **agree** 동의하다 **across from** ~ 맞은편에 **then** 그런 다음, 그 후에

학습한 내용을 적용해 실제 시험 난이도와 비슷한 문제들을 풀어 보세요. 🎧 15-5.mp3

> **Part 3** 실전 문제 풀이 지침
>
> 1. 대화가 나오기 전에 세 개의 문제를 빠르게 읽고 핵심을 파악합니다. 이때 키워드에 동그라미를 쳐 둡니다.
> 2. 주어진 시각자료의 내용을 파악하면서 해당 문제와 어떻게 연계되는지 확인합니다. 시각자료 연계 문제는 항상 Look at the graphic.으로 시작하기 때문에 바로 알아볼 수 있습니다.
> 3. 미리 읽은 문제와 관련된 내용을 노려 듣습니다.
> 4. 정답을 찾으면 문제지에 바로 체크하고 다음 문제를 읽습니다. 답안지 마킹은 나중에 한꺼번에 해도 됩니다.

특강 19
실전 문제
풀이 시연

Food	Price	Drink Size
French fries	$4.00	Small
Fried chicken	$5.00	Medium
Hamburger	$6.00	Large
Pizza	$8.00	Jumbo

2 Look at the graphic. What size of drink will the woman receive?

(A) Small
(B) Medium
(C) Large
(D) Jumbo

1 Where are the speakers?

(A) At a sports stadium
(B) At a movie theater
(C) At a music festival
(D) At an amusement park

3 How will the woman pay?

(A) With cash
(B) With a coupon
(C) With an app
(D) With a credit card

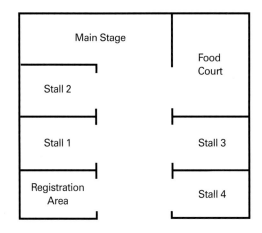

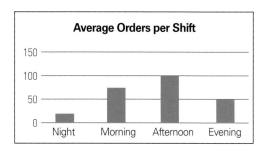

4 Why is the woman familiar with the expo?

(A) She was a volunteer.
(B) She watched a video.
(C) She is a journalist.
(D) She knows the event organizer.

5 Look at the graphic. Which stall does the man recommend?

(A) Stall 1
(B) Stall 2
(C) Stall 3
(D) Stall 4

6 What will the man explain later?

(A) A computer program
(B) A schedule
(C) A product
(D) A customer policy

7 Look at the graphic. Which shift are the speakers discussing?

(A) Night
(B) Morning
(C) Afternoon
(D) Evening

8 According to the woman, what has been a problem?

(A) Low sales
(B) Customer complaints
(C) Shipping delays
(D) Employee shortages

9 What does the man say will happen next month?

(A) A new product will be launched.
(B) A restaurant will close.
(C) A business will be renovated.
(D) A price will increase.

Questions 1-3 refer to the following conversation and sign.

W: There's a long line for the roller coaster, so I want something to eat while I wait. And, when I bought my admission ticket, I heard that the park has a special offer right now.

M: Yes, just check this sign. Different snacks come with a free drink, but the size depends on what you order. So, a pizza comes with a jumbo-sized soft drink.

W: Oh, I get it. I want a hamburger then.

M: OK, that's $6.00.

W: I only have a credit card. Is that OK?

M: Of course. We accept all different types of cards here.

Food	Price	Drink Size
French fries	$4.00	Small
Fried chicken	$5.00	Medium
Hamburger	$6.00	Large
Pizza	$8.00	Jumbo

2 Look at the graphic. What size of drink will the woman receive?

(A) Small
(B) Medium
(C) Large
(D) Jumbo

1 Where are the speakers?

(A) At a sports stadium
(B) At a movie theater
(C) At a music festival
(D) At an amusement park

3 How will the woman pay?

(A) With cash
(B) With a coupon
(C) With an app
(D) With a credit card

Questions 4-6 refer to the following conversation and floor plan.

M: Hi Susan. Welcome to the Tennyson Tech Expo. I'm Steve, the event director. You mentioned you volunteered last year, so you're already familiar with the event. So, all you need to do is select which stall you want.

W: Thanks. I'd like to be in a visible area, if that's possible. Any suggestions?

M: Well, Stall 1 is already taken, but it's by the registration area, so a lot of people will ignore it. How about the spot over there, next to the food court?

W: Great. And, when can I do my product demonstration on the main stage?

M: Oh, I'll explain that later. We made some changes to the event schedule, so there's a lot to cover.

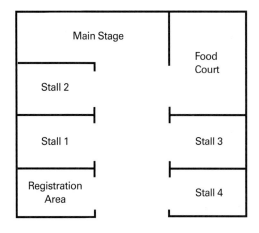

5 Look at the graphic. Which stall does the man recommend?

(A) Stall 1
(B) Stall 2
(C) Stall 3
(D) Stall 4

6 What will the man explain later?

(A) A computer program
(B) A schedule
(C) A product
(D) A customer policy

4 Why is the woman familiar with the expo?

(A) She was a volunteer.
(B) She watched a video.
(C) She is a journalist.
(D) She knows the event organizer.

Questions 7-9 refer to the following conversation and graph.

W: Stan, have you checked the latest report yet? We need to do something to improve this one shift. I think we might need to hire a new manager.

M: What's the problem? That shift only gets an average of 50 orders.

W: Some workers have recently quit, so there aren't enough employees to work that shift.

M: Oh, I see. With our main competitor Burger Zone closing next month, we'll probably become a lot busier. We need to make sure each shift is ready.

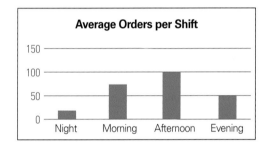

8 According to the woman, what has been a problem?

(A) Low sales
(B) Customer complaints
(C) Shipping delays
(D) Employee shortages

7 Look at the graphic. Which shift are the speakers discussing?

(A) Night
(B) Morning
(C) Afternoon
(D) Evening

9 What does the man say will happen next month?

(A) A new product will be launched.
(B) A restaurant will close.
(C) A business will be renovated.
(D) A price will increase.

빈출 시각자료 파악하는 법

■ 약도

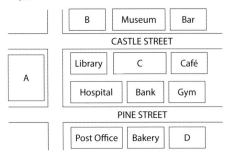

위쪽의 거리명은 CASTLE STREET, 아래쪽은 PINE STREET. 선택지로 나오는 A, B, C, D의 위치 관계를 잘 봐 둬야지. 각각 어느 거리에 있고, 어느 건물 옆 또는 맞은 편에 있는지 확인 완료.

■ 좌석 배치도

비행기 내부 좌석 배치도인 것 같군. 통로측 좌석(aisle seat)이 20B, 23C, 창측 좌석(window seat)이 21D, 22A. 20B는 화장실 가까이, 23C는 주방 구역 근처에 있네.

■ 그래프

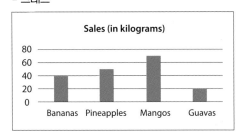

과일의 판매량을 나타낸 그래프네. 망고가 약 70 킬로로 가장 많이 팔렸고, 구아바가 20킬로로 판매량이 가장 적군.

■ 교통 안내

Destination	Departure Time	Status
New York	11:00	On Time
Albany	11:30	Delayed 1 hour
Buffalo	12:00	On Time
Rochester	12:30	Canceled

네 개의 도시로 가는 교통편 상황이구나. Albany 행이 1시간 지연, Rochester 행은 취소되었군.

■ 텍스트가 많은 유형

Step 1.	Connect to our WiFi
Step 2.	Enter your credit card details
Step 3.	Select data amount and rate
Step 4.	Click 'Confirm'

앗 이건 해석을 해야 하는구나. 뭔가를 하는 과정을 단계별로 안내하고 있네. 1단계: 와이파이 연결 / 2단계: 신용카드 정보 입력 / 3단계: 데이터양과 요금 선택 / 4단계: '확인' 클릭

■ 스케줄

Rachel's Schedule - Tuesday	
10:00-12:00	Workshop
12:00	Lunch
14:00	Interview
15:00	Client Meeting

Rachel의 화요일 일정이구나. 오전에 워크샵 참석, 12시에 점심 식사, 14시에 면접, 15시에 고객 미팅이 예정되어 있네.

──────── 기본토익 700+ ────────

PART 4

PART 4

짧은 담화 문제 미리보기

▷ 문항 수: 30문항 (71번~100번)

▷ 전화메시지, 방송, 광고 등 한 사람이 말하는 담화를 듣고 관련 질문에 대한 정답을 고르는 유형입니다.

▷ 총 10개 담화가 나오고, 담화 한 개당 세 문제씩 제시됩니다.

▷ 대화를 듣기 전에 문제지에 제시된 문제들을 미리 읽어 두어야 합니다.

 문제지

71. What is the purpose of the talk?
   (A) To announce a job opening
   (B) To introduce a speaker
   (C) To welcome new employees
   (D) To describe an event ∨

72. Where should the listeners go when they arrive?
   (A) To the basement
   (B) To the box office ∨
   (C) To the banquet hall
   (D) To the conference room

73. What will be given to all participants?
   (A) A free meal
   (B) A software package
   (C) A reference letter
   (D) A personal evaluation ∨

 음원

Questions 71-73 refer to the following announcement.

Good afternoon. I'd like to invite you to Career Showcase, which is scheduled to be held in the Atlantica Center. This career fair will connect you with employers who can offer you several job opportunities. When you turn up at the center, just go to the box office to get a visitor's pass. At the end of the job fair, you will be given a personal report evaluating your strengths as a job candidate.

Number 71. What is the purpose of the talk?

Number 72. Where should the listeners go when they arrive?

Number 73. What will be given to all participants?

❶ 전화 메시지 🎧 16-1.mp3

전화 메시지는 Part 4에서 출제 빈도가 높은 유형이며, 예약이나 주문, 약속 등의 변경이나 확인, 취소, 상대방의 요청 사항에 대한 답변, 일정 조정 등이 주된 내용입니다. 메시지마다 내용 전개 방식이 거의 유사하고, 일정한 패턴을 지닌 문장들이 반복적으로 쓰이기 때문에 전화 메시지의 흐름과 빈출 표현들을 미리 익혀 두면 어렵지 않게 정답을 고를 수 있습니다.

○ 저는 젠타스 온라인 마켓의 산드라 박입니다

Hello. **This is Sandra Park calling from Jenta's Online Market.**

○ ❶ 인사 및 자기소개
화자가 자신의 이름과 소속을 밝힙니다.

I'm just looking at the order you placed last night on our Web site. I'm afraid that **the product you requested is currently sold out, so I'll give you a full refund.**

○ 요청하신 제품이 현재 품절이라 전액 환불해 드리겠습니다

○ ❷ 전화 용건
전화를 건 용건을 밝히거나 문제 상황을 알립니다.

However, in the e-mail I've just sent you, I've recommended some items that might suit your preference. **If you want to purchase one of them today, please let me know as soon as possible.**

○ 오늘 하나 구매하길 원하시면 가능한 한 빨리 알려주세요

○ ❸ 당부 또는 요청 사항
청자에게 당부의 말이나 요청 사항을 전달합니다.

Thank you for shopping at Jenta's Online Market.

○ ❹ 마무리 인사

안녕하세요. 저는 젠타스 온라인 마켓에서 전화 드리는 산드라 박입니다.

귀하께서 저희 웹사이트에서 어젯밤에 주문하신 사항을 보고 있습니다. 유감스럽지만 귀하께서 요청하신 제품이 현재 품절이어서, 전액 환불해 드리고자 합니다.

하지만, 제가 방금 보내 드린 이메일에, 귀하의 선호도에 어울릴 만한 몇몇 제품들을 추천해 드렸습니다. 만약 오늘 그것들 중 하나를 구매하고 싶으시면, 저에게 가능한 한 빨리 알려주시기 바랍니다.

젠타스 온라인 마켓을 이용해 주셔서 감사합니다.

❷ 자동 응답 메시지 🎧 16-2.mp3

특정 단체 또는 업체에서 업무 시간 외에 전화한 고객에게 전하는 안내 메시지로, 서비스 이용, 업무 시간 및 휴무, 예약, 특이 사항 등을 전하는 내용을 담고 있습니다. 전화 메시지와 마찬가지로 전개 방식이 일정하기 때문에 미리 담화의 흐름과 빈출 표현들을 익혀 두는 것이 좋습니다. 고객이 어떤 업체에 전화를 걸었는지 알리기 위해 시작 부분에 해당 업체의 이름이 반드시 언급되는데, 그 부분을 통해 어떤 내용일지 미리 짐작하는 것이 가능합니다.

○ 런던 여행자 안내 전화로 전화 주셔서 감사합니다

Thank you for calling the London tourist information line. We are happy to help you with any inquiries regarding London.

❶ 인사말
업종을 밝힙니다. 담화 흐름을 파악하는 데 중요한 정보입니다.

○ 시내 지역에 현재 광범위한 공사가 진행중입니다

Please be aware that **the downtown area is currently undergoing extensive construction work** that may affect your travel plans. The construction will last until September 25.

❷ 유의 사항 등의 안내
문제점, 발생 원인, 날짜, 예정된 일 등 다양한 정보가 제시됩니다.

○ 고객 서비스 직원들 중 한 명과 통화하시려면 1번을 누르세요

Please press 1 if you wish to speak with one of our customer service representatives, who will be happy to provide you with more information about our tourist attractions.

❸ 마무리
추가 정보를 얻을 수 있는 방법을 알려줍니다.

런던 여행자 안내 전화로 전화 주셔서 감사합니다. 런던과 관련된 모든 문의 사항에 대해 도와드리게 되어 기쁩니다.

현재 시내 지역에 귀하의 여행 계획에 영향을 미칠 수도 있는 광범위한 공사가 진행되고 있다는 점에 유의하시기 바랍니다. 이 공사는 9월 25일까지 계속될 것입니다.

저희 고객 서비스 직원들 중 한 명과 이야기하시려면 1번을 누르시기 바라며, 그 직원이 귀하께 저희 지역의 관광 명소들과 관련된 더 많은 정보를 기꺼이 제공해 드릴 것입니다.

3 필수 표현 🎧 16-3.mp3

■ 인사 및 자기 소개

☐ I'm calling from ABC Company.	ABC Company에서 전화 드립니다.
☐ It's[This is] John Bailey (calling) from Accounting.	저는 회계부의 존 베일리입니다.
☐ You've reached ABC Company.	귀하는 ABC Company에 전화하셨습니다.
☐ Thanks for calling ABC Company.	ABC Company에 전화 주셔서 감사합니다.

■ 전화 용건 설명

☐ I'm calling about ~	~에 관해 전화 드립니다.
☐ I'm calling to let you know ~	~을 알려 드리기 위해 전화 드립니다.
☐ I'm calling to confirm ~	~을 확인하기 위해 전화 드립니다.
☐ I'm calling to respond to your inquiry about ~	~에 관한 귀하의 문의에 답변 드리기 위해 전화 드립니다.

■ 당부 또는 요청 사항

☐ I'd appreciate it if you could ~	~해 주실 수 있다면 감사하겠습니다.
☐ I suggest that you ~	~하시도록 권해 드립니다.
☐ Could[Can] you please ~?	~해 주시겠습니까?
☐ Please call me back at 375-4859.	375-4859번으로 저에게 다시 전화 주시기 바랍니다.
☐ Let me know what you think.	어떻게 생각하시는지 알려주세요.
☐ I'd like to do ~	~하고자 합니다.
☐ I'd like you to do ~	귀하께서 ~해 주셨으면 합니다.

> 🐝꿀팁 I'd like to do는 '내가 ~하고 싶다'는 뜻이고, I'd like you to do는 '당신이 ~하면 좋겠다'는 말이에요. Part 4에서 What does the speaker want to do?(화자가 무엇을 하고 싶어 하는가?)와 What does the speaker ask the listener to do?(화자가 청자에게 무엇을 하도록 요청하는가?) 질문의 정답 단서가 되는 표현이니 반드시 구분해 두세요.

■ 마무리 인사

☐ Please feel free to contact us.	언제든지 저희에게 연락 주십시오.
☐ Don't hesitate to contact me.	주저하지 말고 저에게 연락 주십시오.
☐ I'm looking forward to hearing from you soon.	곧 연락 주시기를 기대하고 있겠습니다.
☐ You can reach me at 375-4859.	375-4859번으로 저에게 연락하실 수 있습니다.
☐ If you have any questions, please call[contact] ~	문의 사항이 있으시면 ~로 전화[연락] 주세요.

다음 전화 메시지를 듣고 각 질문에 맞는 답을 고른 뒤, 스크립트를 보면서 빈칸을 채워보세요.

1 What is the purpose of the message?

(A) To confirm business hours 업무 시간을 확인하는 것
(B) To explain a return policy 반품 정책을 설명하는 것
(C) To promote a new yoga class 새로운 요가 강좌를 홍보하는 것
(D) To request some information 일부 정보를 요청하는 것

2 What will happen on April 26?

(A) An orientation session will be held. 오리엔테이션이 열릴 것이다.
(B) Some equipment will be installed. 일부 장비가 설치될 것이다.
(C) A new location will open. 신규 지점이 개장할 것이다.
(D) Renovations will begin. 개조 공사가 시작될 것이다.

3 What does the speaker ask the listener to do?

(A) Review a contract 계약서 검토하기
(B) Pay a fee 요금 지불하기
(C) Make a phone call 전화하기
(D) Check an address 주소 확인하기

Hello, Mr. Han. I'm Sandy Kenderson calling from Pro Fitness Center. I'm calling about your _____ form you submitted on April 21. It seems that you forgot to provide some details such as your height, weight, and age when you filled out the form. I need this information to issue you a membership card. Your gym orientation _____ for April 26, so I would appreciate it if you could _____ and give me these details by April 24. You can reach me any time before 9 P.M. Thank you and have a nice day.

 **이 단어만은 꼭!**

confirm ~을 확인해 주다 return 반품, 반납 policy 정책, 방침 promote ~을 홍보하다 equipment 장비 install ~을 설치하다 location 지점, 위치 renovation 개조, 보수 review ~을 검토하다 contract 계약(서) fee 요금, 수수료 application form 신청서, 지원서 submit ~을 제출하다 It seems that ~인 듯하다, ~한 것 같다 forget to do ~하는 것을 잊다 provide ~을 제공하다 such as ~와 같은 fill out ~을 작성하다 issue A B: A에게 B를 발급하다, 지급하다 be scheduled for + 시점: ~로 예정되어 있다 I would appreciate it if ~라면 감사하겠습니다 reach ~에게 연락하다

학습한 내용을 적용해 실제 시험 난이도와 비슷한 문제들을 풀어 보세요. 🎧 16-5.mp3

> **Part 4** 실전 문제 풀이 지침
>
> 1. 담화가 나오기 전에 세 개의 문제를 빠르게 읽고 핵심을 파악합니다. 이때 키워드에 동그라미를 쳐 둡니다.
> 2. 미리 읽은 문제와 관련된 내용을 노려 듣습니다.
> 3. 정답을 찾으면 문제지에 바로 체크하고 다음 문제를 읽습니다. 답안지 마킹은 나중에 한꺼번에 해도 됩니다.

특강 20 실전 문제 풀이 시연

1 What department does the speaker work in?

(A) Customer Service
(B) Human Resources
(C) Marketing
(D) Technical Support

2 What problem does the speaker mention?

(A) A document is missing.
(B) A shipment has not arrived.
(C) A part needs to be replaced.
(D) A deadline is too soon.

3 What does the speaker offer to do?

(A) Talk to a supervisor
(B) Cancel an order
(C) Request a file
(D) Call a coworker

4 Who most likely is the message intended for?

(A) Local residents
(B) Travel agents
(C) Potential tourists
(D) Business owners

5 What does the speaker say about the downtown area?

(A) It is hosting a festival.
(B) It has limited parking.
(C) It has several landmarks.
(D) It is under construction.

6 What should listeners do to find out more information?

(A) Leave a message
(B) Make an appointment
(C) Visit a Web site
(D) Dial a number

7 What is the speaker calling about?

(A) A business expansion
(B) A job vacancy
(C) A staff orientation
(D) A holiday schedule

8 What does the speaker mean when he says, "there have already been over 300 views"?

(A) A deadline should be changed.
(B) A recruiting method has been successful.
(C) A Web site is becoming more popular.
(D) A larger room might be required.

9 What does the speaker advise the listener to do?

(A) Review some documents
(B) Submit a proposal
(C) Attend an interview
(D) Postpone a trip

Expense Report	
Gasoline	$60
Accommodations	$250
Food	$120
Company pamphlets	$90
	Total: $520

10 What did the listener do last week?

(A) Went on vacation
(B) Organized a staff trip
(C) Attended a job fair
(D) Spoke at a convention

11 Look at the graphic. Which amount needs to be checked?

(A) $60
(B) $250
(C) $120
(D) $90

12 What does the speaker ask the listener to do?

(A) Make a payment
(B) Send an e-mail
(C) Explain a procedure
(D) Purchase equipment

Questions 1-3 refer to the following telephone message.

Hello, Joanne. This is Logan calling from Technical Support. You left a message about the problems you are having with the printer in your office. I had a look at it, and I found out what the problem is. One of the parts is broken, so I called the technician. The repairman should be arriving in an hour to replace it. I heard that this is the fourth time that this has happened. If the machine has the same problem again, I'll speak to your department manager and suggest buying a new one. If you have any questions, don't hesitate to call me back. Thanks.

1 What department does the speaker work in?

(A) Customer Service
(B) Human Resources
(C) Marketing
(D) Technical Support

3 What does the speaker offer to do?

(A) Talk to a supervisor
(B) Cancel an order
(C) Request a file
(D) Call a coworker

2 What problem does the speaker mention?

(A) A document is missing.
(B) A shipment has not arrived.
(C) A part needs to be replaced.
(D) A deadline is too soon.

Questions 4-6 refer to the following recorded message.

Thank you for calling the Auckland Tourism Office line. We are pleased to help you with any inquiries you might have regarding Auckland and the various activities we have here in the city. Please be aware that, due to extensive renovation work, some downtown areas may currently have restricted access or services. The project is expected to be completed by the end of the year. Please press 1 if you wish to speak with one of our customer service operators for more information about our tourist attractions and landmarks.

4 Who most likely is the message intended for?

(A) Local residents
(B) Travel agents
(C) Potential tourists
(D) Business owners

6 What should listeners do to find out more information?

(A) Leave a message
(B) Make an appointment
(C) Visit a Web site
(D) Dial a number

5 What does the speaker say about the downtown area?

(A) It is hosting a festival.
(B) It has limited parking.
(C) It has several landmarks.
(D) It is under construction.

Questions 7-9 refer to the following telephone message.

Hi, Sally. This is Josh. I hope you hear this before you leave the office for the holiday. I have an update on the job opening we posted for the assistant position in the accounting department. You were concerned that people would not see it on the job recruiting site and felt that we should have advertised it in the newspaper. Well, I just logged in and there have already been over 300 views. By Wednesday, we'll have received a lot of applications, so I think you should start going through them for the upcoming interviews. Have a nice holiday.

7 What is the speaker calling about?

(A) A business expansion
(B) A job vacancy
(C) A staff orientation
(D) A holiday schedule

8 What does the speaker mean when he says, "there have already been over 300 views"?

(A) A deadline should be changed.
(B) A recruiting method has been successful.
(C) A Web site is becoming more popular.
(D) A larger room might be required.

9 What does the speaker advise the listener to do?

(A) Review some documents
(B) Submit a proposal
(C) Attend an interview
(D) Postpone a trip

Questions 10-12 refer to the following telephone message and expense report.

Hello, Christopher. This is Amy from Accounting. The reason that I am calling is that I have a question about the expense report from your business trip to the career fair last week. I've looked over your document and the receipts you submitted, but there's a problem. You reported purchasing pamphlets, and I've added up all the receipts. I think you may have written down a higher amount than what you actually spent. Could you check it out for me and let me know by e-mail at your earliest convenience? Thank you.

Expense Report	
Gasoline	$60
Accommodations	$250
Food	$120
Company pamphlets	$90
Total: $520	

11 Look at the graphic. Which amount needs to be checked?

(A) $60
(B) $250
(C) $120
(D) $90

10 What did the listener do last week?

(A) Went on vacation
(B) Organized a staff trip
(C) Attended a job fair
(D) Spoke at a convention

12 What does the speaker ask the listener to do?

(A) Make a payment
(B) Send an e-mail
(C) Explain a procedure
(D) Purchase equipment

최빈출 담화 유형 2
라디오 방송

1 일반 뉴스 보도 🎧 17-1.mp3

일반 뉴스 보도에는 지역 소식, 비즈니스, 경제, 선거, 개발 및 건설 등을 다루는 내용이 주로 나옵니다. 내용이 다소 딱딱하고 어려운 단어들이 꽤 등장하는 편이기 때문에 관련 어휘를 꼼꼼히 암기해 두어야 수월하게 들을 수 있습니다. 뉴스 보도는 주제를 명확하게 제시하는 것으로 시작해 관련 세부 정보를 전달하는 흐름으로 진행되는 경우가 많으므로 처음부터 집중해서 들어야 합니다.

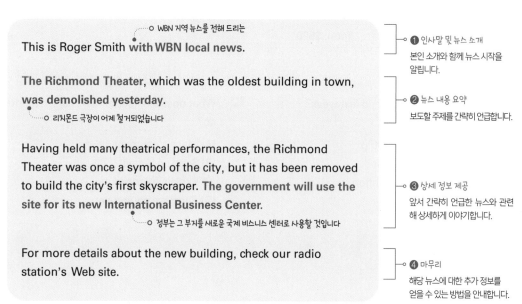

○ WBN 지역 뉴스를 전해 드리는

This is Roger Smith with WBN local news.

○ **❶ 인사말 및 뉴스 소개**
본인 소개와 함께 뉴스 시작을 알립니다.

The Richmond Theater, which was the oldest building in town, was demolished yesterday.
○ 리치몬드 극장이 어제 철거되었습니다

○ **❷ 뉴스 내용 요약**
보도할 주제를 간략히 언급합니다.

Having held many theatrical performances, the Richmond Theater was once a symbol of the city, but it has been removed to build the city's first skyscraper. The government will use the site for its new International Business Center.
○ 정부는 그 부지를 새로운 국제 비즈니스 센터로 사용할 것입니다

○ **❸ 상세 정보 제공**
앞서 간략히 언급한 뉴스와 관련해 상세하게 이야기합니다.

For more details about the new building, check our radio station's Web site.

○ **❹ 마무리**
해당 뉴스에 대한 추가 정보를 얻을 수 있는 방법을 안내합니다.

WBN 지역 뉴스를 전해 드리는 로저 스미스입니다.

우리 도시에서 가장 오래된 건물이었던 리치몬드 극장이 어제 철거되었습니다.

많은 연극 공연을 개최했던, 리치몬드 극장은 한때 우리 도시의 상징이었지만, 우리 도시의 첫 고층 건물을 짓기 위해 철거되었습니다. 정부는 그 부지를 새로운 국제 비즈니스 센터로 활용할 것입니다.

새 건물에 대해 더 많은 자세한 정보를 원하시면, 저희 라디오 방송국의 웹사이트를 확인하시기 바랍니다.

② 교통 정보 🎧 17-2.mp3

교통 정보에서는 청취자들에게 특정 구역의 교통 상황을 알리는 내용을 주로 다룹니다. 교통 사고나 도로 수리 등의 문제 상황을 먼저 알리고, 그와 관련된 주의 사항, 대비 요령, 수리 일정 등을 말하면서 우회로 이용 방법 등의 해결책을 제시하는 흐름으로 구성됩니다.

⌐○ 지역 교통 정보를 전해 드리는

This is Julie Liston **with your local traffic report** on SBC Radio.

Yesterday, our national rugby team won the International Rugby Championship, so **traffic is moving slowly due to the street parade** celebrating their victory. ⌐○ 거리 퍼레이드 때문에 차량들이 느리게 움직입니다

The parade is taking place near Rollins Stadium on Quay Street and more people in the city are expected to join. So, **please take Fanshawe Street instead** to avoid traffic congestion.
⌐○ 팬셔 스트리트를 대신 이용하세요

Now **we'll hear a couple of advertisements.** Don't go anywhere.
⌐○ 광고를 듣겠습니다

❶ 인사말 및 프로그램 소개
진행자가 프로그램 이름과 방송국을 소개합니다.

❷ 교통 정보 제공
특정 구역의 교통 상황을 알리면서 교통 사고나 도로 수리, 행사 등의 문제 상황을 언급합니다.

❸ 해결책 제시
대안이 되는 우회로 등과 같은 해결책 및 추가 정보를 제시합니다.

❹ 다음 순서 예고
광고, 날씨, 기타 소식 등의 다음 순서를 안내합니다.

SBC 라디오에서 지역 교통 정보를 전해 드리는 줄리 리스턴입니다.

어제, 우리 럭비 국가 대표팀이 국제 럭비 챔피언십에서 우승했기 때문에, 그 우승을 기념하는 거리 퍼레이드로 인해 차량들이 천천히 이동하고 있습니다.

이 퍼레이드는 키이 스트리트에 있는 롤린스 경기장 근처에서 진행되고 있으며, 우리 도시의 더 많은 사람들이 함께 할 것으로 예상됩니다. 따라서, 교통 혼잡을 피하시려면 팬셔 스트리트를 대신 이용하시기 바랍니다.

이제 몇몇 광고를 들으시겠습니다. 어디에도 가지 말고 계시기 바랍니다.

③ 필수 표현 🎧 17-3.mp3

■ 일반 뉴스

☐ And now for the local news.   이제 지역 뉴스를 전해드리겠습니다.

☐ Thanks for tuning in to Business at Five.   <5시의 비즈니스>를 청취해 주셔서 감사합니다.

☐ This is Andrew Jones with World News Radio.   <월드 뉴스 라디오>의 앤드류 존스입니다.

☐ Starting next week, the renovation project will begin.   다음 주부터, 보수 공사 프로젝트가 시작될 것입니다.

☐ The city council has approved a proposal to ~   시의회가 ~하자는 제안을 승인했습니다.

☐ The CEO announced a merger yesterday.   대표이사가 어제 합병을 발표했습니다.

☐ On today's show, we're happy to have ~   오늘 프로그램에서, ~를 모시게 되어 기쁩니다.

☐ Ms. Whitman will be discussing ~   휘트먼 씨께서 ~에 관해 이야기해 주실 것입니다.

■ 교통 정보

☐ drivers heading north   북쪽으로 향하는 운전자들

☐ Traffic is backed up on the highways.   고속도로에 차량들이 밀려 있습니다.

☐ Traffic is moving slowly due to ~   ~ 때문에 차량들이 느리게 이동하고 있습니다.

☐ Highway 80 will be closed until next month.   80번 고속도로가 다음 달까지 폐쇄될 것입니다.

☐ You may want to use Kensington Avenue instead.   켄싱턴 애비뉴를 대신 이용하시는 것이 좋겠습니다.

☐ I would suggest taking an alternate route.   대체 경로를 이용하시도록 권해 드립니다.

■ 일기 예보

☐ Temperatures are high.   기온이 높습니다.

☐ There is a high chance of rain showers on Friday.   금요일에 소나기가 내릴 가능성이 높습니다.

☐ We can expect a bit of snow on Monday.   월요일에 약간의 눈이 예상됩니다.

☐ Temperatures are expected to rise tomorrow.   내일 기온이 오를 것으로 예상됩니다.

☐ The roads will be slippery, so please drive slowly.   도로가 미끄러울 것이므로, 천천히 운전하세요.

🐝꿀팁 뉴스 보도와 교통 정보, 일기 예보의 마지막 부분에 주로 청취자들에게 권하는 일을 말하는데, 그 내용과 관련된 문제가 꼭 나오기 때문에 'You should take ~', 'You may use ~', 'I would suggest ~', 'Please make sure to ~' 등과 같은 권장 표현과 함께 제시되는 정보를 잘 들어야 합니다.

■ 마무리 인사

☐ I'll be back with another traffic update.   또 다른 교통 소식과 함께 돌아오겠습니다.

☐ Stay tuned and keep listening.   채널을 고정하시고 계속 들어주세요.

☐ I'll be right back after a short commercial break.   짧은 광고 후에 바로 돌아오겠습니다.

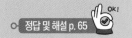

 **PRACTICE** 🎧 17-4.mp3 · 정답 및 해설 p. 65 OK!

PART 1
PART 2
PART 3
PART 4

다음 뉴스를 듣고 각 질문에 맞는 답을 고른 뒤, 스크립트를 보면서 빈칸을 채워보세요.

1 What is the broadcast mainly about?

(A) Holiday destinations 휴양지
(B) Local festivals 지역 축제
(C) Weather conditions 기상 조건
(D) City developments 도시 개발

2 According to the speaker, what will happen on Sunday?

(A) A musician will perform. 음악가가 공연할 것이다.
(B) A construction project will start. 공사 프로젝트가 시작될 것이다.
(C) Weather conditions will get worse. 기상 조건이 악화될 것이다.
(D) An outdoor festival will be held. 야외 축제가 개최될 것이다.

3 What does the speaker suggest listeners do?

(A) Wear sunscreen 자외선 차단제 바르기
(B) Use public transportation 대중 교통 이용하기
(C) Purchase festival tickets 축제 티켓 구매하기
(D) Take an umbrella 우산 챙겨 가기

You're listening to the Ashville local [   ]. Fortunately, you can expect clear skies over the next few days. Since the weather is going to be nice, many local residents will be going to Spring Garden Park to enjoy the sun. And, don't forget, on Sunday, the annual Asheville Food Festival will be [   ] [   ], so the park will be temporarily unavailable on Saturday as preparations are made. Then, on Monday, it will be cloudy with a chance of showers, so make sure to [   ] when you leave home.

 **이 단어만은 꼭!**

local 지역의, 현지의 **get + 형용사:** ~한 상태가 되다 **worse** 더 나쁜 **outdoor** 야외의 **hold** ~을 개최하다 **wear** ~을 바르다 **sunscreen** 자외선 차단제 **public transportation** 대중 교통 **fortunately** 다행히 **expect** ~을 예상하다, 기대하다 **over** ~ 동안에 걸쳐 **since** ~하기 때문에 **resident** 주민 **annual** 연례적인, 해마다의 **host** ~을 주최하다 **temporarily** 일시적으로 **unavailable** 이용 불가능한 **make preparations** 준비하다 **then** 그 후에, 그런 다음 **chance** 가능성 **showers** 소나기 **make sure to do** 반드시 ~하도록 하다 **leave** ~에서 나가다, 떠나다

학습한 내용을 적용해 실제 시험 난이도와 비슷한 문제들을 풀어 보세요. 🎧 17-5.mp3

Part 4 실전 문제 풀이 지침

1. 담화가 나오기 전에 세 개의 문제를 빠르게 읽고 핵심을 파악합니다. 이때 키워드에 동그라미를 쳐 둡니다.
2. 미리 읽은 문제와 관련된 내용을 노려 듣습니다.
3. 정답을 찾으면 문제지에 바로 체크하고 다음 문제를 읽습니다. 답안지 마킹은 나중에 한꺼번에 해도 됩니다.

1 What does the speaker say will happen in August?

(A) A new airport terminal will be opened.
(B) An airline will launch a new route.
(C) A Web site will be improved.
(D) New employees will be recruited.

2 What benefit to customers does the speaker mention?

(A) Easier booking procedures
(B) Fewer delays
(C) Lower prices
(D) Reduced travel times

3 According to the speaker, who is pleased about the news?

(A) Government officials
(B) Board members
(C) Tourists
(D) Local business owners

4 What is the radio broadcast mainly about?

(A) Building maintenance
(B) Landscaping work
(C) Local weather
(D) Traffic conditions

5 What is causing a delay near Highway 150?

(A) A repair project
(B) A sporting event
(C) A store opening
(D) An outdoor concert

6 What will the listeners hear next?

(A) A weather update
(B) Some advertisements
(C) An interview
(D) Some business news

7 What is the main topic of the broadcast?

(A) A magazine article
(B) A library service
(C) An educational program
(D) A recycling project

Thursday	Friday	Saturday	Sunday
🌧	🌤	☀	☁

8 What will users of the application be able to do?

(A) Upgrade a membership
(B) Consult a professional
(C) Sign up for an event
(D) Receive notifications

10 What type of event is the speaker describing?

(A) A store's grand opening
(B) An arts and crafts fair
(C) A music festival
(D) A sports competition

9 What does the speaker imply when he says, "And that's not all"?

(A) He thinks the app has some drawbacks.
(B) He will describe another feature of the app.
(C) He believes the app will be popular.
(D) He will recommend some different apps.

11 According to the speaker, what can the listeners find on a Web site?

(A) An event schedule
(B) A registration form
(C) A list of food vendors
(D) A parking map

12 Look at the graphic. On which day is the event being held?

(A) Thursday
(B) Friday
(C) Saturday
(D) Sunday

Questions 1-3 refer to the following news report.

I'm Lucy Moore with your travel news update. Yesterday, Star Airlines announced that it will be opening a direct flight between Seoul and Vancouver. The airline will begin offering this route in August. A press release from Star Airlines also indicated that the company is starting a "budget flight" service, meaning that its potential passengers should expect to pay a lower price for their Pan-Pacific flight. City officials from both Seoul and Vancouver are excited about the many benefits that will come with the increased tourism.

1 What does the speaker say will happen in August?

(A) A new airport terminal will be opened.
(B) An airline will launch a new route.
(C) A Web site will be improved.
(D) New employees will be recruited.

3 According to the speaker, who is pleased about the news?

(A) Government officials
(B) Board members
(C) Tourists
(D) Local business owners

2 What benefit to customers does the speaker mention?

(A) Easier booking procedures
(B) Fewer delays
(C) Lower prices
(D) Reduced travel times

Questions 4-6 refer to the following radio broadcast.

Good morning, listeners, and welcome to the Saturday morning traffic report. The roads are clear this morning, and traffic in the northern parts of the city is minimal. However, there is a delay near Highway 150 due to repair work. Workers have closed down the highway and it'll take approximately six weeks to finish the construction project. So, I recommend taking Route 18 instead. Also, if you are planning to visit shops along Dermott Road on Sunday, remember that it will be inaccessible by car due to the annual marathon. I'll be back with some local news after this commercial break.

4 What is the radio broadcast mainly about?

(A) Building maintenance
(B) Landscaping work
(C) Local weather
(D) Traffic conditions

6 What will the listeners hear next?

(A) A weather update
(B) Some advertisements
(C) An interview
(D) Some business news

5 What is causing a delay near Highway 150?

(A) A repair project
(B) A sporting event
(C) A store opening
(D) An outdoor concert

Questions 7-9 refer to the following broadcast.

Good afternoon, I'm Andrew Huffman. Today, we have a report about a new service developed by the city library that should help local residents. Community readers are always concerned about forgetting the return dates of their books, magazines and videos. But now, an application has been provided by the library that will automatically send a notification to users to remind them of an approaching due date. And that's not all. The application will also recommend materials to read based on the user's reading preference. Download the application for free and check it out.

7 What is the main topic of the broadcast?

(A) A magazine article
(B) A library service
(C) An educational program
(D) A recycling project

8 What will users of the application be able to do?

(A) Upgrade a membership
(B) Consult a professional
(C) Sign up for an event
(D) Receive notifications

9 What does the speaker imply when he says, "And that's not all"?

(A) He thinks the app has some drawbacks.
(B) He will describe another feature of the app.
(C) He believes the app will be popular.
(D) He will recommend some different apps.

Questions 10-12 refer to the following news report and weather forecast.

Good morning, listeners. I'm Mary Wells, and I'm here with your local news update. As many of you know, the annual Canterbury Jazz Festival is taking place soon in Remuera Park, and everyone can enjoy it at no cost. It's a great way to enjoy some popular jazz music. This year's headlining artist is jazz singer Lucas Mason, and everyone is looking forward to his performance. If you're interested, you can visit the official Web site at www.canterburyfestival. com to see a full performance schedule. As for the weather, we're expecting a sunny day without any clouds on the big day, so make sure to bring your sunglasses.

Thursday	Friday	Saturday	Sunday
🌧	🌤	☀	☁

11 According to the speaker, what can the listeners find on a Web site?

(A) An event schedule
(B) A registration form
(C) A list of food vendors
(D) A parking map

10 What type of event is the speaker describing?

(A) A store's grand opening
(B) An arts and crafts fair
(C) A music festival
(D) A sports competition

12 Look at the graphic. On which day is the event being held?

(A) Thursday
(B) Friday
(C) Saturday
(D) Sunday

최빈출 담화 유형 3
공지 및 안내

❶ 사내 공지 🎧 18-1.mp3

사내 공지는 회사 내부에서 들을 수 있는 공지를 말합니다. 회사 내에서 새로 실시되는 규정, 예정된 공사나 시설 보수 작업 안내, 회사 위치 이전 일정, 사내 행사 안내 등과 관련된 내용이 잘 나옵니다.

⟶○ 바이러스 퇴치용 새 소프트웨어가 설치될 것입니다

Good morning, everyone. I have an important announcement to make. **New anti-virus software will be installed** on all computers on the second floor of the building on Friday morning.

❶ 인사 및 공지 주제 안내
공지에서 다룰 주제를 간략히 언급합니다.

대체 업무를 알아볼 수 있도록 게시판을 확인하세요 ⟶○

This work should take the IT technicians about three hours. If your workstation is on this floor, **please check the notice board to find out your alternative work duties** for that morning. Also, as a precaution, **please save all your computer files** to your portable hard drive before leaving the office on Thursday.
⟶○ 모든 컴퓨터 파일을 저장하세요

❷ 세부 사항 설명
공지 주제와 관련해, 변동 사항이나 일정, 유의 사항 등을 구체적으로 설명합니다. 날짜나 장소 등의 세부 사항에 유의해야 합니다.

If you have any questions, **feel free to call me or send me an e-mail.**
⟶○ 저에게 전화하시거나 이메일을 보내주세요

❸ 마무리 인사
문의 방법이나 추가 정보 확인 방법 등을 알려 줍니다.

안녕하세요, 여러분. 전해 드릴 중요한 공지가 하나 있습니다. 바이러스 퇴치용 새 소프트웨어가 금요일 오전에 우리 건물 2층에 있는 모든 컴퓨터에 설치될 것입니다.

IT 기술자들이 이 작업을 하는 데 약 3시간이 걸릴 것입니다. 여러분의 업무 자리가 이 층에 위치해 있다면, 그 날 아침의 대체 업무를 알아보실 수 있도록 게시판을 확인해 보시기 바랍니다. 또한, 예방 차원에서, 목요일에 사무실에서 퇴근하시기 전에 모든 컴퓨터 파일을 여러분의 이동식 하드 드라이브에 저장하시기 바랍니다.

어떤 질문이든 있으실 경우, 언제든지 저에게 전화하시거나 이메일을 보내 주시기 바랍니다.

❷ 공공장소 공지 🎧 18-2.mp3

공공장소 공지는 공항이나 기차역, 지하철역, 버스 터미널에서 승객들에게 알리는 유형과 상점이나 쇼핑몰에서 고객들에게 알리는 유형이 자주 나옵니다. 특히, 교통편과 관련된 공지의 경우, 문제 상황 및 원인, 그리고 청자들에게 요청하는 일과 관련된 문제가 자주 나오므로 그 정보에 특히 주의를 기울여 들어야 합니다.

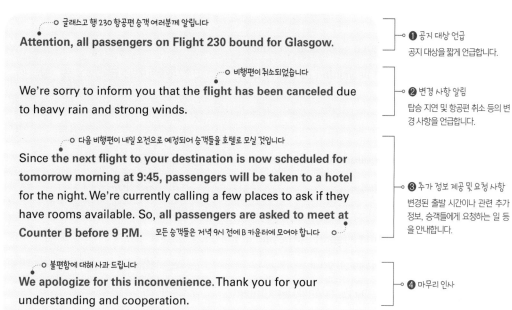

○ 글래스고 행 230 항공편 승객 여러분께 알립니다
Attention, all passengers on Flight 230 bound for Glasgow.

❶ 공지 대상 언급
공지 대상을 짧게 언급합니다.

○ 비행편이 취소되었습니다
We're sorry to inform you that the **flight has been canceled** due to heavy rain and strong winds.

❷ 변경 사항 알림
탑승 지연 및 항공편 취소 등의 변경 사항을 언급합니다.

○ 다음 비행편이 내일 오전으로 예정되어 승객들을 호텔로 모실 것입니다
Since **the next flight to your destination is now scheduled for tomorrow morning at 9:45**, passengers will be taken to a hotel for the night. We're currently calling a few places to ask if they have rooms available. So, **all passengers are asked to meet at Counter B before 9 P.M.** 모든 승객들은 저녁 9시 전에 B 카운터에 모여야 합니다 ○

❸ 추가 정보 제공 및 요청 사항
변경된 출발 시간이나 관련 추가 정보, 승객들에게 요청하는 일 등을 안내합니다.

○ 불편함에 대해 사과 드립니다
We apologize for this inconvenience. Thank you for your understanding and cooperation.

❹ 마무리 인사

글래스고 행 230 항공편을 이용하시는 모든 승객 여러분께 알립니다.

해당 항공편이 폭우와 강한 바람으로 인해 취소되었다는 점을 알려 드리게 되어 유감스럽게 생각합니다.

여러분의 목적지로 향하는 다음 항공편이 현재 내일 오전 9시 45분으로 예정되어 있기 때문에, 승객 여러분을 오늘밤 머무르실 호텔로 모실 것입니다. 저희가 현재 이용 가능한 객실이 있는지 문의하기 위해 몇몇 장소에 전화해 보고 있습니다. 따라서, 모든 승객들께 오후 9시 전에 카운터 B에 모이시도록 요청 드립니다.

이러한 불편함에 대해 사과 드립니다. 여러분의 양해와 협조에 감사 드립니다.

3 필수 표현 🎧 18-3.mp3

■ 공지 시작 알림

□ This is a reminder to all employees. 　　　　모든 직원들에게 다시 한 번 알립니다.

□ Attention, employees. 　　　　직원 여러분께 알립니다.

□ Attention, passengers[shoppers]. 　　　　승객 여러분[쇼핑객 여러분]께 알립니다.

□ Welcome aboard. 　　　　탑승을 환영합니다.

□ May I have your attention, please? 　　　　주목해 주시겠습니까?(= 안내 말씀 드립니다.)

■ 공지 세부 정보

□ We'll be upgrading the software program. 　　　　소프트웨어 프로그램을 업그레이드할 예정입니다.

□ As you know, our office will move to the Gracia Building. 　　　　아시다시피, 우리 사무실이 그라시아 빌딩으로 이전할 것입니다.

□ I'd like to tell you about a new vacation policy. 　　　　새 휴가 정책에 관해 말씀 드리고자 합니다.

□ Safety inspectors will be visiting us this Friday. 　　　　안전 조사관들이 이번주 금요일에 방문할 예정입니다.

■ 지시 및 요청 사항

□ All employees are required to ~ 　　　　모든 직원들은 ~해야 합니다.

□ Please be informed that ~ 　　　　~임을 알아 두시기 바랍니다.

□ Please be advised that ~ 　　　　~라는 점에 유의하세요.

□ I'd like you all to submit a report by the end of the day. 　　　　일과 종료 시점까지 모두 보고서를 제출해 주세요.

□ Please remember to save all your work. 　　　　모든 작업물을 저장해야 한다는 점을 기억하세요.

□ Make sure to stop by the Personnel Department. 　　　　반드시 인사부에 들르십시오.

■ 마무리 인사

□ We are sorry for the inconvenience. 　　　　불편함에 대해 사과 드립니다.

□ Thank you for your understanding. 　　　　여러분의 양해에 감사 드립니다.

□ Please wait for further notice. 　　　　추가 공지를 기다려 주시기 바랍니다.

□ We apologize for the delay. 　　　　지연에 대해 사과 드립니다.

다음 공지를 듣고 각 질문에 맞는 답을 고른 뒤, 스크립트를 보면서 빈칸을 채워보세요.

1 Where most likely is the announcement being made?

(A) At an electronics store 전자 제품 매장에서
(B) At a rental shop 대여점에서
(C) At a bookstore 서점에서
(D) At a clothing shop 의류 매장에서

2 What can listeners find at the back of the store?

(A) Free samples 무료 샘플
(B) The customer service desk 고객 서비스 데스크
(C) Product displays 진열 제품
(D) Elevators 엘리베이터

3 What are listeners encouraged to do by April 30?

(A) Register for an event 행사에 등록하기
(B) Use a coupon 쿠폰 사용하기
(C) Visit a location 지점 방문하기
(D) Participate in a survey 설문 조사에 참여하기

Attention, shoppers. Our annual _____ begins today. More than 100 popular televisions from top brands have been discounted. In addition, we have special prices on accessories, such as stands and AV cables. For those interested, a selection of the best televisions is _____ at the back of the store. Members of our rewards program can also use their monthly coupon to receive further savings on their purchases. But remember, it expires on April 30, so _____ it by then.

 이 단어만은 꼭!

rental 대여, 임대 free 무료의 display n. 진열(품), 전시(품) be encouraged to do ~하도록 권장되다 register for ~에 등록하다 participate in ~에 참여하다 annual 연례의, 매년의 more than ~가 넘는 in addition 게다가, 추가로 accessories 부대용품 such as ~와 같은 those (수식어구와 함께) ~하는 사람들 interested 관심 있는 a selection of 다양한 on display 진열된, 전시된 reward 보상 monthly 월간의, 달마다의 receive ~을 받다 further 추가적인 savings 할인, 절약 purchase 구매(품) expire 만료되다 be sure to do 꼭 ~하다 by (기한) ~까지 then 그때

학습한 내용을 적용해 실제 시험 난이도와 비슷한 문제들을 풀어 보세요. 🎧 18-5.mp3

Part 4 실전 문제 풀이 지침

1. 담화가 나오기 전에 세 개의 문제를 빠르게 읽고 핵심을 파악합니다. 이때 키워드에 동그라미를 쳐 둡니다.

2. 미리 읽은 문제와 관련된 내용을 노려 듣습니다.

3. 정답을 찾으면 문제지에 바로 체크하고 다음 문제를 읽습니다. 답안지 마킹은 나중에 한꺼번에 해도 됩니다.

---

1 What is the announcement about?

(A) Moving to a new office space
(B) Improving productivity at work
(C) Installing new software
(D) Purchasing office supplies

2 What does the speaker say about the North Riverside Building?

(A) It is located next to a bus stop.
(B) It has spacious offices.
(C) It has fast Internet service.
(D) It includes a cafeteria.

3 What are employees asked to do?

(A) Move some furniture
(B) Bring their personal items
(C) Put documents into boxes
(D) Turn off their computers

4 What will the business give to the listeners?

(A) Company vehicles
(B) Personal offices
(C) New laptop computers
(D) Extra vacation days

5 What benefit does the speaker mention?

(A) Increased annual revenue
(B) Improved customer service
(C) Faster production rates
(D) Higher employee satisfaction

6 According to the speaker, why should listeners send an e-mail to Mr. Harris?

(A) To schedule a meeting
(B) To volunteer for a role
(C) To make a request
(D) To confirm attendance

7 Why is the announcement being made?

(A) To describe the supermarket's amenities

(B) To announce a closing time

(C) To explain why a service is unavailable

(D) To advertise a new branch

Train Number	Departure Time	Destination
P12	09:00	Providence
B59	09:45	Boston
A46	10:30	Albany
S23	11:15	Springfield

8 Why does the woman say, "Make sure you check them out"?

(A) She is reminding the listeners to use store coupons.

(B) She wants the listeners to visit a different business.

(C) She hopes the listeners will take advantage of a deal.

(D) She is advising the listeners to check their receipts.

9 According to the speaker, what will happen at the business next week?

(A) New products will be sold.

(B) A free delivery service will begin.

(C) Business hours will be extended.

(D) A special sale will begin.

10 What is the main purpose of the announcement?

(A) To describe the station facilities

(B) To explain a new policy

(C) To apologize for upcoming construction

(D) To remind passengers about a platform change

11 According to the speaker, what can the listeners do in the station?

(A) Visit a gift shop

(B) Sample free food

(C) Charge their phones

(D) Obtain some pamphlets

12 Look at the graphic. Which train does the speaker say will be delayed?

(A) P12

(B) B59

(C) A46

(D) S23

Questions 1-3 refer to the following announcement.

As you all know, we are scheduled to relocate our offices to the North Riverside Building in the City Center next week. I'm sure that you are all excited about moving to such a state-of-the-art building. Personally, I can't wait to take advantage of the high-speed WiFi Internet that is available for free throughout the entire building. The IT department will back up all your work files and pack up your computers, and the maintenance team will handle the office furniture. So, all you need to do is empty out any file cabinets you may use and put the files into labeled boxes. Please do this before we start moving everything on Friday.

1 What is the announcement about?

(A) Moving to a new office space
(B) Improving productivity at work
(C) Installing new software
(D) Purchasing office supplies

2 What does the speaker say about the North Riverside Building?

(A) It is located next to a bus stop.
(B) It has spacious offices.
(C) It has fast Internet service.
(D) It includes a cafeteria.

3 What are employees asked to do?

(A) Move some furniture
(B) Bring their personal items
(C) Put documents into boxes
(D) Turn off their computers

Questions 4-6 refer to the following announcement.

Before we start today's management meeting, I have an announcement to make. You may remember that I suggested that each of you be provided with your own personal office. Well, the CEO of our firm has reviewed my proposal and finally approved it. This change will allow us to better serve our valuable customers. The offices will be assigned according to your individual needs and preferences, so to select which one you want, download a request form online and submit it to Mr. Harris in Personnel by e-mail by the end of the day.

4 What will the business give to the listeners?

(A) Company vehicles
(B) Personal offices
(C) New laptop computers
(D) Extra vacation days

6 According to the speaker, why should listeners send an e-mail to Mr. Harris?

(A) To schedule a meeting
(B) To volunteer for a role
(C) To make a request
(D) To confirm attendance

5 What benefit does the speaker mention?

(A) Increased annual revenue
(B) Improved customer service
(C) Faster production rates
(D) Higher employee satisfaction

Questions 7-9 refer to the following announcement.

Attention, shoppers. Please start making your way to the checkouts to pay for your items. Our supermarket will be closing in 30 minutes. Remember that we have various special items on display at the checkouts. We have a special buy-one-get-one-free offer on Creme Deluxe chocolate bars this week. Make sure you check them out! Also, we are currently handing out free samples of Naturolife beauty products on the second floor. Starting from next week, our store will be carrying a new range of Naturolife skin moisturizers and cleansers. Thank you for shopping with us today.

7 Why is the announcement being made?

(A) To describe the supermarket's amenities

(B) To announce a closing time

(C) To explain why a service is unavailable

(D) To advertise a new branch

8 Why does the woman say, "Make sure you check them out"?

(A) She is reminding the listeners to use store coupons.

(B) She wants the listeners to visit a different business.

(C) She hopes the listeners will take advantage of a deal.

(D) She is advising the listeners to check their receipts.

9 According to the speaker, what will happen at the business next week?

(A) New products will be sold.

(B) A free delivery service will begin.

(C) Business hours will be extended.

(D) A special sale will begin.

Questions 10-12 refer to the following announcement and schedule.

Good morning, everyone. On behalf of Karma Train Station, I'd like to tell you about the new facilities in our station. Our three-month long refurbishment project was completed last month, and the station now includes a wide variety of excellent restaurants and cafes. Also, you can use free WiFi and phone charging centers throughout the station. And don't forget... reserving tickets is easier than ever thanks to the new ticket kiosks. As a side note for those waiting for the 10:30 train to Albany, I'm sorry to say that it has been delayed by one hour. We are sorry for the inconvenience.

Train Number	Departure Time	Destination
P12	09:00	Providence
B59	09:45	Boston
A46	10:30	Albany
S23	11:15	Springfield

11 According to the speaker, what can the listeners do in the station?

(A) Visit a gift shop
(B) Sample free food
(C) Charge their phones
(D) Obtain some pamphlets

10 What is the main purpose of the announcement?

(A) To describe the station facilities
(B) To explain a new policy
(C) To apologize for upcoming construction
(D) To remind passengers about a platform change

12 Look at the graphic. Which train does the speaker say will be delayed?

(A) P12
(B) B59
(C) A46
(D) S23

① 회의 발췌 🎧 19-1.mp3

회의 발췌 담화는 Part 4에서 가장 많이 출제되는 유형 중의 하나로, 다른 담화 유형보다 난이도가 높은 편에 속합니다. 경쟁 업체의 성장, 판매 실적 부진, 변경된 회사 정책, 성과에 대한 칭찬, 외부 인사 방문에 대한 대비 등 주로 업무 진행이나 회사의 방향성과 관련된 내용이 등장합니다.

○ 최근의 고객 설문 조사에 관해 이야기하고자 합니다

I'm glad you could make time in your busy schedules to come to this meeting. **I'd like to talk about our recent customer survey.**

❶ 인사 및 회의 소집 이유
간단한 인사와 함께 회의를 소집한 이유를 말합니다.

우리 모바일 애플리케이션이 사용하기에 너무 복잡하다고 합니다 ○

I reviewed some feedback from our application users, and there's a common complaint. Most of them said that **our mobile application is too complicated to use. So, I've decided to hire a professional application developer** who can improve our application.
○ 전문 애플리케이션 개발자를 고용하기로 결정했습니다

❷ 배경 설명 및 관련 정보 제공
회의를 통해 해결해야 하는 문제 상황 및 해결책, 의견 등을 제시합니다.

I'll post the job opening on Thursday. **If you have someone to recommend for this position, please contact the personnel manager.** ○ 추천할 만한 사람이 있으면 인사부장에게 연락하세요

❸ 요청 사항 및 전달 사항 언급
의견 제공, 설문지 작성, 자료 전달 등 업무상 요청 사항을 말합니다.

바쁜 일정에도 이번 회의에 오실 시간을 내주셔서 기쁩니다. 저는 최근의 고객 설문 조사에 관해 이야기하고자 합니다.

제가 우리 애플리케이션 사용자들로부터 받은 일부 의견을 검토했는데, 한 가지 공통적인 불만 사항이 있습니다. 대부분의 사용자들이 우리 모바일 애플리케이션이 사용하기에 너무 복잡하다고 말했습니다. 그래서 우리 애플리케이션을 향상시킬 수 있는 전문 애플리케이션 개발자를 고용하기로 결정했습니다.

목요일에 구인 공고를 게시할 것입니다. 이 직책에 추천할 만한 사람이 있으면, 인사부장님께 연락하시기 바랍니다.

② 소개  19-2.mp3

소개 담화는 크게 인물 소개와 행사 소개로 나뉘는데, 인물 소개 유형이 좀 더 자주 출제됩니다. 인물 소개는 강연자나 특정 수상자, 해당 행사에 의미 있는 인물, 새로 입사하거나 은퇴하는 직원과 관련된 내용이 주를 이룹니다. 한 인물의 이력/경력에 관해 묻는 문제가 자주 나오므로 소개하는 인물의 특징에 해당되는 정보를 주의 깊게 듣도록 합니다.

올해의 기업인 시상식

Good evening, everyone. Thank you for attending the **Business Person of the Year awards ceremony.**

❶ 인사 및 행사 이름 소개
간단한 인사와 함께 행사명을 소개합니다. 행사명이 담화 장소 문제의 단서가 될 수 있습니다.

브래드 쿠퍼 씨의 업적을 기념할 것입니다

This year's event will **celebrate the achievements of Mr. Brad Cooper.**

❷ 행사의 목적 및 인물 소개
행사를 개최하는 목적과 소개하려는 인물을 언급합니다.

쿠퍼 씨는 에이스 프로그래밍 그룹의 수석 엔지니어로 25년간 재직해왔습니다.

Mr. Cooper has served as chief engineer of Ace Programming Group for the past 25 years. In that time, he has led major development projects for software that is used throughout Europe. Mr. Cooper was also awarded the Bettany Award for his contributions to the field of software development.

❸ 특정 인물에 관한 상세 설명
소개하는 인물의 직책과 경력, 업적 등을 상세히 설명합니다.

Everyone, **please give a warm round of applause to Mr. Brad Cooper.** 브래드 쿠퍼 씨에게 따뜻한 박수 갈채를 보내주세요

❹ 마무리 인사
소개하는 인물을 무대로 불러내는 것으로 마무리합니다.

안녕하세요, 여러분. 올해의 기업인 시상식에 참석해 주셔서 감사합니다.

올해의 행사에서는 브래드 쿠퍼 씨의 업적을 기념할 것입니다.

쿠퍼 씨는 에이스 프로그래밍 그룹의 수석 엔지니어로 지난 25년간 재직해 오셨습니다. 그 기간에, 쿠퍼 씨는 유럽 전역에서 사용되고 있는 소프트웨어에 대한 주요 개발 프로젝트들을 이끄셨습니다. 쿠퍼 씨는 또한 소프트웨어 개발 분야에 대한 공로로 베타니 상도 받으셨습니다.

여러분, 브래드 쿠퍼 씨에게 따뜻한 박수 갈채를 보내 주시기 바랍니다.

③ 필수 표현 🎧 19-3.mp3

■ 회의 시작 알림

☐ The last thing I want to discuss ~   제가 논의하고 싶은 마지막 안건은 ~입니다.

☐ As you've read in the notice, ~   공지 사항에서 읽어 보셨듯이, ~

☐ I'd like to start the meeting by ~   ~하는 것으로 회의를 시작하려 합니다.

☐ I called this meeting to talk about ~   ~에 관해 이야기하기 위해 이 회의를 소집했습니다.

■ 행사 소개

☐ Thank you for coming to our ~ event.   저희 ~ 행사에 와 주셔서 감사 드립니다.

☐ Welcome to Jane Lee's retirement party.   제인 리 씨의 은퇴 파티에 오신 것을 환영합니다.

☐ I'm pleased to welcome everyone to the Company of the Year award ceremony.   올해의 기업 시상식에 오신 여러분을 환영하게 되어 기쁩니다.

☐ I'm pleased to announce the winner of this award.   이 상의 수상자를 발표하게 되어 기쁩니다.

☐ This year's event will support ~   올해의 행사는 ~을 후원할 것입니다.

■ 인물 소개

☐ I'd like to introduce Risa to you.   여러분께 리사 씨를 소개해 드리겠습니다.

☐ Mr. Kim is best known for ~   킴 씨는 ~로 가장 잘 알려져 있습니다.

☐ Under her leadership, our business expansion has been really successful.   그녀의 리더십 하에, 우리의 사업 확장이 정말로 성공적이었습니다.

☐ Ms. Sutton has managed a successful marketing campaign.   서튼 씨는 성공적인 마케팅 캠페인을 관리해 오셨습니다.

☐ Mr. Chang has served as the president of a design company.   창 씨는 디자인 회사의 사장으로 근무해 오셨습니다.

☐ She has been recognized as a marketing expert.   그녀는 마케팅 전문가로 인정 받아 왔습니다.

> 🐚 **꿀팁** 인물 소개에서는 '*** plays an important role(중요한 역할을 하다)', '*** is well known for(~로 잘 알려져 있다)', '*** has played a large part in doing(~하는 데 있어 많은 부분을 담당했다)'등의 표현을 사용해 인물의 업적과 경력 등을 알립니다. 업적과 경력 소개라는 특성상 중요하게 맡았던 역할과 일, 기여한 분야 등이 언급되므로 이에 초점을 맞춰 들어야 합니다.

■ 마무리 인사

☐ Please welcome Collin Richardson.   콜린 리차드슨 씨를 환영해 주시기 바랍니다.

☐ Please give her a warm round of applause.   그녀에게 따뜻한 박수 갈채를 보내주시기 바랍니다.

☐ Let's give a warm welcome to Ms. Nelson.   넬슨 씨를 따뜻하게 맞이합시다.

☐ Before we invite Kate up to the stage, ~   케이트 씨를 무대 위로 모시기 전에, ~

 **PRACTICE** 🎧 19-4.mp3

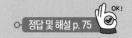 정답 및 해설 p. 75

PART 2
PART 3
PART 4

다음 회의 발췌 내용을 듣고 각 질문에 맞는 답을 고른 뒤, 스크립트를 보면서 빈칸을 채워보세요.

1 What is the speaker discussing?

(A) The catering of a company event 회사 행사에 대한 출장 요리 제공
(B) The closure of a restaurant 레스토랑의 폐업
(C) The opening of a bakery 제과점의 개업
(D) The remodeling of a cafeteria 구내 식당의 개조

2 What change does the speaker mention?

(A) Lower prices 더 저렴한 가격
(B) A more spacious area 더 널찍한 공간
(C) A more diverse menu 더 다양한 메뉴
(D) Extended business hours 연장된 영업 시간

3 What should employees do if they have questions?

(A) Visit a branch 지점 방문하기
(B) Speak to Mr. Peterson 피터슨 씨와 이야기하기
(C) E-mail the speaker 화자에게 이메일 보내기
(D) Call the personnel manager 인사부장에게 전화하기

The last thing I'd like to talk about before ending this meeting is the ☐ of the staff cafeteria. As you all already know, the cafeteria is too small and it has been in poor condition for a few years. Well, next month, we're planning to make a big change. Antonio Peterson, our company president, has decided to ☐ so that all of our employees can comfortably use it. The renovation project will take a few days to be completed. During this period, staff will not be able to use the area. If you have any questions, please ☐ the personnel manager by dialing extension 6548.

 **이 단어만은 꼭!**

catering 출장 요리 제공(업) closure 폐업, 닫음 remodeling 개조 spacious 널찍한 diverse 다양한 extended 연장된, 늘어난 branch 지점, 지사 renovation 개조 (공사), 보수 (공사) cafeteria 구내 식당 in poor condition 상태가 좋지 않은 make a change 변화시키다 expand ~을 확장하다, 확대하다 so that ~할 수 있도록 comfortably 편하게 take ~의 시간이 걸리다 complete ~을 완료하다 be able to do ~할 수 있다 contact ~에게 연락하다 personnel manager 인사부장 dial v. 전화를 걸다 extension 내선번호

실전 **감 잡기**

학습한 내용을 적용해 실제 시험 난이도와 비슷한 문제들을 풀어 보세요. 🎧 **19-5.mp3**

Part 4 실전 문제 풀이 지침

1. 담화가 나오기 전에 세 개의 문제를 빠르게 읽고 핵심을 파악합니다. 이때 키워드에 동그라미를 쳐 둡니다.
2. 미리 읽은 문제와 관련된 내용을 노려 듣습니다.
3. 정답을 찾으면 문제지에 바로 체크하고 다음 문제를 읽습니다. 답안지 마킹은 나중에 한꺼번에 해도 됩니다.

특강 23
실전 문제
풀이 시연

1 What is the speaker mainly discussing?

(A) A training workshop
(B) A staff reward system
(C) A store's annual sale
(D) A company merger

2 What will the listeners be selling?

(A) Mobile phones
(B) Home appliances
(C) Computer accessories
(D) Television services

3 What will happen in January?

(A) A business will be relocated.
(B) New employees will begin work.
(C) New products will be launched.
(D) Bonuses will be awarded to employees.

4 Where most likely is the event being held?

(A) At a convention center
(B) In a restaurant
(C) At a company headquarters
(D) In a government building

5 Who is being honored at the event?

(A) A company founder
(B) A CEO
(C) A public official
(D) A personnel director

6 What will the listeners most likely do next?

(A) Provide some feedback
(B) View a video
(C) Listen to a talk
(D) Watch a performance

 정답 및 해설 p. 75

7 What is the purpose of the meeting?

(A) To adjust a monthly work schedule
(B) To watch a demonstration
(C) To prepare for an inspection
(D) To announce a new safety policy

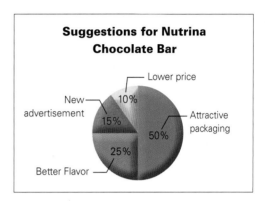

Suggestions for Nutrina Chocolate Bar

8 What does the speaker imply when he says, "Failure is not an option"?

(A) He thinks some equipment needs to be fixed.
(B) He needs the listeners to take a task seriously.
(C) He believes a deadline should be extended.
(D) He wants the listeners to re-take a test.

10 Who most likely are the listeners?

(A) Product developers
(B) Market researchers
(C) Kitchen assistants
(D) Food critics

9 What will the listeners do next?

(A) Put on safety equipment
(B) Organize an event
(C) Discuss project goals
(D) Submit a survey

11 Look at the graphic. Which category is the speaker worried about?

(A) Attractive packaging
(B) Better flavor
(C) New advertisement
(D) Lower price

12 What has the company decided to do?

(A) Collaborate with a celebrity
(B) Open another store
(C) Hire more employees
(D) Launch an advertising campaign

Questions 1-3 refer to the following excerpt from a meeting.

Good morning, and thanks for coming. The personnel manager asked me to gather you all to explain the new employee incentives program which will be implemented from the second week of July. This program aims to encourage you all to achieve higher sales records. The most outstanding sales representatives will receive cash bonuses in recognition of their hard work. From October 1 to December 31, I will be closely monitoring your sales of our state-of-the-art mobile phone to new customers, and bonuses will be given to the top three salespeople at our company banquet in January. Good luck, everyone!

1 What is the speaker mainly discussing?

(A) A training workshop
(B) A staff reward system
(C) A store's annual sale
(D) A company merger

3 What will happen in January?

(A) A business will be relocated.
(B) New employees will begin work.
(C) New products will be launched.
(D) Bonuses will be awarded to employees.

2 What will the listeners be selling?

(A) Mobile phones
(B) Home appliances
(C) Computer accessories
(D) Television services

Questions 4-6 refer to the following introduction.

Welcome, everyone, to the Victoria Convention Hall. I'm delighted to have you all here tonight to celebrate the retirement of our company's CEO, Ms. Olivia Jasper. And, I appreciate all the work that the Personnel Department has done to organize the party. When you look around, it's obvious that they put a lot of effort into making tonight a memorable event. I hope you all have also had a chance to try the delicious food. And now I'd like to introduce the founder of our great company, who will give a short speech about the company's history and tell us about Ms. Jasper's many achievements over the past 20 years.

4 Where most likely is the event being held?

(A) At a convention center
(B) In a restaurant
(C) At a company headquarters
(D) In a government building

6 What will the listeners most likely do next?

(A) Provide some feedback
(B) View a video
(C) Listen to a talk
(D) Watch a performance

5 Who is being honored at the event?

(A) A company founder
(B) A CEO
(C) A public official
(D) A personnel director

실전 감잡기 Script

Questions 7-9 refer to the following excerpt from a meeting.

Good morning, everyone. First, I'd like to thank you for attending this meeting at such short notice. I want to remind you all that our factory will receive an inspection tomorrow. As production line manager, I must stress the importance of achieving a high score on this factory inspection, so we need to be ready before the safety inspector arrives. Failure is not an option. I want you all to check our manufacturing machines and clean around the working areas. Also, I see that many of you are not wearing your safety hats and goggles. I want you to put these on before you start any cleaning work inside the factory.

7 What is the purpose of the meeting?

(A) To adjust a monthly work schedule
(B) To watch a demonstration
(C) To prepare for an inspection
(D) To announce a new safety policy

9 What will the listeners do next?

(A) Put on safety equipment
(B) Organize an event
(C) Discuss project goals
(D) Submit a survey

8 What does the speaker imply when he says, "Failure is not an option"?

(A) He thinks some equipment needs to be fixed.
(B) He needs the listeners to take a task seriously.
(C) He believes a deadline should be extended.
(D) He wants the listeners to re-take a test.

Questions 10-12 refer to the following excerpt from a meeting and chart.

So now let's move on to the last agenda item. We will look at the results of our recent customer survey to help us develop and improve our popular Nutrina chocolate bar. As you can see, half of the respondents suggested that we improve the packaging. This did not come as a surprise, and I know that the marketing team is already changing the wrapper design. The thing that concerns me is the suggestion made by 25 percent of survey takers. This is an issue that we need to seriously address. Therefore, to meet this demand, we've decided to hire more professional staff members to deal with it. We'll hold a meeting to discuss it this week.

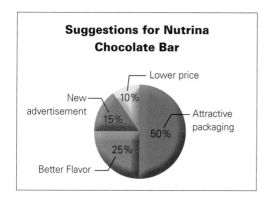

11 Look at the graphic. Which category is the speaker worried about?

(A) Attractive packaging
(B) Better flavor
(C) New advertisement
(D) Lower price

12 What has the company decided to do?

(A) Collaborate with a celebrity
(B) Open another store
(C) Hire more employees
(D) Launch an advertising campaign

10 Who most likely are the listeners?

(A) Product developers
(B) Market researchers
(C) Kitchen assistants
(D) Food critics

DAY 20

최빈출 담화 유형 5
광고/투어 가이드

❶ 광고 🎧 20-1.mp3

광고에서는 전자제품, 사무용품, 가구, 여행 상품, 할인 행사 등 다양한 제품 또는 서비스를 다룬 내용이 제시됩니다. 광고되는 제품이나 서비스를 먼저 언급하는 것으로 담화가 시작되며, 담화 전반에 걸쳐 그 특징을 소개하는 흐름으로 진행되므로 난이도가 비교적 쉬운 편입니다.

○ 드실 것이 필요하세요?

Do you need something to eat? We have everything you need here at Milton's!

○ 모든 채소가 100퍼센트 유기농 농장에서 온 것입니다

All the vegetables we use in our dishes are from our 100% organic farms. No chemical additives are used, and everything is grown in a natural way. When you try out our soups, salads, or sandwiches at Milton's, you know that you are eating safe and healthy food. Also, **throughout April, we are offering 20 percent off any orders made between 7 A.M. and 10 A.M.**

○ 4월 내내 오전 7시에서 10시 사이의 주문에 대해 20퍼센트를 할인해 드립니다

To see other special deals, please visit our Web site, www. miltons.com. ○ 다른 특가 서비스를 보시려면

❶ 광고 제품 또는 서비스 소개
광고 제품이나 서비스를 소개합니다.

❷ 상세 정보 제공
광고하는 제품이나 서비스의 특장점이나 할인 혜택 등과 관련된 상세 정보를 제공합니다.

❸ 구매 요령 및 당부의 말
제품 구매나 서비스 이용 시에 필요한 추가 정보를 전달합니다. 주로 영업 시간과 전화번호를 안내하고 웹사이트 이용 등을 권장합니다.

드실 것이 필요하신가요? 여기 밀튼즈에 여러분께서 필요로 하시는 모든 것이 있습니다!

저희 음식에 사용하는 모든 채소들은 100퍼센트 유기농 농장에서 온 것입니다. 화학 첨가물은 사용되지 않으며, 모든 것이 자연적인 방식으로 재배됩니다. 여러분께서 저희 밀튼즈에서 수프, 샐러드 또는 샌드위치를 맛보실 때, 안전하고 건강한 음식을 드시고 계신다는 점을 아시게 될 것입니다. 또한, 4월 한 달 내내, 오전 7시에서 10시 사이에 이뤄지는 어느 주문이든 20퍼센트 할인을 제공해 드리고 있습니다.

다른 특가 서비스를 보시려면, 저희 웹사이트 www.miltons.com을 방문해 보시기 바랍니다.

② 투어 가이드 🎧 20-2.mp3

투어 가이드는 여행객들을 대상으로 하는 가이드와 신입 직원 또는 외부 방문객에게 회사 시설 등을 소개하는 견학 가이드가 주된 내용입니다. 대부분 투어 장소 소개와 함께 진행 순서를 언급하는 흐름으로 담화가 이어지므로 비교적 어렵지 않은 유형에 속합니다.

○ 저는 벨라이며, 오늘 투어 가이드입니다

Welcome, everyone. **My name is Bella and I'll be your tour guide today.**

❶ 환영 인사 및 본인 소개
환영 인사와 함께 투어를 진행할 사람을 소개합니다.

○ 저희 초콜릿 제조 공장을 보여드리겠습니다

I'm happy to **show you around our chocolate manufacturing plant** today.

❷ 투어 종류 소개
투어의 종류와 목적 등을 알려줍니다. 종종 담화 장소를 묻는 문제의 단서가 되기도 합니다.

You'll be seeing each stage of our production process during the tour. **Then** we'll have lunch in the staff cafeteria. **After that,** I'll take you all to the museum, which displays a great variety of chocolates we've made since 1998. **Finally, we'll conclude our tour with a short speech from our CEO, Mr. Jacoby.**

○ 대표이사님의 간단한 말씀과 함께 견학을 마무리 할 것입니다

❸ 투어 세부 정보 및 당부 사항
투어 진행 순서를 언급하면서 이동 장소에 관한 특징적인 정보, 방문객 준수 사항 등을 안내합니다.

So, let's get started. Please follow me.

❹ 투어 시작 알림
투어가 시작된다는 말과 함께 담화를 마무리합니다.

환영합니다, 여러분. 제 이름은 벨라이며, 오늘 여러분의 견학 가이드입니다.

오늘 여러분께 저희 초콜릿 제조 공장을 보여드리게 되어 기쁩니다.

여러분께서는 견학 중에 저희 생산 과정의 각 단계를 보실 예정입니다. 그런 다음, 직원 구내 식당에서 점심 식사를 할 것입니다. 그 후에는, 여러분 모두를 박물관으로 모시고 갈 예정인데, 그곳에는 저희가 1998년부터 만들어 온 아주 다양한 초콜릿이 전시되어 있습니다. 마지막으로, 저희 제이코비 대표이사님께서 전하시는 간단한 말씀과 함께 견학을 마무리할 것입니다.

그럼, 시작해 보겠습니다. 저를 따라오세요.

③ 필수 표현 🎧 20-3.mp3

■ 제품/서비스 소개 및 혜택 안내

☐ If you are looking for ~	~을 찾고 계신다면
☐ (Are you) tired of ~?	~에 싫증 나셨나요?
☐ Now is the time to ~	이제 ~하실 때입니다.
☐ New Way Car Rental is here for you.	뉴웨이 렌터카가 여기 있습니다.
☐ You can get a 30% discount on your purchase.	구매품에 대해 30% 할인 받으실 수 있습니다.
☐ You will receive 50% off the regular price.	정가에서 50% 할인 받으시게 될 것입니다.
☐ The sale ends on December 15.	세일은 12월 15일에 종료됩니다.
☐ We'll be offering a voucher and a free gift.	상품권과 무료 선물을 제공해드릴 것입니다.
☐ Starting next week	다음 주부터
☐ For a limited time only	한정된 기간에 한해

■ 구매 방법

☐ For more information, visit our Web site.	더 많은 정보를 원하시면, 저희 웹사이트를 방문하세요.
☐ See our Web site at www.siwonschool.com.	저희 웹사이트 www.siwonschool.com을 확인해 보십시오.
☐ To order, just call our store.	주문하시려면, 저희 매장으로 전화 주십시오.

■ 투어 가이드

☐ We will be arriving shortly at ~	저희는 곧 ~에 도착할 것입니다.
☐ I'm Chris, and I'll be your tour guide.	저는 크리스이며, 여러분의 투어 가이드입니다.
☐ I'll be leading you on today's tour.	제가 오늘 투어에서 여러분을 안내할 것입니다.
☐ I'll show you around this facility.	제가 오늘 이 시설을 견학시켜 드릴 것입니다.
☐ Our tour will last approximately two hours.	저희 투어는 약 2시간 동안 지속될 것입니다.
☐ We'll have lunch after that.	그 후에 점심 식사를 하겠습니다.
☐ After lunch, we'll spend the afternoon exploring the history museum.	점심 식사 후에, 역사 박물관을 답사하며 오후 시간을 보낼 것입니다.
☐ We'll head back to the entrance.	우리는 입구로 돌아갈 것입니다.
☐ This is the last stop on the tour.	이곳이 견학 중의 마지막 방문 장소입니다.
☐ Visitors are not allowed to take pictures of the artwork.	방문객들은 미술품 사진 촬영이 허용되지 않습니다.
☐ There's a brochure next to the information desk.	안내 데스크 옆에 안내 책자가 있습니다.

 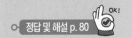
다음 광고를 듣고 각 질문에 맞는 답을 고른 뒤, 스크립트를 보면서 빈칸을 채워보세요.

1 What is mentioned about *Sports World Magazine*?

(A) It is inexpensive. 가격이 비싸지 않다.

(B) It is sold in bookstores. 서점에서 판매된다.

(C) It is published every week. 매주 출간된다.

(D) It is newly established. 신설된 것이다.

2 What should people do if they wish to receive the magazine?

(A) Send an e-mail 이메일 보내기

(B) Purchase a product 제품 구매하기

(C) Visit a Web site 웹사이트 방문하기

(D) Register for an event 행사에 등록하기

3 What offer does the speaker mention?

(A) A special gift 특별 선물

(B) A reduced fee 할인된 요금

(C) A promotional catalog 홍보용 카탈로그

(D) An extended warranty 연장된 품질 보증

For all the latest news and gossip from the world of sports, subscribe to *Sports World Magazine* today! This monthly magazine covers sports news from all around the world, and it's the _____ on the market! You can't find *Sports World Magazine* in bookstores, so you need to _____ by visiting www. sportworldonline.org and providing your personal information. For this month only, if you sign up for a one-year subscription, we will send you a Sports World bonus _____ which includes a high-quality T-shirt and a special coupon. What are you waiting for? Contact us today!

 이 단어만은 꼭!

inexpensive 비싸지 않은 publish ~을 출간하다 newly established 신설된 receive ~을 받다 purchase ~을 구매하다
register for ~에 등록하다 reduced 할인된 fee 요금, 수수료 promotional 홍보의, 판촉의 extended 연장된, 늘어난 warranty
품질 보증(서) latest 최신의 subscribe to ~을 구독 신청하다 monthly 월간의, 달마다의 cover (주제 등) ~을 다루다 on the
market 시중에서, 시장에 나온 by (방법) ~함으로써 provide ~을 제공하다 sign up for ~을 신청하다, ~에 등록하다 subscription
구독 신청, 서비스 가입 include ~을 포함하다 high-quality 고품질의 contact ~에게 연락하다

학습한 내용을 적용해 실제 시험 난이도와 비슷한 문제들을 풀어 보세요. 🎧 20-5.mp3

Part 4 실전 문제 풀이 지침

1. 담화가 나오기 전에 세 개의 문제를 빠르게 읽고 핵심을 파악합니다. 이때 키워드에 동그라미를 쳐 둡니다.
2. 미리 읽은 문제와 관련된 내용을 노려 듣습니다.
3. 정답을 찾으면 문제지에 바로 체크하고 다음 문제를 읽습니다. 답안지 마킹은 나중에 한꺼번에 해도 됩니다.

특강 24
실전 문제
풀이 시연

1 What is being advertised?

(A) A data storage service
(B) An anti-virus program
(C) A home security device
(D) A computer repair shop

2 What has the business received an award for?

(A) Its exchange policies
(B) Its creative designs
(C) Its customer service
(D) Its competitive prices

3 What offer does the speaker mention?

(A) A product catalog
(B) A free trial opportunity
(C) A membership upgrade
(D) A monthly newsletter

4 Where is the tour most likely taking place?

(A) At a museum
(B) At a grocery store
(C) At a shopping mall
(D) At a production plant

5 What does the speaker say has changed about the tour?

(A) The cost
(B) The tour guide
(C) The duration
(D) The location

6 What does the speaker offer the listeners?

(A) A gift voucher
(B) A free shipping code
(C) A special discount
(D) A product sample

정답 및 해설 p. 80

7 Who most likely are the listeners?

(A) Historical researchers
(B) Town officials
(C) Market vendors
(D) Tour group members

Sunshine Tours	
Tour Package	Duration
Traveler	Five days
Voyager	One week
Explorer	Two weeks
Pioneer	One month

8 What does the speaker imply when she says, "That's why I'm here"?

(A) She is asking the listeners to stay in a group.
(B) She is happy to answer the listeners' questions.
(C) She is encouraging the listeners to follow her.
(D) She hopes the listeners will stop by again in the future.

9 According to the speaker, why is there a delay?

(A) The weather is bad.
(B) A restaurant is overbooked.
(C) A street is closed to visitors.
(D) Some people haven't arrived yet.

10 What is the main purpose of the advertisement?

(A) To seek volunteers
(B) To describe a resort facility
(C) To promote a travel company
(D) To describe overseas attractions

11 What does the speaker mention about children?

(A) They must be old enough to participate.
(B) They will get a special coupon.
(C) They require adult supervision.
(D) They can enjoy several activities.

12 Look at the graphic. Which tour package is on sale?

(A) Traveler
(B) Voyager
(C) Explorer
(D) Pioneer

Questions 1-3 refer to the following advertisement.

Have you ever lost an important electronic file? And do you want to make sure that it never happens again? Then Mega Cloud by SNT Technologies will keep your data safe and accessible whether you're at the office, at home, or even on vacation. You can upload any file to your Mega Cloud storage account and then access it from any of your mobile devices. And if you have any problems, you can contact our customer service department, which recently won the National Best Service Award. Would you like to try out Mega Cloud before paying full price? We are offering a one-week trial on our Web site for a limited time only.

1 What is being advertised?

(A) A data storage service
(B) An anti-virus program
(C) A home security device
(D) A computer repair shop

3 What offer does the speaker mention?

(A) A product catalog
(B) A free trial opportunity
(C) A membership upgrade
(D) A monthly newsletter

2 What has the business received an award for?

(A) Its exchange policies
(B) Its creative designs
(C) Its customer service
(D) Its competitive prices

Questions 4-6 refer to the following tour information.

Welcome to the Cannington Glass factory tour. Cannington has been a world-famous producer of high-quality glassware for over 150 years, and during the tour, you'll get to see how we make some of our most popular pieces. Usually, I would guide the tour, but only for today, the senior glassblower Charlie Stonesman will lead you through the whole process himself and show you a demonstration of his exceptional skills. Of course, at the end of the tour, we are going to visit the gift shop, and all of you participating in this tour can get 30 percent off all items in the shop. Just present the tour ticket to the cashier when you make a payment.

4 Where is the tour most likely taking place?

(A) At a museum
(B) At a grocery store
(C) At a shopping mall
(D) At a production plant

6 What does the speaker offer the listeners?

(A) A gift voucher
(B) A free shipping code
(C) A special discount
(D) A product sample

5 What does the speaker say has changed about the tour?

(A) The cost
(B) The tour guide
(C) The duration
(D) The location

Questions 7-9 refer to the following talk.

Thank you for joining our tour of Vonokusa City's Old Town. I'll be your guide for today's tour. We'll be visiting the city's historic market and port districts, which have been the heart and soul of this city's thriving trade industry for more than 200 years. There are so many things to see and do in this area, and you may have many questions to ask. That's why I'm here. We'll kick off the tour by visiting the historic docks, and then we'll go to the open-air market that covers a few blocks. We're running a little behind schedule because we're still waiting for several participants to arrive. They should be here any minute, though, so we should be able to start shortly.

7 Who most likely are the listeners?

(A) Historical researchers
(B) Town officials
(C) Market vendors
(D) Tour group members

8 What does the speaker imply when she says, "That's why I'm here"?

(A) She is asking the listeners to stay in a group.
(B) She is happy to answer the listeners' questions.
(C) She is encouraging the listeners to follow her.
(D) She hopes the listeners will stop by again in the future.

9 According to the speaker, why is there a delay?

(A) The weather is bad.
(B) A restaurant is overbooked.
(C) A street is closed to visitors.
(D) Some people haven't arrived yet.

Questions 10-12 refer to the following advertisement.

Are you looking for a memorable holiday package for your family? Then, Sunshine Tours is here for you. We've been in business for over 20 years, offering the best one-stop tour services available. We will arrange your flight, your accommodation, and even your entertainment options. For customers with young children, we also provide excellent child-care options with a variety of activities that will keep your child safe and entertained. For this month only, we are offering 20 percent discounts on our one-week trips. You can spend the whole week on a cruise ship while visiting the world's most exotic locations. For more information, check out our Web site at www.sunshinetours.com.

Sunshine Tours	
Tour Package	Duration
Traveler	Five days
Voyager	One week
Explorer	Two weeks
Pioneer	One month

11 What does the speaker mention about children?

(A) They must be old enough to participate.
(B) They will get a special coupon.
(C) They require adult supervision.
(D) They can enjoy several activities.

10 What is the main purpose of the advertisement?

(A) To seek volunteers
(B) To describe a resort facility
(C) To promote a travel company
(D) To describe overseas attractions

12 Look at the graphic. Which tour package is on sale?

(A) Traveler
(B) Voyager
(C) Explorer
(D) Pioneer

RC

기본토익 700+

PART 5

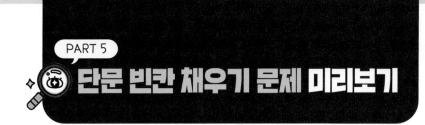

PART 5

단문 빈칸 채우기 문제 미리보기

▷ 문항 수: 30문항 (101번~130번)

▷ 한 문장의 빈칸에 알맞은 단어나 표현을 고르는 유형입니다.

▷ 문법 문제와 어휘 문제가 섞여 나오는데, 출제 비중은 대략 문법 60%, 어휘 40% 정도입니다.

▷ 문제 당 권장 풀이 시간이 20초 정도로 매우 짧기 때문에 일일이 해석해서 풀 수 없으므로, 해석이 필요 없는 문법 문제들은 단서만 가지고 최대한 빠르게 처리하도록 합니다.

 문법 문제

101. Ms. Brown requests that weekly reports ------- submitted to her no later than 4 P.M. each Friday.
    (A) having been
    (B) be ∨
    (C) being
    (D) were

 어휘 문제

102. To attract more people to join Glow Fitness Center, memberships are ------- by 50 percent this month.
    (A) selected
    (B) expected
    (C) discounted ∨
    (D) taken

문법도 어휘도
다 씹어 먹어주겠어!

DAY 01 명사

명사는 영어 문장을 구성하는 기본 요소로서, 토익에서 매월 4문제 정도 출제되는 중요한 유형입니다. 명사 문제는 선택지의 여러 품사 중에서 명사를 고르는 유형과 두 개 이상의 명사 중에서 알맞은 명사 하나를 고르는 유형으로 출제됩니다.

① 명사의 기본 위치

토익에서 빈칸이 명사 자리라는 것을 알려주는 가장 중요한 단서는 관사, 소유격, 형용사, 전치사, 그리고 타동사입니다.

- 정관사(the), 부정관사(a, an), 소유격(my, your, his, her, their, 명사's 등) 뒤

  Mr. Rogan announced **his** **retirement** after 20 years of service.
  로건 씨는 20년 간 재직한 후에 자신의 퇴직을 발표했다.

- 형용사 뒤

  The new restaurant in the downtown area has a **wide** **selection** of dishes.
  시내에 새로 생긴 식당은 다양한 종류의 요리들을 제공한다.

- 전치사 앞 또는 뒤

  ○ 전치사의 기본 기능은 명사와 명사를 연결하는 것

  Completion of the expansion project will take about a month.
  확장 프로젝트의 완료에 약 한 달이 걸릴 것이다.

- 타동사 뒤

  By making a presentation at the convention, we can **attract** **investors**.
  컨벤션에서 발표를 함으로써, 우리는 투자자들을 끌어들일 수 있습니다.

 **1초 퀴즈** 주어진 단서를 참조하여 정답을 고르시오. 정답 및 해설 p. 84

1 We will add a large ------- of new flavors this month.

(A) select   (B) selection   (C) selective   (D) selectively

❷ 두 개 이상의 명사 중 수일치로 택일

빈칸이 명사 자리임을 파악한 후, 선택지에 제시된 두 개 이상의 명사 중에서 하나를 골라야 하는 고난도 유형입니다. 정답을 고르는 방법으로는 빈칸 앞의 부정관사 유무 확인, 그리고 빈칸 앞에 위치한 형용사와의 수일치 확인 등이 있습니다.

▪ 부정관사(a, an) + 단수 가산명사

A new date has been proposed as an [**alternative** / alternatives] to canceling the meeting.
회의를 취소하는 것에 대한 대안으로 새로운 날짜가 제안되었다.

▪ 부정관사 없음 + 복수 가산명사

○ 단수 가산명사는 부정관사가 필요하므로 오답

[**Participants** / Participant] will receive free gifts on a first-come, first-served basis.
참가자들은 선착순으로 무료 선물을 받을 것입니다.

▪ 부정관사 없음 + 불가산명사

○ 단수 가산명사는 부정관사가 필요하므로 오답

[**Attendance** / Attendee] at the music festival has reached five thousand this year.
음악 축제 참가자 수가 올해 5천 명에 달했습니다.

▪ 복수형용사(many, several, all, a few) + 복수 가산명사

Many [survey / **surveys**] have indicated that our new product is a great success.
많은 설문조사가 우리 신제품이 엄청난 성공작임을 보여주었다.

> 꿀팁 형용사와의 수일치를 확인하는 유형은 주로 「복수형용사 + 복수명사」 구조로 출제됩니다.

▪ 양을 나타내는 형용사(much, little) + 불가산명사

Our new advertising campaign has generated much [**interest** / interests].
우리의 새 광고 캠페인이 많은 관심을 일으켰다.

 **1초 퀴즈**   주어진 단서를 참조하여 정답을 고르시오.   정답 및 해설 p. 84

2   All ------- for improving product quality must be directed to Mr. Heinz.

    (A) suggest   (B) suggested   (C) suggestion   (D) suggestions

❸ 두 개 이상의 명사 중 동사를 확인하여 택일

빈칸 주변에 수일치 단서가 없을 경우에는 명사와 가장 연관성이 높은 동사를 해석하여 빈칸에 알맞은 명사를 선택합니다. 주로 가산명사인 사람명사와 불가산명사인 행위명사가 제시되며, 어느 명사가 동사의 의미와 더 잘 어울리는지를 판단하여 결정합니다.

특강 01
세 개의 명사 중 택일

■ 가산명사 vs. 불가산명사

ㅇ take place(개최되다)라는 동사와 의미가 어울리는 주어는
공연이라는 행위이므로 행위명사인 performance가 정답

The final [performer / **performance**] will **take place** at the Gerard Hume Stadium.
마지막 공연이 제라드 흄 경기장에서 개최될 것이다.

ㅇ 불가산명사는 복수동사 are와 어울리지 않음

[**Patrons** / Patronage] of Ron's Cafe **are asked** to register for further discounts.
론즈 카페 손님들께서는 추가 할인을 위해 등록하시기 바랍니다.

🍯꿀팁 사람을 나타내는 가산명사와 행위를 나타내는 불가산명사가 선택지에 함께 나와 있다면, 동사를 해석해 가려내야 합니다.
하지만, 위의 두 번째 문제처럼 수일치를 통해 더 빠르게 정답을 고를 수도 있으므로 수일치를 먼저 확인하는 것이 좋습니다.

■ 가산명사 vs. 가산명사

ㅇ are complaining(불만을 제기하고 있다)이라는 동사와 의미가
어울리는 주어는 「구독자」를 뜻하는 사람명사인 subscribers

Many [subscriptions / **subscribers**] **are complaining** about missing pages in the magazine.
많은 구독자들이 잡지의 빠진 페이지에 대해 불만을 제기하고 있습니다.

🍯꿀팁 행위명사도 가산명사의 형태로 제시되기도 합니다. 이때는 의미가 서로 다른 명사가 제시되므로 동사의 의미를 확인해 어울리는 것을 정답으로 골라야 합니다.

 **1초 퀴즈** 주어진 단서를 참조하여 정답을 고르시오.   정답 및 해설 p. 84

3 We will **review** all ------- before we choose one that is best qualified.

(A) applications   (B) apply   (C) applied   (D) applicants

④ 복합명사

일반적으로 형용사가 명사 앞에 위치해 명사를 수식하지만, 이 형용사 자리에 명사가 사용될 수도 있습니다. 즉, 「명사 + 명사」 구조에서 앞에 위치하는 명사가 형용사와 같은 역할을 합니다.

■ 하나의 명사를 선택하는 경우

주로 뒤의 명사를 선택하는 유형으로 출제됩니다. 빈칸 앞에 명사가 존재하는 구조이지만, 이 명사가 주변의 형용사나 동사 등과 의미 연결이 되지 않으므로 빈칸에 또 다른 명사가 추가로 필요합니다.

travel arrangements 출장 준비	photo identification 사진 신분증	recommendation letters 추천서
sales representative 영업사원	customer satisfaction 고객 만족	retail sales 소매 판매
product distribution 상품 유통	customer suggestions 고객 제안	retirement celebrations 은퇴 기념식
employee safety 직원 안전	design presentation 디자인 발표	

⊸ 행위를 할 수 없는 명사이므로 동사 received의 주어가 될 수 없음

All **sales representatives** received a 10% bonus for their outstanding performance.
모든 영업사원들이 뛰어난 성과에 대해 10퍼센트의 보너스를 받았다.

Randy's Organic Foods always **takes customer satisfaction** seriously.
랜디즈 오가닉 푸드는 항상 고객 만족을 중요하게 생각합니다.

단수 가산명사가 부정관사 없이 쓰여 있으므로 ⊸
customer가 동사 take의 목적어가 될 수 없음

특강 02
앞의 명사에
빈칸이 있는
경우

■ 두 개의 명사 중 택일하는 경우

선택지에 두 개의 명사가 있다면 수일치 또는 동사와의 의미 연결을 통해 정답을 선택합니다.

수일치 확인	오답	동사와 의미 연결 확인	오답
all client concerns 모든 고객 우려들	concern	contract negotiations 계약 협상	negotiator
a ticketing system 발권 시스템	systems	state regulations 주 규정	regulator
toy manufacturers 장난감 제조사들	manufacturer	sales representative 영업사원	representation
		installation instructions 설치 안내	instructors

Mr. Hobbs **handles** the product [distributor / **distribution**] service in the company.
홉스 씨는 회사에서 제품 유통을 담당합니다.

⊸ 동사 handle이 사물이나 일을 다룬다는 의미이므로
행위명사인 distribution이 정답

 **1초 퀴즈** 주어진 단서를 참조하여 정답을 고르시오. 정답 및 해설 p. 85

> 4 Our senior **market** ------- will **visit** your office tomorrow afternoon.
>
>   (A) analysis (B) analyze (C) analytic (D) analyst

⑤ 헷갈리는 명사 형태

다음 명사들은 다른 품사로 착각하기 쉬운 형태들입니다. 빠르게 정답을 선택해야 하는 압박감에 순간적으로 착각하기 쉬우므로 매우 주의해야 합니다.

■ 분사로 착각하기 쉬운 -ing 명사

○ 학위(degree)와 어울리는 분야를 나타내는 명사가 필요

All applicants for this position should hold a **degree** in [**accounting** / accountant].
이 직책에 대한 모든 지원자들은 회계학 학위를 소지하고 있어야 합니다.

> 토익 빈출 -ing 명사
>
> | | | | |
> |---|---|---|---|
> | accounting 회계 | advertising 광고 | cleaning 청소 | opening 공석 |

■ 형용사로 착각하기 쉬운 -al 명사

○ 타동사 receive 뒤에는 목적어가 필요

Employees should **receive approval** from their supervisor to stay late in the office.
직원들은 밤늦게 사무실에 남아 있으려면 소속 부서장의 승인을 받아야 합니다.

> 토익 빈출 -al 명사
>
> | | | | |
> |---|---|---|---|
> | approval 승인 | arrival 도착 | potential 잠재력 | proposal 제안(서) |
> | referral 추천, 소개 | removal 제거 | renewal 갱신, 개선 | rental 대여 |

■ 형용사로 착각하기 쉬운 -tive 명사

○ 부정관사 뒤에는 단수 가산명사가 필요

A new proposal was submitted as **an** [**alternative** / alternatives] to the previous one.
이전의 것에 대한 대안으로 새로운 제안서가 제출되었다.

> 토익 빈출 -tive 명사
>
> | | | | |
> |---|---|---|---|
> | alternative 대안 | initiative 계획 | objective 목표 | representative 직원 |

1초 퀴즈   주어진 단서를 참조하여 정답을 고르시오.   정답 및 해설 p. 85

5   We currently have **several** temporary **job** ------- for nursing assistants.

     (A) opening   (B) open   (C) openings   (D) opens

⑥ 토익에 잘 나오는 명사의 종류 초간단 정리

토익에서 명사는 ① 선택지에 명사 하나만 나오는 경우와 ② 선택지에 명사가 두 개 이상(주로 두 개) 나오는 경우의 두 가지 유형으로 출제됩니다. ①은 빈칸이 명사 자리인지만 확인하면 바로 정답을 고를 수 있는 기본적인 유형인 반면, ②는 두 개의 명사 중에서 정답을 한 번 더 선별하는 과정을 거쳐야 하는데, 다음 명사 족보만 잘 기억한다면 빠르게 정답을 선택할 수 있습니다. 특히, 사람명사(가산)와 행위명사(불가산)의 형태를 짝으로 잘 기억해두시기 바랍니다.

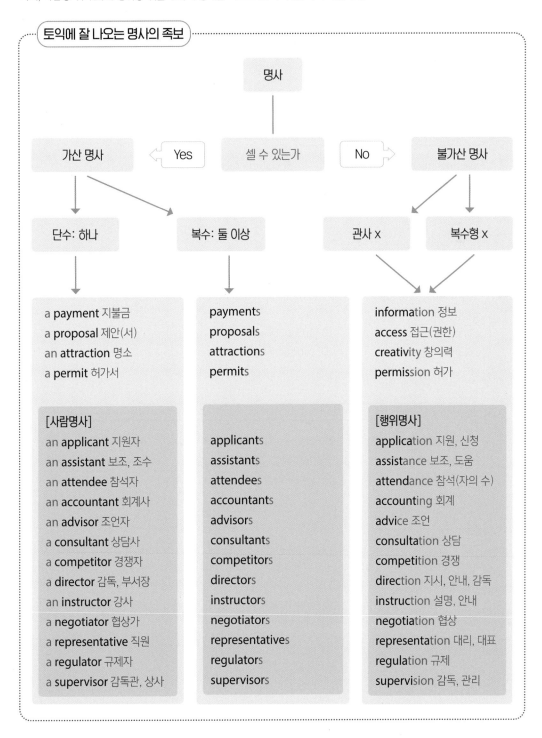

토익에 잘 나오는 명사의 족보

명사

가산 명사 ← Yes — 셀 수 있는가 — No → 불가산 명사

단수: 하나 / 복수: 둘 이상 / 관사 X / 복수형 X

단수: 하나	복수: 둘 이상	불가산
a payment 지불금	payments	information 정보
a proposal 제안(서)	proposals	access 접근(권한)
an attraction 명소	attractions	creativity 창의력
a permit 허가서	permits	permission 허가

[사람명사]		[행위명사]
an applicant 지원자	applicants	application 지원, 신청
an assistant 보조, 조수	assistants	assistance 보조, 도움
an attendee 참석자	attendees	attendance 참석(자의 수)
an accountant 회계사	accountants	accounting 회계
an advisor 조언자	advisors	advice 조언
a consultant 상담사	consultants	consultation 상담
a competitor 경쟁자	competitors	competition 경쟁
a director 감독, 부서장	directors	direction 지시, 안내, 감독
an instructor 강사	instructors	instruction 설명, 안내
a negotiator 협상가	negotiators	negotiation 협상
a representative 직원	representatives	representation 대리, 대표
a regulator 규제자	regulators	regulation 규제
a supervisor 감독관, 상사	supervisors	supervision 감독, 관리

학습한 내용을 적용하여 다음 기출 변형 문제들을 풀어보세요.

○ 형용사와 동사 사이는 명사 자리예요.

1 A comprehensive ------- was conducted by the marketing department last week.

(A) survey　　　　　　(B) surveys

(C) surveyed　　　　　(D) surveying

○ a number of는 복수명사를 수식하는 형용사예요.

2 We have received a number of ------- about the recent software upgrade.

(A) complaint　　　　　(B) complaints

(C) complain　　　　　(D) complains

○ 단수 가산명사인 employee가 부정관사 없이 쓰여 있어요.

3 To increase employee ------- in the office, Devona Motors has implemented a staff incentive program.

(A) productively　　　　(B) productive

(C) products　　　　　(D) productivity

○ 공사 시작을 위해 건물을 신청하는 것이 상식적이지 않으므로 또 다른 명사가 필요한데, 앞에 부정관사 a가 있네요.

4 The architect applied for a building ------- to start the construction project.

(A) permit　　　　　　(B) permits

(C) permission　　　　(D) permitted

○ 빈칸 앞에 정관사 the가 있어요.

5 Mr. Hart is hopeful that the ------- with Billman Engineering's executives will be mutually beneficial.

(A) discuss　　　　　　(B) discussions

(C) discussed　　　　　(D) discussing

○ 가산명사 customer 앞에 부정관사가 없다는 것은 뒤에 불가산명사가 필요하다는 뜻입니다.

6 If your order is damaged during shipping, please call 555-8698 for customer -------.

(A) supported
(B) supportive
(C) support
(D) supporting

○ 소유격 뒤는 명사 자리죠. 그런데 사람을 전시할 수는 없어요.

7 Josef was delighted to hear that his ------- will be on display at Metropolitan Art Gallery.

(A) worked
(B) to work
(C) worker
(D) work

○ 전치사 뒤는 명사 자리죠.

8 After two months of -------, Stafford Park has been reopened to the public.

(A) renovative
(B) renovate
(C) renovation
(D) renovated

○ 타동사 뒤는 명사 자리죠. 그런데 사람을 갱신할 수는 없어요.

9 Customers can renew ------- for any of our premium channels by speaking with Paul Harding at 555-2376.

(A) subscribe
(B) subscribes
(C) subscribers
(D) subscriptions

○ 부정관사 뒤는 명사 자리예요.

10 Anyone seeking physiotherapy treatment must obtain a ------- from their local doctor.

(A) referring
(B) referred
(C) referral
(D) refer

대명사는 앞서 언급된 명사의 반복을 피하기 위해 사용하며, 토익에서 매월 2-3문제 정도 꾸준히 출제되고 있습니다. 대명사가 가리키는 대상의 수일치(단수/복수), 그리고 문장 내 빈칸에 알맞은 대명사의 '격'을 묻는 문제가 주로 출제됩니다.

❶ 대명사 종류

■ 인칭대명사

사람 또는 사물을 대신해서 사용하는 대명사입니다. 역할에 따라 주격, 소유격, 목적격으로 나뉘고, 「~의 것」을 의미하는 소유대명사와 자기 자신을 가리키는 재귀대명사가 있습니다.

	인칭	주격	소유격	목적격	소유대명사	재귀대명사
단수	1	I	my	me	mine	myself
	2	you	your	you	yours	yourself
	3	she	her	her	hers	herself
		he	his	him	his	himself
		it	its	it	-	itself
복수	1	we	our	us	ours	ourselves
	2	you	your	you	yours	yourselves
	3	they	their	them	theirs	themselves

■ 지시대명사

가까이 있거나 멀리 있는 사람/사물을 가리킬 때 사용하는 대명사입니다. 지시대명사에는 **this**(이것, 이 사람), **these**(이것들, 이 사람들), **that**(저것, 저 사람), **those**(저것들, 저 사람들, ~하는 사람들)가 있습니다. 지시대명사를 고를 때, 가리키는 대상의 단수/복수 그리고 상대적인 거리를 파악해야 합니다.

■ 부정대명사

불특정한 대상을 가리킬 때 사용하는 대명사로 **one, another, the other, others, the others** 등이 있습니다. 가리키는 대상의 수에 따라 단수 또는 복수를 나타내는 부정대명사를 사용해야 합니다.

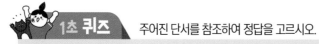

1초 퀴즈 ▶ 주어진 단서를 참조하여 정답을 고르시오. 정답 및 해설 p. 87

1 Mr. Higgins canceled ------- appointments this morning.

(A) his　(B) its　(C) he　(D) them

❷ 인칭대명사의 격

인칭대명사는 각각의 역할에 맞춰 사용해야 합니다. 즉, 빈칸의 위치에 따라 주격, 소유격, 목적격을 구별하여 사용합니다.

■ 주격: 주어 자리
주격은 주어 자리에서 동사의 행위자를 나타내므로, 인칭대명사를 고르는 문제에서 동사 앞에 빈칸이 있다면 주격이 정답입니다.

You should make a reservation at least two days in advance.
당신은 최소한 이틀 전에 예약해야 합니다.

■ 소유격: 명사 앞
소유격은 명사 앞에서 소유자를 나타내므로, 인칭대명사를 고르는 문제에서 명사 앞에 빈칸이 있다면 소유격이 정답입니다.

City council members could not finish **their** budget proposal by June 30.
시 의원들은 6월 30일까지 자신들의 예산안을 끝마칠 수 없었다.

■ 소유대명사: 명사 자리
소유대명사는 「소유격 + 앞에 언급된 명사」를 나타내며, 같은 단어의 반복을 피하기 위해 명사를 생략한 형태입니다.

○ = my hotel room

Unlike most other **hotel rooms**, **mine** was equipped with a high-end computer.
대부분의 다른 호텔 객실들과 달리, 내 것(=내 객실)에는 고성능 컴퓨터가 갖춰져 있었다.

■ 목적격: 타동사 또는 전치사의 목적어 자리
인칭대명사를 고르는 문제에서 타동사 뒤에 빈칸이 있다면 목적어 자리이므로 목적격이 정답입니다.

After reviewing the applicants' résumés, please send **them** to Mr. Dreston.
지원자들의 이력서를 검토하신 후, 그것들을 드레스톤 씨에게 보내시기 바랍니다.

인칭대명사를 고르는 문제에서 전치사 뒤에 빈칸이 있다면 전치사의 목적어로 쓰일 목적격이 정답입니다.

Mr. Headon has decided to work **with us** on the new construction project.
히던 씨는 새로운 건축 프로젝트에 대해 우리와 함께 일하기로 결정했다.

 **1초 퀴즈**　주어진 단서를 참조하여 정답을 고르시오.　　　정답 및 해설 p. 87

2　Research assistants must return ------- security badges at the end of the day.
　　(A) them　　(B) their　　(C) they　　(D) theirs

③ 재귀대명사

주어와 목적어가 동일할 경우, 목적어 자리에는 재귀대명사(-self 또는 -selves)를 사용합니다. 또한 재귀대명사는 주어를 강조하기 위해 사용될 수도 있는데, 이때는 완전한 문장에 부가적인 요소로서 추가되는 부사처럼 쓰입니다. 재귀대명사는 주어를 확인해 인칭/수/성별을 일치시켜야 합니다. 예를 들어, 주어가 she면 재귀대명사 herself를 사용하고, 주어가 they면 재귀대명사 themselves를 사용해야 합니다.

■ 목적어 역할을 하는 재귀대명사
재귀대명사의 기본 용법으로, 주어와 목적어가 동일할 때 목적어 자리에 사용합니다.

You should familiarize **yourselves** with the new vacation policy.
여러분은 새로운 휴가 정책에 익숙해져야 합니다.

■ 부사 역할을 하는 재귀대명사
완전한 문장에서 주어를 강조할 때 사용합니다. 「직접, 스스로」와 같이 해석하며, 주로 주어 바로 뒤 또는 문장 맨 끝에 위치합니다. 인칭대명사를 고르는 문제에서 빈칸을 제외하고 문장의 구성 요소가 모두 갖춰진 완전한 문장일 때 재귀대명사를 고르면 됩니다.

The CEO, Ms. Goggins, will organize the company's 10th anniversary party **herself**.
고긴스 대표이사님께서 직접 회사의 10주년 기념 파티를 준비하실 것이다.

주어와 동사(will organize), 목적어로 구성된 완전한 문장이므로 그 뒤는 재귀대명사 자리 ○

특강 03
재귀대명사의
또 다른 위치

■ 전치사의 목적어 역할을 하는 재귀대명사
재귀대명사는 명사 또는 목적격 대명사처럼 전치사의 목적어로 사용될 수 있으며, 토익에서는 주로 전치사 by, for 또는 among과 함께 출제됩니다.

Ms. Moore has recently received the certification and now manages a restaurant by **herself**.
무어 씨는 최근에 자격증을 받았으며, 현재 혼자 레스토랑 하나를 관리하고 있다.

주어진 단서를 참조하여 정답을 고르시오.   정답 및 해설 p. 87

3 The department manager interviewed each candidate -------.
    (A) him   (B) himself   (C) he   (D) his

④ 지시대명사

지시대명사는 가리키는 대상의 수와 거리에 따라 다르게 사용되는 대명사입니다. 가까이 있는 사람이나 사물 하나를 가리킬 때는 this, 가까이 있는 여럿을 가리킬 때는 these를 사용합니다. 멀리 있는 사람이나 사물 하나를 가리킬 때는 that, 멀리 있는 여럿을 가리킬 때는 those를 사용합니다.

■ 지시대명사

토익에서 지시대명사는 주로 복수형인 these와 those가 출제되며, 단수형은 거의 출제되지 않습니다. 토익에서 this는 주로 지시형용사 또는 강조부사(이렇게, 이만큼)로 출제되며, that은 명사절 접속사와 관계대명사 관련 문제로 출제되기 때문입니다.

ㅇ 복수명사인 mobile devices를 대신함

We will focus on **mobile devices** as **these** are very popular on the market today.
우리는 모바일 기기들에 집중할 것인데, 이것들이 요즘 시장에서 매우 인기 있기 때문입니다.

ㅇ 복수명사인 qualifications를 대신함

Mr. Simmons' **qualifications** are a lot more impressive than **those** of his predecessor.
시몬스 씨의 능력은 전임자의 그것보다 훨씬 더 인상적이다.

한 가지 중요한 점은, 토익에서 지시대명사 those가 사람들(= people)을 가리키는 부정대명사로 많이 출제된다는 것입니다. 주로 those 뒤에 who절, 형용사구, 분사구, 전치사구 등의 수식어구가 동반됩니다.

ㅇ = people

All **those** who come to the rock concert will receive a free t-shirt.
그 록 콘서트에 오는 모든 사람들이 무료 티셔츠를 받을 것이다.

■ 지시형용사

지시대명사들은 같은 의미를 가지면서 명사를 수식하는 역할을 하는 형용사로도 사용될 수 있는데, 이것을 **지시형용사**라고 합니다. 토익에서는 지시형용사 출제 빈도가 지시대명사보다 높은 편입니다. 뒤에 오는 명사가 **단수면** this나 that을, **복수면** these나 those를 사용합니다.

Our application will provide information about nearby restaurants beginning **this** month.
저희 애플리케이션은 이번 달부터 근처의 레스토랑들에 관한 정보를 제공할 것입니다.

 **1초 퀴즈** ▶ 주어진 단서를 참조하여 정답을 고르시오. 　　　　정답 및 해설 p. 87

4　The employee lounge on the 4th floor will be temporarily inaccessible ------- week.
　　(A) this　　(B) these　　(C) it　　(D) those

⑤ 부정대명사

■ 불특정 대상을 가리키는 부정대명사

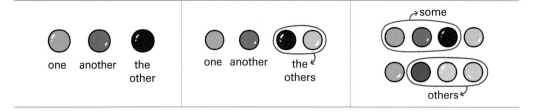

| one | another | the other | | one | another | the others | | some / others |

We have **two** types of security alarms, **one** for home use and **the other** for office use.
저희는 두 가지 유형의 보안 알람을 보유하고 있는데, 하나는 가정용이고 나머지 하나는 사무실용입니다.

Some like Mr. Amaron's enthusiastic personality, while **others** find him to be too loud.
어떤 사람들은 아마론 씨의 열정적인 성격을 좋아하는 반면, 다른 사람들은 그가 너무 시끄럽다고 생각한다.

특강 04
토익 빈출
부정대명사

⑥ 수량대명사

■ 복수대명사(Some, Most, All, Several, Many, None) + of the 복수명사 + 복수동사

Some of the world's best **jazz musicians** are included in this year's music festival.
세계 최고의 재즈 음악가 몇몇이 올해의 음악 축제에 포함되어 있습니다.

■ 불가산대명사(Little, Most, All) + (of the 불가산명사) + 단수동사

Little has been done about our defective product since its launch in May.
5월 출시 이후로 결함이 있는 우리 제품에 대해 취해진 조치가 거의 없다.

 **1초 퀴즈**   주어진 단서를 참조하여 정답을 고르시오.   정답 및 해설 p. 87

5   **Some** local pharmacies close on Sundays and ------- don't.
    (A) other   (B) others   (C) any   (D) one

❼ 대명사 특수용법

다음 대명사들은 하나의 숙어처럼 외우는 것이 더 좋습니다.

■ **those who, those with, those p.p.: ~하는[~을 지닌, ~인] 사람들**

those는 불특정한 다수의 사람들(= people)을 가리키며, 토익에서는 주로 관계대명사 who나 전치사 with, 또는 과거분사 p.p.가 뒤에서 수식하는 구조로 자주 쓰입니다.

         ○ ~하는 사람들

Those who want to watch *Shakespeare In Love* must buy tickets online.
'셰익스피어 인 러브'를 관람하시려는 분들은 반드시 온라인에서 티켓을 구매하셔야 합니다.

         ○ ~을 지닌 사람들

Those with TAFE Institute's certificate can become a professional plumber within two years.
TAFE 협회 자격증이 있는 사람들은 2년 내에 전문 배관공이 되실 수 있습니다.

         ○ ~인 사람들

Those interested in the marketing class should contact Mr. Madison for more information.
마케팅 수업에 관심 있으신 분들은 더 많은 정보를 얻으시려면 매디슨 씨에게 연락하셔야 합니다.

■ **on one's own: 혼자, 스스로**

                                ○ = by himself

Mr. Franklin had to handle all the customer complaints **on his own**.
프랭클린 씨는 모든 고객 불만 사항을 스스로 처리해야 했다.

■ **each other: 서로, 협력하여**

All members of the team have an excellent ability to communicate with **each other**.
그 팀의 모든 구성원이 서로 의사소통하는 훌륭한 능력을 지니고 있다.

■ **one another: 서로**

The workshop will offer new employees a chance to meet **one another** and get acquainted.
그 워크숍은 신입사원들에게 서로 만나고 가까워질 기회를 제공할 것입니다.

 **1초 퀴즈**   주어진 단서를 참조하여 정답을 고르시오.   정답 및 해설 p. 87

6   All of the presenters should manage the projectors on ------- during the seminar.

    (A) they   (B) themselves   (C) their own   (D) their

학습한 내용을 적용하여 다음 기출 변형 문제들을 풀어보세요.

○ 명사 앞에 오는 대명사는 소유격 형태가 되어야 합니다.

1 In addition to ------- ability to communicate with others, Mr. Moore's skill at planning is also remarkable.

(A) his　　　　　　　(B) him

(C) he　　　　　　　(D) himself

○ 타동사의 목적어 자리에 오는 대명사는 목적격이죠.

2 If you are looking for Ms. Kite, you can find ------- in the accounting office.

(A) she　　　　　　　(B) hers

(C) her　　　　　　　(D) herself

○ 문장 구성이 완전할 때 부사같은 부가적인 요소가 필요해요.

3 Unlike other department supervisors, Ms. Trasker would prefer to complete the monthly work schedule -------.

(A) hers　　　　　　　(B) her

(C) herself　　　　　　(D) her own

○ 재귀대명사는 주어와 인칭/수가 같아야 합니다.

4 All new class members receive an information package in order to familiarize ------- with the course curriculum.

(A) itself　　　　　　(B) yourself

(C) ourselves　　　　(D) themselves

○ who와 결합하여 숙어를 이루는 지시대명사 자리입니다(= People).

5 ------- who are interested in attending the seminar should contact their managers before 6 P.M.

(A) There　　　　　　(B) They

(C) Which　　　　　　(D) Those

정답 및 해설 p. 87

○ 명사 앞에 빈칸이 있으므로 소유격 또는 지시형용사 중에서 하나를 골라야 합니다.

6 Ascot Bank's Main Street and Harp Road locations will remain open on Christmas Eve, as
------- branches contain customer service departments.

(A) whose
(B) theirs
(C) these
(D) ours

○ 「of the 복수명사」로 된 전치사구의 수식을 받을 수 있는 대명사를 찾아야 합니다.

7 ------- of the employees who attended the industrial engineering conference felt that it was
helpful.

(A) None
(B) Whoever
(C) Anyone
(D) Nobody

○ 앞서 언급된 명사와 동일한 종류의 것으로 추가되는 하나를 뜻하는 부정대명사가 필요해요.

8 The company will reserve one business class flight ticket for Ms. Dobson and ------- for Mr.
Salman.

(A) those
(B) others
(C) another
(D) the others

○ 인칭대명사가 전치사의 목적어로 쓰여야 할 때 주어와 동일한지 확인하세요.

9 Because all of his assistants were on vacation, Mr. Clarkson had to revise the budget report
by -------.

(A) he
(B) himself
(C) his
(D) him

○ 전치사 on과 결합하여 쓰이는 대명사의 특수 용법은?

10 Job applicants should take the job proficiency test on ------- within the time allocated.

(A) they
(B) their own
(C) them
(D) themselves

DAY 03 동사의 종류

하나의 문장을 구성하는 필수 요소 중 하나인 동사는 자동사와 타동사로 나뉩니다. **자동사는 목적어를 필요로 하지 않으며**, 부사나 전치사구가 덧붙여져 추가적인 의미를 나타냅니다. **타동사는 뒤에 반드시 하나 이상의 목적어를 필요로 합니다.** 영어의 많은 동사들이 자동사와 타동사로 모두 사용되어 혼동될 수 있지만, 토익 Part 5에서는 타동사와 자동사로 출제되는 동사의 구분이 뚜렷하므로 이를 집중적으로 공부해두면 크게 어렵지 않습니다.

❶ 2형식 자동사와 보어

특강 05
Part 5 빈출 정답
자·타동사 정리

▪ 2형식 자동사
다음 동사들은 주어의 상태 또는 변화를 나타내는 보어가 추가로 필요합니다.

> 토익 빈출 2형식 자동사
>
> be ~이다   become ~이 되다   remain 계속 ~한 상태이다   seem ~처럼 보이다
>
> appear ~처럼 보이다   sound ~처럼 들리다   prove ~한 것으로 판명되다

2형식 자동사 뒤에 위치하는 보어(주격보어)는 주어에 대한 설명으로서 형용사 또는 명사가 쓰일 수 있지만, 토익에서는 주로 형용사가 출제됩니다. 명사가 주격보어로 사용될 경우, 이 명사는 주어와 동격 관계가 되어야 하므로 주격보어를 고를 때 이 관계를 꼭 확인해야 합니다.

        ○ 주어 The Dawson Bridge의 상태를 설명하는 형용사 보어

The Dawson Bridge will remain closed until Saturday for urgent repairs.
도슨 다리는 긴급 수리를 위해 토요일까지 폐쇄된 상태로 있을 것이다.

        ○ 주어 The annual career fair = 보어 a great success

The annual career fair became a great success.
그 연례 채용 박람회는 대단한 성공이었다.

 **1초 퀴즈**   주어진 단서를 참조하여 정답을 고르시오.   정답 및 해설 p. 89

1   Fast food restaurants have recently **become** ------- in many Southeast Asian markets.

    (A) profit   (B) profits   (C) profitable   (D) profitably

② 3형식 타동사와 목적어

■ 자동사와 타동사의 구분

3형식 타동사는 바로 뒤에 반드시 하나의 목적어를 가져야 합니다. 그래서 주로 목적어를 가질 수 없는 자동사와 구분하는 유형으로 출제되므로 미리 둘을 구분하는 연습을 해 두는 것이 좋습니다.

○ 자동사 arrive는 목적어를 가질 수 없으므로 오답

After several failures, his new book finally [**reached** / arrived] a wide audience.
여러 번의 실패 후에, 그의 새 책은 마침내 폭넓은 독자층을 얻었다.

타동사로 헷갈리기 쉬운 토익 빈출 1형식 자동사

expire 만료되다	proceed 진행하다
differ from ~와 다르다	participate in ~에 참여하다
result in ~의 결과를 낳다	belong to ~에 속하다
respond to ~에 응답하다, ~에 대응하다	reply to ~에게 답장하다
communicate with ~와 의사소통하다	comply with ~을 준수하다

■ 3형식 타동사의 목적어 자리

3형식 타동사의 목적어 자리에는 명사, 대명사, 동명사, to부정사, 명사절이 올 수 있는데, 이 중에서 가장 많이 출제되는 것은 that 명사절을 목적어로 취하는 동사를 선택하는 유형입니다.

○ 자동사 reply 뒤에는 명사 목적어가 바로 올 수 없으므로 오답

Ms. Roy [reply / **requested**] a full refund for the damaged item.
로이 씨는 손상된 상품에 대해 전액 환불을 요청했다.

○ 타동사 avoid는 동명사를 목적어로 가지므로 오답

Pascal's French Bistro hopes to avoid [**lowering** / lowers] the prices of its appetizers.
파스칼즈 프렌치 비스트로는 전채 요리의 가격을 낮추는 것을 피하고 싶어 한다.

○ 타동사 decide는 to부정사를 목적어로 가지므로 오답

Because Mr. Dumont's application was impressive, we decided [hire / **to hire**] him.
듀먼트 씨의 지원서가 인상적이었기 때문에, 우리는 그를 고용하기로 결정했다.

○ 동사 encourage는 that절을 목적어로 취하지 않으므로 오답

Morgan Design [**announced** / encouraged] that it will release a new product in November.
모건 디자인 사는 11월에 신제품을 출시할 것이라고 발표했다.

1초 퀴즈   주어진 단서를 참조하여 정답을 고르시오.   정답 및 해설 p. 89

2   All managers should make ------- for their business trips by themselves.

(A) arranges   (B) arranged   (C) arrange   (D) arrangements

❸ 4형식 타동사와 2개의 목적어

■ 4형식 타동사(= 수여동사)

4형식 타동사는 간접목적어와 직접목적어, 즉 2개의 목적어를 가집니다. 간접목적어는 받는 사람을 나타내는 목적어로 「~에게」라고 해석하고, 직접목적어는 사람에게 주어지는 사물을 나타내는 목적어로 「~을/를」이라고 해석합니다. 이러한 동사들은 사람에게 사물을 준다는 의미를 가지고 있기 때문에 수여동사라고 부릅니다.

Jupiter Audio Systems Inc. **offered** all its temporary workers extended contracts.
　　　　　　　　　　　　　　　　　　간접목적어(~에게)　　　　직접목적어(~을)

주피터 오디오 시스템 사는 자사의 모든 임시 직원들에게 연장된 계약을 제공했다.

○ 사람의 의미를 포함

Please review this contract and **send** our headquarters the revised document.
　　　　　　　　　　　　　　　　　　간접목적어(~에게)　　　직접목적어(~을)

이 계약서를 검토하시고 저희 본사에 수정된 문서를 보내주세요.

토익 빈출 4형식 타동사

give 주다	offer 제공하다	grant 주다	teach 가르쳐주다
show 보여주다	award 수여하다	send 보내주다	assign 할당하다
bring 가져다주다	lend 빌려주다	charge 부과하다	

■ 사람 목적어를 필요로 하는 4형식 타동사

remind(상기시키다), notify(알리다), inform(알리다), assure(확신시키다) 등은 「사람 목적어 + of + 전달 내용」 또는 「사람 목적어 + that + 전달 내용」과 같은 구조로 쓰입니다.

○ 타동사 announce는 사람 목적어를 가지지 않음

We are pleased to [**inform** / announce] you that your proposal has been accepted.
　　　　　　　　　　　　　　　　사람 목적어　　　　that + 전달 내용

귀하의 제안이 수락되었음을 알려드리게 되어 기쁩니다.

 **1초 퀴즈** ▶ 주어진 단서를 참조하여 정답을 고르시오.　　　　　　정답 및 해설 p. 89

3 The marketing manager has yet to ------- us any feedback about our new product.

(A) receive　　(B) give　　(C) arrive　　(D) schedule

④ 5형식 타동사와 목적보어

5형식 타동사는 동사 뒤에 「목적어 + 목적보어」 구조를 사용합니다. 여기서 목적보어는 목적어를 설명하는 것으로서 명사, 형용사, to부정사, 분사 등이 목적보어로 쓰일 수 있습니다. 목적보어 자리에 명사가 올 경우, 목적어와 명사는 동격 관계를 이뤄야 합니다. 「목적어 + 목적보어」는 「~을 …라고」 또는 「~을 …로」 등과 같이 해석합니다.

Our restaurant **considers** customer satisfaction a top priority.
 목적어 목적보어

저희 레스토랑은 고객 만족을 최우선으로 여깁니다.

Some employees **found** Mr. Thompson's presentation very informative.
 목적어 목적보어

몇몇 직원들은 톰슨 씨의 발표가 매우 유익하다고 생각했다.

토익 빈출 5형식 타동사

make 만들다	**find** 생각하다	**consider** 여기다	**keep** 유지하다
deem 간주하다	**appoint** 임명하다	**name** 지명하다, 임명하다	**leave** ~한 상태로 두다

■ to부정사를 목적보어로 가지는 5형식 타동사

5형식 타동사의 목적보어 자리에 to부정사가 사용되어 「동사 + 목적어 + to부정사」의 구조로 쓰이는 동사들이 있습니다. 「~에게 …하도록 하다」라고 해석하며, 빈칸 뒤에 위치한 「목적어 + to부정사」의 구조를 확인해 이 구조와 어울리는 동사를 정답으로 선택하는 문제가 출제됩니다.

Bautista Airlines **encourages** passengers to take advantage of its complimentary blankets.
바우티스타 항공사는 승객들에게 자사의 무료 담요를 이용하도록 권한다.

「목적어 + to부정사」 구조와 어울리는 토익 빈출 5형식 타동사

ask 요청하다	**require** 요구하다	**recommend** 권하다	**advise** 조언하다
allow 허용하다	**enable** 할 수 있게 하다	**encourage** 권고하다	

 **1초 퀴즈**   주어진 단서를 참조하여 정답을 고르시오.   정답 및 해설 p. 89

4 Andrew Murphy, NewTech Inc. CEO, **found the new marketing strategy** -------.
　(A) aggression 　(B) aggressiveness 　(C) aggressive 　(D) aggressively

⑤ 5형식 사역동사

■ 사역동사

사역동사는 「~에게 …하게 하다」라는 의미로 누군가에게 어떤 행동을 하도록 만드는 동사를 의미합니다. 사역동사로 have, let, make가 자주 출제되며, 「사역동사 + 목적어 + 동사원형」의 구조로 쓰입니다.

Mr. Parker will **have** his assistant **review** the draft before sending the final version.
파커 씨는 최종 버전을 전송하기 전에 보조직원에게 초안을 검토하게 할 것이다.

Our experienced consultant will **make** you **stand out** among other competitors.
저희 숙련된 상담사가 귀하를 다른 경쟁자들 사이에서 두드러지도록 만들 것입니다.

have의 경우, 「have + 목적어 + 과거분사(p.p.)」의 구조로도 자주 사용됩니다. 위에 설명한 것처럼 목적어 뒤에 동사원형이 쓰일 경우에는 목적어가 동사의 행위 주체이지만, 목적어 뒤에 과거분사가 쓰이면 목적어가 행위를 당하는 대상이 됩니다.

○ 기기(their devices)가 수리되는 대상이므로 수동을 의미하는 과거분사 사용

Customers can **have** their devices **repaired** at a reduced price this month.
고객들께서는 이번 달에 할인된 가격에 기기를 수리받으실 수 있습니다.

 **1초 퀴즈**   주어진 단서를 참조하여 정답을 고르시오.   정답 및 해설 p. 90

5   Mr. Merlin will **let** you ------- if there are any further budget updates.
      (A) to know   (B) know   (C) knows   (D) known

⑥ 준사역동사 help

준사역동사 help는 사역동사(have, let, make)의 의미를 그대로 가지고 있지만, 사역동사와 달리 목적어 뒤에 to부정사와 동사원형 둘 다 가질 수 있습니다.

Ms. Harper will **help** new employees **to perform** their tasks effectively.
하퍼 씨는 신입사원들이 자신들의 업무를 효율적으로 수행하도록 도울 것이다.

The training session will **help** managers **become** familiar with our new ordering system.
이 교육 시간은 관리자들이 우리의 새로운 주문 시스템에 익숙해지도록 도울 것입니다.

help의 또 다른 특징은 목적어가 일반적인 사람을 가리킬 때 목적어를 생략할 수 있다는 것이며, 토익에서는 대부분 목적어가 생략된 「help + 동사원형」 구조로 자주 등장합니다.

⟶ you는 일반적인 사람을 가리키는 목적어

Only steady exercise will **help** you **(to) lose** weight once and for all.
= help   (to) lose
오직 꾸준한 운동만이 (여러분이) 체중을 확실히 줄이는 데 도움이 될 것입니다.

 **1초 퀴즈**   주어진 단서를 참조하여 정답을 고르시오.   정답 및 해설 p. 90

6 An IT technician can **help** you ------- which programs to install to protect your computer.

   (A) determine   (B) determines   (C) determination   (D) determining

학습한 내용을 적용하여 다음 기출 변형 문제들을 풀어보세요.

○─ 빈칸 뒤에 위치한 형용사와 결합할 수 있는 동사가 필요해요.

1 Although Mr. Walsh has been interested in the house on Denham Street, he ------- hesitant to buy it.

(A) seems   (B) meets

(C) applies   (D) goes

○─ 빈칸 뒤에 위치한 형용사와 결합할 수 있는 동사가 필요해요.

2 All membership cards for Millglen Public Library will ------- valid for two years from the issuing date.

(A) send   (B) remain

(C) achieve   (D) provide

○─ 빈칸 뒤에 있는 명사 목적어와 의미가 어울리는 동사가 필요해요.

3 After months of negotiations, Zenistar Inc. has ------- an agreement with Roper & Co.

(A) reached   (B) talked

(C) experienced   (D) decided

○─ 빈칸 뒤에 있는 명사 목적어와 의미가 어울리는 동사가 필요해요.

4 NCH Group will ------- several new luxury hotels that are conveniently located near major train stations.

(A) notice   (B) invite

(C) open   (D) enter

○─ 빈칸 뒤에 「사람 목적어 + 사물 목적어」가 쓰여 있습니다.

5 The restaurant manager ------- Ms. Ritchie a free meal voucher to apologize for the poor service.

(A) traveled   (B) offered

(C) told   (D) asked

○ 빈칸 뒤에「사람 목적어 + 사물 목적어」가 쓰여 있습니다.

6 All temporary employees must ------- the head of the personnel department a weekly work report.

(A) send   (B) attend

(C) review   (D) arrive

○ 빈칸 뒤에「사람 목적어 + that + 전달 내용」이 쓰여 있습니다.

7 The marketing team ------- us that the deadline for completing the market survey would be extended by one week.

(A) required   (B) announced

(C) informed   (D) released

○ 빈칸 뒤에「사람 목적어 + to부정사」가 쓰여 있습니다.

8 The mayor of Riverside ------- all local residents to attend a public hearing at City Hall.

(A) agreed   (B) purchased

(C) discussed   (D) encouraged

○ 빈칸 뒤에 있는 명사 목적어와 의미가 어울리는 동사가 필요해요.

9 Jarrod Inc. develops services to help business owners ------- the changing needs of potential customers.

(A) apply   (B) wait

(C) seem   (D) meet

○ 빈칸 뒤에「사람 목적어 + 동사원형」이 쓰여 있습니다.

10 Please ------- our tour guides know whether you would like more information about certain buildings and landmarks.

(A) join   (B) visit

(C) let   (D) allow

DAY 04 동사의 시제

① 단순시제

■ 현재: ~하다, ~한다

현재시제는 **과학적인 원리, 변하지 않는 현상, 반복적 행위나 습관** 등을 나타낼 때 사용하며, 토익에서는 주로 기업의 활동 또는 사람의 직무, 그리고 단체 규정 등에 현재시제를 사용합니다. 현재시제는 동사원형으로 나타내며, 주어가 3인칭 단수일 경우 「-(e)s」를 동사원형 뒤에 붙입니다.

Hellion Corporation **offers** various internship programs to college graduates **every year**.
헬리온 사는 매년 대학 졸업생들에게 다양한 인턴십 프로그램을 제공한다.

반복성을 나타내는 표현 ○

■ 과거: ~했다

과거시제는 **과거의 특정 시점에 발생한 일 또는 상태**를 나타낼 때 사용합니다. 주로 동사원형 뒤에 「-(e)d」를 붙여 만들고, 불규칙 형태들도 있지만, 토익에서 동사의 시제 변화 형태는 출제되지 않습니다. 과거 시점을 나타내는 시간 표현이 단서로 제시됩니다.

과거 시간 표현 ○

Green Food Inc. **implemented** new procedures regarding returning goods **last year**.
그린푸드 사는 상품을 반품하는 것에 대한 새로운 절차를 작년에 시행했다.

■ 미래: ~할 것이다

미래시제는 **미래의 특정 시점에 일어날 일을 예측**할 때 사용합니다. 주로 「will + 동사원형」 형태가 사용됩니다. 미래 시점을 나타내는 시간 표현이 단서로 제시됩니다.

○ 미래 시간 표현

Tom Bradley **will transfer** to the London office **next week**.
톰 브래들리 씨는 다음 주에 런던 사무소로 전근할 것이다.

1초 퀴즈   주어진 단서를 참조하여 정답을 고르시오.   정답 및 해설 p. 92

1   Manufax Light Fixtures Inc. ------- **yesterday** that it will expand its product line in six months.

(A) announced   (B) is announcing   (C) will announce   (D) announces

❷ 복합시제

특강 06
미래를
나타내는
현재진행시제

■ 현재진행: ~하는 중이다, ~하고 있다

화자가 말을 하고 있는 현재 일시적으로 어떤 행위가 진행 중임을 강조하는 현재
진행시제는 「am/is/are + -ing」 형태를 지닙니다. 현재 시점을 나타내는 시간 표
현이 단서로 제시됩니다.

○ 현재(now) 일시적으로 진행 중임을 의미

Wellington Mutual Savings Bank **is offering** the lowest interest rates on car loans **now**.
웰링턴 상호저축은행은 현재 자동차 대출에 대해 가장 낮은 금리를 제공하고 있다.

■ 현재완료: ~했다

「have/has + p.p.」의 형태를 지니는 현재완료시제는 **과거에 시작된 행위가 현재까지 영향을 미치는 경우**를 나타낼 때 사용
합니다.

○ 현재완료의 단서인 시간 표현 (5년의 기간)

The sales of men's footwear **have increased** continuously **over the past five years**.
남성 신발 판매량이 지난 5년간 꾸준히 증가했다. [5년 전에 오르기 시작해 계속 증가함]

■ 과거완료: ~했었다

과거완료는 **과거의 한 시점을 기준으로 그보다 더 이전에 발생한 일을 강조**하기 위해 사용하며, 「had + p.p.」로 나타냅니다.

○ sent(과거) 보다 더 이전의 일

Before Ms. Parker **sent** the final version to us, she **had reviewed** the file thoroughly.
파커 씨는 최종본을 우리에게 보내기 전에, 그 파일을 철저히 검토했다.

■ 미래완료: ~할 것이다

미래완료는 **현재 시점에 진행 중인 일이 미래의 특정 시점까지 영향을 미치거나 완료되는 경우**에 사용하며, 「will + have
p.p.」로 나타냅니다.

○ 미래 시점을 나타내는 접속사

By the time Mr. Grant **retires** next year, he **will have
worked** for us for thirty-three years.
그랜트 씨가 내년에 은퇴할 때쯤이면, 그는 우리 회사에서 33년 동안 일
하게 될 것이다.

1초 퀴즈 주어진 단서를 참조하여 정답을 고르시오.   정답 및 해설 p. 92

2   The John Williams Band ------- small size corporate audiences **over almost fifteen
   years**.
   (A) has entertained   (B) entertains   (C) will be entertaining   (D) entertain

PART 5
PART 6
PART 7

③ 시제를 결정짓는 단서

다음은 토익에서 특정 시제의 단서로 자주 출제되는 시간 표현들로, 이 단서들을 파악하여 바로 정답을 고를 수 있습니다.

■ 현재시제와 어울리는 시간 표현
다음 부사들은 다른 시제와 쓰일 때도 있지만, 토익에서 주로 현재시제의 단서로 출제됩니다.

frequently 자주	often 종종	occasionally 가끔	regularly 정기적으로
commonly 일반적으로	normally 보통	usually 보통	typically 일반적으로
generally 일반적으로	every + 시간명사: ~마다	routinely 정기적으로	

Actors from the Simba Dramatics Group **frequently** <u>perform</u> at the Fairmount Theater.
심바 극단의 배우들은 페어마운트 극장에서 자주 공연한다.

■ 과거시제와 어울리는 시간 표현
다음 부사들은 토익에서 과거시제의 단서로 자주 출제됩니다. 단, recently는 현재완료시제의 단서로도 자주 출제됩니다.

last + 시간명사: 지난 ~에	ago ~ 전에	yesterday 어제	recently 최근에

The intense competition in the travel industry <u>caused</u> a significant drop in airfares **last year**.
여행업계의 극심한 경쟁이 작년에 항공 요금의 상당한 하락을 야기했다.

■ 미래시제와 어울리는 시간 표현

tomorrow 내일	shortly 곧	until[by] the end of this + 시간명사: 이번 ~까지
soon 곧	next + 시간명사: 다음 ~에	

Toronto IT Association members **will convene** next month at the SES Toronto Conference.
토론토 IT 협회 회원들은 다음 달에 SES 토론토 컨퍼런스에서 회합할 것이다.

 **1초 퀴즈**　주어진 단서를 참조하여 정답을 고르시오.　　　　　정답 및 해설 p. 92

3　Mr. Hammett ------- the Direct Targeting sales approach **ten years ago** while working at DAX Inc.

　(A) creates　　(B) created　　(C) has created　　(D) had created

■ 현재완료시제와 어울리는 시간 표현

lately 최근에	recently 최근에	just 이제 막	since 그 이래로
for + 기간: ~ 동안에	since + 과거시점: ~ 이래로	over[for, in, during] the last[past] + 기간: 지난 ~의 동안	

Ms. Leslie **has written** business editorials for many newspapers **for the past 10 years**.
레즐리 씨는 지난 10년 동안 많은 신문들에 비즈니스 논설을 썼다.

Recently, several permanent positions **have opened up** at Rothschild Department Store.
최근에, 로스차일드 백화점에 상근직 자리가 몇 개 났다.

■ 과거완료시제와 어울리는 구문

- ⊘ Before + 주어 + 과거시제, 주어 + had p.p.: ~하기 전에, …했었다
- ⊘ By the time + 주어 + 과거시제, 주어 + had p.p.: ~했을 때쯤, 이미 …했었다

Before Mr. Waters **left** the office, he **had shut down** the cooling system.
워터스 씨는 사무실을 나서기 전에, 냉방장치를 껐었다.

By the time the last speech **ended**, every major issue **had been covered**.
마지막 연설이 끝났을 때쯤, 모든 주요 안건이 다루어졌다.

■ 미래완료시제와 어울리는 구문

- ⊘ By + 미래시점, 주어 + will have p.p.: ~까지, …하게 될 것이다
- ⊘ By the time + 주어 + 현재시제, 주어 + will have p.p.: ~할 즈음이면, …하게 될 것이다

By next month, all the lighting in the mall **will have been replaced** with LEDs.
다음 달까지, 쇼핑몰의 모든 조명이 LED로 교체될 것이다.

 **1초 퀴즈**   주어진 단서를 참조하여 정답을 고르시오.   정답 및 해설 p. 92

4   **By the time** we **meet** next week, Ms. Hallway ------- the paperwork.

(A) completes   (B) is completing   (C) completed   (D) will have completed

학습한 내용을 적용하여 다음 기출 변형 문제들을 풀어보세요.

ㅇ 빈칸 앞에 현재시제와 어울리는 부사가 보이네요.

1 Now that the grounds of the restaurant have been landscaped, most of our diners typically ------- to sit outside on the terrace.

(A) choose
(B) chose
(C) will have chosen
(D) chooses

ㅇ 문장 시작 부분에 과거 시간 표현이 있어요.

2 At yesterday's meeting, the CEO of Bentley Corporation ------- a contract with Dunlevy Catering.

(A) sign
(B) will sign
(C) have signed
(D) signed

ㅇ 빈칸 뒤로 미래 시간 표현이 있어요.

3 The office intranet and access to data files ------- unavailable until tomorrow due to the maintenance work.

(A) are being
(B) were
(C) had been
(D) will be

ㅇ 기간을 나타내는 「in the last ~ years」와 어울리는 시제는?

4 For those who are allergic to pork, many restaurants ------- more vegetarian menu options in the last ten years.

(A) will introduce
(B) have introduced
(C) will have introduced
(D) to introduce

ㅇ 목표에 도달한 과거 시점보다 더 이전에 예상해야 하죠.

5 The salespeople at our branch in Camden reached their monthly target six days earlier than we -------.

(A) expect
(B) are expecting
(C) were expected
(D) had expected

○「By the time + 주어 + 현재시제」와 어울리는 주절의 동사 시제는?

6 By the time Ms. Rushden begins her new management role at headquarters, the personnel team ------- a new office for her.

(A) prepared
(B) preparing
(C) had prepared
(D) will have prepared

○ 기간을 나타내는「for the past ~ months」와 어울리는 시제는?

7 We at Global Fitness appreciate that you ------- our weekly yoga classes for the past 18 months.

(A) enjoyed
(B) enjoying
(C) have enjoyed
(D) had enjoyed

○ 기간을 나타내는 for 전치사구와 어울리는 시제는?

8 Omni Telecom's head office ------- experienced employees to assist new recruits in handling customer complaints for 10 years.

(A) assigns
(B) is assigning
(C) has been assigned
(D) has assigned

○ 기간을 나타내는「over the past ~ months」와 어울리는 시제는?

9 Oil prices ------- over the past six months, but they are expected to stabilize towards the end of this year.

(A) increase
(B) increasing
(C) have increased
(D) will increase

○ 문장 시작 부분에 시제 단서가 되는 부사가 있어요.

10 Recently, a government committee ------- to make dramatic modifications to the current tax system.

(A) created
(B) will create
(C) has been created
(D) is creating

동사의 특성 - 태/수일치

영어의 타동사는 능동태/수동태의 태와 단수/복수의 수를 일치시켜야 하는데, **토익에서는 태와 수 또는 시제를 복합적으로 확인하는 방식으로 출제**됩니다. 예를 들면, 먼저 주어와 수가 일치하는 선택지를 2개 고른 뒤, 그 중에서 태 또는 시제 변화에 맞는 최종 정답을 선택하게 되는데, 이 과정을 한 번에 끝낼 수 있도록 연습해야 합니다.

① 태

문장 속에서 주어와 행위 대상의 관계를 나타내는 동사의 태는 능동태와 수동태로 나뉩니다. **능동태는 주어가 동사의 행위를 직접 하는 경우에 쓰이며, 「타동사 + 목적어」 구조입니다. 수동태는 주어가 동사의 행위를 당하는 대상**일 경우에 쓰이며, 타동사의 목적어를 주어로 사용합니다.

▪ 수동태 문장

동사의 행위 대상, 즉 목적어를 주어로 사용하는 문장입니다. 「주어 + be p.p. + (by 행위자)」의 구조를 지니며 「~이 …되다」라고 해석합니다. **타동사 뒤에 목적어가 없다면 수동태**라는 것을 명심하세요.

ⓞ 타동사 뒤에 목적어가 없으므로 오답

The building expansion project [**will be completed** / will complete] before the deadline.
건물 확장 프로젝트는 마감일 전에 완료될 것입니다.

수동태 문장은 능동태 동사의 목적어가 주어 자리로 이동한 구조이기 때문에 목적어를 가질 수 없는 자동사는 수동태 자리에 올 수 없습니다.

respond는 1형식 자동사이므로 수동태가 될 수 없음 ⓞ

All packages arriving after working hours should be [responded / **delivered**] to Ms. Davis.
업무 종료 후에 도착하는 모든 소포는 데이비스 씨에게 전달되어야 합니다.

수동태 자리에 오답으로 자주 출제되는 자동사

work 일하다	**arrive** 도착하다	**rise** 상승하다	**last** 지속되다
travel 출장 가다	**respond** 응답하다	**agree** 동의하다	**reply** 답장하다
stay 머무르다			

 **1초 퀴즈** 주어진 단서를 참조하여 정답을 고르시오.

정답 및 해설 p. 94

1 Please note that lunch and refreshments ------- **by** the attendance fee.

(A) to cover   (B) will be covered   (C) cover   (D) are covering

② 능동태를 수동태로 전환하기

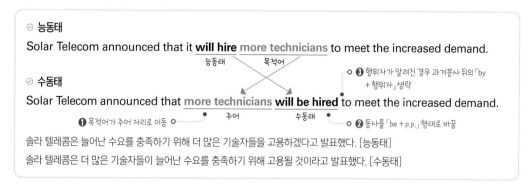

⊘ **능동태**

Solar Telecom announced that it **will hire** more technicians to meet the increased demand.
　　　　　　　　　　　　　　　　　　能동태　　　목적어　　　　　　　　　　　○ ❸ 행위자가 알려진 경우 과거분사 뒤의 「by
　　　　　　　　　　　　　　　　　　　　　　　　　　　　　　　　　　　　　　+ 행위자」 생략

⊘ **수동태**

Solar Telecom announced that more technicians **will be hired** to meet the increased demand.
　　　　❶ 목적어가 주어 자리로 이동 ○　　　주어　　　　　수동태　○ ❷ 동사를 「be + p.p.」 형태로 바꿈

솔라 텔레콤은 늘어난 수요를 충족하기 위해 더 많은 기술자들을 고용하겠다고 발표했다. [능동태]
솔라 텔레콤은 더 많은 기술자들이 늘어난 수요를 충족하기 위해 고용될 것이라고 발표했다. [수동태]

능동태가 수동태로 전환될 때, 목적어를 수식하는 형용사나 전치사구 요소들은 목적어와 함께 이동하고, 위 예문의 to meet 이하 부분처럼 동사를 수식하는 요소들은 그 자리에 남습니다.

⊘ **능동태**

You should direct **complaints** about our digital cameras to the technical support team.
　　　　　　　　　　목적어　　　목적어 complaints를 수식하는 전치사구　　　동사 direct를 수식하는 전치사구

우리의 디지털 카메라 제품들에 관한 불만은 기술지원팀으로 보내야 합니다.

⊘ **수동태**
　　　　　　　　○ 이동하여 주어를 수식　　　　　　　　　　　　　　　　○ 그대로 남아 동사를 수식
Complaints about our digital cameras should be directed to the technical support team.

우리의 디지털 카메라 제품들에 관한 불만은 기술지원팀으로 보내져야 합니다.

■ 능동태와 수동태를 구분하는 방법

타동사 자리인 빈칸 뒤에 명사가 있다면 능동태, 목적어가 없고 전치사구나 부사가 있다면 수동태가 정답입니다.

　　　　　　　　　　　　　　　　　　　　　　○ 명사 앞은 타동사 능동태 자리
Rockwell Cable Network [is announced / **announced**] their
plan to increase subscription fees.
락웰 케이블 네트워크는 시청료를 인상한다는 계획을 발표했다. [능동태]

　　　　　　　　　　　　　　　　　○ 전치사구 앞은 타동사
　　　　　　　　　　　　　　　　　수동태 자리
All food at the company picnic [**was provided** / provide] by
Hearthstone Catering Services.
회사 야유회의 모든 음식은 하스톤 출장음식 서비스에 의해 제공되었다. [수동태]

특강 07
동사의 시제별
수동태 총정리

1초 퀴즈　　주어진 단서를 참조하여 정답을 고르시오.　　　　　　정답 및 해설 p. 94

2　All business transactions must ------- by senior managers in advance.

　　(A) approve　　(B) approved　　(C) be approved　　(D) be approving

■ 빈출 수동태 구문

다음 수동태 구문들은 토익에서 자주 출제되는 구문들입니다. 「수동태 + 전치사구」 구문의 경우 빈칸 앞에 있는 수동태 동사를 보고 함께 쓰이는 전치사를 고르는 방식으로 출제되고, 「수동태 + to부정사」 구문의 경우 빈칸 뒤의 to부정사를 보고 함께 쓰이는 수동태 동사를 고르거나 그 반대의 경우로 자주 출제됩니다.

토익 빈출 「수동태 + 전치사」 구문

be associated with ~와 연관되다	be faced with ~에 직면하다
be satisfied with ~에 만족하다	be pleased with ~에 기뻐하다
be equipped with ~을 갖추고 있다	be involved in ~에 관여되다
be interested in ~에 관심이 있다	be related to ~에 관련되다
be committed[dedicated, devoted] to ~에 전념하다	be surprised at ~에 놀라다
be concerned[worried] about ~에 대해 걱정하다	be based on ~을 기반으로 하다

Our sales representatives **are committed to offering** the lowest rates in the industry.
저희 영업사원들은 업계 최저 가격을 제공하는 데 전념하고 있습니다. ⟶ to부정사의 to가 아니라 전치사 to 이므로 동명사 목적어가 필요

Mr. Jensen **is concerned** about an increase in transportation cost.
젠센 씨는 운송 비용의 증가에 대해 걱정하고 있다.

토익 빈출 「수동태 + to부정사」 구문

be asked to do ~하도록 요청받다	be advised to do ~하도록 권해지다
be allowed to do ~하도록 허용되다	be expected to do ~할 것으로 예상되다
be required to do ~해야 하다	be scheduled to do ~할 예정이다
be encouraged to do ~하도록 권장되다	be invited to do ~하도록 요청받다

⟶ to부정사 앞의 빈칸은 require의 수동태 자리

All employees [requires / **are required**] to attend the seminar on Wednesday at noon.
모든 직원들은 수요일 정오에 세미나에 참석해야 한다.

 **1초 퀴즈** ▶ 주어진 단서를 참조하여 정답을 고르시오.   정답 및 해설 p. 94

3 Please note that membership **is based** ------- a minimum two-year contract.

(A) at   (B) on   (C) in   (D) with

■ 4형식 타동사(수여동사)의 수동태

목적어를 2개 가지는 4형식 타동사 즉, 수여동사의 수동태는 간접목적어와 직접목적어 모두 주어 자리에 위치할 수 있기 때문에 두 가지 수동태 문장을 만들 수 있습니다.

❶ 4형식 능동태

Mr. Littleton **assigned** <u>the assistant</u> <u>the task of ordering the office supplies</u>.
　　　　　　　　능동태　　　간접목적어(=사람)　　　　　　직접목적어(=사물, 일)

리틀턴 씨는 비서에게 사무용품을 주문하는 업무를 배정했다.

❷ 4형식 수동태

> ⊘ **간접 목적어가 주어 자리로 이동**　⋯○ 능동태 문장의 과거시제 assigned에 맞추어 과거시제 was assigned 사용
>
> The assistant <u>**was assigned**</u> the task of ordering the office supplies by Mr. Littleton.
> 비서는 리틀턴 씨에 의해 사무용품을 주문하는 업무를 배정받았다.
>
> ⊘ **직접 목적어가 주어 자리로 이동**　　　　　　　⋯○ 직접목적어가 주어 자리로 이동하면
> 　　　　　　　　　　　　　　　　　　　　　　　　동사 뒤의 간접목적어 앞에 전치사 필요
> The task of ordering the office supplies <u>**was assigned**</u> to the assistant by Mr. Littleton.
> 사무용품을 주문하는 업무가 리틀턴 씨에 의해 비서에게 배정되었다.

■ 5형식 타동사의 수동태

❶ 5형식 능동태

　　　　　　　　　　　　　　　⋯○ 4형식 동사의 직접목적어와 혼동하기 쉬운데
　　　　　　　　　　　　　　　　「주다」라는 의미가 아니면 5형식 동사의 목적보어

The board **named** <u>Mr. Ramsey</u> <u>the negotiator</u> for the merger with Titan Inc.
　　　　　능동태　　목적어　　　목적보어

이사회는 램지 씨를 타이탄 사와의 합병을 위한 협상자로 지명했다.

❷ 5형식 수동태

Mr. Ramsey **was named** <u>the negotiator</u> for the merger with Titan Inc. (by the board).
　　　　　수동태　　　목적보어

램지 씨는 (이사회에 의해) 타이탄 사와의 합병을 위한 협상자로 지명되었다.

 **1초 퀴즈**　　주어진 단서를 참조하여 정답을 고르시오.　　　　　　　정답 및 해설 p. 94

> **4** The product demonstration ------- **very informative** by the trade show participants.
>
> (A) considers　　(B) considered　　(C) was considered　　(D) has considered

③ 수일치

동사의 현재시제와 현재완료시제, 그리고 수동태는 항상 주어와 수가 일치해야 하는데, 주어가 단수 가산명사이거나 불가산명사일 때, 그리고 단수 취급하는 회사명 등 고유명사일 때, 동사 자리에 단수 형태가 와야 합니다.

■ 주의해야 하는 주어-동사 수일치

○ 회사명은 항상 단수 취급

Ortega Electronics continues to be a leading manufacturer of cell phones.
오르테가 전자는 계속해서 휴대폰 제조 분야의 선두 자리를 유지하고 있다.

주어 자리에 to부정사, 동명사, 명사절 등이 온다면 단수 취급한다는 것을 꼭 기억하세요.

To increase tourism in the area is the goal of our department.
지역의 관광 산업을 증진시키는 것이 우리 부서의 목표입니다.

Changing passwords regularly is recommended in order to protect personal information.
개인 정보를 보호하기 위해 정기적으로 비밀번호를 바꾸는 것이 좋습니다.

Whether Mr. Cook will accept the offer or not depends on the size of the salary.
쿡 씨가 그 제안을 수락할지 아닐지는 연봉 규모에 달려 있다.

■ 주어-동사 수일치의 예외

동사 앞에 조동사가 사용되는 경우에는 주어와 동사의 수일치가 발생하지 않습니다.

○ 조동사 뒤는 동사원형 자리

Anyone willing to volunteer for the Red Cross charity **should contact** Mr. Hagley.
적십자 자선행사에서 봉사활동을 하고자 하는 사람은 누구든 해글리 씨에게 연락하도록 하십시오.

 **1초 퀴즈** 주어진 단서를 참조하여 정답을 고르시오. 정답 및 해설 p. 94

5   Marbury Industries ------- to announce that it reached its sales targets in the past quarter.

   (A) be pleased   (B) is pleased   (C) are pleased   (D) were pleased

❹ 동사 자리 출제 유형 정리

문장의 동사 자리에 알맞은 동사 형태를 고르는 문제에서는 선택지에 명사 또는 to부정사나 동명사 같은 명백한 오답들이 자주 포함됩니다. 빈칸이 동사 자리임을 확인한 후, 동사의 형태인 선택지들 중에서 **(1) 수일치 (2) 태 (3) 시제**를 따져 정답을 찾습니다.

▪ 주어-동사의 수일치 문제

동사의 수일치 여부를 확인하기 위해서는 문장의 주어를 제일 먼저 찾는 것이 중요합니다. 이후, 수일치 여부와 상관없는 조동사나 과거시제의 유무를 확인합니다.

　　　　　　　○ 회사명은 항상 단수 취급

Happy Foods ------- radio advertisements that are memorable to potential customers.

(A) plan　　　　　**(B) plans**　　　　　(C) planning　　　　　(D) to plan

해피 푸드 사는 잠재 고객들의 기억에 남을 만한 라디오 광고를 계획하고 있다.

🐝꿀팁 (A) plan은 복수동사, (B) plans는 단수동사, (C) planning은 동명사 또는 현재분사, 그리고 (D) to plan은 to부정사입니다.

▪ 동사의 태 문제

동사 자리인 빈칸 뒤에 목적어가 있으면 능동태, 목적어 없이 전치사구 또는 부사 등이 있다면 수동태 동사를 고릅니다.

　　　　　　　　　　　　　　　　○ 동사 자리 뒤에 전치사가 있다면 수동태 자리

All computers at Kitebridge Middle School ------- by a local electronics manufacturer.

(A) were donated　　　(B) donated　　　(C) to donate　　　(D) donating

카이트브리지 중학교의 모든 컴퓨터는 지역 전자업체에 의해 기증되었다.

🐝꿀팁 (A) were donated는 수동태, (B) donated는 능동태, (C) to donate는 to부정사, 그리고 (D) donating은 동명사 또는 현재분사입니다.

▪ 동사의 시제 문제

동사의 시제를 확인하기 위해서는 단서가 되는 시간 표현을 찾습니다.

　　　　　　　　　　　　○ 과거 시간 표현

Mr. Todd ------- the warehouse **yesterday** to check the inventory.

(A) contacts　　　　　**(B) contacted**　　　　　(C) will contact　　　　　(D) has contacted

토드 씨는 재고를 파악하기 위해 어제 창고에 연락했다.

🐝꿀팁 (A) contacts는 현재시제, (B) contacted는 과거시제, (C) will contact는 미래시제, 그리고 (D) has contacted는 현재완료시제입니다.

 **1초 퀴즈**　　주어진 단서를 참조하여 정답을 고르시오.　　　　　정답 및 해설 p. 95

6　**Promotional events** for king cakes at Pampano's Bakery ------- **every three months**.

　　(A) are held　　(B) is held　　(C) to hold　　(D) holding

학습한 내용을 적용하여 다음 기출 변형 문제들을 풀어보세요.

○ 선택지가 타동사이고, 빈칸 앞뒤에 be동사와 전치사구가 있네요.

1 Professor Adison Chopra is highly ------- by leading scientists in the field of genetic engineering.

(A) regard
(B) regarding
(C) regarded
(D) regards

○ 빈칸 앞에 복수주어가 있고, 빈칸 뒤에는 목적어가 있어요.

2 Employees should find alternative places to have lunch while the workers ------- the cafeteria renovations.

(A) complete
(B) completing
(C) to complete
(D) are completed

○ 빈칸 앞뒤에 조동사와 목적어가 있네요.

3 Agate Electronics will ------- its new cell phone model at the upcoming technology convention in Portland.

(A) demonstrate
(B) demonstrates
(C) demonstrating
(D) be demonstrated

○ 빈칸 앞뒤에 주어와 목적어가 있어요.

4 Multico Enterprises ------- steady growth into markets overseas over the next few years.

(A) anticipates
(B) anticipating
(C) to anticipate
(D) is anticipated

○ 「be surprised」와 어울리는 전치사는?

5 The sales manager is surprised ------- the recent surge in sales after the new marketing campaign.

(A) into
(B) over
(C) at
(D) from

○ 「be equipped」와 어울리는 전치사는?

6 All rooms listed in Raffles Golf Resort's brochure are fully equipped ------- kitchen utensils.

(A) at   (B) with
(C) in   (D) to

○ be동사와 전치사구 사이에 빈칸이 있어요.

7 The discounts for subscriptions of 6 months or more are ------- only to those on our newsletter mailing list.

(A) offered   (B) offering
(C) offer   (D) to offer

○ 주어가 사물이고, 빈칸 뒤에 받는 사람이 있어요.

8 Paid vacations and cash bonuses will be ------- to the employees with the best attendance record in October.

(A) assumed   (B) awarded
(C) agreed   (D) accepted

○ 주어가 단수이고, 빈칸 뒤에 부사와 전치사구가 있어요.

9 Arko Petroleum Inc.'s new company policy for the staff dress code ------- only to its full-time employees.

(A) apply   (B) applies
(C) applying   (D) are applied

○ 주어가 단수이고, 빈칸 뒤에 명사구 목적어가 있어요.

10 Head Chef Leah McKellan ------- kitchen staff to clean the food preparation stations before health inspections.

(A) ask   (B) has been asked
(C) has asked   (D) are asking

DAY 06 가정법

토익에서 가정법 문제는 가정법의 동사 구조만 알고 있다면 빠르게 풀 수 있습니다. **if절 동사의 형태를 보고 주절의 알맞은 동사 형태를 고르거나**, 반대로 **주절의 동사 형태를 보고 if절에 알맞은 동사 형태를 고르도록** 출제됩니다.

① 가정법의 종류

■ 가정법 현재
가정법 현재는 **현재 또는 미래에 대한 예상이나 희망사항**을 나타냅니다. if 조건절 동사로 현재시제 동사 형태를 사용합니다.

> ⊘ If 주어 + 현재시제, 주어 + will/can/shall/may + 동사원형.: 만약 ~라면, …이다.

If you **submit** receipts to the accounting manager, all travel expenses **will be reimbursed**.
영수증을 회계부장에게 제출한다면, 모든 출장 비용이 환급될 것입니다.

■ 가정법 과거
가정법 과거는 화가가 생각하기에 아직 발생하지 않았거나 또는 발생할 수 없는 일에 대한 화자의 아쉬운 감정을 나타냅니다. 그런데 토익에서는 가정법 과거가 거의 출제되지 않습니다.

> ⊘ If 주어 + 과거시제, 주어 + would/could/should/might + 동사원형.: 만약 ~라면 …할 텐데.

If Mr. Crabbe's flight **arrived** on time, he **could give** an opening speech at the seminar.
만약 크래비 씨의 비행기가 제 시간에 도착한다면, 그가 세미나에서 개회 연설을 할 수 있을 텐데.
[속뜻] 비행기가 제 시간에 도착하지 않을 것이다.

 **1초 퀴즈**   주어진 단서를 참조하여 정답을 고르시오.   정답 및 해설 p. 97

1 **If** the company **increases** its advertising budget, more people ------- access to its services.
    (A) have   (B) had   (C) will have   (D) have had

■ 가정법 과거완료

가정법 과거완료는 **과거에 발생하지 않았거나 발생할 수 없었던 일에 대한 화자의 아쉬운 감정**을 나타냅니다. 주절의 조동사에 따라 그 감정이 달라지지만, 토익에서는 단지 if절의 동사 형태와 주절의 동사 형태를 제대로 연결하기만 하면 됩니다.

> ⊘ If 주어 + had p.p., 주어 + would/could/should/might + have p.p.: 만약 ~했더라면, …했었을 텐데.

If we **had worked** overtime, we **could have finished** the project on time.
우리가 초과 근무를 했더라면, 프로젝트를 제때에 끝낼 수 있었을 텐데.
[속뜻] 그때 초과 근무를 할 걸 그랬어.

토익에서 가정법 과거완료와 관련해 도치 구조 문장이 자주 출제됩니다. if절에서 if가 생략되고 조동사 Had가 문장 앞으로 나가는 구조인데, 가정 접속사 if가 없어서 착각하기 쉽습니다. 만약 문장의 시작 부분에 Had가 나와 있다면 가정법 과거완료 도치 구문이므로 주절의 동사 형태로「would/could/should/might + have. p.p.」구조를 선택하면 됩니다.

❶ 정상적인 가정법 과거완료 구문

If Mr. Wilson's laptop **had not malfunctioned**, he **could have delivered** the demonstration.
윌슨 씨의 노트북 컴퓨터가 오작동하지 않았더라면, 그가 시연회를 할 수 있었을 텐데.

❷ 가정법 과거완료 도치 구문

> ⊘ Had + 주어 + p.p., 주어 + would/could/should/might + have p.p.: ~했다면 …했었을 텐데.

Had Mr. Wilson's laptop **not malfunctioned**, he **could have delivered** the demonstration.
윌슨 씨의 노트북 컴퓨터가 오작동하지 않았더라면, 그가 시연회를 할 수 있었을 텐데.

 **1초 퀴즈**　주어진 단서를 참조하여 정답을 고르시오.　　　　　정답 및 해설 p. 97

2　If Mr. Waddell **had followed** the guidelines carefully, he ------- the contest.
　　(A) will win　　(B) won　　(C) would win　　(D) would have won

■ 가정법 미래

가정법 미래는 **가능성은 희박하지만 미래에 일어날 수 있을 상황을 가정**할 때 사용하는데, 가정법 현재와 형태가 비슷하여 혼동하기 쉽습니다. 가정법 현재가 현재시점에 중점을 두고 앞으로 발생할 수 있을 일을 가정하는 반면, 가정법 미래는 미래시점에 중점을 두고 미래에 발생할 수도 있을 일을 가정합니다. 그래서 가정법 미래는 주절에서 상대방이 해야 하는 일을 지시, 부탁, 명령하는 형태로 제시됩니다.

❶ 가정법 현재

> ⊘ If 주어 + 현재시제, 주어 + will + 동사원형.: 만약 ~라면, …할 것이다.

If the jazz concert **is cancelled** tomorrow, you **will get** a refund.
재즈 콘서트가 내일 취소된다면, 여러분은 환불을 받으실 것입니다.

❷ 가정법 미래

조동사 should를 사용하는 가정법 미래는 조건에 대한 불확실성을 나타내며 「혹시라도 ~한다면」이라는 의미를 가집니다.

> ⊘ If 주어 + should + 동사원형, 주어 + can + 동사원형: 혹시라도 ~라면, …할 수 있습니다.
> ⊘ If 주어 + should + 동사원형, please 동사원형.: 혹시라도 ~라면, …하시기 바랍니다.

If you **should have** any suggestions for our service, **please contact** me at cs@wisecom.net.
혹시라도 저희 서비스에 대해 제안할 것이 있으시다면, 제게 cs@wisecom.net으로 연락하시기 바랍니다.

가정법 미래에서도 if를 생략하고 should를 문장 앞으로 보내 도치 구조를 만들 수 있습니다. 가정법 과거완료의 도치 구조에 쓰이는 Had와 구분하려면 주절의 동사 형태를 확인하면 됩니다.

> ⊘ Should + 주어 + 동사원형, 주어 + can + 동사원형.: 혹시라도 ~라면, …할 수 있습니다.
> ⊘ Should + 주어 + 동사원형, please 동사원형.: 혹시라도 ~라면, …하시기 바랍니다.

○ 가정법 미래의 단서

[**Should** / Had] our garments be defective, you **can receive** a refund or replacement.
혹시라도 저희 옷에 결함이 있다면, 환불 또는 교환품을 받으실 수 있습니다.

○ 가정법 미래의 단서

Should you **need** assistance, **please do not hesitate** to call me at any time.
혹시라도 도움이 필요하시다면, 언제든 주저하지 마시고 저에게 전화하시기 바랍니다.

 **1초 퀴즈** 주어진 단서를 참조하여 정답을 고르시오. 정답 및 해설 p. 97

3 ------- you have any suggestions, **please speak** to the chief designer, Alice Baines.
  (A) Could   (B) May   (C) Can   (D) Should

❷ 가정법 현재의 특수 용법

목적어로 that 명사절을 가지는 동사의 시제가 과거일 때 that 명사절의 시제는 과거 또는 그보다 이전 시제(예를 들면, 과거완료)가 되어야 하는데, 이를 시제일치의 원칙이라고 합니다.

○ 주절의 동사가 과거일 때 that절의 내용이 미래라도 과거시제를 사용

Mr. Stevens **argued** that the proposed plan **would reduce** expenses.
스티븐스 씨는 제안된 방안이 비용을 줄일 것이라고 주장했다.

■ 반드시 이루어져야 하는 내용을 전달하는 동사

제안, 추천, 요구, 주장, 명령 등 화자가 반드시 이루어져야 한다고 생각하는 내용을 전달하는 동사들의 경우, **목적어인 that절이 가정법 현재의 적용을 받기 때문에** that절의 동사로 동사원형을 사용합니다. 즉 동사의 수/시제일치가 적용되지 않습니다.

○ that절의 동사원형 be postponed를 보고 suggested를 선택

The marketing director **suggested** that the weekly meeting **be postponed** until next month.
마케팅 부장은 주간 회의가 다음 달까지 연기되어야 한다고 제안했다.

반드시 이루어져야 하는 내용을 전달하는 토익 빈출 동사

ask 요구하다	suggest 제안하다	recommend 추천하다	request 요청하다
insist 주장하다	demand 요구하다	propose 제안하다	order 명령하다
advise 권고하다			

■ 필요성을 나타내는 형용사

필수, 의무, 핵심 등 **필요성을 나타내는 형용사**가 「It is ~ that절」 구문의 보어로 사용될 때, 진주어인 that절이 가정법 현재의 적용을 받기 때문에 동사의 시제 또는 수를 일치시키지 않고 **무조건 동사원형을 사용**합니다.

필요성을 나타내는 토익 빈출 형용사

vital 필수적인	essential 필수적인	important 중요한	critical 중요한
necessary 필요한	imperative 필수적인		

It is **important** that each vendor **comply** to the city's safety regulations during the festival.
축제 기간에 각 판매업자가 시의 안전 규정을 준수하는 것이 중요하다.

1초 퀴즈   주어진 단서를 참조하여 정답을 고르시오.   정답 및 해설 p. 97

4 New safety standards **require** that all workers ------- hard hats in construction areas.

   (A) have been worn   (B) wore   (C) wear   (D) wearing

❸ 특수 조건절 접속사

조건을 나타내는 절에 if가 아닌 다른 접속사가 사용될 수도 있습니다. 이 경우에 이 특수 접속사가 **가정법 현재의 if 자리에 대신 사용되는 조건절 접속사**라는 것만 알면 됩니다.

■ 단순 조건을 나타내는 조건절 접속사

> ⊘ Provided (that): 만약 ~이라면, ~라는 조건 하에   ⊘ Assuming (that): 만약 ~이라면, ~라는 조건 하에

Provided (that) merchandise is not damaged, you may return it.
만약 상품이 손상되지만 않는다면, 반품할 수 있습니다.

Assuming (that) there are no further delays, the renovation will be finished by Thursday.
만약 추가 지연이 없다면, 개조공사는 목요일까지 끝날 것이다.

> ⊘ Given that: ~라는 것을 고려하면, 감안할 때   ⊘ Considering that: ~라는 것을 고려하면, 감안할 때

Given that Mr. Wayne has been appointed as CEO, I am sure about the company's future.
웨인 씨가 최고경영자로 임명된 것을 고려하면, 나는 회사의 미래에 대해 확신한다.

Ms. Warren's performance is impressive, **considering that** she joined us just last year.
워렌 씨가 불과 작년에 우리에게 합류한 점을 고려하면, 그의 성과는 인상적이다.

■ 대비를 나타내는 특수 조건절 접속사

> ⊘ In the event (that): ~할 경우에 대비해   ⊘ In case (that): ~할 경우에 대비해

Please leave a phone number **in the event (that)** you are absent at the time of delivery.
배송 시점에 귀하께서 부재중일 경우에 대비해 전화번호를 남겨 주시기 바랍니다.

 **1초 퀴즈**   주어진 단서를 참조하여 정답을 고르시오.   정답 및 해설 p. 97

5   Employees are allowed to wear whatever they like, ------- **their outfit is** respectful and neat.

    (A) regardless of   (B) provided that   (C) in addition to   (D) according to

④ 특수 조건 전치사

앞의 특수 조건절 접속사 중에 Given과 Considering은 전치사의 기능을 하기도 합니다. 즉 뒤에 절이 아니라 명사나 동명사가 목적어로 쓰이는 것입니다. 그러므로 알맞은 전치사를 고르는 문제에서 이 전치사들을 접속사로 생각해 가장 먼저 소거하는 실수를 하지 않도록 주의해야 합니다.

▪ 단순 조건을 나타내는 조건 전치사

⊘ Given + 명사[동명사]: ~을 고려하여   ⊘ Considering + 명사[동명사]: ~을 고려하여

Given repeated complaints from citizens, the city has decided to expand parking spaces.
시민들의 반복적인 불만을 고려하여, 시에서 주차 공간을 확대하기로 결정했다.

Considering his dedication to clean water, Mr. Steinway is a perfect choice for the award.
깨끗한 물을 위한 그의 헌신을 고려하면, 스타인웨이 씨는 그 상에 대한 최적의 선택이다.

▪ 대비를 나타내는 조건 전치사

⊘ In the event of: ~의 경우에 (대비해), 혹시 ~할까봐   ⊘ In case of: ~의 경우에 (대비해), 혹시 ~할까봐

Concert attendees will be given free rain jackets **in the event of** bad weather.
콘서트 참가자들은 좋지 않은 날씨에 대비해 무료 우비를 받을 것입니다.

This workshop is designed for those who don't know what to do **in case of** a fire.
이번 워크숍은 혹시라도 화재가 발생하는 경우에 무엇을 해야 할지 모르는 분들을 대상으로 기획되었습니다.

 1초 **퀴즈** 주어진 단서를 참조하여 정답을 고르시오. 정답 및 해설 p. 97

6 ------- the current progress rate, the new service center will be open on April 10.

   (A) Given   (B) Among   (C) Because   (D) Provided

학습한 내용을 적용하여 다음 기출 변형 문제들을 풀어보세요.

○ 주절이 please로 시작하는 명령문이네요.

1 If you ------- problems with the assembly instructions, please refer to the diagrams at the back of the manual.

(A) encounter
(B) encountered
(C) will encounter
(D) had encountered

○ 주절의 동사 시제를 잘 살펴야 해요.

2 Mr. Carey could begin the renovation work tomorrow morning if the tools ------- this afternoon.

(A) to arrive
(B) arrived
(C) arriving
(D) have arrived

○ 주절의 동사 시제를 잘 살펴야 해요.

3 If Ms. Lin ------- she was being considered for a promotion, she would have finished the project on time.

(A) will know
(B) knows
(C) has known
(D) had known

○ If절의 동사가 현재시제네요.

4 If the annual literature award is given to Benjamin Sloan, he ------- the first author to have won it in three consecutive years.

(A) become
(B) becomes
(C) will become
(D) would become

○ ask는 반드시 이루어져야 하는 내용을 나타내는 동사예요.

5 Mr. Smith has asked that the travel expense receipts ------- at your earliest convenience.

(A) submit
(B) be submitted
(C) submitting
(D) are submitted

○ that절의 동사 형태가 원형이군요.

6　It is ------- that the air conditioning unit be cleaned thoroughly at least once a week.

(A) particular　　　　　　(B) critical

(C) eventful　　　　　　 (D) considerable

○ 선택지에 전치사와 접속사가 섞여 있다면, 빈칸 뒤의 구조를 봐야 해요.

7　The construction project of the MJ Megamall will begin this week ------- the city council grants an approval.

(A) regardless of　　　　 (B) provided that

(C) according to　　　　　(D) in addition to

○ 빈칸과 주어 we 사이에 명사구가 있어요.

8　------- increased customer complaints about late deliveries, we need to identify faster delivery routes and retrain our drivers.

(A) Even if　　　　　　　(B) In order that

(C) Given　　　　　　　　(D) Furthermore

○ In the event that이 이끄는 조건절의 동사 시제는 가정법 현재와 같아요.

9　In the event that we ------- a power cut, the back-up generator will provide electricity immediately.

(A) experience　　　　　　(B) experiencing

(C) should have experienced　(D) were experienced

○ 선택지에 전치사와 접속사가 섞여있다면, 빈칸 뒤의 구조를 봐야 해요.

10　The music festival will be officially announced ------- the proposed site is approved by the safety inspector.

(A) out of　　　　　　　 (B) rather than

(C) in case of　　　　　　(D) assuming that

DAY 07 동명사

동명사는 이름에서 알 수 있듯이 **주어, 목적어, 보어 등 명사의 주요 기능이 모두 가능**하며, 동시에 동사적 특성도 유지합니다. 토익에서 동명사는 (1) 타동사/전치사 뒤에 쓰일 동명사 선택하기 (2) 동명사 앞자리에 쓰일 타동사/전치사 선택하기 등 두 가지로 출제됩니다.

① 동명사의 명사적 특성

동명사는 주어, 목적어, 보어 등 명사가 하는 역할을 할 수 있습니다.

■ 주어 역할

ㅇ 이미 문장의 동사 is recommended가 있으므로 또 다른 동사는 오답

[**Renovating** / Renovate] our office **is recommended** for better working conditions.
더 나은 근무 환경을 위해 우리 사무실을 개조하는 것이 권장됩니다.

■ 타동사 또는 전치사의 목적어 역할

Please **consider** [renew / **renewing**] your subscription in order to download updates.
업데이트를 다운로드하시려면 구독 갱신을 고려하시기 바랍니다.

동명사를 목적어로 취하는 토익 빈출 타동사		
recommend 추천하다	consider 고려하다	avoid 피하다
enjoy 즐기다	finish 끝마치다	suggest 제안하다
mind 꺼리다		

특강 08
빈출 「전치사 + 동명사」 표현

■ 보어 역할

launching은 현재분사가 아니라 동명사 ㅇ   ㅇ be동사 is 뒤에는 동사원형이 쓰일 수 없으므로 오답

The company's primary goal for this year **is** [**launching** / launch] a variety of new items.
회사의 올해 주요 목표는 다양한 신제품을 출시하는 것이다.

 **1초 퀴즈** 주어진 단서를 참조하여 정답을 고르시오. 정답 및 해설 p. 99

1 The marketing manager **suggested** ------- local advertising agencies.
   (A) hire   (B) hiring   (C) hired   (D) hires

❷ 동명사의 동사적 특성

동명사는 동사가 변형된 것이므로 **목적어/보어 유무, 부사의 수식, 시제 변화 등 동사적 특성을 그대로 유지**하며, 이 특성이 동명사의 주요 출제 포인트에 해당됩니다.

- **목적어를 가질 수 있음**

⟶○ 명사가 또 다른 명사와 결합하려면 전치사가 필요하므로 오답

[**Managing** / Management] **the new branch** will be one of Ms. Linsey's responsibilities.
신설 지사를 관리하는 것이 린지 씨의 직무들 중 하나가 될 것이다.

- **보어를 가질 수 있음**

⟶○ 동명사 keeping의 목적어 the ingredients를 설명하는 목적보어

Keeping the ingredients **fresh** will always be our restaurant's top priority.
재료들을 신선하게 유지하는 것이 언제나 우리 식당의 최우선 사항일 것입니다.

- **부사의 수식을 받을 수 있음**

⟶○ 부사의 수식을 받음과 동시에 전치사의 목적어 역할을 할 수 있는 동명사

I am thinking about **significantly** **cutting** operating costs by sharing office spaces.
저는 사무 공간을 공유함으로써 운영비를 상당히 절약하는 것에 대해 생각 중입니다.

- **시제 변화를 할 수 있음**

After **having been** closed for 5 months, the Sunrise Resort will reopen on June 11.
5개월간 문을 닫은 끝에, 선라이즈 리조트는 6월 11일에 다시 문을 열 것입니다.

 **1초 퀴즈** 주어진 단서를 참조하여 정답을 고르시오. 정답 및 해설 p. 99

2 ------- **several new items** will be one of our goals for the next quarter.

   (A) Introduction   (B) Introductions   (C) Introducing   (D) Introduced

❸ 동명사와 명사의 구분

동명사는 명사의 특성을 가지고 있으므로 대체로 명사의 자리에 사용될 수 있습니다. 다음과 같은 특징들을 통해 동명사 자리와 명사 자리를 구분해야 합니다.

■ 동명사

❶ 관사의 수식을 받지 못함

○ 동명사는 관사의 수식을 받지 못하므로 오답

The advertising campaign was designed for **the** [**improvement** / improving] of our annual profits.
그 광고 캠페인은 우리의 연간 수익 개선을 위해 기획되었습니다.

❷ 형용사의 수식을 받지 못함

○ 동명사는 형용사의 수식을 받지 못하므로 오답

We can improve our productivity by carrying out a **thorough** [inspecting / **inspection**].
우리는 철저한 점검을 실시함으로써 생산성을 향상시킬 수 있습니다.

■ 명사

❶ 부사의 수식을 받지 못함

○ 명사는 부사의 수식을 받지 못하므로 오답

You shouldn't submit your report without **carefully** [reviews / **reviewing**] the data.
자료를 신중하게 검토하지 않은 채로 보고서를 제출하지 않도록 하십시오.

❷ 목적어를 가지지 못함

○ 명사와 명사가 연결되려면 전치사가 필요하므로 오답

[Reduction / **Reducing**] **production costs** is highly recommended for the next year.
내년에는 생산 비용을 줄이는 것이 적극 권장됩니다.

1초 퀴즈　주어진 단서를 참조하여 정답을 고르시오.　　　　정답 및 해설 p. 99

3　We have decided to promote Ms. Moore **instead of** ------- **someone** externally.

　(A) hires　　(B) hired　　(C) hiring　　(D) hire

④ 명사로 굳어진 ing

토익에서는 동명사 또는 분사처럼 ing로 끝나는 형태를 가진 단어들이 명사 자리 문제에 자주 출제됩니다. 이 단어들의 품사가 동명사 또는 분사가 아니라 명사라는 것을 명확히 알고 있지 않으면 문장 구조 파악에 혼동을 일으켜 정답을 놓칠 수 있으므로 잘 숙지하도록 합니다.

■ ing형 명사

We are pleased to invite you to the [open / **opening**] of our Beijing office on August 10.
귀하를 8월 10일에 저희 베이징 지사의 개장 행사에 초대하게 되어 기쁩니다.

토익 빈출 ing형 명사

building 건물, 건축	**opening** 개회, 개장, 공석	**manufacturing** 제조	**training** 교육
seating 좌석 (설비)	**planning** 기획	**advertising** 광고 (활동)	**accounting** 회계
shipping 배송	**spending** 지출, 소비	**boarding** 탑승	**understanding** 이해
housing 주택 (제공)	**handling** 취급	**writing** 글자, 저술	

■ ing형 명사가 포함된 빈출 복합명사

According to the Web site, the center has a [**seating** / seated] **capacity** of over 1,000.
웹사이트에 따르면, 그 센터는 1,000명이 넘는 좌석 수용력을 지니고 있다.

토익 빈출 ing형 복합명사

building permit 건축 허가	**opening ceremony** 개회식, 개장식	**job opening** 공석, 빈자리
manufacturing process 제조 과정	**training session** 교육 시간	**seating capacity** 좌석 수용력
planning meeting 기획 회의	**accounting department** 회계부	**advertising campaign** 광고 캠페인
shipping charge 배송 요금	**spending pattern** 소비 패턴	**boarding pass** 탑승권

특강 09
ing형
복합명사

1초 퀴즈   주어진 단서를 참조하여 정답을 고르시오.   정답 및 해설 p. 100

4   We need to revise our travel policy to reduce -------.

(A) spend   (B) spends   (C) spent   (D) spending

학습한 내용을 적용하여 다음 기출 변형 문제들을 풀어보세요.

○─ 문장에 이미 동사 can be가 있으므로 그 앞은 주어 역할을 해야 해요.

1 ------- to Eagle Mountain can be difficult due to the poorly maintained roads in the area.

(A) Driving   (B) Drives

(C) Drive   (D) Driven

○─ 빈칸은 전치사 by의 목적어 자리인데, 빈칸 뒤에 명사구가 있네요.

2 Gaston Grill and Bistro hopes to attract many new customers by ------- healthy side dishes to its menu.

(A) add   (B) adding

(C) addition   (D) added

○─ be committed to 다음에 와야 할 형태는?

3 The Wishing Well Foundation established by researchers at Hampshire University is committed to ------- rare animal species.

(A) protect   (B) protected

(C) protection   (D) protecting

○─ avoid의 목적어가 될 수 있으면서 빈칸 뒤의 명사구를 목적어로 취해야 해요.

4 Our warehouse employees treat merchandise with the utmost care to avoid ------- any items.

(A) damage   (B) damaging

(C) damaged   (D) damages

○─ 빈칸 뒤에 동명사 arriving이 있어요.

5 We would ------- arriving at our office no later than 3 P.M. so that you can finish any remaining paperwork.

(A) ask   (B) decide

(C) suggest   (D) continue

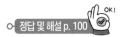
○ 빈칸은 전치사 for의 목적어 자리인데, 빈칸 뒤에 명사구가 있네요.

6 Mr. Ramirez, the head consultant, is responsible for ------- the communication skills workshop and networking events.

(A) organize   (B) organization
(C) organizing   (D) organized

○ 빈칸 뒤의 명사구를 목적어로 취하면서 전치사의 목적어가 될 수 있는 것은?

7 No intern may be offered a full-time position with Sylar Engineering without fully ------- the internship program.

(A) complete   (B) completing
(C) completes   (D) be completed

○ 정관사와 형용사의 수식을 받을 수 있는 것은?

8 The national ------- of our newsletters and promotional flyers will be carried out by the public relations manager, Jessica Lowe.

(A) distribute   (B) distributing
(C) distributor   (D) distribution

○ 부정관사 a와 불가산명사 employment가 어울리지 않아요.

9 Mitchum's Department Store has a managerial employment ------- for qualified individuals in the local area.

(A) opens   (B) opened
(C) open   (D) opening

○ 정관사의 수식을 받으면서 전치사의 목적어가 될 수 있는 품사는?

10 All chemicals in the laboratory should be stored in containers that are labeled with the ------- clearly visible.

(A) writing   (B) written
(C) write   (D) writer

DAY 08 분사

동사가 변형되어 형용사로 사용되는 분사는 **ing형 현재분사와 ed형 과거분사로** 나뉩니다.
현재분사가 be동사와 결합하여 현재진행형을 구성하고, 과거분사가 be동사와 결합하여 수동태, 그리고 have와 결합하여 완료시제를 구성하는 내용은 이미 앞에서 공부했으므로 이번 「분사」편에서는 **분사의 형용사 기능**에 대해 학습합니다.

❶ 명사를 수식하는 분사의 위치

분사는 명사를 앞 또는 뒤에서 수식하는 형용사의 기능을 할 수 있고, 형용사처럼 부사의 수식을 받을 수 있습니다. 따라서, 빈칸이 형용사 자리인데 선택지에 형용사가 없다면 분사를 고르면 됩니다.

■ 명사를 앞에서 수식하는 분사

The [**attached** / attach] **files** show how much our profits have increased this year.
첨부된 파일들은 올해 우리 수익이 얼마나 증가했는지를 보여줍니다.

There is [**growing** / grow] **speculation** that Roland Corporation will go out of business.
롤랜드 사가 파산할 것이라는 추측이 늘어나고 있다.

○ 분사를 수식하는 부사는 분사 앞에 위치함
All of the newly [**hired** / hire] **employees** should attend the orientation.
새로 채용된 직원들 모두가 오리엔테이션에 참석해야 합니다.

■ 명사를 뒤에서 수식하는 분사

분사가 명사를 뒤에서 수식할 때 함께 쓰이는 목적어, 부사 또는 전치사구 때문에 문장 구조가 어려워 보일 수 있습니다.

Mr. Ericson **will be** the operations director [**overseeing** / oversees] all the regional offices.
에릭슨 씨가 모든 지역 사무소들을 총괄하는 운영이사가 될 것입니다.　　　　　○ 문장에 이미 동사 will be가 있으므로 오답

○ 문장에 이미 동사 have responded가 있으므로 오답
Most customers [survey / **surveyed**] on our new product **have responded** positively.
우리의 신제품에 대한 설문 조사를 받은 대부분의 고객들은 긍정적으로 반응했다.

 **1초 퀴즈**　　주어진 단서를 참조하여 정답을 고르시오.　　　　　정답 및 해설 p. 102

1　The local companies ------- the charity event **need** more volunteers.
　　(A) organize　　(B) organizing　　(C) have organized　　(D) organizes

② 일반동사의 분사

분사의 수식을 받는 명사가 분사의 행위를 당하는 대상이면 과거분사, 명사가 행위를 하는 주체면 현재분사를 선택합니다.

■ 수동을 의미하는 과거분사: ~된

분사가 명사를 앞에서 수식할 때, 명사가 행위를 당하는 대상이면 수동을 의미하는 과거분사가 정답입니다.

> ○ 문서는 사람에 의해 동봉되는 것이므로 능동을 의미하는 현재분사는 오답

Please complete the [**enclosed** / enclosing] document and send it back to us.
동봉된 문서를 작성 완료하셔서 저희에게 되돌려 보내 주십시오.

또한, 타동사의 분사가 명사를 뒤에서 수식하는 자리일 때, 빈칸 뒤에 목적어 없이 전치사구나 부사가 있으면 과거분사 자리입니다.

> ○ 타동사의 현재분사는 바로 뒤에 목적어가 필요하므로 오답

The budget plan [reviewing / **reviewed**] by Mr. Daris will be approved at the board meeting.
다리스 씨에 의해 검토된 예산안이 이사회 회의에서 승인될 것이다.

■ 능동을 의미하는 현재분사: ~하는

분사가 명사를 앞에서 수식할 때, 명사가 행위를 하는 주체이면 능동을 의미하는 현재분사가 정답입니다. 이 경우, 자동사의 현재분사를 고르는 유형으로 출제될 가능성이 높습니다.

> ○ 수동태가 될 수 없는 자동사는 과거분사 형태로 명사를 수식할 수 없음

Mr. Brown's presentation left a [**lasting** / lasted] impression on the audience.
브라운 씨의 발표는 청중에게 지속적인 인상을 남겼습니다.

타동사의 분사가 명사를 뒤에서 수식하는 구조일 때, 빈칸 뒤에 목적어가 있으면 현재분사 자리입니다.

> 서류가 보여주는 것이므로 수동을 의미하는 과거분사는 오답 ○

I have attached documents [**detailing** / detailed] my experience in the IT industry.
정보통신 분야의 제 경력을 상세히 설명하는 서류들을 첨부했습니다.

> 과거분사는 뒤에 목적어를 가질 수 없음 ○

The Hotel [**hosting** / hosted] the annual conference has completed its renovations.
연례 컨퍼런스를 개최할 호텔이 보수 공사를 완료했다.

특강 10
분사와 명사 사이의
의미 관계

1초 퀴즈 주어진 단서를 참조하여 정답을 고르시오.

정답 및 해설 p. 102

2 All employees ------- customer complaints should behave politely and responsibly.
   (A) handle   (B) handles   (C) handling   (D) handled

③ 감정동사의 분사 형태

「~을 즐겁게 하다, ~을 만족시키다」처럼 사람명사를 목적어로 취해 감정을 일으키는 동사를 감정동사라고 합니다. 이 감정동사가 분사로 쓰일 때는 **감정을 유발하는 원인에 대해서는 현재분사를, 그리고 감정을 느끼는 사람에 대해서는 과거분사를 사용해 수식**합니다. 이 분사들은 대부분 형용사로 굳어져 사용되고 있으므로 하나의 형용사로 기억해두면 문제 풀이가 더 쉬워집니다.

특강 11
감정동사의
분사형

■ 감정을 유발하는 원인에 대해 사용하는 현재분사

⋯⋯○ 감정 유발 원인

We hope that you will come to a [**satisfying** / satisfied] **conclusion** on this matter.
우리는 여러분이 이 문제에 대해 만족스러운 결론에 도달하길 바랍니다.

감정의 원인을 나타내는 토익 빈출 현재분사

exciting 신나는	satisfying 만족시키는	disappointing 실망시키는
pleasing 기쁘게 하는	interesting 흥미롭게 하는	confusing 혼동시키는
surprising 놀라게 하는	worrying 걱정시키는	fascinating 매력적인

■ 감정을 느끼는 사람에 대해 사용하는 과거분사

사람명사를 수식하는 감정동사의 분사는 수동을 나타내는 과거분사 형태입니다. 또한 토익에서 사람명사를 수식하는 감정동사의 분사는 대부분 명사의 뒤에서 수식하는 구조로 출제됩니다.

⋯⋯○ 감정을 느끼는 사람

This survey shows that most **customers** have been [pleasing / **pleased**] with our services.
이 설문조사는 대부분의 고객들이 우리 서비스에 만족해왔다는 것을 보여준다.

사람의 감정을 나타내는 토익 빈출 과거분사

excited 신난	satisfied 만족한	disappointed 실망한
pleased 기쁜	interested 흥미를 느낀	impressed 감동받은
surprised 놀란	delighted 기쁜	

1초 퀴즈 주어진 단서를 참조하여 정답을 고르시오. 정답 및 해설 p. 102

3   According to the new sales report, the ------- **sales figures** have been much improved.

(A) disappoint   (B) disappointing   (C) disappointed   (D) disappoints

④ 형용사로 굳어진 분사

특정 현재분사나 과거분사는 명사와의 의미 관계에 상관없이 특정 의미를 나타내는 형용사로 사용되고 있습니다. 이렇게 형용사로 굳어진 분사들을 암기해 두면 빠르게 정답을 찾을 수 있습니다.

■ 형용사로 굳어진 현재분사

토익에서 특정 분사들은 자동사이든 타동사이든 상관없이 주로 현재분사의 형태로 명사를 수식하도록 출제되므로 잘 암기해 두어야 합니다.

○ 자동사 rise의 현재분사로서「증가하는」이라는 의미의 능동형 형용사로 출제

Our sales figures have been higher despite the **rising** materials costs.
증가하는 원료 비용에도 불구하고 우리의 매출 수치가 더 상승했다.

> **토익 빈출 현재분사형 형용사**
>
> | | | | |
> |---|---|---|---|
> | rising 증가하는, 상승하는 | growing 성장하는, 늘어나는 | lasting 지속적인 | existing 기존의 |
> | missing 사라진, 빠진 | rewarding 보람 있는 | remaining 남아있는 | participating 참가하는 |
> | surrounding 주변의 | following 다음의 | demanding 힘든 | coming 다가오는 |
> | promising 장래성 있는 | leading 선도적인 | challenging 해볼 만한 | |

■ 형용사로 굳어진 과거분사

○ 동사 limit의 과거분사로서「한정된」이라는 뜻의 수동형 형용사로 출제

This voucher is valid for a [limiting / **limited**] time only.
이 상품권은 한정된 기간에만 유효합니다.

> **토익 빈출 과거분사형 형용사**
>
> | | | | |
> |---|---|---|---|
> | increased 증가된 | limited 한정된 | detailed 상세한 | respected 존경받는, 훌륭한 |
> | complicated 복잡한 | attached 첨부된 | dedicated 헌신적인 | experienced 경험 많은, 능숙한 |
> | skilled 능숙한, 숙련된 | qualified 적격인 | damaged 손상된 | established 자리를 잡은, 인정된 |

 **1초 퀴즈** 　주어진 단서를 참조하여 정답을 고르시오.　　　　　　정답 및 해설 p. 102

4　We are proud of having built a ------- relationship with the local communities.

　　(A) last　　(B) lasts　　(C) lasting　　(D) lasted

학습한 내용을 적용하여 다음 기출 변형 문제들을 풀어보세요.

○ 부사와 명사 사이는 분사 자리이며, 명사와의 능동/수동을 따져보세요.

1   A dinner party will be arranged at Waldorf Hotel to welcome the newly ------- branch managers.

(A) appoint
(B) appointing
(C) appointed
(D) appoints

○ 문장에 동사 is being reviewed가 이미 있고, 빈칸 뒤에 전치사가 있어요.

2   A hiring strategy ------- by Mr. Patel is being reviewed by the personnel department at Portable Phones Inc.

(A) propose
(B) proposal
(C) proposed
(D) proposing

○ 부사와 명사 사이는 분사 자리이며, 명사와의 능동/수동 관계를 따져보세요.

3   Holiday Travel Ltd. is an internationally ------- travel agency, and its head office is located in New York City.

(A) recognized
(B) recognize
(C) recognizing
(D) recognizes

○ 문장에 동사 describes가 있고, 빈칸 뒤에 명사구가 있어요.

4   Mr. Komiya describes Goldway Cosmetics as a new store ------- a variety of items, such as moisturizer, shampoo, and bodycare cream.

(A) sell
(B) sells
(C) sold
(D) selling

○ be동사 뒤에 보어로 쓰일 분사가 필요한데, be동사 앞의 주어를 함께 확인해야 해요.

5   All employees at Crowder Corporation say they are ------- with the team-based office environment.

(A) satisfy
(B) satisfied
(C) satisfying
(D) satisfaction

정답 및 해설 p. 102

6 The CEO of Bellco Electronics is expected to make a ------- announcement about the collaboration with Indigo Software.

(A) surprise
(B) surprised
(C) surprising
(D) surprisingly

7 The screen of our new Proteus 3 cell phone is much larger than that of any ------- foldable cell phone on the market.

(A) exist
(B) exists
(C) existed
(D) existing

8 ------- research on consumer spending trends was carried out by the Markham Marketing Group.

(A) Detail
(B) Details
(C) Detailing
(D) Detailed

9 Patients' medical notes ------- by the physician include confidential information that should not be disclosed to anyone.

(A) record
(B) recorded
(C) recording
(D) records

10 Sayid Ibrahim is a ------- economist who works in close collaboration with several US financial institutions.

(A) lead
(B) leader
(C) led
(D) leading

DAY 09 to부정사

동사의 형태를 변형해 다양한 용도로 활용하는 방법 중의 하나가 to부정사입니다. 부정사란 「용도가 정해져있지 않다」는 뜻으로, to부정사는 **명사, 형용사, 또는 부사로 사용**할 수 있습니다.

① 명사 역할

문장 내에서 주어, 목적어, 보어의 자리에 사용됩니다. 토익에서는 주로 목적어와 보어의 역할에 대해 출제됩니다.

■ 특정 동사와 결합하는 to부정사

특정 동사들은 to부정사와 결합하는데, 이 동사들 뒤에 위치할 to부정사를 선택하는 문제가 자주 출제됩니다.

⌐○ 동사 decide는 to부정사를 목적어로 취함

The board members **have decided** [**to relocate** / relocating] to a larger building soon.
이사진은 곧 더 큰 건물로 회사를 이전하기로 결정했습니다.

> **to부정사와 결합하는 토익 빈출 동사**
>
> | | | | |
> |---|---|---|---|
> | hope 희망하다 | plan 계획하다 | would like 하고 싶다 | expect 예상하다 |
> | hesitate 망설이다 | offer 제안하다 | intend 계획하다 | wish 바라다 |
> | decide[choose] 결정하다 | aim 목표로 하다 | strive 노력하다 | fail 실패하다 |
> | attempt 시도하다 | tend (~ 하는) 경향이 있다 | seem[appear] (~처럼) 보이다 | |

■ 보어로 쓰이는 to부정사

⌐○ be동사의 주격보어로 사용된 to부정사

Our **goal** for next year is [expand / **to expand**] our business into the Asian market.
우리의 내년 목표는 사업을 아시아 시장으로 확대하는 것이다.

> **to부정사 보어와 어울리는 토익 빈출 명사 주어**
>
> goal 목표   aim 목표, 목적   plan 계획   job 일, 직무   mission 임무, 사명   intension 의도   objective 목표

1초 퀴즈 주어진 단서를 참조하여 정답을 고르시오.

정답 및 해설 p. 104

1 We hope ------- a new item sometime next year.

   (A) release   (B) to release   (C) releasing   (D) released

② 형용사 역할

to부정사는 **명사를 뒤에서 수식**하여 「~하게 될」이라는 미래의 의미를 가지는 형용사처럼 사용될 수 있습니다. 특히, **특정 명사를 뒤에서 수식**하는 to부정사 형태를 묻는 문제가 자주 출제됩니다.

⌐○ 명사 Roads를 뒤에서 수식하는 to부정사 수동태

Roads to be repaired next week include Stanton, Dundee, and Deep Creek.
다음 주에 수리될 도로들에 스탠튼, 던디, 그리고 딥 크릭이 포함됩니다.

⌐○ 명사 ways를 뒤에서 수식하는 to부정사

Mr. Holms has come up with several **ways** [promoting / **to promote**] our new products.
홈즈 씨는 우리 신제품을 홍보할 여러 방법들을 생각해냈다.

---

to부정사의 수식을 받는 토익 빈출 명사

right 권리	effort 노력	way 방법	intention 의도	moment 시간
decision 결정	ability 능력	plan 계획	opportunity 기회	time 때

---

③ 부사 역할

주로 사람의 감정을 나타내는 형용사 뒤에 오거나, 목적을 나타내는 「in order to do」 구조로 출제됩니다.

■ 형용사를 뒤에서 수식

We are **pleased** **to help** you with the problem you are experiencing with our service.
저희는 귀하께서 저희 서비스에 대해 겪고 계신 문제에 대해 도움을 드리게 되어 기쁩니다.

토익에서 주로 to부정사의 수식을 받는 감정 형용사

pleased 만족한, 기쁜	delighted 즐거운	happy 기쁜	excited 신이 난, 들뜬
proud 자랑스러운	surprised 놀란	honored 영광인	sorry 안타까운

토익에서 주로 to부정사의 수식을 받는 일반 형용사

willing 의향이 있는	eligible 자격이 있는	reluctant 꺼리는	likely 가능성 있는
set 예정된	eager 간절히 원하는	ready 준비된	able[unable] 할 수 있는[없는]
hesitant 주저하는	available 가능한	fortunate 다행인	

 **1초 퀴즈** ▶ 주어진 단서를 참조하여 정답을 고르시오.

정답 및 해설 p. 104

2 The event can be a good **opportunity** ------- our sales.

(A) improving　　(B) to improve　　(C) improve　　(D) improved

목적보어로 사용되는 to부정사

5형식 동사의 목적보어로 사용되는 to부정사는 5형식 동사를 정답으로 고르는 데 결정적 단서가 됩니다.

> ⸰⸰⸰⸰⸰o make는 「make A do」와 같이 목적보어로 동사원형이 사용됨

The new system will [make / allow] our employees to maximize their work efficiency.
새로운 시스템은 우리 직원들에게 작업 효율을 극대화할 수 있게 해줄 것입니다.

목적보어로 to부정사를 취하는 토익 빈출 5형식 동사

allow 허용하다	**expect** 기대하다	**permit** 허용하다	**advise** 조언하다
enable 가능하게 하다	**remind** 상기시키다	**ask** 요청하다	**encourage** 권하다, 장려하다
instruct 지시하다, 안내하다	**invite** 요청하다	**force** 강요하다	**require[request]** 요청하다

---

to부정사가 목적보어로 사용되는 문장은 목적어가 주어 자리로 이동한 「주어 + be p.p. + to부정사」의 구조로 자주 출제됩니다. 이때 to부정사를 단서로 5형식 동사를 고르거나, 반대로 5형식 동사를 보고 to부정사를 고르는 유형으로 출제됩니다.

The personnel manager is scheduled [will interview / to interview] applicants today.
인사부장님께서 오늘 지원자들을 면접하실 예정입니다.

---

to부정사와 결합하는 토익 빈출 수동태

be allowed to do ~하도록 허용되다	**be expected to do** ~할 것으로 예상되다	**be advised to do** ~하도록 권해지다
be asked to do ~하도록 요청받다	**be encouraged to do** ~하도록 권장되다	**be invited to do** ~하도록 요청받다
be forced to do 어쩔 수 없이 ~하다	**be required to do** ~해야 하다	**be scheduled to do** ~하도록 예정되다
be permitted to do ~하도록 허락받다	**be prepared to do** ~하도록 준비되다	**be designed to do** ~하도록 기획되다
be authorized to do ~하도록 허가받다	**be reminded to do** ~하도록 상기되다	

목적을 나타내는 to부정사 숙어

to부정사의 부사적 용법 중 가장 대표적인 것은 행위의 목적을 나타내는 것인데 토익에서는 이 경우에 거의 「in order to부정사」 구조로 출제됩니다. 이때 오답 선택지들이 전치사 또는 접속사 등이기 때문에 빈칸 뒤의 동사원형만 보고 쉽게 정답을 고를 수 있습니다.

You should complete an online form [in order to / for] apply for the advertised position.
광고된 직책에 지원하시려면 온라인 양식을 작성하셔야 합니다.

> ⸰⸰⸰o 뒤에 동사원형이 오므로 선택지의 접속사 또는
> 전치사 오답을 쉽게 거를 수 있음

1초 퀴즈 주어진 단서를 참조하여 정답을 고르시오. 정답 및 해설 p. 104

3 Ms. Jones is expected ------- one of our regional managers soon.

(A) to become (B) becoming (C) became (D) becomes

④ to부정사의 의미상 주어

영어의 동사는 항상 행위자(= 주어)를 동반하며, 동사의 변형인 to부정사도 예외는 아니지만, 일반적으로 to부정사의 주어는 생략됩니다. 그런데 to부정사의 행위자가 혼동이 되어 누구인지 밝힐 필요가 있을 경우가 있습니다. 이 경우, to부정사 앞에 「전치사 for + 목적격」의 형태로 행위자를 나타내는데 이것을 to부정사의 의미상 주어라고 합니다. 토익에서는 「전치사 for + 목적격」 뒤에 to부정사를 고르도록 출제됩니다.

⟶ ○ 동사 place의 행위 주체는 「우리」

It is vital for us to place additional advertisements to expand our customer base.
우리 고객층을 확대하기 위해, 우리가 추가 광고를 내는 것이 중요합니다.

⑤ 동명사와 to부정사의 자리 구분

동명사와 to부정사는 동사를 변형해 사용한다는 점이 유사합니다. 하지만, 동명사가 명사의 역할만 하는 반면, 부정사는 명사, 형용사, 부사 등의 역할을 하기 때문에 용법상 큰 차이가 있으며, 토익에서는 종종 이 둘의 자리를 구분하는 문제들이 출제됩니다.

■ 가주어/진주어 문장에 쓰이지 못하는 동명사

⟶ ○ 가주어/진주어 문장에서 동명사는 진주어 자리에 쓰이지 못하므로 오답

It is important for us [hiring / **to hire**] more experts in the field of finance.
우리가 금융 분야의 전문가들을 더 고용하는 것이 중요하다.

■ 전치사의 목적어로 쓰이지 못하는 to부정사

⟶ ○ 전치사의 목적어 역할이 가능한 것은 동명사이므로 to부정사는 오답

Ms. Jones decided to purchase a new device instead of [to repair / **repairing**] the old one.
존스 씨는 오래된 것을 수리하는 대신 새 기기를 구입하기로 결정했다.

특강 12
to부정사 to와
전치사 to 구분

1초 퀴즈   주어진 단서를 참조하여 정답을 고르시오.   정답 및 해설 p. 104

4 It is necessary for us ------- goods faster due to increased competition.

(A) deliver   (B) delivering   (C) to deliver   (D) delivery

학습한 내용을 적용하여 다음 기출 변형 문제들을 풀어보세요.

○ would like는 대표적인 to부정사 결합 동사입니다.

1 I would like ------- that your office furniture design has been selected as a finalist in our national design competition.

(A) announce
(B) announcing
(C) announced
(D) to announce

○ to부정사와 결합 가능한 명사가 필요합니다.

2 The value of our stock continually decreases in spite of ------- to improve the image of our headphones brand.

(A) issues
(B) efforts
(C) opinions
(D) responses

○ decide는 대표적인 to부정사 결합 동사입니다.

3 Freshways Supermarket has decided ------- its overtime rate for employees who work on night shifts.

(A) increases
(B) to increase
(C) increasing
(D) increased

○ to부정사는 「to + 동사원형」의 형태가 기본입니다.

4 To ------- his résumé, Mr. O'Donnell completed courses in business management and financial planning.

(A) enhance
(B) enhancement
(C) enhanced
(D) enhancing

○ to부정사와 결합 가능한 동사가 필요합니다.

5 The marketing director ------- to attract more customers with the release of the new social media-based advertising campaign.

(A) continues
(B) finishes
(C) expects
(D) considers

o〔 ability는 대표적인 to부정사 결합 명사입니다. 〕

6 The door-to-door sales team's ability ------- well in adverse circumstances has really impressed the regional manager.

(A) performs   (B) performing
(C) to perform   (D) performance

o〔 willing은 대표적인 to부정사 결합 형용사입니다. 〕

7 At the Verdant Hotel, we are willing ------- our guests to make their stay more enjoyable.

(A) assist   (B) to assist
(C) assisting   (D) assisted

o〔 빈칸 뒤에 동사원형이 있습니다. 〕

8 ------- compensate Ms. Wincott for the damage caused to her dress, the dry cleaner offered her a $100 gift certificate.

(A) So that   (B) In order to
(C) When   (D) Even if

o〔 to부정사와 결합하는 형용사를 찾아보세요. 〕

9 Only musicians aged between 8 and 15 are ------- to enter the music competition at the town fair.

(A) accessible   (B) variable
(C) capable   (D) eligible

o〔 목적을 나타내는 의미가 되어야 합니다. 〕

10 Mr. Harrison will move to an office on the third floor ------- closer to the marketing team.

(A) being   (B) to be
(C) is   (D) will be

DAY 10 형용사/부사

토익에서 형용사는 명사 앞 또는 뒤에 위치한 빈칸에 쓰일 형용사를 고르는 유형이, 부사는 동사 또는 형용사를 수식하는 자리를 묻는 유형이 각각 90% 정도 출제됩니다. 그러므로 **형용사와 부사의 다양한 위치를 파악하는 것이 가장 중요**합니다.

1 형용사의 역할과 위치

형용사는 **명사를 앞 또는 뒤에서 수식**하거나 **2형식 자동사의 보어로서 주어를 보충 설명해주는 역할**을 하며, **5형식 타동사의 목적보어로서 목적어를 보충 설명하는 역할**을 합니다.

■ 관사(the, a, an)와 명사 사이

Please present **a valid ID card** at the entrance of the event venue.
행사장 입구에서 유효한 신분증을 제시하시기 바랍니다.

■ 타동사와 목적어 사이

We **have received various opinions** from customers regarding our services.
저희는 저희 서비스와 관련해 고객들로부터 다양한 의견을 받았습니다.

■ 2형식 자동사 다음

> ○ 형용사의 의미를 강조하기 위해 앞에 부사가 추가되기도 함

Our new products have **become** very **popular** since the successful marketing campaign.
우리의 신제품들은 성공적인 마케팅 캠페인 이후 매우 큰 인기를 얻었다.

■ 5형식 타동사의 목적어 다음

We hope that all the participants will <u>find</u> <u>the upcoming workshop</u> <u>**useful**</u>.
                                             동사   목적어   목적보어
저희는 모든 참가자들이 다가오는 워크숍을 유용하다고 생각하시기를 바랍니다.

 **1초 퀴즈**   주어진 단서를 참조하여 정답을 고르시오.   정답 및 해설 p. 106

1 The team leader thinks that one of the design proposals looks very -------.

    (A) interest   (B) interests   (C) interesting   (D) interestingly

② 수량형용사

수식하는 명사의 수에 적합한 수량형용사를 골라야 합니다. 특히, 가산명사의 단수형과 복수형, 그리고 불가산명사를 각각 수식하는 수량형용사들을 잘 알아 두어야 합니다.

■ 단수명사 수식

○ 단수 가산명사인 applicant를 수식할 수 있는 Every가 정답

[**Every** / All] **applicant** must submit a résumé by the end of the month.
모든 지원자는 반드시 이번 달 말일까지 이력서를 제출해야 한다.

특강 13
every + 복수명사

단수 가산명사를 수식하는 토익 빈출 수량형용사			
every 모든	each 각각의	another 또 하나의	one 하나의

■ 복수명사 수식

○ 복수 가산명사

[**Several** / Every] **investors** are scheduled to visit our manufacturing facility.
여러 투자자들이 우리 제조 시설을 방문할 예정이다.

복수 가산명사를 수식하는 토익 빈출 수량형용사				
several 여럿의	many 많은	a few 몇몇의	some 몇몇의	a lot of 많은
all 모든	most 대부분의	few 거의 없는	numerous 수많은	

■ 불가산명사 수식

○ 불가산명사

The sales manager told Ms. Anderson that her report didn't provide [**much** / few] **information**.
영업부장은 앤더슨 씨에게 보고서가 많은 정보를 제공하지 않았다고 말했다.

불가산명사를 수식하는 토익 빈출 수량형용사				
much 많은	a little 약간의	little 거의 없는	some 약간의	a lot of 많은
all 모든	most 대부분의			

1초 퀴즈 주어진 단서를 참조하여 정답을 고르시오.

정답 및 해설 p. 106

2 Many employees seem to have ------- **interest** in this new position.

(A) a few (B) little (C) each (D) one

❸ 부정형용사

무엇인지 **구체적으로 밝혀지지 않은 대상을 가리킬 때** 사용하는 형용사를 부정형용사라고 하며, **수식하는 명사와 수를 일치**시키는 것이 출제의 핵심입니다.

- **another + 단수명사: (앞에 제시된 것 외에) 또 하나의 ~**

○ 복수 가산명사 앞에 쓰이므로 오답

We are going to launch [**another** / other] **advertising campaign** next month.
우리는 다음 달에 또 하나의 광고 캠페인을 시작할 것이다.

- **other + 복수명사: (앞에 제시된 것 외에) 다른 ~**

○ 단수 가산명사 앞에 쓰이므로 오답

Ms. Jensen will be responsible for training recruits and [another / **other**] **employees**.
젠슨 씨는 신입사원들과 다른 직원들을 교육하는 일을 책임질 것이다.

- **the other + 단수/복수명사: (앞에 제시된 것을 제외한) 나머지의 ~**

Mr. Hamilton's office is more spacious than [other / **the other**] ones on the 3rd floor.
해밀턴 씨의 사무실이 3층에 있는 나머지 것들보다 더 널찍하다.

○ 특정 범위 내의 일부를 제외한 나머지 모두를 가리킬 때 사용

- **some + 복수명사/불가산명사: 일부의 ~, 어떤 ~**

○ 단수명사 앞에 쓰이므로 오답

[**Some** / Another] **employees** didn't attend the workshop held last week.
일부 직원들이 지난주에 개최된 워크숍에 참석하지 않았다.

- **any + 단수/복수명사/불가산명사: 어떤 ~이든**

○ 복수 가산명사 앞에 쓰이므로 오답

If there is [**any** / other] **problem** with the software, please contact us immediately.
이 소프트웨어에 어떤 문제든 발생한다면, 즉시 저희에게 연락하시기 바랍니다.

1초 퀴즈 ▶ 주어진 단서를 참조하여 정답을 고르시오. 정답 및 해설 p. 107

3 ------- **courses** are much more expensive than others.

(A) Every   (B) Some   (C) Much   (D) Any

④ 특이한 형태의 형용사

부사처럼 보이는 형용사 또는 부사와 동일한 형태의 형용사들이 있으므로 순간적으로 헷갈리지 않도록 미리 확인해 둡시다.

■ ly로 끝나는 형용사

○ 명사 + ly = 형용사

Receptionists are asked to handle all customer complaints in a [**timely** / time] manner.
안내데스크 직원들은 모든 고객 불만을 신속하게 처리하도록 요청받는다.

○ 명사 + ly = 형용사

Employing an advertisement agency has proven to be [**costly** / cost].
광고 대행사를 활용하는 것이 비용이 많이 드는 것으로 드러났다.

부사로 착각하기 쉬운 토익 빈출 형용사

timely 시기적절한	**costly** 비용이 많이 드는	**daily** 매일의	**weekly** 매주의
monthly 매달의	**friendly** 친근한	**leisurely** 여유로운	**orderly** 정돈된, 질서 있는

---

⑤ 특정 전치사가 뒤따르는 형용사

어떤 형용사들은 대상을 나타낼 때 특정 전치사와 결합합니다. 이때 형용사와 전치사를 하나의 숙어처럼 외워 두면 빈칸 뒤에 위치한 전치사만 보고도 쉽게 정답 형용사를 선택할 수 있습니다.

■ 빈칸 뒤의 전치사가 형용사 선택의 중요 단서인 경우

○ 뒤의 전치사가 by가 아니므로 수동태가 될 수 없음

The XV 500 vacuum cleaner is [**representative** / represented] of all our home appliances.
XV 500 진공청소기는 저희 모든 가전기기를 대표하고 있습니다.

토익 빈출 「형용사 + 전치사」 숙어

be appreciative of ~에 감사하다	**be representative of** ~을 대표하다	**be associated with** ~와 관련되다
be considerate of ~을 배려하다	**be skilled at** ~에 능숙하다	**be similar to** ~와 유사하다
be accustomed to ~에 익숙하다	**be relevant to** ~와 관련되다	**be distinct from** ~와 다르다

 **1초 퀴즈** 주어진 단서를 참조하여 정답을 고르시오. 정답 및 해설 p. 107

4   The new device can be operated easily because it is ------- to existing ones.

(A) useful   (B) similar   (C) skilled   (D) willing

6 부사의 역할과 위치

동사와 형용사를 수식하는 부사의 위치를 묻는 기본적인 문제가 80% 정도 출제되지만, 또 다른 부사, 분사, 명사구, 동명사구 또는 문장 전체 등 다양한 대상을 수식하는 부사의 기능을 묻는 문제들도 종종 출제됩니다.

■ 동사 수식

동사를 수식하는 부사의 다양한 위치를 미리 확인해 두세요.

　○ 주어와 동사 사이는 동사를 수식하는 부사 자리

Mr. Hamilton [**successfully** / successful] **closed** the business contract last week.
해밀턴 씨는 지난주에 성공적으로 사업 계약을 체결했다.

　○ 자동사 뒤는 부사 자리

Cleo Cosmetics Co. **has grown** [rapid / **rapidly**] over the last few years.
클레오 화장품 회사는 지난 몇 년에 걸쳐 빠르게 성장해 왔다.

　○ 3형식 타동사　　　　　　　　　　　　　　　　　○ 3형식 타동사의 목적어 뒤는 부사 자리

Mr. Tate **handled** the complaint about a late delivery [**promptly** / prompt].
　　　　　　　　　　목적어
테이트 씨는 배송 지연에 대한 불만사항을 즉시 처리했다.

　　　　　　　　　　　　　　　　수동태 동사 사이는 동사를 수식하는 부사 자리 ○

After a long period of development, our new line of products **was** [final / **finally**] **released**.
오랜 개발 기간 끝에, 우리의 새로운 제품군이 마침내 출시되었다.

■ 형용사 수식

　　　　　　　　　　　　　　　　　○ 형용사를 앞에서 수식하는 것은 부사

The restaurants located in the downtown area are [**generally** / general] **expensive**.
시내 지역에 위치한 레스토랑들은 일반적으로 비싸다.

　　　　　　　　　　　　　　　　○ 형용사를 앞에서 수식하는 것은 부사

Neilson's Store carries a [surprised / **surprisingly**] **large** number of electronic devices.
닐슨 스토어는 놀라울 정도로 많은 전자기기를 취급한다.

특강 14
다른 부사를
수식하는 부사

 **1초 퀴즈**　　주어진 단서를 참조하여 정답을 고르시오.　　　　　정답 및 해설 p. 107

5 Our profits **have risen** ------- over the past five months.
　(A) sharp　　(B) sharply　　(C) sharpen　　(D) sharpened

■ 분사 수식

○ 형용사는 분사를 수식할 수 없음

We can provide the items at [slight / **slightly**] reduced prices.
저희는 약간 할인된 가격에 그 제품들을 제공해 드릴 수 있습니다.

■ 명사구 수식

○ 형용사는 관사 앞에 올 수 없음

The newly-opened shopping mall was [former / **formerly**] a manufacturing plant.
새롭게 개장된 쇼핑몰은 이전에 제조 공장이었다.

■ 동명사구 수식

○ 형용사는 동명사를 수식할 수 없음

We were able to increase our profits by [active / **actively**] promoting the products.
우리는 적극적으로 제품들을 홍보함으로써 수익을 늘릴 수 있었다.

■ 전치사구 수식

○ 접속사 뒤에는 「주어 + 동사」가 필요

The program was designed [when / **only**] for those who haven't attended the workshop.
그 프로그램은 오직 워크숍에 참석하지 않은 사람들만을 위해 마련된 것이었다.

특정 전치사와 자주 쓰이는 토익 빈출 부사

directly to[from] 장소: ~로[~로부터] 곧장

precisely at 시간: 정확히 ~시에

directly[immediately, shortly] after ~ 직후에

promptly at 시간: ~시 정각에

directly[immediately, shortly] before ~ 직전에

■ 문장 전체 수식

○ 형용사는 문장을 수식할 수 없음

[Late / **Lately**], our clients have shown interest in our team's business proposals.
최근에, 고객들이 우리 팀의 사업 제안들에 관심을 보였다.

 **1초 퀴즈** 주어진 단서를 참조하여 정답을 고르시오. 정답 및 해설 p. 107

6 The convention center is ------- located close to the airport.

(A) convenience   (B) convenient   (C) conveniently   (D) conveniences

⑦ 특수한 부사

■ 강조부사

○ 형용사를 강조하는 부사

Everyone agreed that Mr. Reed's presentation was **quite** impressive.
모든 사람이 리드 씨의 발표가 상당히 인상적이었다는 데 동의했다.

○ 동사를 수식하는 부사

It is **highly** recommended that employees sign up for the course.
직원들이 그 강좌에 등록하는 것이 적극 권장된다.

○ 명사를 수식할 수 있는 부사

Even experienced employees were not able to solve the problem.
심지어 경험 많은 직원들조차도 그 문제를 해결할 수 없었다.

토익 빈출 강조부사

only 오직	even 심지어
highly 매우, 대단히	fully 완전히, 전적으로
quite 상당히, 꽤	well 훨씬
heavily 아주 많이, 심하게	greatly 대단히, 크게
significantly 상당히	considerably 상당히
fairly 아주, 꽤	

■ 혼동하기 쉬운 부사

○ 높이를 강조하는 부사

Star Express's new tracking system has been proved to be [high / **highly**] effective.
스타 익스프레스의 새 배송 추적 시스템은 매우 효율적인 것으로 입증되었다.

○ 정도를 강조하는 부사

○ 부정을 나타내는 부사

Hamond Footwear's newest products are [**hardly** / hard] visible on the street.
해몬드 풋웨어의 신제품들은 좀처럼 거리에서 보이지 않는다.

○ 행위를 강조하는 부사

토익 빈출 혼동 부사

high 높이 / highly 매우	hard 열심히 / hardly 거의 ~않다	short 짧게 / shortly 곧, 즉시
late 늦게 / lately 최근에	close 가까이, 엄밀히 / closely 면밀하게, 긴밀하게	

 **1초 퀴즈** ▶ 주어진 단서를 참조하여 정답을 고르시오.   정답 및 해설 p. 107

7   Mr. Turner's concert was ------- attended despite the lack of promotion last week.
　　(A) shortly　　(B) well　　(C) nearly　　(D) quite

■ 숫자 표현과 어울리는 부사

○ 형용사/분사를 강조하는 부사

According to the list, [**approximately** / highly] **250** guests will attend the event.
명단에 따르면, 대략 250명의 손님들이 행사에 참석할 것이다.

○ 동사 행위를 수식하는 부사

All successful candidates should have [**at least** / gradually] **three years** of relevant experience.
합격한 후보자는 모두 적어도 3년의 관련 경력을 지녀야 합니다.

숫자 표현 앞에 쓰이는 토익 빈출 부사

approximately[about] 약, 대략	nearly[almost] 거의	over ~가 넘는	more than ~을 넘는
at least 최소한, 적어도	up to 최대 ~까지	only[just] 단지, 그저	

■ Still, Yet, Already

	의미	주요 시제 결합 빈도	구문(각 부사 위치에 주의)
still	여전히 (상태 지속)	현재=현재완료>미래>과거	still + 현재시제: 여전히 ~하다 still + have not p.p.: 여전히 ~하지 않았다 will + still + 동사원형: 여전히 ~할 것이다
yet	아직 (부정적 의미)	현재완료	have + yet + to부정사: 아직도 ~해야 하다 have not + yet + p.p: 아직 ~하지 않았다
already	이미, 벌써 (완료)	현재완료=현재=과거완료= 과거	have + already p.p.: 이미 ~했다 be + already + p.p.: 이미 ~되어 있다 may + already + be: 벌써 ~일 수도 있다

○ to부정사 또는 부정어 not과 어울리는 부사

Williams Fashion Inc. [**still** / yet] **needs** to expand its young adults' clothing line.
윌리엄스 패션 사는 여전히 자사의 청소년 의류 제품 라인을 확장할 필요가 있다.

Dave's Cleaning Service **has** **yet** **to determine** the venue for its 10th anniversary.
데이브 클리닝 서비스 사는 아직 자사의 창립 10주년 행사 장소를 결정하지 못했다.

 **1초 퀴즈** ▶ 주어진 단서를 참조하여 정답을 고르시오.

정답 및 해설 p. 107

8 The membership fee is ------- **$500**, but it is discounted for this month only.

　(A) very 　　(B) over 　　(C) quite 　　(D) such

학습한 내용을 적용하여 다음 기출 변형 문제들을 풀어보세요.

○ 명사를 앞에서 수식하는 품사는?

1 Make sure that you give yourself a ------- amount of time to arrive at the airport during rush hour.

(A) consideration
(B) consider
(C) considerable
(D) considerably

○ 동사 find의 목적어 뒤에는 목적보어가 필요해요.

2 Most customers find it ------- to browse our latest product brochure online before visiting our store.

(A) benefit
(B) beneficial
(C) beneficially
(D) benefits

○ 복수명사를 수식하는 형용사를 고르세요.

3 The event planning team considered ------- locations for the company's annual banquet.

(A) every
(B) each
(C) several
(D) much

○ 빈칸 뒤에 visitors라는 복수명사가 있는데, some people 외의 다른 방문객들을 뜻해야 해요.

4 While some people visit Splash Canyon to experience the exciting rides, ------- visitors simply want to walk around and enjoy the scenery.

(A) another
(B) any
(C) everyone
(D) other

○ 명사를 수식하는 품사를 고를 때 특수한 형태에 주의해야 해요.

5 All books borrowed from the corporate library must be returned in a ------- manner.

(A) time
(B) timing
(C) timely
(D) timer

○ 정답 및 해설 p. 107

○ 분사를 앞에서 수식할 수 있는 품사는?

6 Blue Fabric Company produces ------- priced textiles such as cotton, silk, leather, and wool.

(A) reason (B) reasoned
(C) reasonable (D) reasonably

○ not과 쓰일 수 있는 still과 yet 중 현재완료시제 동사와의 어순을 확인하세요.

7 The film festival was announced two months ago, but the list of featured films ------- has not been released publicly.

(A) still (B) yet
(C) already (D) only

○ 형용사에 속하는 숫자 앞에 올 수 있는 것은 부사입니다.

8 Last year's recycling initiative was a great success, as ------- 80 percent of the company's annual waste was recycled.

(A) approximate (B) approximating
(C) approximately (D) approximation

○ 명사 앞에 올 수 있는 형용사와 부사 중에 형용사는 관사 앞에 올 수 없어요.

9 Marty McInnes was ------- an intern, but he was promoted to manager of the public relations team last month.

(A) origin (B) original
(C) originality (D) originally

○ 분사를 앞에서 수식할 수 있는 품사는?

10 Ms. Carp worked as a journalist for 22 years at *The Chicago Post*, where she wrote numerous ------- regarded articles.

(A) high (B) highly
(C) higher (D) highest

PART 5

PART 6

PART 7

DAY 11 비교구문

토익에서 비교 구문 문제는 **형용사 또는 부사의 알맞은 원급/비교급/최상급 형태**를 고르거나 또는 **원급/비교급에 사용되는 접속사**를 고르는 유형으로 가장 많이 출제됩니다.

① 원급

두 비교 대상이 동등함을 나타내는 구문으로, 「as + 형용사/부사 + as」 구문에서 두 as 중 하나를 선택하거나 형용사 또는 부사를 선택하는 유형으로 출제됩니다.

특강 15
as ~ as 사이에 쓰이는 형용사/부사

■ 원급 비교 접속사 찾기

ᄋ 원급 비교에 필요한 접속사 as

E&G Technologies is **as popular as** Maple Software in the field of 3D games.
3D 게임 분야에서 E&G 테크놀로지 사는 메이플 소프트웨어 사만큼 인기가 있다.

■ 형용사 원급 비교

ᄋ be동사 are에 연결되는 보어로 형용사 필요

If the prices **are as high** as they are now, our sales figures will not be improved.
가격이 지금만큼 높은 상태일 경우, 우리 매출 수치는 개선되지 않을 것이다.

ᄋ 목적어가 비교 대상인 경우 「as + 형용사 + 명사 + as」 구조

We need to attract **as many customers as** possible for the product demonstration.
우리는 제품 시연회를 위해 가능한 한 많은 고객들을 끌어들여야 합니다.

꿀팁 원급의 비교 정도를 강조할 때는 비교 부사(just, twice, three times 등)를 「as ~ as」 앞에 사용합니다.

■ 부사 원급 비교

ᄋ 타동사의 목적어 뒤는 부사 자리: contact us quickly

If you have any problem, please **contact us** as [**quickly** / quick] as possible.
만일 어떤 문제라도 있으시면, 가능한 한 빨리 저희에게 연락하십시오.

1초 퀴즈 ▶ 주어진 단서를 참조하여 정답을 고르시오. 정답 및 해설 p. 109

1 By surveying customers, we should gather ------- **much information as** possible.
    (A) very   (B) too   (C) as   (D) than

❷ 비교급

1음절 단어는 끝에 er을, 2음절 이상은 앞에 비교 부사 more 또는 less를 붙여 나타내며, **비교 대상 앞에 접속사 than이 필요**합니다.

■ 형용사 비교급

ㅇ 비교급 접속사

The building for our new headquarters is **larger** than the old one.
우리의 새 본사로 쓰일 건물이 기존의 것보다 더 크다.

ㅇ 비교급 접속사

Ms. Nelson is **more qualified** to manage the department **than** Mr. Chang.
넬슨 씨가 창 씨보다 그 부서를 관리하기에 더 적격이다.

ㅇ 비교급 형용사

Our latest mobile phone is smaller **than** any other one on the market.
저희 최신 휴대전화 제품은 시중의 다른 어느 것보다 더 작습니다.

■ 부사 비교급

ㅇ 비교급 접속사

Rainbow Designs has grown **faster** than other startup companies in the area.
레인보우 디자인 사는 지역 내 다른 신생 기업들보다 더 빠르게 성장했다.

ㅇ 비교급 접속사

By hiring additional employees, we can address complaints **more efficiently** than before.
직원을 추가 채용함으로써, 우리는 전보다 더 효율적으로 불만사항을 처리할 수 있습니다.

ㅇ 비교급 부사

Ms. Sheila is pleased that the event preparation has been completed **sooner** than expected.
실라 씨는 행사 준비가 예상보다 더 빨리 완료되어서 기쁘다.

 **1초 퀴즈** ▶ 주어진 단서를 참조하여 정답을 고르시오.　　　　정답 및 해설 p. 109

2　We have found that Mr. Johnson's proposal is ------- than Ms. Wood's.

　　(A) interesting　　(B) more interesting　　(C) most interesting　　(D) interestingly

■ 불규칙 비교급

특정 형용사와 부사들은 er이 붙거나 앞에 more가 추가되는 형태가 아닌, 완전히 다른 형태가 비교급으로 사용되어 혼동하기 쉬운데, 모양만 알아 두었다가 비교급 단서와 연결하기만 하면 됩니다.

○ 형용사 good의 비교급 형태

This year's employee evaluation for Mr. Jackson is **better** than the last one.
잭슨 씨에 대한 올해의 직원 평가는 작년 것보다 더 좋다.

불규칙 비교급 형태

good 좋은 – better 더 좋은 – best 최고의   well 잘 – better 더 잘 – best 가장 잘

many/much 많은 – more 더 많은 – most 가장 많은   late 늦은 – later 나중의 – latest 가장 나중의(최근의)

■ 비교급 강조부사

비교급 형용사 또는 부사 앞에 위치해 비교의 의미를 강조하는 부사입니다.

○ very, highly, quite 등은 원급을 강조

These days, people use online malls [**much** / very] more frequently than ever before.
요즘, 사람들이 과거 어느 때보다 훨씬 더 자주 온라인 쇼핑몰을 이용하고 있다.

○ 비교급 앞은 비교급 강조부사 자리

Mr. Cohen found the revised design **considerably** more attractive than the original one.
코헨 씨는 수정된 디자인이 원본보다 상당히 더 매력적이라고 생각했다.

토익 빈출 비교급 강조부사

much 훨씬   even 훨씬   still 훨씬   far 훨씬   a lot 훨씬   significantly 상당히   considerably 상당히

■ 비교급 형태의 숙어

○ more 뒤의 빈칸에 than을 선택하도록 출제되기도 함

Mr. Robert has **more than** ten years of experience in project management.
로버트 씨는 프로젝트 관리 분야에서 10년 이상의 경력을 지니고 있다.

토익 빈출 비교급 숙어

more than ~이상, ~을 넘는   less than ~ 미만의   all the more 더욱

no more than 기껏해야   no less than ~만큼이나   rather than ~하기보다는

 **1초 퀴즈** 주어진 단서를 참조하여 정답을 고르시오.   정답 및 해설 p. 109

3   It is ------- more efficient to buy a new photocopier rather than to repair the old one.

    (A) too   (B) very   (C) even   (D) quite

❸ 최상급

최상급은 정관사 the와 함께 형용사 끝에 est를 붙이거나 앞에 the most/least를 추가해 「가장 ~한, 가장 ~하게」라는 의미를 나타냅니다. the 대신 소유격이 사용될 수도 있습니다. 대부분 the를 단서로 최상급 형용사를 선택하도록 출제됩니다.

■ 최상급 형태

○ 최상급의 가장 중요한 단서인 정관사 the

The grocery store stocks **the cheapest** items in the entire region.
그 식료품 매장은 지역 전체에서 가장 저렴한 상품들을 갖추고 있다.

○ 부사의 최상급은 정관사 the를 사용하지 않음

Due to intense competition, our sales figures dropped **most rapidly** last month.
치열한 경쟁으로 인해, 우리 매출 수치가 지난달에 가장 빠르게 하락했다.

■ 최상급의 비교 대상

비교급에서 비교 접속사 than을 단서로 활용하듯이 최상급에서도 범위를 나타내는 전치사를 통해 최상급 문장임을 알 수 있습니다. 가장 대표적인 것으로는 in(~에서), of(~ 중에), among(~ 사이에서) 등이 있습니다.

○ in London이라는 비교 범위가 제시되므로 최상급 형용사가 필요

Coffee Express is **the** [popular / **most popular**] place for office workers **in London**.
커피 익스프레스는 런던에서 직장인들에게 가장 인기 있는 곳이다.

○ 비교 대상의 범위를 나타내는 전치사

The Redcliff Tower is **the largest of** the three landmarks constructed in the 1960s.
레드클리프 타워는 1960년대에 세워진 세 개의 명소들 중 가장 큰 것이다.

■ 최상급 강조부사

○ 최상급 형용사를 강조하는 부사

Super Safe surveillance cameras utilize the [**very** / more] **latest** technologies.
슈퍼세이프 감시 카메라는 그야말로 최신 기술들을 이용하고 있다.

Nolan Manufacturing's sales this year are **the highest ever** since its establishment.
놀란 매뉴팩처링 사의 올해 매출은 회사 설립 이래로 역대 최고의 수준이다.

최상급의 단서가 되는 강조부사

ever 지금까지 중에서	the very 그야말로, 실로	only 오로지	by far 단연코

 **1초 퀴즈**   주어진 단서를 참조하여 정답을 고르시오.   정답 및 해설 p. 109

4 The Italian restaurant on Fifth Street is the ------- places in the city.

    (A) expensive   (B) expensively   (C) more expensive   (D) most expensive

학습한 내용을 적용하여 다음 기출 변형 문제들을 풀어보세요.

○─(정관사 the와 어울려 명사를 수식할 수 있는 형태를 찾아보세요.)

1   The ------- article published in a popular German newspaper discussed the rising cost of property in Berlin.

(A) more recent   (B) more recently

(C) most recent   (D) most recently

○─(「부사 + as」와 함께 원급 비교를 나타내는 것은?)

2   Since the operating system was updated, Mr. Waller's old laptop has been running ------- smoothly as a new one.

(A) as   (B) quite

(C) much   (D) even

○─(형용사 끝에 er이 붙은 비교급과 짝을 이루는 것은?)

3   The financial manager has found that the company's annual profits were lower -------- expected.

(A) quite   (B) than

(C) as   (D) even

○─(비교 대상 앞에 쓰이는 접속사 than과 어울리는 것은?)

4   The summer community festival turned out to be ------- than it was last year.

(A) profitable   (B) profitably

(C) more profitable   (D) most profitable

○─(비교 대상 앞에 쓰이는 접속사 than과 어울리는 비교급 부사는?)

5   While maintenance work on the Line 5 tracks is underway, the subway trains will run ------- regularly than usual.

(A) less   (B) lower

(C) fewer   (D) little

---

o 비교급을 강조하는 부사를 찾아보세요.

6 Bravetech Inc.'s new color printers are ------- more affordable than similar models that were released in September.

(A) very   (B) much

(C) too   (D) such

---

o 원급 비교 접속사 as와 어울리면서 빈칸 뒤의 명사구를 수식할 수 있는 것은?

7 During the first two quarters of this year, R&W Apparel has sold twice ------- men's clothing items as they sold last year.

(A) as many   (B) as much

(C) so many   (D) so much

---

o 정관사 the는 최상급 형용사 단서입니다.

8 Once Crusty's Donuts opens its ten new branches this year, it will undoubtedly become the ------- business in town.

(A) strongly   (B) strength

(C) strongest   (D) strong

---

o 장소 전치사는 최상급 형용사의 중요한 단서입니다.

9 Beltrug Home Furnishings Inc. is one of the ------- manufacturers of furniture in Scandinavia.

(A) large   (B) largest

(C) larger   (D) largely

---

o 최상급 형용사를 강조하는 부사는?

10 Considering the company's three consecutive months of record-breaking sales, MCA Inc. was the ------- best start-up business of the year.

(A) very   (B) much

(C) such as   (D) even

DAY 12 접속사

접속사는 토익에서 매월 적게는 3개, 많으면 5개까지 출제되는 중요한 영역입니다. 주로 **빈칸 앞뒤의 구조 또는 의미에 따라 정답이 결정**되지만, 상관접속사처럼 단서만 찾으면 바로 해결되는 유형도 종종 출제됩니다.

① 등위접속사

등위접속사는 주어와 동사를 각각 포함하는 **두 개의 절을 동등하게 연결**합니다. 이때 두 개의 절에서 중복되는 요소를 생략하고 대비되는 요소만 남겨서 두 개의 구나 단어를 연결하기도 합니다. 보통 선택지에 접속사, 전치사, 부사 등이 섞여 제시되며, 이 경우 빈칸 앞뒤 구조만 확인해 어울리는 품사만 고르면 됩니다. 종종 선택지에 접속사가 2개 이상 제시되기도 하는데, 이 경우에는 해석을 통해 자연스럽게 연결되는 접속사를 골라야 합니다.

> **등위 접속사의 종류**
>
> **and** 그리고, ~와 (순차 연결)　　　　**or** 또는 (선택)　　　　**but** 그러나 (상반)
>
> **so** 그래서 (결과)　　　　**nor** ~도 아니다 (부정문에 사용)

■ 절과 절을 연결

　　　　　　　　　　　　　　　　　　　○ 서로 상반된 내용을 연결

The product was released 10 years ago, [and / **but**] it is still selling well.
그 제품은 10년 전에 출시되었지만, 여전히 잘 판매되고 있다.

■ 구와 구를 연결

also는 연결 기능을 하지 못하는 부사이므로 오답 ○　　　　　　　　○ 회의 이후에 순차적으로 발생한 행위

Ms. Carter had a meeting with a client this morning [also / **and**] left for the convention.
카터 씨는 오늘 아침에 고객과 회의를 하고 총회 장소로 떠났다.

■ 단어와 단어를 연결

　　　　　　　　　　　　　　　　　　　○ 앞뒤의 명사들이 모두 판매 상품들을 나타내므로
　　　　　　　　　　　　　　　　　　　　순차 연결을 나타내는 접속사가 필요

The electronics store carries a large variety of devices [**and** / nor] accessories.
그 전자제품 매장은 아주 다양한 기기와 부속물들을 취급한다.　　○ 부정을 나타내는 nor는 긍정문에 사용하지 않음

1초 퀴즈　　주어진 단서를 참조하여 정답을 고르시오.　　　　정답 및 해설 p. 111

1　We would like to order more ink cartridges ------- copying papers.

(A) but　　(B) and　　(C) also　　(D) to

② 상관접속사

상관접속사는 등위접속사 구조 앞에 특정한 의미를 나타내는 부사를 추가한 연결 구조입니다. 한쪽 단어를 단서로 나머지 단어를 선택하도록 출제되므로 서로 짝을 이루는 조합만 외워 두면 상관접속사 문제를 아주 쉽게 풀 수 있습니다.

■ both A and B: A와 B 둘 모두

○ and와 짝을 이뤄 상관접속사를 구성하는 것은 both이므로 either는 오답

[Either / **Both**] the full-time **and** part-time employees have to attend the annual event.
정규직과 시간제 직원들 모두 연례 행사에 참석해야 합니다.

■ either A or B: A 또는 B 둘 중의 하나

○ either는 선택을 나타내는 부사이므로 선택 접속사가 필요

Those who are interested can contact us **either** by e-mail [**or** / and] by phone.
관심 있으신 분들께서는 이메일 또는 전화로 저희에게 연락하실 수 있습니다.

■ neither A nor B: A와 B 둘 모두 아닌

○ 전체 부정을 나타내는 접속사 nor와 짝을 이루는 부사

Some of the machines in our factory were [both / **neither**] replaced **nor** repaired.
우리 공장에 있는 몇몇 기계들은 교체되지도 수리되지도 않았다.

■ not only A but (also) B: A뿐만 아니라 B도

○ not only와 짝을 이뤄 상관접속사를 구성하는 but이 정답. also가 종종 생략됨

The new accounting software will **not only** be faster [and / **but**] very simple to use.
새로운 회계 소프트웨어는 더 빠를 뿐만 아니라 사용하기에 매우 간편할 것입니다.

■ A as well as B: B뿐만 아니라 A도

○ both는 부사이므로 접속사 자리에 사용할 수 없음

You are required to submit two reference letters [both / **as well as**] your résumé.
귀하의 이력서뿐만 아니라 추천서도 2부 제출해야 합니다.

■ not A but B: A가 아니라 B

It was **not** Mr. Lee [or / **but**] Ms. Toledo who came up with the advertising idea.
그 광고 아이디어를 생각해낸 것은 리 씨가 아니라 톨레도 씨였다.

 **1초 퀴즈**　　주어진 단서를 참조하여 정답을 고르시오.　　　　정답 및 해설 p. 111

2　------- Mr. Right or Ms. Brown will deliver a speech at the Clean World Convention.
　　(A) Neither　　(B) Either　　(C) Both　　(D) Also

③ 종속접속사

종속접속사는 주어와 동사가 포함된 **하나의 절이 다른 절(= 주절)의 일부가 되어 명사 또는 부사의 역할**을 하게 만들어주는 접속사입니다.

특강 16
접속사와
전치사
구별

■ 부사절 접속사

주어와 동사가 포함된 완전한 절을 이끌어 부사의 역할을 하도록 해주는 접속사입니다. **선택지가 접속사로만 구성된 경우 두 문장을 해석하여 연결 관계를 파악**하면 되지만, **오답 선택지로 전치사나 부사가 포함되는 경우 품사와 빈칸 뒤의 구조를 꼭 확인**해야 합니다.

시간	when ~할 때 after ~한 후에 before ~하기 전에 since ~한 이후로 once ~하는 대로 until ~할 때까지 while ~하는 동안 as soon as ~하자마자 as ~할 때 by the time + 절: ~무렵에
조건	if ~한다면 unless ~가 아니라면 as long as ~하는 한 even if 설사 ~라 하더라도 as if 마치 ~처럼 assuming (that) ~라면 provided (that) ~라면 in the event that ~하는 경우에 as long as ~하는 한
양보	although[though, even though] 비록 ~이지만, ~함에도 불구하고 however 아무리 ~하더라도 no matter + wh 의문사: 아무리 ~하더라도
이유	because ~하기 때문에 since ~하므로 as ~하므로 now that (이제) ~이므로 in that ~라는 점에서
목적	so that ~할 수 있도록 in order that ~하기 위해
대조	while ~하는 반면, ~이지만 whereas ~하는 반면
결과	so ~ that …: 너무 ~해서 …하다

[**Since** / Although] the building is located downtown, it may take more time to get there.
그 건물은 도심에 위치해 있기 때문에, 거기까지 가는 데 더 많은 시간이 걸릴 수 있다.

Please contact us by phone or by e-mail [so that / **if**] you have any problem.
어떤 문제든 있으시면, 전화 또는 이메일로 저희에게 연락 주시기 바랍니다.

⟍○ 부사는 절을 이끌지 못하므로 오답
[**Once** / Already] we find a qualified applicant, we will schedule an interview immediately.
일단 자격이 있는 지원자를 찾는 대로, 즉시 면접 일정을 잡을 것입니다.

⟍○ 전치사는 절을 이끌지 못하므로 오답
You need to sign up for the event in advance [**while** / during] it is open to anyone.
그 행사가 누구에게나 공개되어 있기는 하지만, 미리 등록하셔야 합니다.

 **1초 퀴즈** 주어진 단서를 참조하여 정답을 고르시오.

정답 및 해설 p. 112

3 ------- **we hired** a new marketing manager, **our profits increased** drastically.

　(A) After　　(B) Until　　(C) Because of　　(D) Where

■ 분사구문

부사절 접속사가 이끄는 절에서 주어를 생략하고 동사를 분사로 만들어 사용하는 구조이며, 주로 **분사가 능동인지, 수동인지를 구분**하는 유형으로 출제되므로 빈칸 뒤의 구조에 특히 주의해야 합니다.

ㅇ 전치사 for와 연결되는 자동사 apply의 현재분사가 정답

When [**applying** / applied] for the position, please submit two copies of reference letters.
그 직책에 지원하실 때, 두 장의 추천서를 제출하시기 바랍니다.

ㅇ 타동사 뒤에 목적어가 없으므로 타동사 complete의 과거분사가 정답

Once [completing / **completed**], the center will be the largest building in the city.
일단 완공되고 나면, 그 센터는 시에서 가장 큰 건물이 될 것이다.

가끔 접속사까지 생략되고 분사만 남는 경우가 출제되기도 하는데, 빈칸 앞의 절이 분사의 주어 역할을 합니다. 이 경우 대부분 선택지에 다양한 품사 형태가 제시되므로 그중에서 분사를 정답으로 고르면 됩니다.

ㅇ 동사가 주어 없이 쓰여야 하므로 주어가 생략된 형태인 분사가 정답

Our system has been upgraded recently, [**allowing** / allows] us to improve productivity.
우리의 시스템이 최근에 업그레이드되었고, 그것이 우리에게 생산성을 개선하게 해주었다.

■ 분사구문과 to부정사의 구분

가끔 분사구문에서 접속사를 생략하고 출제되기도 합니다. 이때 선택지에 to부정사가 함께 제시되면, 문장 구조상으로 분사 구문과 부정사를 구분하기가 어렵기 때문에 분사와 to부정사를 각각 빈칸에 대입하여 해석을 해야 합니다. 그런데, 분사구 문은 여러 의미로 해석될 수 있으므로, 먼저 목적을 나타내는 to부정사를 대입하여 해석하고 목적의 의미가 맞다면 to부정사 를, 아니라면 분사를 정답으로 고르는 식으로 시간을 줄일 수 있습니다.

ㅇ 업무를 끝마치는 것이 커피를 사러 밖에 나가는 행위의 직접적인 목적이 될 수 없으므로 to부정사는 오답

[**Having** / To have] finished the assigned task, Ms. Lee went out to buy a cup of coffee.
배정된 업무를 끝마치고 나서, 리 씨는 커피를 한 잔 사러 나갔다.

 주어진 단서를 참조하여 정답을 고르시오.   정답 및 해설 p. 112

4   While ------- its headquarters, Global Logistics Inc. experienced many problems.

   (A) relocating   (B) relocated   (C) relocates   (D) relocate

■ 명사절 접속사 that/whether/의문사

주어와 동사가 포함된 하나의 절을 이끌어 명사와 같은 역할을 하도록 해주는 접속사입니다.

❶ 명사절 접속사의 기본 위치

명사절을 이끄는 접속사로는 that, whether, 그리고 WH 의문사(what, who/whose/whom, where, when, why, which, how)의 순으로 많이 출제됩니다. 명사절은 절이 명사의 역할을 하는 것이므로 문장 내에서 주어, 동사 및 전치사의 목적어, 그리고 보어로 쓰일 수 있습니다.

○ 타동사 announced의 목적어인 명사절을 이끄는 접속사

Mr. Clarkson announced **that** the company will launch a new product next month .

클락슨 씨는 회사가 다음 달에 신제품을 출시할 것이라고 발표했다.

○ 전치사 about의 목적어인 명사절을 이끄는 접속사

We will soon talk about **which** applicant we should hire for the position .

우리는 곧 그 직책에 대해 어느 지원자를 채용할 것인지에 관해 논의할 것입니다.

○ 문장 전체의 주어 역할을 하는 명사절을 이끄는 접속사

Whether we should attend the seminar will be decided this afternoon.

우리가 세미나에 참석해야 할지 여부가 오늘 오후에 결정될 것이다.

○ be동사 뒤에서 보어 역할을 하는 명사절을 이끄는 접속사

A meeting room without a projector was not **what** the sales team wanted .

프로젝터가 없는 회의실은 영업팀이 원한 것이 아니었다.

---

that 명사절을 목적어로 취하는 토익 빈출 동사[확정된 내용]

believe that ~라고 생각하다	hear that ~라고 듣다	announce that ~라고 발표하다
note that ~라는 것에 주목하다	request that ~하도록 요청하다	indicate[show] that ~라는 것을 보여주다
ask that ~하도록 요청하다	find that ~라는 것을 알게 되다	suggest that ~하도록 제안하다, ~임을 암시하다

---

whether 명사절을 목적어로 취하는 토익 빈출 동사[불확실한 내용]

determine whether ~인지를 결정하다	decide whether ~인지를 결정하다	ask whether ~인지를 묻다
let A know whether ~인지를 A에게 알려주다	choose whether ~인지를 결정하다	

 **1초 퀴즈**   주어진 단서를 참조하여 정답을 고르시오.   정답 및 해설 p. 112

5   Please **note** ------- the upcoming workshop has been cancelled due to low enrollment.

(A) about   (B) that   (C) because   (D) due to

❷ 완전한 절을 이끄는 명사절 접속사

○ when 뒤에 「주어 + 수동태 동사」로 구성된 완전한 절이 이어진 구조

Many customers have sent us an e-mail about **when** the new device will be launched .

많은 고객들이 언제 새 기기가 출시되는지에 관해 우리에게 이메일을 보냈다.

○ that 뒤에 「주어 + 동사 + 목적어」로 구성된 완전한 절이 이어진 구조

The survey results show **that** most consumers prefer eco-friendly businesses .

설문조사 결과는 대부분의 소비자들이 친환경 기업을 선호한다는 것을 보여준다.

완전한 절을 이끄는 토익 빈출 명사절 접속사

that (확정된 내용)   whether (미결정 내용)   where (장소)   when (시간)   why (이유)   how (방법)

---

❸ 불완전한 절을 이끄는 명사절 접속사

○ 동사 discussed의 목적어가 빠진 불완전한 절

What we discussed during the staff meeting was better working conditions.

직원 회의 중에 우리가 논의한 것은 더 나은 근무 환경이었다.

특강 17
명사절
구분

불완전한 절을 이끄는 토익 빈출 명사절 접속사

who (주어 없음)   whose (소유격 없음)   what (주어, 목적어, 또는 보어 없음)
whom (목적어 없음)   which (주어, 목적어, 또는 보어 없음)   how (보어 또는 부사 없음)

---

❹ to부정사를 이끄는 명사절 접속사

Mr. Simpson inquired about **how** to apply for the advertised position.

심슨 씨는 광고된 직책에 어떻게 지원하는지에 대해 문의했다.

---

to부정사를 이끄는 토익 빈출 명사절 접속사

whether to do ~할지의 여부   what to do 무엇을 할지   whom to select 누구를 선택할지
how to register 어떻게 등록할지   where to go 어디에 가야할지   when to meet 언제 만날지
which to use 어느 것을 사용할지

1초 퀴즈   주어진 단서를 참조하여 정답을 고르시오.   정답 및 해설 p. 112

6   Some candidates inquired about ------- they should submit to apply.

(A) what   (B) that   (C) since   (D) soon

학습한 내용을 적용하여 다음 기출 변형 문제들을 풀어보세요.

○ (환불은 안되는데 교환이 가능하면 상반된 관계죠.)

1 Without a valid receipt, we cannot provide customers with a refund, ------- we can offer to exchange a returned product.

(A) or (B) and
(C) but (D) as

○ (20년을 근무했는데 중요한 자리를 제의하지 않은 것은 상반된 관계죠.)

2 ------- she has worked at WJE Engineering for over 20 years, the company has never offered Ms. Graves a leading role.

(A) Once (B) Before
(C) Although (D) Since

○ (생산이 줄었는데 수익이 늘었다면 상반된 관계죠.)

3 ------- Eddard Manufacturing's output has declined this year, its monthly net profits have increased significantly.

(A) Because (B) While
(C) Until (D) As long as

○ (가입을 해야 무료 매트와 수건을 받을 수 있습니다.)

4 A complimentary mat and towel will be included ------- you sign up for one of our yoga courses.

(A) if (B) with
(C) but (D) either

○ (접속사와 주어없이 빈칸 뒤의 과거분사와 결합되어야 해요.)

5 ------- written several best-selling novels, Timothy Cook never won an award for his work.

(A) To have (B) Have
(C) Having (D) Had

○ 명사절 접속사 중에서 불확실한 내용을 이끄는 것은?

6 Medical researchers at NorthPharm will determine ------- the new pain medication causes any negative side effects.

(A) about   (B) that

(C) whether   (D) unless

○ 동사 announced의 목적어 역할을 할 명사절 접속사를 골라야 해요.

7 MJD Foods International announced this morning ------- it will expand its popular range of frozen pizzas.

(A) what   (B) that

(C) because   (D) while

○ 빈칸 뒤에 주어가 빠져있습니다.

8 The board members should decide ------- will lead the product presentation at the seminar in Hong Kong.

(A) who   (B) that

(C) where   (D) why

○ 빈칸 뒤가 「A or B」 구조이군요.

9 ------- Mr. Hartigan or Ms. Rhodes will assume the role of CFO at Manning Enterprises.

(A) Both   (B) Each

(C) Either   (D) Neither

○ 빈칸 앞쪽에 not only가 있네요.

10 By implementing an employee incentive program, we can not only improve the atmosphere of the office ------- boost our productivity.

(A) so that   (B) both

(C) much   (D) but

PART 5
PART 6
PART 7

DAY 13 관계사

관계사는 중복된 요소를 가진 두 문장을 하나로 연결하는 방법으로, 하나의 절을 다른 절의 명사(=선행사)에 연결합니다. 이때 선행사가 관계사절에서 명사의 기능을 하면 관계대명사, 선행사가 관계사절에서 부사의 역할을 하면 관계부사라고 합니다. 관계사가 포함된 문장은 구조가 복잡해 어려워 보이지만, 토익에서는 사람/사물 선행사를 구분하는 유형과 관계대명사의 주격/소유격/목적격을 구분하는 유형 등 기초 원리를 묻는 문제들이 50% 이상 출제됩니다.

❶ 관계대명사

관계대명사가 이끄는 절은 하나의 명사를 뒤에서 수식하는 역할을 합니다. 수식 대상인 명사(선행사)가 사람인지 사물인지 구분하고, 동사의 수를 일치시키고, 관계대명사의 격을 맞추면 됩니다. 관계대명사는 선행사가 관계대명사절에서 하는 역할에 따라 주격, 소유격, 그리고 목적격으로 구분되며 주격, 소유격, 목적격 순으로 자주 출제됩니다.

특강 18
관계대명사의
격 구분

■ 관계대명사의 격

	주격	목적격	소유격
사람	who (that)	whom (that)	whose
사물	that (which)	that (which)	whose (of which)

⚬ 사람 선행사 anyone을 수식하는 주격 관계대명사

A discount coupon will be provided to anyone **who purchases** items on our Web site .

저희 웹사이트에서 제품을 구입하시는 모든 분께 할인 쿠폰이 제공될 것입니다.

⚬ 사람명사 applicant와 사물명사 résumé 사이의 소유 관계를
나타내면서 applicant를 수식하는 소유격 관계대명사

We will interview an applicant **whose** résumé is very impressive .

우리는 이력서가 매우 인상적인 한 지원자를 면접볼 것이다.

⚬ 사물 선행사 monitors를 수식하는 목적격 관계대명사. 목적격은 생략 가능.

The new monitors **(that) we ordered** last week were delivered this morning.

우리가 지난주에 주문한 새 모니터들이 오늘 아침에 배송되었다.

 **1초 퀴즈**   주어진 단서를 참조하여 정답을 고르시오.   정답 및 해설 p. 114

1   Customers will receive a voucher ------- can be used for their next purchase.

     (A) who   (B) that   (C) whose   (D) whom

■ 전치사 + 관계대명사

관계대명사는 대명사의 성격을 지니고 있어서 전치사의 목적어로 사용될 수 있습니다. 이때 전치사의 목적어로 whom과 which만 사용되며, that은 전치사의 목적어로 사용되지 않습니다.

○ 전치사 in과 관계대명사 which가 결합되어 사물명사 storeroom을 수식

There is a large **storeroom in which** some unused office supplies are kept.

큰 보관실이 하나 있는데, 그곳에 일부 사용하지 않는 사무용품들이 보관되어 있다.

○ 「수량 부정대명사 + of + 목적격 관계대명사」의 구조

We have interviewed several **designers, some of whom** will join our team soon.

우리는 몇몇 디자이너들을 면접보았고, 그들 중 일부가 곧 우리 팀에 합류할 것입니다.

목적격 whom/which와 결합하는 토익 빈출 수량 표현

most of ~의 대부분	**many of** ~의 다수	**some of** ~의 일부	**any of** ~하는 누구든/무엇이든
all of ~의 모두	**both of** ~의 둘 다	**several of** ~의 몇몇	**a few of** ~의 몇몇
each of ~의 각각	**none of** ~중 아무도 (않다)		

■ 관계대명사절의 수일치

주격 관계대명사가 이끄는 절의 동사는 수식하는 명사(선행사)에 맞춰 수를 일치시키고, 소유격 관계대명사가 이끄는 절의 동사는 소유격 관계대명사 뒤에 쓰이는 명사에 수를 일치시킵니다.

특강 19
수량대명사
+ 관계대명사

선행사인 단수명사 a manager에 맞춰 3인칭 단수 형태로 수일치 ○

Mr. Hanson is **a manager** who [listen / **listens**] carefully to his team members.

핸슨 씨는 팀원들의 말을 주의 깊게 듣는 관리자이다.

○ 소유격 뒤의 복수명사 duties에 맞춰 복수 형태로 수일치

Mr. Hanson is a manager **whose duties** [**include** / includes] performance evaluation.

핸슨 씨는 업무 평가가 직무에 포함되어 있는 관리자이다.

 **1초 퀴즈** 주어진 단서를 참조하여 정답을 고르시오. 정답 및 해설 p. 114

2 **Employees** who ------- to work late should report to their manager immediately.

　(A) come 　　(B) comes 　　(C) coming 　　(D) to come

❷ 관계부사

관계부사는 시간, 장소, 이유 또는 방법을 나타내는 명사를 수식하며, 관계대명사와 달리 격에 따라 구분하지는 않습니다.

■ 장소 관계부사 where

○ = at the conference hall: 그곳에서

The **conference hall** **where** we made a presentation last week will hold the year-end party.

우리가 지난 주에 발표를 했던 컨퍼런스 홀에서 송년회가 열릴 것입니다.

■ 시간 관계부사 when

○ = at the time: 그 때에

Some new products will be released **next month** **when** we take a business trip.

몇몇 신제품들이 우리가 출장을 떠나는 다음 달에 출시될 것이다.

○ 토익에서는 선행사 the time이 생략된 구조로 출제

The second quarter of each year is **when** our profits reach record highs.

매년 2분기는 우리 수익이 최대치를 기록하는 시기이다.

■ 이유 관계부사 why

○ = for that reason: 그 이유 때문에

Mr. Thompson wanted to know **the reason** **why** his proposal was rejected.

톰슨 씨는 왜 자신의 제안서가 거절되었는지 그 이유를 알고 싶어 했다.

○ 토익에서는 선행사 the reason이 생략된 구조로 출제

That's **why** we have kept a close relationship with our local communities.

그것이 우리가 지역 사회들과 긴밀한 관계를 유지하는 이유입니다.

■ 방법 관계부사 how

○ 방법을 나타낼 때 관계부사 how 또는 선행사 the way중 하나만 사용

If you attend the workshop, you can **learn** **how** you operate the new machine.

워크숍에 참석하시면, 새 기계를 작동하는 방법을 배우실 수 있습니다.

 **1초 퀴즈** 주어진 단서를 참조하여 정답을 고르시오. 정답 및 해설 p. 114

3   The theater will be built on **the site** ------- there used to be a factory.

(A) when   (B) why   (C) how   (D) where

❸ 복합관계사

복합관계대명사와 복합관계부사로 나뉘는 복합관계사는 관계대명사와 관계부사 끝에 ever가 붙은 형태이며, 「~하는 …이든」이라는 의미를 나타냅니다. 복합관계대명사가 이끄는 절은 명사절 또는 부사절의 역할을 하며, 복합 관계부사가 이끄는 절은 부사절의 역할을 합니다. 명사를 수식하는 역할이 아니므로 선행사가 없다는 것이 특징입니다.

■ 복합관계대명사

> who(m)ever ~하는 누구든, 누구를 ~하든 (= anyone who, no matter who)
> whatever ~하는 무엇이든, 무엇을 ~하든 (= anything that, no matter what)
> whichever ~하는 어느 것이든, 어느 것을 ~하든 (= anything which, no matter which)

○ = anyone who: ~하는 누구라도

The memo says that we can **invite whoever** wants to participate in the ceremony .

회람에 기념행사에 참가하기를 원하는 사람은 누구든 우리가 초대할 수 있다고 적혀 있습니다.

○ = No matter what: ~하는 것은 무엇이든지

Whatever your goal may be, we can make it happen.

귀하의 목표가 무엇이든, 저희가 그것을 이루어 드릴 수 있습니다.

■ 복합관계부사

> wherever ~하는 어디든, ~하는 곳마다 (= any place where, no matter where)
> whenever ~하는 언제든, ~할 때마다 (= any time when, no matter when)
> however 아무리 ~해도, 얼마나 ~하든 (= no matter how)

○ = at any place where: ~하는 곳은 어디서든

We can provide food items **wherever** you hold a corporate event .

귀사가 어디에서 사내 행사를 개최하시든, 저희는 음식을 제공해 드릴 수 있습니다.

○ = No matter how: 얼마나 ~하든

However long it takes , you must read every page of the employee handbook.

얼마나 오래 걸리든, 반드시 직무 안내서의 모든 페이지를 읽어봐야 합니다.

 **1초 퀴즈**   주어진 단서를 참조하여 정답을 고르시오.   정답 및 해설 p. 114

4   It is recommended that you send the document to ------- is responsible for recruiting.

     (A) whenever   (B) whichever   (C) wherever   (D) whoever

④ 다양한 관계사의 구분

관계사마다 특정 구조로 된 절을 이끄는데, 그 특징과 관련된 부분이 중요한 출제 포인트입니다. 따라서, 관계사별로 어떤 구조적인 특징이 있는지 명확히 알아 두어야 합니다.

■ 불완전한 절을 이끄는 관계대명사 who, whom, that, which

관계대명사 who, whom, that, which가 이끄는 절은 선행사에 해당하는 주어, 목적어 또는 보어가 빠진 불완전한 절입니다. 그러므로 빈칸 뒤의 절이 불완전한 구조라면, 빈칸은 관계대명사의 자리입니다.

⌐······○ purchase의 주어가 빠진 불완전한 절

A discount coupon will be provided to anyone **who** purchases items on our Web site.

저희 웹사이트에서 제품을 구입하시는 모든 분께 할인 쿠폰이 제공될 것입니다.

⌐······○ 타동사 visited의 목적어가 빠진 불완전한 절

The **restaurant that** we visited yesterday will close next week for renovation.

우리가 어제 방문했던 식당이 수리를 위해 다음 주에 문을 닫을 것이다.

■ 완전한 절을 이끄는 관계부사 where, when, why, how

관계부사 where, when, why, how가 이끄는 절은 구성 요소가 모두 갖춰진 완전한 절입니다. 그러므로 빈칸 뒤의 절이 완전한 구조라면, 빈칸은 관계부사의 자리입니다.

⌐······○ 「주어 + 동사 + 목적어」로 구성된 완전한 절

The **conference hall where** we made a presentation will hold the annual event.

우리가 발표를 했던 컨퍼런스 홀이 그 연례 행사를 개최할 것이다.

⌐······○ 선행사 the reason이 생략됨

Mr. Leon asked **why** his design was not selected although it received the highest score.

레온 씨는 자신의 디자인이 가장 높은 점수를 받았는데도 불구하고 선정되지 않은 이유를 물었다.

⌐······○ 보어인 형용사 busy가 의문사와 결합하느라 앞으로 이동
했지만 「주어 + be동사 + 보어」인 완전한 절의 구성

All employees are asked to take short breaks, no matter **how** busy they are.

아무리 바쁘더라도, 모든 직원은 잠깐씩 휴식을 취하도록 하십시오.

1초 퀴즈　주어진 단서를 참조하여 정답을 고르시오.　정답 및 해설 p. 115

5　The board is still reviewing Ms. Crawford's report ------- was submitted two weeks ago.

(A) why　　(B) that　　(C) who　　(D) how

■ 불완전한 절을 이끄는 복합관계대명사 who(m)ever, whatever, whichever

복합관계사 문제는 네 개의 선택지가 모두 복합관계사들로만 구성됩니다. 따라서 먼저 빈칸 뒤의 절이 완전한 구조인지를 확인해 복합관계대명사 자리인지 또는 복합관계부사 자리인지를 구분한 뒤, 의미를 통해 정답을 고르면 됩니다.

전치사의 목적어 자리지만 토익에서는 whomever 대신 whoever를 사용 ○⌐   ┌○ 동사 leaves의 주어가 빠진 불완전한 절

Switching off all the lighting fixtures is the responsibility of **whoever** leaves the office last .
모든 조명을 끄는 것은 누구든 가장 마지막으로 사무실을 나가는 사람의 책임이다.

⌐○ 타동사 decide의 목적어가 빠진 불완전한 절

Whatever the management decides on this matter , we will support it.
경영진이 이 문제에 대해 무엇을 결정하든, 우리는 그것을 지지할 것입니다.

■ 완전한 절을 이끄는 복합관계부사 wherever, whenever, however

┌○ 「주어 + be동사 + 보어」로 구성된 완전한 절

Please give me a call [**whenever** / whatever] it is convenient for you .
귀하가 편리하신 시간에 언제든 전화 주십시오.

┌○ 「주어 + 동사 + to부정사」로 구성된 완전한 절

You can go **wherever** you want to look except for hazardous areas .
여러분은 위험 지역들을 제외하고 보시기를 원하시는 어디든 가실 수 있습니다.

■ 명사(=선행사)를 가지지 않는 what

선행사를 포함한 관계대명사인지, 아니면 명사절 접속사인지 what의 명칭에 대한 논란이 있지만, 토익에서는 중요하지 않습니다. 다만 명사를 수식하는 관계대명사를 고르는 문제에서 what이 선택지에 포함되어 있는 경우가 많습니다. 즉, 선행사를 포함하고 있는 what은 앞에 선행사가 있는 자리에 들어갈 수 없으므로 오답으로 소거하고 관계대명사를 정답으로 고르면 됩니다.

⌐○ what은 앞에 위치한 선행사를 수식하지 않으므로 오답

We need to purchase a new photocopier [what / **that**] is a lot more durable .
우리는 내구성이 훨씬 더 뛰어난 새 복사기를 구입할 필요가 있다.

 주어진 단서를 참조하여 정답을 고르시오.   정답 및 해설 p. 115

6   There are several **venues** ------- **we are considering** for our 10th anniversary event.

   (A) where   (B) that   (C) what   (D) there

학습한 내용을 적용하여 다음 기출 변형 문제들을 풀어보세요.

○ 사람명사를 수식하면서 동사 앞에 위치하는 관계대명사를 고르세요.

1 Guests ------- are interested in the guided tour of the Empire State Building should meet in the lobby at 10 A.M.

(A) who   (B) which

(C) whose   (D) whom

○ 빈칸 앞에 회사명이 있는데, 회사는 사물로 취급합니다.

2 All staff were informed by the company president about the merger with Vortex Entertainment, ------- is based in Los Angeles.

(A) who   (B) whose

(C) which   (D) how

○ 관계대명사 뒤에 쓰이는 동사는 수일치에 유의해야 해요.

3 The festival organizer announced a shuttle bus service that ------- the event venue with several bus and subway lines.

(A) connect   (B) connection

(C) connecting   (D) connects

○ 선행사가 관계사와 떨어져 있을 때는 수일치에 유의해야 합니다.

4 Full-time employees with over five years of service who ------- to take paid vacation in August must submit a request form no later than April 30.

(A) wish   (B) wishes

(C) wishing   (D) wishful

○ 관계부사 문제는 선행사의 종류를 파악하면 답이 금방 나옵니다.

5 Many businesses in Aspen hire additional workers during the winter ------- the number of tourists is at its highest.

(A) where   (B) why

(C) when   (D) how

PART 5
PART 6
PART 7

○ 관계대명사와 관계부사가 섞여 있다면 빈칸 뒤의 구조가 완전한지 살펴보세요.

6 Ms. Grey accidentally left her purse in the conference room ------- her interview took place.

(A) what (B) which
(C) where (D) that

○ 빈칸 뒤는 완전한 절의 구조입니다.

7 Customers who misplace their instruction manual can visit our Web site to see ------- our furniture should be assembled.

(A) which (B) what
(C) how (D) whom

○ 일단 빈칸 뒤에 주어가 없으므로 완전한 절을 이끄는 관계부사를 먼저 소거합니다.

8 Mr. Bentley will provide two weeks of training and support to ------- replaces him as payroll manager next month.

(A) whoever (B) whichever
(C) whenever (D) wherever

○ 선택지에 명사절 접속사와 관계대명사가 섞여 있으면 빈칸 뒤의 구조가 완전한지 확인하세요.

9 Our market research survey shows ------- our products are most popular with consumers aged between 17 and 25.

(A) why (B) which
(C) what (D) those

○ 빈칸 앞에 사물명사가 있고, 빈칸 뒤의 절에 주어가 없습니다.

10 Ms. Johnson visited the factory yesterday to inspect the manufacturing machines ------- were installed last year.

(A) that (B) what
(C) who (D) there

DAY 14 전치사

전치사는 토익에서 매월 4~5문항 정도 출제되는 매우 중요한 영역이며, 주로 전치사끼리 의미를 비교하거나 또는 의미가 비슷한 접속사와 구분하는 유형으로 출제됩니다. 전치사의 기본 의미를 구분하는 문제로 출제되기도 하지만, 숙어 형태로 출제되는 경우가 더 많기 때문에, 어휘 학습처럼 암기로 접근해야 하는 부담이 매우 큰 영역입니다.

① 시간 전치사

■ 기간

ㅇ 유효기간 앞에 사용

You can receive a refund for unused merchandise **within** 30 days of purchase.
미사용품에 대해 구매 후 30일 이내에 환불받으실 수 있습니다.

숫자 없는 기간 명사를 목적어로 취함 ㅇ⋯⋯   ⋯ㅇ 숫자가 포함된 기간 명사를 목적어로 취하므로 오답
Mr. Black is expected to make a presentation [**during** / for] the monthly meeting.
블랙 씨가 월간 회의 중에 발표를 할 예정이다.

> **기간 명사를 목적어로 취하는 전치사**
>
> 숫자 있는 기간 명사: during ~동안   within ~ 이내에   for ~ 동안   over ~ 동안에 걸쳐   after ~ 후에   in ~ 후에
> 숫자 없는 기간 명사: during ~ 중에, ~ 동안   throughout ~ 내내

■ 시점

ㅇ until은 특정 시점까지 행위가 지속되는 것을 나타내므로 오답

Please e-mail us your résumé along with a cover letter [until / **by**] this Friday.
이번 주 금요일까지 저희에게 자기소개서와 함께 이력서를 이메일로 보내십시오.

⋯ㅇ by는 특정 시점까지 행위가 완료되는 마감 시한을 의미

> **시점 명사를 목적어로 취하는 전치사**
>
> at (시간 등) ~에   on (날짜, 요일 등) ~에   in (월, 연도 등) ~에   since ~ 이후로
> by (기한) ~까지   until (지속) ~까지   before ~ 전에   after ~ 후에
> past ~을 지나서   from A to B: A부터 B까지   toward(s) ~쯤   between A and B: A와 B 사이에

1초 퀴즈   주어진 단서를 참조하여 정답을 고르시오.   정답 및 해설 p. 117

1   Bluebird Airlines **has grown** rapidly ------- the past three years.

(A) about   (B) before   (C) over   (D) within

❷ 장소/위치 이동 전치사

■ 장소/위치/이동

along은 강이나 도로처럼 길게 뻗어있는 장소에 대해 사용하므로 오답 ◦

Many volunteers will distribute flyers [**throughout** / along]
the city.
많은 자원봉사자들이 도시 전역에서 전단을 배포할 것이다.

특강 20
기간/시점/장소/
위치 전치사

장소/위치/이동을 나타내는 전치사

in (도시, 국가 등) ~에	at (장소) ~에	near ~ 근처에	along (길 등) ~을 따라
for ~을 향해	within ~ 내에	around ~ 주위에	throughout ~ 전역에
on (도로, 표면 등) ~에	over ~ 너머에	above ~ 위에	next to ~ 옆에
beside ~ 옆에	to[toward(s)] ~ 쪽으로	across ~ 위로, 전체에	across from ~ 맞은편에
onto ~ 위로	into ~ 안으로	out of ~ 밖으로	behind ~ 뒤에
in front of ~ 앞에	below[under] ~ 밑에	from A to B: A에서 B까지	between A and B: A와 B 사이에

---

❸ 이유/목적 전치사

■ 이유

◦ 이유를 나타내지만 절을 이끄는 접속사이므로 오답

[Because / **Thanks to**] your hard work, we were able to have a successful year.
여러분의 노고 덕분에, 우리는 성공적인 한 해를 보낼 수 있었습니다.

이유를 나타내는 전치사

because of ~ 때문에	due to ~로 인해, ~ 때문에	thanks to ~ 때문에, ~ 덕분에
owing to ~ 때문에	on account of ~ 때문에	for ~ 때문에, ~해서

■ 목적

After a business trip, employees should submit receipts [within / **for**] reimbursement.
출장 후에, 직원들은 비용 환급을 위해 영수증을 제출해야 합니다.

 **1초 퀴즈**   주어진 단서를 참조하여 정답을 고르시오.   정답 및 해설 p. 117

2   The annual music festival has been postponed ------- the bad weather.

    (A) within   (B) among   (C) to   (D) due to

④ 주제/소속/범위/수단/자격 전치사

■ 주제

○ '강좌'가 질문 내용의 주제에 해당되므로 concerning이 정답

If you have any **questions** [**concerning** / in] **the course**, please contact us.
그 강좌와 관련해 어떤 질문이든 있으시면, 저희에게 연락해 주십시오.

주제를 나타내는 전치사

about ~에 관해, ~와 관련해	**concerning** ~에 관해, ~와 관련해	**regarding** ~에 관해, ~와 관련해
as to ~에 관해, ~와 관련해	**in regard to** ~와 관련해	**with regard to** ~와 관련해
over ~에 관해	**on** ~에 관해	

■ 소속/범위

○ 고객들이 관심을 발생시킬 대상 범위에 해당되므로 among이 정답

We need some **strategies to generate interest** [**among** / regarding] **customers**.
우리는 고객들 사이에서 관심을 일으킬 약간의 전략들이 필요하다.

소속/범위를 나타내는 전치사

at ~에 근무하는	**of** ~의	**from** ~ 소속의	**within** ~의 범위 내에
among ~ 사이에서	**from A to B**: A에서 B까지	**in** ~의 분야에서, ~하는 데 있어	

■ 수단/자격

○ 직원 추가 채용이 생산성을 향상시킬 방법이므로 by가 정답

The CEO agreed that we can **improve productivity** [**by** / from] **hiring more employees**.
대표이사는 우리가 더 많은 직원들을 채용함으로써 생산성을 향상시킬 수 있다는 데 동의했다.

수단/자격을 나타내는 전치사

with ~로, ~을 갖고	**by** ~로, ~함으로써, ~을 타고	**through** ~을 통해	**via** ~을 통해
as ~로서	**on behalf of** ~을 대신해		

1초 퀴즈 ▶ 주어진 단서를 참조하여 정답을 고르시오.　　　　　　정답 및 해설 p. 117

3　Once you finish the report, please **send it** to me ------- e-mail.

(A) over　　(B) with　　(C) by　　(D) from

⑤ 순서/양보/대체/동반/제외 전치사

■ 순서

○ 두 가지 행위의 전후 관계를 나타냄

[**Following** / Along] the dinner, there will be a music performance by a local band.
저녁 식사 후에, 한 지역 밴드에 의한 음악 공연이 있을 것입니다.

순서를 나타내는 전치사

before ~ 전에	**prior to** ~ 전에, ~에 앞서	**after** ~ 후에	**following** ~ 후에
ahead of ~보다 빨리, 앞서	**behind** ~보다 늦게	**upon** ~하자마자	

■ 양보/대체

토익 접속사와 전치사에 대해 자주 사용되는 양보라는 표현은 불리한 상황이긴 하지만 그래도 어떤 일이 발생하는 경우를 나타냅니다.

○ 「~에도 불구하고 개최되었다」와 같은 양보의 의미가 구성되어야 알맞으므로 despite이 정답

The outdoor event **took place as scheduled** [because of / **despite**] the bad weather.
좋지 못한 날씨에도 불구하고, 야외 행사는 예정대로 개최되었다.

양보/대체를 나타내는 전치사

despite ~에도 불구하고	**in spite of** ~에도 불구하고	**notwithstanding** ~에도 불구하고
regardless of ~에 상관없이	**instead of** ~ 대신에, ~하지 않고	**rather than** ~ 대신에, ~가 아니라

■ 동반/제외

Everyone **attended** the weekly staff meeting [before / **except**] the personnel manager.
인사부장을 제외하고 모든 사람이 주간 직원 회의에 참석했다.

동반/제외를 나타내는 전치사

with ~와 함께, ~을 가지고	**without** ~없이, ~가 없다면	**along with** ~와 함께, ~와 더불어	**including** ~을 포함하여
except (for) ~을 제외하고	**excluding** ~을 제외하고	**aside from** ~은 별도로 하고	**apart from** ~ 외에

 **1초 퀴즈** 주어진 단서를 참조하여 정답을 고르시오.   정답 및 해설 p. 117

4   Mr. Larson requested that the proposal **be thoroughly checked** ------- submission.

(A) instead of   (B) despite   (C) while   (D) prior to

⑥ 다양한 의미로 사용되는 전치사

■ for의 다양한 의미

토익에서 단일 전치사로는 가장 많이 출제되는 전치사 for는 이동 방향(~로, ~을 향해), 행위의 대상(~에게, ~을 대상으로), 목적 또는 용도(~을 위해, ~용으로), 이유(~ 때문에, ~로 인해), 기간(~ 동안), 특정 시점(~에) 등 아주 다양한 의미로 사용된다는 것을 꼭 기억해 두어야 합니다.

⟶ 강의를 들어야 할 대상을 나타내므로 for가 정답

According to the Web site, the course is intended [behind / _for_] amateur photographers.
웹사이트에 따르면, 그 강좌는 아마추어 사진가들을 대상으로 하고 있다.

■ by의 다양한 의미

within, until, from 등과 함께 토익 최다 출제 전치사 2위 그룹을 형성하는 전치사 by도 for와 마찬가지로 매우 다양한 의미로 사용됩니다. 방법(~함으로써, ~을 통해), 수치 변화 또는 차이(~만큼), 교통 수단(~을 타고, ~을 이용해), 위치(~ 옆에), 마감 기한(~까지), 행위 주체(~에 의해) 등의 의미로 자주 출제된다는 것을 알아 두시기 바랍니다.

특강 21
전치사 by의
다양한 의미

by는 증가 또는 감소를 나타내는 동사 뒤에서 숫자 표현과 함께 수치 변화를 나타냄 ⟶

The membership of our fitness center has increased [_by_ / prior to] 20% this quarter.
우리 헬스클럽의 회원 수가 이번 분기에 20퍼센트 증가했습니다.

■ from의 다양한 의미

토익 빈출 전치사 2위권에 속하는 전치사 from 또한 사용되는 의미의 수가 만만치 않게 많습니다. 토익에서 자주 출제되는 의미로는 시작 지점(~부터, ~로부터), 출처(~에서 나온), 소속(~ 소속의, ~ 출신의), 분리 또는 격리(~로부터, ~에서), 재료(~로 만들어진), 구별(~로부터, ~와), 금지 또는 방지(~하지 않도록) 등등이 있습니다.

The management is striving to prevent similar accidents [instead of / _from_] occurring again.
경영진이 유사 사고들이 다시 발생하는 것을 막기 위해 노력하고 있습니다.

동사 prevent, stop 등과 함께 쓰이는 from은 방지 또는 중단의 의미를 가짐 ⟶

1초 퀴즈   주어진 단서를 참조하여 정답을 고르시오.   정답 및 해설 p. 117

5 The new application is ideal ------- those who don't have enough time for shopping.
(A) by   (B) except   (C) for   (D) from

❼ 특수 전치사

■ 현재분사에서 변형된 전치사

○ 록페스티벌이 다양한 행사의 한 예이므로 including이 정답

A variety of events will be held this year, [with / **including**] the annual rock festival.
해마다 열리는 록 페스티벌을 포함해 다양한 행사들이 올해 개최될 것이다.

현재분사형 전치사

beginning (with/on/in) ~부터 (시작해)	starting (with/on/in) ~부터 (시작해)	concerning ~와 관련해
considering ~을 고려해, 감안해	following ~ 후에	including ~을 포함해
excluding ~을 제외하고	notwithstanding ~에도 불구하고	according to ~에 따르면
owing to ~ 때문에	regarding ~와 관련해	surrounding ~주위에, ~을 둘러싼

■ 명사 결합형 전치사구

○ 악천후가 일정이 연기될 수 있는 한 가지 요인에 해당되므로 In case of가 정답

[In recognition of / **In case of**] inclement weather, the final match **will be delayed**.
악천후가 발생할 경우에, 결승전은 연기될 것입니다.

토익 빈출 전치사구

in addition to ~에 더해, ~뿐만 아니라	as a result of ~에 따른 결과로	on behalf of ~을 대표해, 대신해
beyond description 이루 말할 수 없는	in case of ~의 경우에	in the event of ~의 경우에
in response to ~에 대응해, 응답하여	in observance of ~을 준수해	in recognition of ~을 인정해
in accordance with ~에 따라, ~을 준수해	under the direction of ~의 감독[지휘] 하에	

 주어진 단서를 참조하여 정답을 고르시오.

정답 및 해설 p. 117

6 ------- the records in our database, your order was delivered last Friday.

    (A) Even though   (B) In case   (C) Provided that   (D) According to

학습한 내용을 적용하여 다음 기출 변형 문제들을 풀어보세요.

○─ 빈칸 뒤에 위치한 행사명은 기간 명사에 해당합니다.

1 Numerous classical musicians from all over the world will perform ------- the Fifth Annual Vancouver Music Festival.

(A) among   (B) between
(C) during   (D) while

○─ 날짜나 요일 앞에 사용하는 전치사는 무엇일까요?

2 Payments for all Pacific Telecom services are normally due ------- the 20th of each month.

(A) in   (B) at
(C) on   (D) with

○─ 장소 전치사를 고를 때 어떤 장소인지 확인해야 해요.

3 Mr. Treadstone and the real estate agent will meet ------- 452 Jones Street to view the vacant building.

(A) along   (B) under
(C) on   (D) at

○─ 상을 받은 이유를 나타내는 전치사가 필요해요.

4 Dr. Miranda Silva was awarded the Sherwood Prize ------- her research on the importance of good body posture.

(A) of   (B) for
(C) to   (D) about

○─ 허가증을 가진 사람들만 주차장을 사용할 수 있겠죠?

5 Starting next month, only those ------- a permit will be allowed to use the North Bay parking lot.

(A) toward   (B) for
(C) of   (D) with

○ 빈칸 뒤에 두 개의 시점이 and로 연결되어 있어요.

6 According to the data, traffic congestion on Fifth Avenue is at its worst ------- 7 A.M. and 9 A.M.

(A) among (B) under
(C) between (D) both

○ 시간 관리 기술이 이 강의의 주제이겠죠?

7 Frank Lyles, a business professor from Hampton University, will be delivering a lecture ------- time management skills.

(A) by (B) to
(C) with (D) on

○ 회람 내용은 새로운 회사 보안 정책에 관한 것이에요.

8 Please contact Ms. Scott in the personnel office if you did not receive the memorandum ------- the new corporate security policies.

(A) without (B) following
(C) regarding (D) throughout

○ 렙포드 지역이 젊은 가족들에게 인기가 많은 이유가 빈칸 뒤의 명사구에 나와 있어요.

9 ------- its affordable housing and large number of schools, the Repford neighborhood is very popular with young families.

(A) Owing to (B) Assuming
(C) Rather (D) Because

○ 「on behalf」와 함께 하나의 전치사구를 구성하는 것은?

10 Greenberg Marketing Group has decided to conduct an extensive customer survey on behalf ------- the Denham Department Store.

(A) for (B) of
(C) with (D) to

DAY 14 Part 5 전치사 301

기본토익 700+

PART 6

장문 빈칸 채우기 문제 미리보기

▷ 문항 수: 16문항 (131번~146번)
▷ 한 개의 지문에 네 개의 빈칸이 들어있고, 그 빈칸에 들어갈 알맞은 어휘/문장을 고르는 유형으로서, 총 네 개의 지문이 출제됩니다.

Questions 131-134 refer to the following instruction.

Thank you for purchasing plants from our store. Stick to these easy-to-follow guidelines to ------- your plants and help them to flourish.
131.

First, your plants require water, light, and warmth in order to survive. Place your plants in suitable pots or troughs filled with nutrient-rich soil. Then, -------
132.
position them somewhere where they can receive ample sunlight. Make sure that you water your plants on a regular basis. -------, they will begin to wither and
133.
will eventually die. -------.
134.

131. (A) preserve
    (B) select ∨
    (C) order
    (D) review

132. (A) simplify
    (B) simply ∨
    (C) simple
    (D) simplistically

133. (A) Meanwhile
    (B) However
    (C) Thus
    (D) Otherwise ∨

134. (A) By following these instructions, you can keep your plants healthy. ∨
    (B) These can be purchased at affordable prices from Palmerstone Plants.
    (C) We wish to apologize for any inconvenience this may have caused you.
    (D) Please note that the devices should be cleaned on a regular basis.

DAY 15 접속부사

① 접속부사의 개념 정리

접속부사는 접속사와 유사한 역할을 수행하는 부사라는 뜻으로, 기본적으로 접속사가 아니라 부사의 기능을 합니다. 아래에서 접속사와 접속부사의 차이점 및 기능을 확인해 봅시다.

■ 접속사의 역할

접속사는 주어와 동사가 각각 포함된 두 개의 절을 연결해 하나의 문장으로 만들어 줍니다. 즉, 접속사는 두 개의 문장을 접합해 하나의 문장으로 통합시키는 기능을 합니다.

주어 + 동사   +   접속사   +   주어 + 동사.

○ impressed와 상반된 내용을 암시

I am quite impressed by your proposal **but** it is too costly to accept it.
저는 귀하의 제안에 꽤 깊은 인상을 받았습니다, 그러나 비용이 너무 높아 그것을 수락할 수 없습니다.

■ 접속부사의 역할

접속부사는 문장을 수식하는 부사로서 문장의 시작 부분에 위치하며, 그 앞에 존재하는 독립된 다른 문장과 의미적으로 어떤 관계인지를 나타냅니다. 즉, 접속사가 두 개의 절을 하나의 문장으로 만드는 역할을 한다면, 접속부사는 독립된 두 문장이 하나처럼 해석되는 자연스러운 논리 관계를 나타냅니다. 따라서 알맞은 접속부사를 고르기 위해서는 **앞뒤의 문장을 해석해 두 문장 사이의 내용 흐름을 파악해야 합니다.**

주어 + 동사.   +   접속부사, 주어 + 동사.

○ impressed와 상반된 내용을 암시

I am quite impressed by your proposal. **However**, it is too costly to accept it.
저는 귀하의 제안에 꽤 깊은 인상을 받았습니다. 하지만, 비용이 너무 높아 그것을 수락할 수 없습니다.

이 단어만은 꼭!

quite 꽤, 상당히, 매우 impressed 깊은 인상을 받은, 감동을 받은 proposal 제안 however 하지만, 그런데 costly 비용이 높은, 비싼
too 형용사/부사 to do 너무 ~하여 …할 수 없는 accept 수락하다, 받아들이다

② Part 6 빈출 접속부사 유형 정리

접속부사는 Part 6에서 매달 1문제 정도 출제될 뿐만 아니라, 문맥 문제에서도 핵심 단서가 되는 중요한 부분입니다. 앞뒤에 위치한 두 문장의 의미 관계를 잘 파악하는 것이 문제풀이의 핵심입니다.

■ 양보 접속부사

양보 접속부사는 앞 절에서 수긍[긍정]한 내용에 대해 예상되는 것과 상반된 내용을 이끕니다. 상반되는 흐름으로는 「긍정 + 부정」이 일반적이지만, 「장점 + 단점」의 흐름도 종종 출제됩니다. 출제 비중으로는 「However(하지만)」가 70% 정도로 가장 높고, 「Even so (그럴지라도)」, 「Nevertheless(그럼에도 불구하고)」, 「Nonetheless(그럼에도 불구하고)」 등도 출제됩니다. 이 외에 「With that said(그건 그렇다 치고)」라는 숙어도 알아 두면 좋습니다.

특강 22
양보 접속부사
Unfortunately

Line 10 trains will run every 4-5 minutes during morning and evening rush hours and every 7-9 minutes at all other times. Travelers may transfer to other lines from Line 10 at no extra cost. -------, a $1.35 fee will be charged when they transfer to a city bus.

(A) However   (B) Likewise   (C) Indeed   (D) Since

 10호선 열차들은 아침과 저녁 혼잡 시간에 4~5분 간격으로 운행될 것이며, 그 외의 모든 시간대에는 7~9분마다 운행될 것입니다. 승객들은 추가 요금 없이 10호선에서 다른 노선으로 환승하실 수 있습니다. 하지만, 시내버스로 갈아탈 경우에는 1.35달러의 요금이 부과될 것입니다.

초간단 문제 풀이 전략

① 빈칸 앞뒤 | 앞 승객들은 추가 요금 없이 10호선에서 다른 노선으로 환승하실 수 있습니다.
해석 | 뒤 시내버스로 갈아탈 경우에는 1.35달러의 요금이 부과될 것입니다.

② 의미 관계 | 추가 요금을 내지 않아도 되는 것과 요금이 부과되는 것은 서로 상반된 의미 관계이므로 양보 접속부사인 (A)
파악 | However가 정답입니다.

이 단어만은 꼭!

run 운행하다 rush hour 교통 혼잡 시간대 traveler 승객, 여행자 transfer to ~로 환승하다 at no extra cost 추가 비용 없이 fee 요금 be charged 비용이 청구되다 however 하지만, 그러나 likewise 마찬가지로 indeed 사실, 실은 since ~ 이후로

■ 추가 접속부사

추가 접속부사는 앞 문장에 언급된 것과 같은 성격의 내용이 추가되는 흐름을 나타낼 때 사용합니다. 「In addition(덧붙여)」이 50% 정도 출제되며, 다음으로는 「Additionally(추가로)」, 「Furthermore(게다가)」, 「Also(또한)」, 「In fact(실제로, 사실은)」 등이 비슷한 비율로 출제됩니다. 「Besides(그 밖에)」 또는 「Moreover(더욱이)」 등도 간혹 출제되므로 알아 두면 좋습니다.

특강 23
고난도
In fact

This e-mail is to confirm the terms we drafted during our meeting yesterday. As we discussed, your firm will provide state-of-the-art security equipment and the start date of installation will be August 15. We would prefer if you could have the work finished within 2 or 3 days. -------, the full cost of the installation will be no more than $5,000, as we agreed yesterday.

(A) For example   (B) Therefore   (C) In contrast   (D) In addition

 이 이메일은 어제 회의 중에 우리가 초안을 작성한 계약 조건을 확인해 드리기 위한 것입니다. 우리가 논의했던 대로, 귀사가 첨단 보안 장비를 제공할 것이며, 설치 작업 시작일은 8월 15일이 될 것입니다. 저희는 2~3일 내에 작업이 마무리될 수 있도록 해주시면 좋겠습니다. **덧붙여**, 모든 설치 비용은 어제 합의한 대로 5,000달러를 넘지 않을 것입니다.

초간단 문제 풀이 전략

1 빈칸 앞뒤 해석
- 앞 저희는 2~3일 내에 작업이 마무리될 수 있도록 해주시면 좋겠습니다.
- 뒤 모든 설치 비용은 어제 합의한 대로 5,000달러를 넘지 않을 것입니다.

2 의미 관계 파악
장비 설치 작업의 기한을 언급한 후에 설치 비용에 대한 조건이 제시되고 있습니다. 이는 유사한 내용의 정보를 추가하는 의미 관계이므로 추가 접속부사인 (D) In addition이 정답입니다.

 이 단어만은 꼭!

confirm ~을 확인해주다 terms (계약) 조건 draft 초안을 작성하다 discuss 논의하다 firm 회사 provide 제공하다 state-of-the-art 첨단의 security equipment 보안 장비 start date 시작일 installation 설치 would prefer if ~해주면 좋겠다 within ~내에 full cost 총 비용 no more than ~을 넘지 않는 agree 합의하다 for example 예를 들면 therefore 그러므로 in contrast 대조적으로 in addition 덧붙여

▪ 인과 접속부사

두 개의 문장이 「원인 + 결과」 또는 「근거 + 결론」의 흐름일 때 결과 또는 결론을 나타내는 두 번째 문장의 시작 부분에 인과 접속부사를 사용합니다. 인과 접속부사로는 「Therefore(그러므로)」가 40% 정도로 가장 많이 출제됩니다. 다음으로 「As a result(그 결과)」, 「For that/this reason(그 이유로)」, 「Accordingly(따라서)」 등이 자주 출제되지만, 「Thus(그래서)」와 「Consequently(결과적으로)」도 간혹 출제되므로 함께 알아 두시기 바랍니다.

My company is planning to have a year-end banquet to celebrate what has been a very successful year for us so far. Approximately 150 of our staff will attend. **The Beverly Hotel has been recommended to me by a number of my colleagues. -------, I would like to check if you will be able to meet our requirements.**

(A) However　　(B) Therefore　　(C) Furthermore　　(D) Similarly

 저희 회사는 지금까지 매우 성공적이었던 한 해를 기념하기 위해 연말 연회를 열 계획입니다. 약 150명의 직원들이 참석할 것입니다. 많은 동료들이 저에게 베벌리 호텔을 추천해 주었습니다. <u>그러므로</u>, 귀 호텔이 저희의 요구사항을 충족할 수 있을 지 확인하고 싶습니다.

초간단 문제 풀이 전략

❶ 빈칸 앞뒤 해석
　앞 많은 동료들이 저에게 베벌리 호텔을 추천해 주었습니다.
　뒤 귀 호텔이 저희의 요구사항을 충족할 수 있을 지 확인하고 싶습니다.

⬇

❷ 의미 관계 파악
　행사 장소로 많은 동료들이 추천해줬기 때문에 그 호텔에 대해 확인하는 것이므로 「원인 + 결과」의 인과 관계에 해당되는 흐름입니다. 따라서 인과 접속부사인 (B) Therefore가 정답입니다.

 이 단어만은 꼭!

plan to do ~할 계획이다　year-end 연말의　banquet 연회, 파티　celebrate 기념하다　successful 성공적인　so far 지금까지　approximately 약, 대략　staff 직원들　attend 참석하다　recommend 추천하다　a number of 많은　colleague 동료　would like to do ~하고 싶다　check if ~인지를 확인하다　be able to do ~할 수 있다　meet 충족하다　requirement 요구사항　however 하지만　therefore 그러므로, 그래서　furthermore 게다가　similarly 마찬가지로

■ 시간 접속부사

시간 접속부사는 앞뒤 문장의 시점 관계를 나타내며, 토익에서는 ① 현재/동시 상황을 나타내는 「At the same time(그와 동시에)」, 「At present(현재)」, 「As usual(늘 그렇듯이)」, 「Currently(현재)」 ② 이후의 일을 말하는 「Afterward(s)(나중에, 그 후에)」, 「Since then(그 이후로 계속)」, 「After this(이 다음에)」, 그리고 ③ 과거 시점의 일을 나타내는 「Previously(이전에)」, 「At that time(그 당시에)」 등 매우 다양한 시간 접속부사가 사용됩니다.

Ace Graphics Suite is ideal for amateur and professional graphic designers alike. It incorporates many cutting-edge applications such as PhotoAce 6, DesignAce 7, and IllustrationAce 6, which means that **experienced experts can use it to create virtually anything. -------, Ace Graphics Suite is easily accessible to nonprofessional users.**

(A) Subsequently   (B) For instance   (C) At the same time   (D) In this case

---

 에이스 그래픽스 스위트는 아마추어와 전문 그래픽 디자이너 모두에게 이상적입니다. 이 제품은 포토에이스 6, 디자인에이스 7, 그리고 일러스트레이션에이스 6와 같은 여러 첨단 애플리케이션들을 포함하며, 이는 숙련된 전문가들이 이것을 사용하여 거의 모든 것을 창작해낼 수 있다는 것을 뜻합니다. **동시에**, 에이스 그래픽스 스위트는 비전문가 사용자들도 손쉽게 사용할 수 있습니다.

초간단 문제 풀이 전략

❶ 빈칸 앞뒤 해석
   [앞] 숙련된 전문가들이 이것을 사용해 거의 모든 것을 창작해낼 수 있다는 것을 뜻합니다.
   [뒤] 에이스 그래픽스 스위트는 비전문가 사용자들도 손쉽게 사용할 수 있습니다.

❷ 의미 관계 파악
   숙련된 전문가들이 거의 모든 것을 창작해낼 만큼 강력한 기능을 가지고 있다는 말과 비전문가들도 쉽게 사용할 수 있다는 두 가지 내용의 장점이 언급되므로 동시 발생을 나타내는 시간 접속부사인 (C) At the same time 이 정답입니다.

 이 단어만은 꼭!

ideal for ~에게 이상적인   amateur 아마추어(인)   professional 전문적인   alike 모두, 똑같이   incorporate 포함하다   cutting-edge 첨단의   application 애플리케이션, 응용 프로그램   such as ~와 같은, 예를 들면   experienced 숙련된   expert 전문가   create 만들다   virtually 거의, 사실상   easily 쉽게   accessible to ~가 이용 가능한   subsequently 그 결과로   for instance 예를 들면   at the same time 동시에   in this case 이 경우에

■ 가정 접속부사

가정 접속부사는 앞 문장에 제시된 내용을 전제로 발생하게 될 내용을 나타냅니다. 즉, 빈칸 앞뒤 문장이 「조건」과 「결과」의 흐름일 때, 결과를 말하는 뒤 문장의 시작 부분에 쓰입니다. 가정 접속부사로는 제안이나 지시를 따르지 않을 경우에 발생 가능한 부정적 결과를 제시하는 「Otherwise(그렇지 않다면)」가 가장 많이 출제됩니다. 그 밖에 「In this case(이 경우에)」, 「If possible(가능하다면)」, 「If so(그렇다면)」 등도 출제되고 있습니다.

Your subscription to *Do It Yourself Monthly* is due to expire at the end of this month. There are several reasons for you to renew it now. First, if you do so before August 15, we can **offer you the special price of only $20 for twelve more issues.** -------, you will be required to **pay the standard 12-month price of $35.**

(A) However　　(B) Besides　　(C) Additionally　　(D) Otherwise

- -

 귀하의 '월간 Do It Yourself' 구독이 이달 말에 만료될 예정입니다. 지금 구독을 갱신하셔야 할 몇 가지 이유들이 있습니다. 우선, 만약 8월 15일 전에 그렇게 하신다면, 12권 추가에 대해 단 20달러라는 특별 가격을 제공해 드릴 수 있습니다. 그렇지 않다면, 귀하는 35달러라는 12개월 정상 가격을 지불하셔야 할 것입니다.

초간단 문제 풀이 전략

❶ 빈칸 앞뒤 해석
- 앞 만약 8월 15일 전에 그렇게 하신다면, 12권 추가에 대해 단 20달러라는 특별 가격을 제공해 드릴 수 있습니다.
- 뒤 귀하는 35달러라는 12개월 정상 가격을 지불하셔야 할 것입니다.

⬇

❷ 의미 관계 파악
8월 15일 전에 구독을 갱신한다면 20달러라는 특별 가격을 제공한다는 말과 12개월에 35달러라는 정상 가격을 지불해야 한다는 말이 앞뒤에 쓰여 있습니다. 이 정상 가격에 대한 언급은 8월 15일 전에 갱신하지 않는 조건에 따른 부정적인 결과를 나타냅니다. 따라서, 부정적인 결과를 나타낼 때 사용하는 가정 접속부사인 (D) Otherwise가 정답입니다.

이 단어만은 꼭!

subscription (정기) 구독　due to do ~할 예정인　expire 만료되다　several 몇 가지의　reason 이유　renew 갱신하다　offer 제공하다　special price 특별 가격　issue (잡지) 호, 권　be required to do ~해야 하다　pay 지불하다　standard 정상의, 표준의　however 하지만　besides 게다가　additionally 추가로　otherwise 그렇지 않다면

학습한 내용을 적용하여 다음 기출 변형 문제들을 풀어보세요.

Questions 1-4 refer to the following e-mail.

Dear Mr. Pratt,

You have made an excellent decision in hiring our company ❶ ------- nutritious meals for the workers at your headquarters. I am writing this message to finalize some of the terms we discussed during our meeting last Friday.

As we agreed, you will contact us at approximately 9:30 A.M. each day, Monday through Friday, to ❷ ------- us how many meals you require on that particular day. We will then prepare the lunches for your employees and deliver them to your offices no later than noon. If any of your staff members have dietary requirements, we will be happy to accommodate them. ❸ -------, we are also able to fully customize our set menus for you, as long as you notify us at least one week in advance.

Once you have confirmed that you are satisfied with the arrangement outlined above, I will have a formal contract drawn up and sent to you. ❹ -------.

Best wishes,

Cheryl Boone, Greenfields Catering

앞으로 할 일을 나타내는 것은 to부정사입니다.

1
(A) providing
(B) will provide
(C) provides
(D) to provide

식사 요구에 맞추겠다 → 맞춤 메뉴를 제공할 수도 있다

3
(A) Consequently
(B) Recently
(C) Instead
(D) Furthermore

식사를 주문할 때 몇 인분인지 알려주어야 하겠죠.

2
(A) remember
(B) inform
(C) describe
(D) clarify

거래를 처음 맺는 이메일의 마지막 문구로 알맞은 것은?

4
(A) I am confident that we will establish a strong business relationship.
(B) I look forward to welcoming you on your first day at Greenfields.
(C) Please let me know when you are free to discuss the event menu.
(D) We truly appreciate your feedback on our products and services.

Questions 5-8 refer to the following e-mail.

Hello,

I am planning to take my employees on a trip to thank them for their hard work over the past year. A colleague of mine recommended Pine Valley Park as an ideal destination for a staff outing and team-building session, so I am considering making a booking with you. ❺ -------, I have some concerns about the suitability of your facilities.

First of all, there will be approximately 50 managers and employees in total, and I'm not sure whether you have enough cabins to ❻ ------- our group. Also, I'd like to make sure that you have a large meeting room that ❼ ------- a public address system and a screen for presentations and group activities.

I would be very grateful if you could provide more details about the cabins and meeting space, and also a full list of the available outdoor activities at Pine Valley Park. ❽ -------. Assuming that you can meet all of our needs, I will be happy to make a reservation immediately.

Kindest regards,

Colin Connell, JKX Publishing Group

> 예약을 고려 중이다(긍정) → 우려가 있다(부정)

5
(A) However
(B) Therefore
(C) Furthermore
(D) Similarly

> 동사 자리 여부 및 수일치와 시제를 확인합니다.

7
(A) include
(B) includes
(C) to include
(D) included

> 객실의 용도는 무엇일까요?

6
(A) compromise
(B) mediate
(C) accommodate
(D) gather

> 바로 앞 문장에서 야외 활동에 대해 문의하고 있어요.

8
(A) Several employees have inquired about hiking opportunities.
(B) Our workers particularly enjoyed your tours of the local area.
(C) As such, I would like to reserve at least twenty of your cabins.
(D) Thank you for applying the group discount to our booking.

DAY 16 문맥파악

❶ 동사의 시제 찾기

Part 6에서 출제되는 동사의 시제 문제는 Part 5와는 달리 정답의 단서가 같은 문장이 아니라 지문의 다른 문장에 들어 있습니다. 가장 일반적인 풀이 방법은 지문 상단의 날짜, 시간부사, 주변 문장의 동사에 쓰인 시제에서 정답 단서를 찾는 것이며, 문맥의 흐름을 전체적으로 파악해야 하는 고난도 문제 유형도 가끔 출제됩니다. 특히, 단서를 찾기 위해서는 지문의 첫 문장을 읽는 것이 매우 중요합니다.

▪ 첫 문장에서 단서 찾기

첫 문장 또는 첫 단락에서 시제 문제의 단서를 찾을 수 있습니다. 시제를 직접적으로 나타내는 시점 표현을 찾거나 빈칸 앞뒤 문장의 동사를 보고 빈칸에 쓰일 동사의 시제를 유추합니다.

The Deputy Mayor of Ferrytown, Ron Jenkins, **has announced plans** for the Ferrytown Street Parade. **The event** ------- every summer on the last Saturday in July. **The first ever parade** is scheduled for July 29 this year, and a route has already been tentatively mapped out.

(A) took place   (B) taking place   (C) had taken place   (D) will take place

....

 론 젠킨스 페리타운 부시장이 페리타운 거리 축제 계획을 발표했습니다. 이 행사는 매해 여름 7월의 마지막 토요일에 **개최될 것입니다.** 최초의 거리 축제는 올해 7월 29일로 예정되어 있고, 경로도 이미 잠정적으로 설정되었습니다.

초간단 문제 풀이 전략

❶ 앞뒤 문장 | 론 젠킨스 페리타운 부시장이 페리타운 거리 축제 계획을 발표했습니다.
해석 | 최초의 거리 축제는 올해 7월 29일로 예정되어 있고, 경로도 이미 잠정적으로 설정되었습니다.

❷ 시제 단서 | 다음 문장의 주어 The first ever parade가 결정적 단서입니다. 행사 계획이 발표되었는데, 최초의 행사가 예정
파악 | 되어 있다는 말은 미래에 개최된다는 뜻이므로 미래시제인 (D) will take place가 정답입니다.

 이 단어만은 꼭!

deputy mayor 부시장 announce 발표하다, 공표하다 plan 계획, 방안 parade 축제, 퍼레이드 event 행사 be scheduled for + 시점: ~로 예정되어 있다 route 경로, 노선 already 이미, 벌써 tentatively 잠정적으로, 시험적으로 map out 설정하다, 계획하다 take place (일, 행사 등이) 개최되다, 발생하다

■ 날짜 비교해서 단서 찾기

편지, 이메일, 회람 등의 상단에 적힌 날짜와 지문 내에 제시되는 특정 날짜를 비교하여 알맞은 시제를 고르는 유형입니다.

특강 24
지문 유형에서
시제 단서 찾기

Date: December 17

I recently bought the Summer Meadow and Coconut Hibiscus scent candles from your Web site and the items ------- promptly **on December 15**, as expected. When I first lit them, I was delighted with my purchase. The fragrances are certainly wonderful and the candles look extremely elegant in my bedroom.

(A) will be delivered   (B) are delivered   (C) were delivered   (D) to deliver

---

 날짜: 12월 17일

저는 최근 귀사의 웹사이트에서 써머 메도우와 코코넛 히비스커스 향이 나는 초들을 구매하였고, 그 제품들이 예상대로 12월 15일에 시간을 엄수하여 **배송되었습니다**. 처음 그것들에 불을 붙였을 때, 제 구매품에 만족했습니다. 향이 확실히 아주 좋았고 초들이 제 침실에서 매우 우아하게 보입니다.

초간단 문제 풀이 전략

① 보낸 날짜 확인 | 지문 상단에서 작성 날짜가 12월 17일(Date: December 17)인 것을 확인합니다.

② 날짜 비교하기 | 지문의 특정 날짜와 상단의 작성 날짜를 비교합니다. 빈칸이 속한 문장에 쓰여 있는 12월 15일(December 15)이 상단의 작성일인 12월 17일보다 과거 시점이므로 과거시제인 (C) were delivered가 정답입니다.

 이 단어만은 꼭!

recently 최근에 buy 구매하다, 사다 scent 향, 냄새 item 상품, 물품 promptly 시간을 엄수하여, 즉시 as expected 예상대로 first 처음에 light 불을 붙이다, 켜다 be delighted with ~에 만족하다, 기뻐하다 purchase 구매(품) fragrance 향, 향기 certainly 확실히 wonderful 좋은, 멋진 look + 형용사: ~처럼 보이다 extremely 매우, 아주 elegant 우아한, 고상한 deliver 배송하다

❷ 대명사 찾기

Part 5에서 출제되는 대명사 문제는 대명사의 알맞은 격을 찾는 문제로 출제되는 반면, Part 6에서 출제되는 대명사 문제는 빈칸이 포함된 문장의 앞 문장을 확인해 가리키는 대상을 찾아야 합니다. Part 6 대명사 문제는 주로 인칭대명사와 부정대명사를 고르는 문제가 출제됩니다.

▪ 인칭대명사 고르기

인칭대명사는 앞서 언급된 명사를 대신하는 대명사입니다. 따라서 선택지에 she, he, it, they 등의 인칭대명사가 제시되면 앞 문장에서 그 지칭 대상을 찾아야 하며, 단/복수의 수일치도 확인해야 합니다.

The Association of Professional Journalists is currently considering candidates for the Magnus Prize, an award given to journalists who have made contributions to reporting over the past year. If you have been impressed by a certain individual's work, you can vote on the APJ's Web site. Voters are advised to read **the voting guidelines** first. ------- **can be found** at www.apj.org/prize/information.

(A) They　　(B) Them　　(C) It　　(D) You

 전문기자협회가 현재 지난 1년 동안 보도에 공헌을 한 기자들에게 주어지는 매그너스 상의 후보자들을 심사하고 있습니다. 만약 특정 개인의 글에 깊은 인상을 받으셨다면, APJ의 웹사이트에서 투표하실 수 있습니다. 투표자들은 투표 지침들을 먼저 읽어보시도록 권장됩니다. <u>그것들은</u> www.apj.org/prize/information에서 찾으실 수 있습니다.

초간단 문제 풀이 전략

❶ 대명사
확인

선택지와 빈칸이 속한 문장의 동사를 확인한 후, 그 앞 문장에서 인칭대명사가 가리킬 수 있는 대상을 찾아야 합니다. 대체로 대명사가 가리키는 단어는 바로 앞 문장에 있습니다.

❷ 앞에서
인칭대명사
단서 확인

웹사이트에서 찾아볼 수 있는 대상은 바로 앞 문장에 언급된 「투표 지침들(the voting guidelines)」입니다. 복수명사로 쓰여 있으므로 복수명사를 대신할 수 있으면서 동사 앞의 주어 자리에 들어갈 수 있는 주격 대명사 (A) They가 정답입니다.

 이 단어만은 꼭!

association 협회　professional 전문적인　journalist 기자　currently 현재, 지금　consider 심사하다, 고려하다　candidate 후보자　prize 상, 상품　award 상　make contributions to ~에 공헌하다　reporting 보도　be impressed by ~에 깊은 인상을 받다　certain 특정한　individual n. 개인　vote 투표하다　be advised to do: ~하는 것이 권장되다　voting 투표, 선거

■ 부정대명사 고르기

Part 6에서 출제되는 부정대명사는 앞 문장에 언급된 명사의 수와 관련되는 경우가 많습니다. 따라서 선택지에 부정대명사가 제시되는 경우, 앞 문장에서 해당 명사를 찾은 다음 이 명사와 수가 일치하는 부정대명사를 선택지에서 찾습니다. 토익 빈출 부정대명사에는 one, each, either, both, some, most, all 등이 있습니다.

Edgerton Culinary School's new cooking classes are now open to the general public. The school is running weekend classes for individuals who want to learn about basic cooking. There is **a wide range of classes** to choose from. **Some** are suitable for novices and **others** are designed for experienced cooks. ------- **of the classes** are affordably priced and run by expert cooks. A full schedule and price list can be viewed at our Web site.

(A) Either   (B) Every   (C) All   (D) Both

에드거튼 요리학교의 새로운 요리 수업이 현재 대중들에게 공개되어 있습니다. 저희 학교는 기초 수준의 요리에 대해 배우기를 원하는 분들을 대상으로 주말 수업을 운영하고 있습니다. 선택할 수 있는 아주 다양한 수업들이 있습니다. 어떤 수업들은 초보자들에게 적합하고, 다른 수업들은 숙련된 요리사들을 위해 만들어졌습니다. 수업들 모두는 합리적으로 가격이 책정되었으며, 전문 요리사들에 의해 진행됩니다. 모든 일정과 가격 목록은 저희 웹사이트에서 보실 수 있습니다.

초간단 문제 풀이 전략

❶ 대명사 확인 | 선택지와 빈칸 앞뒤를 보고 수업의 범위를 나타내는 부정대명사가 빈칸에 필요하다는 것을 알 수 있습니다.

❷ 앞에서 부정대명사 단서 확인 | 다양한 요리 수업들에 대해 어떤 것들(Some)은 초보자용이고, 다른 것들(others)은 전문가용이라고 합니다. 빈칸 다음의 of the classes를 보고 빈칸은 수업의 범위를 나타내는 부정대명사가 들어갈 자리임을 알 수 있습니다. Either와 Both 모두 두 개의 대상을 가리키므로 다수의 대상을 지칭하는 자리에 쓰일 수 없습니다. Every는 부정대명사로 사용될 수 없는 형용사이므로 복수명사의 전체 범위를 나타내는 부정대명사 (C) All이 정답입니다.

이 단어만은 꼭!

culinary 요리의 open 공개되어 있는, 열려 있는 general public 일반 대중 run 운영하다, 진행하다 a wide range of 아주 다양한 choose 선택하다 be suitable for ~에 적합하다 novice 초보자 be designed for ~을 위해 만들어지다 experienced 숙련된, 경험이 많은 cook n. 요리사 affordably priced 합리적으로 가격이 책정된 expert 전문가(의) schedule n. 일정 view 보다 either 둘 중의 하나 every 모든 both 둘 모두

❸ 어휘 찾기

Part 6 어휘 문제는 주어진 문장에서 단서를 찾아 빈칸에 알맞은 단어를 고르는 Part 5 어휘 문제와 달리, 지문의 다른 부분에 단서가 주어지기 때문에 문맥을 파악해야 하는 유형입니다. 따라서, 어휘력뿐만 아니라 지문의 내용 흐름을 이해하는 능력도 필요합니다.

■ 지시어 또는 접속부사를 활용한 어휘 찾기

지시어/대명사/소유격/정관사 등이 빈칸이 포함된 문장에 있는 경우, 앞 문장과 연계해 정답을 찾아야 하고, 접속부사가 있는 경우 앞뒤 문장과의 의미 관계를 확인해 정답을 골라야 합니다.

I noticed your online advertisement that you are seeking a temporary tenant and I want you to tell me a suitable time to view **the apartment** if you have not found a tenant. I believe that you may have had numerous offers since **the** ------- was initially placed on the Web site. Hopefully, it is still available.

(A) position　　(B) setting　　(C) listing　　(D) application

 저는 귀하께서 단기 세입자를 찾고 있다는 온라인 광고를 보았으며, 귀하께서 아직 세입자를 찾지 못하셨다면 제가 그 아파트를 볼 수 있는 적절한 시간을 말씀해주시기 바랍니다. 그 **매물**이 처음 웹사이트에 게시된 이후 귀하께서 많은 제의를 받으셨을 수도 있다고 생각합니다. 바라건대, 그것이 여전히 이용 가능하다면 좋겠습니다.

초간단 문제 풀이 전략

❶ 정관사 단서 확인 | 빈칸 앞에 위치한 정관사 the는 이미 앞에 제시된 특정 단어를 가리킬 때 사용하므로 앞에 제시된 명사들 중에서 웹사이트에 올릴 만한 대상에 해당되는 명사를 찾습니다.

❷ 앞에서 어휘의 대상 확인 | the가 가리킬 수 있는 명사에는 the apartment, tenant, offers가 있는데 사람(tenant)은 웹사이트에 올릴 수 없고 offers는 단수동사 was와 수가 일치하지 않습니다. 따라서, the와 빈칸은 apartment를 가리켜야 하므로 임대하려고 하는 아파트가 게시된 '매물'을 뜻하는 (C) listing이 정답입니다.

 이 단어만은 꼭!

notice 보다, 주목하다　advertisement 광고　seek 찾다, 구하다　temporary 단기의, 임시의　tenant 세입자　tell A B: A에게 B를 말해주다　suitable 적절한　view 보다　numerous 수많은　offer 제의, 제안　initially 처음에　place v. 놓다, 두다　hopefully 바라건대, 희망을 갖고　available 구입 가능한, 이용 가능한　position 직책, 일자리　setting 환경　listing 매물, 매물 목록　application 지원(서), 신청(서)

■ 첫 문장을 활용한 어휘 찾기

Part 6 지문에서 첫 문장은 항상 꼼꼼하게 확인해야 합니다. 글의 주제와 성격을 알 수 있을 뿐만 아니라 지문 중반이나 끝부분에 출제되는 어휘 문제의 단서가 첫 문장에 제시되는 경우도 많기 때문입니다.

Starting on February 1, technicians from SecurePro Group **will be installing a brand new keycard entry system** at all of the building's main entrances. During the installation, anyone entering or leaving the building will be requested to sign in with a member of our security personnel. Should you have any inquiries about the ------- security upgrade, please call me at extension 590.

(A) frequent   (B) upcoming   (C) possible   (D) previous

 2월 1일부터, 시큐어프로 그룹의 기술자들이 건물의 모든 주요 출입구에 완전히 새로운 카드식 출입 시스템을 설치할 것입니다. 설치 작업 중에, 건물에 들어오거나 나가는 사람은 누구든지 보안 직원 중 한 명과 함께 서명하도록 요구될 것입니다. **다가올** 보안 개선에 관해 어떠한 문의 사항이든 있으시면, 내선 전화 590번으로 저에게 전화 주시기 바랍니다.

초간단 문제 풀이 전략

❶ **단서 위치 파악** | 선택지가 모두 형용사이고, 빈칸 바로 뒤에 명사구 security upgrade가 있으므로 빈칸에 들어갈 형용사는 security upgrade를 꾸며주어야 하는데, security upgrade와 관련된 단서를 첫 문장에서 찾을 수 있습니다.

❷ **첫 문장 내용 확인** | 첫 문장에 security upgrade에 해당하는 a brand-new keycard entry system이 언급되는데, 이에 대해 will be installing이라는 미래시제가 사용되었습니다. 즉, security upgrade가 곧 발생하게 될 일이라는 것을 알 수 있으므로 '다가올, 곧 있을'이라는 의미로 미래의 일을 나타내는 (B) upcoming이 정답입니다.

이 단어만은 꼭!

starting on + 날짜: ~부터 technician 기술자 install 설치하다 brand new 완전히 새로운 entry 출입 main 주요한 entrance 출입구 installation 설치 be requested to do ~하도록 요구되다 personnel 직원들 inquiry 문의(사항) upgrade 개선, 업그레이드 call 전화하다 extension 내선 전화, 내선 번호 frequent 잦은, 빈번한 upcoming 다가올, 곧 있을 possible 가능한 previous 이전의, 과거의

학습한 내용을 적용하여 다음 기출 변형 문제들을 풀어보세요.

Questions 1-4 refer to the following advertisement.

Here at Cajun Fried Chicken, we want to celebrate our 50th year in business with our customers. So, for this weekend only, a free ice cream sundae and large soft drink **❶** ------- with any purchase of a chicken sandwich, burger, or bucket from our main menu.

You can take advantage of this **❷** ------- at any of our 33 branches throughout the United Kingdom until closing time on Sunday, November 16.

Additionally, we are giving our customers a chance to enter a contest to win exciting prizes throughout November. Simply check the unique code found on **❸** ------- receipt and enter it at www.cfc.co.uk/prizedraw. **❹** -------.

○─ 시점을 나타내는 표현은 for this weekend only

1 (A) including
  (B) to include
  (C) are being included
  (D) had been included

○─ this는 바로 앞 문장의 내용을 가리킵니다.

2 (A) item
  (B) offer
  (C) vacancy
  (D) range

○─ 광고를 낸 업체가 고객을 가리키는 인칭대명사는?

3 (A) his
  (B) her
  (C) your
  (D) their

○─ 고객 대상 행사 광고의 마지막에 나올 만한 문장은?

4 (A) Congratulations on winning one of our amazing prizes.
  (B) We hope you enjoy the new additions to our menus.
  (C) This is our way of thanking our customers for their patronage.
  (D) Once again, we apologize for closing some of our UK branches.

Questions 5-8 refer to the following e-mail.

Dear Ms. Henderson,

❺ -------. You ❻ ------- a basic salary of $63,000 per year, which can increase annually based on the outcome of your performance review. Your first day of employment here at BioKing Inc. has been tentatively set for Monday, October 23. However, this may be rearranged if you have any schedule conflicts ❼ ------- you from starting on that date.

Later this week, Peter Faraday, whom you met during the interview, will send you an information pack which contains detailed information regarding ❽ ------- role and responsibilities here at BioKing. Please review this prior to your first day, and contact me at 555-0139 if you have any queries.

Sincerely,

Barbara Staples, HR Director
BioKing Inc.

좋은 소식을 전하는 글은 We are pleased/happy로 시작해요.

5
(A) We would be grateful if you would come in for an interview.
(B) Unfortunately, we are not currently hiring new staff.
(C) Congratulations on your recent promotion to management.
(D) We are pleased to offer you a place at our firm.

주어 다음은 동사 자리이고, 시제 단서를 찾아야 해요.

6
(A) receiving
(B) received
(C) to receive
(D) will receive

「목적어 + from + -ing」구조와 함께 쓰이는 동사는?

7
(A) opposing
(B) recommending
(C) preventing
(D) finalizing

채용을 알리는 이메일에서 설명하는 직무(role)의 소유자는 수신자입니다.

8
(A) you
(B) your
(C) his
(D) their

DAY 17 문장삽입

① 문장삽입 유형 풀이 전략

토익 Part 6에서 가장 고난도에 속하는 **문장삽입 유형은 내용 흐름상 빈칸에 가장 알맞은 문장을 선택하는 방식으로 출제**됩니다. 단순하게는 빈칸 바로 앞뒤에 위치한 문장만 확인해 서로 자연스럽게 연결되는 문장을 고르면 되는 경우도 있고, 때때로 지문의 전체 흐름을 파악해야 하는 경우도 있습니다. 하지만 문제를 푸는 데 필요한 단서들을 찾아낸다면 해석하지 않고 정답을 고를 수도 있습니다. 다음의 풀이 전략을 기억하고 문제들을 풀면서 감을 터득하시기 바랍니다.

■ 빈칸 위치에 주목하기

▸ **문장삽입 문제의 빈칸이 지문의 첫 문장일 경우**, 지문 전체의 주제 또는 목적을 나타내는 문장이 필요할 가능성이 높습니다. 따라서 이후에 이어지는 지문 내용과 관련된 인사말, 소개, 사과, 특정 정보의 알림 등 핵심 내용을 담은 문장을 찾습니다.

▸ **문장삽입 문제의 빈칸이 지문 중반부에 있을 경우**, 바로 앞뒤에 위치한 문장 또는 앞뒤에 이어지는 단락과의 논리 관계를 세심하게 파악해야 합니다.

▸ **문장삽입 문제의 빈칸이 지문의 마지막 문장일 경우**, 지문 전체 내용과 관련된 요약이나 마지막 인사를 나타내는 문장이 필요할 가능성이 높습니다. 따라서 빈칸에 앞서 지문 전체적으로 언급된 내용과 관련된 감사 또는 사과의 인사, 요청, 기대감 등을 담은 문장을 찾습니다.

■ 빈칸 앞뒤 문장의 논리 관계 확인하기

▸ 빈칸을 기준으로 앞뒤에 위치한 문장이 어떤 논리 관계로 연결되는지 파악하는 것이 가장 중요합니다. 자주 제시되는 논리 관계로는 역접, 추가 설명, 원인과 결과가 있습니다.

특강 25
빈칸 뒤에 단서가
주어지는 경우

▸ 빈칸 앞뒤 문장과의 논리 관계를 확인할 때, 문장들 사이의 내용 흐름을 나타내는 단서가 빈칸 앞뒤 문장 또는 선택지 문장에 반드시 제시되므로 그 단서를 찾는 데 집중합니다.

■ 빈칸 앞뒤 문장 또는 선택지에 제시되는 단서 찾기

▸ 문장들 사이의 논리 관계를 나타내는 단서를 찾을 때, 빈칸 앞뒤 문장에 지시어, 대명사, 접속부사, 특정 명사 등이 있는지 찾습니다.

▸ 빈칸 앞뒤 문장에 단서가 나타나 있지 않다면, 선택지 문장에 지시어, 대명사, 접속부사 등이 쓰여 있는지 확인해 봅니다.

▸ 이 단서들은 문장들 사이의 논리 관계를 나타내는 데 중요한 역할을 하므로, 이들을 바탕으로 문장들 사이의 관계를 파악하고 내용 흐름상 적절한 문장을 찾아야 합니다.

② 지시어 활용하기

The hospital's north parking lot will be inaccessible until February 11 for some repair work. During this time, hospital employees and visitors should park in the west lot. If you have any questions about this change, please let me know. -------.

(A) Visitors are advised to use the north parking lot.
(B) Some hospital wards require a security pass for admission.
(C) We hope that the work will not cause too much inconvenience.
(D) The hospital can be reached by turning left at Sawyer Street.

 병원의 북쪽 주차장이 약간의 수리 작업을 위해 2월 11일까지 이용할 수 없을 것입니다. 이 기간 중에, 병원 직원들과 방문객들은 서쪽 주차장에 주차하셔야 합니다. 이 변동사항에 대해 어떤 질문이라도 있으시다면, 저에게 알려주세요. 저희는 이 작업이 너무 많은 불편을 초래하지 않기를 바랍니다.

(A) 방문객들은 북쪽 주차장을 이용하도록 권고됩니다.
(B) 몇몇 병원 병동들은 출입을 위해 보안 출입증을 필요로 합니다.
(C) 저희는 이 작업이 너무 많은 불편을 초래하지 않기를 바랍니다.
(D) 그 병원은 소이어 스트리트에서 좌회전하셔서 찾아가실 수 있습니다.

초간단 문제 풀이 전략

① **지시어 확인** | 지시어가 포함된 선택지 (A), (C), 그리고 (D)에 특정 명사들이 언급되어 있습니다. 따라서 빈칸 앞 문장에 각 선택지에 언급된 「지시어 + 특정 명사」가 가리키는 대상이 있는지 확인합니다.

② **지시어 대상 확인** | 앞 문장에 쓰인 this change는 첫 문장에 언급된 some repair work로 인한 변동사항을 의미합니다. 따라서 some repair work를 대신하는 the work와 함께 특정한 변동사항으로 인한 불편함과 관련해 일종의 사과의 의미를 나타내는 (C)가 정답입니다.

 이 단어만은 꼭!

parking lot 주차장 inaccessible 이용할 수 없는 repair 수리 during ~ 중에, ~ 동안 visitor 방문객 park v. 주차하다 change 변동 (사항) let A know: A에게 알려주다 be advised to do ~하도록 권고되다 ward 병동 require 요구하다, 필요로 하다 security 보안, 안전 pass n. 출입증, 통행증 admission 출입, 입장 cause 초래하다 inconvenience 불편 reach 도달하다 turn left 좌회전하다, 왼편으로 돌다

③ 접속부사 활용하기

문장삽입 유형에서 선택지 문장에 접속부사가 있는 경우 해당 문장을 먼저 해석하여 의미 관계를 파악합니다. 「However(하지만)」, 「Therefore(그러므로)」, 「If so(만약 그렇다면)」, 「Also(또한)」 등의 접속부사가 자주 출제됩니다.

Thank you for your inquiry about our product. The CM71-B coffee maker you asked about has been replaced with a new model, the CM721-EX, which **not only offers the same fine quality but also comes with a grinder.** -------. I am enclosing a list of the stores where our products can be purchased. Thank you for your interest in our product.

(A) I am confident that you will be more satisfied with your purchase.
(B) Additionally, it includes a self-cleaning function for increased convenience.
(C) Both models are currently available on sale.
(D) For instance, our devices are praised for their advanced features.

- - - - - - -

 저희 제품에 대해 문의 주셔서 감사합니다. 귀하께서 문의하신 CM71-B 커피메이커 제품은 신모델인 CM721-EX로 교체되었으며, 이 제품은 동일한 수준의 훌륭한 품질을 제공할 뿐만 아니라, 분쇄기가 함께 딸려 있습니다. **추가로, 향상된 편리성을 위해 자동 세척 기능도 포함합니다.** 저희 제품을 구매하실 수 있는 매장의 목록을 첨부하였습니다. 저희 제품에 관심 가져주셔서 감사드립니다.

(A) 귀하께서 구매에 대해 더욱 만족하실 것이라 확신합니다.
(B) 추가로, 향상된 편리성을 위해 자동 세척 기능도 포함합니다.
(C) 두 가지 모델 모두 현재 할인가로 구매 가능합니다.
(D) 예를 들어, 저희 기기들은 고급 기능들로 찬사를 받고 있습니다.

초간단 문제 풀이 전략

① 접속부사 확인 | 접속부사가 포함된 선택지는 (B)와 (D)입니다. 따라서 이 문장들부터 해석해 앞 문장과의 의미 관계를 확인합니다.

② 앞뒤 문맥 확인 | 앞 문장에서 커피메이커 제품의 두 가지 장점을 설명하고 있습니다. 접속부사 Additionally로 시작하는 문장을 살펴보면, 사용자의 편리성을 위해 추가된 기능에 대해 언급하고 있어 앞 문장과 유사한 정보를 추가하는 흐름으로 자연스럽게 이어지므로 (B)가 정답입니다.

 이 단어만은 꼭!

inquiry 문의 replace A with B: A를 B로 교체하다 not only A but also B: A뿐만 아니라 B도 offer 제공하다 fine 훌륭한, 좋은 come with ~이 함께 딸려 있다, ~을 포함하다 grinder 분쇄기, 연마기 enclose 첨부하다 purchase v. 구매하다, 구입하다 n. 구매(품) interest n. 관심, 흥미 confident 확신하는 be satisfied with ~에 만족하다 additionally 추가로, 덧붙여 include 포함하다 function n. 기능 increased 향상된, 증가된 convenience 편리(성) currently 현재 available 이용 가능한, 구매 가능한 for instance 예를 들어 device 기기 praise for ~에 대한 찬사를 보내다, ~을 칭찬하다 advanced 고급의 feature 기능

④ 패러프레이징 활용하기

Next Monday, the IT department will be setting up the new computerized inventory system on all computers. **In order to ensure that all staff are familiarized with it**, a workshop will be held at 11:45 A.M. Please note that **this workshop is mandatory**. -------.

(A) We appreciate your interest in additional staff training opportunities.
(B) Unfortunately, there are no spaces left.
(C) The new computers should arrive on Monday.
(D) It is important that you become comfortable with using this software.

다음 주 월요일에, IT부서에서 모든 컴퓨터에 새로운 재고 전산 시스템을 설치할 것입니다. 모든 직원들이 이것에 익숙해지도록 하기 위해, 워크샵이 오전 11시 45분에 개최될 것입니다. 이 워크샵이 의무적이라는 점에 유의하시기 바랍니다. 여러분이 이 소프트웨어를 사용하는 데 익숙해지는 것이 중요합니다.

(A) 추가 직원 교육 기회에 대한 귀하의 관심에 감사드립니다.
(B) 안타깝게도, 남은 자리가 없습니다.
(C) 새로운 컴퓨터들이 월요일에 도착할 것입니다.
(D) 여러분이 이 소프트웨어를 사용하는 데 익숙해지는 것이 중요합니다.

초간단 문제 풀이 전략

❶ 빈칸 앞 해석 | 빈칸 앞에는 직원들이 새로운 재고 전산 시스템에 익숙해질 수 있는 워크샵이 열린다는 말과 함께 의무적으로 참석해야 한다는 내용이 있습니다.

❷ 패러 프레이징 표현 확인 | 지문에 언급된 familiarized가 comfortable로, it(system)이 software로, mandatory가 important로 패러프레이즈된 (D)가 정답입니다.

이 단어만은 꼭!

set up ~을 설치하다 computerized 전산화된 inventory 재고 ensure that 반드시 ~하도록 하다, ~하는 것을 확실히 하다 be familiarized with ~에 익숙해지다 Please note that ~라는 것을 알아두시기 바랍니다 mandatory 의무적인 appreciate 감사하다 interest n. 관심, 흥미 additional 추가적인 opportunity 기회 unfortunately 안타깝게도 space 자리, 공간 arrive 도착하다 become comfortable with ~에 익숙해지다

학습한 내용을 적용하여 다음 기출 변형 문제들을 풀어보세요.

Questions 1-4 refer to the following article.

Portland Daily News

PORTLAND (June 5) - According to a recent survey, the city council's plan to pedestrianize Harp Street in downtown Portland has been met with an overwhelmingly ❶ ------- response from local residents.

Approximately eighty-five percent of survey respondents criticized the idea, noting that it was an important route for commuters who use personal vehicles. The road ❷ ------- to all vehicles in August in an effort to boost the attractiveness of the road as a shopping and dining area.

❸ -------, Harp Street serves as an important commuter route for those who need to cross the city from east to west, or vice versa, and it also plays a significant role in the city's bus route network. ❹ -------.

○ 지역 주민들이 보인 반응을 나타내는 동사를 찾습니다.

1
(A) contented
(B) negative
(C) favorable
(D) faulty

○ 빈칸 뒤 동사의 시제를 확인하고 어울리는 부사를 고릅니다.

3
(A) Gradually
(B) Currently
(C) Eventually
(D) Fortunately

○ 지문에 나온 두 개의 날짜를 비교해야 합니다.

2
(A) will be closed
(B) had been closed
(C) was closed
(D) is closed

○ 하프 스트리트의 역할과 관련된 조치를 찾아야 합니다.

4
(A) Portland residents are proud of the city's affordable public transportation.
(B) The city council aims to widen the road to reduce traffic congestion.
(C) For example, the route will be useful to those who work in other cities.
(D) As such, many people will need to make alternative travel arrangements.

Questions 5-8 refer to the following instructions.

Cosmic Dimensions - *Rare Comic Book Seller*

Buying Rare Comic Books

At Cosmic Dimensions, we keep all of our stock in perfect condition by ensuring it is stored and handled properly. Some of our older and rarer comic books are rather fragile and, as such, are susceptible to damage. **5** -------, it is up to you to take care of any comic books you purchase by following some simple guidelines. All of our comic books come in a sealed plastic pouch, and they should **6** ------- inside this at all times when not in use. Also, be gentle when reading the comic to avoid accidental tears or wrinkles. **7** ------- may occur when pages are turned too quickly or gripped too firmly. **8** -------. However, should you require information about repairs or restoration, please speak with one of our employees at 555-2828.

접속부사 자리이므로 앞뒤 문장을 해석해야 합니다.

5 (A) Otherwise
   (B) For instance
   (C) Similarly
   (D) Therefore

대명사가 가리키는 것을 앞 문장에서 찾아보세요.

7 (A) Theirs
   (B) Either
   (C) These
   (D) Every

빈칸 뒤에 목적어가 있는지 확인합니다.

6 (A) remain
   (B) place
   (C) look
   (D) hold

빈칸 앞 문장들은 만화책 관리 방법을 설명하고 있어요.

8 (A) This advice will help you preserve the condition of your comics.
   (B) We apologize that the items were not to your satisfaction.
   (C) All products are shipped in special packaging within 2 business days.
   (D) The comic book you inquired about is currently out of stock.

기본토익 700+

PART 7

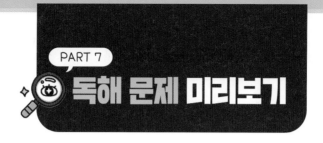

▷ 문항 수: 54문항 (147번~200번)

▷ 주어진 글을 읽고 질문에 답하는 유형입니다. 한 개의 지문을 읽고 푸는 유형, 두 개의 지문을 읽고 푸는 유형, 세 개의 지문을 읽고 푸는 유형이 있으며, 지문당 문제 개수는 지문에 따라 2~5개로 달라집니다.

▷ 단어 암기를 꾸준히 하고 지문 유형을 미리 익혀 두어야 합니다.

Questions 151-152 refer to the following memo.

To: All Customer Service Staff
From: Human Resources
Date: May 8

In order to serve the needs of our clients, we will be opening an additional shift. The schedule for this shift will be Saturday through Thursday, 4 P.M. to 12:30 A.M. Current employees who volunteer to move to this shift will earn an extra 50% pay per hour.

Interested employees should send a cover letter expressing their interest to Carrie Waters in Human Resources at cwaters@abccompany.com. There are 23 customer service slots open, and 2 management slots. Remember: successful applicants you refer will earn YOU $100 after their first 30 days of employment!

151. What is being announced in the memo?

(A) A training schedule
(B) An additional time slot ∨
(C) A chance for promotion
(D) A new vacation policy

152. What incentive is offered to employees who work the new time shift?

(A) A $100 bonus
(B) Extra time off
(C) A higher rate ∨
(D) A decrease in weekly hours

1 세부정보

단편적인 사항을 묻는 세부정보 찾기는 Part 7에서 비교적 쉬운 유형이므로 이 유형을 가장 먼저 푸는 것이 좋습니다. 질문에 주어진 키워드를 지문에서 찾아 질문의 의문사에 해당하는 정보를 선택지에서 고르면 됩니다. 이때 이름이나 날짜처럼 단서가 선택지에 그대로 제시되는 단순 정보도 있지만, 대부분 지문의 단서를 살짝 다른 말로 바꾸어서 제시하는 패러프레이징이 사용된다는 점에 유의해야 합니다.

■ 빈출 질문 유형

단순 정보: What [무엇인가?]
• **What** does Mr. Richardson offer to do? 리처드슨 씨는 무엇을 하겠다고 제안하는가?
• **What** did Ms. Jamison send with her letter? 제이미슨 씨는 편지와 함께 무엇을 보냈는가?
• **What** is included in the rental fee? 임대료에 무엇이 포함되어 있는가?

요청사항: What [무엇을 ~하는가?]
• **What information** does Ms. Kelly **request**? 켈리 씨는 무슨 정보를 요청하는가?
• **What** are employees **asked to do**? 직원들은 무엇을 하도록 요청받는가?
• **What** is Ms. O'Brian **advised to do**? 오브라이언 씨는 무엇을 하도록 권고받는가?

인물/신분: Who [누구인가?]
• **Who** is Ms. Benny Jones? 베니 존스 씨는 누구인가?

방법/수량/기간/빈도: How [어떻게, 얼마나 많이, 얼마나 오래, 얼마나 자주 ~하는가?]
• **How did** Mr. Smith learn about the event? 스미스 씨는 어떻게 이 행사를 알게 되었나?
• **How much** did Ms. Rogan pay for her subscription? 로건 씨는 구독료로 얼마를 지불하였는가?

장소/지명: Where [어디에 ~인가?]
• **Where** is Mr. Taylor's office located? 타일러 씨의 사무실은 어디에 위치해 있는가?

시점: When [언제 ~인가?]
• **When** did Ms. Parker leave for a trip? 파커 씨는 언제 출장을 떠났는가?

■ 세부정보 유형 예제

질문에 제시된 키워드를 지문에서 찾은 다음, 앞 또는 뒤에 언급되는 관련 정보 중에서 정답 단서를 찾아봅니다.

To accommodate increasing consumer demand for our items, we have found it necessary to expand our current facilities. By expanding our showroom and storage area, we will be able to stock and display a larger variety of items.

The renovations will take place this winter over a two-month period. Although **Salaman Furniture** will be closed between December 21 and February 21, our online shop will still be operational.

Q. **What** does **Salaman Furniture plan to do?** 살라만 가구점은 무엇을 할 계획인가?

(A) It will open a second location. 두 번째 지점을 개장할 것이다.
(B) It will expand its customer services. 자사의 고객 서비스를 확대할 것이다.
(C) It will launch a new Web site. 새로운 웹사이트를 공개할 것이다.
(D) It will remodel its store. 자사의 매장을 개조할 것이다.

우리 제품에 대해 증가하는 고객 수요를 수용하기 위해, 우리는 현재의 시설을 확장하는 것이 필수임을 알게 되었습니다. 우리의 진열 공간과 보관 구역을 확장함으로써, 우리는 더 다양한 상품들을 재고로 갖춰 놓고 진열할 수 있을 것입니다.

이 개조 공사는 올 겨울에 두 달의 기간에 걸쳐 진행될 것입니다. 살라만 가구점이 12월 21일부터 2월 21일까지 문을 닫기는 하지만, 우리 온라인 매장은 그대로 영업을 할 것입니다.

초간단 문제 풀이 전략

 단서 찾기

질문의 키워드 Salaman Furniture를 지문에서 찾은 다음, 앞 또는 뒤에서 계획과 관련된 정보를 확인합니다.
이 개조 공사는 올 겨울에 두 달의 기간에 걸쳐 진행될 것입니다.

 패러프레이징으로 정답 파악

The renovations will take place → will remodel its store
개조 공사가 진행된다는 말은 자사의 매장을 개조한다는 뜻이므로 (D)가 정답입니다.

accommodate 수용하다 consumer demand 소비자 수요 find it A to do: ~하는 것이 A하다는 것을 알게 되다 necessary 필수의 expand 확장하다 current 현재의 facility 시설(물) showroom 진열 공간 storage 보관, 저장 be able to do ~할 수 있다 stock 갖추다 display 진열하다 a variety of 다양한 renovation 개조 take place 발생하다 operational 영업 중인, 운영 중인 location 지점, 위치 launch 공개하다, 출시하다 remodel 개조하다

② 주제/목적

토익 Part 7에서 비교적 쉬운 유형인 글의 주제 또는 글을 쓴 목적을 묻는 문제도 먼저 풀어야 하는 유형들 중 하나입니다. 대부분 지문 첫 문장 또는 첫 단락에 문의, 요청, 지시, 발표, 공유 등을 나타내는 표현과 함께 제시됩니다. 따라서 지문의 첫 부분에 주제/목적의 정답 단서를 알리는 표현과 함께 언급되는 정보에 주목해야 합니다.

특강 26
패러프레이징
연습 1

■ 빈출 질문 유형

주제

- **What is the main subject** of the article? 이 기사의 주제는 무엇인가?
- **What does** the article **primarily discuss?** 이 기사는 주로 무엇을 논의하고 있는가?
- **What** is the e-mail **about?** 이 이메일은 무엇에 관한 것인가?

목적

- **What is the purpose** of the notice? 이 공지의 목적은 무엇인가?
- **Why** was the memo **written?** 이 회람이 쓰여진 이유는 무엇인가?
- **Why** was the information **sent?** 이 정보가 보내진 이유는 무엇인가?

■ 빈출 단서 유형

주제

- **This letter[e-mail] is to confirm** 이 편지는[이메일은] ~을 확인해 드리기 위한 것입니다.
- **I am writing to apologize for** ~에 대해 사과드리기 위해 편지를[이메일을] 씁니다.

목적

- **The purpose of this letter[e-mail] is to do** 이 편지의 목적은 ~하는 것입니다.
- **I am happy to inform you about** ~에 대해 알려드리게 되어 기쁩니다.

■ 주제/목적 유형 예제

질문에 제시된 키워드와 본문 시작 부분의 내용에 유의해 정답 단서를 찾아봅니다.

Dear Mr. Simon,

This e-mail is to express regret for causing you inconvenience. Recently, I received your e-mail describing the damage to your customized Aurora lamp you ordered. We at Aurora Lamps and Lighting strive to ensure that this does not happen to our products, and we take care to pack all items very carefully. We will be more than willing to send you a replacement item.

Q. **Why** was the e-mail **sent** to Mr. Simon? 이 이메일은 왜 사이먼 씨에게 보내졌는가?

　(A) To acknowledge a problem with an order 주문품의 문제를 시인하기 위해

　(B) To express thanks to him for his patronage 그의 성원에 대해 감사를 표하기 위해

　(C) To complain about a faulty product 결함 제품에 대해 항의하기 위해

　(D) To request some customer feedback 고객 의견을 요청하기 위해

사이먼 씨께,

본 이메일은 귀하에게 불편을 끼쳐드린 것에 대해 사과드리기 위함입니다. 최근, 귀하께서 주문하신 맞춤형 오로라 램프에 대한 손상을 설명하는 귀하의 이메일을 받았습니다. 저희 오로라 램프조명 사는 저희 제품에 이런 일이 발생하지 않도록 보장하기 위해 애쓰고 있으며, 모든 상품을 매우 조심스럽게 포장하도록 주의를 기울이고 있습니다. 귀하께 기꺼이 교체품을 보내 드릴 것입니다.

초간단 문제 풀이 전략

❶ 단서 찾기

편지나 이메일을 보낸 이유는 첫 단락에서 「This e-mail is to do ~」와 같은 표현과 함께 제시되므로, is 뒤의 to 부정사 부분이 글을 쓴 목적입니다.

불편을 끼쳐드린 것에 대해 사과드리기 위해

➡

❷ 패러프레이징으로 정답 파악

inconvenience → the damage to your customized Aurora lamp → a problem with an order

사이먼 씨가 「불편」을, 「주문품에 발생한 손상」이라고 표현했으므로 이 표현을 「주문품에 발생한 문제」라고 패러프레이즈한 (A)가 정답입니다.

 **이 단어만은 꼭!**

express regret for ~에 대해 사과하다　**cause A inconvenience:** A에게 불편을 끼치다　**recently** 최근에　**describe** 설명하다　**damage to** ~에 대한 손상　**customized** 맞춤형의　**strive to do** ~하려고 애쓰다, 노력하다　**ensure that** ~임을 보장하다　**take care** 주의를 기울이다　**pack** 포장하다　**carefully** 조심스럽게　**be willing to do** 기꺼이 ~하다　**replacement** 대체(품)　**item** 제품　**acknowledge** 시인하다　**express thanks to** ~에게 감사를 표하다　**patronage** 성원, 애용, 단골　**complain** 항의하다, 불평하다　**faulty** 결함이 있는　**request** 요청하다

③ 사실확인

사실확인 유형은 특징 대상에 대해 옳게 말한 것을 고르는 일치 유형과 옳지 않게 설명한 것을 고르는 불일치 유형의 두 가지로 출제되는데, 일치 유형이 70% 정도로 출제 비중이 훨씬 높습니다.

일치와 불일치 유형 모두 풀이 방법은 질문의 키워드를 지문에서 찾아 단서를 선택지와 비교하는 세부정보 유형 풀이법과 비슷하지만, 단서가 지문 곳곳에 흩어져 있어서 지문의 많은 부분을 읽어야 합니다. 또한 일치하는 것 하나를 찾는 순간 풀이가 끝나는 일치 유형과 달리, 불일치 유형은 일치하는 것 세 개를 모두 찾아야 불일치하는 하나를 정답으로 고를 수 있으므로 시간이 더 많이 필요합니다.

특강 27
패러프레이징
연습 2

■ 빈출 질문 유형

일치하는 것 찾기

- **What is indicated about Mr. Banks?** 뱅크스 씨에 대해 알려진 것은 무엇인가?
- **What is mentioned about Mr. Austin's proposal?** 오스틴 씨의 제안에 대해 언급된 것은 무엇인가?
- **What is stated about Milton Corporation?** 밀턴 사에 대해 서술된 것은 무엇인가?
- **What is included in the rental price?** 대여료에 포함된 것은 무엇인가?
- **What is true about the promotional event?** 홍보 행사에 관해 사실인 것은 무엇인가?

일치하지 않는 것 찾기

- **What is NOT mentioned about Mr. Simpson?** 심슨 씨에 대해 언급되지 않은 것은 무엇인가?
- **What is NOT indicated in the letter?** 편지에서 밝혀지지 않은 것은 무엇인가?
- **What is NOT stated about Ms. Hamilton?** 해밀턴 씨에 대해 서술되지 않은 것은 무엇인가?
- **What is NOT included in Mr. Black's e-mail?** 블랙 씨의 이메일에 포함되지 않은 것은 무엇인가?

■ 단서 찾기

일치하는 것 찾기

질문의 about 뒤에 제시되는 키워드를 지문에서 찾아 관련 정보를 확인한 후 올바르게 설명한 선택지를 찾아야 하며, 이 방법은 세부정보 유형의 정답 단서를 찾는 방법과 다르지 않습니다.

일치하지 않는 것 찾기

일치하는 것 세 개를 모두 찾아 소거하고 남은 하나를 고르는 불일치 유형은 지문 전체를 읽어야 해서 시간이 많이 소요되므로 가장 마지막에 풀거나 건너뛰는 것이 좋을 수도 있습니다.

■ 사실확인 유형 예제

질문에 제시된 키워드를 지문에서 찾은 다음, 앞 또는 뒤에 언급되는 관련 정보 중에서 정답 단서를 찾아봅니다.

Dear Desmond,

I wanted to thank you for taking the time to show me **the facility** on Southern Avenue yesterday. It looks like it may be a good fit for our company's new location. The size is perfect, **and the location is very convenient for highway access.** However, I do have a couple of quick questions about the property.

Q. **What is true** about **the facility?** 이 시설에 대해 사실인 것은 무엇인가?
    (A) It can be remodeled. 개조될 수 있다.
    (B) It has underground parking. 지하 주차장이 있다.
    (C) It is not far from the highway. 고속도로와 멀리 떨어져 있지 않다.
    (D) Its parking may be insufficient. 주차 공간이 충분하지 않을 수도 있다.

데즈몬드 씨,

어제 시간을 내서서 저를 서던 애비뉴에 있는 시설로 안내해 주신 것에 대해 감사드리고 싶었습니다. 그곳은 우리 회사의 새로운 사옥으로 꼭 맞는 것처럼 보입니다. 크기가 완벽했고, 위치는 고속도로 이용에 매우 편리합니다. 하지만, 그 건물에 관해 두어 가지 간단한 질문이 있습니다.

초간단 문제 풀이 전략

 단서 찾기
질문의 키워드 the facility를 찾아서 그 뒤 문장을 해석합니다.
위치는 고속도로 이용에 매우 편리합니다.

 패러프레이징으로 정답 파악
the location is very convenient for highway access → It is not far from the highway
이용하기에 「위치가 편리한」 곳은 바꾸어 표현하면 「멀리 떨어지지 않은」 곳이므로 (C)가 정답입니다.

 이 단어만은 꼭!

take the time to do 시간을 내서 ~하다 show A B: A를 B로 안내하다 facility 시설, 건물 It looks like ~처럼 보이다 a good fit for ~에 꼭 맞는 것 location 위치, 장소 perfect 완벽한 convenient 편리한 highway 고속도로 access 이용, 접근 however 하지만 a couple of 두서너 개의 property 부동산, 건물 remodel 개조하다 underground 지하의 parking 주차 공간, 주차 not far from ~에서 멀리 떨어지지 않은 insufficient 충분하지 않은

실전 감잡기

학습한 내용을 적용하여 다음 기출 변형 문제들을 풀어보세요.

Questions 1-2 refer to the following advertisement.

Check Out Perseus Direct!

Do you have a busy schedule these days? Are you finding it difficult to find time to shop for groceries or other goods? If so, then you should install the Perseus Direct application on your mobile devices. Perseus Direct has partnered with more than 3,000 businesses in Carver City and the surrounding area, and we are ready and waiting to pick up a wide variety of items for you and bring them to your door. From fresh produce and baked goods to exercise equipment and vitamin supplements, we can get these to you quickly and conveniently. We already employ a team of around 30 drivers, and are in the process of adding another 20. So, you will always find one who is available to meet your needs. Download Perseus Direct from your preferred app store or find out more by visiting www.perseusdirectonline.ca.

○ the Perseus Direct application은 함정이며, pick up, bring 등의 동사가 단서입니다.

1 What kind of business is Perseus Direct?

(A) A grocery store
(B) A software developer
(C) A delivery service
(D) A fitness center

○ 20명을 더 추가하는 중 = 20명 더 채용 중

2 What is indicated about Perseus Direct?

(A) It is expanding overseas.
(B) It has won several awards.
(C) It requires a registration fee.
(D) It is hiring more employees.

Questions 3-5 refer to the following letter.

Dear Hiring Manager,

Please find my résumé attached for your review in regard to the sales executive position posted on Global Transit's Web site. I have extensive experience in direct consumer sales, and I am currently looking for a new career opportunity. I am particularly interested in your company as I have recently moved to an area where Global Transit conducts a great deal of business.

In my previous sales role, I increased sales revenues by expanding existing markets and making contacts in new markets. I received the Top Salesperson Award for four consecutive years, and also the Innovator Award for creating a highly successful sales manual.

Attached you will find my detailed job history with several letters of reference with contact information. Please consider me for the advertised position.

Sincerely,

Michael Wilson

○ 첫 단락 시작 부분에서 단서를 찾습니다.

3 What is the purpose of the letter?

(A) To announce a job opening
(B) To request more information
(C) To express interest in a job
(D) To honor an employee

○ enclosed = attached

5 What is enclosed with the letter?

(A) Recommendation letters
(B) A college transcript
(C) A list of clients
(D) A business card

○ I received the Top Salesperson Award ~가 단서입니다

4 What is true about Mr. Wilson?

(A) He works for Global Transit.
(B) He is an award recipient.
(C) He has advertising experience.
(D) He started a new company.

① 동의어 찾기

지문 속의 특정 위치에 나타나 있는 단어를 문제에서 제시한 후, 그 단어와 유사한 의미를 지닌 단어를 고르는 유형입니다. 동의어 찾기 유형 문제에서 가장 중요한 점은 단순히 특정 단어가 지니는 의미가 아니라 주어진 문장에서 어떤 의미를 나타내는지를 파악하는 것입니다.

특강 28
동의어 찾기
최빈출 단어

■ 빈출 질문 유형

• The word "**concerning**" **in paragraph 1, line 2,** is closest in meaning to
  첫 번째 단락, 두 번째 줄의 단어 "concerning"과 의미가 가장 가까운 것은 무엇인가?

• In the **first e-mail**, the word "**perform**" **in paragraph 3, line 1,** is closest in meaning to
  첫 번째 이메일에서, 세 번째 단락, 첫 번째 줄의 단어 "perform"과 의미가 가장 가까운 것은 무엇인가?

■ 동의어 찾기 문제 풀이 순서

❶ 문제를 먼저 읽고 제시된 단어의 위치를 지문에서 찾습니다.
❷ 제시된 단어가 포함된 문장을 읽고 의미를 파악합니다.
❸ 이때, 해당 문장뿐만 아니라 앞뒤에 위치한 문장들도 함께 읽어 흐름을 파악합니다.
❹ 해당 문장 및 앞뒤 문장들을 통해 파악한 문맥 속에서 제시된 단어가 어떤 의미를 나타내는지 생각합니다.
❺ 그 의미와 가장 유사한 의미를 지닌 단어를 선택지에서 고릅니다.

■ 동의어 찾기 문제 주의사항

▸ 다양한 의미를 지니는 단어가 출제되므로 자신이 알고 있는 의미만 생각하고 성급하게 답을 고르지 말아야 합니다.

▸ 제시된 단어의 의미 또는 지문의 전체적인 내용을 정확히 알지 못하더라도 앞뒤 문장을 읽고 흐름을 파악해 풀 수 있으므로 반드시 문맥을 파악하는 데 집중합니다.

■ 동의어 찾기 유형 예제

질문에 제시된 단어를 지문에서 찾아 해당 문장 및 앞뒤 문장을 읽고 문맥을 파악합니다.

Dear Ms. Kohler,

Thank you for agreeing to participate in Cullen Gallery's upcoming exhibition, Across the Sea. The gallery will open on October 12, and you and the other featured artists are all invited to speak during the event. As **several members of the press will also be present**, you should receive some excellent exposure for your art.

Q. The word "exposure" in paragraph 1, line 5, is closest in meaning to
   첫 번째 단락, 다섯 번째 줄의 단어 "exposure"와 의미가 가장 가까운 것은 무엇인가?

(A) display 전시(품), 진열(품)
(B) profit 수익
(C) publicity 홍보, 광고
(D) disclosure 공개, 폭로

쾰러 씨께,

컬렌 미술관의 다가오는 전시회 '바다를 가로질러'에 참가하기로 동의해 주신 데 대해 감사드립니다. 이 미술관은 10월 12일에 개장할 것이며, 귀하 및 다른 특별 초청 미술가들께서 모두 행사 중에 연설하시도록 요청받으신 상태입니다. 언론계의 여러 인사들도 참석할 것이므로, 귀하의 미술품에 대해 뛰어난 노출 효과를 얻게 되실 것입니다.

초간단 문제 풀이 전략

❶ 단서 찾기

질문에 제시된 단어 exposure를 지문에서 찾아 해당 문장을 해석합니다.
미술품에 대해 뛰어난 노출 효과를 얻게 되실 것입니다.

❷ 문맥으로 정답 파악

several members of the press will also be present
언론계 인사들도 참석한다는 말이 있는데, 언론인들이 하는 일에 비추어 노출 효과가 「홍보」를 의미한다는 것을 알 수 있으므로 (C)가 정답입니다.

이 단어만은 꼭!

agree to do ~하기로 동의하다 participate in ~에 참가하다 upcoming 다가오는, 곧 있을 exhibition 전시(회) featured 특별 초청된, 특별히 출연하는 be invited to do ~하도록 요청받다 during ~ 중에 several 여럿의, 몇몇의 the press 언론계 present 참석한, 출석한 receive 얻다, 받다 exposure 노출 (효과)

② 표현의도 파악하기

문자 메시지 지문 또는 채팅 지문에서 한 메시지 작성자가 쓴 특정 문장을 문제에서 제시한 후, 그 문장이 어떤 의도로 쓰였는지 알아내는 유형입니다. 동의어 찾기 문제와 마찬가지로, 단순히 해당 문장이 지니는 의미를 찾는 것이 아니라 지문의 내용 흐름 속에서 어떤 의도로 쓰였는지를 파악하는 것이 가장 중요합니다.

■ 빈출 질문 유형

- At 11:14 A.M., what does Mr. Lee most likely mean when he writes, "That's not what we expected"?

  오전 11시 14분에, 리 씨가 "그건 우리가 예상했던 것이 아닙니다"라고 쓴 의도는 무엇인가?

- At 3:26 P.M., what does Ms. Cochran imply when she writes, "I'll be available"?

  오후 3시 26분에, 코크랜 씨가 어떤 의미로 "제가 시간이 있을 거예요"라는 말을 쓰는가?

■ 표현의도 파악하기 문제 풀이 순서

❶ 문제에 제시된 특정 문장을 먼저 확인합니다.
❷ 이때, 해당 문장이 기본적으로 나타내는 의미도 함께 파악합니다.
❸ 제시된 문장을 지문 속에서 찾습니다.
❹ 앞뒤에 위치한 문장을 함께 읽고 흐름을 파악합니다.
❺ 앞뒤 문장을 통해 파악한 문맥 속에서 제시된 문장이 어떤 의도로 쓰였는지 생각합니다.
❻ 그 의도를 가장 잘 나타내는 문장을 선택지에서 고릅니다.

■ 표현의도 파악하기 문제 주의 사항

▸ 문제를 읽으면서 제시된 문장을 확인한 후, 해당 문장이 지니는 기본적인 의미를 그대로 말한 선택지를 고르지 않도록 주의합니다.

▸ 제시된 문장 앞뒤에 위치한 문장을 통해 제시된 문장의 숨은 의도를 알아내는 것이 핵심이므로 반드시 문맥을 파악하는 데 집중합니다.

▸ 제시된 문장과 멀리 떨어진 문장을 읽고 의도를 파악해야 하는 문제도 종종 있으므로, 제시된 문장 바로 앞 또는 뒤에 위치한 문장으로 의도를 파악하기 어렵다면, 그보다 더 앞에 위치한 문장을 읽어보아야 합니다.

■ 표현의도 파악하기 유형 예제

질문에 제시된 문장을 지문에서 찾아 해당 문장 및 앞뒤 문장을 읽고 내용 흐름을 파악합니다.

Emma Yates [9:18 A.M.]	Kevin, our schedule on the Web site is empty.
Kevin Post [9:21 A.M.]	That can't be right. Is our weekly department meeting on the schedule?
Emma Yates [9:22 A.M.]	I don't see it. **Do you think today's schedule was deleted?**
Kevin Post [9:25 A.M.]	**I'm afraid so.**
Emma Yates [9:28 A.M.]	Well, I hope you still write everything in your planner.

Q. At 9:28 A.M., what does Ms. Yates most likely mean when she writes, "Well, I hope you still write everything in your planner"?

오전 9시 28분에, 예이츠 씨가 "당신이 여전히 일정표에 모든 것을 기록하고 있기를 바래요"라고 쓴 의도는 무엇인가?

(A) She recommends changing to a different method. 다른 방법으로 변경하는 것을 권하고 있다.

(B) She needs help planning a meeting. 회의를 기획하는 데 도움이 필요하다.

(C) She would like to check her own notes. 자신의 메모를 확인하고 싶어한다.

(D) She wants to restore some information. 어떤 정보를 되찾고 싶어한다.

....

엠마 예이츠 [오전 9:18] 케빈 씨, 웹사이트상의 우리 일정표가 비어 있네요.

케빈 포스트 [오전 9:21] 그럴 리가 없는데요. 우리 주간 부서 회의가 일정표에 있나요?

엠마 예이츠 [오전 9:22] 보이지 않아요. 오늘 일정표가 삭제된 거라고 생각하세요?

케빈 포스트 [오전 9:25] 그런 것 같아요.

엠마 예이츠 [오전 9:28] 당신이 여전히 일정표에 모든 것을 기록하고 있기를 바래요.

초간단 문제 풀이 전략

1 문장 찾기

질문에 제시된 특정 문장을 확인하고 지문에서 그 위치를 찾은 다음, 앞 문장들을 해석합니다.

당신이 여전히 일정표에 모든 것을 기록하고 있기를 바래요.

➡

2 내용 흐름 파악하기

Do you think today's schedule was deleted? / I'm afraid so.

웹사이트의 일정표가 삭제된 것 같다고 들은 상황에서 상대방이 모든 것을 일정표에 기록하고 있기를 바란다는 말은 그 정보를 참조하고 싶다는 뜻이므로 (D)가 정답입니다.

 이 단어만은 꼭!

empty 빈, 비어 있는 right 옳은, 맞는, 제대로 된 department 부서 delete 삭제하다 I'm afraid so (부정적인 일에 대해) 그런 것 같다
planner 일정표 method 방법 would like to do ~하고 싶어하다 one's own 자신의 restore 되찾다, 복구하다

③ 문장삽입 위치 파악하기

하나의 문장이 주어지고 지문의 내용 흐름상 그 문장의 위치로 가장 적절한 곳을 찾는 유형의 문제입니다. Part 6에서 정해진 위치에 알맞은 문장을 찾아 넣는 유형과 비슷한 원리로 출제됩니다. 지문 속에서 단락별 내용 전개와 관계 확인 등을 통한 전체적인 내용 흐름을 파악해야 하는 어려운 문제이지만, 그 속에 연계성을 찾는 데 필요한 단서가 반드시 제시되므로 그 단서를 빠르게 찾고 정확한 내용 흐름을 파악하는 것이 중요합니다.

■ 빈출 질문 유형

• In which of the positions marked [1], [2], [3], and [4] does the following sentence best belong?

  [1], [2], [3], 그리고 [4] 중에서 다음 문장이 가장 잘 어울리는 위치는 어느 것인가?

■ 문장삽입 위치 파악하기 문제 풀이 순서

❶ 문제에 제시된 특정 문장을 먼저 확인하면서 기본적인 의미도 함께 파악합니다.
❷ 기본적인 의미를 파악할 때, 해당 문장 내에 존재하는 단서(대명사, 특정 명사, 접속부사 등)를 확인합니다.
❸ 해당 문장이 나타내는 정보가 속해야 하는 단락을 찾습니다.
❹ 그 단락에 숫자로 표기된 위치에 문장을 넣어 의미 연결이 자연스러운지 확인합니다.
❺ 이때, 이미 확인해 둔 단서(대명사, 특정 명사, 접속부사 등)를 활용해 앞뒤 문장과의 관계를 파악합니다.

■ 빈출 단서 유형

▸ 대명사: this, that, these, those, they, them, such, it, he, she, both 등
▸ 접속부사: however, therefore, accordingly, for example, instead, furthermore, also 등
▸ 시간 및 순서 표현: before, after, prior to, then, first, finally 등
▸ 정관사(the) + 명사

■ 문장삽입 위치 파악하기 문제 주의사항

▸ 문맥을 파악해야 하는 유형이므로 해당 지문에 딸린 다른 문제를 먼저 푸는 것이 좋습니다. 세부정보 유형 문제나 주제/목적 문제를 먼저 풀면서 지문의 흐름을 파악할 수 있으므로 그 이후에 문장삽입 위치 파악하기 문제를 풀면 됩니다.
▸ 제시된 문장이 속해야 하는 단락을 먼저 찾은 후, 그 단락에 숫자로 표기된 위치에 넣어 앞뒤 문장과 자연스럽게 연결되는지 확인해야 합니다.

■ 문장삽입 위치 파악하기 유형 예제

질문에 제시된 문장에서 단서를 확인해 내용 흐름상 알맞게 연결되는 위치를 찾습니다.

— [1] —. A front desk attendant at the Trinity Hotel will be responsible for helping our guests. — [2] —. The front desk attendant will oversee check-ins and check-outs and respond to any of the guests' requests or inquiries. — [3] —. **Applicants who hold a university degree are preferred**, but it is not required. — [4] —.

Q. In which of the positions marked [1], [2], [3] and [4] does the following sentence best belong?

[1], [2], [3] 그리고 [4] 중에서 다음 문장이 가장 잘 어울리는 위치는 어느 것인가?

"**They** should **also have** at least one year of **experience** in the hotel industry."

"그들은 또한 호텔 업계에서 최소 1년 동안의 경력을 지니고 있어야 합니다."

(A) [1]   (B) [2]   (C) [3]   (D) [4]

— [1] —. 트리니티 호텔의 프런트 데스크 직원은 우리 고객들을 돕는 일을 책임지게 될 것입니다. — [2] —. 프런트 데스크 직원은 입실 및 퇴실 수속을 관리하며, 고객들의 어떤 요청이나 문의 사항에도 대응해야 합니다. — [3] —. 대학 학위를 소지하고 있는 지원자들이 우대되지만, 필수는 아닙니다. — [4] —.

초간단 문제 풀이 전략

❶ 단서 찾기

제시된 문장에서 대명사 They 및 추가를 나타내는 부사 also를 활용합니다.

그들은 또한 ~ 경력을 지니고 있어야 합니다.

❷ 단서를 활용한 흐름 파악하기

Applicants = They
hold a university degree / also have ~ experience
They가 지칭하는 Applicants의 추가 자격 요건을 말하는 흐름이 되어야 자연스러우므로 바로 앞에서 지원 자격을 언급하고 있는 (D)가 정답입니다.

이 단어만은 꼭!

be responsible for ~을 책임지다 **oversee** 관리하다, 총괄하다 **respond to** ~에 대응하다 **request** 요청 **inquiry** 문의(사항)
applicant 지원자 **hold** 소지하다, 보유하다 **degree** 학위 **preferred** 선호되는 **required** 필수인 **at least** 최소한 **industry** 업계

실전 감 잡기

학습한 내용을 적용하여 다음 기출 변형 문제들을 풀어보세요.

Questions 1-3 refer to the following online chat discussion.

Grant [10:35 A.M.]   Hey, Olivia... The top floor of our headquarters will be closed all of next week while the remodeling work is underway. That means we'll need to find a new workspace for the marketing department staff.

Olivia [10:37 A.M.]   Yes, I know. At least half of the marketing team will be in London next week for a skills development workshop, so we only need to find a new temporary space for the remaining staff.

Grant [10:39 A.M.]   Oh, that's right. So, there'll only be about ten department members here next week?

Olivia [10:40 A.M.]   Exactly. So, I was thinking we could fit them in with the graphic design team on the third floor. The last time I checked, there were several empty desks there.

Grant [10:42 A.M.]   Things have changed. They have recently recruited a lot of new workers.

Olivia [10:45 A.M.]   Hmm... in that case, I'll see if we can set up some temporary workstations in Meeting Room 3. It isn't being used that much these days.

○─(the business는 our headquarters를 가리켜요.)

1   What is indicated about the business?

   (A) It has moved to a new headquarters.
   (B) It has scheduled some renovations.
   (C) It recently hired more marketing staff.
   (D) It will be closed for one week.

○─(능력 개발 워크숍 = 교육 행사)

2   What did Olivia mention about some marketing department workers?

   (A) They often collaborate with graphic designers.
   (B) They requested new work equipment.
   (C) They are based at a London branch.
   (D) They will attend a training event.

○─(앞 문장에 언급된 3층 공간이 어떻게 변했을까요?)

3   At 10:42 A.M., what does Grant mean when he writes, "Things have changed"?

   (A) He recommends that some work be postponed.
   (B) He doubts there are enough workspaces available.
   (C) He thinks the marketing team should remain on the top floor.
   (D) He believes some new desks have been ordered.

Questions 4-6 refer to the following letter.

Dear Mr. Hannigan,

On behalf of Royale Bank, I am pleased to inform you that your bank loan application has been accepted and processed. Therefore, we will grant you the $10,000 sum in accordance with the terms and conditions laid out in the enclosed agreement. — [1] —.

We have already received copies of your pay slips covering the past six months, your two pieces of state-issued photo ID, and your social security number. — [2] —. Once the funds have been deposited into your business bank account, you will be notified by SMS and receive written confirmation by mail that you may keep for your reference. — [3] —.

As detailed in the agreement, the full sum plus interest must be paid back within 10 years. We can offer you an interest rate of 9 percent, which is a fairly competitive rate among Oregon banks. We expect a minimum repayment of $75 on the 1st of each month, and failure to adhere to these terms may result in additional administration charges or fees. — [4] —.

Please feel free to contact me directly at 555-1103 should you have any questions or concerns.

Sincerely,

Rajesh Suleman, Corporate Loans Manager, Royale Bank

○ 글의 목적은 주로 「I am pleased to do」에 나타나요.

4 Why was the letter sent to Mr. Hannigan?

(A) To confirm the opening of an account
(B) To provide advice on starting a business
(C) To approve a request for financing
(D) To request additional information

○ 한 달에 한 번 = 매달 1일

5 What is Mr. Hannigan asked to do on a monthly basis?

(A) Visit the bank
(B) Make a payment
(C) Submit a document
(D) Call Mr. Suleman

○ 은행이 가지고 있는 「모든 정보」는 어떤 정보일까요?

6 In which of the positions marked [1], [2], [3], and [4] does the following sentence best belong?

"As such, we have all the necessary information and do not need to trouble you for anything else."

(A) [1]
(B) [2]
(C) [3]
(D) [4]

① 다중지문 풀이 전략

2개의 지문이 1세트로 구성되는 이중지문, 그리고 3개의 지문이 1세트로 구성되는 삼중지문이 토익 Part 7의 마지막에 등장합니다. 이중지문과 삼중지문 모두 1세트당 5문제씩 다양한 유형의 문제가 출제되지만, 이중지문과 삼중지문의 가장 큰 특징은 1개의 지문이 아닌 2개의 지문에 나뉘어 제시되는 단서를 종합해 풀어야 하는 연계 문제가 세트마다 최소 1개는 무조건 출제된다는 점입니다.

■ 다중지문 간단히 파악하기

	이중지문	삼중지문
문제 번호	176~180번, 181~185번 (총 2세트, 10문제)	186~190번, 191~195번, 196~200번 (총 3세트, 15문제)
지문별 문제 배치 순서	·첫째 지문: 1~2번 문제 ·둘째 지문: 4~5번 문제 ·대체로 3번 문제가 연계 문제	·첫째 지문: 1~2번 문제(연계 문제 포함) ·둘째 지문: 3~4번 문제(연계 문제 포함) ·셋째 지문: 5번 문제
문제 유형	주제/목적 문제, 세부정보 문제, 사실확인 문제, 동의어 문제, 연계 문제 (표현의도 파악 및 문장삽입 유형은 제외)	

■ 다중지문 구성 예시

	지문 구성
이중지문	특정 주제에 관한 문의 – 문의에 대한 답변 예정된 행사/공사/회의 공지 – 구체적 일정 및 유의 사항 설문조사/행사 참여 권유 – 참가 신청서 불만 및 문제점 제기 – 해결책 제시 제품 및 서비스 광고 – 고객 혜택 특정 주제에 관한 공지 – 관련 기사
삼중지문	특정 주제에 관한 기사 – 해당 주제에 관한 문의 – 담당자 답변 웹페이지 광고 – 제품/서비스 등의 주문/신청 – 관련 양식 특정 행사 공지 – 행사 일정표 – 행사 결과/반응 지면 광고 – 제품/서비스 등의 주문/신청 – 영수증 웹페이지 광고 – 소비자 이용 후기 – 업체 측 답변

■ 다중지문 문제 풀이 주의사항

토익 Part 7의 이중지문과 삼중지문은 읽고 파악해야 할 정보의 양이 많아 문제별로 단서를 찾는 데 시간이 오래 걸립니다. 이중 지문과 삼중지문은 지문 순서와 문제 순서가 대체로 일치하므로 출제되는 문제 유형에 따라 우선 순위를 정해서 푸는 것이 좋습니다. 또한 지문 내용을 파악하는 시간과 문제 풀이 시간을 적절히 배분하는 것도 중요합니다.(세트당 대략 5분)

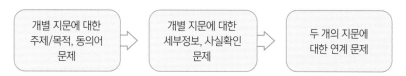

❶ 주제/목적 문제와 동의어 문제부터 풀이

- 각 세트에 출제되는 다섯 개의 문제들 중에서 개별 지문의 초반부에서 비교적 쉽게 단서를 찾을 수 있는 주제/목적 문제부터 풀이합니다.

- 동의어 문제는 제시된 단어가 포함된 문장 또는 그 앞뒤 문장들의 내용 흐름만 파악해도 풀 수 있으므로 주제/목적 문제와 함께 먼저 풀이합니다.

❷ 세부정보 및 사실확인 문제는 나중에 풀이

- 세부정보 문제나 사실확인 문제는 찾아야 할 정보도 많고 각 선택지와 대조하는 과정을 거쳐야 하는 등 시간이 많이 소모되므로 나중에 풀이합니다.

- 지문의 단서를 다른 말로 바꿔 표현하는 패러프레이징에 주의해야 하며, 단서와 선택지를 대조하는 과정에서 소거법을 활용하면 좋습니다.

❸ 연계 문제는 나중에 풀이

- 연계 문제는 두 지문에 나뉘어 제시된 단서를 종합해 풀어야 하는 문제 유형입니다.

- 한 지문에서 찾은 단서를 바탕으로 관련 정보가 언급된 다른 지문에서 추가 단서를 찾은 다음, 두 가지 정보를 종합해 유추 가능한 것을 정답으로 골라야 합니다.

- 삼중지문 연계 문제의 경우, 기본적인 문제 풀이 과정은 이중지문과 같으며, 세 개의 지문 중 두 개 지문에 제시되는 단서를 바탕으로 풀이합니다. 세 개의 지문에 모두 단서가 제시되는 경우는 없습니다.

- 단, 삼중지문 연계 문제에서는 단서가 1번 지문과 3번 지문에 숨어 있거나 2번 지문과 3번 지문에 제시되는 등 일관적이지 않으므로 지문을 읽는 동안 연계성을 파악하는 데 시간이 더 걸릴 수 있습니다.

❹ 연계 문제 단서 찾기

- 이중지문과 삼중지문이 짝지어 나오는 지문 구성 패턴이 있기 때문에 지문을 읽을 때 짝지어 나오는 지문들이 서로 어떤 관계인지 먼저 파악해야 합니다. 이 과정에서 문제 풀이에 핵심적인 역할을 하는 특정 날짜나 장소, 서비스 종류, 비용, 방법 등과 같이 중요한 정보에 유의하여 읽어야 합니다.

- 한 지문을 읽고 나머지 지문을 읽을 때는 이미 확인해 둔 중요 정보 중에서 중복되는 요소가 언급되는 부분을 놓치지 않는 것이 중요합니다.

② 이중지문 연습

가장 중요한 것은 2개의 지문이 1세트를 구성하므로 두 지문 사이의 관계를 빠르게 파악하는 것입니다. 쉬운 유형의 문제를 먼저 풀이하면서 각 지문의 내용 및 두 지문 사이의 관계를 대략적으로 파악한 다음, 세부적인 정보 확인 및 대조 과정이 필요한 어려운 유형의 문제로 넘어가는 방식으로 풀이합니다.

■ 이중지문 풀이 단계

❶ 두 지문의 종류를 먼저 파악하고 각 문제의 유형을 확인해 풀이할 순서를 정합니다. 각 세트에 딸린 다섯 문제를 반드시 순차적으로 풀지 않아도 됩니다.

❷ 주제/목적 문제와 동의어 문제 등 쉬운 유형의 문제를 먼저 풀면서 각 지문의 내용과 두 지문 사이의 관계를 간략하게 파악합니다.

❸ 세부정보 및 사실확인 문제를 풀이합니다. According to나 In the e-mail 등과 같이 특정 지문을 가리키는 말이 질문에 쓰인 경우 해당 지문 하나만 보고 풀 수 있으므로 이것을 먼저 풀이합니다. 이 유형의 문제를 풀이하기 위해 세부적인 정보를 파악하는 동안 두 지문 사이의 연계성을 염두에 두고 읽는 것이 좋습니다.

❹ 두 지문 사이에 연계된 정보를 파악해 연계 문제를 마지막으로 풀이합니다.

■ 이중지문 연습 예제

Outdoor Acoustic Festival Being Planned by University

May 5 (Columbus) – Ripley University is organizing an outdoor music festival to be held in June, but the final date and location have not yet been decided. According to Dan Nutter, the event organizer, the festival will either be held at Roger Park on June 15 or on June 22 at Dow Lake Park. Nutter says that the decision should be finalized by the weekend.

Ripley Outdoor Acoustic Festival

Gold Pass Ticket: June 22

Headliner: Tracy Reynolds, 8 P.M.

Supporting act: The Blue Hill Pickers, 7 P.M.

Q. Where did the Ripley Outdoor Acoustic Festival most likely take place?
리플리 야외 어쿠스틱 축제는 어디에서 열렸을 것 같은가?

(A) Roger Park 로저공원
(B) Dow Lake Park 도우레이크공원
(C) Ripley University 리플리대학교
(D) Columbus Community Center 콜럼버스 지역문화센터

대학에 의해 계획된 야외 어쿠스틱 음악 축제

5월 5일 (콜럼버스) – 리플리대학이 야외 음악 축제를 6월에 개최하려고 준비 중이지만, 최종 날짜 및 장소는 아직 결정되지 않았다. 행사 주최 책임자인 댄 너터 씨에 따르면, 이 축제는 6월 15일에 로저공원 또는 6월 22일에 도우레이크공원 중 한 곳에서 개최될 것이다. 너터 씨는 이 결정이 이번 주말까지 최종 확정될 것이라고 밝혔다.

리플리 야외 어쿠스틱 음악 축제

골드 입장권: 6월 22일
메인 공연자: 트레이시 레이놀즈, 오후 8시
찬조 공연자: 더 블루 힐 피커즈, 오후 7시

초간단 문제 풀이 전략

❶ 키워드 관련 정보 찾기

질문에서 언급하는 행사의 개최 장소와 관련된 정보부터 찾습니다.
6월 15일에 로저공원 또는 6월 22일에 도우레이크공원 중 한 곳에서 개최될 것이다.

❷ 연계 정보 파악하기

Gold Pass Ticket: June 22
공원 입장권인 두 번째 지문에 날짜가 「6월 22일」로 쓰여 있는 것을 통해 도우레이크공원이 개최 장소임을 알 수 있으므로 (B)가 정답입니다.

이 단어만은 꼭!

plan 기획하다 organize (행사를) 준비하다, 조직하다 hold 개최하다, 열다 location 장소, 위치 decide 결정하다 according to ~에 따르면 organizer 주최 책임자 either A or B: A 또는 B 둘 중의 하나 decision 결정 finalize 최종 확정하다 by (기한) ~까지 headliner 메인 출연자, 주연 supporting act 찬조 출연자, 조연

❸ 삼중지문 연습

삼중지문은 이중지문보다 읽어야 할 지문이 하나 더 있다는 것 외에는 이중지문과 큰 차이는 없습니다. 따라서 이중지문의 문제를 풀이할 때와 동일한 순서 및 방식을 적용해 풀이하면 됩니다. 단, 연계 문제의 단서가 세 지문 중 어디에 위치하는지를 파악할 때 주의해야 합니다.

■ 삼중지문 풀이 단계

❶ 세 지문의 종류를 먼저 파악하고 각 문제의 유형을 확인해 풀이할 순서를 정합니다. 각 세트에 딸린 다섯 문제를 반드시 순차적으로 풀지 않아도 됩니다.

❷ 쉬운 유형의 문제를 먼저 풀면서 각 지문의 내용과 세 지문 사이의 관계를 간략하게 파악합니다.

❸ 세부사항 및 사실확인 문제를 풀이합니다. 이 유형의 문제를 풀이하기 위해 세부적인 정보를 파악하는 동안 세 지문 사이의 연계성을 염두에 두고 읽는 것이 좋습니다. 삼중지문 연계 문제의 단서는 세 지문 중 첫째-둘째, 둘째-셋째, 또는 첫째-셋째 등 두 개의 지문에서만 찾을 수 있습니다.

❹ 세 지문 중 두 지문 사이에 연계된 정보를 파악해 연계 문제를 마지막으로 풀이합니다.

■ 삼중지문 연습 예제

Miguel,

I just made your reservation for the upcoming Tech Entrepreneur Seminar being held at the Estates Hotel. **Your pass costs $40,** but the company will cover it with our employee development budget. Keep in mind that parking around the hotel is expensive, and you'll likely have to pay $25 for a spot.

Rosa,

Thanks for making the arrangements. I think I'll learn a lot at the seminar. It should be a good networking opportunity, too. I'll keep any other travel receipts I receive and turn them in to you on Monday when I return to the office.

Tech Entrepreneur Seminar

Estates Hotel, 9786 North Avenue, Salt Lake City

One-Day Pass - $25

Two-Day Pass - $40

Q. What type of pass was most likely booked for Miguel?
어떤 종류의 입장권이 미구엘 씨를 위해 예약되었을 것 같은가?

(A) One-Day Pass 1일 입장권
(B) Two-Day Pass 2일 입장권
(C) Guest Speaker Pass 초청 연설자 입장권
(D) Priority Registration Pass 사전 등록자 입장권

미구엘 씨,

에스테이츠 호텔에서 곧 개최되는 기술 사업가 세미나에 귀하를 막 예약해 드렸습니다. 귀하의 입장권은 비용이 40달러이지만, 회사에서 직원 능력 개발 예산으로 비용을 충당해 드릴 것입니다. 이 호텔 주변의 주차가 비싸고 한 자리를 이용하는데 25달러를 지불하셔야 할 가능성이 있다는 점을 유념하시기 바랍니다.

로사 씨,

준비해 주셔서 감사드립니다. 세미나에서 많이 배울 것이라고 생각합니다. 좋은 인적 교류 기회도 될 것입니다. 제가 받은 어떤 출장 영수증이든 보관하고 있다가 사무실로 복귀하는 월요일에 그것들을 제출하겠습니다.

기술 사업가 세미나

에스테이츠 호텔, 노스 애비뉴 9786번지, 솔트 레이크 시티

1일 입장권 – 25달러

2일 입장권 – 40달러

초간단 문제 풀이 전략

1 키워드 관련 정보 찾기
질문에서 언급하는 미구엘 씨의 입장권 관련 정보부터 찾습니다.
귀하의 입장권은 비용이 40달러이지만

→

2 연계 정보 파악하기
Your pass costs $40
Two-Day Pass - $40
첫 번째 지문에서 가격 $40를 보고 세 번째 지문에서 비용이 40달러인 것을 확인하면 2일 입장권임을 알 수 있으므로 (B)가 정답입니다.

이 단어만은 꼭!

make one's reservation for ~을 예약하다 upcoming 다가오는 hold 개최하다 pass 입장권, 출입증 cost (비용이) ~이다, ~의 비용이 들다 cover (비용 등) 충당하다 budget 예산 keep in mind that ~임을 명심하다 spot 자리, 지점 make an arrangement 조치하다, 준비하다 networking 인적 교류 receipt 영수증 receive 받다 turn A in to B: A를 B에게 제출하다 return to ~로 복귀하다

실전 감잡기 학습한 내용을 적용하여 다음 기출 변형 문제들을 풀어보세요.

Questions 1-5 refer to the following e-mails.

Subject: Mariposa Bistro
Date: November 4

Dear Sir/Madam,

I dined at your restaurant with some friends two days ago, and we really enjoyed your extensive seafood menu and the table we reserved out on the patio. Nevertheless, I am writing to you because I wish to bring an incident regarding a member of your staff to your attention. The employee, whose name tag identified him as Steven, carelessly dropped a bowl of ice cream while bringing out the dessert course. Unfortunately, this landed on my cell phone, which was on the table, cracking the screen and damaging the leather phone case.

I am still very unhappy about this situation, as he was carrying too many dishes at the time and an accident was bound to happen. As a result, I had no choice but to visit a phone store yesterday and pay $120 for screen repairs. The phone case is worth an additional $50, but luckily, I have managed to clean that and it's almost back to its original appearance. So, I do not expect to be compensated for the full $170, but I hope to at least have the cost of repairs covered.

I hope to hear back from you soon regarding this matter.

Sincerely,

Lisa Mulvaney

Date: November 5
Subject: Mariposa Bistro

Dear Ms. Mulvaney,

I am terribly sorry to hear about the incident that spoiled your otherwise enjoyable experience at my restaurant. I have spoken to the employee you mentioned and arranged for all staff to undergo retraining this week. As a token of goodwill, I insist on covering the cost of both the repairs and the case, which you mentioned is still not in perfect condition. I would be happy to send you a direct bank transfer, if that suits you. Please let me know your banking information at your earliest possible convenience, and I will take care of this immediately. Once again, please accept my apologies, and I look forward to seeing you again at Mariposa Bistro.

Best regards,

Alan Crandall
Proprietor, Mariposa Bistro

○ 글을 쓴 목적은 주로 「I am writing to you ~」로 나타내요.

1 What is the main purpose of the first e-mail?

(A) To reserve a table
(B) To make a complaint
(C) To inquire about a menu
(D) To praise an employee

○ 이메일 지문 상단의 날짜를 꼭 확인해야 해요.

2 When did Ms. Mulvaney visit Mariposa Bistro?

(A) On November 2
(B) On November 3
(C) On November 4
(D) On November 5

○ 레스토랑에서 디저트를 내오는 사람을 칭하는 말은?

3 Who most likely is Steven?

(A) A chef
(B) A cleaner
(C) A business owner
(D) A server

○ 손님이 ~하시다면, 계좌 이체 금액을 보내 드리겠습니다.

4 In the second e-mail, the word "suits" in paragraph 1, line 5, is closest in meaning to

(A) adapts
(B) satisfies
(C) confirms
(D) outfits

○ 먼저 첫 지문에서 금액 관련 정보를 찾아야 해요.

5 How much money will Mr. Crandall send to Ms. Mulvaney?

(A) $50
(B) $120
(C) $170
(D) $220

Questions 6-10 refer to the following Web page, press release, and instant message.

www.moscowballetgroup.com/about			
ABOUT	DANCERS	PERFORMANCES	CONTACT

THE MOSCOW BALLET GROUP

The Moscow Ballet Group was founded by Dimitri Popov in 2002 and has toured extensively all over the world on an annual basis since it was first established. Several of Russia's top ballet dancers are currently active group members, including Nikolai Nureyev, who is frequently cited as the world's leading contemporary ballet dancer. Our upcoming North American tour kicks off in Los Angeles on March 20 and ends in New York City on April 23. The performances will include completely original dance routines devised by our brilliant choreographer, Olga Vaganova, and feature stunning hand-painted backdrops produced by the famous artist Ivan Somova. We would like to thank our performance director, Natalia Geltzer, for bringing all of these wonderful elements together to create our most amazing show yet.

Ballet fans should note that the Moscow Ballet Group will be taking the rest of the year off to focus on practice and training to prepare ourselves for a full world tour next year, so this will be your last chance to see one of our performances for a while. Tickets can be purchased by clicking the 'PERFORMANCES' tab above.

OFFICIAL PRESS RELEASE
MOSCOW BALLET GROUP
Contact: inquiries@mbg.com

(April 5) – It has recently come to our attention that we did not include enough dates in Canada on our current North American tour. Our Canadian fans are very important to us, so we have decided to extend the tour by adding some additional performances in the provinces of Ontario and Quebec. Details of the additional performances are as follows:

Palisade Music Center (Ottawa) - April 27
Frederic Building (Montreal) - April 29
GQ Convention Center (Ottawa) - May 1
Lovett Concert Hall (Toronto) - May 3

Tickets for the above dates are on sale now, and may be purchased directly from the venues or by visiting our Web site at www.moscowballetgroup.com/performances.

Angela Lowden [3:25 P.M.]

Hi Selma. Mary and I would really like to go and see the Moscow Ballet Group at the GQ Convention Center, and we figured you would be interested in joining us. As you probably know, the venue is just a short drive from my house, so I'd be happy to have you and Mary over for dinner first before we go and see the performance. I watched an interview on Channel 4 with the person who choreographs all the dancers' moves, and I was amazed. Let me know if you're interested!

니콜라이 누레예프 씨의 이름이 언급된 곳을 찾습니다.

6 What is indicated about Nikolai Nureyev?

(A) He established the Moscow Ballet Group.
(B) He has won awards for his dancing.
(C) He is unable to join an upcoming tour.
(D) He is often praised for his expertise.

선택지와 첫 지문의 정보를 비교해야 해요.

7 According to the Web page, what is true about the Moscow Ballet Group's North American tour?

(A) It runs for three months.
(B) It begins in New York City.
(C) It includes an original music score.
(D) It is the group's final tour this year.

앞 문장의 내용과 연결해 확인해야 해요.

8 In the message, the word "figured" in paragraph 1, line 2, is closest in meaning to

(A) counted
(B) guessed
(C) solved
(D) outlined

두 번째 지문과 세 번째 지문 둘 다 봐야하는 연계 문제예요.

9 In which city does Ms. Lowden most likely live?

(A) Quebec City
(B) Montreal
(C) Ottawa
(D) Toronto

첫 번째 지문과 세 번째 지문 둘 다 봐야하는 연계 문제예요.

10 Who did Ms. Lowden see being interviewed on television?

(A) Ivan Somova
(B) Natalia Geltzer
(C) Dimitri Popov
(D) Olga Vaganova

시원스쿨 LAB

과목별 스타 강사진 영입, 기대하세요!

시원스쿨LAB 강사 라인업

20년 노하우의 토익/토스/오픽/지텔프/텝스/아이엘츠/토플/SPA/듀오링고
기출 빅데이터 심층 연구로 빠르고 효율적인 목표 점수 달성을 보장합니다.

시험영어 전문 연구 조직

시원스쿨어학연구소

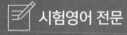 시험영어 전문

 기출 빅데이터

 264,000시간

TOEIC/TOEIC Speaking/
TEPS/OPIc/G-TELP/IELTS/
TOEFL/SPA/Duolingo
공인 영어시험 콘텐츠 개발 경력
20년 이상의 국내외 연구원들이 포진한
전문적인 연구 조직입니다.

본 연구소 연구원들은
매월 각 전문 분야의 시험에 응시해
시험에 나온 모든 문제를 철저하게
해부하고, 시험별 기출문제 빅데이터
분석을 통해 단기 고득점을 위한
학습 솔루션을 개발 중입니다.

각 분야 연구원들의 연구시간
모두 합쳐 264,000시간
이 모든 시간이 쌓여
시원스쿨어학연구소가
탄생했습니다.

시원스쿨 한 권 토익 시리즈

시원스쿨 기본토익 700+
LC,RC 동영상 강의

RENEWAL

토익 입문 대표
Kelly

토익 만점 여신
최서아

토익 LC, RC 20일이면 완성
하루 2강씩, 20일 만에
토익 700+ 준비를 끝냅니다.

강의에서 책이 보인다!
책을 그대로 옮겨놓은
강의 화면으로 완벽한 이해!

모든 강의 30분 내외로 끝!
이론에서 실전 감각까지
30분 안에 완성!

초스피드 2단계 강의 구성
출제 포인트 → 실전 문제 풀이로
초단기 점수 상승!

기본기 + 실전력 동시 완성!
상세한 이론 설명과 전략 코칭으로
기본기와 실전력을 동시에 완성!

선생님이 관리하는 스터디
Kelly, 최서아 선생님이 직접
온라인 스터디 관리까지!

지금 시원스쿨LAB 사이트(lab.siwonschool.com)에서 유료로 수강 가능합니다.

토익 시작할 땐 시원스쿨LAB

성적 NO, 출석 NO! 사자마자 50%,
지금 토익 시작하면 최대 300%+응시료 2회 환급

입문대표
켈리 선생님

토익만점 여신
최서아 선생님

New 시작이 반
토익환급

**사자마자
50% 환급**

성적 NO, 출석 NO

**100% 환급
+ 응시료 0원**

하루 1강
or 목표 성적 달성

**200% 환급
+ 응시료 0원**

하루 1강 & 성적

**300% 환급
+ 응시료 0원**

하루 1강 & 목표성적
+ 100점

* 지금 시원스쿨LAB 사이트(lab.siwonschool.com)에서 유료로 수강하실 수 있습니다

* 환급 조건 : 성적표 제출 및 후기 작성, 제세공과금&교재비 제외, 유의사항 참고, *[1위]2022-2023 히트브랜드 토익·토스·오픽 인강 부문 1위,

* [300%] 650점반 구매자, 출석&750점 달성 시, 유의사항 참고, *[750점만 넘어도] 650점반 구매자 첫토익 응시 기준, 유의사항 참고

히트브랜드 토익·토스·오픽 인강 1위
시원스쿨LAB 교재 라인업
*2020-2024 5년 연속 히트브랜드대상 1위 토익·토스·오픽 인강

시원스쿨 토익 교재 시리즈

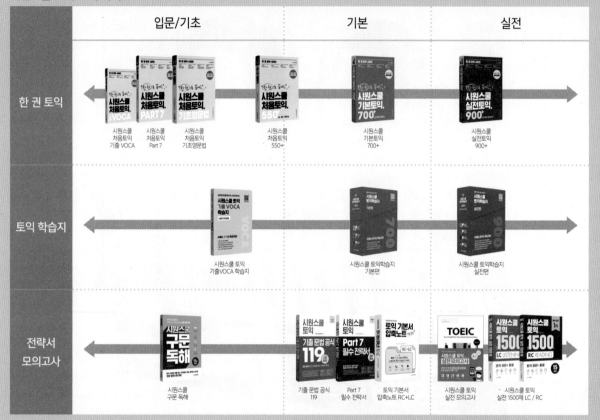

	입문/기초	기본	실전
한 권 토익	시원스쿨 처음토익 기출 VOCA / 시원스쿨 처음토익 Part 7 / 시원스쿨 처음토익 기초영문법 / 시원스쿨 처음토익 550+	시원스쿨 기본토익 700+	시원스쿨 실전토익 900+
토익 학습지	시원스쿨 토익 기출VOCA 학습지	시원스쿨 토익학습지 기본편	시원스쿨 토익학습지 실전편
전략서 모의고사	시원스쿨 구문 독해	기출 문법 공식 119 / Part 7 필수 전략서 / 토익 기본서 압축노트 RC+LC	시원스쿨 토익 실전 모의고사 / 시원스쿨 토익 실전 1500제 LC / RC

시원스쿨 토익스피킹 교재 시리즈

| 10가지 문법으로 시작하는 토익스피킹 기초영문법 | 28시간에 끝내는 토익스피킹 START | 5일 만에 끝내는 토익스피킹 실전모의고사 | 15개 템플릿으로 끝내는 토익스피킹 필수전략서 | 시원스쿨 토익스피킹 IM - AL | 시원스쿨 토익스피킹 실전 모의고사 | 시원스쿨 토익스피킹 학습지 |

시원스쿨 오픽 교재 시리즈

| 시원스쿨 오픽 IM-AL | 시원스쿨 오픽 실전 모의고사 | 시원스쿨 오픽학습지 실전전략편 IH-AL | 멀티캠퍼스X시원스쿨 오픽 진짜학습지 IM 실전 | 멀티캠퍼스X시원스쿨 오픽 진짜학습 IH 실전 | 멀티캠퍼스X시원스쿨 오픽 진짜학습지 AL 실전 | OPIc All in one PACKAGE IM-AL |

"한 권으로 끝내는"

시원스쿨 기본토익. 700⁺

정답 및 해설

시원스쿨 LAB

"한 권으로 끝내는"

시원스쿨 기본토익. 700+

시원스쿨 LAB

PART 1

DAY 01 인물 사진

PRACTICE

1. (A) X (B) O (C) X (D) X
2. (A) O (B) O (C) X (D) X
3. (A) X (B) O (C) O (D) X

1.
(A) She is taking off her jacket.
(B) She is typing on a keyboard.
(C) She is drinking from a cup.
(D) She is looking in a drawer.
(A) 여자가 자신의 재킷을 벗는 중이다.　　　[X]
(B) 여자가 키보드로 타자를 치고 있다.　　　[O]
(C) 여자가 컵에 든 것을 마시고 있다.　　　[X]
(D) 여자가 서랍 안을 들여다보고 있다.　　　[X]

어휘　take off ~을 벗다　type on a keyboard 키보드로 타자를 치다　drink from a cup 컵에 든 것을 마시다　look in ~ 안을 들여다보다　drawer 서랍

2.
(A) The man is wearing a safety vest.
(B) The man is moving some materials.
(C) The man is sweeping the floor.
(D) The man is loading boxes onto a cart.
(A) 남자가 안전 조끼를 착용한 상태이다.　　　[O]
(B) 남자가 일부 물품을 옮기고 있다.　　　[O]
(C) 남자가 바닥을 빗자루로 쓸고 있다.　　　[X]
(D) 남자가 상자들을 카트에 싣고 있다.　　　[X]

어휘　vest 조끼　material 물품, 재료, 자재　sweep ~을 빗자루로 쓸다　load A onto B: A를 B 위에 싣다

3.
(A) One of the men is entering a building.
(B) They are walking down some stairs.
(C) One of the men is holding a cup.
(D) They are crossing a street.
(A) 남자들 중 한 명이 건물에 들어가고 있다.　　　[X]
(B) 사람들이 계단을 걸어 내려가고 있다.　　　[O]
(C) 남자들 중 한 명이 컵을 들고 있다.　　　[O]
(D) 사람들이 거리를 건너고 있다.　　　[X]

어휘　enter ~에 들어가다　walk down ~을 걸어 내려가다　hold ~을 들다, 붙잡다, 쥐다　cross ~을 건너다, 가로지르다

실전 감잡기

1. (C)	2. (C)	3. (D)	4. (B)	5. (B)	6. (B)
7. (A)	8. (D)	9. (B)	10. (A)		

1.
(A) The woman is washing some plates.
(B) The woman is putting on an apron.
(C) The woman is preparing some food.
(D) The woman is wiping a counter.

(A) 여자가 몇몇 접시를 설거지하고 있다.
(B) 여자가 앞치마를 착용하는 중이다.
(C) 여자가 음식을 준비하고 있다.
(D) 여자가 조리대를 닦고 있다.

정답　(C)

해설　1인 사진이므로 등장 인물의 동작이나 자세, 관련 사물에 초점을 맞춰 들어야 한다.
(A) 여자가 설거지하는 동작을 하고 있지 않으므로 오답.
(B) 여자가 이미 앞치마를 착용한(wearing) 상태이므로 오답.
(C) 여자가 재료를 썰며 음식을 준비하는 동작을 하고 있으므로 정답.
(D) 여자가 조리대를 닦는 동작을 하고 있지 않으므로 오답.

어휘　plate 접시　put on (동작) ~을 착용하다　apron 앞치마　prepare ~을 준비하다　wipe ~을 문질러 닦다　counter 조리대

2.
(A) A man is leaning against a wall.
(B) A man is packing his luggage.
(C) A man is talking on the phone.
(D) A man is leaving the office.

(A) 한 남자가 벽에 기대어 있다.
(B) 한 남자가 자신의 짐을 꾸리고 있다.
(C) 한 남자가 전화 통화를 하고 있다.
(D) 한 남자가 사무실에서 나가고 있다.

정답　(C)

해설　1인 사진이므로 등장 인물의 동작이나 자세, 관련 사물에 초점을 맞춰 들어야 한다.
(A) 남자가 벽에 기대는 자세를 취하고 있지 않으므로 오답.
(B) 남자가 짐을 꾸리는 동작을 하는 것이 아니므로 오답.
(C) 남자가 전화 통화하는 자세를 취하고 있으므로 정답.
(D) 남자가 사무실에서 나가는 동작을 하는 것이 아니므로 오답.

어휘　lean against ~에 기대다　pack (짐 등) ~을 꾸리다, 싸다　luggage 짐, 수하물　leave ~에서 나가다, 떠나다

3. (A) She is strolling along a beach.
(B) She is swimming in the ocean.
(C) She is fishing from a pier.
(D) She is resting outdoors.

(A) 여자가 해변을 따라 거닐고 있다.
(B) 여자가 바다에서 수영하고 있다.
(C) 여자가 부두에서 낚시하고 있다.
(D) 여자가 야외에서 휴식하고 있다.

정답 **(D)**

해설 1인 사진이므로 등장 인물의 동작이나 자세, 관련 사물에 초점을 맞춰 들어야 한다.
(A) 여자가 해변에서 걷는 동작을 하는 것이 아니므로 오답.
(B) 여자가 수영하는 동작을 하고 있지 않으므로 오답.
(C) 여자가 낚시하는 동작을 하고 있지 않으므로 오답.
(D) 여자가 야외에서 휴식을 취하는 상황이므로 정답.

어휘 **stroll** 거닐다, 산책하다 **along** (길 등) ~을 따라 **pier** 부두
rest 휴식하다, 쉬다 **outdoors** 야외에서, 옥외에서

4. (A) A woman is pushing a shopping cart.
(B) A woman is paying for her purchase.
(C) A man is opening a cash register.
(D) A man is wrapping some merchandise.

(A) 한 여자가 쇼핑 카트를 밀고 있다.
(B) 한 여자가 구입품 비용을 지불하고 있다.
(C) 한 남자가 금전 등록기를 열고 있다.
(D) 한 남자가 몇몇 상품을 포장하고 있다.

정답 **(B)**

해설 2인 사진이므로 사람들의 공통된 동작이나 자세, 주변 사물에 함께 초점을 맞춰 들어야 한다.
(A) 여자가 쇼핑 카트를 미는 동작을 하고 있지 않으므로 오답.
(B) 여자가 카운터 앞에 서서 비용을 지불하는 동작을 하고 있으므로 정답.
(C) 남자가 금전 등록기를 여는 동작을 하고 있지 않으므로 오답.
(D) 남자가 상품을 포장하는 동작을 하고 있지 않으므로 오답.

어휘 **push a cart** 카트를 밀다 **pay for** ~에 대한 비용을 지불하다 **purchase** 구입(품) **cash register** (상점의) 금전 등록기
wrap ~을 포장하다 **merchandise** 상품, 제품

5. (A) They're shaking hands.
(B) They're seated next to each other.
(C) They're setting the table.
(D) They're facing each other.

(A) 사람들이 악수를 하고 있다.
(B) 사람들이 서로 나란히 앉아 있다.
(C) 사람들이 상을 차리고 있다.
(D) 사람들이 서로 마주 보고 있다.

정답 **(B)**

해설 2인 사진이므로 사람들의 공통된 동작이나 자세, 주변 사물에 함께 초점을 맞춰 들어야 한다.
(A) 악수하고 있는 모습이 아니므로 오답.
(B) 두 사람이 나란히 앉아 있는 상태이므로 정답.
(C) 상을 차리고 있는 사람들을 찾아볼 수 없으므로 오답.
(D) 두 사람이 서로 마주 보는 자세를 취하고 있지 않으므로 오답.

어휘 **shake hands** 악수를 하다 **be seated** 앉아 있다, 착석하다
next to ~ 옆에 **each other** 서로 **set the table** 상을 차리다
face each other 서로 마주 보다

6. (A) A man is trimming some bushes.
(B) One of the women is watering a plant.
(C) The women are facing each other.
(D) They are kneeling under a tree.

(A) 한 남자가 일부 덤불을 다듬고 있다.
(B) 여자들 중 한 명이 식물에 물을 주고 있다.
(C) 여자들이 서로 마주 보고 있다.
(D) 사람들이 나무 밑에서 무릎을 꿇고 있다.

정답 **(B)**

해설 다인 사진이므로 등장 인물들의 공통된 동작이나 개별 자세, 주변 사물에 함께 초점을 맞춰 들어야 한다.
(A) 남자가 덤불을 다듬는 동작을 하고 있지 않으므로 오답.
(B) 두 여자 중 한 명이 물을 주는 동작을 하고 있으므로 정답.
(C) 두 여자가 서로 마주 보는 자세를 하고 있지 않으므로 오답.
(D) 나무 밑에서 무릎 꿇고 있는 사람들이 없으므로 오답.

어휘 **trim** ~을 다듬다 **bush** 덤불, 관목 **water** v. ~에 물을 주다
plant 식물 **face each other** 서로 마주 보다 **kneel** 무릎을 꿇다

7. **(A) People are wearing safety helmets.**
(B) A man is putting on a shirt.
(C) They are handing out documents.
(D) People are walking outside.

(A) 사람들이 안전모를 착용한 상태이다.
(B) 한 남자가 셔츠를 착용하는 중이다.
(C) 사람들이 서류를 나눠주고 있다.
(D) 사람들이 밖에서 걷고 있다.

정답 **(A)**

해설 2인 사진이므로 사람들의 공통된 동작이나 자세, 주변 사물에 함께 초점을 맞춰 들어야 한다.
(A) 두 사람이 모두 안전모를 착용한 상태이므로 정답.
(B) 남자가 이미 셔츠를 착용한(wearing) 상태이므로 오답.
(C) 서류를 들고 있을 뿐 나눠주는 동작이 아니므로 오답.
(D) 사람들이 밖에 서 있기는 하지만 걷는 중인지 알 수 없으므로 오답.

어휘 **wear** (상태) ~을 착용하다, 입다 **safety helmet** 안전모 **put on** (동작) ~을 착용하다, 입다 **hand out** ~을 나눠주다, 배포하다

8. (A) People are running in a race.
(B) One of the men is carrying a briefcase.
(C) Some people are getting into a car.
(D) Some pedestrians are crossing the street.

(A) 사람들이 경주에서 달리기를 하고 있다.
(B) 남자들 중 한 명이 서류 가방을 들고 있다.
(C) 몇몇 사람들이 차에 타고 있다.
(D) 몇몇 보행자들이 길을 건너고 있다.

정답 **(D)**

해설 다인 사진이므로 등장 인물들의 공통된 동작이나 개별 자세, 주변 사물에 함께 초점을 맞춰 들어야 한다.
(A) 사람들이 달리는 동작을 하고 있지 않으므로 오답.
(B) 남자들 중 서류 가방을 들고 있는 사람은 없으므로 오답.
(C) 차에 타는 사람은 보이지 않으므로 오답.
(D) 몇몇 보행자들이 길을 건너는 동작을 하고 있으므로 정답.

어휘 **race** 경주, 달리기 **carry** ~을 지니고 있다 **briefcase** 서류 가방 **get into** ~안으로 들어가다 **pedestrian** 보행자 **cross the street** 길을 건너다

9. (A) People are looking at a map.
(B) People are standing on the platform.
(C) Travelers are seated in a waiting area.
(D) Passengers are boarding a train.

(A) 사람들이 지도를 보고 있다.
(B) 사람들이 승강장에 서 있다.
(C) 여행객들이 대합실에 앉아 있다.
(D) 승객들이 열차에 오르고 있다.

정답 **(B)**

해설 다인 사진이므로 등장 인물들의 공통된 동작이나 개별 자세, 주변 사물에 함께 초점을 맞춰 들어야 한다.
(A) 사람들의 시선이 열차 쪽으로 향해 있으므로 오답.
(B) 사람들이 승강장에 서 있는 상황이므로 정답.
(C) 앉아 있는 사람은 보이지 않으므로 오답.
(D) 열차에 오르고 있는 사람은 보이지 않으므로 오답.

어휘 **platform** 승강장 **traveler** 여행객 **be seated** 착석하다, 앉다 **waiting area** 대합실 **passenger** 승객 **board** ~에 오르다, 타다

10. (A) A man is serving food on a plate.
(B) A woman is drinking from a cup.
(C) A man is wiping a table.
(D) Some customers are waiting to be seated.

(A) 남자가 접시에 담긴 음식을 제공하고 있다.

(B) 여자가 컵에 든 것을 마시고 있다.
(C) 남자가 테이블을 닦고 있다.
(D) 몇몇 고객들이 착석하기 위해 대기 중이다.

정답 **(A)**

해설 다인 사진이므로 등장 인물들의 공통된 동작이나 개별 자세, 주변 사물에 함께 초점을 맞춰 들어야 한다.
(A) 식당 종업원으로 보이는 남자가 접시에 담긴 음식을 제공하고 있으므로 정답.
(B) 여자가 무엇을 마시는 동작을 하고 있지 않으므로 오답.
(C) 테이블을 닦고 있는 동작은 보이지 않으므로 오답.
(D) 대기 중인 고객들은 보이지 않으므로 오답.

어휘 **serve food** 음식을 제공하다, 내놓다 **plate** 접시 **wipe** ~을 문질러 닦다 **be seated** 착석하다, 앉다

DAY 02 사물/풍경 사진

PRACTICE

1. (A) O (B) X (C) O (D) X
2. (A) X (B) O (C) O (D) O
3. (A) X (B) X (C) O (D) X

1. (A) A light fixture is <u>hanging</u> from the ceiling.
(B) The chairs have been <u>placed</u> in the corner.
(C) A table <u>has been set</u> for a meal.
(D) The curtains have been closed.

(A) 조명 기구가 천장에 매달려 있다. [O]
(B) 의자들이 구석에 놓여 있다. [X]
(C) 테이블이 식사를 위해 차려져 있다. [O]
(D) 커튼이 닫혀 있다. [X]

어휘 **light fixture** 조명 기구 **hang** 걸려 있다, 매달리다 **ceiling** 천장 **place** v. ~을 놓다, 두다 **in the corner** 구석에 **meal** 식사

2. (A) A door has been <u>left open</u>.
(B) A staircase <u>leads to</u> a building.
(C) A light fixture has been <u>mounted</u> on the wall.
(D) There are benches <u>in front of</u> a building.

(A) 문 하나가 열린 채로 있다. [X]
(B) 계단이 건물로 이어져 있다. [O]
(C) 조명 기구가 벽에 설치되어 있다. [O]
(D) 건물 앞에 벤치들이 있다. [O]

어휘 **be left + 형용사**: ~한 채로 있다 **staircase** 계단 **lead to** ~로 이어지다, 연결되다 **light fixture** 조명 기구 **mount** ~을 설치하다, 고정시키다 **in front of** ~ 앞에

3. (A) The shelves have been <u>filled</u> with items.

(B) Boxes have been <u>stacked</u> on top of each other.

(C) Some fruit <u>is displayed</u> for sale.

(D) Some groceries have been <u>put</u> in a shopping cart.

(A) 선반이 물품으로 가득 차 있다.   [X]

(B) 상자들이 차곡차곡 쌓여 있다.   [X]

(C) 일부 과일이 판매용으로 진열되어 있다.   [O]

(D) 일부 식료품들이 쇼핑 카트에 놓여 있다.   [X]

어휘   **shelf** 선반   **be filled with** ~로 가득 차 있다   **item** 물품, 제품 **stack** ~을 쌓다   **on top of each other** 차곡차곡   **display** ~을 진열하다, 전시하다   **for sale** 판매용의, 판매 중인   **grocery** 식료품   **put** ~을 놓다, 두다

실전 감잡기

1. (B)	2. (D)	3. (A)	4. (C)	5. (B)	6. (C)
7. (A)	8. (B)	9. (C)	10. (A)		

1.
(A) Items have been placed in a shopping cart.

(B) Some jewelry is on display.

(C) Merchandise is arranged outdoors.

(D) Some customers are leaving a shop.

(A) 물품들이 쇼핑 카트에 놓여 있다.

(B) 몇몇 장신구가 진열되어 있다.

(C) 상품이 야외에 정렬되어 있다.

(D) 일부 고객들이 매장에서 나가고 있다.

정답   **(B)**

해설   사물 사진이므로 각 사물의 명칭과 위치 관계에 초점을 맞춰 들어야 한다.

(A) 쇼핑 카트는 보이지 않으므로 오답.

(B) 장신구가 진열되어 있는 상태이므로 정답.

(C) 야외라고 판단할 수 있는 단서가 없으므로 오답.

(D) 사람들(고객들)을 찾아볼 수 없으므로 오답.

어휘   **item** 물품, 제품   **place** v. ~을 놓다, 두다   **jewelry** 장신구, 보석류   **on display** 진열된, 전시된   **merchandise** 상품   **arrange** ~을 정렬하다, 정리하다   **leave** ~에서 나가다, 떠나다

2.
(A) The desk is covered with papers.

(B) The chairs are stacked in the corner.

(C) The door has been left open.

(D) The office is unoccupied.

(A) 책상이 종이로 덮여 있다.

(B) 의자들이 구석에 쌓여 있다.

(C) 문이 열린 채로 있다.

(D) 사무실이 비어 있다.

정답   **(D)**

해설   사물 사진이므로 각 사물의 명칭과 위치 관계에 초점을 맞춰

들어야 한다.

(A) 책상을 덮고 있는 종이를 찾아볼 수 없으므로 오답.

(B) 의자들이 쌓여 있는 모습은 보이지 않으므로 오답.

(C) 문이 열려 있는 상태가 아니므로 오답.

(D) 사무실에 아무도 없으므로 정답.

어휘   **be covered with** ~로 덮여 있다   **stack** ~을 쌓다   **be left + 형용사:** ~한 채로 있다   **unoccupied** (자리 등이) 비어 있는, 사람이 없는

3.
(A) Leaves have fallen on the ground.

(B) A path leads to a building.

(C) Some trees are being trimmed.

(D) Some buildings overlook a forest.

(A) 나뭇잎들이 바닥에 떨어져 있다.

(B) 통행로가 건물로 이어져 있다.

(C) 몇몇 나무들이 다듬어지고 있다.

(D) 몇몇 건물들이 숲을 내려다보고 있다.

정답   **(A)**

해설   풍경 사진이므로 풍경 속 사물의 명칭과 위치 관계에 초점을 맞춰 들어야 한다.

(A) 나뭇잎들이 바닥에 떨어져 있는 상태이므로 정답.

(B) 건물을 찾아볼 수 없으므로 오답.

(C) 나무를 다듬는 동작을 하는 사람이 없으므로 오답.

(D) 건물을 찾아볼 수 없으므로 오답.

어휘   **leaf** 나뭇잎(leaves는 복수형)   **fall** 떨어지다, 쓰러지다   **path** 통행로, 길   **lead to** ~로 이어지다, 연결되다   **trim** ~을 다듬다   **overlook** (건물이) ~을 내려다보다   **forest** 숲

4.
(A) A sidewalk is being repaired.

(B) Some people are walking through an archway.

(C) There are lampposts along the walkway.

(D) Some trees have been cut down.

(A) 보도가 수리되고 있다.

(B) 몇몇 사람들이 아치형 길을 통과해 걷고 있다.

(C) 보도를 따라 가로등이 서 있다.

(D) 몇몇 나무들이 잘려 넘어져 있다.

정답   **(C)**

해설   풍경 사진이므로 풍경 속 사물의 명칭과 위치 관계에 초점을 맞춰 들어야 한다.

(A) 보도에 수리 작업을 하고 있는 사람이 없으므로 오답.

(B) 길을 걷는 사람들을 찾아볼 수 없으므로 오답.

(C) 보도를 따라 가로등들이 서 있는 상태이므로 정답.

(D) 잘려 넘어진 나무들을 찾아볼 수 없으므로 오답.

어휘   **sidewalk** 보도   **repair** ~을 수리하다   **archway** 아치형 길, 아치형 입구   **lamppost** 가로등   **along** (길 등) ~을 따라   **walkway** 보도, 통행로   **cut down** (나무 등) ~을 잘라 넘어뜨리다

5. (A) A swimming pool has been filled.
(B) **A boat is tied to a dock.**
(C) A bridge crosses over a waterway.
(D) A ship is approaching a pier.

(A) 수영장이 꽉 차 있다.
(B) **보트 한 대가 부두에 정박되어 있다.**
(C) 다리가 수로 위를 가로지르고 있다.
(D) 배 한 척이 부두에 다가가고 있다.

정답 **(B)**

해설 풍경 사진이므로 풍경 속 사물의 명칭과 위치 관계에 초점을 맞춰 들어야 한다.
(A) 수영장을 찾아볼 수 없으므로 오답.
(B) 보트 한 대가 부두에 정박된 상태이므로 정답.
(C) 다리는 보이지 않으므로 오답.
(D) 배 한 척이 어딘가로 이동하는 것이 아니라 정박된 상태이므로 오답.

어휘 filled 꽉 찬, 가득 찬 be tied to ~에 정박되다, 묶여 있다 dock 부두 bridge 다리 cross ~을 가로지르다 over ~위로 waterway (강, 운하 등의) 수로 approach ~에 다가가다, 다가오다 pier 부두

6. (A) The road is being paved.
(B) Some steps lead up to a doorway.
(C) **A bicycle has been parked near a wall.**
(D) Some plants are hanging in a row.

(A) 도로가 포장되고 있다.
(B) 계단이 출입구까지 이어져 있다.
(C) **자전거 한 대가 벽 근처에 세워져 있다.**
(D) 몇몇 식물들이 한 줄로 매달려 있다.

정답 **(C)**

해설 사물 사진이므로 각 사물의 명칭과 위치 관계에 초점을 맞춰 들어야 한다.
(A) 도로를 포장하는 동작을 하는 사람이 없으므로 오답.
(B) 계단의 윗부분이 이어져 있는 출입구가 보이지 않으므로 오답.
(C) 자전거 한 대가 벽 근처에 세워진 상태이므로 정답.
(D) 식물들이 한 줄로 매달려 있는 상태가 아니므로 오답.

어휘 pave (길, 바닥 등) ~을 포장하다 steps 계단 lead up to ~에 이르다 doorway 출입구 park v. ~을 세워 놓다, 주차하다 near ~ 근처에 hang 매달리다, 걸려 있다 in a row 한 줄로

7. (A) **A fence has been built outside the house.**
(B) A building is under construction.
(C) A field of grass is being mowed.
(D) Potted plants have been placed outside.

(A) **담장이 집 외부에 지어져 있다.**
(B) 건물이 공사 중이다.
(C) 잔디밭이 깎이는 중이다.
(D) 화분에 담긴 식물이 밖에 놓여 있다.

정답 **(A)**

해설 풍경 사진이므로 풍경 속 사물의 명칭과 위치 관계에 초점을 맞춰 들어야 한다.
(A) 담장이 지어져 집 외부를 둘러싼 상태이므로 정답.
(B) 건물에 공사가 진행되는 상황이 아니므로 오답.
(C) 잔디밭을 깎는 동작을 하는 사람을 찾아볼 수 없으므로 오답.
(D) 화분에 담긴 식물을 찾아볼 수 없으므로 오답.

어휘 fence 담장 outside prep. ~ 외부에, ~ 바깥에 ad. 외부에, 밖에 under construction 공사 중인 field of grass 잔디밭, 풀밭 mow (잔디, 풀 등) ~을 깎다, 베다 potted plant 화분에 담긴 식물 place v. ~을 놓다, 두다

8. (A) Curtains are pulled closed.
(B) **A flower arrangement is on the table.**
(C) Some pictures are leaning against a wall.
(D) A table is set for dinner.

(A) 커튼이 당겨져 닫혀 있다.
(B) **꽃 장식물이 탁자에 놓여 있다.**
(C) 몇몇 그림들이 벽에 기대어져 있다.
(D) 테이블이 식사를 위해 차려져 있다.

정답 **(B)**

해설 사물 사진이므로 각 사물의 명칭과 위치 관계에 초점을 맞춰 들어야 한다.
(A) 커튼은 열려 있으므로 오답.
(B) 꽃 장식물이 탁자에 놓여 있는 상태이므로 정답.
(C) 그림이 벽에 기대어 있는 것이 아니라 걸려 있으므로 오답.
(D) 테이블에 식사 도구가 차려진 모습이 보이지 않으므로 오답.

어휘 be pulled closed 당겨져 닫히다 flower arrangement 꽃 장식물 lean against ~에 기대다 be set for ~을 위해 차려지다, 준비되다

9. (A) A library is being cleaned.
(B) A librarian is putting materials on a cart.
(C) **Shelves are stocked with books.**
(D) Some books are spread out on a counter.

(A) 도서관이 청소되고 있다.
(B) 사서가 카트에 물품을 담고 있다.
(C) **선반에 책들이 채워져 있다.**
(D) 몇몇 책들이 카운터에 흩어져 있다.

정답 **(C)**

해설 사물 사진이므로 각 사물의 명칭과 위치 관계에 초점을 맞춰 들어야 한다.
(A) 도서관을 청소하는 동작을 하는 사람을 찾아볼 수 없으므로 오답.

(B) 사람(사서)을 찾아볼 수 없으므로 오답.

(C) 선반이 책으로 가득 차 있는 상태이므로 정답.

(D) 카운터 뿐만 아니라 흩어져 있는 책들을 찾아볼 수 없으므로 오답.

어휘   librarian 사서   put A on B: A를 B에 놓다, 두다   material 물품, 재료, 자료   shelf 선반   be stocked with ~가 갖춰져 있다   spread out ~을 펼쳐 놓다, 늘어 놓다

10. (A) Airplanes are on the runway.
(B) Passengers are boarding an airplane.
(C) Lines are being painted on the road.
(D) Some people are unloading luggage.

(A) 비행기들이 활주로에 있다.
(B) 승객들이 비행기에 탑승하고 있다.
(C) 여러 선이 도로에 페인트로 그려지고 있다.
(D) 몇몇 사람들이 수하물을 내리고 있다.

정답   **(A)**

해설   풍경 사진이므로 풍경 속 사물의 명칭과 위치 관계에 초점을 맞춰 들어야 한다.

(A) 비행기들이 활주로에 있는 상태이므로 정답.
(B) 사람들(승객들)을 찾아볼 수 없으므로 오답.
(C) 페인트로 선을 그리는 동작을 하는 사람이 없으므로 오답.
(D) 사람들을 찾아볼 수 없으므로 오답.

어휘   runway 활주로   passenger 승객   board ~에 탑승하다   unload (짐, 물건 등) ~을 내리다   luggage 수하물, 짐

DAY 03   고난도 사진

PRACTICE

1. (A) O   (B) X   (C) X   (D) O
2. (A) X   (B) O   (C) O   (D) X
3. (A) X   (B) X   (C) O   (D) X

1. (A) Some people are walking under an archway.
(B) A road is being paved with bricks.
(C) A sign is being posted on a wall.
(D) There are lampposts along the walkway.

(A) 몇몇 사람들이 아치형 길 밑으로 걸어가고 있다.   [O]
(B) 길이 벽돌로 포장되고 있다.   [X]
(C) 표지판이 벽에 게시되고 있다.   [X]
(D) 보도를 따라 가로등이 서 있다.   [O]

어휘   archway 아치형 길, 아치형 입구   road 도로, 길   pave (도로 등) ~을 포장하다   brick 벽돌   sign 간판, 표지판   post ~을 게시하다   lamppost 가로등   along (길 등) ~을 따라   walkway 보도

---

2. (A) The woman is mowing the lawn.
(B) There are leaves in a wheelbarrow.
(C) Some leaves have been raked into a pile.
(D) Some trees are being cut down.

(A) 여자가 잔디를 깎고 있다.   [X]
(B) 외바퀴 손수레에 나뭇잎들이 있다.   [O]
(C) 일부 나뭇잎들이 갈퀴로 긁어 모아 쌓여 있다.   [O]
(D) 일부 나무들이 잘려 넘어지고 있다.   [X]

어휘   mow the lawn 잔디를 깎다   leaf 나뭇잎   wheelbarrow 외바퀴 손수레   rake A into a pile: 갈퀴로 A를 긁어 모아 한 더미로 쌓다   cut down ~을 잘라 넘어 뜨리다

3. (A) A stage is being set up indoors.
(B) People are waiting in line at an entrance.
(C) People have gathered for a concert.
(D) A concert hall is unoccupied.

(A) 무대가 실내에 설치되고 있다.   [X]
(B) 사람들이 입구에 줄 서서 대기하고 있다.   [X]
(C) 사람들이 콘서트를 보기 위해 모여 있다.   [O]
(D) 콘서트 홀이 비어 있다.   [X]

어휘   stage 무대   set up ~을 설치하다   indoors 실내에   wait in line 줄 서서 기다리다   entrance 입구   gather 모이다   unoccupied (자리 등이) 비어 있는, 사람이 없는

실전 감잡기

1. (A)	2. (D)	3. (C)	4. (C)	5. (D)	6. (A)
7. (C)	8. (A)	9. (D)	10. (B)		

1. **(A) A pedestrian is crossing the street.**
(B) There are cars parked along the street.
(C) Some trees are growing alongside a building.
(D) Columns line a walkway.

(A) 보행자 한 명이 길을 건너고 있다.
(B) 길을 따라 주차된 자동차들이 있다.
(C) 몇몇 나무들이 건물 옆에 나란히 자라고 있다.
(D) 기둥들이 보도를 따라 늘어서 있다.

정답   **(A)**

해설   1인 사진이므로 등장 인물의 동작이나 자세, 관련 사물에 초점을 맞춰 들어야 한다.

(A) 보행자 한 명이 길을 건너는 동작을 하고 있으므로 정답.
(B) 차량들이 주차된 것이 아니라 횡단보도 앞에 잠시 정차한 상황이므로 오답.
(C) 건물 옆에 나란히 자라는 나무를 찾아볼 수 없으므로 오답.
(D) 보도를 따라 늘어선 기둥들을 찾아볼 수 없으므로 오답.

어휘   pedestrian 보행자   cross the street 길을 건너다   There is A p.p.: ~된 A가 있다   park v. ~을 주차하다   along (길 등) ~을 따라   grow 자라다   alongside ~ 옆에 나란히   column 기둥

line v. ~을 따라 늘어서다 walkway 보도, 통로

2.
(A) Some people are unloading luggage.
(B) Airplanes are parked side by side.
(C) Some people are opening suitcases.
(D) Steps are positioned next to an aircraft.

(A) 몇몇 사람들이 수하물을 내리고 있다.
(B) 비행기들이 나란히 세워져 있다.
(C) 몇몇 사람들이 여행 가방을 열고 있다.
(D) 계단이 비행기 옆에 위치해 있다.

정답 **(D)**

해설 다인 사진이므로 등장 인물들의 공통된 동작이나 개별 자세,
주변 사물에 함께 초점을 맞춰 들어야 한다.
(A) 수하물을 내리는 동작을 하는 사람을 찾아볼 수 없으므로
오답.
(B) 옆에 나란히 서 있는 다른 비행기를 찾아볼 수 없으므로 오
답.
(C) 여행 가방을 여는 동작을 하는 사람을 찾아볼 수 없으므로
오답.
(D) 비행기 옆에 비행기로 오르는 계단이 위치해 있으므로 정
답.

어휘 **unload** (짐 등) ~을 내리다 **luggage** 수하물, 짐 **park** v. ~을
세워 놓다, 주차하다 **side by side** 나란히 **suitcase** 여행 가
방 **steps** 계단 **be positioned** 위치해 있다 **next to** ~의 옆에
aircraft 비행기

3.
(A) A man is carrying a bucket.
(B) A man is planting some flowers.
(C) Water is being sprayed from a hose.
(D) A fence is being built around a yard.

(A) 한 남자가 양동이를 옮기고 있다.
(B) 한 남자가 꽃을 심고 있다.
(C) 물이 호스에서 뿌려지고 있다.
(D) 담장이 마당 주변에 지어지고 있다.

정답 **(C)**

해설 1인 사진이므로 등장 인물의 동작이나 자세, 관련 사물에 초점
을 맞춰 들어야 한다.
(A) 남자가 양동이를 옮기는 동작을 하는 것이 아니므로 오답.
(B) 남자가 꽃을 심는 동작을 하는 것이 아니므로 오답.
(C) 물이 호스를 통해 뿌려지고 있으므로 정답.
(D) 담장을 짓는 동작을 하는 사람을 찾아볼 수 없으므로 오
답.

어휘 **carry** ~을 옮기다, 나르다 **bucket** 양동이 **plant** ~을 심다
spray ~을 뿌리다 **around** ~ 주변에, ~을 둘러 **yard** 마당

4.
(A) Some fruit has been put in a shopping cart.
(B) Food is on display in a cafeteria.
(C) An outdoor area is crowded with people.
(D) Picnic tables are being cleaned.

(A) 몇몇 과일이 쇼핑 카트에 놓여 있다.
(B) 음식이 구내 식당에 진열되어 있다.
(C) 한 야외 장소가 사람들로 붐비고 있다.
(D) 피크닉용 탁자들이 말끔히 치워지고 있다.

정답 **(C)**

해설 다인 사진이므로 등장 인물들의 공통된 동작이나 개별 자세,
주변 사물에 함께 초점을 맞춰 들어야 한다.
(A) 쇼핑 카트를 찾아볼 수 없으므로 오답.
(B) 사진 속 장소가 구내 식당이 아니므로 오답.
(C) 야외에 마련된 장소가 사람들로 가득하므로 정답.
(D) 피크닉 테이블을 치우고 있는 모습은 보이지 않으므로 오
답.

어휘 **put A in B**: A를 B에 놓다, 두다 **on display** 진열된, 전시된
cafeteria 구내 식당 **be crowded with** ~로 붐비다 **clean**
~을 말끔히 치우다

5.
(A) Carts are being loaded with bricks.
(B) A sign is being posted.
(C) Some wheels are being replaced.
(D) Wheelbarrows are propped against a wall.

(A) 카트들에 벽돌이 실리고 있다.
(B) 표지판이 게시되고 있다.
(C) 몇몇 바퀴가 교체되고 있다.
(D) 외바퀴 손수레들이 벽에 기대어져 있다.

정답 **(D)**

해설 사물 사진이므로 각 사물의 명칭 및 위치 관계를 함께 파악하
며 들어야 한다.
(A) 카트에 벽돌을 싣는 동작은 보이지 않으므로 오답.
(B) 표지판은 이미 게시되어 있으며, 게시되는 중이 아니므로
오답.
(C) 바퀴를 교체하는 동작은 보이지 않으므로 오답.
(D) 외바퀴 손수레들이 벽에 기대어져 있는 모습을 묘사한 정
답.

어휘 **load** ~을 싣다 **brick** 벽돌 **sign** 표지판 **post** ~을 게시하다
wheel 바퀴 **replace** ~을 교체하다 **wheelbarrow** 외바퀴 손
수레 **be propped against** ~에 기대어져 있다

6.
(A) Some plants are hanging from the ceiling.
(B) Some artwork is being framed.
(C) Some chairs have been stacked in the corner.
(D) A seating area has been set up outside.

(A) 몇몇 식물들이 천장에 매달려 있다.
(B) 일부 예술품들이 액자에 넣어지고 있다.
(C) 몇몇 의자들이 구석에 쌓여 있다.
(D) 좌석 공간이 외부에 설치되어 있다.

정답 (A)

해설 사물 사진이므로 각 사물의 명칭 및 위치 관계를 함께 파악하며 들어야 한다.

(A) 천장에 식물들이 매달려 있는 상태이므로 정답.

(B) 예술품을 액자에 넣는 동작을 하는 사람이 없으므로 오답.

(C) 쌓여 있는 의자를 찾아볼 수 없으므로 오답.

(D) 사진 속 공간은 실내이므로 오답.

어휘 hang 매달리다, 걸려 있다 ceiling 천장 artwork 예술품 frame v. ~을 액자에 넣다 in the corner 구석에 seating area 좌석 공간 set up ~을 설치하다 outside 외부에, 바깥에

7. (A) Some bushes are being trimmed.

(B) Some people are hiking through a forest.

(C) There are some people cycling outdoors.

(D) Some bicycles have been parked along a railing.

(A) 몇몇 덤불이 다듬어지고 있다.

(B) 몇몇 사람들이 숲 속을 지나 하이킹을 하고 있다.

(C) 야외에서 자전거를 타는 몇몇 사람들이 있다.

(D) 몇몇 자전거들이 난간을 따라 세워져 있다.

정답 (C)

해설 풍경 사진이므로 풍경 속 사물의 명칭과 위치 관계에 초점을 맞춰 들어야 한다.

(A) 덤불을 다듬는 동작을 하는 사람이 없으므로 오답.

(B) 하이킹하는 사람들을 찾아볼 수 없으므로 오답.

(C) 몇몇 사람들이 자전거를 타고 있는 상황이므로 정답.

(D) 난간을 따라 세워진 자전거를 찾아볼 수 없으므로 오답.

어휘 bush 덤불, 관목 trim ~을 다듬다 hike 하이킹하다, 도보 여행하다 through ~을 지나, 통과해 There is A -ing: ~하는 A가 있다 cycle 자전거를 타다 outdoors 야외에서, 옥외에서 park v. ~을 세워 놓다, 주차하다 along (길 등) ~을 따라 railing 난간

8. **(A) Boxes are stacked on a warehouse floor.**

(B) A ladder is leaning against a shelving unit.

(C) Some packages are being inspected.

(D) Items are being placed into boxes.

(A) 창고 바닥에 상자들이 쌓여 있다.

(B) 사다리가 선반에 기대어져 있다.

(C) 몇몇 포장 상자들이 검사되고 있다.

(D) 물건들이 박스에 넣어지고 있다.

정답 (A)

해설 사물 사진이므로 각 사물의 명칭 및 위치 관계를 함께 파악하며 들어야 한다.

(A) 창고로 보이는 곳 바닥에 상자들이 쌓여 있으므로 정답.

(B) 사다리는 보이지 않으므로 오답.

(C) 포장 상자를 검사하는 모습은 보이지 않으므로 오답.

(D) 상자에 물건을 담는 모습은 보이지 않으므로 오답.

어휘 stack ~을 쌓다 warehouse 창고 floor 바닥 ladder 사다리

lean against ~에 기대다 shelving unit 선반 package 포장 상자, 소포 inspect ~을 검사하다 place A into B: A를 B에 넣다

9. (A) Some curtains are being installed.

(B) Vegetables are being washed in a sink.

(C) Potted plants have been placed in front of the window.

(D) The containers have been filled with food.

(A) 커튼이 설치되고 있다.

(B) 야채가 싱크대에서 씻겨지고 있다.

(C) 화분에 담긴 식물이 창문 앞에 놓여져 있다.

(D) 용기들에 음식이 가득 차 있다.

정답 (D)

해설 사물 사진이므로 각 사물의 명칭 및 위치 관계를 함께 파악하며 들어야 한다.

(A) 커튼은 이미 설치되어 있고, 설치되는 모습이 아니므로 오답.

(B) 야채를 씻는 모습은 보이지 않으므로 오답.

(C) 창문 앞에 화분이 놓여있지 않으므로 오답.

(D) 많은 용기들에 음식이 가득 차 있는 모습이므로 정답.

어휘 install ~을 설치하다 vegetable 야채, 채소 wash ~을 씻다 sink 싱크대 potted plant 화분에 담긴 식물 place ~을 놓다, 두다 in front of ~의 앞에 container 그릇, 용기 be filled with ~로 가득 차다

10. (A) The man is holding onto a railing.

(B) The man is descending some stairs.

(C) There's a door beneath the staircase.

(D) A stone structure is being constructed.

(A) 남자가 난간을 붙잡고 있다.

(B) 남자가 계단을 내려가고 있다.

(C) 계단 밑에 문이 하나 있다.

(D) 석조 구조물이 지어지고 있다.

정답 (B)

해설 1인 사진이므로 등장 인물의 동작이나 자세, 관련 사물에 초점을 맞춰 들어야 한다.

(A) 남자가 난간을 붙잡은 자세를 취하고 있지 않으므로 오답.

(B) 남자가 계단을 내려가는 동작을 하고 있으므로 정답.

(C) 계단 밑에 문이 위치해 있지 않으므로 오답.

(D) 석조 구조물이 지어지는 것이 아니라 이미 지어진 상태이므로 오답.

어휘 hold onto ~을 붙잡다 railing 난간 descend ~을 내려가다, 내려오다 beneath ~ 밑에, 아래에 staircase 계단 structure 구조물 construct ~을 짓다, 건설하다

PART 2

DAY 04 When, Where, Who 의문문

PRACTICE

1. (A) X (B) O (C) O
2. (A) O (B) O (C) X
3. (A) X (B) X (C) O
4. (A) X (B) O (C) O
5. (A) X (B) O (C) O

1. When will the new software be installed?
(A) On the 3rd floor.
(B) Sometime next week.
(C) Not until this Friday.

언제 새 소프트웨어가 설치될 건가요?
(A) 3층에서요.　　　　　　　　　　　　[X]
(B) 다음 주 중으로요.　　　　　　　　　[O]
(C) 이번 주 금요일이나 되어야 합니다.　[O]

해설　새 소프트웨어가 언제 설치되는지 묻는 When 의문문이다.
(A) 위치 표현으로서 Where 의문문에 어울리는 답변이므로 오답.
(B) When에 어울리는 대략적인 미래 시점으로 답변하고 있으므로 정답.
(C) When에 어울리는 특정 미래 시점으로 답변하고 있으므로 정답.

어휘　install ~을 설치하다 Not until + 시점: ~나 되어야 한다

2. Where's the nearest bookstore?
(A) Just around the corner.
(B) I have no idea.
(C) It has a wide collection.

어디에 가장 가까운 서점이 있나요?
(A) 모퉁이를 돌면 바로 있어요.　　　　[O]
(B) 잘 모르겠어요.　　　　　　　　　　[O]
(C) 폭넓은 보유 물품이 있어요.　　　　[X]

해설　가장 가까운 서점이 어디에 있는지 묻는 Where 의문문이다.
(A) Where에 어울리는 위치 표현으로 답변하고 있으므로 정답.
(B) Where에 어울리는 위치 표현 대신 잘 모르겠다는 말로 불확실성을 나타내는 정답.
(C) 위치가 아닌 서점의 보유 물량과 관련된 답변이므로 오답.

어휘　near 가까운 just around the corner 모퉁이를 돌아 바로 wide 폭넓은, 다양한 collection 수집(품), 소장(품)

3. When do you finish work today?
(A) It was due yesterday.
(B) He works in the sales team.
(C) I still have a lot to do.

오늘 언제 일을 끝마치시나요?
(A) 그건 어제가 기한이었어요.　　　　[X]
(B) 그는 영업팀에서 근무합니다.　　　[X]
(C) 아직 할 게 많아요.　　　　　　　　[O]

해설　오늘 언제 일을 끝마치는지 묻는 When 의문문이다.
(A) 답변자 자신의 업무 종료 시점이 아닌 과거 시점의 마감 기한을 말하고 있으므로 오답.
(B) 대상을 알 수 없는 He에 관해 말하는 답변이므로 오답.
(C) 할 일이 많다는 말로 언제 업무를 종료할지 알 수 없음을 나타내는 정답.

어휘　be due + 시점: ~가 기한이다 sales 영업, 매출, 판매(량) have a lot to do 할 게 많다

4. When did Nick ask for a computer upgrade?
(A) As soon as he gets here.
(B) Sometime last week.
(C) I'm not sure.

언제 닉 씨가 컴퓨터 업그레이드를 요청했나요?
(A) 그가 여기에 도착하는 대로요.　　　[X]
(B) 지난 주 중에요.　　　　　　　　　　[O]
(C) 잘 모르겠어요.　　　　　　　　　　[O]

해설　닉 씨가 언제 컴퓨터 업그레이드를 요청했는지 묻는 When 의문문이다.
(A) When did ~?의 구조로 과거 시점의 일을 묻는 질문과 맞지 않는 대략적인 미래 시점을 언급하는 오답.
(B) When did ~?의 구조로 과거 시점을 묻는 질문에 어울리는 대략적인 과거 시점으로 답변하는 정답.
(C) When에 어울리는 시점 표현 대신 잘 모르겠다는 말로 불확실성을 나타내는 정답.

어휘　ask for ~을 요청하다 as soon as ~하자마자, ~하는 대로 get here 여기에 도착하다

5. Who is responsible for organizing the company picnic?
(A) To the Central City Park.
(B) Terry would know.
(C) Mr. Ramirez handles that.

누가 회사 야유회 준비를 책임지고 있나요?
(A) 센트럴 시티 공원으로요.　　　　　[X]
(B) 테리 씨가 알 거예요.　　　　　　　[O]
(C) 라미레즈 씨가 그 일을 처리합니다.　[O]

해설　회사 야유회 준비를 누가 책임지고 있는지 묻는 Who 의문문이다.
(A) Where에 어울리는 장소 전치사구로 답변하고 있으므로 오답.
(B) Who에 해당되는 답변 대신 그 정보를 알 수 있는 사람을

언급하는 정답.

(C) Who에 어울리는 사람 이름과 함께 야유회를 준비하는 일을 that으로 지칭해 담당자를 알려주는 정답.

어휘 be responsible for ~을 책임지고 있다 organize ~을 준비하다, 마련하다 handle ~을 처리하다, 다루다

실전 감잡기

1. (C)	2. (A)	3. (A)	4. (A)	5. (C)	6. (C)
7. (B)	8. (C)	9. (A)	10. (C)	11. (B)	12. (A)

1. When will the new accounting software be installed?
(A) I already knew.
(B) It's still there.
(C) In about three weeks.

언제 새 회계 소프트웨어가 설치될 건가요?
(A) 저는 이미 알고 있었어요.
(B) 그건 아직 거기 있어요.
(C) 약 3주 후에요.

정답 (C)
해설 새 회계 소프트웨어가 언제 설치되는지 묻는 When 의문문이다.
(A) 특정 사실에 대해 아는지 확인하는 의문문에 어울리는 답변이므로 오답.
(B) Where에 어울리는 위치 표현으로 답변하고 있으므로 오답.
(C) When에 어울리는 대략적인 미래 시점으로 답변하고 있으므로 정답.

어휘 accounting 회계 install ~을 설치하다 in + 시간/기간: ~ 후에 about 약, 대략

2. Where is the investment seminar being held?
(A) In the conference room.
(B) The handouts are ready.
(C) Some budget information.

어디에서 투자 세미나가 개최되나요?
(A) 대회의실에서요.
(B) 유인물이 준비되어 있습니다.
(C) 일부 예산 관련 정보요.

정답 (A)
해설 투자 세미나가 어디에서 개최되는지 묻는 Where 의문문이다.
(A) Where에 어울리는 장소 전치사구로 답변하고 있으므로 정답.
(B) 세미나 개최 장소가 아닌 자료 준비 상태를 말하고 있으므로 오답.
(C) 세미나 개최 장소가 아닌 특정 정보의 종류를 말하고 있으므로 오답.

어휘 investment 투자(금) hold ~을 개최하다, 열다 handout 유인물 budget 예산

3. Who is in charge of sending invitations?
(A) It hasn't been decided yet.
(B) For the fundraising event.
(C) No, I wasn't invited.

누가 초대장을 보내는 일을 책임지고 있나요?
(A) 아직 결정되지 않았어요.
(B) 기금 마련 행사를 위해서요.
(C) 아뇨, 저는 초대받지 못했어요.

정답 (A)
해설 초대장을 보내는 일을 누가 책임지고 있는지 묻는 Who 의문문이다.
(A) 아직 결정되지 않았다는 말로 알 수 없음을 나타내는 정답.
(B) 초대장을 보내는 일을 책임지고 있는 사람이 아닌 초대장 발송 목적을 말하고 있으므로 오답.
(C) 의문사 의문문에 어울리지 않는 No로 답변하는 오답. 의문사 의문문에 대해 Yes나 No로 시작되는 답변은 바로 오답 소거해야 한다.

어휘 in charge of ~을 책임지는, 맡고 있는 invitation 초대(장) decide ~을 결정하다 fundraising 기금 마련, 모금 invite ~을 초대하다

4. When can I get the copy of the rental contract?
(A) On Monday morning, I guess.
(B) Of course, you can.
(C) Put it on my desk, please.

언제 제가 임대 계약서 사본을 받을 수 있나요?
(A) 월요일 아침일 것 같아요.
(B) 물론, 하실 수 있습니다.
(C) 그걸 제 책상에 놓아 주세요.

정답 (A)
해설 임대 계약서 사본을 언제 받을 수 있는지 묻는 When 의문문이다.
(A) When에 어울리는 특정 시점으로 답변하고 있으므로 정답.
(B) 상대방의 말에 대해 확인을 해주거나 허락을 할 때 사용하는 말이므로 오답.
(C) 물건을 놓아둘 위치를 알리는 말로서 Where 의문문에 어울리는 답변이므로 오답.

어휘 copy 사본, 한 장, 한 부 rental 임대, 대여 contract 계약(서) put A on B: A를 B에 놓다, 두다

5. Who is going to pick up Mark from the airport?
(A) At Pearson Airport.
(B) Not yet.

(C) I can do that.

누가 공항에서 마크 씨를 데려올 건가요?
(A) 피어슨 공항에서요.
(B) 아직 아니에요.
(C) 제가 할 수 있어요.

정답　(C)

해설　공항에서 마크 씨를 누가 데려올 건지 묻는 Who 의문문이다.
　(A) Where에 어울리는 장소 전치사구로 답변하고 있으므로 오답.
　(B) 어떤 일의 시작 또는 완료 여부와 관련된 부정 답변이므로 오답.
　(C) 공항에서 데려오는 일을 that으로 지칭해 답변자 자신이 할 수 있다는 가능성을 말하는 답변이므로 정답.

어휘　pick up (차로) ~를 데려오다, 데리러 가다 Not yet 아직 아니다

6.　When will you decide on the date for the banquet?
(A) The annual staff party.
(B) A little more color.
(C) I picked one already.

언제 연회 날짜를 결정하실 건가요?
(A) 연례 직원 회식입니다.
(B) 색을 좀 더 많이요.
(C) 이미 하루를 선택했어요.

정답　(C)

해설　연회 날짜를 언제 결정할 것인지 묻는 When 의문문이다.
　(A) 연회 날짜 결정 시점이 아닌 연회 목적을 말하는 답변이므로 오답.
　(B) 연회 날짜 결정 시점이 아닌 색 추가를 요청하는 말이므로 오답.
　(C) 질문에 포함된 date를 대신하는 one과 함께 이미 하루를 결정했다는 의미이므로 정답.

어휘　decide on ~을 결정하다 annual 연례적인, 해마다의 pick ~을 선택하다, 정하다

7.　Who will be the keynote speaker at the conference?
(A) We'll arrive at 9.
(B) I heard it's Mr. Choi.
(C) At the headquarters.

누가 컨퍼런스에서 기조 연설자가 되는 건가요?
(A) 우리는 9시에 도착할 겁니다.
(B) 최 씨라고 들었어요.
(C) 본사에서요.

정답　(B)

해설　컨퍼런스에서 누가 기조 연설자가 될 것인지 묻는 Who 의문문이다.
　(A) When에 어울리는 도착 시점을 알리는 답변이므로 오답.
　(B) 특정 인물의 이름과 함께 자신이 들은 정보를 밝히는 답변

이므로 정답.
　(C) Where에 어울리는 장소 전치사구로 답변하고 있으므로 오답.

어휘　keynote speaker 기조 연설자 arrive 도착하다 headquarters 본사, 본부

8.　When did you send that order?
(A) To the branch in Texas.
(B) Well, that should be enough time.
(C) Several days ago.

언제 그 주문 사항을 보내셨나요?
(A) 텍사스에 있는 지점으로요.
(B) 저, 그러면 충분한 시간일 거예요.
(C) 며칠 전에요.

정답　(C)

해설　주문 사항을 언제 보냈는지 묻는 When 의문문이다.
　(A) Where에 어울리는 위치 전치사구로 답변하고 있으므로 오답.
　(B) 질문에서 말하는 과거 시점이 아닌 지속 시간과 관련된 답변이므로 오답.
　(C) When에 어울리는 대략적인 과거 시점으로 답변하고 있으므로 정답.

어휘　order 주문 (사항), 주문품 branch 지점, 지사 several 몇몇의, 여럿의

9.　Where can I see tomorrow's schedule of events?
(A) It's posted on our Web site.
(B) Probably around 5 P.M.
(C) I saw it yesterday.

어디에서 제가 행사의 내일 일정표를 볼 수 있나요?
(A) 우리 웹사이트에 게시되어 있어요.
(B) 아마 오후 5시쯤일 거예요.
(C) 저는 어제 그것을 봤어요.

정답　(A)

해설　행사 일정표를 어디에서 볼 수 있는지 묻는 Where 의문문이다.
　(A) Where에 어울리는 정보 확인 위치로 답변하고 있으므로 정답.
　(B) When에 어울리는 시점 표현으로 답변하고 있으므로 오답.
　(C) 정보 확인 위치가 아닌 과거 시점에 본 사실을 말하는 답변이므로 오답.

어휘　post v. ~을 게시하다 probably 아마 around ~쯤, 약, 대략

10.　Who did Chloe have lunch with?
(A) During lunchtime.
(B) Next Sunday.
(C) Someone from the marketing team.

누가 클로이 씨와 함께 점심 식사를 했나요?
(A) 점심 시간 중에요.
(B) 다음 주 일요일이요.
(C) 마케팅 팀에 소속된 분이요.

정답 **(C)**

해설 클로이 씨와 누가 함께 점심 식사를 했는지 묻는 Who 의문문
이다.
   (A) When에 어울리는 특정 기간 표현으로 답변하고 있으므
       로 오답.
   (B) When에 어울리는 시점 표현으로 답변하고 있으므로 오
       답.
   (C) Who에 어울리는 특정 부서에 소속된 사람을 언급하고 있
       으므로 정답.

어휘 during ~ 중에, ~ 동안

11. Where do you want me to put these packages?
(A) I put the sales report on your desk.
(B) Just leave them here, thanks.
(C) Of course.

어디에 이 배송 물품들을 놓아두기를 원하세요?
(A) 제가 당신 책상 위에 매출 보고서를 놓아두었어요.
(B) 그냥 여기 두세요, 감사합니다.
(C) 물론이죠.

정답 **(B)**

해설 배송 물품들을 어디에 놓아두기를 원하는지 묻는 Where 의문
문이다.
   (A) 배송 물품이 아닌 매출 보고서를 놓아둔 위치를 말하고 있
       으므로 오답.
   (B) Where에 어울리는 특정 위치를 알리는 답변이므로 정답.
   (C) Yes와 마찬가지로 긍정을 뜻하는 말이므로 의문사 의문문
       에 어울리지 않는 오답.

어휘 want A to do: A가 ~하기를 원하다 put ~을 놓다, 두다
     package 배송 물품, 소포, 꾸러미 sales 매출, 영업, 판매(량)
     leave ~을 놓다, 두다

12. Who can I talk to about signing up for a workshop?
(A) You can do it online.
(B) Yes, Ms. Kim found it very informative.
(C) To learn computer skills.

워크숍에 등록하는 일과 관련해서 누구와 얘기할 수 있나요?
(A) 온라인으로 하실 수 있어요.
(B) 네, 김 씨는 매우 유익했다고 생각하셨어요.
(C) 컴퓨터 활용 능력을 배우기 위해서요.

정답 **(A)**

해설 워크숍에 등록하는 일과 관련해서 누구와 얘기할 수 있는지 묻
는 Who 의문문이다.
   (A) 누군가와 얘기하는 것 대신 워크숍에 등록하는 다른 방법

을 알려주는 답변이므로 정답.
   (B) 의문사 의문문에 어울리지 않는 Yes로 답변하는 오답. 의
       문사 의문문에 대해 Yes나 No로 시작되는 답변은 바로 오
       답 소거해야 한다.
   (C) 얘기를 나눌 대상이 아닌 워크숍 개최 목적을 말하는 답변
       이므로 오답.

어휘 sign up for ~에 등록하다, ~을 신청하다 find A 형용사: A가
     ~하다고 생각하다 informative 유익한 skill 능력, 기술

DAY 05 What, Which 의문문

PRACTICE

1. (A) O (B) X (C) O
2. (A) X (B) X (C) O
3. (A) O (B) O (C) X
4. (A) O (B) X (C) X
5. (A) X (B) O (C) X

1. What do you think about the new manager?
(A) She's highly qualified.
(B) I knew about it.
(C) I haven't talked to her yet.

신임 부장님에 대해서 어떻게 생각하세요?
(A) 매우 뛰어난 자격을 갖추신 분이에요.   [O]
(B) 그것에 대해 알고 있었어요.   [X]
(C) 아직 그분과 얘기해 보지 못했어요.   [O]

해설 신임 부서장에 대해 어떻게 생각하는지 의견을 묻는 What 의
문문이다.
   (A) 신임 부서장의 자격과 관련된 답변자 자신의 의견을 밝히
       는 답변이므로 정답.
   (B) 사람이 아닌 특정 대상(it)에 대해 알고 있었다는 사실을
       말하는 답변이므로 오답.
   (C) 아직 얘기해 보지 않아 어떻게 생각하는지 의견을 말할 수
       없다는 뜻을 밝히는 답변이므로 정답.

어휘 **What do you think about ~?** ~에 대해 어떻게 생각하세요?
     highly 매우, 대단히 **qualified** 자격을 갖춘, 적격인

2. What kind of chair are you looking for?
(A) In the living room.
(B) Have you looked under the desk?
(C) Something very comfortable.

무슨 종류의 의자를 찾고 계신가요?
(A) 거실이에요.   [X]
(B) 책상 밑을 확인해 보셨나요?   [X]
(C) 아주 편안한 것이요.   [O]

해설 찾고 있는 의자의 종류를 묻는 What 의문문이다.
   (A) Where에 어울리는 장소 전치사구로 답변하고 있으므로

오답.

(B) 질문에 포함된 동사 look을 반복해 혼동을 유발하는 답변으로, 의자의 종류가 아닌 어떤 물건을 찾기 위한 위치를 되묻는 말이므로 오답.

(C) 아주 편안한 것이라는 특성을 말해 원하는 의자의 종류를 알려주는 답변이므로 정답.

어휘 **look for** ~을 찾아보다 **comfortable** 편안한, 안락한

---

3. What time does the next train to Albany leave?
(A) The schedule is over there.
(B) In half an hour.
(C) At Grand Central Station.

알바니로 가는 다음 기차가 몇 시에 출발하나요?
(A) 일정표가 저기 저쪽에 있어요. [O]
(B) 30분 후에요. [O]
(C) 그랜드 센트럴 역에서요. [X]

해설 알바니로 가는 다음 기차가 몇 시에 출발하는지 묻는 What 의문문이다.

(A) 특정 시간을 직접 말하는 대신 그 정보를 확인할 방법을 알려주는 답변이므로 정답.

(B) What time에 어울리는 미래 시점으로 답변하고 있으므로 정답.

(C) Where에 어울리는 장소 전치사구로 답변하고 있으므로 오답.

어휘 **leave** 출발하다, 떠나다 **over there** 저기 저쪽에 **in + 시간/기간**: ~ 후에

---

4. Which backpack is yours?
(A) The black one with a name tag.
(B) I bought it online.
(C) Yes, that would be great.

어느 배낭이 당신 것인가요?
(A) 이름표가 있는 검은색으로 된 것이요. [O]
(B) 온라인으로 구입했어요. [X]
(C) 네, 그렇게 하면 아주 좋겠어요. [X]

해설 어느 배낭이 상대방 것인지 묻는 Which 의문문이다.

(A) 질문에 포함된 backpack을 대신하는 대명사 one과 함께 배낭의 특성을 언급하고 있으므로 정답.

(B) 배낭의 특성이 아닌 구입 방법을 말하는 답변이므로 오답.

(C) 의문사 의문문에 어울리지 않는 Yes로 답변하는 오답. 의문사 의문문에 대해 Yes나 No로 시작되는 답변은 바로 오답 소거해야 한다.

어휘 **name tag** 이름표

---

5. Which firm does Martin work for?
(A) That was his first company.
(B) Doesn't he work at the C&C Corporation?
(C) Yes, he'll be working until four.

마틴 씨가 어느 회사에서 근무하나요?

(A) 그게 그분의 첫 번째 회사였어요. [X]
(B) 그분은 C&C 주식회사에서 근무하시지 않나요? [O]
(C) 네, 그분은 4시까지 근무할 겁니다. [X]

해설 마틴 씨가 어느 회사에서 근무하는지 묻는 Which 의문문이다.

(A) That은 앞서 언급된 특정 대상을 가리키는데, 그 대상을 알 수 없어 질문에 맞지 않는 답변이므로 오답.

(B) Which firm에 어울리는 특정 회사를 언급해 마틴 씨의 근무 여부를 확인하기 위해 되묻는 말이므로 정답.

(C) 의문사 의문문에 어울리지 않는 Yes로 답변하는 오답. 의문사 의문문에 대해 Yes나 No로 시작되는 답변은 바로 오답 소거해야 한다.

어휘 **firm** 회사 **work for** ~에서 근무하다

실전 감잡기

1. (A)	2. (C)	3. (B)	4. (A)	5. (C)	6. (B)
7. (A)	8. (A)	9. (C)	10. (A)	11. (C)	12. (C)

---

1. What do you think of our new office?
(A) It looks great.
(B) The desk is over there.
(C) On the 4th floor.

우리 새 사무실에 대해 어떻게 생각하세요?
(A) 아주 좋아 보여요.
(B) 그 책상은 저기 저쪽에 있어요.
(C) 4층에요.

정답 **(A)**

해설 새 사무실에 대해 어떻게 생각하는지 의견을 묻는 What 의문문이다.

(A) new office를 It으로 지칭해 아주 좋아 보인다는 의견을 밝히고 있으므로 정답.

(B) 새 사무실에 대한 의견이 아닌 책상이 놓인 위치를 말하는 답변이므로 오답.

(C) Where에 어울리는 위치 전치사구로 답변하고 있으므로 오답.

어휘 **What do you think of ~?** ~에 대해서 어떻게 생각하세요? **look + 형용사**: ~하게 보이다, ~한 것 같다 **over there** 저기 저쪽에

---

2. What's the extension for Customer Service?
(A) At the service desk.
(B) 100 dollars.
(C) It's 8160.

고객 서비스부의 내선 번호가 무엇인가요?
(A) 서비스 데스크에서요.
(B) 100달러입니다.
(C) 8160입니다.

정답 **(C)**

해설 고객 서비스부의 내선 번호를 묻는 What 의문문이다.

(A) Where에 어울리는 위치 전치사구로 답변하고 있으므로 오답.

(B) 질문에 포함된 Service와 연관성 있게 들리는 비용 수준을 말하는 것으로 혼동을 유발하는 오답.

(C) extension에 해당되는 특정 번호를 말하는 답변이므로 정답.

어휘 **extension** 내선 (번호)

3. Which hotel is hosting this year's conference?
(A) Over 3,000 attendees.
(B) The same one as last year.
(C) You can register online.

어느 호텔에서 올해의 컨퍼런스를 주최하나요?
(A) 3,000명이 넘는 참석자들이요.
(B) 작년과 같은 곳이요.
(C) 온라인으로 등록하실 수 있어요.

정답 **(B)**

해설 올해의 컨퍼런스를 주최하는 호텔을 묻는 Which 의문문이다.

(A) How many에 어울리는 행사 참석자 규모를 말하는 답변이므로 오답.

(B) 질문에 포함된 hotel을 대신하는 대명사 one과 함께 작년과 같은 곳이라는 말로 행사 주최 호텔을 알려주는 답변이므로 정답.

(C) 방법을 묻는 How에 어울리는 등록 방법을 말하는 답변이므로 오답.

어휘 **host** ~을 주최하다 **over** ~가 넘는 **attendee** 참석자 **register** 등록하다

4. What did the client say about our budget proposal?
(A) She was very impressed.
(B) The sales figures.
(C) Without his approval.

그 고객이 우리 예산 제안서에 대해 뭐라고 하시던가요?
(A) 그분께서는 매우 깊은 인상을 받으셨어요.
(B) 매출 수치요.
(C) 그분의 승인 없이요.

정답 **(A)**

해설 고객이 예산 제안서에 대해 무슨 말을 했는지 묻는 What 의문문이다.

(A) 질문에 포함된 the client를 She로 지칭해 그 사람이 느낀 점을 전달하는 답변에 해당되므로 정답.

(B) 고객의 의견이 아닌 어떤 정보의 종류를 말하는 답변이므로 오답.

(C) 제안서에 대한 고객의 의견이 아닌 누군가의 승인 여부와 관련된 말이므로 오답.

어휘 **budget** 예산 **proposal** 제안(서) **impressed** 깊은 인상을 받

은 **sales** 매출, 영업, 판매(량) **figure** 수치, 숫자 **approval** 승인

5. Which department am I training in today?
(A) The train departs every 30 minutes.
(B) Everyone is pleased with your work.
(C) Didn't you check the bulletin board?

제가 오늘 어느 부서에서 교육 받을 건가요?
(A) 기차가 30분마다 출발합니다.
(B) 모든 사람이 당신의 작업물에 만족하고 있어요.
(C) 게시판을 확인해 보시지 않았나요?

정답 **(C)**

해설 어느 부서에서 교육 받는지 묻는 Which 의문문이다.

(A) 질문의 training과 발음이 비슷한 train으로 혼동을 노린 오답.

(B) 교육 받는 부서가 아닌 상대방의 작업물에 대한 사람들의 의견을 말하는 답변이므로 오답.

(C) 게시판을 확인해 봤는지 되묻는 것으로 질문자가 원하는 정보를 찾을 수 있는 방법을 언급하는 답변이므로 정답.

어휘 **department** 부서 **train** v. 교육 받다 **depart** 출발하다 **every 30 minutes** 30분마다 **be pleased with** ~에 만족하다, 기뻐하다 **work** 작업(물) **bulletin board** 게시판

6. What's tomorrow's meeting about?
(A) At 10 A.M.
(B) A new vacation policy.
(C) I met them on Tuesday.

내일 있을 회의가 무엇에 관한 것인가요?
(A) 오전 10시에요.
(B) 새로운 휴가 정책이요.
(C) 저는 그분들을 화요일에 만났어요.

정답 **(B)**

해설 내일 있을 회의가 무엇에 관한 것인지 묻는 What 의문문이다.

(A) When에 어울리는 시간 표현으로 답변하고 있으므로 오답.

(B) 새 휴가 정책이라는 회의 주제를 말하는 답변이므로 정답.

(C) 질문에 포함된 meeting과 연관성 있게 들리는 met을 활용해 혼동을 유발하는 답변으로, 회의 주제가 아닌 누군가를 만난 시점을 밝히는 답변이므로 오답.

어휘 **vacation** 휴가 **policy** 정책, 방침

7. What time does the bus arrive?
(A) It should be here in 10 minutes.
(B) Four bus tickets, please.
(C) No, I'm not too busy.

그 버스가 몇 시에 도착하나요?
(A) 10분 후에 여기로 올 겁니다.

(B) 버스표 4장 주세요.
(C) 아뇨, 저는 그렇게 바쁘지 않아요.

정답   **(A)**

해설   버스가 몇 시에 도착하는지 묻는 What 의문문이다.
(A) What time에 어울리는 특정 미래 시점으로 답변하고 있
으므로 정답.
(B) 버스 도착 시간이 아닌 버스 티켓 구매 수량을 말하는 답변
이므로 오답.
(C) 의문사 의문문에 어울리지 않는 No로 답변하는 오답. 의
문사 의문문에 대해 Yes나 No로 시작되는 답변은 바로 오
답 소거해야 한다.

어휘   arrive 도착하다 in + 시간/기간: ~ 후에

8. Which of these paintings would look best in the
dining room?
(A) I like the yellow one.
(B) No, it's in the living room.
(C) I didn't get a chance to see him.

이 그림들 중에 어느 것이 식사 공간에 가장 잘 어울릴까요?
(A) 저는 노란색으로 된 것이 좋아요.
(B) 아뇨, 그건 거실에 있어요.
(C) 저는 그분을 뵐 기회가 없었어요.

정답   **(A)**

해설   식사 공간에 가장 잘 어울릴 수 있는 그림을 묻는 Which 의문
문이다.
(A) 질문에 포함된 painting을 대신하는 대명사 one과 함께
특정 색상으로 된 것이 좋다는 의견을 제시하는 답변이므
로 정답.
(B) 의문사 의문문에 어울리지 않는 No로 답변하는 오답. 의
문사 의문문에 대해 Yes나 No로 시작되는 답변은 바로 오
답 소거해야 한다.
(C) 그림이 아닌 특정 인물(him)과 관련된 말이므로 오답.

어휘   **painting** 그림 **look + 형용사:** ~하게 보이다, ~한 것 같다 **get
a chance to do** ~할 기회가 있다

9. What's the entry fee at the museum on Locke
Street?
(A) Three new exhibits.
(B) The entrance is on Kent Avenue.
(C) It's free for students.

로크 스트리트에 있는 박물관 입장료가 얼마인가요?
(A) 세 가지 새로운 전시회요.
(B) 출입구가 켄트 애비뉴에 있어요.
(C) 학생들은 무료입니다.

정답   **(C)**

해설   로크 스트리트에 있는 박물관 입장료가 얼마인지 묻는 What
의문문이다.

(A) 질문에 포함된 museum과 연관성 있게 들리는 exhibit
를 활용해 혼동을 유발하는 답변으로, 입장료 정보가 아닌
전시회 숫자와 관련된 말이므로 오답.
(B) 질문에 포함된 entry와 발음이 유사한 entrance를 활용
해 혼동을 유발하는 답변으로, 입장료 정보가 아닌 출입구
위치와 관련된 말이므로 오답.
(C) 학생들은 무료라는 말로 입장료와 관련된 정보를 전달하
는 말이므로 정답.

어휘   **entry fee** 입장료 **exhibit** 전시(회) **entrance** 출입구 **free** 무
료인

10. Which airline should we take for our trip to London?
(A) We already booked a flight.
(B) At the airport.
(C) I'm looking forward to it, too.

우리가 런던으로 가는 출장을 위해 어느 항공사를 이용해야 하
나요?
(A) 우리는 이미 항공편을 예약했어요.
(B) 공항에서요.
(C) 저도 그것을 고대하고 있어요.

정답   **(A)**

해설   런던으로 가는 출장을 위해 어느 항공사를 이용해야 하는지 묻
는 Which 의문문이다.
(A) 이미 항공편을 예약했다는 말로 어느 항공사를 이용해야
하는지 생각할 필요가 없음을 알리는 답변이므로 정답.
(B) Where에 어울리는 장소 전치사구로 답변하고 있으므로
오답.
(C) 이용할 항공사가 아닌 답변자 자신이 기대하고 있다는 말
이므로 오답.

어휘   **take** (교통편 등) ~을 이용하다, 타다 **book** v. ~을 예약하다
look forward to ~을 고대하다

11. What's the estimated budget for the trip to
Chicago?
(A) Give me the estimate by Friday.
(B) They're meeting in March.
(C) Approximately $1,500.

시카고로 가는 출장에 대한 추정 예산액이 얼마인가요?
(A) 금요일까지 저에게 견적서를 주세요.
(B) 그분들은 3월에 모일 것입니다.
(C) 약 1,500달러입니다.

정답   **(C)**

해설   시카고로 가는 출장에 대한 추정 예산액이 얼마인지 묻는
What 의문문이다.
(A) 질문에 포함된 estimated와 발음의 거의 같은 estimate
을 활용해 혼동을 유발하는 답변으로, 추정 액수가 아닌
견적서 전달 요청에 해당되는 말이므로 오답.
(B) 추정 예산액이 아닌 대상을 알 수 없는 사람들(They)이 만

나는 시점을 언급하는 답변이므로 오답.

(C) estimated budget에 어울리는 대략적인 액수를 밝히는 답변이므로 정답.

어휘 **estimated** 추정된, 견적의 **budget** 예산 **estimate** n. 견적 (서) **approximately** 약, 대략

12. Which font should I use for the advertisement?
(A) A television commercial.
(B) I think it looks great.
(C) Whatever you think is best.

광고에 어느 서체를 사용해야 하나요?
(A) 텔레비전 광고요.
(B) 아주 좋아 보이는 것 같아요.
(C) 무엇이든 당신이 가장 좋다고 생각하는 것이요.

정답 **(C)**

해설 광고에 어느 서체를 사용해야 하는지 묻는 Which 의문문이다.

(A) 질문에 포함된 advertisement와 연관성 있게 들리는 television commercial을 활용해 혼동을 유발하는 답변으로, 서체의 종류가 아닌 특정 광고 방식을 말하고 있으므로 오답.
(B) 서체의 종류가 아닌 특정 대상(it)에 대한 답변자 자신의 의견을 말하는 답변이므로 오답.
(C) 특정 서체를 언급하는 대신 상대방에게 선택권을 주겠다는 말이므로 정답.

어휘 **font** 서체 **advertisement** 광고 **commercial** n. 광고 (방송) **look + 형용사**: ~하게 보이다, ~한 것 같다 **whatever** 무엇이든 ~하는 것

DAY 06 How, Why 의문문

PRACTICE

1. (A) X (B) O (C) O
2. (A) O (B) O (C) X
3. (A) O (B) O (C) X
4. (A) X (B) O (C) O
5. (A) O (B) O (C) X

1. Why was the train delayed?
(A) For almost an hour.
(B) There was ice on the rails.
(C) Because of some mechanical problems.

기차가 왜 지연되었나요?
(A) 약 1시간 동안이요. [X]
(B) 철로에 얼음이 있었어요. [O]
(C) 몇몇 기계적인 문제들 때문에요. [O]

해설 기차가 지연된 이유를 묻는 Why 의문문이다.

(A) How long에 어울리는 지속 시간을 말하는 답변이므로 오답.
(B) 철로에 얼음이 있었다는 말로 기차가 지연된 이유를 언급하는 답변이므로 정답.
(C) Why와 어울리는 Because of와 함께 기계적인 문제를 언급하는 것으로 지연 이유를 밝히고 있으므로 정답.

어휘 **delay** ~을 지연시키다, 미루다 **rail** 철로, 선로 **mechanical** 기계적인

2. How did you find our office?
(A) Ms. Shepherd helped me.
(B) I looked it up on a map.
(C) It's located in Singapore.

저희 사무실을 어떻게 찾으셨나요?
(A) 셰퍼드 씨께서 저를 도와주셨어요. [O]
(B) 지도에서 그곳을 찾아봤습니다. [O]
(C) 그건 싱가포르에 위치해 있어요. [X]

해설 사무실을 어떻게 찾았는지 묻는 How 의문문이다.

(A) 특정 인물로부터 도움을 받았다는 말로 사무실을 찾은 방법을 밝히고 있으므로 정답.
(B) 지도에서 사무실을 찾아봤다는 말로 사무실을 찾은 방법을 밝히고 있으므로 정답.
(C) find와 연관성 있게 들리는 located를 언급해 혼동을 유발하는 답변으로, Where에 어울리는 위치를 말하는 답변이므로 오답.

어휘 **find** ~을 찾아내다 **look A up**: A를 찾아보다 **be located in** ~에 위치해 있다

3. How do you like your new apartment?
(A) Better than I expected.
(B) It's very spacious.
(C) A one-bedroom apartment.

당신의 새 아파트가 마음에 드시나요?
(A) 제가 예상했던 것보다 더 좋아요. [O]
(B) 아주 널찍해요. [O]
(C) 침실 1개짜리 아파트입니다. [X]

해설 상대방에게 새 아파트가 마음에 드는지 묻는 How 의문문이다.

(A) 예상보다 더 좋다는 말로 아파트에 대한 의견을 밝히는 답변이므로 정답.
(B) 아주 널찍하다는 말로 아파트가 마음에 든다는 이유를 말하는 답변이므로 정답.
(C) 단순히 침실 1개짜리 아파트라는 특성을 나타내는 말로서, 마음에 드는지 아닌지를 말하는 특성으로 볼 수 없으므로 오답.

어휘 **How do you like ~?** ~은 마음에 드시나요?, ~은 어떠세요? **expect** 예상하다, 기대하다 **spacious** 넓은, 널찍한

4. <u>Why</u> is there a <u>large crowd</u> at this store?
(A) On the second floor.
(B) They're having a <u>clearance sale</u>.
(C) I have no idea.

왜 이 매장에 사람들이 많은 건가요?
(A) 2층이에요. [X]
(B) 정리 세일 행사 중입니다. [O]
(C) 잘 모르겠어요. [O]

해설　매장에 사람들이 많은 이유를 묻는 Why 의문문이다.
(A) Where에 어울리는 위치 전치사구로 답변하고 있으므로 오답.
(B) 정리 세일 행사 중이라는 말로 사람들이 모여든 이유를 언급하는 답변이므로 정답.
(C) 잘 모르겠다는 말로 사람들이 많은 이유와 관련해 불확실성을 나타내는 답변이므로 정답.

어휘　crowd 사람들, 군중　clearance sale 정리 세일 행사

5. <u>How many people</u> responded to the invitation?
(A) Only four or five.
(B) I just mailed them out.
(C) To <u>celebrate</u> my retirement.

얼마나 많은 사람들이 초대에 응했나요?
(A) 겨우 4~5명이요. [O]
(B) 제가 그것들을 막 우편으로 보냈습니다. [O]
(C) 제 퇴직을 기념하기 위해서요. [X]

해설　얼마나 많은 사람들이 초대에 응했는지 묻는 How 의문문이다.
(A) How many people에 어울리는 인원수로 답변하고 있으므로 정답.
(B) 초대장들을 뜻하는 them과 함께 막 우편으로 보냈기 때문에 아직 정확한 인원수를 알 수 없다는 뜻을 나타내는 답변이므로 정답.
(C) 행사 참석 인원수가 아닌 행사 개최 목적을 나타내는 말이므로 오답.

어휘　respond to ~에 응하다, 답변하다　invitation 초대(장)　mail A out: A를 우편으로 발송하다　celebrate ~을 축하하다, 기념하다　retirement 은퇴, 퇴직

실전 감잡기

1. (A)	2. (A)	3. (B)	4. (C)	5. (C)	6. (B)
7. (C)	8. (B)	9. (B)	10. (C)	11. (A)	12. (A)

1. Why was the music festival canceled?
(A) Due to the bad weather.
(B) Yes, I heard about it.
(C) I like that song.

왜 그 음악 축제가 취소된 거죠?
(A) 악천후 때문이에요.

(B) 네, 그것에 관해 들었어요.
(C) 저는 그 노래가 마음에 들어요.

정답　(A)

해설　음악 축제가 취소된 이유를 묻는 Why 의문문이다.
(A) Why와 어울리는 이유 전치사 Due to와 함께 악천후 때문이라는 말로 축제 취소 이유를 밝히는 답변이므로 정답.
(B) 의문사 의문문에 어울리지 않는 Yes로 답변하는 오답. 의문사 의문문에 대해 Yes나 No로 시작되는 답변은 바로 오답 소거해야 한다.
(C) 질문에 포함된 music과 연관성 있게 들리는 song을 활용해 혼동을 유발하는 답변으로, 축제 취소 이유가 아닌 특정 노래에 대한 의견을 밝히는 말이므로 오답.

어휘　cancel ~을 취소하다　due to ~ 때문에, ~로 인해　bad weather 악천후

2. Why was the file cabinet moved from the corner?
(A) To make more space for a new printer.
(B) Right around the corner.
(C) It's on my desk.

왜 그 파일 캐비닛이 구석에서 옮겨진 거죠?
(A) 새 프린터를 놓을 공간을 더 확보하기 위해서요.
(B) 바로 모퉁이를 돈 곳에요.
(C) 그건 제 책상 위에 있습니다.

정답　(A)

해설　파일 캐비닛이 구석에서 옮겨진 이유를 묻는 Why 의문문이다.
(A) Why와 어울리는 목적을 나타내는 to부정사구와 함께 공간 확보를 위해 캐비닛이 옮겨졌다는 목적을 밝히는 답변이므로 정답.
(B) 질문에 포함된 corner를 반복 사용해 혼동을 유발하는 답변으로, Where에 어울리는 위치 전치사구로서 캐비닛이 옮겨진 이유와 관련 없는 오답.
(C) Where에 어울리는 위치를 알려주는 답변이므로 캐비닛이 옮겨진 이유와 관련 없는 오답.

어휘　move A from B: A를 B에서 옮기다　make more space 공간을 더 확보하다　right around the corner 바로 모퉁이를 돈 곳에

3. How often is the software upgraded?
(A) Let me show you how.
(B) Once a month.
(C) About a couple of days ago.

얼마나 자주 그 소프트웨어가 업그레이드되나요?
(A) 제가 어떻게 하는지 보여 드리겠습니다.
(B) 한 달에 한 번이요.
(C) 약 이틀 전에요.

정답　(B)

해설　얼마나 자주 소프트웨어가 업그레이드되는지 묻는 How 의문

문이다.

(A) 특정 방법을 알려주겠다는 말이므로 소프트웨어 업그레이드 빈도와 관련 없는 오답.

(B) How often에 어울리는 빈도를 말하는 답변이므로 정답.

(C) When에 어울리는 대략적인 과거 시점을 말하는 답변이므로 오답.

어휘 **Let me do** 제가 ~해 드리겠습니다 **show A how:** A에게 어떻게 하는지 보여주다 **about** 약, 대략

4. How many computers will we need for the training session?

(A) I enjoyed the speech.

(B) It's raining now.

(C) At least 20, I guess.

얼마나 많은 컴퓨터가 교육 시간에 필요할까요?

(A) 저는 그 연설이 즐거웠습니다.

(B) 지금 비가 내리고 있어요.

(C) 최소 20대일 것 같아요.

정답 **(C)**

해설 얼마나 많은 컴퓨터가 교육 시간에 필요한지 묻는 How 의문문이다.

(A) 컴퓨터 수량이 아닌 과거 시점에 참석한 연설에 대한 의견을 밝히는 답변이므로 오답.

(B) 질문에 포함된 training과 일부 발음이 같은 raining을 활용해 혼동을 유발하는 답변으로, 컴퓨터 수량과 관련 없는 오답.

(C) How many에 어울리는 대략적인 수량으로 답변하고 있으므로 정답.

어휘 **training** 교육 **session** (특정 활동을 위한) 시간 **at least** 최소한, 적어도

5. Why is there so much traffic in the city today?

(A) My car is stuck in traffic.

(B) That's okay.

(C) Because of the construction.

왜 오늘 시내에 그렇게 많은 차량이 있는 건가요?

(A) 제 차가 교통 혼잡에 갇혀 있어요.

(B) 괜찮습니다.

(C) 공사 때문이에요.

정답 **(C)**

해설 오늘 시내에 차량이 많은 이유를 묻는 Why 의문문이다.

(A) 질문에 포함된 traffic을 반복 사용해 혼동을 유발하는 답변으로, 차량이 많은 이유가 아닌 자신의 차량이 혼잡한 상황에 갇혀 있다는 사실을 언급하는 말이므로 오답.

(B) 상대방의 사과 등에 괜찮다는 뜻으로 사용하는 말이므로 오답.

(C) Why에 어울리는 이유 전치사 Because of와 함께 공사 때문이라는 말로 차량이 많은 이유를 밝히는 답변이므로

정답.

어휘 **traffic** 차량, 교통 **be stuck in** ~에 갇혀 있다 **construction** 공사, 건설

6. How long will it take to drive to the hotel?

(A) In room 804.

(B) About 30 minutes.

(C) For three nights.

그 호텔까지 차를 운전해서 가는 데 얼마나 걸릴까요?

(A) 804호실에요.

(B) 약 30분이요.

(C) 3박이요.

정답 **(B)**

해설 호텔까지 차를 운전해서 가는 데 얼마나 걸리는지 묻는 How 의문문이다.

(A) 질문에 포함된 hotel과 연관성 있게 들리는 객실 번호를 말하는 답변으로, 이동 시간과 관련 없는 오답.

(B) How long에 어울리는 대략적인 이동 소요 시간을 말하는 답변이므로 정답.

(C) 질문에 포함된 hotel과 연관성 있게 들리는 숙박 기간을 말하는 답변이므로 오답.

어휘 **take** ~의 시간이 걸리다 **drive to** ~로 차를 운전해서 가다 **about** 약, 대략

7. Why did we purchase the office supplies from a different store?

(A) Every Monday.

(B) On their Web site.

(C) The other one closed.

왜 우리가 다른 매장에서 사무용품을 구입한 거죠?

(A) 매주 월요일이요.

(B) 그쪽 웹사이트에서요.

(C) 다른 쪽 매장이 문을 닫았어요.

정답 **(C)**

해설 다른 매장에서 사무용품을 구입한 이유를 묻는 Why 의문문이다.

(A) How often에 어울리는 반복 주기 또는 When에 어울리는 시점에 해당되는 답변이므로 오답.

(B) How에 어울리는 제품 구입 방법에 해당되는 답변이므로 오답.

(C) 두 가지 특정 대상 중 하나를 제외한 나머지 하나를 지칭할 때 사용하는 The other와 함께 그곳이 문을 닫았다는 말로 다른 곳에서 구입한 이유를 말하는 정답.

어휘 **purchase** ~을 구입하다 **supplies** 용품, 물품 **the other** (둘 중 하나를 제외한) 나머지 하나

8. How much are the tickets for the concert?

(A) At the box office.

(B) They cost 30 euros each.

(C) It was very exciting.

그 콘서트 입장권은 얼마인가요?

(A) 매표소에서요.

(B) 각각 30유로의 비용이 듭니다.

(C) 아주 흥미로웠어요.

정답   **(B)**

해설   콘서트 입장권이 얼마인지 묻는 How 의문문이다.

(A) Where에 어울리는 위치 전치사구로 답변하고 있으므로 오답.

(B) How much에 어울리는 특정 가격으로 답변하고 있으므로 정답.

(C) 질문에 포함된 concert와 연관성 있게 들리는 exciting을 활용해 혼동을 유발하는 답변으로, 입장권 가격이 아닌 콘서트에 대한 의견을 밝히는 말이므로 오답.

어휘   cost ~의 비용이 들다 exciting 흥미로운

9. How was your trip to Vietnam?

(A) Only for seven days.

(B) I had a great time.

(C) I would like to take the train.

베트남으로 떠났던 여행은 어떠셨나요?

(A) 겨우 7일 동안이요.

(B) 아주 즐거운 시간을 보냈습니다.

(C) 저는 그 기차를 타고 싶습니다.

정답   **(B)**

해설   베트남으로 떠났던 여행이 어땠는지 묻는 How 의문문이다.

(A) How long에 어울리는 지속 기간으로 답변하고 있으므로 오답.

(B) 즐거운 시간을 보냈다는 말로 베트남 여행에 대한 의견을 밝히고 있으므로 정답.

(C) 질문에 포함된 trip과 연관성 있게 들리는 교통 수단으로 답변하고 있으므로 오답.

어휘   would like to do ~하고 싶다, ~하고자 하다 take (교통편) ~을 타다, 이용하다

10. Why was the projector removed from Meeting Room A?

(A) Yes, in the large meeting room.

(B) I'll move it later.

(C) Because it needs to be fixed.

왜 회의실 A에서 프로젝터가 없어진 건가요?

(A) 네, 그 큰 회의실에서요.

(B) 제가 그걸 나중에 옮길게요.

(C) 수리되어야 해서요.

정답   **(C)**

해설   회의실 A에서 프로젝터가 없어진 이유를 묻는 Why 의문문이다.

(A) 의문사 의문문에 어울리지 않는 Yes로 답변하는 오답. 의문사 의문문에 대해 Yes나 No로 시작되는 답변은 바로 오답 소거해야 한다.

(B) 질문에 포함된 removed와 일부 발음이 같은 move를 활용해 혼동을 유발하는 답변으로, 프로젝터 제거 이유와 관련 없는 오답.

(C) Why에 어울리는 이유 접속사 Because와 함께 수리되어야 한다는 말로 프로젝터 제거 이유를 밝히는 답변이므로 정답.

어휘   remove A from B: B에서 A를 없애다, 제거하다 fix ~을 수리하다, 고치다

11. How do I renew my subscription?

(A) By calling customer service.

(B) Your membership card is available.

(C) How long did it take?

어떻게 제 구독을 갱신하나요?

(A) 고객 서비스부에 전화하시면 됩니다.

(B) 귀하의 회원 카드가 이용 가능합니다.

(C) 그게 얼마나 걸렸죠?

정답   **(A)**

해설   구독을 어떻게 갱신하는지 묻는 How 의문문이다.

(A) 방법을 묻는 How에 어울리는 방법 전치사 By와 함께 고객 서비스부에 전화하면 된다는 말로 갱신 방법을 알리는 답변이므로 정답.

(B) 구독 갱신 방법이 아닌 회원 카드 이용 가능성을 말하는 답변이므로 질문과 관련 없는 오답.

(C) 질문에 포함된 의문사 How를 반복 사용해 혼동을 유발하는 답변으로, 구독 갱신 방법이 아닌 소요 시간을 되묻는 질문이므로 오답.

어휘   renew ~을 갱신하다 subscription 구독 (신청), 서비스 가입 by (방법) ~해서, ~함으로써 available 이용 가능한 take ~의 시간이 걸리다

12. How can I get reimbursed for the travel expenses?

(A) Give your receipts to Ms. Jones.

(B) I flew back to Indonesia.

(C) I think they were sold out.

제가 출장 경비에 대해 어떻게 환급 받을 수 있나요?

(A) 영수증들을 존스 씨께 드리세요.

(B) 저는 인도네시아로 비행기를 타고 되돌아갔어요.

(C) 제 생각엔 품절된 것 같아요.

정답   **(A)**

해설   출장 경비에 대해 어떻게 환급 받을 수 있는지 묻는 How 의문문이다.

(A) 환급용 자료에 해당되는 영수증을 제출하라는 말로 환급

받을 수 있는 방법을 알리는 답변이므로 정답.

　(B) 질문에 포함된 travel과 연관성 있게 들리는 flew와 Indonesia를 활용해 혼동을 유발하는 답변으로, 비용 환급 방법이 아닌 이동 수단과 장소를 말하고 있으므로 오답.

　(C) 비용 환급 방법이 아닌 제품의 재고 여부와 관련된 정보이므로 오답.

어휘　reimburse ~을 환급해 주다　expense 경비, 지출 (비용)　receipt 영수증　fly back to ~로 비행기를 타고 돌아가다　sold out 품절된, 매진된

DAY 07　일반 의문문

PRACTICE

1. (A) X　(B) O　(C) X
2. (A) O　(B) X　(C) X
3. (A) X　(B) O　(C) O
4. (A) X　(B) O　(C) O
5. (A) O　(B) X　(C) O

1.　Is Monica in charge of sales and marketing?
　(A) No, about two months.
　(B) Yes, she was hired last year.
　(C) A new marketing campaign.

　모니카 씨가 영업과 마케팅을 책임지고 계신가요?
　(A) 아뇨, 약 2개월이요.　[X]
　(B) 네, 그분은 작년에 고용되셨어요.　[O]
　(C) 새로운 마케팅 캠페인이요.　[X]

해설　모니카 씨가 영업과 마케팅을 책임지고 있는지 확인하는 일반 의문문이다.
　(A) 부정을 나타내는 No 뒤에 기간을 나타내는 표현이 이어지므로 질문과 관련 없는 오답.
　(B) 긍정을 나타내는 Yes와 함께 Monica를 she로 지칭해 작년에 고용되어 그 후로 지금까지 계속 영업과 마케팅을 책임지고 있음을 알리는 답변이므로 정답.
　(C) 질문에 포함된 marketing을 반복 사용한 답변으로, 모니카 씨가 영업과 마케팅을 책임지고 있는지를 확인하는 질문과 관련 없는 오답.

어휘　be in charge of ~을 맡다, 책임지다　hire ~을 고용하다

2.　Did you have any problems finding the conference hall?
　(A) No, the signs were easy to follow.
　(B) Yes, go two blocks east and turn right.
　(C) I'm sorry you couldn't attend the event.

　그 콘서트 홀을 찾는 데 어떤 문제라도 있었나요?
　(A) 아뇨, 표지판들이 따라가기 쉬웠어요.　[O]

　(B) 네, 동쪽으로 두 블록 가신 다음 우회전하세요.　[X]
　(C) 그 행사에 참석하지 못하셔서 유감입니다.　[X]

해설　콘서트 홀을 찾는 데 어떤 문제라도 있었는지 확인하는 일반 의문문이다.
　(A) 부정을 나타내는 No와 함께 표지판들이 따라가기 쉬웠다는 말로 문제를 겪지 않은 이유를 덧붙여 말하는 정답.
　(B) 긍정을 나타내는 Yes 뒤에 이어지는 말이 문제점의 경험 여부가 아닌 이동 경로를 알리는 말이므로 오답.
　(C) 질문에 포함된 conference hall과 연관성 있게 들리는 attend 및 event를 활용해 혼동을 유발하는 답변으로, 문제점의 경험 여부가 아닌 유감의 뜻을 밝히는 말이므로 오답.

어휘　have a problem -ing ~하는 데 문제가 있다　sign 표지판　follow ~을 따라가다　turn right 우회전하다　attend ~에 참석하다

3.　Have you filled out the order form yet?
　(A) Yes, it was filled with supplies.
　(B) I handed it in this morning.
　(C) No, not yet.

　혹시 주문서를 작성하셨나요?
　(A) 네, 물품으로 가득 차 있었어요.　[X]
　(B) 오늘 아침에 제출했어요.　[O]
　(C) 아뇨, 아직이요.　[O]

해설　주문서를 작성했는지 확인하는 일반 의문문이다.
　(A) 질문에 포함된 filled를 반복 사용해 혼동을 유발하는 답변으로, 긍정을 나타내는 Yes 뒤에 이어지는 말이 주문서 작성 여부가 아닌 물품 보유 수준과 관련된 말이므로 오답.
　(B) 질문에 포함된 order form을 it으로 지칭해 아침에 제출했다는 말로 이미 작성 완료했음을 알리는 정답.
　(C) 부정을 나타내는 No와 함께 '아직 아니다'라는 말로 작성하지 않았음을 알리는 답변이므로 정답.

어휘　fill out ~을 기입하다, 작성하다　order form 주문서　be filled with ~로 가득 차다　supplies 물품, 용품　hand A in: A를 제출하다, 내다　not yet 아직 아니다

4.　Aren't you coming to the company picnic?
　(A) In Central Park.
　(B) Yes, but I'll be a little late.
　(C) No, I don't have time.

　회사 야유회에 오시지 않나요?
　(A) 센트럴 공원에서요.　[X]
　(B) 네, 하지만 조금 늦을 겁니다.　[O]
　(C) 아뇨, 저는 시간이 없어요.　[O]

해설　상대방에게 회사 야유회에 오지 않을 것인지 확인하는 부정 의문문이다.
　(A) 질문에 포함된 picnic과 연관성 있게 들리는 Central Park를 활용해 혼동을 유발하는 답변으로, 행사 참석 여부가 아닌 행사 개최 장소를 말하고 있으므로 오답.
　(B) 긍정을 나타내는 Yes와 함께 행사 참석은 가능하지만 조금 늦을 것이라는 추가 정보를 덧붙이고 있으므로 정답.

(C) 부정을 나타내는 No와 함께 행사에 참석하지 못하는 이유를 덧붙이고 있으므로 정답.

a little 조금, 약간

5. Wasn't Ms. Tanaka <u>supposed to arrive</u> for her check-up at 10 A.M.?
(A) She <u>canceled</u> her appointment.
(B) Yes, let's check the flight details.
(C) No, her <u>appointment</u> is in the afternoon.

타나카 씨께서 검진 때문에 오전 10시에 도착하기로 되어 있지 않았나요?
(A) 그분께서 예약을 취소하셨어요.　　　　　[O]
(B) 네, 항공편 상세 정보를 확인해 봅시다.　　[X]
(C) 아뇨, 그분 예약은 오후에 있습니다.　　　[O]

해설　타나카 씨가 검진 때문에 오전 10시에 도착하기로 되어 있지 않았는지 확인하는 부정 의문문이다.
(A) 질문에 포함된 Ms. Tanaka를 She로 지칭해 그녀가 예약을 취소했다는 말로 10시에 도착하지 않을 것이라는 뜻을 나타내는 답변이므로 정답.
(B) 질문에 포함된 arrive와 연관성 있게 들리는 flight을 활용해 혼동을 유발하는 답변으로, 긍정을 나타내는 Yes 뒤에 이어지는 말이 검진과 관련 없는 오답.
(C) 부정을 나타내는 No와 함께 오전 10시에 오지 않는 이유를 덧붙이는 답변이므로 정답.

어휘　**be supposed to do** ~하기로 되어 있다, ~할 예정이다 **arrive** 도착하다 **check-up** 검진 **cancel** ~을 취소하다 **appointment** 예약, 약속 **details** 상세 정보, 세부 사항

실전 감잡기

1. (C)	2. (A)	3. (A)	4. (B)	5. (B)	6. (B)
7. (B)	8. (B)	9. (C)	10. (C)	11. (B)	12. (A)

1. Do you have time to help me fill out this form?
(A) It seems informative.
(B) Fill it to the top.
(C) Of course. What can I do?

제가 이 양식을 작성하는 것을 도와줄 시간이 있으신가요?
(A) 유익한 것 같아요.
(B) 맨 위까지 가득 채워 주세요.
(C) 물론입니다. 무엇을 하면 될까요?

정답　**(C)**
해설　자신이 양식을 작성하는 것을 도와줄 시간이 있는지 확인하는 일반 의문문이다.
(A) 시간이 나는지에 대한 여부가 아닌 특정 대상(It)의 성격을 나타내는 말이므로 오답.
(B) 질문에 포함된 동사 fill의 다른 의미(채우다)를 활용해 혼동을 유발하는 답변으로, 무언가를 가득 채워 달라고 요청

하는 말이므로 질문과 관련 없는 오답.
(C) 시간이 있다는 긍정의 뜻을 나타내는 Of course와 함께 무엇을 하는 것으로 도울 수 있는지 되묻는 말을 덧붙인 답변이므로 정답.

어휘　**help A do:** A가 ~하는 것을 돕다 **fill out** ~을 작성하다 **form** 양식, 서식 **seem + 형용사:** ~한 것 같다, ~한 것처럼 보이다 **informative** 유익한 **fill** ~을 채우다, 메우다 **to the top** 맨 위까지

2. Don't you have an appointment with the public relations manager?
(A) Yes, I'm leaving for it now.
(B) She made a very good point.
(C) Go to the second floor.

홍보부장님과 약속이 있지 않나요?
(A) 네, 지금 그것을 위해 출발하는 중입니다.
(B) 그녀가 아주 좋은 지적을 해주었어요.
(C) 2층으로 가세요.

정답　**(A)**
해설　홍보부장과 약속을 하지 않았는지 확인하는 부정 의문문이다.
(A) 긍정을 나타내는 Yes와 함께 지금 출발한다는 말로 약속이 있음을 확인해주는 답변이므로 정답.
(B) 질문의 appointment와 일부 발음이 비슷한 point를 이용하여 혼동을 유발하는 오답.
(C) 상대방이 약속이 있는지 확인하는 질문의 내용과 관련 없는 오답.

어휘　**appointment** 약속, 예약 **public relations** 홍보 **leave** 출발하다, 떠나다 **make a good point** 좋은 지적을 하다

3. Do you think I should reserve a table at the restaurant?
(A) It's not supposed to be busy.
(B) I had a wonderful time.
(C) The grilled fish, please.

제가 그 레스토랑에 테이블을 하나 예약해야 한다고 생각하세요?
(A) 그곳은 붐비지 않을 겁니다.
(B) 저는 아주 즐거운 시간을 보냈습니다.
(C) 구운 생선으로 부탁합니다.

정답　**(A)**
해설　레스토랑에 테이블을 하나 예약해야 한다고 생각하는지 확인하기 위해 묻는 일반 의문문이다.
(A) 레스토랑이 붐비지 않을 것이라고 말하는 것은 예약할 필요가 없다는 뜻이므로 정답.
(B) 즐거운 시간을 보냈다는 말로 과거 시점의 일에 대한 의견을 밝히는 답변이므로 예약 여부와 관련 없는 오답.
(C) 질문에 포함된 restaurant과 연관성 있게 들리는 grilled fish를 활용해 혼동을 유발하는 답변으로, 음식 주문 시에

할 수 있는 말이므로 질문과 관련 없는 오답.

어휘   reserve ~을 예약하다   be supposed to do ~할 예정이다, ~하기로 되어 있다   grilled 구운

4. Aren't you wearing a suit for your interview?
(A) A position in marketing.
(B) I'm considering it.
(C) Let's check the schedule.

면접을 위해 정장을 입으시지 않나요?
(A) 마케팅 부서의 직책이요.
(B) 그것을 고려 중입니다.
(C) 일정표를 확인해 봅시다.

정답   **(B)**

해설   면접 자리에 정장을 입고 가지 않는지 확인하기 위한 부정 의문문이다.
(A) 정장 착용 여부가 아닌 특정 부서의 직책을 언급하는 말이므로 질문과 관련 없는 오답.
(B) 질문에서 언급하는 '정장을 입는 일'을 it으로 지칭해 그렇게 하는 것을 고려 중이라는 말로 아직 확정하지 않은 상황임을 말하고 있으므로 정답.
(C) 일정표를 확인해 보자고 권하는 답변으로, 정장 착용 여부와 관련해 제안할 수 있는 일이 아니므로 오답.

어휘   suit 정장   position 직책, 일자리   consider ~을 고려하다

5. Have you checked your e-mail account yet?
(A) So does she.
(B) I've been too busy.
(C) Near the post office.

혹시 당신 이메일 계정을 확인해 보셨나요?
(A) 그녀도 그렇습니다.
(B) 제가 계속 너무 바빴어요.
(C) 우체국 근처에요.

정답   **(B)**

해설   이메일 계정을 확인해 보았는지를 묻는 일반 의문문이다.
(A) 앞서 언급된 일에 대해 동의하거나 동일한 상황에 처해 있음을 나타낼 때 사용하는 말이므로 오답.
(B) 계속 너무 바빴다는 말로 아직 확인해 보지 못했다는 뜻을 나타내는 답변이므로 정답.
(C) 질문에 포함된 e-mail의 mail과 연관성 있게 들리는 post office를 활용해 혼동을 유발하는 답변으로, 이메일 계정 확인 여부와 관련 없는 답변이므로 오답.

어휘   account 계정, 계좌   near ~ 근처에

6. Do you know who's coming to the dinner party tonight?
(A) I don't know where to go.
(B) All of the staff members.
(C) It was very delicious.

오늘 저녁 만찬에 누가 오는지 아시나요?
(A) 저는 어디로 가는지 몰라요.
(B) 전 직원이요.
(C) 아주 맛있었습니다.

정답   **(B)**

해설   저녁 만찬에 누가 오는지 확인하기 위해 묻는 일반 의문문이다.
(A) 참석 대상자가 아닌 행사 개최 장소와 관련된 답변이므로 오답.
(B) 질문에 포함된 의문사 who에 어울리는 참석 대상자를 밝히는 답변이므로 정답.
(C) 질문에 포함된 dinner와 연관성 있게 들리는 delicious를 활용해 혼동을 유발하는 답변으로, 참석 대상자가 아닌 특정 음식에 대한 의견을 밝히는 말이므로 오답.

어휘   where to go 어디로 가는지, 가는 곳   staff member 직원

7. Has anyone checked the sales figures yet?
(A) That sounds pretty accurate.
(B) Mr. Camby might have.
(C) They are having a sale.

혹시 누가 매출 수치를 확인해 보셨나요?
(A) 아주 정확한 것 같네요.
(B) 캠비 씨가 했을 수도 있습니다.
(C) 그곳은 할인 판매 중입니다.

정답   **(B)**

해설   매출 수치를 확인해 본 사람이 있는지 확인하기 위해 묻는 일반 의문문이다.
(A) 매출 수치를 확인해 본 사람이 아닌 자료의 정확성과 관련된 답변이므로 오답.
(B) 특정 인물을 언급해 그 사람이 매출 수치를 확인했을 가능성을 말하는 답변이므로 정답.
(C) 질문에 포함된 sale의 다른 의미(할인 판매)를 활용해 혼동을 유발하는 답변으로, 매출 수치 확인 여부와 관련 없는 오답.

어휘   sales 매출, 영업, 판매(량), 할인 판매   figure 수치, 숫자   pretty 아주, 꽤   accurate 정확한   might have p.p. ~했을 수도 있다

8. Are you planning to take our guests out to lunch?
(A) Where did you go?
(B) No, they're leaving before noon.
(C) Help yourself.

우리 손님들을 모시고 점심 식사하러 나갈 계획인가요?
(A) 어디로 가셨어요?
(B) 아뇨, 그분들께서는 정오 전에 떠나실 거예요.
(C) 마음껏 드세요.

정답 **(B)**

해설 손님들을 모시고 점심 식사하러 나갈 계획인지 확인하기 위해 묻는 일반 의문문이다.

(A) 앞으로의 계획을 묻는 질문과 달리 과거 시점(did)의 일에 대해 되묻고 있으므로 질문과 관련 없는 오답.

(B) 부정을 나타내는 No 및 guests를 대신하는 they와 함께 정오 전에 그들이 떠난다는 말로 점심 식사하러 가지 않을 것이라는 뜻을 나타내는 답변이므로 정답.

(C) 식사 자리에서 상대방에게 마음껏 먹도록 권할 때 사용하는 말이므로 오답.

어휘 **plan to do** ~할 계획이다 **take A out to B**: A를 데리고 B하러 나가다 **leave** 출발하다, 떠나다 **noon** 정오 **Help yourself** 마음껏 드세요

---

9. Is there a computer that I can use to print?
(A) The library opened at 9 A.M.
(B) Thanks for printing it.
(C) It's out of order right now.

제가 인쇄하는 데 사용할 수 있는 컴퓨터가 있나요?
(A) 도서관이 오전 9시에 열었습니다.
(B) 그것을 인쇄해 주셔서 감사합니다.
(C) 그게 지금은 고장 나 있습니다.

정답 **(C)**

해설 인쇄하는 데 사용할 수 있는 컴퓨터가 있는지 확인하기 위해 묻는 일반 의문문이다.

(A) 이용 가능한 컴퓨터의 존재 여부가 아닌 도서관 개장 시간을 말하고 있어 질문과 관련 없는 오답.

(B) 질문에 포함된 print를 반복 사용해 혼동을 유발하는 답변으로, 이용 가능한 컴퓨터의 존재 여부와 관련 없는 감사 인사이므로 오답.

(C) 이용 가능한 컴퓨터를 It으로 지칭해 그것이 고장 나 있다는 말로 사용할 수 없음을 나타내는 답변이므로 정답.

어휘 **out of order** 고장 난

---

10. Is this year's job fair going to be in Germany?
(A) It is fairly big.
(B) No, it's next month.
(C) Why don't you ask Emma?

올해 취업 박람회가 독일에서 있을 건가요?
(A) 그건 꽤 큽니다.
(B) 아뇨, 다음 달에요.
(C) 엠마 씨에게 물어보시는 게 어때요?

정답 **(C)**

해설 취업 박람회가 독일에서 있을 건지 확인하기 위해 묻는 일반 의문문이다.

(A) 질문에 포함된 fair와 일부 발음이 같은 fairly를 활용해 혼동을 유발하는 답변으로, 행사 개최 장소가 아닌 행사 규모를 말하고 있어 질문과 관련 없는 오답.

(B) 부정을 나타내는 No 뒤에 이어지는 말이 시점 표현이므로 질문과 관련 없는 오답.

(C) 질문 내용에 대해 확인해 주는 대신 그 정보를 확인할 수 있는 방법을 제안하는 답변이므로 정답.

어휘 **job fair** 취업 박람회 **fairly** 꽤, 상당히 **Why don't you ~?** ~하는 게 어때요?

---

11. Didn't Mr. Shin tell you to cancel the award ceremony?
(A) No, I didn't win it.
(B) Yes, but he changed his mind.
(C) We'll try again next year.

신 씨가 시상식을 취소하라고 얘기하시지 않았나요?
(A) 아뇨, 저는 그 상을 받지 않았어요.
(B) 네, 하지만 마음을 바꾸셨어요.
(C) 우리는 내년에 다시 시도할 겁니다.

정답 **(B)**

해설 신 씨가 시상식을 취소하라고 얘기하지 않았는지 확인하기 위해 묻는 부정 의문문이다.

(A) 질문에 포함된 award와 연관성 있게 들리는 win을 활용해 혼동을 유발하는 답변으로, 부정을 나타내는 No 뒤에 이어지는 말이 행사 취소 여부와 관련 없는 내용이므로 오답.

(B) 긍정을 나타내는 Yes 및 Mr. Shin을 지칭하는 he와 함께 취소 요청이 있었지만 다시 마음을 바꿨다는 말로 취소하지 않는다는 뜻을 나타내는 답변이므로 정답.

(C) 내년에 다시 해보겠다는 뜻이므로 행사 취소 여부와 관련 없는 오답.

어휘 **tell A to do**: A에게 ~하라고 말하다 **cancel** ~을 취소하다 **award ceremony** 시상식 **win** (상 등) ~을 받다, 타다 **try** 시도하다, 노력하다

---

12. Have the product samples come yet?
(A) They're on your desk.
(B) Ten pieces, please.
(C) Every day next week.

혹시 제품 샘플이 왔나요?
(A) 당신 책상 위에 있습니다.
(B) 10개 부탁합니다.
(C) 다음 주에 매일이요.

정답 **(A)**

해설 제품 샘플이 왔는지 확인하기 위해 묻는 일반 의문문이다.

(A) 질문에 포함된 samples를 They로 지칭해 상대방 책상 위에 있다는 말로 샘플이 도착했음을 알리는 답변이므로 정답.

(B) 질문에 포함된 product와 연관성 있게 들리는 제품 수량을 말해 혼동을 유발하는 답변으로, 제품 주문 시에 할 수 있는 말이므로 샘플 도착 여부와 관련 없는 오답.

(C) 반복 주기를 나타내는 말이므로 샘플 도착 여부와 관련 없는 오답.

어휘 **piece** 한 개, 한 조각

DAY 08 제안·요청 의문문/선택 의문문

PRACTICE

1. (A) X (B) O (C) X
2. (A) X (B) X (C) O
3. (A) X (B) O (C) O
4. (A) O (B) O (C) O
5. (A) X (B) X (C) O

1. Do you want to <u>bring</u> the laptop or the tablet computer?
(A) It's on top of the shelf.
(B) The tablet's <u>easier to carry</u>.
(C) It's 500 dollars.

노트북 컴퓨터를 가져오고 싶으세요, 아니면 태블릿 컴퓨터를 가져오고 싶으세요?
(A) 선반 맨 위에 있습니다. [X]
(B) 태블릿이 휴대하기 더 쉽습니다. [O]
(C) 500달러입니다. [X]

해설 노트북 컴퓨터와 태블릿 컴퓨터 중 어느 것을 가져오고 싶은지 묻는 선택 의문문이다.

(A) 가져올 컴퓨터 종류 선택과 관련 없는 위치 정보를 언급하는 답변이므로 오답.
(B) 태블릿이 휴대하기 더 쉽다는 말로 태블릿을 선택하는 답변이므로 정답.
(C) 가져올 컴퓨터 종류 선택과 관련 없는 비용 정보를 말하는 답변이므로 오답.

어휘 **on top of** ~ 맨 위에, 꼭대기에 **carry** ~을 휴대하다, 나르다

2. Can you <u>fix</u> the lighting, or should we <u>call</u> an electrician?
(A) He already faxed me.
(B) It gets dark around five.
(C) I think <u>I can do it.</u>

조명을 수리하실 수 있으세요, 아니면 우리가 전기 기사를 불러야 하나요?
(A) 그가 이미 저에게 팩스를 보냈어요. [X]
(B) 5시쯤에 어두워집니다. [X]
(C) 제가 할 수 있을 것 같아요. [O]

해설 조명을 직접 수리하는 일과 전기 기사를 부르는 일 중 어느 방법을 선택해야 하는지 묻는 선택 의문문이다.

(A) 질문에 포함된 fix와 발음이 유사한 fax를 활용해 혼동을 유발하는 답변으로, 조명 수리와 관련된 방법이 아니므로 오답.

(B) 질문에 포함된 lighting과 연관성 있게 들리는 gets dark를 활용해 혼동을 유발하는 답변으로, 조명 수리와 관련된 방법이 아니므로 오답.
(C) 답변자 자신이 할 수 있다는 말로 직접 조명을 수리하는 일을 선택하는 답변이므로 정답.

어휘 **fix** ~을 수리하다, 고치다 **electrician** 전기 기사 **fax** v. ~에게 팩스를 보내다 **get + 형용사:** ~한 상태가 되다 **around** ~쯤, 약, 대략

3. <u>Shouldn't we order</u> extra uniforms for the new employees?
(A) In the supply room.
(B) I already did.
(C) Oh, <u>that's right.</u>

신입 직원들을 위해 추가 유니폼을 주문해야 하지 않나요?
(A) 비품실에요. [X]
(B) 제가 이미 했어요. [O]
(C) 아, 맞아요. [O]

해설 신입 직원들을 위해 추가 유니폼을 주문해야 하지 않는지 묻는 제안 의문문이다.

(A) 장소 전치사구이므로 추가 유니폼 주문 여부와 관련 없는 오답.
(B) 자신이 이미 추가 유니폼을 주문했다고 말하는 정답.
(C) 상대방의 말에 동의를 나타내는 답변으로서, 추가 유니폼을 주문해야 한다는 의미이므로 정답.

어휘 **order** ~을 주문하다 **extra** 추가의, 여분의

4. Would you like to <u>receive</u> notifications by mail or e-mail?
(A) I <u>prefer</u> e-mails.
(B) Could you call me instead?
(C) <u>Either is fine.</u>

통지서를 우편으로 받아보고 싶으신가요, 아니면 이메일로 받고 싶으신가요?
(A) 저는 이메일을 선호합니다. [O]
(B) 대신 저에게 전화해 주시겠어요? [O]
(C) 둘 중 어느 것이든 좋습니다. [O]

해설 통지서를 받는 방법으로 우편과 이메일 중에서 어느 것이 좋은지 묻는 선택 의문문이다.

(A) 이메일을 선호한다는 말로 이메일을 선택하는 답변이므로 정답.
(B) 질문에 언급된 두 가지 선택 대상이 아닌 제3의 연락 방법을 제안하는 말이므로 정답.
(C) 둘 중 어느 것이든 좋다는 말로 둘 중 어느 것이 선택되어도 좋다는 뜻을 나타내는 말이므로 정답. 선택 의문문에서 either를 이용해 '둘 중 어느 것이든 좋다'라는 의미를 나타내는 답변은 정답일 확률이 높다.

어휘 **Would you like to do?** ~하시겠어요? **receive** ~을 받다 **notification** 통지(서) **prefer** ~을 선호하다 **instead** 대신 **either** 둘 중 어느 것이든

5. Could you <u>remind</u> the employees about our new vacation policy?

(A) Two weeks in July.

(B) Anyone can apply.

(C) <u>Sure</u>, I'll do it right now.

직원들에게 우리의 새 휴가 정책에 관해 상기시켜 주시겠어요?

(A) 7월에 2주요. [X]

(B) 누구나 지원할 수 있습니다. [X]

(C) 그럼요, 지금 바로 하겠습니다. [O]

해설 직원들에게 새 휴가 정책에 관해 상기시켜 줄 수 있는지 묻는 요청 의문문이다.

(A) 휴가 기간을 말하고 있으므로 질문과 관련 없는 오답.

(B) 어떤 일자리에 지원 가능한 대상자 범위를 나타내는 말이므로 질문과 관련 없는 오답.

(C) 상대방의 요청에 대해 수락을 나타내는 Sure와 함께 상기시키는 일을 it으로 지칭해 지금 바로 하겠다는 말을 덧붙인 정답.

어휘 **remind** ~에게 상기시키다 **vacation** 휴가 **policy** 정책 **apply** 지원하다, 신청하다

실전 감잡기

1. (B)	2. (B)	3. (C)	4. (C)	5. (A)	6. (A)
7. (A)	8. (C)	9. (A)	10. (A)	11. (B)	12. (B)

1. Could you make me a copy of this sales report?

(A) It hasn't been reported yet.

(B) **I'm afraid the copy machine is out of order.**

(C) Ok, you can contact him by e-mail.

이 매출 보고서의 사본을 만들어 주시겠어요?

(A) 그건 아직 보고되지 않았습니다.

(B) **복사기가 고장 난 것 같습니다.**

(C) 좋아요, 그에게 이메일로 연락하시면 됩니다.

정답 **(B)**

해설 매출 보고서의 사본을 만들어 줄 수 있는지 묻는 요청 의문문이다.

(A) 질문에 포함된 report의 다른 의미(보고하다)를 활용해 혼동을 유발하는 답변으로, 상대방의 요청에 대한 반응으로 어울리지 않는 오답.

(B) 복사기가 고장 났다는 말로 상대방의 요청을 들어줄 수 없다는 뜻을 나타내는 답변이므로 정답.

(C) 수락을 나타내는 Ok로 답변이 시작되고 있지만 정작 Ok 뒤에 상대방의 요청과 관련 없는 말이 이어지고 있으므로 오답.

어휘 **make A B:** A에게 B를 만들어 주다 **copy** 사본, 한 부, 한 장 **sales** 매출, 영업, 판매(량) **I'm afraid (that)** (부정적인 일에 대해) ~한 것 같아요 **out of order** 고장 난 **contact** ~에게 연락하다

2. Would you like to come to the cooking demonstration?

(A) In the shopping mall.

(B) **Who else is attending?**

(C) Every Monday.

요리 시연회에 오시겠어요?

(A) 쇼핑몰에서요.

(B) **그 밖에 누가 또 참석하나요?**

(C) 매주 월요일이요.

정답 **(B)**

해설 요리 시연회에 올 의향이 있는지 묻는 제안 의문문이다.

(A) 장소 전치사구이므로 상대방의 제안에 대한 반응으로 어울리지 않는 오답.

(B) 시연회 행사 참석 여부를 결정하기 위한 일종의 조건으로서 누가 참석하는지 먼저 확인하기 위해 되묻는 질문이므로 정답.

(C) 반복 주기를 나타내는 말이므로 상대방의 제안에 대한 반응으로 어울리지 않는 오답.

어휘 **Would you like to do?** ~하시겠어요? **demonstration** 시연(회) **Who else ~?** 그 밖에 누가 ~? **attend** 참석하다

3. Would you rather book a room downtown or near the beach?

(A) How about at noon?

(B) Yes, I have one.

(C) **Either is fine.**

시내에 있는 방을 예약하시겠어요, 아니면 해변 근처에 있는 것으로 하시겠어요?

(A) 정오는 어떠세요?

(B) 네, 하나 있습니다.

(C) **둘 중 어느 것이든 좋습니다.**

정답 **(C)**

해설 예약할 방의 위치와 관련해 시내 또는 해변 근처 중에 어느 곳이 나은지 묻는 선택 의문문이다.

(A) 방의 위치가 아닌 시점과 관련해 되묻는 답변이므로 질문에 어울리지 않는 오답.

(B) 선택 의문문에 어울리지 않는 Yes로 답변하는 오답. 선택 의문문에 Yes나 no로 답변하는 선택지는 일부 소수의 경우를 제외하고 거의 오답이다.

(C) 둘 중 어느 것이든 좋다는 말로 둘 중 어느 것이 선택되어도 좋다는 뜻을 나타내는 말이므로 정답. 선택 의문문에서 either를 이용해 '둘 중 어느 것이든 좋다'라는 의미를 나타내는 답변은 정답일 확률이 높다.

어휘 **Would you rather ~?** ~하시겠어요? **book** v. ~을 예약하다 **downtown** ad. 시내에 **near** ~ 근처에 **How about ~?** ~는 어때요? **noon** 정오 **either** 둘 중 어느 것이든

4. Do we have enough printing paper, or should we

order more?

(A) I prefer the colored copy.

(B) That's a good deal.

(C) I'll check the storage room.

우리가 인쇄 용지를 충분히 갖고 있나요, 아니면 더 주문해야 하나요?

(A) 저는 칼라 복사를 선호합니다.

(B) 좋은 거래네요.

(C) 보관실을 확인해 볼게요.

정답 **(C)**

해설 인쇄 용지가 충분한지, 아니면 더 주문해야 하는지 묻는 선택 의문문이다.

(A) 복사와 관련해 답변자 자신의 선호 사항을 말하는 답변이 므로 용지 보유량과 관련 없는 오답.

(B) 좋은 거래라고 말하는 That이 지칭하는 대상을 알 수 없 고, 용지 보유량과도 관련 없는 오답.

(C) 둘 중 하나를 선택하기 위한 조건으로서 용지 보유량을 확 인할 수 있는 방법을 언급하는 답변이므로 정답.

어휘 **order** ~을 주문하다 **prefer** ~을 선호하다 **deal** 거래 (조건), 거 래 상품 **storage** 보관, 저장

5. Would you mind if I opened the window?

(A) No, I don't mind.

(B) It's a nice view.

(C) The bakery closes at 9.

창문을 좀 열어도 괜찮을까요?

(A) 그럼요, 괜찮습니다.

(B) 경관이 아주 좋네요.

(C) 그 제과점은 9시에 닫습니다.

정답 **(A)**

해설 창문을 열어도 괜찮은지 묻는 제안 의문문이다.

(A) mind가 포함된 질문에 대해 긍정의 의미로 쓰이는 No와 함께 '괜찮다'는 말을 덧붙인 답변이므로 정답.

(B) 질문에 포함된 window와 연관성 있게 들리는 view를 활 용해 혼동을 유발하는 답변으로, 상대방의 제안에 대한 반 응으로 어울리지 않는 오답.

(C) 질문에 포함된 opened와 연관성 있게 들리는 closes를 활용해 혼동을 유발하는 답변으로, 상대방의 제안에 대한 반응으로 어울리지 않는 오답.

어휘 **Would you mind if I ~?** 제가 ~해도 괜찮을까요? **I don't mind** (mind로 묻는 질문에 대해) 괜찮습니다, 상관없습니다 **view** 경관, 전망

6. Are you going anywhere over the weekend or are you staying home?

(A) I'm going camping.

(B) We'll stay a little longer.

(C) Isn't it too boring?

주말 동안 어디라도 가시나요, 아니면 댁에 계시나요?

(A) 캠핑하러 갑니다.

(B) 우리는 조금 더 머무를 거예요.

(C) 너무 지루하지 않나요?

정답 **(A)**

해설 주말에 어디 가는지, 아니면 집에 있는지 묻는 선택 의문문이 다.

(A) 캠핑하러 간다는 말로 어딘가로 간다는 뜻을 나타내는 답 변이므로 정답.

(B) 질문에 포함된 stay를 반복 사용해 혼동을 유발하는 답변 으로, 주말 일정에 대한 선택과 관련 없는 추가 숙박 기간 에 해당되는 말이므로 오답.

(C) 주말 일정에 대한 답변자 자신의 선택과 관련 없는 오답.

어휘 **anywhere** 어디든지 **over** ~ 동안에 걸쳐 **a little** 조금, 약간 **boring** 지루하게 만드는

7. Would you like a paper or a plastic bag for your purchases?

(A) Neither, actually.

(B) Extra bread, please.

(C) I wrote it on the paper.

구입 제품에 대해 종이 봉지가 좋으세요, 아니면 비닐 봉지가 좋으세요?

(A) 사실, 둘 다 필요 없습니다.

(B) 빵 좀 추가해 주세요.

(C) 제가 그걸 종이에 써놨어요.

정답 **(A)**

해설 종이 봉지와 비닐 봉지 중에 어느 것이 더 좋은 지 묻는 선택 의문문이다.

(A) 두 가지 선택 대상을 모두 부정하는 Neither와 함께 둘 다 필요치 않다는 뜻을 나타내는 답변이므로 정답.

(B) 봉지 선택과 관련 없는 빵 추가를 요청하는 말이므로 오답.

(C) 질문에 포함된 paper를 반복 사용해 혼동을 유발하는 답 변으로, 봉지 선택과 관련 없는 말이므로 오답.

어휘 **Would you like A or B?** A가 좋으세요, 아니면 B가 좋으세요? **purchase** 구매(품) **neither** 둘 다 아니다 **actually** 실은, 사실 은 **extra** 추가의, 여분의

8. Could you help me set up these tables on the first floor?

(A) Perhaps we can hold it indoors.

(B) At the back of the building.

(C) Sure, just give me a moment.

이 탁자들을 1층에 설치할 수 있게 도와 주시겠어요?

(A) 아마 우리가 실내에서 그걸 개최할 수 있을 겁니다.

(B) 건물 뒤편에서요.

(C) 그럼요, 잠깐만 시간을 주세요.

해설 탁자 설치를 도와줄 수 있는지 묻는 요청 의문문이다.

(A) 개최 가능성이 있는 장소를 말하는 답변으로, 상대방의 요청에 대한 반응으로 어울리지 않는 오답.

(B) 위치 전치사구이므로 상대방의 요청에 대한 반응으로 어울리지 않는 오답.

(C) 수락을 나타내는 Sure와 함께 잠깐 시간을 달라는 말로 잠시 후에 도울 수 있다고 알리는 답변이므로 정답.

어휘 **help A do**: A가 ~하는 것을 돕다 **set up** ~을 설치하다 **perhaps** 아마 **hold** ~을 개최하다, 열다 **indoors** 실내에서 **at the back of** ~ 뒤편에 **give A a moment**: A에게 잠깐 시간을 주다

9. Would you prefer a room with a balcony or one without?

(A) I have no preference.

(B) To see the river view.

(C) I appreciate it.

발코니가 있는 방이 좋으세요, 아니면 없는 것이 좋으세요?

(A) 따로 선호하는 건 없습니다.

(B) 강 풍경을 보기 위해서요.

(C) 그것에 대해 감사 드립니다.

정답 **(A)**

해설 발코니가 있는 방과 없는 방 중에 어느 것이 더 좋은 지 묻는 선택 의문문이다.

(A) 따로 선호하는 것이 없다는 말은 둘 중 어느 것이 선택되어도 상관없다는 의미를 나타내는 답변이므로 정답.

(B) 특정한 방을 선택한 경우에 그에 대한 이유로 언급할 수 있는 말이므로 질문과 관련 없는 오답.

(C) 감사 인사이므로 객실 선택과 관련 없는 오답.

어휘 **Would you prefer ~?** ~가 좋으세요?, ~로 하시겠어요? **without** ~ 없이, ~ 없는 **preference** 선호하는 것 **view** 풍경, 경관 **appreciate** ~에 대해 감사하다

10. Do you want to pick up the books or would you rather have them delivered?

(A) I'll stop by your store after 6 P.M.

(B) I just need four copies.

(C) Yes, she arrived last night.

책들을 직접 가져가시겠어요, 아니면 배송 받고 싶으신가요?

(A) 오후 6시 이후에 당신의 매장에 들를게요.

(B) 저는 4권만 필요합니다.

(C) 네, 그분께서 어젯밤에 도착하셨어요.

정답 **(A)**

해설 책들을 직접 가져갈지, 아니면 배송 받을 것인지 묻는 선택 의문문이다.

(A) 매장에 들르겠다는 말로 직접 가져가겠다는 뜻을 나타내는 답변이므로 정답.

(B) 책 수령 방식이 아닌 필요 수량을 말하는 답변이므로 질문과 관련 없는 오답.

(C) 어느 한쪽의 선택 대상에 대한 긍정을 나타내는 Yes로 답변이 시작되고 있지만, 정작 Yes 뒤에 이어지는 말은 책 수령 방식과 관련 없는 말이므로 오답.

어휘 **pick up** ~을 가져가다 **would you rather ~?** ~하시겠어요? **have A p.p.**: A가 ~되게 하다 **stop by** ~에 들르다 **copy** 한 권, 한 부, 한 장 **arrive** 도착하다

11. Would you like to join us for a coffee after work?

(A) No, I didn't receive a memo.

(B) Sure, that would be lovely.

(C) It starts in August.

퇴근 후에 저희와 함께 커피 한잔 하시겠어요?

(A) 아뇨, 저는 회람을 받지 못했어요.

(B) 그럼요, 아주 좋을 것 같아요.

(C) 그건 8월에 시작됩니다.

정답 **(B)**

해설 퇴근 후에 함께 커피를 마실 의향이 있는지 묻는 제안 의문문이다.

(A) 거절을 나타내는 No 뒤에 이어지는 말이 함께 커피를 마시는 일과 관련 없는 오답.

(B) 수락을 나타내는 Sure와 함께 상대방과 커피를 마시는 일을 that으로 지칭해 좋을 것 같다고 덧붙이는 답변이므로 정답.

(C) 질문에 포함된 work와 연관성 있게 들리는 작업 시점을 말하는 답변으로, 상대방의 제안에 대한 반응으로 어울리지 않는 말이므로 오답.

어휘 **Would you like to do?** ~하시겠어요? **join** ~와 함께 하다, 합류하다 **receive** ~을 받다 **lovely** 아주 좋은, 아주 기쁜

12. Would you prefer to meet at lunch time, or another time?

(A) I'd prefer chicken.

(B) Whatever is convenient for you.

(C) It was delicious, thank you.

점심 시간에 만나는 게 좋으세요, 아니면 다른 시간이 좋으세요?

(A) 저는 닭고기로 할게요.

(B) 무엇이든 당신에게 편리한 것으로요.

(C) 맛있었어요, 고맙습니다.

정답 **(B)**

해설 만나는 시점과 관련해 점심 시간과 다른 시간 중에 어느 것이 더 좋은 지 묻는 선택 의문문이다.

(A) 질문에 포함된 lunch와 연관성 있게 들리는 chicken을 활용해 혼동을 유발하는 답변으로, 만나는 시점과 관련 없는 오답.

(B) '무엇이든 상대방에게 편리한 것'이라는 말은 상대방에게 선택권을 주겠다는 뜻이며, 어느 것이 선택되어도 상관없

다는 의미이므로 정답.

(C) 질문에 포함된 lunch와 연관성 있게 들리는 delicious를 활용해 혼동을 유발하는 답변으로, 만나는 시점과 관련 없는 오답.

어휘 Would you prefer to do? ~하시겠어요? I'd prefer ~로 할게요, ~가 좋을 것 같아요 whatever 무엇이든 ~하는 것 convenient 편리한

DAY 09 평서문/부가 의문문

PRACTICE

1. (A) X (B) O (C) O
2. (A) O (B) X (C) X
3. (A) X (B) O (C) O
4. (A) X (B) O (C) O
5. (A) O (B) O (C) X

1. I just heard that the concert has been postponed.
(A) No, I haven't heard from him.
(B) Until what day?
(C) That's very disappointing!

콘서트가 연기되었다는 얘기를 막 들었어요.
(A) 아뇨, 그분에게서 아무 말도 듣지 못했어요. [X]
(B) 언제까지요? [O]
(C) 아주 실망스럽네요! [O]

해설 콘서트가 연기되었다는 사실을 말하는 평서문이다.
(A) heard를 반복 사용해 혼동을 유발하는 답변으로, 대상을 알 수 없는 him을 언급한 오답.
(B) 언제까지인지 되묻는 것으로 연기된 콘서트의 재개 시점을 확인하려는 말이므로 정답.
(C) 아주 실망스럽다는 말로 콘서트 연기 사실에 대한 감정을 드러낸 답변이므로 정답.

어휘 postpone ~을 연기하다, 미루다 hear from ~에게 얘기를 듣다, 소식을 듣다 until (지속) ~까지 disappointing 실망시키는

2. Please let me know when you're finished with the copy machine.
(A) Sure, I'm almost done.
(B) It's on the second floor.
(C) The copy room has plenty of paper left.

언제 복사기 사용이 끝나는지 저에게 알려주세요.
(A) 물론이죠, 거의 끝나갑니다. [O]
(B) 2층에 있어요. [X]
(C) 복사실에 남은 용지가 많아요. [X]

해설 언제 복사기 사용이 끝나는지 알려 달라고 요청하는 평서문이다.

(A) 수락을 나타내는 Sure와 함께 거의 끝나간다는 말로 복사기 사용을 곧 종료할 예정임을 알리는 답변이므로 정답.
(B) 위치를 알려주는 답변이므로 복사기 사용 종료 시점과 관련 없는 오답.
(C) copy를 반복 사용해 혼동을 유발하는 답변으로, 복사기 사용 종료 시점이 아닌 용지 보유량과 관련된 말이므로 오답.

어휘 let A know: A에게 알리다 be finished with ~을 끝내다 almost done 거의 끝나가는 have A p.p.: (장소 등에) ~된 A가 있다 plenty of 많은

3. Ms. Bowen resigned today, didn't she?
(A) Sure, I'll design it again.
(B) That's what I heard.
(C) Yes, this morning.

보웬 씨가 오늘 사임하셨죠, 그렇지 않나요?
(A) 그럼요, 그것을 다시 디자인할게요. [X]
(B) 그렇다고 들었어요. [O]
(C) 네, 오늘 아침에요. [O]

해설 보웬 씨가 오늘 사임한 것인지 확인하기 위해 묻는 부가 의문문이다.
(A) 질문에 포함된 resigned와 발음이 일부 같은 design을 활용해 혼동을 유발하는 답변으로, 보웬 씨의 사임 여부와 관련 없는 오답.
(B) 보웬 씨의 사임 사실을 That으로 지칭해 그것이 자신이 들은 정보임을 확인해 주는 답변이므로 정답.
(C) 긍정을 나타내는 Yes와 함께 '오늘 아침'이라는 구체적인 시점을 덧붙이는 답변이므로 정답.

어휘 resign 사임하다

4. This month's budget report hasn't been approved yet, has it?
(A) I'll help with your proposal.
(B) It needs to be discussed more.
(C) The manager just received it.

이번 달 예산 보고서가 아직 승인되지 않았죠, 그렇죠?
(A) 제가 당신 제안서 작업을 도와 드릴게요. [X]
(B) 더 논의되어야 합니다. [O]
(C) 부장님께서 막 그걸 받으셨어요. [O]

해설 이번 달 예산 보고서가 아직 승인되지 않은 것이 맞는지 확인하기 위해 묻는 부가 의문문이다.
(A) 제안서 작업에 대해 도움을 주겠다고 제안하는 말이므로 예산 보고서 승인 여부와 관련 없는 오답.
(B) budget report를 It으로 지칭해 그것이 더 논의되어야 한다는 말로 아직 승인되지 않았음을 나타내는 답변이므로 정답.
(C) budget report를 It으로 지칭해 부서장이 그것을 막 받았다는 말로 아직 검토 전이어서 승인 여부를 알 수 없다는 뜻을 나타내는 답변이므로 정답.

어휘 budget 예산 approve ~을 승인하다 help with ~하는 것

을 돕다 **proposal** 제안(서) **discuss** ~을 논의하다, 이야기하다
receive ~을 받다

5. I'd like you to include last month's sales figures in the report.
(A) Where should I put them in the report?
(B) Sure, it's no problem.
(C) Yes, I've figured it out.

보고서에 지난 달 매출 수치를 포함해 주셨으면 합니다.
(A) 그것들을 보고서 어디에 넣어야 하나요? [O]
(B) 그럼요, 문제 없습니다. [O]
(C) 네, 제가 그걸 알아냈습니다. [X]

해설 보고서에 지난 달 매출 수치를 포함하도록 요청하는 평서문이다.
(A) sales figures를 them으로 지칭해 보고서 어디에 넣어야 하는지 되묻는 것으로 요청을 수락한다는 뜻을 나타내는 답변이므로 정답.
(B) 수락을 나타내는 Sure와 함께 '문제 없다'는 말을 덧붙여 요청을 수락하는 의미를 지닌 답변이므로 정답.
(C) 수락을 나타내는 Yes로 답변이 시작되고 있지만 Yes 뒤에 이어지는 말이 매출 수치 포함 요청에 대한 반응으로 어울리지 않으므로 오답.

어휘 **would like A to do:** A가 ~하기를 바라다 **include** ~을 포함하다 **sales** 매출, 영업, 판매(량) **figure** 수치, 숫자 **put** ~을 넣다, 놓다, 두다 **figure A out:** A를 알아내다

실전 감잡기

1. (A)	2. (B)	3. (A)	4. (A)	5. (C)	6. (B)
7. (B)	8. (A)	9. (C)	10. (B)	11. (B)	12. (B)

1. Today is the perfect day for a golf tournament, isn't it?
(A) Right, the weather is beautiful.
(B) It will start soon.
(C) Usually every weekend.

오늘은 골프 경기를 개최하기에 완벽한 날이죠, 그렇지 않나요?
(A) 맞아요, 날씨가 정말 좋아요.
(B) 곧 시작할 겁니다.
(C) 보통 매주 주말에요.

정답 (A)

해설 오늘이 골프 경기를 개최하기에 완벽한 날이라는 점에 대해 확인하기 위해 묻는 부가 의문문이다.
(A) 동의를 나타내는 Right과 함께 골프 경기를 개최하기에 완벽한 날이라고 생각하는 이유를 덧붙이는 답변이므로 정답.
(B) 경기가 시작되는 대략적인 미래 시점을 말하는 답변이므로 골프 경기를 개최하기에 완벽한 날이라는 점에 대해 확

인하기 위해 묻는 말과 관련 없는 오답.
(C) 반복 주기와 관련된 답변이므로 골프 경기를 개최하기에 완벽한 날이라는 점에 대해 확인하기 위해 묻는 말과 관련 없는 오답.

어휘 **usually** 보통, 일반적으로

2. You've met Mr. Hawkins before, haven't you?
(A) Sometime next week.
(B) No, I don't think so.
(C) He's the most qualified.

전에 호킨스 씨를 만나신 적이 있죠, 그렇지 않나요?
(A) 다음 주 중으로요.
(B) 아뇨, 그런 것 같지 않아요.
(C) 그분이 가장 적격입니다.

정답 (B)

해설 전에 호킨스 씨를 만난 적이 있지 않은 지 확인하기 위해 묻는 부가 의문문이다.
(A) 과거의 경험을 묻는 것에 어울리지 않는 대략적인 미래 시점을 말하는 답변이므로 오답.
(B) 부정을 나타내는 No와 함께 그렇지 않은 것 같다는 말로 만난 적이 없음을 알리는 답변이므로 정답.
(C) Mr. Hawkins를 He로 지칭하고 있지만 만난 경험이 아닌 자격 여부를 말하고 있으므로 관련 없는 오답.

어휘 **think so** (앞서 언급된 것에 대해) 그렇게 생각하다 **qualified** 적격인, 자격을 갖춘

3. I'd like to make a reservation for a rental car.
(A) Your name, please?
(B) I thought I returned it.
(C) Thanks, I'd love to.

렌터카 예약을 하고 싶습니다.
(A) 성함이 어떻게 되시죠?
(B) 제가 그걸 반납한 것 같은데요.
(C) 고마워요, 꼭 그러고 싶어요.

정답 (A)

해설 렌터카 예약을 하고 싶다는 요청 사항을 말하는 평서문이다.
(A) 상대방의 이름을 묻는 것으로 렌터카 예약에 필요한 조건을 묻는 답변이므로 정답.
(B) 고객이 할 수 있는 말이므로 렌터카 예약 요청을 받는 사람, 즉 직원의 반응으로 어울리지 않는 오답.
(C) 감사의 인사와 함께 앞서 언급된 일에 대한 수락을 나타내는 말인데, 이는 렌터카 예약 요청을 받는 직원이 보일 수 있는 반응으로 어울리지 않으므로 오답.

어휘 **make a reservation** 예약하다 **rental car** 렌터카 **return** ~을 반납하다, 반품하다 **I'd love to** (제안에 대한 수락) 꼭 그러고 싶어요, 좋아요

4. I heard the project manager is going on a business trip to South Africa.

(A) How long will it be?
(B) A factory in Taiwan.
(C) Yes, he came back from his trip.

프로젝트 팀장님께서 남아프리카로 출장을 가신다고 들었어요.

(A) 그게 얼마나 오래 걸릴까요?
(B) 타이완에 있는 공장이요.
(C) 네, 그는 여행에서 돌아왔어요.

정답 **(A)**

해설 프로젝트 팀장이 남아프리카로 출장을 간다는 소식을 들은 사실을 말하는 평서문이다.
(A) 출장 가는 일을 it으로 지칭해 그 기간을 묻는 말이므로 정답.
(B) project 및 business와 연관성 있게 들리는 factory를 활용해 혼동을 유발하는 답변으로, 팀장의 남아프리카 출장 소식과 관련 없는 타 지역 공장을 언급하는 말이므로 오답.
(C) 제시 문장에 나온 trip을 그대로 이용한 함정으로 오답.

어휘 **go on a business trip** 출장을 가다

5. You're going to the music festival, aren't you?
(A) There were many musicians.
(B) Could you turn the volume down?
(C) Only if I can get a day off.

음악 축제에 가시죠, 그렇지 않나요?
(A) 많은 음악가들이 있었습니다.
(B) 소리 좀 줄여 주시겠어요?
(C) 제가 하루 쉴 수 있는 경우에만요.

정답 **(C)**

해설 상대방이 음악 축제에 가지 않는지 확인하기 위해 묻는 부가 의문문이다.
(A) 답변자 자신의 음악 축제 참석 여부가 아닌 축제 공연자 규모와 관련된 답변이므로 오답.
(B) music과 연관성 있게 들리는 turn the volume down을 활용해 혼동을 유발하는 답변으로, 답변자 자신의 음악 축제 참석 여부를 말하는 것이 아니므로 오답.
(C) 음악 축제에 참석하는 데 필요한 조건을 언급하는 답변이므로 정답.

어휘 **turn A down**: A를 줄이다, 낮추다 **get A off**: A만큼 쉬다, 휴무하다

6. Sales of our new menu items have been lower than we expected.
(A) At tomorrow's meeting.
(B) I know. It's disappointing.
(C) It's on sale now.

우리의 새 메뉴 품목 매출이 우리가 예상했던 것보다 낮았습니다.
(A) 내일 회의에서요.
(B) 알아요. 실망스럽네요.
(C) 그건 지금 세일 중입니다.

정답 **(B)**

해설 새 메뉴 품목의 매출이 예상했던 것보다 낮았다는 문제점을 말하는 평서문이다.
(A) 매출 저조와 관련 있을 법한 내일 회의를 언급하지만 제시 문장의 내용에 어울리지 않는 반응이므로 오답.
(B) 상대방이 말하는 매출 관련 정보를 알고 있다는 말과 함께 매출이 낮은 것에 대한 실망감을 나타내는 답변이므로 정답.
(C) Sale의 다른 의미(할인 판매)를 활용해 혼동을 유발하는 답변으로, 제품이 할인 판매 중임을 말하고 있으므로 저조한 매출과 관련 없는 오답.

어휘 **sales** 매출, 판매(량), 영업, 할인 판매 **item** 품목, 제품 **expect** ~을 예상하다, 기대하다 **disappointing** 실망시키는 **on sale** 할인 판매 중인

7. That was the last session of the workshop, right?
(A) Last semester.
(B) No, there's a couple more.
(C) Yes, I registered in advance.

그게 워크숍의 마지막 시간이었죠, 그렇죠?
(A) 마지막 학기요.
(B) 아뇨, 두 가지 더 있어요.
(C) 네, 저는 미리 등록했습니다.

정답 **(B)**

해설 워크숍의 특정 시간을 That으로 지칭해 그것이 워크숍의 마지막 시간이었는지 확인하기 위해 묻는 부가 의문문이다.
(A) last를 반복 사용해 혼동을 유발하는 답변으로, 워크숍 마지막 시간이었는지에 대해 확인하는 질문과 관련 없는 오답.
(B) 부정을 나타내는 No와 함께 워크숍의 남아 있는 시간을 알려주는 말을 덧붙이고 있으므로 정답.
(C) 긍정을 나타내는 Yes로 답변이 시작되고 있지만, 정작 Yes 뒤에 이어지는 말은 워크숍의 마지막 시간이었는지에 대한 확인과 관련 없는 오답.

어휘 **session** (특정 활동을 위한) 시간 **semester** 학기 **register** 등록하다 **in advance** 미리, 사전에

8. Rhonda has offered to organize the design workshop.
(A) That will be a great help.
(B) Place the sign by the front door.
(C) It's open to all team members.

론다 씨가 디자인 워크숍을 준비하겠다고 제안하셨어요.
(A) 그럼 아주 큰 도움이 될 거예요.

(B) 표지판을 앞문 옆에 놓아두세요.

(C) 모든 팀원에게 열려 있습니다.

정답 **(A)**

해설 론다 씨가 디자인 워크숍을 준비하겠다고 제안한 사실을 말하는 평서문이다.

(A) 론다 씨가 디자인 워크숍을 준비하는 일을 That으로 지칭해 그렇게 하면 큰 도움이 될 것이라는 의견을 밝히는 답변이므로 정답.

(B) design과 일부 발음이 유사한 sign을 활용해 혼동을 유발하는 답변으로, 표지판을 놓아둘 위치를 알리는 말이므로 론다 씨의 디자인 워크숍 준비 제안과 관련 없는 오답.

(C) 행사 참가 대상자와 관련된 말이므로 론다 씨의 디자인 워크숍 준비 제안과 관련 없는 오답.

어휘 **offer to do** ~하겠다고 제안하다 **organize** ~을 준비하다, 조직하다 **place** v. ~을 놓다, 두다 **sign** 표지(판) **by** ~ 옆에 **open to** ~에게 열려 있는, 공개된

---

9. We should send travel receipts to the Personnel Department, shouldn't we?

(A) Thanks, we had an amazing trip.

(B) I'll give you a ride.

(C) No, to Cathy in Accounting.

우리가 인사부에 출장 영수증들을 보내야 하죠, 그렇지 않나요?

(A) 고맙습니다, 저희는 놀라운 여행을 했어요.

(B) 제가 차로 태워 드릴게요.

(C) 아뇨, 회계부의 캐시 씨에게요.

정답 **(C)**

해설 인사부에 출장 영수증들을 보내야 하지 않는지 확인하기 위해 묻는 부가 의문문이다.

(A) travel과 연관성 있게 들리는 trip을 활용해 혼동을 유발하는 답변으로, 과거의 여행에 대한 의견을 말하고 있으므로 출장 영수증 수령 부서와 관련 없는 오답.

(B) travel과 연관성 있게 들리는 ride를 활용해 혼동을 유발하는 답변으로, 상대방에게 차로 태워 주겠다고 제안하고 있으므로 출장 영수증 수령 부서와 관련 없는 오답.

(C) 부정을 나타내는 No와 함께 영수증을 수령하는 실제 부서를 알려주는 것으로 상대방의 정보가 잘못되었음을 말하는 답변이므로 정답.

어휘 **receipt** 영수증 **Personnel Department** 인사부 **amazing** 놀라운 **give A a ride**: A를 차로 태워 주다 **Accounting** 회계부

---

10. We should check for any errors in these blueprints.

(A) Building designs, I think.

(B) Alex already reviewed them.

(C) Yes, for a new shopping mall.

우리는 이 설계도에 어떤 오류라도 있는지 확인해야 합니다.

(A) 건물 디자인인 것 같아요.

(B) 알렉스 씨가 이미 검토했습니다.

(C) 네, 새 쇼핑몰을 위한 것입니다.

정답 **(B)**

해설 설계도에 어떤 오류라도 있는지 확인해야 한다고 제안하는 평서문이다.

(A) 어떤 대상에 대해 건물 디자인인 것 같다는 의견을 말하는 답변이므로, 설계도상의 오류 확인 제안에 대한 반응으로 어울리지 않는 오답.

(B) 알렉스 씨가 이미 검토했다는 말로 오류가 있는지 확인할 필요가 없다는 뜻을 나타내는 답변이므로 정답.

(C) 동의를 나타내는 Yes로 답변이 시작되고 있지만, 정작 Yes 뒤에 이어지는 말은 설계도의 용도를 알리고 있으므로 설계도상의 오류 확인 제안에 대한 반응으로 어울리지 않는 오답.

어휘 **check for** (문제 등) ~가 있는지 확인하다 **blueprint** 설계도, 청사진 **review** ~을 검토하다

---

11. I think Luis will be the top salesman this month, don't you?

(A) Well, it was on sale.

(B) Yeah, he's done very well.

(C) No, in Human Resources.

루이스 씨가 이번 달 최고의 영업 사원이 되실 것 같아요, 그렇게 생각하지 않으세요?

(A) 저, 그건 할인 판매 중이었습니다.

(B) 네, 그분이 아주 잘해 주셨어요.

(C) 아뇨, 인사부에서요.

정답 **(B)**

해설 루이스 씨가 이번 달 최고의 영업 사원이 될 것 같다는 의견을 말하고 동의를 구하는 부가 의문문이다.

(A) salesman과 일부 발음이 같은 sale을 활용해 혼동을 유발하는 답변으로, 최고의 영업 사원이 될 것 같다는 의견과 관련 없는 할인 판매를 말하고 있으므로 오답.

(B) 긍정을 나타내는 Yeah와 함께 Luis를 he로 지칭해 최고의 영업 사원이 될 수 있는 이유를 덧붙인 답변이므로 정답.

(C) 질문의 내용과 관련 없는 부서명을 언급하는 오답.

어휘 **salesman** 영업 사원 **on sale** 할인 판매 중인 **human resources** 인사팀, 인사부

---

12. I don't know where my ID card is.

(A) We'll find out tomorrow.

(B) I saw it in the break room.

(C) Let's get a rental car.

제 신분증이 어디 있는지 모르겠어요.

(A) 우리가 내일 알게 될 겁니다.

(B) 그걸 휴게실에서 봤어요.

(C) 렌터카를 한 대 빌립시다.

정답 (B)

해설 자신의 신분증이 어디 있는지 모르겠다는 문제점을 말하는 평서문이다.

(A) 상대방이 분실한 신분증과 관련해 답변자가 속한 여러 사람들(We)이 그것이 어디 있는지 알게 될 것이라는 말은 앞뒤가 맞지 않으므로 오답. 또한 find out은 '정보 등을 알아내다, 알게 되다'라는 의미로 사용되기 때문에 사물인 신분증이 어디 있는지 모르겠다는 문제점과 관련 없는 답변이므로 오답.

(B) ID card를 it으로 지칭해 그것을 본 장소를 알려주는 답변이므로 정답.

(C) card와 발음이 유사한 car를 활용해 혼동을 유발하는 답변으로, 렌터카를 빌리자고 제안하는 말이므로 신분증 분실과 관련 없는 오답.

어휘 find out 알아내다, 알게 되다 break room 휴게실 rental car 렌터카

PART 3

DAY 10 주제/목적/문제점 문제

❶ 주제/목적을 묻는 문제

W: How do you feel about our new CEO? He has implemented a lot of strict new policies that will affect our office environment.

M: Yes, I really don't think it is necessary to ban all mobile phone use and shorten our break times.

여: 우리 신임 대표이사님에 대해 어떻게 생각하세요? 그분께서 최근에 우리 사무실 환경에 영향을 줄 엄격한 새 방침을 많이 실시하셨잖아요.

남: 맞아요, 전 정말 모든 휴대폰 사용을 금지하고 우리 휴식 시간을 줄이는 게 필요하다고 생각하지 않아요.

어휘 How do you feel about ~? ~에 대해 어떻게 생각하세요? implement ~을 실시하다, 시작하다 strict 엄격한 policy 정책, 방침 affect ~에 영향을 미치다 environment 환경 it is necessary to do ~하는 것이 필요하다, 필수이다 ban ~을 금지하다 shorten ~을 줄이다, 짧게 하다 break time 휴식 시간

❷ 문제점을 묻는 문제

W: Is everything arranged for the employee training workshop this morning?

M: Actually, we were planning to hold the session here in our main building, but I forgot to reserve the meeting room.

여: 오늘 오전에 있을 직원 교육 워크숍에 필요한 모든 것이 준비되어 있나요?

남: 사실, 우리가 그 시간을 이곳 본관에서 열 계획이었는데, 제가 회의실을 예약하는 것을 잊었습니다.

어휘 arrange ~을 준비하다, 조치하다 training 교육 actually 실은, 사실은 plan to do ~할 계획이다 hold ~을 개최하다, 열다 session (특정 활동을 위한) 시간 forget to do ~하는 것을 잊다 reserve ~을 예약하다

PRACTICE

1. (B)　　　　　**2.** (B)

Question 1 refers to the following conversation.

M: Hi, I'm organizing a birthday party for my manager. Do you have a special menu for birthday parties? I think there should be around 20 people in total.

W: Yes, we offer a special 5-course meal for group celebrations like that. And, you can personalize some of the courses, according to your preferences.

남: 안녕하세요, 제가 저희 부장님 생신 파티를 준비하는 중입니다. 생일 파티를 위한 특별 메뉴가 있나요? 모두 합쳐서 약 20명의 사람들이 있을 것 같아요.

여: 네, 그와 같은 단체 기념 행사용으로 5가지 특별 코스 식사를 제공해 드립니다. 그리고, 선호도에 따라 일부 코스를 맞춤 주문하실 수도 있습니다.

어휘 organize ~을 준비하다, 조직하다 around 약, 대략 in total 총, 모두 합쳐 offer ~을 제공하다 celebration 기념 행사, 축하 행사 personalize ~을 개인의 필요에 맞추다 according to ~에 따라 preference 선호(하는 것)

1. 남자는 왜 전화하는가?

(A) 주문 상태를 확인하기 위해
(B) 메뉴에 관해 문의하기 위해
(C) 단체 할인을 요청하기 위해
(D) 회의 일정을 잡기 위해

해설 남자가 대화를 시작하면서 생일 파티를 위한 특별 메뉴가 있는지(Do you have a special menu for birthday parties?) 묻자, 여자가 그와 같은 행사용으로 제공되는 메뉴를 설명하고 있다. 따라서 메뉴에 관해 문의하기 위해 전화한 것임을 알 수 있으므로 (B)가 정답이다.

어휘 status (진행 과정상의) 상태, 상황 inquire about ~에 관해 문의하다 request ~을 요청하다 group discount 단체 할인 schedule v. ~의 일정을 정하다

Question 2 refers to the following conversation.

M: Polly, I'm afraid the photocopier <u>isn't working properly</u>. All of the copies are messy, and I already tried changing the ink cartridge.

W: Oh, I think I have the number for the repair technician. Here you are. It's 555-3987.

....

남: 폴리 씨, 복사기가 제대로 작동되고 있는 것 같지 않습니다. 복사물은 전부 엉망이고, 잉크 카트리지도 이미 교체해 보려고 해 봤습니다.

여: 아, 제가 수리 기술자 번호를 갖고 있는 것 같아요. 여기 있네요. 555-3987번입니다.

어휘 I'm afraid (that) (부정적인 일에 대해) ~인 것 같다 work (기계 등이) 작동되다 properly 제대로, 적절히 messy 엉망인, 지저분한 try -ing ~하려 해보다, 시도하다 repair technician 수리 기술자

2. 남자는 무슨 문제점을 언급하는가?

(A) 전화번호가 잘못되었다.
(B) 복사기가 고장 났다.
(C) 일부 부품이 배송되지 않았다.
(D) 수리비가 너무 비싸다.

해설 남자가 대화 초반부에 복사기가 제대로 작동되지 않는다는 (I'm afraid the photocopier isn't working properly) 문제점을 말하고 있다. 이는 복사기가 고장 났음을 의미하는 말이므로 (B)가 정답이다.

어휘 wrong 잘못된, 엉뚱한 broken 고장 난
Paraphrase isn't working properly → broken

실전 감잡기

1. (A)	2. (C)	3. (C)	4. (B)	5. (C)	6. (C)
7. (B)	8. (A)	9. (C)	10. (B)	11. (A)	12. (C)

Questions 1-3 refer to the following conversation.

W: Good afternoon, Terry. **1** I'm calling about the report you are writing. You've been adding up the sales of all our products, right?

M: Yes, that's right. But, **2** some figures from our Chicago branch haven't been sent yet. As a result, I think the report might be delayed by a couple of days.

W: That's not a problem. But **3** I'd appreciate it if you could e-mail the document to me as soon as it's finished. I'll need it for next week's management meeting.

M: Sure. **3** I'll get it to you by Tuesday at the latest.

....

여: 안녕하세요, 테리 씨. 당신이 작성 중인 보고서와 관련해서 전화 드립니다. 모든 우리 제품의 매출액을 더해 오고 계셨죠, 그렇죠?

남: 네, 맞습니다. 하지만, 우리 시카고 지사로부터 아직 몇몇 수치를 받지 못했어요. 결과적으로, 보고서가 며칠 지연될 수도 있을 것 같아요.

여: 그건 괜찮습니다. 하지만 끝마치시는 대로 저에게 이메일로 그 문서를 보내주실 수 있다면 감사하겠습니다. 다음 주에 있을 경영진 회의에 필요합니다.

남: 물론입니다. 늦어도 화요일까지는 보내 드리겠습니다.

어휘 add up ~을 더하다, 추가하다 sales 매출(액), 판매(량), 매출 figure 수치, 숫자 as a result 결과적으로 delay ~을 지연시키다, 지체하다 by (차이) ~만큼, (기한) ~까지 I'd appreciate it if you could ~: ~해 주실 수 있다면 감사하겠습니다 as soon as ~하는 대로, ~하자마자 get A to B: A를 B에게 주다 at the latest 늦어도

1. 화자들은 주로 무엇을 이야기하고 있는가?

(A) 매출 보고서
(B) 제품 출시
(C) 매장 개장
(D) 교육 시간

정답 **(A)**

해설 여자가 대화 초반부에 상대방이 작성 중인 보고서를 언급하면서 매출액을 더하는 일을 하고 있었던 게 맞는지(I'm calling about the report you are writing. You've been adding up the sales of all our products ~) 물은 뒤로 그 보고서 작성과 관련된 내용으로 대화가 진행되고 있다. 따라서 매출 보고서가 대화 주제임을 알 수 있으므로 (A)가 정답이다.

어휘 launch 출시, 공개 training 교육 session (특정 활동을 위한) 시간

2. 남자는 무슨 문제점을 언급하는가?

(A) 일부 직원들이 지각을 한다.
(B) 회의가 연기되었다.
(C) 일부 정보가 보내지지 않았다.
(D) 제품이 저조하게 판매되었다.

정답 **(C)**

해설 남자가 언급하는 문제점을 묻고 있으므로 남자의 말에서 부정적인 내용을 찾아야 한다. 대화 중반부에 남자가 시카고 지사로부터 아직 수치를 받지 못한 사실을(~ some figures from our Chicago branch haven't been sent yet) 알리고 있는데, 이는 정보가 보내지지 않은 것에 해당되므로 (C)가 정답이다.

어휘 postpone ~을 연기하다 poorly 저조하게, 형편 없이

Paraphrase some figures → Some information

3. 남자는 화요일까지 무엇을 하는 데 동의하는가?

(A) 회의 마련하기
(B) 소속 부서장과 이야기하기
(C) 이메일로 문서 보내기
(D) 고객 방문하기

정답 **(C)**

해설 대화 후반부에 여자가 문서를 이메일로 보내 달라고 요청하는 것에 대해(I'd appreciate it if you could e-mail the document to me ~) 남자가 화요일까지 보내겠다고(I'll get it to you by Tuesday ~) 답변하고 있으므로 (C)가 정답이다.

어휘 agree to do ~하는 데 동의하다 arrange ~을 마련하다, 조치하다

Questions 4-6 refer to the following conversation.

> M: Hi, Joanna. **4** I'm considering buying a new house, and I heard you mention that you bought yours through Goldberg Realty. Were they helpful?
>
> W: Definitely. You should go to their offices and have a chat with **5** Jeff Goldberg. He has so much experience in finding the perfect homes for his clients, especially young families.
>
> M: That sounds perfect. Where is his agency?
>
> W: It's on the corner of Mitchum and Twelfth. But, **6** I would strongly recommend visiting the company's Web site first. There's a lot of useful information on it that will help you prepare for your meeting.

남: 안녕하세요, 조애나 씨. 제가 새 주택 구입을 고려 중인데, 당신이 골드버그 리얼티를 통해서 주택을 구입하셨다고 말씀하신 것을 들었어요. 도움이 되셨나요?

여: 당연하죠. 그곳 사무실에 가셔서 제프 골드버그 씨와 얘기해 보셔야 해요. 그분은 고객들을 위해 완벽한 주택을 찾으시는 데 경험이 아주 많으신 분이에요, 특히 젊은 부부들을 위해서요.

남: 아주 좋은 것 같네요. 그분 업체가 어디에 있나요?

여: 미첨 가와 12번 가가 만나는 모퉁이에 있어요. 하지만, 먼저 그 회사 웹사이트를 방문해 보실 것을 적극 권해 드리고 싶어요. 그 사이트에 만남을 준비하는 데 도움이 될 유용한 정보가 많이 있어요.

어휘 consider -ing ~하는 것을 고려하다 hear A do: A가 ~하는 것을 듣다 mention that ~라고 말하다 through ~을 통해 helpful 도움이 되는, 유익한 Definitely (강한 긍정) 당연하죠, 틀림 없이 experience in -ing ~하는 데 있어서의 경험

especially 특히 agency 업체, 대행사 on the corner of A and B: A와 B가 만나는 모퉁이에 strongly recommend -ing ~하도록 적극 권하다 useful 유용한 help A do: A가 ~하는 데 도움을 주다 prepare for ~을 준비하다, ~에 대비하다

4. 화자들은 무엇을 이야기하고 있는가?

(A) 여행을 준비하는 것
(B) 부동산을 구입하는 것
(C) 건물을 개조하는 것
(D) 행사를 계획하는 것

정답 **(B)**

해설 대화를 시작하면서 남자가 새 주택 구입을 고려하고 있다고 (I'm considering buying a new house ~) 언급한 뒤로 그와 관련된 방법에 관해 이야기하는 것으로 대화가 진행되고 있으므로 (B)가 정답이다.

어휘 organize ~을 준비하다, 조직하다 purchase ~을 구입하다 property 부동산, 건물 renovate ~을 개조하다, 보수하다

Paraphrase buying a new house → Purchasing a property

5. 골드버그 씨는 누구일 것 같은가?

(A) 건축가
(B) 인테리어 디자이너
(C) 부동산 중개업자
(D) 금융 상담 전문가

정답 **(C)**

해설 골드버그 씨의 이름이 언급되는 대화 중반부에, 여자가 골드버그 씨가 고객들을 위해 완벽한 주택을 찾아주는 일에 경험이 많다고(Jeff Goldberg. He has so much experience in finding the perfect homes for his clients ~) 말하고 있다. 이는 부동산 중개업자가 하는 일에 해당되므로 (C)가 정답이다.

어휘 financial 금융의, 재정의 advisor 상담 전문가, 고문

6. 여자는 남자에게 무엇을 하도록 권하는가?

(A) 사무실에 전화하기
(B) 이메일 주소 제공하기
(C) 웹사이트 방문하기
(D) 설문조사지 작성하기

정답 **(C)**

해설 여자가 권하는 일을 묻고 있으므로 여자의 말에서 권고나 제안과 관련된 표현이 언급되는 부분에서 단서를 찾아야 한다. 대화 마지막에 여자가 회사 웹사이트를 방문해 보도록 적극 권한다고(~ I would strongly recommend visiting the company's Web site first) 말하는 내용이 있으므로 이를 언급한 (C)가 정답이다.

어휘 provide ~을 제공하다 fill out ~을 작성하다 survey 설문조사(지)

Questions 7-9 refer to the following conversation.

M: Hi, this is Jim Thorpe from the Bridges Corporation. I called you earlier this morning to place an order for 25 beverages for our lunchtime meeting. **7 I'd like to increase the order to 50 beverages.** Can you still bring those up to our offices by 1 P.M. today?

W: I'm sorry, sir, but **8 our coffee shop** is understaffed today, and lunchtime is our busiest period. If you require 50 beverages, we might not manage to deliver them until around 2.

M: Really? Well, maybe we can just take the 25 drinks, but **9 could you include 25 muffins as well?**

W: Yes, that will be possible. **9 I can warm those up quite quickly and bring them along with your drinks at 1 P.M.**

....

남: 안녕하세요, 저는 브릿지스 사의 짐 톨페입니다. 아까 아침에 저희 점심 모임에 필요한 음료 25개를 주문하려고 전화 드렸던 사람입니다. 그 주문을 음료 50개로 늘리려고 합니다. 여전히 오늘 오후 1시까지 저희 사무실로 그것들을 가져다 주실 수 있으세요?

여: 고객님, 죄송하지만, 오늘 저희 커피 매장에 직원이 부족한데, 점심 시간이 가장 바쁜 시간대입니다. 50개의 음료가 필요하시다면, 2시쯤이나 되어야 간신히 배달해 드릴 수 있을 겁니다.

남: 정말요? 저, 아마 그냥 음료 25개로 해도 될 것 같은데, 그럼 머핀 25개도 포함해 주실 수 있으세요?

여: 네, 그렇게는 가능할 겁니다. 그 머핀들을 꽤 빨리 데운 다음, 오후 1시에 음료와 함께 가져다 드릴 수 있습니다.

어휘 place an order for ~을 주문하다 beverage 음료 would like to do ~하고 싶다, ~하고자 하다 increase ~을 늘리다, 증가시키다 bring A up to B: A를 B로 가져오다, 가져가다 understaffed 직원이 부족한, 일손이 모자라는 require ~을 필요로 하다 not A until B: B나 되어야 A하다 manage to do 간신히 ~해내다 around ~쯤, 약, 대략 include ~을 포함하다 as well ~도, 또한 warm A up: A를 데우다 quite 꽤, 상당히 along with ~와 함께

7. 남자는 왜 전화를 거는가?
(A) 식사 자리를 준비하기 위해
(B) 주문량을 늘리기 위해
(C) 정보를 요청하기 위해
(D) 일부 제품에 대해 불평하기 위해

정답 **(B)**

해설 대화 초반부에 화자가 자신을 소개한 뒤로 주문량을 음료 50개로 늘리고 싶다고(I'd like to increase the order to 50 beverages) 말하고 있다. 따라서 이를 언급한 (B)가 정답이다.

어휘 organize ~을 준비하다, 조직하다 request ~을 요청하다 complain about ~에 대해 불평하다

8. 여자는 어디에서 일하고 있을 것 같은가?
(A) 커피숍에서
(B) 슈퍼마켓에서
(C) 공장에서
(D) 호텔에서

정답 **(A)**

해설 남자의 요청 사항을 들은 여자가 대화 중반부에 'our coffee shop'이라는 말로 자신이 근무하는 곳을 밝히고 있으므로 (A)가 정답이다.

9. 여자는 자신이 무엇을 할 것이라고 말하는가?
(A) 자신의 상사와 이야기하기
(B) 대량 할인 제공하기
(C) 일부 음식품 준비하기
(D) 배달 시간 변경하기

정답 **(C)**

해설 대화 후반부에 남자가 머핀 25개를 포함해 달라고(~ could you include 25 muffins as well?) 요청하는 것에 대해 여자가 그것들을 데워서 음료와 함께 갖다 주겠다고(I can warm those up quite quickly and bring them ~) 대답하고 있다. 이는 음식을 준비하겠다는 뜻을 나타내는 것이므로 (C)가 정답이다.

어휘 supervisor 상사, 책임자, 부서장 bulk 대량의 prepare ~을 준비하다

Paraphrase muffins → food items
warm those up → Prepare

Questions 10-12 refer to the following conversation.

M: Good morning, Ms. Lang. I am here to fix the laptop that you called about. What exactly is the matter with it?

W: **10 The laptop keeps shutting down by itself every 10 minutes or so. 11 I need to finish working on a blueprint that I should send to a client within the hour.** Will you be able to fix the problem quickly?

M: I think I'll need to download and install some software and reboot the system. It'll probably take at least 30 minutes.

W: Oh, then I'm not going to have much time left for my work. **12 I'd better call my client and let him know about the delay.**

....

남: 안녕하세요, 랭 씨. 전화 주셨던 노트북 컴퓨터를 고치러 왔습니

다. 정확히 무엇이 문제인가요?

여: 그 노트북 컴퓨터가 10분 정도마다 계속 저절로 멈춰요. 제가 1시간 내로 고객에게 보내 드려야 하는 설계도 작업을 마쳐야 합니다. 빨리 그 문제를 바로잡아 주실 수 있으세요?

남: 제 생각엔 몇몇 소프트웨어를 다운로드해 설치한 다음, 시스템을 재부팅해야 할 것 같습니다. 아마 최소 30분은 걸릴 겁니다.

여: 아, 그럼 제가 일할 시간이 많이 남지 않게 되는 거네요. 제가 고객에게 전화해서 이 지연 문제에 관해 말씀 드리는 게 낫겠어요.

어휘   fix ~을 고치다, 바로잡다   exactly 정확히   keep -ing 계속 ~하다   shut down (장치 등이) 멈추다, 정지하다   by itself (사물) 저절로   or so (숫자 표현 뒤에서) ~ 정도   work on ~에 대한 작업을 하다   within ~ 이내에   be able to do ~할 수 있다   install ~을 설치하다   reboot ~을 재부팅하다   take ~의 시간이 걸리다   at least 최소한, 적어도   have A p.p.: ~된 A가 있다, A를 ~되게 하다   had better + 동사원형: ~하는 게 낫다   let A know about B: A에게 B에 관해 알리다   delay 지연, 지체

10. 무엇이 문제점인가?

   (A) 설계도가 분실되었다.
   (B) 컴퓨터가 오작동하고 있다.
   (C) 고객이 도착하지 않았다.
   (D) 일부 정보가 잘못되었다.

정답   **(B)**

해설   문제점이 무엇인지 묻는 문제이므로 부정적인 정보를 찾아야 한다. 대화 초반부에 여자가 노트북 컴퓨터가 10분 정도마다 계속 저절로 멈춘다는(The laptop keeps shutting down by itself every 10 minutes or so) 말로 문제점을 밝히고 있는데, 이는 노트북 컴퓨터가 오작동하는 상황을 말하는 것이므로 (B)가 정답이다.

어휘   misplace ~을 분실하다, ~을 둔 곳을 잊다   malfunction 오작동하다   arrive 도착하다   wrong 잘못된, 엉뚱한

Paraphrase   laptop keeps shutting down by itself
        → computer is malfunctioning

11. 여자는 왜 우려하는가?

   (A) 일부 업무를 끝마쳐야 한다.
   (B) 회의에 늦은 상태이다.
   (C) 문서를 저장하는 것을 잊었다.
   (D) 몇몇 연락처를 잃어버렸다.

정답   **(A)**

해설   대화 중반부에 여자가 1시간 내로 고객에게 보낼 설계도 작업을 마쳐야 한다는(I need to finish working on a blueprint that I should send to a client within the hour) 말로 우려 사항을 언급하고 있다. 이는 업무를 끝내는 것을 의미하므로 (A)가 정답이다.

어휘   concerned 우려하는, 걱정하는   forget to do ~하는 것을 잊다   contact details 연락처

Paraphrase   finish working on a blueprint
        → finish some work

12. 여자는 자신이 곧이어 무엇을 할 것이라고 말하는가?

   (A) 회의 취소하기
   (B) 자신의 작업물 백업하기
   (C) 고객에게 연락하기
   (D) 일부 소프트웨어 설치하기

정답   **(C)**

해설   대화 마지막 부분에 여자가 고객에게 전화를 걸어 지연 문제를 알리겠다고(I'd better call my client and let him know about the delay) 언급하고 있다. 이는 고객에게 연락하는 일을 말하는 것이므로 (C)가 정답이다.

어휘   cancel ~을 취소하다   contact ~에게 연락하다

Paraphrase   call → Contact

DAY 11   장소/신분/직업 문제

❶ 대화 장소를 묻는 문제

W: Here are my keys. Can you tell me roughly when I should come back to pick up the car?

M: We are going to replace some parts, change the oil, and perform a safety inspection. So it won't be ready until 4 o'clock.

여: 여기 제 열쇠가 있어요. 차를 가지러 대략 언제쯤 다시 오면 되는지 알려주시겠어요?

남: 일부 부품을 교체하고, 오일을 교환한 다음, 안전 점검을 실시할 겁니다. 따라서 4시나 되어야 준비될 겁니다.

어휘   roughly 대략적으로   pick up ~을 가져가다, 가져오다   replace ~을 교체하다, 대체하다   part 부품   perform ~을 실시하다, 수행하다   inspection 점검, 조사   not A until B: B나 되어야 A하다

❷ 신분/직업/직책을 묻는 문제

M: Thank you for your interest in our catering service, Ms. Clark. When will you send us your menu choices for the banquet?

W: Actually, we're still waiting on feedback from our employees before we make a final decision. The banquet will be held on July 21, so we'll give you a detailed food order by July 14.

남: 저희 출장 요리 서비스에 대한 관심에 감사드립니다, 클라크 씨. 언제 저희에게 연회 메뉴 선택 사항을 보내주시겠습니까?

여: 사실, 최종 결정을 내리기 전에 여전히 직원들로부터 의견을 기다리는 중입니다. 연회는 7월 21일에 개최되기 때문에, 7월 14일까지 상세한 음식 주문 사항을 전해 드리겠습니다.

어휘   interest in ~에 대한 관심 catering 출장 요리 제공(업) banquet 연회 actually 실은, 사실은 feedback 의견 make a decision 결정을 내리다 hold ~을 개최하다, 열다 detailed 상세한 order 주문(품) by (기한) ~까지

PRACTICE

1. (D)   **2.** (A)

Question 1 refers to the following conversation.

M: Hi. My name is Norman Watts. I have a 3:30 <u>appointment</u> with Dr. Morrison for a dental check-up.

W: Hello, Mr. Watts. Dr. Morrison is a bit behind schedule today, so you'll need to wait for around 15 minutes. Are you a new patient?

M: Yes, I just registered with this clinic through your Web site.

남: 안녕하세요, 제 이름은 노먼 와츠입니다. 제가 치아 검진 때문에 3시 30분에 모리슨 의사 선생님으로 예약이 되어 있습니다.

여: 안녕하세요, 와츠 씨. 모리슨 의사 선생님께서 오늘 일정보다 약간 뒤처져 있으시기 때문에, 약 15분 동안 대기하셔야 할 겁니다. 처음 오시는 환자분이신가요?

남: 네, 웹사이트를 통해서 이 진료소에 막 등록했습니다.

어휘   appointment 예약, 약속 dental 치아의, 치과의 check-up 검진 a bit 약간, 조금 behind schedule 일정에 뒤처진 around 약, 대략 patient 환자 register 등록하다 clinic 진료소, 병원 through ~을 통해

1.   여자는 누구일 것 같은가?
(A) 치과 의사
(B) 판매원
(C) 기술자
(D) 접수 직원

해설   남자가 대화 시작 부분에 자신이 3시 30분으로 치아 검진 예약이 되어 있다는 사실을 알리고 있는데(I have a 3:30 appointment with Dr. Morrison for a dental check-up) 이는 접수 직원에 할 수 있는 말이므로 (D)가 정답이다.

어휘   sales clerk 판매원 receptionist 접수 직원, 안내 직원

Question 2 refers to the following conversation.

M: Have you heard about the workshop in the main conference room? **Michelle Scott is <u>giving a lecture</u>** about how artificial intelligence can be useful in marketing. Would you be interested in signing up for it?

W: Yes, it sounds very interesting. Do I just need to fill out a form?

M: You can sign up online. Let me give you the Web site address.

남: 본관 회의실에서 열리는 워크숍에 관해 들어 보신 적 있으세요? 미셸 스캇 씨가 인공 지능이 마케팅에 어떻게 유용할 수 있는지에 관해 강연하실 예정이에요. 등록하는 데 관심 있으신가요?

여: 네, 아주 흥미로운 것 같아요. 양식을 작성하기만 하면 되나요?

남: 온라인으로 등록하실 수 있어요. 제가 그 웹사이트 주소를 알려 드릴게요.

어휘   give a lecture 강연하다 artificial intelligence 인공 지능 sign up (for) (~에) 등록하다, (~을) 신청하다 fill out ~을 작성하다 form 양식, 서식 online 온라인으로

2.   미셸 스캇은 누구인가?
(A) 초청 연사
(B) 행사 주최자
(C) 웹 디자이너
(D) 사업체 소유주

해설   미셸 스캇의 이름이 등장하는 대화 초반부에 그 사람이 강연할 것이라고(Michelle Scott is giving a lecture ~) 알리는 말이 있으므로 (A)가 정답이다.

어휘   organizer 주최자, 조직자 owner 소유주

실전 감잡기

1. (C)	2. (C)	3. (D)	4. (D)	5. (B)	6. (C)
7. (D)	8. (C)	9. (C)	10. (B)	11. (B)	12. (D)

Questions 1-3 refer to the following conversation.

M: What do you think about this 8-day cruise in the Mediterranean Sea? ■1 The package includes a first-class cabin. It's great for people who want to relax and enjoy some beautiful views of the sea.

W: It seems nice, but I would prefer to travel by train, and ■2 I'd like to join some guided tours in European cities. Do you have any packages that include these?

M: Sure, we have several packages that include

that kind of thing. **3** Just let me grab some brochures for you.

....

남: 지중해에서 8일을 보내는 이 여객선 여행은 어떠세요? 이 패키지 여행에는 1등석 객실이 포함되어 있습니다. 휴식을 취하고 아름다운 바다 경치를 즐기고 싶어하는 분들에게 아주 좋습니다.

여: 아주 좋은 것 같기는 하지만, 저는 기차로 여행하고 싶고, 여러 유럽 도시에서 가이드를 동반한 투어에 함께 하고 싶어요. 이런 서비스를 포함한 어떤 패키지 여행이든 있나요?

남: 물론이죠, 그런 종류의 것을 포함한 여러 패키지 여행이 있습니다. 제가 몇몇 안내 책자를 가져다 드리겠습니다.

어휘 cruise 여객선 package 패키지 여행 include ~을 포함하다 cabin 객실, 선실 relax 휴식하다 view 경치, 풍경 would prefer to do ~하고 싶다 guided 가이드가 동반된 several 여럿의, 몇몇의 grab ~을 가져오다 brochure 안내 책자

1. 화자들은 어디에 있을 것 같은가?
(A) 호텔에
(B) 선박에
(C) 여행사에
(D) 기차역에

정답 **(C)**

해설 대화를 시작하면서 남자가 특정 패키지 여행을 제안하면서 그 여행의 특징을 간단히 언급하고 있는데(The package includes a first-class cabin. It's great for people who want to relax and enjoy some beautiful views of the sea), 이는 여행사 직원이 고객에게 할 수 있는 말에 해당되므로 (C)가 정답이다.

2. 여자는 무엇에 관해 묻는가?
(A) 입장료
(B) 객실 요금
(C) 도시 투어
(D) 수상 스포츠

정답 **(C)**

해설 대화 중반부에서 여자가 유럽 도시에서 가이드를 동반한 투어를 하고 싶다고 알리면서 그런 투어가 있는지(~ I'd like to join some guided tours in European cities. Do you have any packages that include these?) 묻고 있다. 따라서 (C)가 정답이다.

어휘 admission 입장 (허가) fee 요금, 수수료 rate (이용) 요금

3. 남자는 곧이어 무엇을 할 것 같은가?
(A) 여행 일정 변경하기
(B) 호텔 지배인에게 전화하기

(C) 여자를 위해 표 출력하기
(D) 여자에게 안내 책자 제공하기

정답 **(D)**

해설 대화 맨 마지막에 남자가 안내 책자를 갖다 주겠다고(Just let me grab some brochures for you) 말하고 있으므로 이를 언급한 (D)가 정답이다.

어휘 itinerary 일정(표)

Paraphrase let me grab some brochures
→ Give the woman a brochure

Questions 4-6 refer to the following conversation.

M: Ms. Barton, **4** I've just completed the inspection of your factory. You'll be pleased to hear that the factory meets all of the safety regulations.

W: That's great news. **5** I was worried that some of the older manufacturing machines might be in poor condition. And, I can't really afford to replace those right now.

M: Don't worry. All of the manufacturing and packaging machines were closely inspected, and they are still functioning perfectly. **6** I'll be preparing my report tomorrow, and I'll e-mail a copy of it to you before the end of the week.

....

남: 바튼 씨, 제가 막 당신 공장에 대한 점검 작업을 완료했습니다. 이 공장이 모든 안전 규정을 충족한다는 말을 들으시면 기쁘실 겁니다.

여: 아주 좋은 소식이네요. 저는 몇몇 오래된 제조 기계들이 좋지 않은 상태일 수 있어서 걱정했어요. 그리고, 지금 바로 그것들을 교체할 여유가 많이 있지 않거든요.

남: 걱정하지 마세요. 모든 제조 기계와 포장 기계가 면밀히 점검되었으며, 여전히 완벽히 작동하고 있습니다. 제가 내일 보고서를 준비할 예정인데, 이번 주 말 전까지 그 사본을 이메일로 보내 드리겠습니다.

어휘 complete ~을 완료하다 inspection 점검, 검사 be pleased to do ~해서 기쁘다 meet (조건 등) ~을 충족하다 regulation 규정, 규제 be worried that ~해서 걱정하다 manufacturing 제조 poor 좋지 못한, 형편 없는 can't afford to do ~할 여유가 없다 replace ~을 교체하다, 대체하다 packaging 포장(재) closely 면밀히 inspect ~을 점검하다, 검사하다 function v. 작동하다, 기능하다 prepare ~을 준비하다

4. 남자는 누구일 것 같은가?
(A) 공장 관리 책임자
(B) 수리 기사
(C) 채용 담당자

(D) 안전 점검관

정답 **(D)**

해설 남자가 대화 시작 부분에 상대방 공장에 대한 점검을 완료했다고(~ I've just completed the inspection of your factory) 말하고 있다. 이는 안전 점검을 실시하는 사람이 할 수 있는 말이므로 (D)가 정답이다.

어휘 repair 수리 recruitment 채용, 모집 agent 직원, 대리인 inspector 점검관

---

5. 여자는 무엇에 대해 우려했는가?

(A) 건물 위치
(B) 일부 기계의 상태
(C) 일부 작업물의 수준
(D) 프로젝트 마감 기한

정답 **(B)**

해설 여자의 우려 사항을 묻는 문제이므로 여자의 말에서 부정적인 정보를 찾아야 한다. 대화 중반부에 여자가 몇몇 오래된 제조 기계들이 좋지 않은 상태일 수 있어서 걱정했다고(I was worried that some of the older manufacturing machines might be in poor condition) 말하고 있으므로 (B)가 정답이다.

어휘 be concerned about ~에 대해 우려하다 location 위치, 지점 quality 수준, 질 deadline 마감 기한

---

6. 남자는 자신이 무엇을 할 것이라고 말하는가?

(A) 동료 직원에게 이야기하기
(B) 여분의 부품 주문하기
(C) 문서 보내기
(D) 회의 일정 재조정하기

정답 **(C)**

해설 대화 마지막 부분에 남자가 보고서를 준비해 이번 주 말 전까지 이메일로 보내 주겠다고(I'll be preparing my report tomorrow, and I'll e-mail a copy of it to you before the end of the week) 말하고 있으므로 (C)가 정답이다.

어휘 colleague 동료 직원 part 부품 reschedule ~의 일정을 재조정하다

Paraphrase report / e-mail a copy of it → Send a document

Questions 7-9 refer to the following conversation.

W: Hi, **7** I just saw some pictures of your paintings online, and I'm very impressed with your talent. In fact, I'd like to buy one for my new apartment. **8** I found your mobile number on your Web site, so I thought I'd call you directly.

M: Yes, thanks for calling. Which artwork are you interested in?

W: The largest one, which shows a beautiful view of the ocean. It would look fantastic on the wall in my new dining room.

M: Oh, **9** I'm afraid the largest artwork has already been sold. I do have some smaller ones that are quite similar in style. If you'd like to drop by my art studio, I can let you have a look at them.

여: 안녕하세요, 제가 온라인으로 귀하의 그림을 찍은 몇몇 사진들을 막 봤는데, 그 재능에 매우 깊은 인상을 받았습니다. 실은, 새로운 제 아파트에 놓을 것을 하나 구입하고 싶습니다. 귀하의 웹사이트에서 귀하의 휴대전화 번호를 발견해서, 직접 전화하는 게 좋겠다고 생각했습니다.

남: 네, 전화 주셔서 감사합니다. 어느 미술품에 관심이 있으신가요?

여: 아름다운 바다 경치를 보여주는 가장 큰 것이요. 새로운 제 식사 공간의 벽에 걸면 환상적일 것 같아요.

남: 아, 유감이지만 가장 큰 미술품은 이미 판매되었습니다. 스타일이 꽤 비슷하면서 더 작은 것들도 분명히 있습니다. 제 화실에 들러 보고 싶으시면, 그것들을 한번 보여 드릴 수 있습니다.

어휘 painting 그림 be impressed with ~에 깊은 인상을 받다 talent 재능, 재주 directly 곧바로, 직접 look + 형용사: ~하게 보이다 I'm afraid (that) (부정적인 일에 대해) 유감이지만 ~입니다, ~한 것 같습니다 quite 꽤, 상당히 similar 비슷한 drop by ~에 들르다 let A do: A에게 ~하게 하다 have a look at ~을 한번 보다

---

7. 남자는 누구일 것 같은가?

(A) 투어 가이드
(B) 미술 평론가
(C) 매장 점원
(D) 화가

정답 **(D)**

해설 대화 시작 부분에 여자가 상대방의 그림을 찍은 사진을 본 사실과 함께 그 재능에 깊은 인상을 받았다고(~ I just saw some pictures of your paintings online, and I'm very impressed with your talent) 말하고 있다. 따라서 남자는 그림을 그리는 사람임을 알 수 있으므로 (D)가 정답이다.

어휘 critic 평론가 clerk 점원

---

8. 여자는 어디서 남자의 연락처를 구했는가?

(A) 기사에서
(B) 안내 책자에서
(C) 웹사이트에서
(D) 친구에게서

정답 (C)

해설 대화 초반부에 여자가 상대방의 웹사이트에서 휴대전화 번호를 발견했다고(I found your mobile number on your Web site ~) 말하고 있으므로 (C)가 정답이다.

어휘 contact information 연락처 brochure 안내 책자

9. 남자의 말에 따르면, 가장 큰 미술품에 무슨 문제가 있는가?

(A) 손상되었다.
(B) 걸어 놓기에 너무 무겁다.
(C) 더 이상 구매할 수 없다.
(D) 가격이 올랐다.

정답 (C)

해설 가장 큰 그림과 관련된 정보가 제시되는 대화 후반부에, 남자가 가장 큰 그림이 이미 판매되었다고(~ I'm afraid the largest artwork has already been sold) 알리고 있다. 이는 구매할 수 없다는 뜻이므로 (C)가 정답이다.

어휘 damaged 손상된, 피해를 입은 too A to do: ~하기에는 너무 A하다 no longer 더 이상 ~ 않다 available 구매 가능한, 이용 가능한 increase 오르다, 증가하다

Paraphrase has already been sold → no longer available

Questions 10-12 refer to the following conversation.

W: Hi, Mr. Miller. **10** **11** This is Jessie from Harvest Baked Goods. **11** I'm just calling to let you know that the personalized birthday cake you ordered is now finished and available for pick-up.

M: Oh, that was fast! I'm kind of busy during lunchtime, though. I might not be able to make it to your store until late afternoon. What time do you close?

W: We shut at 5:30 P.M. today. **12** We'd be happy to deliver the cake directly to your house, if you'd like. The service only costs an additional five dollars. If you're interested, what time works best for you?

M: That would be convenient. Let's say 4 o'clock. Thanks.

여: 안녕하세요, 밀러 씨. 저는 하비스트 베이크드 굿즈의 제시입니다. 주문하신 맞춤 제작 생일 케이크가 지금 완성되어서 가져가실 수 있다는 사실을 알려 드리기 위해 전화 드립니다.

남: 아, 빠르시네요! 하지만, 제가 점심 시간에는 좀 바쁩니다. 오후 늦은 시간에나 매장으로 갈 수 있을 것 같아요. 몇 시에 문 닫으시죠?

여: 저희가 오늘은 오후 5시 30분에 닫습니다. 괜찮으시면, 저희가 기꺼이 댁으로 직접 케이크를 배달해 드리겠습니다. 이 서비스는 추가로 5달러 밖에 들지 않습니다. 관심 있으시면, 몇 시가

가장 좋으신가요?

남: 그럼 편리할 것 같네요. 4시로 해요. 감사합니다.

어휘 let A know that: A에게 ~임을 알리다 personalize ~을 개인의 필요에 맞추다 order ~을 주문하다 available for ~가 가능한 pick-up 가져가기, 가져오기 though (문장 끝이나 중간에서) 하지만 not A until B: B나 되어야 A하다 be able to do ~할 수 있다 make it to ~로 가다, ~에 도착하다 be happy to do 기꺼이 ~하다 directly 곧장, 직접 cost ~의 비용이 들다 additional 추가의 interested 관심 있는 work best for (시간 등이) ~에게 가장 좋다 convenient 편리한 Let's say A: A로 합시다, A면 될 겁니다

10. 여자는 어디에서 근무하고 있을 것 같은가?

(A) 슈퍼마켓에서
(B) 제과점에서
(C) 레스토랑에서
(D) 의류 매장에서

정답 (B)

해설 대화를 시작하면서 여자가 자신이 속한 업체를 Harvest Baked Goods라고 하고, 뒤이어 상대방이 주문한 케이크와 관련해 전화했다고(I'm just calling to let you know that the personalized birthday cake you ordered ~) 언급하고 있다. 따라서 여자는 제과점에서 근무하는 사람임을 알 수 있으므로 (B)가 정답이다.

11. 여자는 왜 남자에게 전화하는가?

(A) 비용 지불을 요청하기 위해
(B) 제품이 준비된 상태임을 알리기 위해
(C) 몇몇 신제품을 추천하기 위해
(D) 행사 날짜를 확인해 주기 위해

정답 (B)

해설 대화 초반부에 여자가 상대방이 주문한 케이크가 완료되어 가져갈 수 있다고(I'm just calling to let you know that the personalized birthday cake you ordered is now finished and available for pick-up) 알리고 있다. 이는 제품이 준비되어 있다는 뜻이므로 (B)가 정답이다.

어휘 request ~을 요청하다 payment 지불(액) inform A that: A에게 ~임을 알리다 recommend ~을 추천하다 confirm ~을 확인해 주다

Paraphrase the personalized birthday cake you ordered → an item

12. 여자는 무슨 서비스를 언급하는가?

(A) 매장 회원제
(B) 선물 포장
(C) 대량 할인
(D) 자택 배달

정답 (D)

해설 여자가 언급하는 서비스를 묻는 문제이므로 여자의 말에서 특
정 서비스와 관련된 정보를 찾아야 한다. 대화 후반부에 여자
가 상대방 집으로 케이크를 배달해 주겠다고(We'd be happy
to deliver the cake directly to your house ~) 말하고 있
으므로 (D)가 정답이다.

어휘 wrapping 포장 bulk 대량의

DAY 12 세부 사항/say about 문제

❶ 세부 사항을 묻는 문제

> M: Mercedes, you're good with technology. I'm
> having some difficulties with my wireless
> earphones.
> W: Oh, I have that same pair. Do you have the
> application on your mobile phone?
> M: Yeah, I downloaded it yesterday. But, whenever
> I choose a song to play, the earphones
> disconnect from my phone.
> ....
> 남: 메르세데스, 당신은 기계를 잘 다루죠. 제가 무선 이어폰에 어려
> 움을 좀 겪고 있어요.
> 여: 오, 저도 같은 걸 갖고 있어요. 휴대폰에 애플리케이션이 있나
> 요?
> 남: 네, 어제 다운로드했어요. 하지만 재생할 곡을 선택할 때마다 휴
> 대폰과 이어폰 연결이 끊어져요.

어휘 technology 기계, 기술 have difficulties with ~에 어려움을
겪다, 문제가 있다 whenever ~할 때마다 choose ~을 선택하
다 disconnect from ~와 연결이 끊기다

❷ say about 문제

> M: Good morning, I'd like to buy a new protective
> case for my cell phone.
> W: No problem. I see that you have a Saturn G7
> phone. That's one of the best-selling phones
> these days, so you have a lot of cases and
> other accessories to choose from. Please follow
> me and I'll show you some options.
> ....
> 남: 안녕하세요, 제 휴대폰에 쓸 새 보호 케이스를 구입하고 싶습니다.
> 여: 좋습니다. 새턴 G7 전화기를 갖고 계신 것이 보이네요. 요즘 가
> 장 잘 판매되는 전화기들 중 하나이기 때문에, 선택하실 수 있는
> 케이스와 다른 부대용품이 많습니다. 저를 따라오시면 몇몇 선
> 택권을 보여드리겠습니다.

어휘 protective 보호의 accessories 부대용품 choose from ~에

서 선택하다 follow ~을 따라가다

PRACTICE

1. (A)   **2. (B)**

Question 1 refers to the following conversation.

> M: Hi, Amelia. How's everything going with
> tomorrow's edition of our newspaper?
> W: Everything is looking great! I had a meeting
> with the editor-in-chief this morning, and we
> finalized the front page layout for tomorrow.
> M: Great! Do you mind if I take a look?
> ....
> 남: 안녕하세요, 어밀리아 씨. 내일 자 우리 신문에 대한 일이 모두
> 잘 되어가고 있나요?
> 여: 모든 것이 아주 좋아 보입니다! 제가 오늘 아침에 편집장님과 회
> 의를 해서 내일 자 1면 구성을 최종 확정했습니다.
> 남: 아주 좋습니다! 제가 한 번 봐도 될까요?

어휘 edition (출판물 등의) 판, 호 look + 형용사: ~하게 보이다
editor-in-chief 편집장 finalize ~을 최종 확정하다 layout
구성, 배치 Do you mind if ~? ~해도 될까요? take a look
한번 보다

1. 여자는 오늘 아침에 무엇을 했는가?
(A) 회의에 참석했다.
(B) 새 편집자를 고용했다.
(C) 몇몇 서류를 출력했다.
(D) 보고서를 검토했다.

해설 오늘 아침이라는 시점이 언급되는 대화 중반부에 여자가 편집
장과 오늘 아침에 회의를 했다고(I had a meeting with the
editor-in-chief this morning ~) 말하고 있으므로 (A)가
정답이다.

어휘 attend ~에 참석하다 hire ~을 고용하다 editor 편집자
review ~을 검토하다

Paraphrase had a meeting → attended a meeting

Question 2 refers to the following conversation.

> M: Angela, would you please look into getting hotel
> rooms in San Diego from July 7 to the 10?
> Phillip and I have a business trip there.
> W: You could stay at the Pacific Plaza. It provides
> free Internet connection, so you can work
> in your room. But you would need to decide
> quickly as rooms there are often fully booked.
> M: That sounds wonderful. Please reserve two
> single rooms for us.

남: 앤젤라 씨, 7월 7일부터 10일까지 샌디에고에 있는 호텔 객실을 구하는 일 좀 알아봐 주시겠어요? 필립 씨와 제가 그곳으로 출장을 갑니다.

여: 퍼시픽 플라자에 머무르실 수 있을 겁니다. 그곳에서 무료 인터넷 연결 서비스를 제공하기 때문에, 객실에서 일하실 수 있어요. 하지만 그곳 객실들은 흔히 예약이 꽉 찬 상태이기 때문에 빨리 결정하셔야 할 거예요.

남: 아주 좋은 것 같아요. 저희를 위해 싱글 객실 2개를 예약해 주세요.

어휘 **look into** ~을 조사하다, 살펴보다 **business trip** 출장 **provide** ~을 제공하다 **free** 무료의 **decide** 결정하다 **fully booked** 예약이 꽉 찬 **reserve** ~을 예약하다

2. 여자는 퍼시픽 플라자에 관해 무슨 말을 하는가?
　(A) 이용 가능한 방이 많다.
　(B) 객실에 인터넷 연결 서비스가 있다.
　(C) 보수 공사 중이다.
　(D) 도심에 위치해 있다.

해설 여자가 퍼시픽 플라자를 언급하는 대화 중반부에 그곳을 It으로 지칭해 무료 인터넷 연결 서비스를 제공한다고(~ Pacific Plaza. It provides free Internet connection ~) 알리고 있으므로 (B)가 정답이다.

어휘 **available** 이용 가능한 **access** 연결, 이용, 접근 **renovate** ~을 보수하다 **be located in** ~에 위치해 있다

Paraphrase Internet connection → Internet access

실전 **감잡기**

1. (C)	2. (C)	3. (A)	4. (C)	5. (A)	6. (C)
7. (D)	8. (C)	9. (B)	10. (A)	11. (C)	12. (B)

Questions 1-3 refer to the following conversation.

M: Nina, I wanted to ask you about **1** the customer service seminars for our employees. Is it okay to hold them during the first week of April?

W: Well, we have several crucial work deadlines at the beginning of **2 3** April. We'll also be busy opening the newest branch of our supermarket chain that month. It might not be the best time. Could you hold the seminars in May instead?

M: Sure, that'll work, too. I totally forgot that April will be such a busy time for us.

남: 니나 씨, 우리 직원들을 위한 고객 서비스 세미나에 관해 여쭤보

고 싶었어요. 4월 첫째 주에 개최하는 것이 괜찮은가요?

여: 저, 저희가 4월 초에 몇 가지 중대한 작업 마감 기한이 있어요. 게다가 그 달에 우리 슈퍼마켓 체인의 최신 지점도 개장하느라 바쁠 거예요. 그때가 가장 좋은 시기가 아닐 수도 있어요. 대신 5월에 그 세미나를 개최해 주시겠어요?

남: 물론이죠, 그렇게 해도 될 겁니다. 4월이 우리에게 그렇게 바쁜 시기일 거라는 사실을 완전히 잊고 있었어요.

어휘 **hold** ~을 개최하다, 열다 **several** 몇몇의, 여럿의 **crucial** 중대한 **deadline** 마감 기한 **be busy -ing** ~하느라 바쁘다 **branch** 지점, 지사 **instead** 대신 **totally** 완전히, 전적으로 **forget that** ~임을 잊다

1. 남자는 무엇을 하고 싶어하는가?
　(A) 신입 사원 고용하기
　(B) 여행 준비하기
　(C) 몇몇 세미나 개최하기
　(D) 몇몇 고객들에게 설문조사하기

정답 **(C)**

해설 대화 초반부에 남자가 고객 서비스 세미나를 언급하면서 4월 첫째 주에 개최하는 것이 괜찮은지(~ the customer service seminars for our employees. Is it okay to hold them during the first week of April?) 묻고 있으므로 (C)가 정답이다.

어휘 **hire** ~을 고용하다 **organize** ~을 준비하다, 조직하다 **survey** v. ~에게 설문조사하다

2. 4월에 무슨 일이 있을 것인가?
　(A) 직원이 승진될 것이다.
　(B) 회사 사무실이 이전될 것이다.
　(C) 매장이 개장될 것이다.
　(D) 신제품이 출시될 것이다.

정답 **(C)**

해설 4월이라는 시점이 언급되는 대화 중반부에, 여자가 4월에 있을 일을 말하면서 신규 지점을 개장할 거라고(~ April. We'll also be busy opening the newest branch of our supermarket chain that month) 알리고 있으므로 (C)가 정답이다.

어휘 **promote** ~을 승진시키다 **launch** ~을 출시하다, 공개하다

Paraphrase opening the newest branch
　　　　→ store will be opened

3. 여자는 무엇에 대해 우려하는가?
　(A) 바쁜 업무 일정
　(B) 배송 지연
　(C) 제품의 가격
　(D) 행사의 참석자 수

fitness equipment)을 언급하는 것으로 볼 때 피트니스 센터에 있다는 것을 알 수 있으므로 (C)가 정답이다.

---

5. 여자는 남자에게 무엇을 하도록 권하는가?

(A) 동영상 시청하기
(B) 앱 다운로드하기
(C) 회원 자격 신청하기
(D) 쿠폰 사용하기

정답 **(A)**

해설 여자가 권하는 일을 묻고 있으므로 여자의 말에서 권고나 제안 관련 표현과 함께 제시되는 정보를 찾아야 한다. 대화 초반부에 여자가 소개 동영상을 시청하도록(~ you can watch our introductory video) 권하는 부분이 있으므로 이를 언급한 (A)가 정답이다.

어휘 apply for ~을 신청하다, ~에 지원하다

---

6. 여자는 남자에게 무엇을 주는가?

(A) 비밀번호
(B) 전단
(C) 음료
(D) 일정표

정답 **(C)**

해설 대화 후반부에 남자가 스포츠 음료를 받는 일을(~ I can get a sports drink) 언급하는 것에 대해 여자가 여기 있다고(~ here you go) 하면서 매일 무료로 1개를 받을 수 있다고(You can get one for free each day ~) 말해주고 있으므로 (C)가 정답이다.

정답 (A)

해설 여자가 대화 중반부에 4월에 있을 마감 기한 및 신규 지점 개장으로 바쁜 상황일 것임을 알리는 것으로 볼 때(~ April. We'll also be busy opening the newest branch of our supermarket chain that month), 바쁜 업무 일정으로 인해 우려하고 있다는 것을 알 수 있으므로 (A)가 정답이다.

어휘 be concerned about ~에 대해 우려하다 delay 지연, 지체 attendance 참석(자의 수)

Questions 4-6 refer to the following conversation.

> M: Excuse me. **4** This is my first time coming to Mayer's Gym. Are there any classes I could join?
>
> W: Well, there aren't any scheduled for today, but **5** you can watch our introductory video. Just play it here on this tablet. It will teach you the basics of **4** using our fitness equipment.
>
> M: Oh, that sounds good. And, I saw a flyer that says **6** I can get a sports drink.
>
> W: Right, **6** here you go. You can get one for free each day as part of our special promotion.
> ....
> 남: 실례합니다. 오늘 메이어스 체육관에 처음 오는데요. 어떤 수업이든 제가 함께 할 수 있는 게 있을까요?
>
> 여: 저, 오늘 예정되어 있는 것은 아무것도 없지만, 저희 소개 동영상을 보실 수 있습니다. 이 태블릿에서 재생하시기만 하면 됩니다. 저희 피트니스 장비 이용에 대한 기본 사항들을 가르쳐 드릴 겁니다.
>
> 남: 아, 좋은 것 같아요. 그리고, 제가 스포츠 음료를 받을 수 있다고 쓰여 있는 전단을 봤어요.
>
> 여: 맞습니다, 여기 있습니다. 저희 특별 홍보 행사의 일환으로 매일 무료로 1개 받으실 수 있습니다.

어휘 join ~에 함께 하다, 참가하다 scheduled for + 시점: ~로 예정된 introductory 소개용의, 입문의 basics 기본, 기초 equipment 장비 flyer 전단 say (문서 등에) ~라고 쓰여 있다 for free 무료로 as part of ~의 일환으로 promotion 홍보, 판촉 (행사)

---

4. 화자들은 어디에 있는가?

(A) 미술관에
(B) 도서관에
(C) 피트니스 센터에
(D) 백화점에

정답 **(C)**

해설 대화 초반부에 남자가 Mayer's Gym에 처음 온다고 말하는 부분(This is my first time coming to Mayer's Gym)과 중반부에 여자가 피트니스 장비를 이용하는 일(using our

---

Questions 7-9 refer to the following conversation.

> W: Hi, **7** I'm interested in reserving one of your private dining rooms. A colleague of mine held a celebration at your restaurant last month and he highly recommends your food and service.
>
> M: That's nice to hear. **8** Would you like me to e-mail you some photos and additional details for each of our private rooms?
>
> W: That would be great. My address is sarasmith@gomail.com. By the way, I'd prefer a room that has a good view, if possible.
>
> M: Well, **9** our rooms on the third floor provide a nice view of the sea. However, they have a slightly lower seating capacity than our other rooms.
> ....
> 여: 안녕하세요, 개별 식사 공간들 중의 하나를 예약하는 데 관심이 있어요. 제 동료 직원 한 명이 지난 달에 그쪽 레스토랑에서 기념 행사를 열었는데, 음식과 서비스를 적극 추천해 줬어요.

남: 그 말씀을 듣게 되어 기쁩니다. 저희 개별 식사 공간 각각에 대한 몇몇 사진과 추가 세부 사항을 이메일로 보내 드릴까요?

여: 그럼 아주 좋을 것 같아요. 제 주소는 sarasmith@gomail. com입니다. 그건 그렇고, 가능하다면 전망이 좋은 방이면 좋겠습니다.

남: 저, 3층에 있는 방들은 훌륭한 바다 전망을 제공합니다. 하지만, 다른 방들보다 좌석 수용 규모가 약간 작습니다.

어휘 be interested in ~하는 데 관심 있다 reserve ~을 예약하다 private 개별의, 개인의, 사적인 colleague 동료 (직원) hold ~을 개최하다, 열다 celebration 기념 행사, 축하 행사 highly recommend ~을 적극 추천하다 would like A to do: A가 ~하기를 원하다 additional 추가적인 details 세부 사항, 상세 정보 by the way (화제 전환 시) 그건 그렇고 would prefer ~을 원하다, ~하고 싶다 if possible 가능하다면 provide ~을 제공하다 slightly 약간, 조금 seating capacity 좌석 수용 규모, 수용 가능한 좌석 인원

7. 여자는 무엇을 예약하고 싶어하는가?
(A) 라이브 연주자
(B) 회사 차량
(C) 컨퍼런스 개최 장소
(D) 식사 공간

정답 **(D)**

해설 여자가 예약하고 싶어하는 것을 묻는 문제이므로 여자의 말에서 예약 대상으로 언급되는 정보를 찾아야 한다. 대화를 시작하면서 여자가 식사 공간을 예약하는 데 관심이 있다고(~ I'm interested in reserving one of your private dining rooms) 말하고 있으므로 (D)가 정답이다.

어휘 vehicle 차량 venue 개최 장소

8. 남자는 여자에게 무엇을 보내겠다고 제안하는가?
(A) 할인 쿠폰
(B) 메뉴 선택권
(C) 사진
(D) 안내 책자

정답 **(C)**

해설 남자가 제안하는 일을 묻는 문제이므로 남자의 말에서 제안 표현과 함께 제시되는 정보를 찾아야 한다. 대화 중반부에 남자가 개별 식사 공간의 사진과 세부 사항을 이메일로 보내 주겠다고(Would you like me to e-mail you some photos and additional details for each of our private rooms?) 제안하고 있으므로 이 둘 중 하나를 언급한 (C)가 정답이다.

어휘 voucher 쿠폰, 상품권 brochure 안내 책자, 소책자

9. 남자는 3층에 있는 방에 관해 무슨 말을 하는가?
(A) 더 비싸다.

(B) 더 적은 인원을 앉힐 수 있다.
(C) 창문이 없다.
(D) 현재 이용할 수 없다.

정답 **(B)**

해설 3층에 있는 방은 대화 후반부에 언급되는데, 남자가 그곳의 방이 지니는 특징으로 바다 전망이 제공된다는 점과 다른 방들보다 좌석 수용 규모가 약간 작다는 점을(~ our rooms on the third floor provide a nice view of the sea. However, they have a slightly lower seating capacity ~) 알리고 있다. 따라서 좌석 수용 규모가 더 작다는 점에 해당되는 의미를 지닌 (B)가 정답이다.

어휘 seat ~을 앉히다 currently 현재 unavailable 이용할 수 없는

Paraphrase have a slightly lower seating capacity
→ seat fewer people

Questions 10-12 refer to the following conversation with three speakers.

W: Thanks for coming to our factory. I know we're far away from the city.

M1: It's no problem. **10** We always drive all over the place doing repairs.

M2: Right, it's just part of our job. So, you mentioned on the phone that your packaging machine hasn't been working properly. Does it operate?

W: It runs, but the cutter isn't functioning well.

M1: OK. We'll take a look at it. **11** Hopefully it's an easy fix, but you did mention that it's an old model. **11** If we can't fix it, you might have to buy a new unit. And, as you know, **12** these machines can be costly.

....

여: 저희 공장에 와 주셔서 감사합니다. 저희가 시내에서 멀리 있다는 걸 알고 있어요.

남1: 문제 없습니다. 저희는 늘 모든 곳을 다니며 수리를 하니까요.

남2: 맞아요, 그건 저희 일의 일부이죠. 자, 전화로 말씀하시기를 포장 기계가 제대로 작동하지 않고 있다고 하셨죠. 작동은 됩니까?

여: 기계가 돌아가긴 해요, 하지만 절단기가 제대로 작동하지 않아요.

남1: 알겠습니다. 저희가 한번 살펴 볼게요. 쉽게 수리되면 좋겠지만, 그게 오래된 모델이라고 하셨죠. 만일 저희가 고치지 못하면, 새 기계를 구입하셔야 할 겁니다. 그리고, 아시다시피, 이 기계들은 비쌀 수 있어요.

어휘 factory 공장 far away from ~로부터 먼 all over the place (넓은 지역에 걸쳐) 모든 곳에, 사방에 do repairs 수리하다 mention that ~라고 언급하다 packaging 포장 work (기계 장치 등이) 작동되다(= operate, run, function) cutter 절단

기 **take a look at** ~을 한번 살펴보다 **hopefully** 바라건대 **fix** n. 수리, 해결책 v. ~을 수리하다 **unit** 기계, 장치 **as you know** 아시다시피 **costly** 많은 돈이 드는

10. 남자들 중 한 명이 자신들은 무엇에 익숙하다고 말하는가?

(A) 장시간 운전
(B) 지저분한 작업 공간
(C) 촉박한 공지
(D) 늦은 응답

정답 **(A)**

해설 여자가 먼 길 온 것에 대해 고맙다고 인사하자 남자1이 괜찮다고 말하며 자신들은 늘 수리하러 모든 곳을 다닌다고(We always drive all over the place doing repairs) 덧붙이고 있다. all over the place는 '넓은 지역에 걸쳐 있는 모든 곳'을 뜻하므로, 이들이 익숙하다고 말하는 것은 먼 거리를 다니는 (A) 장시간 운전이다.

어휘 **messy** 지저분한, 엉망인 **workspace** 작업 공간 **short notice** 촉박한 공지 **response** 반응

11. 남자들은 왜 공장을 방문하고 있는가?

(A) 기계를 배송하기 위해
(B) 몇몇 소프트웨어를 설치하기 위해
(C) 몇몇 장비를 수리하기 위해
(D) 건물을 검사하기 위해

정답 **(C)**

해설 여자가 일하는 공장의 포장 기계가 작동이 잘 안되어 남자들이 이를 수리하기 위해 방문하는 상황이다. 대화 후반부에 남자 1이 쉽게 고쳐지길 바란다(Hopefully it's an easy fix), 만일 우리가 못 고치면(If we can't fix it)이라고 하는 말을 통해 이를 확실히 알 수 있다.

어휘 **deliver** ~을 배송하다 **install** ~을 설치하다 **equipment** 장비 **inspect** ~을 검사하다

12. 남자들 중 한 명이 여자에게 무엇에 대해 경고하는가?

(A) 작업 지연
(B) 높은 비용
(C) 형편없는 서비스
(D) 계약 기간

정답 **(B)**

해설 대화 마지막에 남자가 만일 수리가 안되면 새 기계를 사야 하는데, 기계가 비싸다고(these machines can be costly) 경고해 주고 있으므로 (B)가 정답이다.

어휘 **delay** 지연 **cost** 비용 **poor** 형편없는, 잘 못하는 **contract** 계약 **term** 기간

DAY 13 제안·요청 사항/do next 문제

❶ 제안·요청 사항을 묻는 문제

M: Hi, my shirt has a coffee stain on it and I was hoping you could remove it by 5 o'clock today.

W: We could definitely get the stain out, but it wouldn't be ready until tomorrow. Why don't you try other dry cleaners nearby? There's a place two blocks from here. I believe they provide express service.

··

남: 안녕하세요, 제 셔츠에 커피 자국이 있는데, 오늘 5시까지 제거해 주실 수 있었으면 합니다.

여: 저희가 그 자국을 확실히 없애 드릴 수는 있지만, 내일이나 되어야 준비될 겁니다. 근처에 있는 다른 세탁소에 한번 가보시겠어요? 여기서 두 블록 떨어진 곳에 하나 있습니다. 그곳에서 신속 서비스를 제공해 줄 겁니다.

어휘 **stain** 자국, 얼룩 **remove** ~을 제거하다, 없애다 **definitely** 분명히, 확실히 **get A out**: A를 없애다, 빼내다 **not A until B**: B나 되어야 A하다 **Why don't you ~?** ~하는 게 어때요? **try ~** ~에 한번 가보다, ~을 한번 해보다 **nearby** 근처에 **provide** ~을 제공하다 **express** a. 신속한, 급행의

❷ do next 문제

M: Mr. Lewis from the Accounting Department stopped by while you were out. He'd like to go over the monthly expense report with you. He thinks that some items on the list are unnecessary.

W: Okay, then I'll call him now and set up a suitable time to meet.

··

남: 당신이 자리를 비운 동안 회계부의 루이스 씨가 들렀어요. 당신과 함께 월간 지출 보고서를 검토해 보고 싶어 하세요. 그 목록에 있는 몇몇 항목들이 불필요하다고 생각하시던데요.

여: 알겠어요, 그럼 지금 그분에게 전화해서 만나기에 적합한 시간을 정할게요.

어휘 **accounting** 회계 **department** 부서 **stop by** 들르다 **while ~하는 동안 **out** 자리를 비운, 나가 있는 **go over** ~을 검토하다, 살펴보다 **monthly** 월간의, 달마다의 **expense** 지출, 경비 **item** 항목, 품목 **unnecessary** 불필요한 **then** 그럼, 그렇다면 **set up** ~을 정하다, 설정하다 **suitable** 적합한, 알맞은

PRACTICE

1. (C)　　　　　　**2.** (B)

Question 1 refers to the following conversation.

M: A limousine is supposed to pick us up from this airport at 11 o'clock, but it's already 11:30. Perhaps the driver went to the wrong terminal.

W: You may be right. What should we do?

M: Maybe we should forget about the limousine. Why don't we use the express bus? I'll find out when the next one is scheduled to leave.

....

남: 리무진이 11시에 공항에서 우리를 태우고 가기로 되어 있는데, 이미 11시 30분이에요. 아마 기사님이 엉뚱한 터미널로 간 것 같네요.

여: 당신 말이 맞을 수도 있어요. 어떻게 해야 하죠?

남: 아마 리무진은 잊어버려야 할 거예요. 고속버스를 이용하는 건 어때요? 다음 버스가 언제 출발할 예정인지 알아보겠습니다.

어휘　be supposed to do ~하기로 되어 있다, ~할 예정이다　pick up ~을 데려가다, 데리러 오다　forget 잊다　find out ~을 알아내다　be scheduled to do ~할 예정이다　leave 출발하다, 떠나다

1. 남자는 무엇을 제안하는가?

(A) 예약 취소하기
(B) 비행편 예약하기
(C) 고속버스 타기
(D) 일정 수정하기

해설　남자가 제안하는 일을 묻고 있으므로 남자의 말에서 제안 표현과 함께 언급되는 정보를 찾아야 한다. 대화 마지막에 고속버스를 이용하는 게 어떨지(Why don't we use the express bus?) 묻는 것으로 제안하고 있으므로 (C)가 정답이다.

어휘　cancel ~을 취소하다　reservation 예약　book ~을 예약하다　flight 비행편　take (교통편) ~을 타다, 이용하다　revise ~을 수정하다

Question 2 refers to the following conversation.

M: Good morning, can I have three tickets for Sunday night's theater show, please?

W: I apologize, but tickets for that show have been sold out already. However, we have tickets available for the 2 P.M. and 4 P.M. shows. What do you think?

M: I'll go with the 4 P.M. show then.

....

남: 안녕하세요, 일요일 저녁 연극 공연 입장권 3장 주시겠어요?

여: 죄송합니다만, 그 공연 입장권은 이미 매진되었습니다. 하지만, 오후 2시와 4시 공연 입장권이 구매 가능합니다. 어떠신가요?

남: 그럼 오후 4시 공연으로 할게요.

어휘　apologize 사과하다　sold out 매진된　have A available: 구매 가능한 A가 있다, 이용 가능한 A가 있다　go with ~로 정하다　then 그럼, 그렇다면

2. 남자는 곧이어 무엇을 할 것 같은가?

(A) 공연 보기
(B) 입장권 구입하기
(C) 웹사이트 방문하기
(D) 서식 제출하기

해설　대화 후반부에 여자가 2시와 4시 공연 입장권을 구입할 수 있다고(~ we have tickets available for the 2 P.M. and 4 P.M. shows) 말한 것에 대해 남자가 4시 공연으로 하겠다고(I'll go with the 4 P.M. show ~) 답변하고 있다. 이는 4시 공연 입장권을 구입하겠다는 뜻이므로 (B)가 정답이다.

어휘　performance 공연, 연주(회)　purchase ~을 구입하다　submit ~을 제출하다　form 서식

실전 감잡기

1. (C)　**2.** (A)　**3.** (D)　**4.** (D)　**5.** (B)　**6.** (D)

7. (C)　**8.** (C)　**9.** (A)　**10.** (A)　**11.** (D)　**12.** (D)

Questions 1-3 refer to the following conversation.

W: Good morning, and welcome to Muller Corporation's orientation session for new interns. Have you been assigned to a department?

M: Yes, **1** I just received my employment contract from the personnel manager. Here it is. It says I've been placed in the general affairs department.

W: I see. It actually says **2** you'll be assisting the manager of the department, so that's a very important role. Now, while we are waiting for the others to arrive, **3** please have a quick read through the employee handbook that you can find on your chair.

....

여: 안녕하세요, 그리고 뮬러 사의 신입 인턴 오리엔테이션 시간에 오신 것을 환영합니다. 부서를 배정 받으셨나요?

남: 네, 방금 인사부장님으로부터 제 고용 계약서를 받았습니다. 여기 있습니다. 제가 총무부에 배치되었다고 쓰여 있습니다.

여: 알겠습니다. 실제로는 그 부서의 부장님을 도와드릴 예정이라고 쓰여 있기 때문에, 그것은 매우 중요한 역할입니다. 자, 다른 분

들이 도착하기를 기다리는 동안, 당신의 의자 위에서 찾아보실 수 있는 직무 안내서를 죽 한번 빠르게 훑어보시기 바랍니다.

어휘   session (특정 활동을 위한) 시간 assign ~을 배정하다, 할당하다 department 부서 receive ~을 받다 employment contract 고용 계약(서) personnel manager 인사부장 say (문서 등에) ~라고 쓰여 있다 place ~을 배치하다, 두다 general affairs department 총무부 actually 실제로, 사실 assist ~을 돕다 role 역할 while ~하는 동안 wait for A to do: A가 ~하기를 기다리다 arrive 도착하다 have a read through ~을 죽 읽어보다 employee handbook 직무 안내서

1.   남자는 여자에게 무엇을 보여주는가?
(A) 업무 일정표
(B) 사원증
(C) 고용 계약서
(D) 지원서

정답   **(C)**

해설   남자가 여자에게 보여주는 것을 묻는 문제이므로 전달 또는 제공 등을 나타내는 표현과 함께 언급되는 것을 찾아야 한다. 대화 중반부에 남자가 인사부장으로부터 고용 계약서를 받은 사실과 함께 그것을 전달하는 말을 하고 있으므로 (I just received my employment contract from the personnel manager. Here it is) (C)가 정답이다.

어휘   application 지원, 신청 form 양식, 서식

2.   여자는 남자의 일과 관련해 무슨 말을 하는가?
(A) 부서장을 도울 것이다.
(B) 재무를 책임질 것이다.
(C) 주말마다 근무할 것이다.
(D) 고객들에게 서비스를 제공해야 할 것이다.

정답   **(A)**

해설   여자가 남자의 일과 관련해 하는 말을 묻는 문제이므로 여자의 말에서 단서를 찾아야 한다. 대화 후반부에 여자가 남자를 you로 지칭해 부서장을 돕는 일을 할 것이라고(~ you'll be assisting the manager of the department) 말하고 있으므로 (A)가 정답이다.

어휘   supervisor 부서장, 책임자, 상사 be responsible for ~을 책임지다 finance 재무, 재정, 금융 be required to do ~해야 하다 serve ~에게 서비스를 제공하다

Paraphrase   assisting the manager of the department
→ helping a supervisor

3.   여자는 남자에게 무엇을 하도록 요청하는가?
(A) 그룹에 합류하기
(B) 양식 작성하기
(C) 발표하기
(D) 안내서 읽어보기

정답   **(D)**

해설   여자가 요청하는 일을 묻고 있으므로 여자의 말에서 요청 관련 표현과 함께 제시되는 정보를 찾아야 한다. 대화 후반부에 여자가 직무 안내서를 죽 한번 빠르게 훑어보도록(~ please have a quick read through the employee handbook ~) 요청하는 말이 있으므로 이를 언급한 (D)가 정답이다.

어휘   ask A to do: A에게 ~하도록 요청하다 join ~에 합류하다, ~와 함께 하다 fill out ~을 작성하다 give a presentation 발표하다

Questions 4-6 refer to the following conversation.

M: This is Kohlman's Supermarket. How can I help you today?
W: Hello. I just heard on the radio that ▮4▮ you now deliver grocery orders. I'd like some more information about it.
M: Sure, what would you like to know?
W: It sounds great, but ▮5▮ won't the order take a few days to arrive?
M: Actually, it's same-day delivery, guaranteed.
W: Oh, fantastic. I'll try it this week. Umm… and since I have you on the line, ▮6▮ could you check if you have any Roma pasta sauce in stock?
M: ▮6▮ Of course. Let me do a quick search for you.

....

남: 콜만스 슈퍼마켓입니다. 오늘 무엇을 도와드릴까요?
여: 안녕하세요. 이제 식료품 주문 사항을 배송해 주신다는 말을 라디오에서 막 들었어요. 좀 더 많은 정보를 알려 주셨으면 합니다.
남: 물론입니다, 무엇을 알고 싶으신가요?
여: 아주 좋은 생각인 것 같지만, 주문품이 도착하는 데 며칠씩 걸리지 않을까요?
남: 실은, 당일 배송을 보장해 드리고 있습니다.
여: 아, 정말 좋은데요. 이번 주에 한 번 해보겠습니다. 음… 그리고 통화하는 김에, 로마 파스타 소스 재고가 있는지 확인 좀 해 주시겠어요?
남: 물론입니다. 빠르게 찾아보겠습니다.

어휘   grocery 식료품 order 주문(품) I'd like ~을 원하다, ~하고 싶다 take ~의 시간이 걸리다 arrive 도착하다 same-day 당일의 delivery 배송 guaranteed 보장되는 try ~을 한 번 해보다 on the line 통화 중인 have A in stock: A를 재고로 갖추고 있다 do a search 찾다

4.   남자는 어디에서 근무하는가?
(A) 레스토랑에서
(B) 라디오 방송국에서
(C) 세탁소에서
(D) 식료품 매장에서

정답 **(D)**

해설 대화 초반부에 여자가 남자가 소속된 업체를 you로 지칭해 식료품 주문 사항을 배송해 준다는(~ you now deliver grocery orders) 소식을 들은 사실을 언급하고 있으므로 (D)가 정답이다.

5. 여자는 무엇에 대해 우려하는가?

(A) 서비스 비용
(B) 배송 기간
(C) 회비
(D) 좌석 수용 규모

정답 **(B)**

해설 여자가 우려하는 것을 묻는 문제이므로 여자의 말에서 언급되는 부정적인 정보를 찾아야 한다. 대화 중반부에 여자가 주문품이 도착하는 데 며칠씩 걸리지 않을지(~ won't the order take a few days to arrive?) 질문하는 부분이 있는데, 이는 배송 기간을 우려하는 말에 해당되므로 (B)가 정답이다.

어휘 be concerned about ~에 대해 우려하다

6. 남자는 곧이어 무엇을 할 것 같은가?

(A) 전화 돌려주기
(B) 책임자와 이야기하기
(C) 구입품 환불해주기
(D) 재고 확인하기

정답 **(D)**

해설 대화 후반부에 여자가 특정 파스타 소스 재고를 확인해 달라고 요청하는 것에 대해(~ could you check if you have any Roma pasta sauce in stock?) 남자가 Of course라는 말로 수락하고 있으므로 (D)가 정답이다.

어휘 transfer a call (다른 곳으로) 전화를 돌리다 refund ~을 환불해주다 purchase 구입(품) inventory 재고 (목록)

Paraphrase check if you have any Roma pasta sauce in stock → Check an inventory

Questions 7-9 refer to the following conversation.

M: Hi, **7** this is Richard Davis calling from Metro Convention Center. I'd just like to confirm your reservation for next month's software convention. You requested to use Public Hall 2 on September 14, didn't you?

W: Yes, that's right. And, **8** I was wondering if we will be allowed to sell any of our branded merchandise during our presentation. Just some hats and T-shirts.

M: No problem. But **9** you'll need to complete a form in order to have permission for that. I'll send you one by e-mail now. Please send the completed one back to me as quickly as possible.

....

남: 안녕하세요, 저는 메트로 컨벤션 센터의 리차드 데이비스입니다. 다음 달에 있을 소프트웨어 컨벤션 행사의 예약 사항을 확인해 드리고자 합니다. 9월 14일에 공개홀 2를 이용하시겠다고 요청하셨죠, 그렇지 않나요?

여: 네, 맞습니다. 그리고, 저희 발표 시간 중에 저희 브랜드가 들어간 어떤 상품이든 판매하도록 허용될 수 있는지 궁금합니다. 그저 몇몇 모자와 티셔츠 뿐입니다.

남: 문제 없습니다. 하지만 그 부분에 대해 승인 받으시려면 양식을 작성하셔야 할 겁니다. 제가 지금 이메일로 한 부 보내 드리겠습니다. 작성 완료하신 것을 가능한 한 빨리 저에게 다시 보내 주시기 바랍니다.

어휘 confirm ~을 확인해 주다 reservation 예약 request to do ~하도록 요청하다 wonder if ~인지 궁금하다 be allowed to do ~하도록 허용되다 branded 브랜드가 들어간 merchandise 상품 during ~ 중에, ~ 동안 presentation 발표 complete ~을 작성 완료하다 form 양식, 서식 in order to do ~하기 위해 permission 승인, 허가 as quickly as possible 가능한 한 빨리

7. 남자는 어디에서 근무하고 있을 것 같은가?

(A) 휴양 리조트에서
(B) 스포츠 경기장에서
(C) 컨벤션 센터에서
(D) 정부 건물에서

정답 **(C)**

해설 대화 시작 부분에 남자가 'this is Richard Davis calling from Metro Convention Center'라는 말로 자신의 이름과 소속 단체를 밝히고 있으므로 (C)가 정답이다.

8. 여자는 무엇에 관해 문의하는가?

(A) 개최 장소를 변경하는 것
(B) 장비를 운송하는 것
(C) 상품을 판매하는 것
(D) 표를 구입하는 것

정답 **(C)**

해설 여자가 문의하는 것을 묻는 문제이므로 여자의 말에서 단서를 찾아야 한다. 대화 중반부에 여자가 발표 중에 상품을 판매하도록 허용되는지 궁금하다고(~ I was wondering if we will be allowed to sell any of our branded merchandise during our presentation) 말하고 있으므로 (C)가 정답이다.

어휘 inquire about ~에 관해 문의하다 venue 개최 장소 transport ~을 운송하다 equipment 장비

9. 남자는 여자에게 무엇을 하도록 권하는가?

    (A) 양식 작성하기
    (B) 발표 일정 재조정하기
    (C) 행사 장소 방문하기
    (D) 자신의 부서장과 이야기하기

정답   **(A)**

해설   남자가 권하는 일을 묻고 있으므로 남자의 말에서 권고 또는 제안 관련 표현과 함께 언급되는 정보를 찾아야 한다. 대화 후반부에 남자가 승인을 받으려면 양식을 작성해야 한다고(~ you'll need to complete a form in order to have permission ~) 말하는 부분이 있으므로 이를 언급한 (A)가 정답이다.

어휘   fill out ~을 작성하다 reschedule ~의 일정을 재조정하다 site 장소, 부지, 현장

Paraphrase complete a form → Fill out a form

Questions 10-12 refer to the following conversation.

> W: Excuse me, **10** it's been almost an hour since I arrived for my dental appointment. Do you know why it is taking so long? I have to be at a job interview at noon.
>
> M: Oh, I'm sorry. **11** One of our dentists had to go home ill this morning, so the other one, Dr. Martinez, is seeing all patients today. Hopefully, he'll be able to see you soon. As an apology for the delay, **12** I can offer you a free teeth cleaning service.
>
> W: That would be appreciated. But, I doubt I'll have time to take advantage of it today. I don't want to be late for my interview.

....

여: 실례합니다, 제가 치과 예약 때문에 도착한지 거의 한 시간이 다 되었습니다. 왜 이렇게 오래 걸리는지 아시나요? 제가 정오에는 구직 면접 자리에 가봐야 합니다.

남: 아, 죄송합니다. 저희 치과 의사 선생님들 중 한 분께서 오늘 아침에 편찮으셔서 댁으로 돌아 가셔야 했기 때문에, 다른 의사 선생님이신 마르티네즈 선생님께서 오늘 모든 환자분들을 보고 계십니다. 바라건대, 곧 진료해 드릴 수 있을 겁니다. 지연 문제에 대한 사과로, 무료 치석 제거 서비스를 제공해 드릴 수 있습니다.

여: 그렇게 해주시면 감사하겠습니다. 하지만, 오늘 그것을 이용할 시간이 있을 것 같지 않네요. 제 면접 시간에 늦고 싶지 않아서요.

어휘   since ~한 이후로 arrive 도착하다 dental 치아의, 치과의 appointment 예약, 약속 take ~의 시간이 걸리다 noon 정오 dentist 치과 의사 go home ill 아파서 집에 가다 the other (둘 중 하나를 제외한) 나머지 다른 하나의 patient 환자 hopefully 바라건대 be able to do ~할 수 있다 apology for ~에 대한 사과 delay 지연, 지체 offer A B: A에게 B를 제

공하다 free 무료의 teeth cleaning 치석 제거 appreciate ~에 대해 감사하다 doubt (that) ~할 것 같지 않다, ~인지 의심스럽다 take advantage of ~을 이용하다

10. 화자들은 어디에 있을 것 같은가?

    (A) 치과 진료소에
    (B) 취업 안내 센터에
    (C) 식료품 매장에
    (D) 자동차 수리소에

정답   **(A)**

해설   대화를 시작하면서 여자가 치과 예약 때문에 도착한지 거의 한 시간이 다 되었다고(~ it's been almost an hour since I arrived for my dental appointment) 말하고 있으므로 치과 진료소를 뜻하는 (A)가 정답이다.

11. 지연 문제의 원인이 무엇인가?

    (A) 예약상의 실수가 발생되었다.
    (B) 일부 장비에 결함이 있다.
    (C) 교통량이 극심하다.
    (D) 의료진의 일원이 아프다.

정답   **(D)**

해설   대화 중반부에 남자가 치과 의사 선생님들 중 한 명이 오늘 아침에 편찮으셔서 댁으로 돌아 가셔야 했기 때문에 다른 의사 선생님이 오늘 모든 환자를 보고 있다고(One of our dentists had to go home ill this morning, so the other one, Dr. Martinez, is seeing all patients today) 알리는 것으로 지연 문제의 원인을 말해주고 있다. 따라서 이와 같은 사실을 언급한 (D)가 정답이다.

어휘   reservation 예약 make an error 실수하다 equipment 장비 faulty 결함이 있는 heavy traffic 극심한 교통량

12. 남자는 무엇을 하겠다고 제안하는가?

    (A) 쿠폰 제공하기
    (B) 환불 해주기
    (C) 상사에게 연락하기
    (D) 무료 서비스 마련하기

정답   **(D)**

해설   남자가 제안하는 일을 묻고 있으므로 남자의 말에서 제안 관련 표현과 함께 제시되는 정보를 찾아야 한다. 대화 후반부에 남자가 사과의 뜻으로 무료 치석 제거 서비스를 제공해 줄 수 있다고(~ I can offer you a free teeth cleaning service) 제안하고 있으므로 (D)가 정답이다.

어휘   offer to do ~하겠다고 제안하다 provide ~을 제공하다(= offer) voucher 쿠폰, 상품권 refund 환불(액) contact ~에게 연락하다 supervisor 상사, 책임자, 부서장 arrange ~을 마련하다, 조치하다 free 무료의

DAY 14 의도 파악 문제

❶ 화자가 한 말의 의미/속뜻은 무엇인가?

> W: Did you hear the news? We're going on a cruise for our company trip. It will be amazing!
>
> M: I just heard! I didn't expect that! And we'll be stopping at several beautiful locations.
>
> W: I've always wanted to visit the Bahamas. It's supposed to be gorgeous.
>
> ·······································
>
> 여: 소식 들으셨어요? 우리가 회사 야유회로 유람선 여행을 간대요. 놀라운 여행이 될 거예요!
>
> 남: 저도 방금 들었어요! 그건 예상하지 못했어요! 여러 아름다운 장소에 들르게 되겠네요.
>
> 여: 저는 항상 바하마를 방문해 보고 싶었어요. 아주 아름다운 곳일 거예요.

어휘   cruise 유람선 (여행) amazing 놀라운 expect ~을 예상하다, 기대하다 several 여럿의, 몇몇의 location 장소, 위치 be supposed to do ~인 것으로 여겨지다, ~하기로 되어 있다 gorgeous 아주 아름다운

❷ 화자가 왜 "~"라고 말하는가?

> M: Hello, Mindy. Did you check the budget report that I left on your desk? I stayed late working on it.
>
> W: I looked it over, and… you should spend some more time on it. Some of the numbers don't match our data.
>
> M: Oh. Then I'll double-check everything.
>
> ·······································
>
> 남: 안녕하세요, 민디 씨. 제가 당신 책상 위에 놓아드린 예산 보고서를 확인해 보셨나요? 그 작업을 하느라 늦게까지 있었어요.
>
> 여: 검토해 보긴 했는데… 그 일에 시간을 좀 더 들이셔야 겠어요. 일부 수치가 우리 데이터와 일치하지 않아요.
>
> 남: 아. 그럼 모든 것을 다시 확인하겠습니다.

어휘   budget 예산 leave ~을 놓다, 남기다 stay late -ing ~하느라 늦게까지 남아 있다 work on ~에 대한 작업을 하다 look A over: A를 검토하다 spend time on ~에 시간을 들이다, 소비하다 match ~와 일치하다 then 그럼, 그렇다면 double-check ~을 다시 확인하다

PRACTICE

1. (B)   **2.** (D)

Question 1 refers to the following conversation.

> M: Welcome to Avalanche Pizza! We have a large variety of specialty pizzas, and you can try them by the slice.
>
> W: There are so many options, and I've never been here before. Could you help me out?
>
> M: Well, my personal favorite is the Triple Cheese.
>
> ·······································
>
> 남: 아발란체 피자에 오신 것을 환영합니다! 저희에게 아주 다양한 특별 피자가 있는데, 그것들을 조각으로 한 번 맛보실 수 있습니다.
>
> 여: 선택권이 아주 많은데, 저는 이곳에 한 번도 와본 적이 없어요. 저 좀 도와 주시겠어요?
>
> 남: 저, 제가 개인적으로 좋아하는 것은 트리플 치즈입니다.

어휘   a large variety of 아주 다양한 try ~을 한 번 먹어보다, 해보다 help A out: A를 돕다 favorite n. 가장 좋아하는 것

1. 여자가 "저 좀 도와 주시겠어요?"라고 말할 때 그 말의 의미는 무엇인가?

(A) 주문을 변경하고 싶어 한다.

(B) 남자가 메뉴 품목 하나를 추천해주기를 바란다.

(C) 어디로 가야 할 지 모른다.

(D) 환불을 받고 싶어 한다.

해설   대화 중반부에 여자가 선택할 수 있는 것이 아주 많은데 한 번도 와본 적이 없다고(There are so many options, and I've never been here before) 말하면서 '저 좀 도와 주시겠어요?'라고 묻는 흐름이다. 이는 어느 하나를 선택하도록 도와 달라는 뜻인데, 바꿔 말하면 메뉴 품목을 하나 추천해 달라는 의미이므로 (B)가 정답이다.

어휘   want A to do: A가 ~하기를 바라다 order 주문(품) item 품목, 항목, 제품 receive ~을 받다 refund 환불

Question 2 refers to the following conversation.

> M: I've run some tests, and I think it will cost around $200 to fix your computer.
>
> W: $200? That's expensive. Another repair service told me $100. I just came here because my friend recommended your shop.
>
> M: I could do it for that price, but I won't be able to back up your data. That probably wasn't included in your other quote.
>
> ·······································
>
> 남: 제가 테스트를 좀 해봤는데, 제 생각엔 귀하의 컴퓨터를 수리해 드리는 데 약 200달러가 들어갈 것 같습니다.

여: 200달러요? 비싸군요. 다른 수리 서비스 업체는 100달러를 말했어요. 제가 그냥 이곳으로 온 이유는 제 친구가 이 매장을 추천해 주었기 때문입니다.

남: 그 가격에 해 드릴 수 있지만, 데이터를 백업해 드릴 수는 없을 겁니다. 그 작업이 아마 다른 곳 견적에 포함되지 않았을 겁니다.

어휘　run a test 테스트하다, 시험하다　cost ~의 비용이 들다　around 약, 대략　fix ~을 수리하다, 고치다　repair 수리　tell A B: A에게 B를 말하다　recommend ~을 추천하다　be able to do ~할 수 있다　include ~을 포함하다　quote 견적(서)

2. 여자가 "다른 수리 서비스 업체는 100달러를 말했어요"라고 말하는 이유는 무엇인가?

(A) 비용을 설명하기 위해
(B) 실수를 바로잡기 위해
(C) 다른 선택 사항을 추천하기 위해
(D) 가격을 협의하기 위해

해설　남자가 컴퓨터 수리 비용이 200달러라고 말하자(~ it will cost around $200 to fix your computer) 여자가 놀라움과 함께 그 비용이 비싸다고(That's expensive) 말하면서 '다른 수리 업체가 100달러를 말했다'라고 언급하는 흐름이다. 이는 남자가 말한 비용대로 수리를 맡길 수 없다는 의미로서 가격을 협의하기 위해 한 말이므로 (D)가 정답이다.

어휘　explain ~을 설명하다　correct v. ~을 바로 잡다　mistake 실수　option 선택 사항　negotiate ~을 협의하다

실전 감잡기

1. (C)	2. (D)	3. (A)	4. (C)	5. (C)	6. (A)
7. (B)	8. (B)	9. (C)	10. (D)	11. (C)	12. (B)

Questions 1-3 refer to the following conversation.

M: Hi, **1** I saw the job posting for your design agency. Have you hired anyone yet?

W: No, we haven't. **2** We need someone who has been working in graphic design for a while.

M: Well, that isn't an issue. I have over ten years of experience, and I brought my portfolio. It showcases some of my best work.

W: Let's see… **3** do you have time for an interview now? The personnel manager just got back from lunch.

남: 안녕하세요, 제가 귀하의 디자인 회사 구인 공고를 봤습니다. 혹시 누군가를 고용하셨나요?

여: 아뇨, 하지 않았습니다. 저희는 한동안 그래픽 디자인 분야에서

근무해 오신 분이 필요합니다.

남: 저, 그건 문제가 아닙니다. 저는 10년이 넘는 경력을 지니고 있으며, 제 포트폴리오도 챙겨 왔습니다. 포트폴리오는 저의 가장 뛰어난 몇몇 작품들을 보여줍니다.

여: 어디 보자… 지금 면접 보실 시간이 있으신가요? 인사부장님께서 막 점심 식사를 마치고 돌아오셨거든요.

어휘　job posting 구인 공고　hire ~을 고용하다　for a while 한동안　issue 문제, 사안　over ~가 넘는　experience 경력, 경험　portfolio (구직 시 제출하는) 포트폴리오, 작품집　showcase ~을 보여주다, 선보이다　work 작품, 작업(물)　personnel manager 인사부장　get back from ~에서 돌아오다, 돌아가다

1. 남자는 무슨 직책에 관해 문의하고 있는가?

(A) 사무실 관리 책임자
(B) 영업 사원
(C) 그래픽 디자이너
(D) 시설 관리 직원

정답　**(C)**

해설　대화 시작 부분에 남자가 상대방 회사를 your design agency라고 지칭하면서 그 디자인 회사의 구인 공고를 본 사실을 언급하고 누군가가 고용되었는지(~ I saw the job posting for your design agency. Have you hired anyone yet?) 확인하고 있다. 따라서 그래픽 디자이너 직책에 관해 문의하는 것으로 볼 수 있으므로 (C)가 정답이다.

어휘　inquire about ~에 관해 문의하다　maintenance 시설 관리, 유지 보수

2. 남자가 "그건 문제가 아닙니다"라고 말할 때 그 말의 의미는 무엇인가?

(A) 문제점을 알고 있다.
(B) 프로그램에 익숙하다.
(C) 이미 한 가지 일을 완료했다.
(D) 필수 요건을 충족한다.

정답　**(D)**

해설　대화 중반부에 여자가 그래픽 디자인 분야에서 근무해 온 사람이 필요하다고(We need someone who has been working in graphic design for a while) 말하자 남자가 '그건 문제가 아니다'라고 말하면서 자신의 경력 기간을 언급하는 흐름이다. 이는 회사측 채용 요건을 충족한다는 의미이므로 (D)가 정답이다.

어휘　be aware of ~을 알고 있다, 인식하고 있다　be familiar with ~에 익숙하다, ~을 잘 알고 있다　complete ~을 완료하다　task 일, 업무　meet (조건 등) ~을 충족하다　requirement 필수 요건, 필요한 것

3. 여자는 남자에게 무엇을 하도록 요청하는가?

(A) 면접 자리에 참석하기
(B) 연락처 제공하기
(C) 이력서 제출하기
(D) 서식 작성하기

정답 (A)

해설 여자가 요청하는 일을 묻고 있으므로 여자의 말에서 요청 관련
표현과 함께 언급되는 정보를 찾아야 한다. 대화 마지막에 여
자는 남자에게 지금 면접을 볼 시간이 있는지(~ do you have
time for an interview now?) 묻는 것으로 면접 참석을 요청
하고 있다. 따라서 이를 언급한 (A)가 정답이다.

어휘 attend ~에 참석하다 provide ~을 제공하다 contact
information 연락처 submit ~을 제출하다, 내다 résumé
이력서 complete ~을 작성하다, 완료하다 form 서식

Questions 4-6 refer to the following conversation.

W: Hello, I would like a round trip ticket for the bus
to Miami that leaves at 9:00 A.M.

M: I'm sorry, but those tickets are sold out. **4**
A lot of people are traveling to Miami this
weekend to attend the Summertime Music
Festival on South Beach.

W: Oh, no! But **5** I have to get to Miami by 5
P.M. for my brother's graduation. He has
been working so hard.

M: Well, **6** there are a couple of seats left on a
bus that leaves at 9:30, but it makes several
stops along the way. But, that should still get
you to Miami by 4:30. Hopefully that works for
you.

여: 안녕하세요, 오전 9시에 출발하는 마이애미행 버스 왕복 티켓
주세요.

남: 죄송하지만, 그 티켓은 매진되었습니다. 많은 사람들이 사우스
비치에서 열리는 서머타임 음악 축제에 참석하기 위해 이번 주
말에 마이애미로 가고 있습니다.

여: 아, 이런! 하지만 제 남동생 졸업식 때문에 오후 5시까지 마이애
미에 도착해야 해요. 남동생이 아주 열심히 해 왔거든요.

남: 저, 9시 30분에 출발하는 버스에 좌석이 두 개 남아 있긴 하지
만, 가는 길에 여러 번 정차합니다. 하지만, 그래도 그 버스는 당
신을 오후 4시 30분까지 마이애미에 도착할 수 있게 할 겁니다.
그렇게 하시는 게 괜찮길 바랍니다.

어휘 would like ~을 원하다, ~하고 싶다 leave 출발하다, 떠나다,
~을 남기다 sold out 매진된 travel to ~로 가다, 이동하다
attend ~에 참석하다 get to ~에 도착하다 by (기한) ~까지
graduation 졸업(식) there is A p.p.: ~된 A가 있다 make a
stop 정차하다, 서다 several 여럿의, 몇몇의 hopefully 희망
하여, (일, 상황 등이) 잘 되면 work for (일정, 시간 등이) ~에게
좋다

4. 남자의 말에 따르면, 왜 많은 사람이 마이애미로 가고 있는가?
(A) 세미나에 참석하기 위해
(B) 날씨를 즐기기 위해
(C) 음악 축제에 참석하기 위해
(D) 스포츠 행사에 참가하기 위해

정답 (C)

해설 대화 초반부에 남자가 많은 사람들이 서머타임 뮤직 페스티
벌에 참석하기 위해 이번 주말에 마이애미로 가고 있다고(A
lot of people are traveling to Miami this weekend to
attend the Summertime Music Festival ~) 말하고 있으
므로 (C)가 정답이다.

어휘 attend ~에 참석하다 participate in ~에 참가하다

5. 여자가 "남동생이 아주 열심히 해 왔거든요"라고 말할 때 그
말의 속뜻은 무엇인가?
(A) 남동생을 계속 도와 주었다.
(B) 남동생에게 휴가를 떠나기를 원하고 있다.
(C) 남동생의 행사를 놓칠 수 없다.
(D) 남동생이 보상 받을 자격이 있다고 생각한다.

정답 (C)

해설 대화 중반부에 여자가 남동생 졸업식에 가야 한다고(~ I have
to get to Miami by 5 P.M. for my brother's graduation)
알리면서 '남동생이 아주 열심히 해 왔다'라고 말하는 흐름이
다. 이는 반드시 그 졸업식에 참석해야 한다는 뜻을 강조하기
위해 한 말이므로 (C)가 정답이다.

어휘 want A to do: A가 ~하기를 원하다 miss ~을 놓치다, 지나치
다 deserve ~을 받을 자격이 있다, ~을 받을 만하다

6. 남자는 무엇을 제안하는가?
(A) 또 다른 버스 타기
(B) 기차역으로 가기
(C) 차량 대여하기
(D) 일정 변경하기

정답 (A)

해설 남자가 제안하는 일을 묻고 있으므로 남자의 말에서 제안 관
련 표현과 함께 제시되는 정보를 찾아야 한다. 대화 후반부에
남자가 9시 30분에 출발하는 버스에 자리가 있음을(~ there
are a couple of seats left on a bus that leaves at 9:30
~) 알리면서 그 버스가 시간에 맞게 도착하게 해준다는 사실을
말해주고 있다. 이는 다른 버스를 타도록 제안하는 것이므로
(A)가 정답이다.

어휘 rent ~을 대여하다, 임대하다 vehicle 차량

Questions 7-9 refer to the following conversation.

M: Hello, Ms. Wexler. **7** My team has just finished setting up the buffet. Once the roasted chicken is finished, all the food should be ready for your luncheon.

W: We're right on schedule, then. Thank you, Matt. I'm very pleased with your services. Oh, and **8** have the chairs arrived yet for the seating area?

M: **8** Yes, they were unloaded from the truck, but **9** haven't been set up.

W: **9** OK. I think we'll need some extra. You know where the storage room is, right?

....

남: 안녕하세요, 웩슬러 씨. 저희 팀이 뷔페를 마련하는 일을 막 끝마쳤습니다. 구운 닭 요리가 완료되기만 하면, 귀하의 오찬 행사에 필요한 모든 음식이 준비될 겁니다.

여: 그럼 예정대로 잘 되어가고 있는 거네요. 고마워요, 매트 씨. 제공해 주시는 서비스에 매우 만족합니다. 아, 그리고 혹시 좌석 공간에 놓을 의자들이 도착했나요?

남: 네, 트럭에서 내리기는 했지만, 설치되지는 않았습니다.

여: 알겠어요. 여분이 좀 필요할 것 같습니다. 물품 보관실이 있는 곳이 어딘지 알고 계시죠, 그렇죠?

어휘   set up ~을 마련하다, 설치하다   once ~하기만 하면, 일단 ~하는 대로   be ready for ~에 대한 준비가 되다   luncheon 오찬   be right on schedule 예정대로 잘 되어가다   then 그럼, 그렇다면   be pleased with ~에 만족하다, ~에 기쁘다   arrive 도착하다   seating area 좌석 공간   unload (짐 등) ~을 내리다   extra 여분(의 것)   storage 보관, 저장

7. 남자는 어느 분야에 근무하고 있을 것 같은가?

(A) 연예
(B) 출장 요리 제공
(C) 부동산
(D) 조경

정답   **(B)**

해설   대화 초반부에 남자가 자신의 팀을 My team으로 지칭해 뷔페를 마련하는 일을 막 끝마쳤다고(My team has just finished setting up the buffet) 알리고 있다. 이는 요리를 제공하는 팀에 속한 사람이 할 수 있는 말에 해당되므로 (B)가 정답이다.

어휘   field 분야   catering 출장 요리 제공(업)

8. 여자는 무엇에 대해 문의하는가?

(A) 공연 무대
(B) 가구
(C) 방 크기
(D) 음향 장비

정답   **(B)**

해설   여자가 대화 중반부에 의자들이 도착했는지(~ have the chairs arrived yet for the seating area?) 묻는 것에 대해 남자가 'Yes'라는 말로 확인해 주고 있으므로 의자 제품이 속하는 범주에 해당되는 단어인 (B)가 정답이다.

어휘   equipment 장비

Paraphrase   chairs → Furniture

9. 여자가 "물품 보관실이 있는 곳이 어딘지 알고 계시죠, 그렇죠?"라고 말할 때 그 말의 의미는 무엇인가?

(A) 행사 공간을 재배치하고 싶어한다.
(B) 자신에게 길을 알려주기를 남자에게 원하고 있다.
(C) 남자가 어떤 일을 완료하기를 원하고 있다.
(D) 빠진 물품을 찾아보고 싶어한다.

정답   **(C)**

해설   남자가 대화 후반부에 의자가 설치되지 않은 사실을(~ haven't been set up) 언급하자 여자가 알겠다고 하면서 여분의 의자가 필요하다고(OK. I think we'll need some extra) 알리면서 '물품 보관실이 있는 곳이 어딘지 알고 계시죠?'라고 묻는 상황이다. 이는 여분의 의자를 꺼내 설치 작업을 완료하도록 요청하는 것, 즉 남자가 일을 완료하도록 원하는 것이므로 (C)가 정답이다.

어휘   reorganize ~을 재배치하다, 재편하다   want A to do: A가 ~하기를 원하다   give A directions: A에게 길을 알려주다   complete ~을 완료하다   look for ~을 찾다   missing 빠진, 없는

Questions 10-12 refer to the following conversation.

M: Hi, Samantha. Since our pizza shop is becoming so popular, **10** I think it's time to open a second location in Circleville.

W: I was thinking the same thing. Maybe **11** we can tell our employees next week at our staff appreciation dinner.

M: That would be perfect. Plus, I think it would be best to make one of our current workers the manager of the new shop.

W: I agree. **12** We need someone who is responsible.

M: Right, but loyalty is important, too. You know, Kyle Firth has been with us for over five years.

W: Hmm… he has been a great employee.

....

남: 안녕하세요, 사만다 씨. 저희 피자 매장이 아주 많은 인기를 얻고 있기 때문에, 서클빌에 두 번째 지점을 개장할 때인 것 같아요.

여: 저도 같은 생각을 하고 있었어요. 아마 다음 주에 있을 직원 감사 회식 시간에 직원들에게 말할 수 있을 거예요.

남: 그렇게 하시면 완벽할 거예요. 그리고, 현재 근무 중인 우리 직

원들 중 한 명을 새 매장 관리 책임자로 만드는 게 가장 좋을 것 같습니다.

여: 동의합니다. 누군가 책임감 있는 사람이 필요해요.

남: 맞아요, 하지만 충성도도 중요합니다. 있잖아요. 카일 퍼스 씨가 5년 넘게 우리와 함께 해 왔어요.

여: 음… 그분은 언제나 훌륭한 직원이셨죠.

어휘 become + 형용사: ~한 상태가 되다 popular 인기 있는 location 지점, 위치 appreciation 감사(의 뜻) plus 그리고, 게다가 make A B: A를 B로 만들다 current 현재의 agree 동의하다 responsible 책임감 있는, 책임을 맡은 loyalty 충성(심) over ~ 넘게

10. 화자들은 주로 무엇을 이야기하고 있는가?
(A) 행사를 계획하는 것
(B) 생산성을 향상시키는 것
(C) 업체 위치를 변경하는 것
(D) 신규 지점을 개장하는 것

정답 **(D)**

해설 대화 시작 부분에 남자가 서클빌에 두 번째 지점을 개장할 때라고(~ I think it's time to open a second location in Circleville) 알린 뒤로 그 지점 개장과 관련된 내용으로 대화가 이어지고 있으므로 (D)가 정답이다.

어휘 improve ~을 향상시키다 productivity 생산성 branch 지점, 지사

Paraphrase open a second location
→ Opening a new branch

11. 여자는 어디에서 공지할 계획인가?
(A) 주주 총회에서
(B) 업무 세미나에서
(C) 직원 회식에서
(D) 기자 회견에서

정답 **(C)**

해설 여자가 어디에서 공지할 계획인지를 묻고 있으므로 여자의 말에서 공지 장소와 관련된 정보를 찾아야 한다. 대화 중반부에 여자가 다음 주에 있을 직원 감사 회식 자리에서 직원들에게 말할 수 있을 거라고(~ we can tell our employees next week at our staff appreciation dinner) 언급하고 있으므로 (C)가 정답이다.

어휘 plan to do ~할 계획이다 make an announcement 공지하다, 발표하다 shareholder 주주

12. 남자가 "카일 퍼스 씨가 5년 넘게 우리와 함께 해 왔어요"라고 말하는 이유는 무엇인가?
(A) 직원을 축하하기 위해
(B) 추천하기 위해

(C) 놀라움을 표하기 위해
(D) 여자의 오류를 정정해주기 위해

정답 **(B)**

해설 대화 중반부에 여자가 신규 지점과 관련해 책임감 있는 사람이 필요하다고(We need someone who is responsible) 알린 뒤로 "카일 퍼스 씨가 5년 넘게 우리와 함께 해 왔어요"라고 말하는 흐름이다. 이는 카일 퍼스 씨를 관리 책임자로 추천한다는 뜻을 나타내는 말이므로 (B)가 정답이다.

어휘 congratulate ~을 축하하다 make a recommendation 추천하다 express (감정 등) ~을 표현하다 surprise 놀라움 correct v. ~을 수정하다, 정정하다 error 실수, 오류

DAY 15 시각자료 연계 문제

❶ 표/리스트형 시각자료

W: Henry, a few of us are going to a baseball game after work on Friday. Would you like to come?

M: Yeah, that sounds great. How much are tickets?

W: There are different prices, but since there will be six of us, we'll qualify for a special price.

M: Good! I'm looking forward to it.

···

여: 헨리 씨, 저희 몇 명이 금요일 퇴근 후에 야구 경기를 보러 갈 거예요. 함께 가시겠어요?

남: 네, 아주 좋을 것 같아요. 입장권이 얼마인가요?

여: 서로 다른 가격들이 있기는 하지만, 저희가 6명이 될 것이기 때문에, 특가 이용 자격이 있을 거예요.

남: 좋아요! 정말 기대가 되네요.

어휘 sound + 형용사: ~한 것 같다 since ~하기 때문에 qualify for ~에 대한 자격이 주어지다 look forward to ~을 아주 기대하다, 고대하다

❷ 지도형 시각자료

M: Is it true that our clients at Sitwell aren't happy with the Web site we designed for them?

W: Yes, sadly. They want to meet tomorrow to discuss their issues with it. Why don't we have lunch with them at Mango Bistro? It's across from the gym on Croft Avenue.

M: That will work for me.

···

남: 시트웰 사의 고객들이 우리가 디자인해 드린 웹사이트를 마음에 들어 하지 않는다는 게 사실인가요?

여: 안타깝게도, 그렇습니다. 그분들이 그것과 관련된 사안들을 논의하기 위해 내일 만나고 싶어 하십니다. 망고 비스트로에서 함께 점심 식사하면 어떨까요? 크로프트 애비뉴에 있는 체육관 맞은편입니다.

남: 저는 좋을 것 같아요.

어휘   discuss ~을 논의하다, 이야기하다 issue 문제, 사안 Why don't we ~? ~하는 게 어때요? across from ~의 맞은편에 work for (계획, 일정 등이) ~에게 좋다

❸ 그래프형 시각자료

> M: Kathy, we need to discuss different advertising methods.
>
> W: Right, I just saw the survey results. Our print ads only bring in 10% of our customers, and radio accounts for 20%.
>
> M: I don't think they're our main concern. I'd rather focus on the advertising method that attracts the most customers.
>
> ....
>
> 남: 캐시 씨, 우리는 다른 광고 방법들을 논의해야 합니다.
>
> 여: 맞아요, 제가 막 설문조사 결과를 봤어요. 우리 인쇄물 광고는 우리 고객의 겨우 10퍼센트만 끌어들이고 있고, 라디오는 20퍼센트를 차지하고 있어요.
>
> 남: 저는 그것들이 우리의 주된 우려 사항이라고 생각하지 않습니다. 저는 차라리 가장 많은 고객을 끌어들이는 광고 방법에 초점을 맞추고 싶어요.

어휘   discuss ~을 논의하다, 이야기하다 advertising 광고 (활동) method 방법 survey 설문조사 result 결과(물) ad 광고 bring in ~을 끌어들이다 account for (비율 등) ~을 차지하다 concern 우려 사항 I'd rather do 차라리 ~하고 싶어요 focus on ~에 초점을 맞추다, 집중하다 attract ~을 끌어들이다

PRACTICE

1. (A)   2. (A)

Question 1 refers to the following conversation and schedule.

> W: Hello. I'd like to sign up for one of your cooking classes.
>
> M: OK. Which one would you like to join?
>
> W: Well, I have a tight schedule, so it just needs to be at a time when I'm available.
>
> M: When are you free?
>
> W: I work in the afternoon and evenings, so preferably one that ends around noon.

여: 안녕하세요. 요리 강좌 중 하나에 등록하고 싶습니다.

남: 좋습니다. 어느 것에 참가하고 싶으신가요?

여: 저, 제 일정이 빡빡해서, 제가 시간이 나는 때에 있는 것이면 됩니다.

남: 언제 시간이 나시죠?

여: 제가 오후와 저녁 시간대에 근무하기 때문에, 가급적이면 정오쯤 끝나는 것이 좋겠습니다.

지역 요리 강좌	
요리 수업	시간
이탈리아 요리	오전 10시 – 오후 12시
스페인 요리	오후 12시 – 오후 2시
한국 요리	오후 4시 – 오후 6시
중국 요리	오후 7시 – 오후 9시

어휘   sign up for ~에 등록하다, ~을 신청하다 join ~에 참가하다, 합류하다 tight (일정, 비용 등이) 빡빡한, 빠듯한 available (사람이) 시간이 나는(= free) preferably 가급적이면 around ~쯤, 약, 대략

1. 시각자료를 보시오. 남자는 어느 수업을 추천할 것 같은가?

  (A) 이탈리아 요리
  (B) 스페인 요리
  (C) 한국 요리
  (D) 중국 요리

해설   여자가 대화 마지막 부분에 자신의 일정상 정오쯤 끝나는 수업이 좋겠다고(~ preferably one that ends around noon) 말하고 있다. 시각자료에서 정오에 종료되는 것으로 표기된 수업이 '10 A.M. – 12 P.M.'으로 쓰여 있는 Italian이므로 (A)가 정답이다.

Question 2 refers to the following conversation and map.

> W: I'm glad we spoke with a realtor. There are a lot of great spots available for our bakery.
>
> M: I think the location next to City Hall would be best.
>
> W: I agree. It's across from the park, too. People could buy bread from us and then go on a picnic.
>
> ....
>
> 여: 우리가 부동산 중개인과 얘기해서 기뻐요. 우리 제과점을 위해 이용 가능한 아주 좋은 자리가 많이 있어요.
>
> 남: 제 생각엔 시청 옆에 있는 위치가 가장 좋을 것 같아요.
>
> 여: 동의합니다. 공원 맞은편이기도 하고요. 사람들이 우리 매장에서 빵을 산 다음, 소풍 갈 수 있을 거예요.

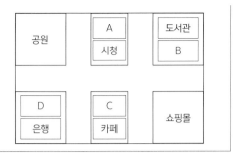

		A		도서관
공원		시청		B
D		C		쇼핑몰
은행		카페		

어휘 **realtor** 부동산 중개인 **spot** 자리, 장소 **available** 이용 가능한 **location** 지점, 위치 **next to** ~ 옆에 **city hall** 시청 **agree** 동의하다 **across from** ~ 맞은편에 **then** 그런 다음, 그 후에

2. 시각자료를 보시오. 화자들은 제과점을 위해 어느 위치를 선택하는가?

(A) 위치 A
(B) 위치 B
(C) 위치 C
(D) 위치 D

해설 대화 중반부에 남자가 시청 옆에 있는 위치가 가장 좋을 것이라고(~ the location next to City Hall would be best) 말하자 여자도 동의하면서 공원 맞은편이라고(I agree. It's across from the park, too) 위치를 다시 언급하고 있다. 시각자료에서 시청 옆과 공원 맞은편 위치에 해당되는 것이 A이므로 (A)가 정답이다.

어휘 **choose** ~을 선택하다

실전 **감잡기**

1. (D)	2. (C)	3. (D)	4. (A)	5. (C)	6. (B)
7. (D)	8. (D)	9. (B)			

Questions 1-3 refer to the following conversation and sign.

W: 🔟 There's a long line for the roller coaster, so I want something to eat while I wait. And, when I bought my admission ticket, I heard that the park has a special offer right now.

M: Yes, just check this sign. Different snacks come with a free drink, but the size depends on what you order. So, a pizza comes with a jumbo-sized soft drink.

W: Oh, I get it. 🔟 I want a hamburger then.

M: OK, that's $6.00.

W: 🔟 I only have a credit card. Is that OK?

M: 🔟 Of course. We accept all different types of cards here.

여: 롤러 코스터 줄이 길어서, 기다리는 동안 먹을 것 좀 사고 싶어요. 그리고, 제가 입장권을 구입했을 때, 공원에 지금 특가 서비스가 있다고 들었어요.

남: 네, 이 안내표를 확인해 보세요. 서로 다른 간식에 무료 음료가 딸려 있기는 하지만, 무엇을 주문하시는지에 따라 크기가 다릅니다. 그래서, 피자에는 점보 사이즈 탄산 음료가 딸려 있습니다.

여: 아, 알겠어요. 그럼 전 햄버거로 하겠습니다.

남: 알겠습니다, 6달러입니다.

여: 제가 신용 카드 밖에 없어요. 그래도 괜찮나요?

남: 물론입니다. 이곳에서 저희는 서로 다른 모든 종류의 카드를 받습니다.

음식	가격	음료 크기
감자 튀김	4달러	소
프라이드 치킨	5달러	중
햄버거	6달러	대
피자	8달러	점보

어휘 **while** ~하는 동안 **admission** 입장 (허가) **special offer** 특가 서비스 **come with** (제품 등에) ~가 딸려 있다, ~을 포함하다 **free** 무료의 **depend on** ~에 따라 다르다, ~에 달려 있다 **then** 그럼, 그렇다면 **accept** ~을 받아들이다, 수용하다

1. 화자들은 어디에 있는가?

(A) 스포츠 경기장에
(B) 영화관에
(C) 음악 축제에
(D) 놀이 공원에

정답 **(D)**

해설 여자가 대화를 시작하면서 '롤러 코스터 줄이 길다(There's a long line for the roller coaster ~)'라고 언급하고 있는데, 이는 놀이 공원에 있는 사람이 할 수 있는 말에 해당되므로 (D)가 정답이다.

어휘 **stadium** 경기장 **festival** 축제 **amusement park** 놀이 공원

2. 시각자료를 보시오. 여자는 어떤 크기의 음료를 받을 것인가?

(A) 소
(B) 중
(C) 대
(D) 점보

정답 **(C)**

해설 시각자료에 음료 크기를 확인하기 위한 기준이 되는 항목으로 음식 종류와 가격이 쓰여 있으므로 이 두 가지와 관련된 정보를 찾아야 한다. 대화 중반부에 여자가 햄버거로 하겠다고(I want a hamburger then) 말하고 있는데, 시각자료에 햄버

거 선택 시의 음료 크기가 'Large'로 표기되어 있으므로 (C)가 정답이다.

어휘 　receive ~을 받다

3. 　여자는 어떻게 비용을 지불할 것인가?
(A) 현금으로
(B) 쿠폰으로
(C) 앱으로
(D) 신용 카드로

정답 　**(D)**

해설 　대화 후반부에 여자가 신용 카드 밖에 없다는 말과 함께 괜찮은지 묻자(I only have a credit card. Is that OK?) 남자가 Of course라는 말로 수락하고 있으므로 (D)가 정답이다.

Questions 4-6 refer to the following conversation and floor plan.

M: Hi Susan, welcome to the Tennyson Tech Expo. I'm Steve, the event director. **4** You mentioned you volunteered last year, so you're already familiar with the event. So, all you need to do is select which stall you want.

W: Thanks. I'd like to be in a visible area, if that's possible. Any suggestions?

M: Well, Stall 1 is already taken, but it's by the registration area, so a lot of people will ignore it. **5** How about the spot over there, next to the food court?

W: Great. And, when can I do my product demonstration on the main stage?

M: Oh, **6** I'll explain that later. We made some changes to the event schedule, so there's a lot to cover.

....

남: 안녕하세요, 수잔 씨, 테니슨 기술 박람회에 오신 것을 환영합니다. 저는 행사 진행 책임자인 스티브입니다. 작년에 자원 봉사를 하셨다고 말씀해 주셨기 때문에, 이미 행사에 익숙하시겠죠. 따라서, 어느 판매대를 원하시는지를 선택해 주시기만 하면 됩니다.

여: 감사합니다. 저는 가능하면 눈에 잘 보이는 곳에 있고 싶습니다. 추천해 주실 만한 곳이라도 있나요?

남: 저, 판매대 1은 이미 선택되었는데, 등록 구역 옆에 있기 때문에 많은 사람들이 그냥 지나칠 겁니다. 저기 저쪽에 푸드 코트 옆 자리는 어떠신가요?

여: 아주 좋습니다. 그리고, 언제 중앙 무대에서 제품 시연회를 할 수 있죠?

남: 아, 그건 나중에 설명해 드리겠습니다. 저희가 행사 일정을 좀 변경했기 때문에, 다룰 내용이 많습니다.

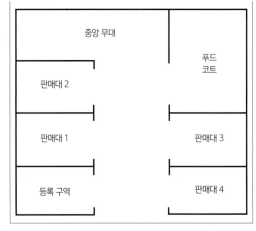

어휘 　mention (that) ~라고 말하다, 언급하다 　volunteer 자원 봉사하다 　be familiar with ~에 익숙하다, ~을 잘 알다 　all you need to do is + 동사원형: ~하기만 하면 됩니다 　select ~을 선택하다 　stall 판매대 　visible 눈에 잘 보이는 　suggestion 추천, 제안, 의견 　registration 등록 　ignore ~을 무시하다 　How about ~? ~는 어떠세요? 　spot 자리, 장소 　next to ~ 옆에 　demonstration 시연(회) 　explain ~을 설명하다 　make a change to ~을 변경하다 　cover (주제, 내용 등) ~을 다루다

4. 　여자는 왜 박람회에 익숙한가?
(A) 자원 봉사자였다.
(B) 동영상을 시청했다.
(C) 기자이다.
(D) 행사 주최자를 알고 있다.

정답 　**(A)**

해설 　대화 시작 부분에 남자가 여자에게 작년에 자원 봉사를 한 사실과 함께 그로 인해 행사에 이미 익숙한 상태라고(You mentioned you volunteered last year, so you're already familiar with the event) 말하고 있으므로 (A)가 정답이다.

어휘 　volunteer n. 자원 봉사자 　journalist 기자 　organizer 주최자, 조직자

5. 　시각자료를 보시오. 남자는 어느 판매대를 추천하는가?
(A) 판매대 1
(B) 판매대 2
(C) 판매대 3
(D) 판매대 4

정답 　**(C)**

해설 　평면도가 시각자료로 제시되어 있으므로 각 구역 사이의 위치 관계에 유의해 들어야 한다. 대화 중반부에서 남자가 푸드 코트 옆 공간은 어떻게 생각하는지 묻는 것으로(How about the spot over there, next to the food court?) 이 자리를 추천하고 있는데, 평면도를 확인해 보면 푸드 코트 옆 자리가 Stall 3로 표기되어 있으므로 (C)가 정답이다.

6. 남자가 나중에 무엇을 설명할 것인가?

(A) 컴퓨터 프로그램
(B) 일정
(C) 제품
(D) 고객 정책

정답 **(B)**

해설 대화 마지막 부분에 남자가 나중에 설명하겠다는 말과 함께 일정에 변동 사항이 있어 할 얘기가 많다고(I'll explain that later. We made some changes to the event schedule, so there's a lot to cover) 말하고 있다. 따라서 일정과 관련해 나중에 설명해주는 것으로 볼 수 있으므로 (B)가 정답이다.

어휘 policy 정책, 방침

Questions 7-9 refer to the following conversation and graph.

W: Stan, have you checked the latest report yet? We need to do something to improve this one shift. I think we might need to hire a new manager.

M: What's the problem? **7** That shift only gets an average of 50 orders.

W: **8** Some workers have recently quit, so there aren't enough employees to work that shift.

M: Oh, I see. **9** With our main competitor Burger Zone closing next month, we'll probably become a lot busier. We need to make sure each shift is ready.

······································

여: 스탠 씨, 혹시 최신 보고서를 확인해 보셨나요? 이 교대 근무 하나를 개선하기 위해 뭔가 해야 합니다. 제 생각엔 우리가 신임 관리 책임자를 고용해야 할 것 같아요.

남: 뭐가 문제인가요? 그 교대 근무는 겨우 평균 50개의 주문만 받고 있어요.

여: 일부 직원들이 최근에 그만두었기 때문에, 그 근무조로 일할 직원이 충분하지 않습니다.

남: 아, 알겠습니다. 우리 주요 경쟁업체인 버거 존이 다음 달에 문을 닫는 상황이라, 우리는 아마 훨씬 더 바빠질 것입니다. 각 교대 근무조가 반드시 준비되도록 해야 합니다.

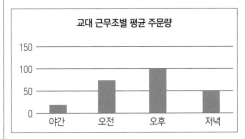

교대 근무조별 평균 주문량

7. 시각자료를 보시오. 화자들은 어느 근무조를 이야기하고 있는가?

(A) 야간
(B) 오전
(C) 오후
(D) 저녁

정답 **(D)**

해설 시각자료가 그래프일 경우, 각 항목의 명칭과 수치 정보를 확인하고 순위의 우열과 관련된 내용에 주의해 들어야 한다. 대화 중반부에 남자가 평균 50개의 주문만 받는 특정 근무조를(That shift only gets an average of 50 orders) 언급한 뒤로 그 근무조와 관련해 이야기하고 있는데, 그래프에서 주문량 50개에 해당되는 근무조가 Evening이므로 (D)가 정답이다.

8. 여자의 말에 따르면, 무엇이 문제였는가?

(A) 저조한 매출
(B) 고객 불만
(C) 배송 지연
(D) 직원 부족

정답 **(D)**

해설 여자가 말하는 문제점을 묻는 문제이므로 여자의 말에서 부정적인 정보를 찾아야 한다. 대화 중반부에 여자가 일부 직원들이 그만두면서 직원이 충분하지 못한 상황을(Some workers have recently quit, so there aren't enough employees to work that shift) 알리고 있으므로 '직원 부족'을 뜻하는 (D)가 정답이다.

어휘 sales 매출, 판매(량), 영업 complaint 불만 shipping 배송 delay 지연, 지체 shortage 부족

Paraphrase there aren't enough employees
→ Employee shortages

9. 남자는 다음 달에 무슨 일이 있을 것이라고 말하는가?

(A) 신제품이 출시될 것이다.
(B) 레스토랑이 문을 닫을 것이다.
(C) 업체가 개조될 것이다.
(D) 가격이 오를 것이다.

정답 **(B)**

해설 다음 달이라는 시점이 언급되는 대화 후반부에, 주요 경쟁 업체인 버거 존이 다음 달에 문을 닫는다고(With our main competitor Burger Zone closing next month ~) 말하고

어휘 improve ~을 개선하다, 향상시키다 shift 교대 근무(조) hire ~을 고용하다 average n. 평균 a. 평균의 recently 최근에 quit 그만두다 with A -ing: A가 ~하면서 competitor 경쟁업체, 경쟁자 a lot (비교급 수식) 훨씬 make sure (that) 반드시 ~하도록 하다

있으므로 이를 언급한 (B)가 정답이다.

어휘　launch ~을 출시하다　renovate ~을 개조하다, 보수하다
　　　increase 오르다, 증가되다

Paraphrase main competitor Burger Zone → restaurant

PART 4

DAY 16 전화 메시지

❶ 전화 메시지

Hello. This is Sandra Park calling from Jenta's Online Market. I'm just looking at the order you placed last night on our Web site. I'm afraid that the product you requested is currently sold out, so I'll give you a full refund. However, in the e-mail I've just sent you, I've recommended some items that might suit your preference. If you want to purchase one of them today, please let me know as soon as possible. Thank you for shopping at Jenta's Online Market.

안녕하세요. 저는 젠타스 온라인 마켓에서 전화 드리는 산드라 박입니다. 귀하께서 저희 웹사이트에서 어젯 밤에 주문하신 것을 보고 있습니다. 유감스럽지만 귀하께서 요청하신 제품이 현재 품절이어서, 전액 환불해 드리고자 합니다. 하지만, 제가 방금 보내 드린 이메일에, 귀하의 선호도에 어울릴 만한 몇몇 제품들을 추천해 드렸습니다. 만약 오늘 그것들 중 하나를 구매하고 싶으시면, 저에게 가능한 한 빨리 알려주시기 바랍니다. 젠타스 온라인 마켓을 이용해 주셔서 감사합니다.

어휘　place an order 주문하다　I'm afraid that (부정적인 일에 대해) 유감이지만 ~입니다, ~인 것 같습니다　request ~을 요청하다　currently 현재　sold out 매진된, 품절된　give A a full refund: A에게 전액 환불해 주다　however 하지만, 그러나　recommend ~을 추천하다, 권하다　suit ~에 어울리다, 적합하다　preference 선호(도)　purchase v. ~을 구입하다 n. 구입(품)　let A know: A에게 알리다　as soon as possible 가능한 한 빨리

❷ 자동 응답 메시지

Thank you for calling the London tourist information line. We are happy to help you with any inquiries regarding London. Please be aware that the downtown area is currently undergoing extensive construction work that may affect your travel plans. The construction will last until September 25. Please press 1 if you wish to speak with one of our customer service representatives, who will be happy to provide you with more information about our tourist attractions.

런던 여행자 안내 전화로 전화 주셔서 감사합니다. 런던과 관련된 모든 문의 사항에 대해 도와드리게 되어 기쁩니다. 현재 시내 지역에 귀하의 여행 계획에 영향을 미칠 수도 있는 광범위한 공사가 진행되고 있다는 점에 유의하시기 바랍니다. 이 공사는 9월 25일까지 계속될 것입니다. 저희 고객 서비스 직원들 중 한 명과 이야기하시려면 1번을 누르시기 바라며, 그 직원이 귀하께 저희 지역의 관광 명소들과 관련된 더 많은 정보를 기꺼이 제공해 드릴 것입니다.

어휘　information line 안내 전화　help A with B: B에 대해 A를 돕다　inquiry 문의 사항　regarding ~와 관련해　be aware that ~임에 유의하다, ~임을 알고 있다　currently 현재　undergo ~을 거치다, 겪다　extensive 광범위한, 폭넓은　affect ~에 영향을 미치다　last v. 지속되다　representative n. 직원　provide A with B: A에게 B를 제공하다　attraction 명소, 인기 장소

PRACTICE

1. (D)	2. (A)	3. (C)

Questions 1-3 refer to the following telephone message.

Hello, Mr. Han. I'm Sandy Kenderson calling from Pro Fitness Center. I'm calling about your membership application form you submitted on April 21. It seems that **1** you forgot to provide some details such as your height, weight, and age when you filled out the form. I need this information to issue you a membership card. **2** Your gym orientation is scheduled for April 26, so **3** I would appreciate it if you could call our office and give me these details by April 24. You can reach me any time before 9 P.M. Thank you and have a nice day.

안녕하세요, 한 씨. 저는 프로 핏트니스 센터에서 전화 드리는 샌디 켄덜슨입니다. 귀하께서 4월 21일에 제출하신 회원 가입 신청 양식과 관련해 전화 드립니다. 귀하께서 해당 양식을 작성하실 때 키, 몸무게, 그리고 연령과 같은 몇몇 세부 정보들을 제공하는 것을 잊으신 듯합니다. 귀하께 회원 카드를 발급해 드리기 위해 이 정보가 필요합니다. 체육관 이용 오리엔테이션이 4월 26일로 예정되어 있으므로 4월 24일까지 저희 사무실로 전화 주셔서 해당 세부 정보를 제공해 주실 수 있다면 감사하겠습니다. 오후 9시 전이면 언제든지 저에게 연락하실 수 있습니다. 감사드리며, 좋은 하루 되십시오.

어휘　application 신청, 지원　form 양식, 서식　submit ~을 제출하다　It seems that ~인 듯하다, ~한 것 같다　forget to do ~하는 것을 잊다　provide ~을 제공하다　detail 세부 정보, 세부 사항　such as ~와 같은　issue A B: A에게 B를 발급하다, 지급하

다 **be scheduled for + 시점:** ~로 예정되어 있다 **I would appreciate it if** ~라면 감사하겠습니다 **by** (기한) ~까지 **reach** ~에게 연락하다 **any time** 언제든지

1. 메시지의 목적은 무엇인가?
(A) 업무 시간을 확인하는 것
(B) 반품 정책을 설명하는 것
(C) 새로운 요가 강좌를 홍보하는 것
(D) 일부 정보를 요청하는 것

해설 화자가 자기소개에 이어 회원 양식의 일부 정보가 빠진 사실과 함께 그 정보가 필요하다고(~ you forgot to provide some details such as your height, weight, and age when you filled out the form. I need this information to issue you a membership card ~) 알리는 것이 목적에 해당된다. 이는 일부 정보를 요청하는 일에 해당되므로 (D)가 정답이다.

어휘 **confirm** ~을 확인해 주다 **explain** ~을 설명하다 **return** 반품, 반납 **policy** 정책, 방침 **promote** ~을 홍보하다 **request** ~을 요청하다

2. 4월 26일에 무슨 일이 있을 것인가?
(A) 오리엔테이션이 열릴 것이다.
(B) 일부 장비가 설치될 것이다.
(C) 신규 지점이 개장할 것이다.
(D) 개조 공사가 시작될 것이다.

해설 담화 후반부에 오리엔테이션이 4월 26일로 예정되어 있다고(Your gym orientation is scheduled for April 26 ~) 알리고 있으므로 (A)가 정답이다.

어휘 **session** (특정 활동을 위한) 시간 **hold** ~을 개최하다 **equipment** 장비 **install** ~을 설치하다 **location** 지점, 위치 **renovation** 개조, 보수

Paraphrase orientation is scheduled for April 26 → orientation session will be held

3. 화자는 청자에게 무엇을 하도록 요청하는가?
(A) 계약서 검토하기
(B) 요금 지불하기
(C) 전화하기
(D) 주소 확인하기

해설 담화 후반부에 4월 24일까지 전화해서 정보를 제공해 달라고(~ I would appreciate it if you could call our office and give me these details by April 24) 요청하는 말이 있으므로 전화를 거는 일을 언급한 (C)가 정답이다.

어휘 **ask A to do:** A에게 ~하도록 요청하다 **review** ~을 검토하다 **contract** 계약(서) **fee** 요금, 수수료 **make a phone call** 전화하다

Paraphrase call our office → Make a phone call

실전 감잡기

1. (D)	**2.** (C)	**3.** (A)	**4.** (C)	**5.** (D)	**6.** (D)
7. (B)	**8.** (B)	**9.** (A)	**10.** (C)	**11.** (D)	**12.** (B)

Questions 1-3 refer to the following telephone message.

Hello, Joanne. **1** This is Logan calling from Technical Support. You left a message about the problems you are having with the printer in your office. I had a look at it, and I found out what the problem is. **2** One of the parts is broken, so I called the technician. The repairman should be arriving in an hour to replace it. I heard that this is the fourth time that this has happened. If the machine has the same problem again, **3** I'll speak to your department manager and suggest buying a new one. If you have any questions, don't hesitate to call me back. Thanks.

⋯⋯⋯⋯⋯⋯⋯⋯⋯⋯⋯⋯⋯⋯⋯⋯⋯⋯⋯⋯⋯⋯⋯⋯

안녕하세요, 조앤 씨. 저는 기술 지원부에서 전화 드리는 로건입니다. 귀하의 사무실에 있는 프린터에서 발생되고 있는 문제점과 관련해서 메시지를 남겨 주셨습니다. 제가 살펴봤는데, 무엇이 문제점인지 알아냈습니다. 부품들 중의 하나가 고장 나 있기 때문에, 제가 기술자를 불렀습니다. 수리 기사가 그것을 교체하기 위해 1시간 후에 도착할 겁니다. 이 문제가 발생한 게 이번이 네 번째라고 들었습니다. 만일 그 기계에 다시 동일한 문제점이 생기면, 제가 귀하의 부장님과 얘기해서 새 것을 구입하도록 제안할 것입니다. 어떤 질문이든 있으시면, 주저하지 마시고 저에게 다시 전화 주세요. 감사합니다.

어휘 **leave a message** 메시지를 남기다 **have a problem with** ~에 문제가 있다 **have a look at** ~을 한 번 보다 **find out** ~을 알아내다 **part** 부품 **broken** 고장 난 **repairman** 수리 기사 **arrive** 도착하다 **in + 시간:** ~ 후에 **replace** ~을 교체하다 **suggest -ing** ~하도록 제안하다, 권하다 **hesitate to do** ~하는 것을 주저하다, 꺼리다

1. 화자는 무슨 부서에서 근무하는가?
(A) 고객 서비스부
(B) 인사부
(C) 마케팅부
(D) 기술 지원부

정답 **(D)**

해설 담화를 시작하면서 화자가 자신의 신분과 관련해 기술 지원부에서 전화하는 로건이라고(This is Logan calling from Technical Support) 알리고 있으므로 (D)가 정답이다.

2. 화자는 무슨 문제점을 언급하는가?

(A) 문서 하나가 빠져 있다.
(B) 배송 물품이 도착하지 않았다.
(C) 부품 하나가 교체되어야 한다.
(D) 마감 기한이 너무 이르다.

정답 **(C)**

해설 문제점이 언급되는 담화 중반부에, 부품 하나가 고장 나 있고
수리 기사가 그것을 교체하러 올 것이라고(One of the parts
is broken, ~ The repairman should be arriving in an
hour to replace it) 알리고 있으므로 이를 말한 (C)가 정답이
다.

어휘 missing 빠져 있는, 없는 shipment 배송(품) arrive 도착하다
deadline 마감 기한

---

3. 화자는 무엇을 하겠다고 제안하는가?

(A) 부서장과 얘기하기
(B) 주문 취소하기
(C) 파일 요청하기
(D) 동료 직원에게 전화하기

정답 **(A)**

해설 화자가 제안하는 일이 언급되는 후반부에, 동일한 문제점이 다
시 발생하면 상대방의 부서장과 얘기해 새 제품 구입을 제안하
겠다고(~ I'll speak to your department manager and
suggest buying a new one) 말하고 있다. 따라서 부서장
과 얘기하는 일을 말한 (A)가 정답이다.

어휘 supervisor 부서장, 책임자, 상사 cancel ~을 취소하다 order
주문(품) request ~을 요청하다 coworker 동료 직원

Paraphrase department manager → supervisor

Questions 4-6 refer to the following recorded
massage.

> **4** Thank you for calling the Auckland Tourism
> office line. We are pleased to help you with any
> inquiries you might have regarding Auckland
> and the various activities we have here in the
> city. Please be aware that, **5** due to extensive
> renovation work, some downtown areas may
> currently have restricted access or services.
> The project is expected to be completed by the
> end of the year. **6** Please press 1 if you wish
> to speak with one of our customer service
> operators for more information about our tourist
> attractions and landmarks.

오클랜드 관광 사무소 전화로 전화 주셔서 감사합니다. 오클랜드와
저희가 이 도시 내에서 운영하고 있는 다양한 활동에 관해 귀하께
서 가지고 계실 수 있는 어떤 문의 사항에 대해서도 기꺼이 도움을
드리겠습니다. 대규모 개조 공사로 인해, 현재 일부 시내 지역들에
출입 또는 서비스 제공이 제한될 수 있다는 점에 유의하시기 바랍니

다. 이 프로젝트는 올 연말까지 완료될 것으로 예상됩니다. 저희 관
광 명소 및 주요 지형지물에 관한 추가 정보를 얻기 위해 저희 고객
서비스 전화 안내원들 중 한 명과 통화하기를 원하시면 1번을 눌러
주십시오.

어휘 line 전화(선) be pleased to do 기꺼이 ~하다, ~해서 기쁘다
help A with B: B에 대해 A를 돕다 inquiry 문의 regarding
~와 관련해 various 다양한 activity 활동 be aware that ~
임에 유의하다 due to ~로 인해 extensive 대규모의, 광범위
한 renovation 개조, 보수 currently 현재 restricted 제한
된 access 출입, 이용 be expected to do ~할 것으로 예상되
다 complete ~을 완료하다 by (기한) ~까지 operator 전화
안내원 attraction 명소, 인기 장소 landmark (건물 등의) 주
요 지형지물

---

4. 이 메시지는 누구를 대상으로 할 것 같은가?

(A) 지역 주민들
(B) 여행사 직원들
(C) 잠재적인 관광객들
(D) 사업주들

정답 **(C)**

해설 화자가 담화를 시작하면서 오클랜드 관광 사무소 전화로 전
화한 것에 대해 감사하다는(Thank you for calling the
Auckland Tourism Office) 인사를 하고 있다. 이는 잠재적
인 관광객들을 대상으로 하는 안내 메시지임을 나타내는 것이
므로 (C)가 정답이다.

어휘 be intended for ~을 대상으로 하다 local 지역의, 현지의
resident 주민 potential 잠재적인 owner 소유주, 주인

---

5. 화자는 시내 지역에 관해 무슨 말을 하는가?

(A) 축제를 주최하고 있다.
(B) 주차 공간이 제한되어 있다.
(C) 여러 주요 지형지물이 있다.
(D) 공사 중이다.

정답 **(D)**

해설 시내 지역이 언급되는 중반부에 개조 공사로 인해 일부 시
내 지역에 발생될 수 있는 문제점을(~ due to extensive
renovation work, some downtown areas may ~) 말하
는 부분이 있으므로 공사 중이라는 사실을 말한 (D)가 정답이
다.

어휘 host ~을 주최하다 limited 제한된 parking 주차 (공간)
several 여럿의, 몇몇의 under construction 공사 중인

Paraphrase renovation work → construction

---

6. 청자들은 더 많은 정보를 알아내려면 무엇을 해야 하는가?

(A) 메시지 남기기
(B) 예약하기

(C) 웹사이트 방문하기
(D) 번호 누르기

정답　**(D)**

해설　담화 마지막 부분에 추가 정보를 얻기 위한 방법으로 1번을 눌러 고객 서비스 전화 안내원과 얘기하도록(Please press 1 if you wish to speak with one of our customer service operators for more information ~) 권하고 있으므로 (D)가 정답이다.

어휘　find out ~을 알아내다　leave ~을 남기다　make an appointment 예약하다　dial ~ 번 으로 전화하다, 다이얼을 돌리다

`Paraphrase` press 1 → Dial a number

Questions 7-9 refer to the following telephone message.

> Hi, Sally. This is Josh. I hope you hear this before you leave the office for the holiday. I have an update on **7** the job opening we posted for the assistant position in the accounting department. **8** You were concerned that people would not see it on the job recruiting site and felt that we should have advertised it in the newspaper. Well, I just logged in and there have already been over 300 views. By Wednesday, **9** we'll have received a lot of applications, so I think you should start going through them for the upcoming interviews. Have a nice holiday.
>
> ···
>
> 안녕하세요, 샐리 씨. 조쉬입니다. 휴가를 위해 사무실을 떠나시기 전에 이 메시지를 들으시길 바랍니다. 우리가 회계부의 보조 직원 직책에 대해 게시한 직무 공석과 관련된 새로운 소식이 있습니다. 당신은 사람들이 이것을 구인 사이트에서 보지 않을 거라고 우려하시면서 우리가 이것을 신문에 광고했어야 했다고 생각하셨습니다. 저, 제가 막 로그인해 봤는데, 이미 300회가 넘는 조회수가 있었습니다. 수요일쯤에, 우리는 많은 지원서를 받게 될 것이기 때문에, 제 생각에 당신이 곧 있을 면접에 대비해 그 지원서들을 검토하기 시작하셔야 할 겁니다. 휴가 잘 다녀오세요.

어휘　leave ~에서 떠나다, 나가다　job opening 직무 공석　post ~을 게시하다　assistant 보조의, 조수의　accounting 회계　department 부서　be concerned that ~라는 점을 우려하다　job recruiting site 구인 사이트　should have p.p. ~했어야 했다　over ~가 넘는　view 조회수　by ~쯤에　receive ~을 받다　application 지원(서), 신청(서)　go through ~을 검토하다　upcoming 곧 있을, 다가오는

7. 화자는 무엇에 관해 전화했는가?
(A) 사업 확장
(B) 직무 공석
(C) 직원 오리엔테이션

(D) 휴가 일정

정답　**(B)**

해설　담화 초반부에 화자가 자신과 상대방이 회계부의 보조 직원 직책에 대해 게시한 직무 공석(~ the job opening we posted for the assistant position in the accounting department)을 언급하고 있으며, 이 이후에도 이것과 관련된 내용을 말하고 있다. 이를 통해, 화자가 직무 공석에 관련된 이야기를 하기 위해 상대방에게 전화했다는 것을 알 수 있으므로 (B)가 정답이다.

어휘　expansion 확장　job vacancy 직무 공석

`Paraphrase` job opening → job vacancy

8. 화자가 "이미 300회가 넘는 조회수가 있었습니다"라고 말할 때 그 말의 의미는 무엇인가?
(A) 마감 기한이 변경되어야 한다.
(B) 구인 방법이 성공적이었다.
(C) 웹사이트가 더욱 유명해지고 있다.
(D) 더 큰 방이 요구될 것이다.

정답　**(B)**

해설　화자가 담화 중반부에 사람들이 구인 사이트에서 보지 않을 거라고 우려한 사실과 함께 신문에 광고했어야 했다고 (You were concerned that people would not see it on the job recruiting site ~)하는 상대방의 의견을 언급한 후에 "이미 300회가 넘는 조회수가 있었습니다"라고 말하고 있다. 이는 구인 사이트로 구인 활동을 한 것이 성공적이었음을 나타내는 것으로 볼 수 있으므로 (B)가 정답이다.

어휘　deadline 마감 기한　recruiting 구인, 모집　method 방법　successful 성공적인　popular 유명한　be required 요구되다

9. 화자는 청자에게 무엇을 하도록 권하는가?
(A) 몇몇 문서들 검토하기
(B) 제안서 제출하기
(C) 인터뷰 참여하기
(D) 여행 미루기

정답　**(A)**

해설　담화 후반부에 메시지 수신인인 샐리를 you로 지칭해 곧 있을 면접에 대비해 그 지원서들을 검토하기 시작해야 한다고(~ we'll have received a lot of applications, so I think you should start going through them for the upcoming interviews) 요청하고 있다. 이는 문서를 검토하는 일을 말하는 것이므로 (A)가 정답이다.

어휘　advise A to do: A에게 ~하도록 권하다　review ~을 검토하다　document 문서　submit ~을 제출하다　proposal 제안(서)　attend 참석하다　postpone ~을 미루다

`Paraphrase` going through → Review

Questions 10-12 refer to the following telephone message and expense form.

Hello, Christopher. This is Amy from Accounting. The reason that I am calling is that I have a question about the expense report from **10** your business trip to the career fair last week. I've looked over your document and the receipts you submitted, but there's a problem. **11** You reported purchasing pamphlets, and I've added up all the receipts. I think you may have written down a higher amount than what you actually spent. Could you check it out for me and **12** let me know by e-mail at your earliest convenience? Thank you.

....

안녕하세요, 크리스토퍼 씨. 저는 회계부의 에이미입니다. 제가 전화 드리는 이유는 지난 주에 취업 박람회로 떠나셨던 출장에서 생겨난 비용 보고서와 관련해 질문이 있어서입니다. 제출해 주신 문서와 영수증들을 검토해 봤는데, 문제가 하나 있습니다. 팸플릿을 구입하신 것으로 보고해 주셨고, 제가 모든 영수증들을 합산해 봤습니다. 제 생각에는 실제로 귀하께서 소비하신 것보다 더 높은 액수를 기재해 주셨던 것 같습니다. 가급적 빨리 이것을 확인해 보시고 저에게 이메일로 알려 주시겠습니까? 감사합니다.

비용 보고서	
휘발유	60달러
숙박 시설	250달러
식사	120달러
회사 팸플릿	90달러
	총액: 520달러

어휘 **expense report** 비용 보고서 **career fair** 취업 박람회 **look over** ~을 검토하다 **receipt** 영수증 **submit** ~을 제출하다 **purchase** ~을 구입하다 **pamphlet** 팸플릿, 안내 책자 **add up** ~을 합산하다 **amount** 액수, 금액 **actually** 실제로, 사실 **let A know**: A에게 알리다 **at your earliest convenience** 가급적 빨리 **accommodation** 숙박 시설

10. 청자는 지난 주에 무엇을 했는가?
(A) 휴가를 갔다.
(B) 직원 여행을 준비했다.
(C) 취업 박람회에 참여했다.
(D) 협의회에서 연설을 했다.

정답 **(C)**

해설 지난 주라는 시점이 제시되는 초반부에, 상대방을 your로 지칭해 상대방이 지난 주에 취업 박람회로 떠났던 출장(~ your business trip to the career fair last week)을 언급하고 있다. 이를 통해 청자가 지난 주에 취업 박람회에 참여한 것을 알 수 있으므로 (C)가 정답이다.

어휘 **organize** ~을 준비하다, 조직하다

Paraphrase career → job

11. 시각자료를 보시오. 어느 액수가 확인되어야 하는가?
(A) 60달러
(B) 250달러
(C) 120달러
(D) 90달러

정답 **(D)**

해설 담화 중반부에 상대방이 팸플릿을 구입한 사실과 함께 그 부분이 실제 소비 액수보다 더 높게 기재된 것 같다고(You reported purchasing pamphlets, ~ you may have written down a higher amount than what you actually spent) 말하고 있다. 시각자료를 보면, 팸플릿 항목의 액수가 90달러로 표기되어 있으므로 (D)가 정답이다.

12. 화자는 청자에게 무엇을 하도록 요청하는가?
(A) 지불하기
(B) 이메일 보내기
(C) 절차 설명하기
(D) 장비 구입하기

정답 **(B)**

해설 화자가 담화 마지막 부분에서 상대방에게 자신이 말하는 문제점을 확인해서 이메일로 알려 달라고(~ let me know by e-mail ~) 요청하고 있으므로 (B)가 정답이다.

어휘 **make a payment** 지불하다 **explain** ~을 설명하다 **procedure** 절차 **equipment** 장비

Paraphrase let me know by e-mail → Send an e-mail

DAY 17 라디오 방송

❶ 일반 뉴스 보도

This is Roger Smith with WBN local news. The Richmond Theater, which was the oldest building in town, was demolished yesterday. Having held many theatrical performances, the Richmond Theater was once a symbol of the city, but it has been removed to build the city's first skyscraper. The government will use the site for its new International Business Center. For more details about the new building, check our radio station's Web site.

....

WBN 지역 뉴스를 전해 드리는 로저 스미스입니다. 우리 도시에서 가장 오래된 건물이었던 리치몬드 극장이 어제 철거되었습니다. 많은 연극 공연을 개최했던, 리치몬드 극장은 한때 우리 도시의 상징이었지만, 우리 도시의 첫 고층 건물을 짓기 위해 철거되었습니다. 정부는 그 부지를 새로운 국제 비즈니스 센터로 활용할 것입니다. 새 건물에 대해 더 많은 자세한 정보를 원하시면, 저희 라디오 방송국의 웹사이트를 확인하시기 바랍니다.

어휘 local 지역의, 현지의 demolish ~을 철거하다 hold ~을 개최하다, 열다 theatrical performance 연극 공연 once (과거의) 한때 remove ~을 없애다, 제거하다 skyscraper 고층 건물 site 부지, 현장, 장소

② 교통 정보

> This is Julie Liston with your local traffic report on SBC Radio. Yesterday, our national rugby team won the International Rugby Championship, so traffic is moving slowly due to the street parade celebrating their victory. The parade is taking place near Rollins Stadium on Quay Street and more people in the city are expected to join. So, please take Fanshawe Street instead to avoid traffic congestion. Now we'll hear a couple of advertisements. Don't go anywhere.

> SBC 라디오에서 지역 교통 정보를 전해 드리는 줄리 리스턴입니다. 어제, 우리 럭비 국가 대표팀이 국제 럭비 챔피언십에서 우승했기 때문에, 그 우승을 기념하는 거리 퍼레이드로 인해 차량들이 천천히 이동하고 있습니다. 이 퍼레이드는 키이 스트리트에 있는 롤린스 경기장 근처에서 진행되고 있으며, 우리 도시의 더 많은 사람들이 함께 할 것으로 예상됩니다. 따라서, 교통 혼잡을 피하시려면 팬셔 스트리트를 대신 이용하시기 바랍니다. 이제 몇몇 광고를 들으시겠습니다. 어디에도 가지 말고 계시기 바랍니다.

어휘 local 지역의, 현지의 traffic 교통, 차량들 due to ~로 인해, ~ 때문에 celebrate ~을 기념하다, 축하하다 take place (일, 행사 등이) 진행되다, 발생되다 be expected to do ~할 것으로 예상되다 join 함께 하다, 합류하다 take (교통편, 도로 등) ~을 이용하다, 타다 instead 대신에 avoid ~을 피하다 congestion 혼잡 advertisement 광고

PRACTICE

1. (C) **2.** (D) **3.** (D)

Questions 1-3 refer to the following news report.

> ■1 You're listening to the Ashville local weather forecast. Fortunately, you can expect clear skies over the next few days. Since the weather is going to be nice, many local residents will be going to Spring Garden Park to enjoy the sun. And, don't forget, ■2 on Sunday, the annual Asheville Food Festival will be hosted in the park, so the park will be temporarily unavailable on Saturday as preparations are made. Then, on Monday, it will be cloudy with a chance of showers, so ■3 make sure to take your umbrella when you leave home.

> 여러분은 애쉬빌 지역 일기 예보를 듣고 계십니다. 다행히도, 앞으로 며칠 동안에 걸쳐 맑은 하늘을 예상하실 수 있습니다. 날씨가 아주 좋을 예정이기 때문에, 많은 지역 주민들께서 햇빛을 즐기기 위해 스프링 가든 공원을 찾으실 것입니다. 그리고, 잊지 마셔야 하는 점은, 일요일에 연례 애쉬빌 음식 축제가 이 공원에서 주최되는데, 준비 작업이 이뤄져야 하기 때문에 공원이 토요일에 일시적으로 이용 불가능할 것입니다. 그 후, 월요일에는 소나기가 올 가능성과 함께 날이 흐릴 것이므로, 집을 나서실 때 반드시 우산을 챙겨 가시기 바랍니다.

어휘 fortunately 다행히 expect ~을 예상하다, 기대하다 over ~ 동안에 걸쳐 since ~하기 때문에 local 지역의, 현지의 resident 주민 annual 연례적인, 해마다의 host ~을 주최하다 temporarily 일시적으로 unavailable 이용 불가능한 make preparations 준비하다 then 그 후에, 그런 다음 chance 가능성 shower 소나기 make sure to do 반드시 ~하도록 하다 leave ~에서 나서다, 나가다, 떠나다

1. 방송은 주로 무엇에 관한 것인가?

(A) 휴양지
(B) 지역 축제
(C) 기상 조건
(D) 도시 개발

해설 화자가 담화를 시작하면서 청취자들이 지역 일기 예보를 듣고 있다고(You're listening to the Ashville local weather forecast) 알리면서 앞으로 며칠 동안의 일기 예보와 주의 사항 등을 전하고 있으므로 (C)가 정답이다.

어휘 destination 목적지, 여행지 condition 조건, 상태 development 개발, 발전

2. 화자의 말에 따르면, 일요일에 무슨 일이 있을 것인가?

(A) 음악가가 공연할 것이다.
(B) 공사 프로젝트가 시작될 것이다.
(C) 기상 조건이 악화될 것이다.
(D) 야외 축제가 개최될 것이다.

해설 일요일이라는 시점이 언급되는 담화 중반부에, 일요일에 연례 애쉬빌 음식 축제가 공원에서 주최될 것이라고(~ on Sunday, the annual Asheville Food Festival will be hosted in the park) 알리고 있다. 이는 야외 행사가 개최된다는 뜻이므로 (D)가 정답이다.

어휘 perform 공연하다, 연주하다 get + 형용사: ~한 상태가 되다 worse 더 나쁜 hold ~을 개최하다

Paraphrase annual Asheville Food Festival will be hosted in the park → outdoor festival will be held

3. 화자는 청자들에게 무엇을 하도록 권하는가?

(A) 자외선 차단제 바르기
(B) 대중 교통 이용하기
(C) 축제 티켓 구매하기

(D) 우산 챙겨 가기

해설 화자가 권하는 일을 묻고 있으므로 화자의 말에서 권장 표현과 함께 언급되는 정보를 찾아야 한다. 담화 마지막에 화자가 소나기 가능성을 알리면서 우산을 챙겨 가도록 권하는(~ make sure to take your umbrella when you leave home) 말이 있으므로 (D)가 정답이다.

어휘 public transportation 대중 교통 purchase ~을 구매하다

실전 감잡기

1. (B)	2. (C)	3. (A)	4. (D)	5. (A)	6. (B)
7. (B)	8. (D)	9. (B)	10. (C)	11. (A)	12. (C)

Questions 1-3 refer to the following news report.

I'm Lucy Moore with your travel news update. Yesterday, **1** Star Airlines announced that it will be opening a direct flight between Seoul and Vancouver. The airline will begin offering this route in August. A press release from Star Airlines also indicated that **2** the company is starting a "budget flight" service, meaning that its potential passengers should expect to pay a lower price for their Pan-Pacific flight. **3** City officials from both Seoul and Vancouver are excited about the many benefits that will come with the increased tourism.

....

저는 최신 여행 뉴스를 전해 드리는 루시 무어입니다. 어제, 스타 항공사가 서울과 밴쿠버를 오가는 직항편을 운항할 예정이라고 발표했습니다. 이 항공사는 8월에 이 노선에 대한 서비스를 제공하기 시작할 것입니다. 또한, 스타 항공사의 보도 자료에 따르면 이 회사는 "저가 항공편" 서비스를 시작한다고 나타나 있으며, 이는 잠재 승객들이 범태평양의 항공편에 대해 더 낮은 가격을 지불할 것으로 예상하게 된다는 뜻입니다. 서울과 밴쿠버 양쪽 도시의 당국자들은 관광 산업 증대와 함께 딸려 올 많은 이점들에 대해 들떠 있습니다.

어휘 direct flight 직항편 between A and B: A와 B 사이에 offer ~을 제공하다 route 경로, 노선 press release 보도 자료 indicate that ~임을 나타내다 budget a. 저가의 potential 잠재적인 expect to do ~할 것으로 예상하다 official 당국자, 관계자 benefit 이점, 혜택 increased 증대된, 늘어난 tourism 관광

1. 화자는 8월에 무슨 일이 있을 것이라고 말하는가?

(A) 새 공항 터미널이 열릴 것이다.
(B) 항공사가 새 노선 운항을 시작할 것이다.
(C) 웹사이트가 개선될 것이다.
(D) 새로운 직원들이 모집될 것이다.

정답 **(B)**

해설 8월이라는 시점이 제시되는 초반부에, 스타 항공사가 서울과 밴쿠버를 오가는 직항편을 운항할 예정이라고 발표한 사실과 함께 8월에 서비스를 제공하기 시작할 것이라고(Star Airlines announced that it will be opening a direct flight ~ The airline will begin offering this route in August) 알리고 있다. 따라서 새 노선의 운항을 시작하는 일을 언급한 (B)가 정답이다.

어휘 launch ~을 시작하다, ~에 착수하다 improve ~을 개선하다 recruit ~을 모집하다

Paraphrase will be opening a direct flight → will launch a new route

2. 화자는 고객들이 누릴 어떤 이점을 언급하는가?

(A) 더 쉬운 예약 절차
(B) 더 적은 지연
(C) 더 낮은 가격
(D) 줄어든 여행 시간

정답 **(C)**

해설 화자는 담화 중반부에 고객들이 누리게 될 혜택으로 저가 항공편 서비스를 언급하면서 더 낮은 가격을 지불하는 이점(~ the company is starting a "budget flight" service, meaning that its potential passengers should expect to pay a lower price ~)을 말하고 있다. 따라서 (C)가 정답이다.

어휘 booking 예약 procedure 절차 delay 지연 reduced 줄어든, 감소된

3. 화자의 말에 따르면, 누가 해당 소식에 대해 기뻐하는가?

(A) 정부 당국자들
(B) 이사회 임원들
(C) 관광객들
(D) 지역 사업체 소유주들

정답 **(A)**

해설 누군가가 기뻐하는 일은 담화 후반부에 언급되고 있는데, 서울과 밴쿠버 양쪽 도시의 당국자들이 관광 산업 증대와 함께 딸려 올 많은 이점들에 대해 들떠 있다고(City officials from both Seoul and Vancouver are excited about the many benefits ~) 알리고 있다. 여기서 도시 당국자들은 정부 당국자들을 뜻하므로 (A)가 정답이다.

어휘 government 행정, 정부 board 이사회 local 지역의 owner 소유주

Paraphrase City officials → Government officials

Questions 4-6 refer to the following radio broadcast.

Good morning, listeners, and **4** welcome to the Saturday morning traffic report. The roads are clear this morning, and traffic in the northern parts of the city is minimal. However, **5** there is a delay near Highway 150 due to repair work. Workers have closed down the highway and it'll take approximately six weeks to finish the construction project. So, I recommend taking Route 18 instead. Also, if you are planning to visit shops along Dermott Road on Sunday, remember that it will be inaccessible by car due to the annual marathon. **6** I'll be back with some local news after this commercial break.

....

안녕하세요, 청취자 여러분, 그리고 토요일 아침 교통 소식 시간에 오신 것을 환영합니다. 오늘 아침에는 도로들이 한산하며, 도시 북부의 교통량이 아주 적습니다. 하지만, 수리 작업으로 인해 150번 고속 도로 근처에 지연 문제가 있습니다. 작업자들이 이 고속 도로를 폐쇄했으며, 해당 공사 프로젝트를 완료하는 데 약 6주의 시간이 걸릴 것입니다. 따라서, 대신 18번 도로를 이용하시도록 권해 드립니다. 또한, 일요일에 더멋 로드를 따라 위치한 매장들을 방문하실 계획이라면, 연례 마라톤 대회로 인해 차량으로 접근할 수 없을 것이라는 점을 기억하시기 바랍니다. 저는 광고 방송 후에 몇 가지 지역 소식과 함께 다시 찾아 뵙겠습니다.

어휘 traffic 교통(량), 차량들 clear (길 등이) 한산한 minimal 아주 적은 delay 지연, 지체 due to ~로 인해 repair 수리 close down ~을 폐쇄하다 take ~의 시간이 걸리다 approximately 약, 대략 recommend -ing ~하도록 권하다, 추천하다 instead 대신 plan to do ~할 계획이다 along (길 등) ~을 따라 inaccessible 접근할 수 없는, 이용할 수 없는 annual 연례적인, 해마다의 commercial break 광고 방송 시간

4. 라디오 방송은 주로 무엇에 관한 것인가?
(A) 건물 시설 관리
(B) 조경 작업
(C) 지역 날씨
(D) 교통 상황

정답 **(D)**

해설 화자가 담화를 시작하면서 인사말로 토요일 아침 교통 소식 시간에 온 것을 환영한다고(~ welcome to the Saturday morning traffic report) 알리고 있다. 따라서 교통 상황에 관한 라디오 방송임을 알 수 있으므로 (D)가 정답이다.

어휘 maintenance 시설 관리, 유지 관리 landscaping 조경 local 지역의, 현지의

5. 무엇이 150번 고속 도로 근처의 교통을 지연시키는가?
(A) 보수 공사 프로젝트
(B) 스포츠 행사

(C) 매장 개장
(D) 야외 콘서트

정답 **(A)**

해설 문제에 제시된 키워드 near Highway 150(150번 고속 도로 근처)가 언급되는 곳을 들어보면 이곳에 정체가 발생했는데 이것이 보수 공사 작업 때문이라고(there is a delay near Highway 150 due to repair work) 되어 있다. 따라서 정답은 (A)이다.

어휘 opening 개장, 개점 outdoor 야외의

6. 청자들은 곧이어 무엇을 들을 것인가?
(A) 날씨 최신 정보
(B) 몇몇 광고
(C) 인터뷰
(D) 몇몇 비즈니스 뉴스

정답 **(B)**

해설 담화 맨 마지막에 광고 방송 후에 다시 돌아오겠다고(I'll be back with some local news after this commercial break) 알리고 있으므로 (B)가 정답이다.

어휘 advertisement 광고

Paraphrase commercial break → advertisements

Questions 7-9 refer to the following broadcast.

Good afternoon, I'm Andrew Huffman. Today, **7** we have a report about a new service developed by the city library that should help local residents. Community readers are always concerned about forgetting the return dates of their books, magazines and videos. But now, **8** **9** an application has been provided by the library that will automatically send a notification to users to remind them of an approaching due date. And that's not all. **9** The application will also recommend materials to read based on the user's reading preference. Download the application for free and check it out.

....

안녕하세요, 저는 앤드류 허프만입니다. 오늘, 저희는 시립 도서관에 의해 개발되어 지역 주민들께 도움이 될 새로운 서비스에 관한 소식을 가지고 있습니다. 독서를 좋아하시는 지역 주민들께서는 항상 도서, 잡지, 그리고 비디오 반납 날짜를 잊는 것에 대해 우려하십니다. 하지만 이제, 이용자들에게 다가오는 반납 기일을 상기시켜주는 알림을 자동으로 보내줄 애플리케이션이 이 도서관에 의해 제공되었습니다. 그리고 그게 다가 아닙니다. 이 애플리케이션은 또한 이용자의 독서 선호도를 바탕으로 읽을거리도 추천해 줄 것입니다. 무료로 이 애플리케이션을 다운로드하셔서 확인해 보십시오.

어휘 develop ~을 개발하다 local 지역의 resident 주민

community 지역 사회 **be concerned about** ~에 대해 우려하다 **forget** ~을 잊다 **provide** ~을 제공하다 **automatically** 자동으로 **notification** 알림 **remind A of B:** A에게 B를 상기시키다 **approaching** 다가오는 **due date** 반납 기일, 마감일 **recommend** ~을 추천하다 **material** 자료, 재료, 물품 **based on** ~을 바탕으로 **preference** 선호(하는 것) **for free** 무료로

7. 방송의 주제는 무엇인가?

(A) 잡지 기사
(B) 도서관 서비스
(C) 교육용 프로그램
(D) 재활용 프로젝트

정답 **(B)**

해설 담화를 시작하면서 화자가 오늘 보도 내용으로 시립 도서관에 의해 개발된 새로운 서비스에 관한 소식을 가지고 있다고(~ we have a report about a new service developed by the city library that should help local residents) 알리고 있으므로 (B)가 정답이다.

어휘 **article** (잡지 등의) 기사 **educational** 교육적인 **recycling** 재활용

8. 애플리케이션의 사용자들은 무엇을 할 수 있을 것인가?

(A) 회원 자격 업그레이드하기
(B) 전문가와 상담하기
(C) 한 행사에 등록하기
(D) 알림 받기

정답 **(D)**

해설 담화 중반부에 주민들을 대상으로 제공되는 서비스로 이용자들에게 반납 기일을 상기시켜주는 알림을 보내줄 애플리케이션이 제공된다고(~ an application has been provided by the library that will automatically send a notification to users to remind them of an approaching due date) 알리고 있다. 따라서 알림을 받는 일을 뜻하는 (D)가 정답이다.

어휘 **be able to do** ~할 수 있다 **consult** ~와 상담하다 **professional** n. 전문가 **sign up for** ~에 등록하다, ~을 신청하다 **receive** ~을 받다

Paraphrase send a notification to users → Receive notifications

9. 화자가 "그리고 그게 다가 아닙니다"라고 말할 때 그 말의 속뜻은 무엇인가?

(A) 앱이 몇몇 결점을 가지고 있다고 생각한다.
(B) 앱의 또 다른 특징을 설명할 것이다.
(C) 앱이 유명해질 것이라고 믿는다.
(D) 몇몇 다른 앱들을 추천할 것이다.

정답 **(B)**

해설 담화 중반부에 주민들을 대상으로 제공되는 서비스인 애플리케이션의 특징으로, 이용자들에게 반납 기일을 상기시켜주는 알림을 보내줄 것이라고(~ an application has been provided by the library that will automatically send a notification to users to remind them of an approaching due date) 말한 후에 '그게 다가 아닙니다'라고 말하고 있다. 또한, 주어진 문장 뒤에서 앱의 또 다른 특징으로, 이용자의 독서 선호도를 바탕으로 읽을거리도 추천해 줄 것(The application will also recommend materials to read based on the user's reading preference)이라고 언급하고 있다. 이를 통해, 주어진 문장이 앱의 또 다른 특징을 다음에 설명할 것이라고 알려주는 문장이라는 것을 알 수 있으므로 (B)가 정답이다.

어휘 **drawback** 결점 **describe** ~을 설명하다 **feature** 특징 **popular** 유명한 **recommend** ~을 추천하다

Questions 10-12 refer to the following news report and weather forecast.

> Good morning, listeners. I'm Mary Wells, and I'm here with your local news update. As many of you know, **10** the annual Canterbury Jazz Festival is taking place soon in Remuera Park, and everyone can enjoy it at no cost. It's a great way to enjoy some popular jazz music. This year's headlining artist is jazz singer Lucas Mason, and everyone is looking forward to his performance. If you're interested, **11** you can visit the official Web site at www.canterburyfestival.com to see a full performance schedule. As for the weather, **12** we're expecting a sunny day without any clouds on the big day, so make sure to bring your sunglasses.
>
> ....
>
> 안녕하세요, 청취자 여러분. 저는 메리 웰스이고, 여러분의 지역 뉴스 최신 정보를 전해드리기 위해 여기에 와있습니다. 여러분들 중 많은 분들이 아시다시피, 연례 캔터베리 재즈 축제가 곧 레무에라 공원에서 열릴 예정이며 모든 분들이 이것을 무료로 즐기실 수 있습니다. 이것은 몇몇 인기 있는 재즈 음악을 즐길 수 있는 아주 좋은 방법입니다. 올해의 주요 공연자는 재즈 가수인 루카스 메이슨 씨이며, 모든 분들께서 이분의 공연을 고대하고 계십니다. 관심 있으실 경우, 전체 공연 일정표를 확인해 보시기 위해 공식 웹사이트인 www.canterburyfestival.com을 방문하시기 바랍니다. 날씨와 관련해서는, 이 중요한 날에 구름 한 점 없이 화창한 날이 예상되고 있으므로 반드시 선글라스를 챙겨 가시기 바랍니다.
>
> | 목요일 | 금요일 | 토요일 | 일요일 |
> |---|---|---|---|
> | 🌧 | 🌤 | ☀ | ☁ |

어휘 **local** 지역의 **annual** 연례적인, 해마다의 **take place** (행사 등이) 열리다 **enjoy** ~을 즐기다 **at no cost** 무료로 **way to do**

~하는 방법 **headlining artist** 주요 공연자 **look forward to** ~을 고대하다 **interested** 관심 있는 **official** 공식의, 공식적인 **as for** ~와 관련해서는, ~에 관해 말하자면 **expect** ~을 예상하다 **big day** 중요한 날 **make sure to do** 반드시 ~하도록 하다

10. 화자는 무슨 종류의 행사를 설명하고 있는가?
(A) 매장의 개장식
(B) 미술 및 공예 박람회
(C) 음악 축제
(D) 운동 대회

정답 **(C)**

해설 화자가 담화 초반부에서 연례 캔터베리 재즈 축제가 곧 열릴 것이라고(the annual Canterbury Jazz Festival is taking place soon in Remuera Park) 알리면서 이 축제와 관련된 전반적인 정보를 제공하는 것으로 담화를 이어가고 있다. 따라서 (C)가 정답이다.

어휘 **describe** ~을 설명하다 **grand opening** 개장식 **craft** 공예 **fair** 박람회 **competition** (경연) 대회

11. 화자의 말에 따르면, 청자들은 웹사이트에서 무엇을 찾을 수 있는가?
(A) 행사 일정표
(B) 등록 양식
(C) 식품 판매 업체 명단
(D) 주차 안내도

정답 **(A)**

해설 웹사이트가 언급되는 후반부에, 전체 공연 일정표를 확인해 보기 위해 공식 웹사이트를 방문하라고 (~ you can visit the official Web site at www.canterburyfestival.com to see a full performance schedule) 언급하고 있다. 이를 통해, 웹사이트에서 행사 일정표를 찾을 수 있다는 것을 알 수 있으므로 (A)가 정답이다.

어휘 **registration** 등록 **form** 양식, 서식 **vendor** 판매 업체, 판매업자

Paraphrase full performance schedule → event schedule

12. 시각자료를 보시오. 행사가 어느 날에 개최될 것인가?
(A) 목요일
(B) 금요일
(C) 토요일
(D) 일요일

정답 **(C)**

해설 날씨 정보가 제공되는 맨 마지막 부분에, 구름 한 점 없이 화창한 날이 예상된다고(~ we're expecting a sunny day without any clouds on the big day) 알리고 있다. 시각자료에서 화창한 날에 해당되는 요일이 토요일이므로 (C)가 정답이다.

DAY 18 공지 및 안내

① 사내 공지

Good morning, everyone. I have an important announcement to make. New anti-virus software will be installed on all computers on the second floor of the building on Friday morning. This work should take the IT technicians about three hours. If your workstation is on this floor, please check the notice board to find out your alternative work duties for that morning. Also, as a precaution, please save all your computer files to your portable hard drive before leaving the office on Thursday. If you have any questions, feel free to call me or send me an e-mail.

………………………………………………………

안녕하세요, 여러분. 전해 드릴 중요한 공지가 하나 있습니다. 바이러스 퇴치용 새 소프트웨어가 금요일 오전에 우리 건물 2층에 있는 모든 컴퓨터에 설치될 것입니다. IT 기술자들이 이 작업을 하는 데 약 3시간이 걸릴 것입니다. 여러분의 업무 자리가 이 층에 있다면, 그 날 아침의 대체 업무를 알아보실 수 있도록 게시판을 확인해 보시기 바랍니다. 또한, 예방 차원에서, 목요일에 사무실에서 퇴근하시기 전에 모든 컴퓨터 파일을 여러분의 이동식 하드 드라이브에 저장하시기 바랍니다. 어떤 질문이든 있으실 경우, 언제든지 저에게 전화하시거나 이메일을 보내 주시기 바랍니다.

어휘 **make an announcement** 공지하다, 알리다 **anti-virus** 바이러스 퇴치용의 **install** ~을 설치하다 **A take B C:** A를 하는 데 B에게 C의 시간이 걸리다 **about** 약, 대략 **workstation** 업무 공간, 작업대 **notice board** 게시판 **find out** ~을 알아보다, 확인하다 **alternative** 대체의 **duty** 업무, 직무 **precaution** 예방 조치 **portable** 휴대용의 **leave** ~에서 나가다, 떠나다 **feel free to do** 언제든지 ~하세요, 마음껏 ~하세요

② 공공장소 공지

Attention, all passengers on Flight 230 bound for Glasgow. We're sorry to inform you that the flight has been canceled due to heavy rain and strong winds. Since the next flight to your destination is now scheduled for tomorrow morning at 9:45, passengers will be taken to a hotel for the night. We're currently calling a few places to ask if they have rooms available. So, all passengers are asked to meet at Counter B before 9 P.M. We apologize for this inconvenience. Thank you for your understanding and cooperation.

………………………………………………………

글래스고 행 230 항공편을 이용하시는 모든 승객 여러분께 알립니다. 해당 항공편이 폭우와 강한 바람으로 인해 취소되었다는 점을 알려 드리게 되어 유감스럽게 생각합니다. 여러분의 목적지로 향하는 다음 항공편이 현재 내일 오전 9시 45분으로 예정되어 있기 때

문에, 오늘 밤 머무르실 호텔로 승객 여러분을 모실 것입니다. 저희가 현재 이용 가능한 객실이 있는지 문의하기 위해 몇몇 장소에 전화해 보고 있습니다. 따라서, 모든 승객들께 오후 9시 전에 카운터 B에서 모이시도록 요청드립니다. 이러한 불편함에 대해 사과드립니다. 여러분의 양해와 협조에 감사드립니다.

어휘 **Attention** ~에게 알립니다, ~는 주목해 주시오 **inform A that:** A에게 ~라고 알리다 **cancel** ~을 취소하다 **due to** ~로 인해 **since** ~이므로 **destination** 목적지, 여행지 **be scheduled for + 시점:** ~로 예정되어 있다 **passenger** 승객 **take A to B:** A를 B로 데려가다 **currently** 현재 **ask if** ~인지 알아보다, 묻다 **have A available:** 이용 가능한 A가 있다 **be asked to do** ~하도록 요청 받다 **apologize for** ~에 대해 사과하다 **inconvenience** 불편함 **cooperation** 협조

PRACTICE

1. (A)	2. (C)	3. (B)

Questions 1-3 refer to the following announcement.

Attention, shoppers. **1** Our annual television sale event begins today. More than 100 popular televisions from top brands have been discounted. In addition, we have special prices on accessories, such as stands and AV cables. For those interested, **2** a selection of the best televisions is on display at the back of the store. Members of our rewards program can also **3** use their monthly coupon to receive further savings on their purchases. But remember, it expires on April 30, so be sure to use it by then.

쇼핑객 여러분께 알립니다. 저희 연례 텔레비전 할인 판매 행사가 오늘 시작됩니다. 최고의 브랜드에서 출시된 100개가 넘는 인기 텔레비전 제품들이 할인되었습니다. 게다가, 스탠드나 AV 케이블 같은 부대용품도 특가로 제공합니다. 관심 있으신 분들을 위해, 다양한 최고의 텔레비전 제품들이 매장 뒤쪽에 진열되어 있습니다. 저희 고객 보상 프로그램 회원께서는 또한 구매 제품에 대해 추가 할인을 받으실 수 있도록 월간 쿠폰을 이용하실 수도 있습니다. 하지만 기억하셔야 하는 점은, 이 할인 혜택이 4월 30일에 만료되므로 꼭 그때까지 이것을 사용하시기 바랍니다.

어휘 **annual** 연례의, 매년의 **more than** ~가 넘는 **in addition** 게다가, 추가로 **accessories** 부대용품 **such as** ~와 같은 **those** (수식어구와 함께) ~하는 사람들 **interested** 관심 있는 **a selection of** 다양한 **on display** 진열된, 전시된 **reward** 보상 **monthly** 월간의, 달마다의 **receive** ~을 받다 **further** 추가적인 **savings** 할인, 절약 **purchase** 구매(품) **expire** 만료되다 **be sure to do** 꼭 ~하다 **by** (기한) ~까지 **then** 그때

1. 공지가 어디에서 이뤄지고 있는 것 같은가?
(A) 전자 제품 매장에서
(B) 대여점에서
(C) 서점에서
(D) 의류 소매점에서

해설 화자가 담화를 시작하면서 텔레비전 할인 판매 행사가 오늘 시작된다고(Our annual television sale event begins today) 알리고 있는데, 텔레비전은 전자 제품 매장에서 판매하므로 (A)가 정답이다.

어휘 **electronics** 전자 제품 **rental** 대여, 임대

2. 청자들은 매장 뒤쪽에서 무엇을 찾을 수 있는가?
(A) 무료 샘플
(B) 고객 서비스 데스크
(C) 진열 제품
(D) 엘리베이터

해설 매장 뒤쪽이라는 위치가 언급되는 담화 중반부에, 다양한 텔레비전 제품들이 매장 뒤쪽에 진열되어 있다고(~ a selection of the best televisions is on display at the back of the store) 알리고 있으므로 진열 제품을 뜻하는 (C)가 정답이다.

어휘 **free** 무료의 **display** n. 진열(품), 전시(품)

3. 청자들은 4월 30일까지 무엇을 하도록 권장되는가?
(A) 행사에 등록하기
(B) 쿠폰 사용하기
(C) 지점 방문하기
(D) 설문조사에 참여하기

해설 담화 후반부에, 화자는 쿠폰을 사용할 수 있다는 말과 함께 그 쿠폰이 4월 30일에 만료된다고 알리면서 이것을 그때까지 사용하도록(~ use their monthly coupon to receive further savings on their purchases. But remember, this expires on April 30, so be sure to use it by then) 권하고 있다. 따라서 이를 언급한 (B)가 정답이다.

어휘 **be encouraged to do** ~하도록 권장되다 **register for** ~에 등록하다 **participate in** ~에 참여하다

실전 감잡기

1. (A)	2. (C)	3. (C)	4. (B)	5. (B)	6. (C)
7. (B)	8. (C)	9. (A)	10. (A)	11. (C)	12. (C)

Questions 1-3 refer to the following announcement.

As you all know, **1** we are scheduled to relocate our offices to the North Riverside Building in the City Center next week. I'm sure that you are all excited about moving to such a state-of-the-art building. Personally, **2** I can't wait to take advantage of the high-speed WiFi Internet that is available for free throughout the entire building. The IT department will back up all your work files and pack up your computers, and the maintenance team will handle the office furniture. So, **3** all you need to do is empty out any file cabinets you may use and put the files into labeled boxes. Please do this before we start moving everything on Friday.

....

여러분들 모두 아시다시피, 우리는 다음 주에 도심에 위치한 노스 리버사이드 빌딩으로 사무실을 이전할 예정입니다. 분명 여러분 모두가 그러한 최신 건물로 옮기는 것에 대해 들떠 있으실 겁니다. 개인적으로, 저는 건물 전체에 걸쳐 무료로 이용 가능한 초고속 와이파이 인터넷을 빨리 이용해 보고 싶습니다. IT 부서에서 여러분의 업무 파일 전부를 백업하고 여러분의 컴퓨터를 포장할 것이며, 시설 관리팀에서 사무용 가구를 처리할 것입니다. 따라서, 여러분은 이용하실 수도 있는 어떤 파일 캐비닛이든지 깨끗이 비운 다음, 파일들을 라벨이 표기된 상자에 담기만 하면 됩니다. 금요일에 우리가 모든 것을 옮기는 일을 시작하기 전에 이 일을 해 주시기 바랍니다.

어휘 **be scheduled to do** ~할 예정이다 **relocate** ~을 이전하다 **be sure that** 분명 ~할 것이다, ~임을 확신하다 **state-of-the-art** 최신의 **can't wait to do** 빨리 ~하고 싶다 **take advantage of** ~을 이용하다 **available** 이용 가능한 **for free** 무료로 **throughout** ~ 전체에 걸쳐 **entire** 전체의 **pack up** ~을 포장하다, 꾸리다 **maintenance** 시설 관리, 유지 관리 **handle** ~을 처리하다, 다루다 **all you need to do is + 동사원형:** 여러분은 ~하기만 하면 됩니다 **empty out** ~을 깨끗이 비우다 **put A into B:** A를 B에 담다, 넣다 **labeled** 라벨이 표기된

1. 공지는 무엇에 관한 내용인가?
(A) 새로운 사무 공간으로 이사하는 것
(B) 직장에서 생산성을 높이는 것
(C) 새 소프트웨어를 설치하는 것
(D) 사무 용품을 구매하는 것

정답 **(A)**

해설 공지의 주제는 담화의 첫 부분에 나타나므로 담화 초반부를 제대로 들어야 한다. 첫 문장에서 사무실 이전에 대해 언급한(we are scheduled to relocate our offices to North Riverside Building ~) 다음, 직원들이 해야 할 일들을 안내하고 있으므로, 새 사무 공간으로의 이전을 뜻하는 (A)가 정답이다.

어휘 **improve** ~을 개선하다 **productivity** 생산성 **at work** 직장에서 **install** ~을 설치하다 **purchase** ~을 구매하다 **office supplies** 사무 용품

2. 화자는 노스 리버사이드 빌딩에 대해 뭐라고 말하는가?
(A) 버스 정류장 옆에 위치해 있다.
(B) 널찍한 사무실을 가지고 있다.
(C) 빠른 인터넷 서비스를 가지고 있다.

(D) 구내 식당을 포함하고 있다.

정답 **(C)**

해설 담화 중반부에 화자가 새 건물 내의 특징과 관련해 초고속 와이파이 인터넷을 빨리 이용해 보고 싶다고(I can't wait to take advantage of the high-speed WiFi internet ~) 말하고 있으므로 (C)가 정답이다.

어휘 **be located next to** ~ 옆에 위치해 있다 **spacious** 널찍한 **include** ~을 포함하다 **cafeteria** 구내 식당

3. 직원들은 무엇을 하도록 요청 받는가?
(A) 일부 가구 옮기기
(B) 각자의 개인 물품 챙겨 가기
(C) 문서 상자에 담기
(D) 각자의 컴퓨터 끄기

정답 **(C)**

해설 직원들이 요청 받는 일을 묻고 있으므로 요청 관련 표현이 제시되는 부분에서 단서를 찾아야 한다. 담화 후반부에 화자가 'all you need to do is ~'라는 말로 요청 사항을 알리고 있는데, 파일 캐비닛들을 깨끗이 비우고 그 파일들을 라벨이 표기된 상자에 담으라고(empty out any file cabinets you may use and put the files into labeled boxes) 요청하고 있다. 따라서 이 중 한 가지에 해당되는 (C)가 정답이다.

어휘 **be asked to do** ~하도록 요청 받다 **supplies** 물품, 용품 **item** 물품, 제품 **turn off** ~을 끄다

Questions 4-6 refer to the following announcement.

Before we start today's management meeting, I have an announcement to make. You may remember that **4** I suggested that each of you be provided with your own personal office. Well, the CEO of our firm has reviewed my proposal and finally approved it. **5** This change will allow us to better serve our valuable customers. The offices will be assigned according to your individual needs and preferences, so to select which one you want, **6** download a request form online and submit it to Mr. Harris in Personnel by e-mail by the end of the day.

....

우리가 오늘 운영 회의를 시작하기에 앞서, 공지 사항이 하나 있습니다. 제가 여러분 각자에게 여러분의 개인 사무실이 제공되도록 제안한 사실을 기억하실 겁니다. 저, 우리 회사의 대표이사님께서 제 제안을 검토하신 다음, 최종적으로 이것을 승인하셨습니다. 이러한 변화는 우리가 우리의 소중한 고객들에게 더 나은 서비스를 제공할 수 있게 해줄 것입니다. 사무실은 여러분의 개인 필요성 및 선호도에 따라 배정될 것이므로, 원하시는 것을 선택하시려면, 온라인에서 요청 양식을 다운로드하신 다음, 이것을 오늘 일과 종료 시점까지 이메일로 인사부에 있는 해리스 씨에게 제출하십시오.

어휘 management 운영, 경영, 관리 announcement 공지, 발표 suggest that ~하도록 제안하다 provide A with B: A에게 B를 제공하다 review ~을 검토하다 proposal 제안(서) approve ~을 승인하다 allow A to do: A가 ~할 수 있게 해 주다 serve ~에게 서비스를 제공하다 valuable 소중한 assign ~을 배정하다, 할당하다 according to ~에 따라 individual 개인의, 개별적인 preference 선호(하는 것) select ~을 선택하다 request 요청 form 양식, 서식 submit ~을 제출하다 by (기한) ~까지

4. 회사는 청자들에게 무엇을 제공할 것인가?

(A) 회사 차량
(B) 개인 사무실
(C) 새 노트북 컴퓨터
(D) 추가 휴무 일수

정답 **(B)**

해설 담화 시작 부분에 화자 자신이 직원 각자에게 그들의 사무실이 제공되도록 제안한 사실과 그것이 승인된 사실을(~ I suggested that each of you be provided with your own personal office. Well, the CEO of our firm has reviewed my proposal and finally approved it) 함께 알리고 있다. 따라서 (B)가 정답이다.

어휘 extra 추가의 vacation 휴무, 휴가

5. 화자는 무슨 이점을 언급하는가?

(A) 늘어난 연간 수익
(B) 향상된 고객 서비스
(C) 더 빠른 생산 속도
(D) 더 높은 직원 만족도

정답 **(B)**

해설 담화 중반부에 변화가 자신들이 소중한 고객들에게 더 나은 서비스를 제공할 수 있게 해줄 것이라고(This change will allow us to better serve our valuable customers) 언급하고 있다. 이를 통해, 향상된 고객 서비스가 이점이라는 것을 알 수 있으므로 (B)가 정답이다.

어휘 benefit 이점, 혜택 increased 늘어난, 증가된 annual 연간의, 해마다의 revenue 수익 improved 향상된 production rate 생산 속도, 생산율 employee satisfaction 직원 만족도

6. 화자의 말에 따르면, 청자들은 왜 해리스 씨에게 이메일을 보내야 하는가?

(A) 회의 일정을 잡기 위해
(B) 그 역할에 대한 일을 자진해서 맡기 위해
(C) 요청하기 위해
(D) 참석을 확인하기 위해

정답 **(C)**

해설 이메일을 보내는 일이 언급되는 담화 후반부에, 화자는 온라인에서 요청 양식을 다운로드해 이것을 해리스 씨에게 이메일로 제출하도록(~ download a request form online and submit it to Mr. Harris in Personnel by e-mail by the end of the day) 요청하고 있다. 즉 요청 사항을 제출하기 위해 이메일을 보내야 하므로 (C)가 정답이다.

어휘 schedule ~의 일정을 잡다 role 역할 make a request 요청하다 confirm ~을 확인하다 attendance 참석, 출석

Paraphrase download a request form online and submit it
→ make a request

Questions 7-9 refer to the following announcement.

Attention, shoppers. Please start making your way to the checkouts to pay for your items. **7** Our supermarket will be closing in 30 minutes. Remember that we have various special items on display at the checkouts. **8** We have a special buy-one-get-one-free offer on Creme Deluxe chocolate bars this week. Make sure you check them out! Also, we are currently handing out free samples of Naturolife beauty products on the second floor. **9** Starting from next week, our store will be carrying a new range of Naturolife skin moisturizers and cleansers. Thank you for shopping with us today.

쇼핑객 여러분께 알립니다. 구입 제품에 대한 비용을 지불하기 위해 계산대로 이동하기 시작해 주십시오. 저희 슈퍼마켓은 30분 후에 문을 닫을 예정입니다. 저희가 계산대 옆에 다양한 특별 제품을 진열해 두고 있다는 점을 기억해 주시기 바랍니다. 저희는 이번 주에 크렘 딜럭스 초콜릿 바에 대해 1+1 특가 서비스를 제공합니다. 반드시 이것들을 확인해 보시기 바랍니다! 또한, 저희는 현재 2층에서 네이쳐오라이프 미용 제품의 무료 샘플을 나눠 드리고 있습니다. 다음 주부터, 저희 매장은 새로운 종류의 네이쳐오라이프 스킨 보습제와 세안제 제품을 취급할 것입니다. 오늘 저희 매장에서 쇼핑해 주셔서 감사드립니다.

어휘 make one's way to ~로 이동하다, 가다 checkout 계산대 pay for ~에 대한 비용을 지불하다 item 제품, 물품 have A on display: A를 진열해 두다, 전시해 두다 various 다양한 buy-one-get-one-free 1+1으로 제공하는 offer 제공 (서비스) make sure (that) 반드시 ~하도록 하다 check A out: A를 확인해 보다 currently 현재 hand out ~을 나눠 주다 free 무료의 carry (매장에서) ~을 취급하다, 갖춰 놓다 range (제품) 종류, 제품군

7. 왜 공지가 이뤄지고 있는가?

(A) 슈퍼마켓의 편의 시설을 설명하기 위해
(B) 폐장 시간을 알리기 위해
(C) 한 가지 서비스가 왜 이용 불가능한지 설명하기 위해
(D) 새로운 지점을 광고하기 위해

정답 **(B)**

해설 담화 시작 부분에서 쇼핑객들에게 계산대로 이동하도록 요청하면서 매장이 30분 후에 문을 닫을 예정이라고(Our supermarket will be closing in 30 minutes) 알리고 있다. 따라서 폐장 시간을 알리는 것이 공지의 목적임을 알 수 있으므로 (B)가 정답이다.

어휘 **describe** ~을 설명하다 **amenities** 편의 시설 **announce** ~을 알리다, 발표하다 **explain** ~을 설명하다 **unavailable** 이용할 수 없는 **advertise** ~을 광고하다 **branch** 지점, 지사

8. 여자가 "반드시 이것들을 확인해 보시기 바랍니다"라고 말하는 이유는 무엇인가?

(A) 청자들에게 매장 쿠폰을 사용할 것을 상기시키고 있다.
(B) 청자들이 다른 업체를 방문하기를 원한다.
(C) 청자들이 거래 서비스를 이용하기를 바란다.
(D) 청자들에게 영수증을 확인하는 것을 권하고 있다.

정답 **(C)**

해설 담화 중반부에 화자가 이번 주에 크렘 딜럭스 초콜릿 바에 대해 1+1 특가 서비스를 제공한다고(We have a special buy-one-get-one-free offer on Creme Deluxe chocolate bars this week) 알린 뒤로 "반드시 이것들을 확인해 보시기 바랍니다"라는 말이 이어지고 있다. 이는 그 특가 서비스를 이용하도록 권하는 말에 해당되므로 (C)가 정답이다.

어휘 **remind A to do:** A에게 ~하는 것을 상기시키다 **want A to do:** A가 ~하기를 바라다 **take advantage of** ~을 이용하다 **deal** 거래 서비스, 거래 제품 **advise A to do:** A에게 ~하는 것을 권하다 **receipt** 영수증

9. 화자의 말에 따르면, 다음 주에 업체에서 무슨 일이 있을 것인가?

(A) 신제품이 판매될 것이다.
(B) 무료 배송 서비스가 시작될 것이다.
(C) 영업 시간이 연장될 것이다.
(D) 특가 할인 판매가 시작될 것이다.

정답 **(A)**

해설 '다음 주'라는 시점은 담화 후반부에 언급되고 있으며, 여기서 다음 주부터 새로운 보습제와 세안제 제품을 취급할 것이라고(Starting from next week, our store will be carrying a new range of Naturolife skin moisturizers and cleansers) 알리고 있다. 이는 신제품이 판매될 것이라는 뜻이므로 (A)가 정답이다.

어휘 **happen** 일어나다, 발생하다 **free** 무료의 **delivery** 배송, 배달 **extend** ~을 연장하다, 확대하다

Paraphrase will be carrying a new range of Naturolife skin moisturizers and cleansers → New products will be sold

---

Questions 10-12 refer to the following announcement and schedule.

Good morning, everyone. **10** On behalf of Karma Train Station, I'd like to tell you about the new facilities in our station. Our three-month long refurbishment project was completed last month, and the station now includes a wide variety of excellent restaurants and cafes. Also, **11** you can use free WiFi and phone charging centers throughout the station. And don't forget… reserving tickets is easier than ever thanks to the new ticket kiosks. **12** As a side note for those waiting for the 10:30 train to Albany, I'm sorry to say that it has been delayed by one hour. We are sorry for the inconvenience.

....

안녕하세요, 여러분. 카르마 기차역을 대표해, 저희 역의 새로운 시설물에 관해 말씀 드리고자 합니다. 저희의 3개월 동안의 재단장 프로젝트가 지난 달에 완료되었으며, 저희 역은 현재 아주 다양하면서도 훌륭한 레스토랑과 카페를 포함합니다. 또한, 역 전체에 걸쳐 무료 와이파이와 휴대 전화 충전소를 이용하실 수 있습니다. 그리고 잊지 마셔야 하는 점은… 티켓 예매가 새로운 티켓 판매기로 인해 그 어느 때보다 더 쉽습니다. 올바니 행 10시 30분 기차를 기다리시는 분들을 위한 별도의 공지로서, 이 기차가 1시간 지연되었다는 사실을 알려 드리게 되어 유감스럽게 생각합니다. 불편함을 드려 죄송합니다.

열차 번호	출발 시간	도착지
P12	09:00	프로비던스
B59	09:45	보스턴
A46	10:30	올바니
S23	11:15	스프링필드

어휘 **on behalf of** ~을 대표해, 대신해 **facility** 시설(물) **refurbishment** 재단장 **complete** ~을 완료하다 **include** ~을 포함하다 **a wide variety of** 아주 다양한 **free** 무료의 **charging center** 충전소 **throughout** ~ 전역에 걸쳐 **reserve** ~을 예약하다 **than ever** 그 어느 때보다 **thanks to** ~로 인해, ~ 덕분에 **ticket kiosk** 티켓 판매기 **side note** 별도의 공지 **those -ing** ~하는 사람들 **delayed** 지연된, 지체된 **by** (차이 등) ~만큼 **inconvenience** 불편함

10. 공지의 주 목적은 무엇인가?

(A) 역내 시설물을 설명하는 것
(B) 새로운 정책을 설명하는 것
(C) 곧 있을 공사에 대해 사과하는 것
(D) 승객들에게 승강장 변동에 관해 상기시키는 것

정답 **(A)**

해설 담화를 시작하면서 화자가 카르마 역을 대표해 역의 새로운 시설물에 관해 얘기하고자 한다고(On behalf of Karma Train Station, I'd like to tell you about the new facilities in our station) 알리고 있으므로 (A)가 정답이다.

어휘 **describe** ~을 설명하다 **explain** ~을 설명하다 **policy** 정책 **apologize for** ~에 대해 사과하다 **upcoming** 곧 있을, 다가오는 **remind A about B**: A에게 B에 관해 상기시키다

Paraphrase tell you about the new facilities in our station → describe the station facilities

11. 화자의 말에 따르면, 청자들은 역에서 무엇을 할 수 있는가?

(A) 선물 매장 방문하기
(B) 무료 음식 시식하기
(C) **자신들의 휴대폰 충전하기**
(D) 몇몇 팸플릿 얻기

정답 **(C)**

해설 이용 가능한 서비스가 언급되는 담화 중반부에, 역 전체에 걸쳐 무료 와이파이와 휴대 전화 충전소를 이용할 수 있다고(~ you can use free WiFi and phone charging centers throughout the station) 알리고 있다. 따라서 이 서비스들 중의 하나에 해당되는 (C)가 정답이다.

어휘 **sample** ~을 시식하다 **free** 무료의 **charge** ~을 충전하다 **obtain** ~을 얻다, 획득하다

12. 시각자료를 보시오. 화자는 어느 기차가 지연될 것이라고 말하는가?

(A) P12
(B) B59
(C) **A46**
(D) S23

정답 **(C)**

해설 열차 지연 문제가 언급되는 담화 후반부에, 10시 30분에 올바니로 가는 기차가 1시간 지연되었다고(As a side note for those waiting for the 10:30 train to Albany, I'm sorry to say that it has been delayed by one hour) 알리고 있다. 시각자료에서 10시 30분에 올바니로 출발하는 기차의 번호가 A46이므로 (C)가 정답이다.

DAY 19 회의 발췌/소개

① 회의 발췌

I'm glad you could make time in your busy schedules to come to this meeting. I'd like to talk about our recent customer survey. I reviewed some feedback from our application users, and there's a common complaint. Most of them said that our mobile application is too complicated to use. So, I've decided to hire a professional application developer who can improve our application. I'll

post the job opening on Thursday. If you have someone to recommend for this position, please contact the personnel manager.

바쁜 일정에도 이번 회의에 오실 시간을 내주셔서 기쁩니다. 저는 최근의 고객 설문조사에 관해 이야기하고자 합니다. 제가 우리 애플리케이션 사용자들로부터 받은 일부 의견을 검토했는데, 한 가지 공통적인 불만 사항이 있습니다. 대부분의 사용자들이 우리 모바일 애플리케이션이 사용하기에 너무 복잡하다고 말했습니다. 그래서 우리 애플리케이션을 향상시킬 수 있는 전문 애플리케이션 개발자를 고용하기로 결정했습니다. 목요일에 구인 공고를 게시할 것입니다. 이 직책에 추천할 만한 사람이 있으면, 인사부장님께 연락하시기 바랍니다.

어휘 **make time** 시간을 내다 **recent** 최근의 **survey** 설문조사(지) **review** ~을 검토하다, 살펴보다 **feedback** 의견 **common** 공통적인, 흔한, 일반적인 **complaint** 불만, 불평 **complicated** 복잡한 **decide to do** ~하기로 결정하다 **hire** ~을 고용하다 **developer** 개발자, 개발 업체 **improve** ~을 개선하다, 향상시키다 **post** ~을 게시하다 **job opening** 공석, 빈 자리 **recommend** ~을 추천하다 **position** 직책, 일자리 **contact** ~에게 연락하다 **personnel manager** 인사부장

② 소개

Good evening, everyone. Thank you for attending the Business Person of the Year awards ceremony. This year's event will celebrate the achievements of Mr. Brad Cooper. Mr. Cooper has served as chief engineer of Ace Programming Group for the past 25 years. In that time, he has led major development projects for software that is used throughout Europe. Mr. Cooper was also awarded the Bettany Award for his contributions to the field of software development. Everyone, please give a warm round of applause to Mr. Brad Cooper.

안녕하세요, 여러분. 올해의 기업인 시상식에 참석해 주셔서 감사합니다. 올해의 행사에서는 브래드 쿠퍼 씨의 업적을 기념할 것입니다. 쿠퍼 씨는 에이스 프로그래밍 그룹의 수석 엔지니어로 지난 25년간 근무해 오셨습니다. 그 기간에, 쿠퍼 씨는 유럽 전역에서 사용되고 있는 소프트웨어에 대한 주요 개발 프로젝트들을 이끌었습니다. 쿠퍼 씨는 또한 소프트웨어 개발 분야에 대한 공로로 베타니 상도 받으셨습니다. 여러분, 브래드 쿠퍼 씨에게 따뜻한 박수 갈채를 보내 주시기 바랍니다.

어휘 **attend** ~에 참석하다 **celebrate** ~을 기념하다, 축하하다 **achievement** 업적, 성취 **serve** 근무하다 **lead** ~을 이끌다 **major** 주요한 **development** 개발 **throughout** ~ 전역에 걸쳐 **award** ~을 주다, 수여하다 **contribution** 공로, 공헌 **field** 분야 **give a warm round of applause** 따뜻한 박수 갈채를 보내다

PRACTICE

1. (D)	2. (B)	3. (D)

Questions 1-3 refer to the following excerpt from a meeting.

> **1** The last thing I'd like to talk about before ending this meeting is the <u>renovation</u> of the staff cafeteria. As you all already know, the cafeteria is too small and it has been in poor condition for a few years. Well, next month, we're planning to make a big change. **2** Antonio Peterson, our company president, has decided to <u>expand the cafeteria</u> so that all of our employees can comfortably use it. The renovation project will take a few days to be completed. During this period, staff will not be able to use the area. **3** If you have any questions, please <u>contact</u> the personnel manager by dialing extension 6548.

> 이 회의를 끝마치기 전에 제가 이야기하고자 하는 마지막 사항은 직원 구내 식당의 개조입니다. 여러분 모두 이미 아시다시피, 우리 구내 식당은 너무 작고 몇 년 동안 상태가 좋지 않았습니다. 저, 다음 달에, 우리는 큰 변화를 줄 계획입니다. 우리 회사의 안토니오 피터슨 회장님께서 전 직원이 편하게 이용할 수 있도록 구내 식당을 확장하기로 결정하셨습니다. 이 개조 공사 프로젝트는 완료되는 데 며칠 걸릴 것입니다. 이 기간 중에, 직원들은 해당 구역을 이용할 수 없을 것입니다. 어떤 질문이든 있으실 경우, 내선번호 6548번으로 전화하셔서 인사부장님께 연락하시기 바랍니다.

어휘 **renovation** 개조 (공사), 보수 (공사) **cafeteria** 구내 식당 **in poor condition** 상태가 좋지 않은 **plan to do** ~할 계획이다 **make a change** 변화시키다 **decide to do** ~하기로 결정하다 **expand** ~을 확장하다, 확대하다 **so that** ~할 수 있도록 **comfortably** 편하게 **take** ~의 시간이 걸리다 **complete** ~을 완료하다 **be able to do** ~할 수 있다 **contact** ~에게 연락하다 **personnel manager** 인사부장 **dial** ~번으로 전화하다 **extension** 내선번호

1. 화자는 무엇을 이야기하고 있는가?
(A) 회사 행사에 대한 출장 요리 제공
(B) 레스토랑의 폐업
(C) 제과점의 개업
(D) 구내 식당의 개조

해설 화자가 담화를 시작하면서 회의 종료 전에 마지막으로 이야기하고자 하는 사항으로 직원 구내 식당의 개조(The last thing I'd like to talk about before ending this meeting is the renovation of the staff cafeteria)를 언급하고 있으므로 (D)가 정답이다.

어휘 **catering** 출장 요리 제공(업) **closure** 폐업, 닫음 **remodeling** 개조

Paraphrase renovation → remodeling

2. 화자는 무슨 변화를 언급하는가?
(A) 더 낮은 가격
(B) 더 널찍한 공간
(C) 더 다양한 메뉴
(D) 연장된 영업 시간

해설 담화 중반부에 구내 식당의 개조와 관련해 회사 회장이 구내 식당의 확장을 결정한 사실이(Antonio Peterson, our company president, has decided to expand the cafeteria ~) 변화 내용에 해당된다. 이는 더 넓은 공간이 생긴다는 뜻이므로 (B)가 정답이다.

어휘 **spacious** 널찍한 **diverse** 다양한 **extended** 연장된, 늘어난

Paraphrase expand the cafeteria → A more spacious area

3. 질문이 있을 경우에 직원들은 무엇을 해야 하는가?
(A) 지점 방문하기
(B) 피터슨 씨와 이야기하기
(C) 화자에게 이메일 보내기
(D) 인사부장에게 전화하기

해설 질문이 있을 경우에 할 수 있는 일이 언급되는 담화 마지막 부분에, 어떤 질문이든 있으면 6548번으로 인사부장에게 연락하라고(If you have any questions, please contact the personnel manager by dialing extension 6548) 말하고 있으므로 (D)가 정답이다.

어휘 **branch** 지점, 지사

Paraphrase contact / dialing extension 6548 → Call

실전 감잡기

1. (B)	2. (A)	3. (D)	4. (A)	5. (B)	6. (C)
7. (C)	8. (B)	9. (A)	10. (A)	11. (B)	12. (C)

Questions 1-3 refer to the following excerpt from a meeting.

> Good morning, and thanks for coming. The personnel manager asked me to gather you all **1** to explain the new employee incentives program which will be implemented from the second week of July. This program aims to encourage you all to achieve higher sales records. The most outstanding sales representatives will receive cash bonuses in recognition of their hard work. From October 1 to December 31, **2** I will be closely monitoring your sales of our state-of-the-art mobile phone to new customers, and **3** bonuses will be given to the top three salespeople at our company banquet in

January. Good luck, everyone!

안녕하세요, 그리고 와주셔서 감사합니다. 인사부장님께서 7월 둘째 주부터 시행될 새로운 직원 보상책 프로그램을 설명하기 위해 여러분 모두를 한 자리에 모으도록 저에게 요청하셨습니다. 이 프로그램은 여러분 모두에게 더 높은 판매 기록을 달성하도록 장려하는 것을 목적으로 합니다. 가장 우수한 영업 사원들은 그 노고를 인정해 현금 보너스를 받게 될 것입니다. 10월 1일부터 12월 31일까지, 제가 신규 고객들을 대상으로 하는 우리 최신 휴대 전화기에 대한 여러분의 판매량을 면밀히 관찰할 것이며, 보너스는 1월에 있을 우리 회사 연회에서 최고의 영업 사원 세 명에게 제공될 것입니다. 행운을 빕니다, 여러분!

어휘   personnel manager 인사부장 ask A to do: A에게 ~하도록 요청하다 gather ~을 모으다 explain ~을 설명하다 incentive 보상책 implement ~을 시행하다 aim to do ~하는 것을 목적으로 하다 encourage A to do: A에게 ~하도록 장려하다, 권장하다 achieve ~을 달성하다 sales 판매(량), 영업, 매출 outstanding 우수한 representative n. 직원 receive ~을 받다 in recognition of ~을 인정해 monitor ~을 관찰하다 state-of-the-art 최신의 banquet 연회

1. 화자는 주로 무엇을 논의하고 있는가?
(A) 교육 연수
(B) 직원 보상 시스템
(C) 매장의 연례 할인 판매
(D) 회사 합병

정답   **(B)**

해설   담화 초반부에서 화자가 새 직원 보상책 프로그램을 설명하기 위해(~ to explain the new employee incentives program ~) 청자들을 한 자리에 모았다고 말하고 있다. 이후에 이와 관련된 설명을 계속 이어 나가고 있으므로 (B)가 정답이다.

어휘   reward 보상 annual 연례적인, 해마다의 merger 합병

[Paraphrase] new employee incentives program
→ staff reward system

2. 청자들은 무엇을 판매할 예정인가?
(A) 휴대 전화기
(B) 가정용 가전 기기
(C) 컴퓨터 부대용품
(D) 텔레비전 서비스

정답   **(A)**

해설   청자들의 업무 특징과 관련된 정보는 담화 중반부에 제시되는데, 화자가 직접 신규 고객들을 대상으로 하는 최신 휴대 전화기에 대한 청자들의 판매량을 면밀히 관찰할 것이라고(~ I will be closely monitoring your sales of our state-of-the-art mobile phone to new customers ~) 알리고 있다. 따

라서 청자들이 휴대 전화기를 판매할 것이라는 것을 알 수 있으므로 (A)가 정답이다.

어휘   appliance (가전) 기기 accessories 부대용품

3. 1월에 무슨 일이 있을 것인가?
(A) 업체가 이전할 것이다.
(B) 신입 직원들이 일을 시작할 것이다.
(C) 새로운 제품들이 출시될 것이다.
(D) 직원들에게 보너스가 지급될 것이다.

정답   **(D)**

해설   January는 담화 후반부에 언급되고 있다. 1월에 최고의 영업 사원 3명에게 보너스가 제공될 것이라고(~ bonuses will be given to the top three salespeople at our company banquet in January) 알리고 있으므로 (D)가 정답이다.

어휘   business 업체 relocate ~을 이전하다 launch ~을 출시하다 award ~을 주다, 수여하다

Questions 4-6 refer to the following introduction.

4 Welcome, everyone, to the Victoria Convention Hall. I'm delighted to have you all here tonight 5 to celebrate the retirement of our company's CEO, Ms. Olivia Jasper. And, I appreciate all the work that the Personnel Department has done to organize the party. When you look around, it's obvious that they put a lot of effort into making tonight a memorable event. I hope you all have also had a chance to try the delicious food. And now 6 I'd like to introduce the founder of our great company, who will give a short speech about the company's history and tell us about Ms. Jasper's many achievements over the past 20 years.

빅토리아 컨벤션 홀에 오신 것을 환영합니다, 여러분. 저는 우리 회사의 올리비아 제스퍼 대표이사님의 은퇴를 기념하기 위해 오늘 밤 여러분 모두를 여기에 모시게 되어 기쁩니다. 그리고, 저는 이 파티를 준비하기 위해 인사부에서 해 오신 모든 노력에 대해 감사드립니다. 주변을 돌아보시면, 그들이 오늘 밤을 기억에 남을 만한 행사로 만드는 데 많은 노력을 기울여 주셨다는 것이 분명하게 보입니다. 저는 또한 여러분 모두가 맛있는 음식을 드셔 보실 기회도 가지셨기를 바랍니다. 그리고 이제 회사의 연혁에 관해 간단히 연설하시고 지난 20년 동안에 걸친 제스퍼 대표이사님의 많은 업적에 관해 우리에게 말씀해 주실 훌륭한 우리 회사의 창업주를 소개해 드리고자 합니다.

어휘   celebrate ~을 기념하다, 축하하다 retirement 은퇴, 퇴직 appreciate ~에 대해 감사하다 organize ~을 준비하다, 조직하다 look around 주변을 둘러보다 obvious 분명한, 명백한 put a lot of effort into ~에 많은 노력을 기울이다 make A B: A를 B로 만들다 memorable 기억에 남을 만한 have

a chance to do ~할 기회를 갖다 try ~을 한 번 먹어 보다
introduce ~을 소개하다 founder 설립자 give a speech 연설하다 achievement 업적, 성취 over ~ 동안에 걸쳐

4. 어디에서 행사가 개최되고 있는가?

(A) 컨벤션 센터에서
(B) 레스토랑에서
(C) 회사 본사에서
(D) 정부 건물에서

정답 **(A)**

해설 담화를 시작하면서 화자가 빅토리아 컨벤션 홀에 온 것을 환영한다고(Welcome, everyone, to the Victoria Convention Hall) 알리는 것으로 인사하고 있다. 따라서 (A)가 정답이다.

어휘 hold ~을 개최하다 headquarters 본사, 본부

5. 행사에서 누구를 기리고 있는가?

(A) 회사 설립자
(B) 대표이사
(C) 공무원
(D) 인사부장

정답 **(B)**

해설 담화 초반부에 대표이사인 올리비아 제스퍼 씨의 은퇴를 기념하기 위한 행사라고(~ to celebrate the retirement of our company's CEO, Ms. Olivia Jasper) 알리고 있으므로 (B)가 정답이다.

어휘 honor ~을 기리다, ~에게 영예를 주다 public official 공무원 personnel director 인사부장

6. 청자들은 곧이어 무엇을 할 것 같은가?

(A) 몇몇 의견 제공하기
(B) 동영상 시청하기
(C) 연설 듣기
(D) 공연 관람하기

정답 **(C)**

해설 담화 후반부에서 화자가 회사의 연혁에 관해 간단히 연설하고 제스퍼 씨의 업적에 관해 얘기해 줄 창업주를 소개한다고(~ I'd like to introduce the founder of our great company, who will give a short speech about the company's history ~) 말하고 있다. 따라서 청자들은 곧이어 회사의 연혁에 관한 연설을 듣게 된다는 것을 알 수 있으므로 (C)가 정답이다.

어휘 provide ~을 제공하다 feedback 의견 performance 공연

Questions 7-9 refer to the following excerpt from a meeting.

Good morning, everyone. First, I'd like to thank you for attending this meeting at such short notice. **7** I want to remind you all that our factory will receive an inspection tomorrow. As production line manager, **8** I must stress the importance of achieving a high score on this factory inspection, so we need to be ready before the safety inspector arrives. Failure is not an option. I want you all to check our manufacturing machines and clean around the working areas. Also, **9** I see that many of you are not wearing your safety hats and goggles. I want you to put these on before you start any cleaning work inside the factory.

안녕하세요, 여러분. 우선, 급한 공지에도 불구하고 이번 회의에 참석해 주신 것에 대해 감사 드리고자 합니다. 저는 여러분 모두에게 우리 공장이 내일 점검을 받는다는 사실을 상기시켜 드리고자 합니다. 생산 라인 책임자로서, 저는 이번 공장 점검에 대해 높은 점수를 달성하는 것의 중요성을 강조해야겠는데요, 그러니 우리는 안전 검사관이 도착하기 전에 준비가 되어 있어야 하겠습니다. 실패는 선택권이 아닙니다. 저는 여러분 모두가 우리 제조 기계들을 확인하고 작업장 주변을 청소해 주셨으면 합니다. 또한, 여러분 중 많은 분들이 안전모와 보호 안경을 착용하지 않고 있는 것이 보입니다. 공장 내에서 어떤 청소 작업이든 시작하시기 전에 이것들을 착용해 주시기 바랍니다.

어휘 attend ~에 참석하다 at such short notice 급한 공지에도 불구하고 remind A that: A에게 ~라는 점을 상기시키다 receive ~을 받다 inspection 점검 stress ~을 강조하다 importance 중요(성) achieve ~을 달성하다, 이루다 safety 안전 inspector 검사관 arrive 도착하다 failure 실패, 하지 못함 want A to do: A가 ~하기를 바라다 manufacturing 제조 put A on: A를 착용하다 cleaning 청소 inside ~ 내에서

7. 회의의 목적은 무엇인가?

(A) 월간 업무 일정을 조정하기 위해
(B) 시연회를 보기 위해
(C) 점검에 대비하기 위해
(D) 새 안전 정책을 발표하기 위해

정답 **(C)**

해설 담화 시작 부분에 화자가 내일 공장이 점검을 받는다는 사실을 알리면서(I want to remind you all that our factory will receive an inspection tomorrow) 그 일과 관련해서 해야 하는 일들을 간략히 설명하는 것으로 담화가 진행되고 있다. 이는 점검에 대비하고자 하는 것이므로 (C)가 정답이다.

어휘 adjust ~을 조정하다 monthly 월간의, 달마다의 demonstration 시연(회) prepare for ~에 대비하다 announce ~을 발표하다, 알리다 policy 정책, 방침

8. 화자가 "실패는 선택권이 아닙니다"라고 말할 때 그 말의 속뜻은 무엇인가?

(A) 일부 장비가 수리되어야 한다고 생각한다.

(B) 청자들이 작업을 진지하게 받아들일 필요가 있다고 생각한다.

(C) 마감 기한이 연장되어야 한다고 생각한다.

(D) 청자들이 재시험을 치기를 바란다.

정답 **(B)**

해설 담화 중반부에 화자가 점검에서 높은 점수를 받는 것의 중요성을 반드시 강조해야 한다고(I must stress the importance of achieving a high score on this factory inspection) 말한 뒤로 "실패는 선택권이 아닙니다"라는 말을 하고 있다. 이는 점검에서 반드시 높은 점수를 받기 위해 언급된 작업을 진지하게 받아들이고 점검에 대비하라고 하는 말이므로 (B)가 정답이다.

어휘 equipment 장비 fix ~을 수리하다, 고치다 take A seriously: A를 진지하게 받아들이다 task 작업, 일, 업무 deadline 마감 기한 extend ~을 연장하다, 확대하다 re-take a test 재시험을 치다

9. 청자들은 곧이어 무엇을 할 것인가?

(A) 안전 장비 착용하기

(B) 한 행사 준비하기

(C) 프로젝트 목표 논의하기

(D) 설문조사지 제출하기

정답 **(A)**

해설 담화 마지막 부분에 공장 내에서 어떤 청소 작업이든 시작하기 전에 안전모와 보호 안경을 착용하도록(I want you to put these on before you start any cleaning work inside the factory) 요청하고 있으므로 안전 장비 착용을 의미하는 (A)가 정답이다.

어휘 organize ~을 준비하다, 조직하다 discuss ~을 논의하다, 이야기하다 submit ~을 제출하다 survey 설문조사(지)

Paraphrase safety hats and goggles → safety equipment

Questions 10-12 refer to the following excerpt from a meeting and chart.

So now let's move on to the last agenda item. **10** We will look at the results of our recent customer survey to help us develop and improve our popular Nutrina chocolate bar. As you can see, half of the respondents suggested that we improve the packaging. This did not come as a surprise, and I know that the marketing team is already changing the wrapper design. **11** The thing that concerns me is the suggestion made by 25 percent of survey takers. This is an issue that we need to seriously address. Therefore, to

meet this demand, **12** we've decided to hire more professional staff members to deal with it. We'll hold a meeting to discuss it this week.

자, 이제 마지막 의제 항목으로 넘어가 보겠습니다. 우리의 인기 있는 뉴트리나 초콜릿 바를 진전시키고 개선시키는데 도움이 되도록, 우리는 최근 고객 설문조사의 결과를 살펴볼 것입니다. 여러분이 보시다시피, 응답자의 절반이 우리가 포장재를 개선해야 한다고 제안했습니다. 이것은 놀라운 일이 아니었고, 저는 마케팅팀이 이미 포장지 디자인을 바꾸고 있다는 것을 알고 있습니다. 저를 걱정시키는 것은 설문조사 참여자들의 25퍼센트에 의해 만들어진 제안입니다. 이것은 우리가 진지하게 고심해야 할 문제입니다. 따라서, 이 요구를 충족하기 위해, 우리는 이 문제를 처리할 전문 직원들을 더 고용하기로 결정했습니다. 우리는 이것을 논의하기 위해 이번 주에 회의를 개최할 것입니다.

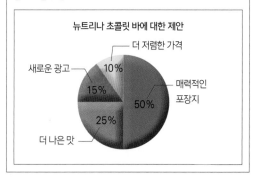

뉴트리나 초콜릿 바에 대한 제안

- 더 저렴한 가격 10%
- 새로운 광고 15%
- 매력적인 포장지 50%
- 더 나은 맛 25%

어휘 move onto ~로 넘어가다, 옮겨가다 agenda item 의제 항목 result 결과(물) recent 최근의 survey 설문조사 develop ~을 진전시키다, 개발하다 improve ~을 개선하다 respondent 응답자 suggest that ~라고 제안하다 packaging 포장(지) come as a surprise 놀라운 일이다 wrapper 포장지 concern ~을 걱정스럽게 만들다, 걱정하다 make a suggestion 제안하다 seriously 진지하게, 심각하게 address ~을 고심하다, 다루다 meet ~을 충족하다 demand 요구, 수요 decide to do ~하기로 결정하다 hire ~을 고용하다 deal with ~을 처리하다, 다루다 discuss ~을 논의하다 attractive 매력적인 packaging 포장 flavor 맛, 풍미

10. 청자들은 누구일 것 같은가?

(A) 제품 개발자들

(B) 시장 조사자들

(C) 주방 보조들

(D) 음식 평론가들

정답 **(A)**

해설 화자는 청자들에게 자신들의 인기 있는 뉴트리나 초콜릿 바를 진전시키고 개선시키는데 도움이 되도록, 자신들의 최근 고객 설문조사의 결과를 살펴볼 거라고(We will look at the results of our recent customer survey to help us develop and improve our popular Nutrina chocolate bar) 언급하고 있다. 이는 제품을 개발하는 입장에 있는 사람이 하는 일로 볼 수 있으므로 (A)가 정답이다.

어휘 developer 개발자 researcher 조사자, 연구자 assistant 보
조, 조수 critic 평론가, 비평가

11. 시각자료를 보시오. 화자는 어느 항목에 대해 걱정하고 있는
가?

(A) 매력적인 포장지
(B) 더 나은 맛
(C) 새로운 광고
(D) 더 저렴한 가격

정답 **(B)**

해설 화자의 우려 사항, 즉 부정적인 정보가 제시되는 담화 중반
부에, 화자가 자신을 걱정시키는 것은 설문조사 참여자들
의 25퍼센트에 의해 만들어진 제안이라고(The thing that
concerns me is the suggestion made by 25 percent
of survey takers) 언급하고 있다. 시각자료에서 25퍼센트의
비율을 차지하는 것이 Better flavor로 쓰여 있으므로 (B)가
정답이다.

어휘 **be worried about** ~에 대해 걱정하다

12. 회사는 무엇을 하기로 결정했는가?

(A) 유명 인사와 협업하기
(B) 또 다른 매장 개장하기
(C) 직원 더 고용하기
(D) 광고 캠페인 시작하기

정답 **(C)**

해설 결정 사항이 언급되는 담화 후반부에, 이 문제를 처리할 전문
직원들을 더 고용하기로 결정했다고(~ we've decided to
hire more professional staff members to deal with it)
언급하고 있으므로 (C)가 정답이다.

어휘 **collaborate with** ~와 협업하다 **celebrity** 유명 인사 **launch**
~을 시작하다, ~에 착수하다 **advertising** 광고 (활동)

DAY 20 광고/투어 가이드

❶ 광고

Do you need something to eat? We have everything
you need here at Milton's! All the vegetables we
use in our dishes are from our 100% organic farms.
No chemical additives are used, and everything
is grown in a natural way. When you try out our
soups, salads, or sandwiches at Milton's, you know
that you are eating safe and healthy food. Also,
throughout April, we are offering 20 percent off any
orders made between 7 A.M. and 10 A.M. To see
other special deals, please visit our Web site,

---

www.miltons.com.

드실 것이 필요하신가요? 여기 밀튼즈에 여러분께서 필요로 하시는
모든 것이 있습니다! 저희 음식에 사용하는 모든 채소들은 100퍼센
트 유기농 농장에서 온 것입니다. 화학 첨가물은 사용되지 않으며,
모든 것이 자연적인 방식으로 재배됩니다. 여러분께서 저희 밀튼즈
에서 수프, 샐러드 또는 샌드위치를 맛보실 때, 안전하고 건강한 음
식을 드시고 계신다는 점을 아시게 될 것입니다. 또한, 4월 한 달 내
내, 오전 7시에서 10시 사이에 이뤄지는 어느 주문이든 20퍼센트
할인을 제공해 드리고 있습니다. 다른 특가 서비스를 보시려면, 저
희 웹사이트 www.miltons.com을 방문해 보시기 바랍니다.

어휘 **dish** 음식, 요리 **organic** 유기농의 **chemical** 화학적인
additive n. 첨가물 **grow** ~을 기르다, 재배하다 **natural** 자
연적인 **way** 방식, 방법 **try out** ~을 한번 맛보다, 한번 해보다
throughout ~ 동안 내내 **offer** ~을 제공하다 **order** 주문(품)
between A and B: A와 B 사이에 **deal** 거래 서비스, 거래 제
품

❷ 투어 가이드

Welcome, everyone. My name is Bella and I'll be
your tour guide today. I'm happy to show you
around our chocolate manufacturing plant today.
You'll be seeing each stage of our production
process during the tour. Then we'll have lunch
in the staff cafeteria. After that, I'll take you all to
the museum, which displays a great variety of
chocolates we've made since 1998. Finally, we'll
conclude our tour with a short speech from our
CEO, Mr. Jacoby. So, let's get started. Please
follow me.

환영합니다, 여러분. 제 이름은 벨라이며, 오늘 여러분의 견학 가이
드입니다. 오늘 여러분께 저희 초콜릿 제조 공장을 보여드리게 되어
기쁩니다. 여러분께서는 견학 중에 저희 생산 과정의 각 단계를 보
실 예정입니다. 그런 다음, 저희는 직원 구내 식당에서 점심 식사를
할 것입니다. 그 후에는, 여러분 모두를 박물관으로 모시고 갈 예정
인데, 그곳에는 저희가 1998년부터 만들어 온 아주 다양한 초콜릿
이 전시되어 있습니다. 마지막으로, 저희 제이코비 대표이사님께서
전하시는 간단한 말씀과 함께 견학을 마무리할 것입니다. 그럼, 시
작해 보겠습니다. 저를 따라오세요.

어휘 **show A around B:** A에게 B를 둘러보게 해주다
manufacturing 제조 **plant** 공장 **production** 생산, 제조
process 과정, 공정 **then** 그런 다음, 그 후에 **cafeteria** 구내
식당 **take A to B:** A를 B로 데려가다 **display** ~을 진열하다,
전시하다 **a great variety of** 아주 다양한 **since** ~ 이후로
conclude ~을 끝마치다 **get started** 시작하다 **follow** ~을
따라가다

PRACTICE

1. (A)   **2.** (C)   **3.** (A)

Questions 1-3 refer to the following advertisement.

For all the latest news and gossip from the world of sports, subscribe to *Sports World Magazine* today! This monthly magazine covers sports news from all around the world, and **1** it's the cheapest magazine on the market! You can't find *Sports World Magazine* in bookstores, so **2** you need to subscribe by visiting www.sportworldonline. org and providing your personal information. For this month only, **3** if you sign up for a one-year subscription, we will send you a Sports World bonus gift box which includes a high-quality T-shirt and a special coupon. What are you waiting for? Contact us today!

....

스포츠계의 모든 최신 소식과 가십을 원하시는 분은, 오늘 <스포츠 월드 매거진>을 구독 신청하십시오! 이 월간 잡지는 전 세계의 스포츠 소식을 다루며, 시중에서 가장 저렴한 잡지입니다! 서점에서는 <스포츠 월드 매거진>을 찾아보실 수 없으므로, www.sportworldonline.org를 방문하셔서 개인 정보를 제공하시는 방법으로 구독 신청하셔야 합니다. 이번 달에 한해, 1년 구독 서비스를 신청하시면, 고품질 티셔츠와 특별 쿠폰이 들어 있는 스포츠 월드 보너스 선물 박스를 보내 드릴 것입니다. 무엇을 기다리고 계신가요? 오늘 저희에게 연락 주십시오!

어휘   latest 최신의 gossip 가십, 잡다한 얘기 subscribe (to) (~을) 구독 신청하다, 가입하다 monthly 월간의, 달마다의 cover (주제 등) ~을 다루다 on the market 시중에서, 시장에 나온 by (방법) ~함으로써 provide ~을 제공하다 personal information 개인 정보 sign up for ~을 신청하다, ~에 등록하다 subscription 구독 신청, 서비스 가입 include ~을 포함하다 high-quality 고품질의 contact ~에게 연락하다

1. <스포츠 월드 매거진>과 관련해 무엇이 언급되는가?
(A) 가격이 비싸지 않다.
(B) 서점에서 판매된다.
(C) 매주 출간된다.
(D) 신설된 것이다.

해설   담화 초반부에 해당 잡지의 특징과 관련해 시중에서 가장 저렴하다고(~ it's the cheapest magazine on the market) 알리는 부분이 있으므로 이를 언급한 (A)가 정답이다.

어휘   inexpensive 비싸지 않은 publish ~을 출간하다 newly established 신설된

Paraphrase cheapest → inexpensive

2. 잡지를 받기를 원할 경우에 사람들은 무엇을 해야 하는가?
(A) 이메일 보내기

(B) 제품 구매하기
(C) 웹사이트 방문하기
(D) 행사에 등록하기

해설   잡지 구독 방식은 담화 중반부에 언급되는데, www.sportworldonline.org를 방문해 개인 정보를 제공해야 한다고(~ you need to subscribe by visiting www.sportworldonline.org and providing your personal information) 알리고 있다. 이는 웹사이트를 방문해야 한다는 뜻이므로 (C)가 정답이다.

어휘   receive ~을 받다 send ~을 보내다 purchase ~을 구매하다 product 제품 register for ~에 등록하다

3. 화자는 무슨 제공 서비스를 언급하는가?
(A) 특별 선물
(B) 할인된 요금
(C) 홍보용 카탈로그
(D) 연장된 품질 보증

해설   담화 후반부에서 이번 달에 한해 1년 구독 서비스를 신청하면 티셔츠와 쿠폰이 들어 있는 선물 박스를 보내 줄 거라고(~ if you sign up for a one-year subscription, we will send you a Sports World bonus gift box which includes a high-quality T-shirt and a special coupon) 언급하고 있으므로 (A)가 정답이다.

어휘   reduced 할인된 fee 요금, 수수료 promotional 홍보의, 판촉의 extended 연장된, 늘어난 warranty 품질 보증(서)

실전 감잡기

1.(A)	**2.** (C)	**3.** (B)	**4.** (D)	**5.** (B)	**6.** (C)
7. (D)	**8.** (B)	**9.** (D)	**10.** (C)	**11.** (D)	**12.** (B)

Questions 1-3 refer to the following advertisement.

Have you ever lost an important electronic file? And do you want to make sure that it never happens again? Then **1** Mega Cloud by SNT Technologies will keep your data safe and accessible whether you're at the office, at home, or even on vacation. You can upload any file to your Mega Cloud storage account and then access it from any of your mobile devices. And if you have any problems, you can contact **2** our customer service department, which recently won the National Best Service Award. Would you like to try out Mega Cloud before paying full price? **3** We are offering a one-week trial on our Web site for a limited time only.

....

중요한 전자 파일을 분실하신 적이 있으신가요? 그리고 그런 일이 반드시 절대로 다시 발생되지 않도록 하고 싶으신가요? 그러시다면

저희 SNT 테크놀로지 사의 메가 클라우드가 여러분의 데이터를 안전하게 그리고 사무실과 자택에 있든, 또는 심지어 휴가 중이든 상관없이 이용 가능하도록 유지해 드릴 것입니다. 여러분은 어떤 파일이든 여러분의 메가 클라우드 저장 계정에 업로드하실 수 있으며, 그 후에 어떤 모바일 기기에서도 이것을 이용하실 수 있습니다. 그리고 어떤 문제든지 발생할 경우, 최근 전국 최고의 서비스 상을 수상한 저희 고객 서비스부에 연락하실 수 있습니다. 비용 전액을 지불하시기 전에 메가 클라우드를 시험 삼아 이용해 보고 싶으신가요? 저희는 저희 웹사이트에서 한정된 기간에 한해 1주일 동안의 체험 서비스를 제공해 드리고 있습니다.

어휘 **make sure that** 반드시 ~하도록 하다 **then** 그럼, 그렇다면, 그 후에 **keep A 형용사:** A를 ~하게 유지하다, 보관하다 **accessible** 이용 가능한, 접근 가능한 **whether A, B, or C:** A나 B, 또는 C이든 (상관없이) **even** 심지어 **on vacation** 휴가 중인 **storage** 저장, 보관 **account** 계정 **access** ~을 이용하다, ~에 접근하다 **contact** ~에게 연락하다 **recently** 최근에 **win an award** 상을 받다 **try out** ~을 시험 삼아 이용해 보다 **offer** ~을 제공하다 **trial** 체험 서비스 **for a limited time only** 한정된 기간에 한해

1. 무엇이 광고되고 있는가?

(A) 데이터 저장 서비스
(B) 바이러스 퇴치용 프로그램
(C) 주택 보안 장치
(D) 컴퓨터 수리점

정답 **(A)**

해설 특정 서비스 및 그 특징이 언급되는 담화 시작 부분에, SNT 테크놀로지 사의 메가 클라우드가 데이터를 안전하게 그리고 어디에서도 이용 가능하도록 유지해 줄 것이라고(~ Mega Cloud by SNT Technologies will keep your data safe and accessible whether you're at the office, at home, or even on vacation) 알리고 있다. 이는 데이터 저장 서비스를 말하는 것이므로 (A)가 정답이다.

어휘 **anti-virus** 바이러스 퇴치용의 **security** 보안 **device** 장치, 기기 **repair** 수리

2. 업체가 무엇에 대해 상을 받았는가?

(A) 제품 교환 정책
(B) 창의적인 디자인
(C) 고객 서비스
(D) 경쟁력 있는 가격

정답 **(C)**

해설 상을 받은 일이 언급되는 담화 후반부에, 최근에 상을 받은 고객 서비스부를(~ our customer service department, which recently won the National Best Service Award) 언급하는 부분이 있다. 이를 통해, 업체가 고객 서비스 상을 받았음을 알 수 있으므로 (C)가 정답이다.

어휘 **receive** ~을 받다 **exchange** 교환 **policy** 정책, 방침

---

creative 창의적인 **competitive** 경쟁력 있는, 경쟁하는

3. 화자는 무슨 제공 서비스를 언급하는가?

(A) 제품 카탈로그
(B) 무료 체험 기회
(C) 회원 자격 업그레이드
(D) 월간 소식지

정답 **(B)**

해설 업체 측에서 제공하는 서비스는 담화 맨 마지막에 제시되고 있는데, 웹사이트에서 한정된 기간에 한해 1주일 동안의 체험 서비스를 제공하고 있다는(We are offering a one-week trial on our Web site for a limited time only) 말이 있다. 이는 무료 체험 기회를 뜻하는 것이므로 (B)가 정답이다.

어휘 **offer** 제공(되는 것) **free** 무료의 **opportunity** 기회 **monthly** 월간의, 달마다의

Paraphrase a one-week trial → free trial opportunity

Questions 4-6 refer to the following tour information.

▪️4 Welcome to the Cannington Glass factory tour. Cannington has been a world-famous producer of high-quality glassware for over 150 years, and during the tour, you'll get to see how we make some of our most popular pieces. ▪️5 Usually, I would guide the tour, but only for today, the senior glassblower Charlie Stonesman will lead you through the whole process himself and show you a demonstration of his exceptional skills. Of course, at the end of the tour, we are going to visit the gift shop, and ▪️6 all of you participating in this tour can get 30 percent off all items in the shop. Just present the tour ticket to the cashier when you make a payment.

캐닝턴 유리 공장 견학에 오신 것을 환영합니다. 캐닝턴 사는 150년이 넘는 기간 동안 세계적으로 유명한 고품질 유리 제품 생산 업체였으며, 견학 시간 중에, 저희가 어떻게 저희의 가장 인기 있는 제품 몇몇을 만드는지 보시게 될 것입니다. 일반적으로, 제가 견학을 안내하지만, 오늘 하루에 한해, 수석급의 유리를 불어 만드는 직공이신 찰리 스톤스먼 씨께서 직접 여러분을 전 과정 내내 이끄실 것이고, 자신의 뛰어난 기술에 대해 시연하는 것을 보여드릴 것입니다. 물론, 견학 마지막에 우리는 선물 매장을 방문할 것이며, 이번 견학에 참가하시는 여러분 모두가 이 매장 내의 모든 제품에 대해 30퍼센트 할인을 받으실 수 있습니다. 비용을 지불하실 때 계산 담당 직원에게 견학 티켓을 제시하시기만 하면 됩니다.

어휘 **producer** 생산 업체 **high-quality** 고품질의 **glassware** 유리 제품 **over** ~ 넘게 **get to do** ~하게 되다 **popular** 인기 있는 **piece** 제품, 작품 **usually** 일반적으로, 보통 **glassblower**

유리를 불어 만드는 직공 **lead** ~을 이끌다 **through** ~(동안) 내내, ~을 거쳐, ~을 통해 **whole** 전체의 **oneself** (부사처럼 쓰여) 직접 **demonstration** 시연(회) **exceptional** 뛰어난, 우수한 **participate in** ~에 참가하다 **get A off**: A만큼 할인 받다 **present** ~을 제시하다 **make a payment** 비용을 지불하다

4. 어디에서 견학이 진행되고 있는 것 같은가?
(A) 박물관에서
(B) 식료품 매장에서
(C) 쇼핑몰에서
(D) 생산 공장에서

정답 **(D)**

해설 화자가 담화를 시작하면서 담화 장소와 관련해 캐닝턴 유리 공장 견학에 온 것을 환영한다고(Welcome to the Cannington Glass factory tour) 말하고 있다. 그 뒤에 이 장소에 대한 설명으로, 캐닝턴 사가 세계적으로 유명한 고품질 유리 제품 생산 업체(Cannington has been a world-famous producer of high-quality glassware~)라고 언급하고 있으므로 (D)가 정답이다.

어휘 **take place** (일, 행사 등이) 진행되다, 개최되다 **plant** 공장

5. 화자는 견학과 관련해 무엇이 변경되었다고 말하는가?
(A) 비용
(B) 견학 가이드
(C) 지속 시간
(D) 위치

정답 **(B)**

해설 담화 중반부에 일반적으로 화자 자신이 견학을 안내하지만 오늘에 한해 수석급의 유리를 불어 만드는 직공인 찰리 스톤스먼 씨가 직접 청자들을 이끌 것이라고(Usually, I would guide the tour, but only for today, the senior glassblower Charlie Stonesman will lead you through the whole process himself ~) 알리고 있다. 이는 견학 가이드가 변경되었다는 뜻이므로 (B)가 정답이다.

어휘 **duration** 지속 시간 **location** 위치, 지점

6. 화자는 청자들에게 무엇을 제공하는가?
(A) 상품권
(B) 무료 쇼핑 코드
(C) 특별 할인
(D) 제품 샘플

정답 **(C)**

해설 청자들이 제공 받는 것은 담화 후반부에 제시되고 있는데, 견학에 참가하는 모든 사람이(~ all of you participating in this tour can get 30 percent off all items in the shop) 매장에서 30퍼센트 할인을 받을 수 있다고 알리고 있다. 따라서 (C)가 정답이다.

어휘 **gift voucher** 상품권 **free** 무료의

Questions 7-9 refer to the following talk.

7 Thank you for joining our tour of Vonokusa City's Old Town. I'll be your guide for today's tour. We'll be visiting the city's historic market and port districts, which have been the heart and soul of this city's thriving trade industry for more than 200 years. **8** There are so many things to see and do in this area, and you may have many questions to ask. That's why I'm here. We'll kick off the tour by visiting the historic docks, and then we'll go to the open-air market that covers a few blocks. **9** We're running a little behind schedule because we're still waiting for several participants to arrive. They should be here any minute, though, so we should be able to start shortly.

저희 보노쿠사 시의 구시가지 견학에 함께 해 주셔서 감사드립니다. 제가 오늘 견학의 가이드가 될 것입니다. 우리는 200년 넘게 이 도시에서 번성했던 무역 업계의 심장이자 혼이 담긴 곳인 도시의 역사적인 시장과 항구 구역을 방문할 예정입니다. 이 구역에서 보고 할 수 있는 것들이 아주 많으므로, 질문이 많으실 수도 있습니다. 그것이 바로 제가 여기 있는 이유입니다. 우리는 역사적인 부두를 방문하는 것으로 견학을 시작할 것이며, 그 후 몇 블록에 걸쳐 있는 노천 시장으로 갈 것입니다. 우리가 일정에 조금 뒤처져 있는데, 이것은 우리가 여전히 몇몇 참가자들이 도착하기를 기다리고 있기 때문입니다. 하지만 금방 그들이 이곳으로 오실 것이므로, 곧 출발할 수 있을 것입니다.

어휘 **join** ~에 함께 하다, 합류하다 **historic** 역사적인 **port** 항구 **district** 구역, 지구 **thriving** 번성하는 **trade** 무역 **industry** 업계 **kick off** ~을 시작하다, 출발하다 **by** (방법) ~하는 것으로, ~함으로써 **dock** 부두 **then** 그 후에, 그런 다음 **open-air market** 노천 시장, 야외 시장 **cover** (장소 등) ~을 잇다, 이어지다 **behind schedule** 일정에 뒤처진 **several** 몇몇의, 여럿의 **participant** 참가자 **arrive** 도착하다 **any minute** 금방 **though** (문장 중간이나 끝에서) 하지만 **be able to do** ~할 수 있다 **shortly** 곧, 머지 않아

7. 청자들은 누구일 것 같은가?
(A) 역사 연구가들
(B) 시 관계자들
(C) 시장 노점 상인
(D) 견학 그룹 구성원들

정답 **(D)**

해설 화자가 담화를 시작하면서 Thank you for joining our tour of Vonokusa City's Old Town이라는 말로 견학에 함께 하는 것에 대해 청자들에게 감사의 인사를 전하고 있으므로 (D)가 정답이다.

어휘   historical 역사의, 역사와 관련된 researcher 연구자 official 관계자, 당국자 vendor 노점 상인

8. 화자가 "그것이 바로 제가 여기 있는 이유입니다"라고 말할 때 그 말의 속 뜻은 무엇인가?

(A) 청자들에게 그룹 내에 모여 있도록 요청하고 있다.
(B) 기꺼이 청자들의 질문에 답변해 줄 것이다.
(C) 청자들에게 자신을 따라오도록 장려하고 있다.
(D) 청자들이 향후에 다시 들러 주기를 바란다.

정답   **(B)**

해설   담화 중반부에 청자들이 해당 구역에서 보고 할 수 있는 것이 많아 질문이 많을 수도 있다고(There are so many things to see and do in this area, and you may have many questions to ask) 말한 후에 "그것이 바로 제가 여기 있는 이유입니다"라고 말하고 있다. 이는 청자들이 질문할 내용에 대해 답변해 주겠다는 뜻이므로 (B)가 정답이다.

어휘   ask A to do: A에게 ~하도록 요청하다 stay in ~ 내에 머물러 있다 be happy to do 기꺼이 ~하다 encourage A to do: A에게 ~하도록 장려하다, 권장하다 follow ~을 따라오다 stop by ~에 들르다

9. 화자에 따르면, 왜 지연이 있는가?

(A) 날씨가 좋지 못하다.
(B) 한 레스토랑이 초과 예약되어 있다.
(C) 한 거리가 방문객들에게 폐쇄되어 있다.
(D) 몇몇 사람들이 아직 도착하지 않았다.

정답   **(D)**

해설   지연 문제가 언급되는 후반부에 일정이 뒤처진 사실과 함께 그 이유로 여전히 몇몇 참가자들이 도착하기를 기다리고 있기 때문이라고(We're running a little behind schedule because we're still waiting for several participants to arrive) 말하고 있으므로 (D)가 정답이다.

어휘   overbooked 초과 예약된 closed to ~에게 폐쇄된

Paraphrase   behind schedule → delay
still waiting for several participants to arrive
→ Some people haven't arrived yet

Questions 10-12 refer to the following advertisement.

10 Are you looking for a memorable holiday package for your family? Then, Sunshine Tours is here for you. We've been in business for over 20 years, offering the best one-stop tour services available. We will arrange your flight, your accommodation, and even your entertainment options. 11 For customers with young children, we also provide excellent child-care options with a variety of activities that will keep your child safe and entertained. For this month only, 12 we are offering 20 percent discounts on our one-week trips. You can spend the whole week on a cruise ship while visiting the world's most exotic locations. For more information, check out our Web site at www.sunshinetours.com.

여러분의 가족을 위해 기억에 남을 만한 휴가 여행 패키지를 찾고 계신가요? 그러시다면, 여기 저희 선샤인 투어즈가 있습니다. 저희는 이용 가능한 최고의 원스톱 여행 서비스를 제공하면서 20년 넘게 업계에 몸담아 왔습니다. 저희는 여러분의 항공편, 숙박 시설, 그리고 심지어 여러분의 오락 선택권까지 마련해 드릴 것입니다. 어린 아이들이 있는 고객들께는, 아이를 계속해서 안전하고 즐겁게 해 줄 다양한 활동들과 함께 훌륭한 아이 돌봄 선택권도 제공해 드립니다. 이번 달에 한해, 저희는 저희의 일주일 기간의 여행에 대해 20 퍼센트의 할인을 제공해 드리고 있습니다. 여러분께서는 세계에서 가장 이국적인 곳들을 방문하시는 동안 여객선에서 일주일을 통째로 보내실 수 있습니다. 추가 정보가 필요하실 경우, 저희 웹사이트 www.sunshinetours.com을 확인해 보시기 바랍니다.

선샤인 여행	
여행 패키지 상품	기간
트레블러	5일
12 보야저	12 1주
익스플로러	2주
파이오니어	1달

어휘   look for ~을 찾다 memorable 기억에 남을 만한 then 그럼, 그렇다면 be in business 영업 중인, 운영 중인 over ~ 넘게 offer ~을 제공하다 one-stop 원스톱의(한 장소에서 많은 종류의 제품과 서비스를 제공하는) available 이용 가능한 arrange ~을 마련하다, 조치하다 accommodation 숙박 시설 even 심지어 (~도) entertainment 오락, 여흥 provide ~을 제공하다 child-care 아이 돌봄, 아이 관리 a variety of 다양한 activity 활동 keep A 형용사: A를 ~하게 유지하다 safe 안전한 entertained 즐거워진 whole 전체의, 모든 cruise ship 여객선 while ~하면서, ~하는 동안 exotic 이국적인 location 장소, 위치 check out ~을 확인해 보다 duration 기간, 지속 시간

10. 광고의 주 목적은 무엇인가?

(A) 자원 봉사자를 찾기 위해
(B) 리조트 시설물을 설명하기 위해
(C) 여행사를 홍보하기 위해
(D) 해외 명소를 설명하기 위해

정답   **(C)**

해설   화자가 담화를 시작하면서 기억에 남을 만한 휴가 여행 패키지를 찾고 있는지 물으면서 소속 여행사 이름을 언급하고 있다(Are you looking for a memorable holiday package for your family? Then, Sunshine Tours is here for you).

이를 통해, 여행사 홍보가 광고의 주 목적임을 알 수 있으므로 (C)가 정답이다.

어휘 seek ~을 찾다 volunteer 자원 봉사자 describe ~을 설명하다 facility 시설(물) promote ~을 홍보하다 overseas 해외의 attraction 명소

11. 화자는 아이들에 관해 무엇을 언급하는가?
(A) 반드시 참가하기에 충분한 나이여야 한다.
(B) 특별 쿠폰을 받을 것이다.
(C) 성인의 통제가 필요하다.
(D) 여러 활동을 즐길 수 있다.

정답 (D)

해설 아이들과 관련된 정보가 제시되는 담화 중반부에, 아이를 계속해서 안전하고 즐겁게 해 줄 다양한 활동들과 함께 훌륭한 아이 돌봄 선택권도 제공한다고(For customers with young children, we also provide excellent child-care options with a variety of activities ~) 말하고 있다. 따라서 이 서비스들 중에서 다양한 활동에 관해 언급한 (D)가 정답이다.

어휘 participate 참가하다 require ~을 필요로 하다 supervision 통제, 관리

12. 시각자료를 보시오. 어느 여행 패키지가 할인 중인가?
(A) 트레블러
(B) 보야저
(C) 익스플로러
(D) 파이오니어

정답 (B)

해설 할인 정보가 제시되는 담화 후반부에, 일주일 기간의 여행에 대해 20퍼센트 할인을 제공해 주고 있다고(~ we are offering 20 percent discounts on our one-week trips) 언급하고 있다. 시각자료를 보면, 일주일 기간에 해당하는 여행 패키지 상품으로 Voyager가 표기되어 있으므로 (B)가 정답이다.

어휘 on sale 할인 중인

PART 5

DAY 01 명사

1초 퀴즈

1.
정답 (B)

해석 저희가 이번 달에 아주 다양한 새로운 맛들을 추가할 것입니다.

해설 형용사 large와 전치사 of 사이에 위치한 빈칸은 형용사의 수식을 받을 명사 자리이므로 (B) selection이 정답입니다.

어휘 add ~을 추가하다 a large selection of 아주 다양한 flavor 맛, 풍미 select ~을 선택하다 selective 선택적인 selectively 선택적으로

2.
정답 (D)

해석 제품 품질을 개선하기 위한 모든 제안들은 반드시 하인즈 씨에게 전달되어야 합니다.

해설 형용사 All과 전치사 for 사이에 위치한 빈칸은 형용사의 수식을 받을 명사 자리이며, All은 복수 가산명사를 수식하므로 (D) suggestions가 정답입니다.

어휘 improve ~을 개선하다 quality 품질, 질 direct A to B: A를 B에게 전달하다, 보내다 suggest ~을 제안하다, 권하다 suggestion 제안, 의견

3.
정답 (A)

해석 우리는 가장 적격인 한 명을 선택하기에 앞서 모든 지원서를 검토할 것입니다.

해설 형용사 all의 수식을 받음과 동시에 동사 review의 목적어 역할을 할 명사가 빈칸에 필요한데, review의 목적어로서 검토 대상을 나타낼 사물명사가 필요하므로 '지원(서), 신청(서)' 등을 의미하는 (A) applications가 정답입니다.

어휘 review ~을 검토하다 choose ~을 선택하다 qualified 적격인, 자격이 있는 application 지원(서), 신청(서) apply 지원하다, 신청하다, ~을 적용하다 applicant 지원자, 신청자

4.

정답 (D)

해석 저희 선임 시장 분석관께서 내일 오후에 귀하의 사무실을 방문하실 것입니다.

해설 형용사 senior의 수식을 받음과 동시에 명사 market과 복합명사를 구성할 또 다른 명사가 빈칸에 필요한데, 동사 visit의 행위 주체가 되어야 하므로 사람명사인 (D) analyst가 정답입니다.

어휘 analysis 분석 analyze ~을 분석하다 analytic 분석적인 analyst 분석 전문가

5.

정답 (C)

해석 저희에게 현재 여러 간호 보조 임시직 자리들이 나있습니다.

해설 형용사 several과 명사 job의 수가 일치하지 않으므로 복합명사를 구성할 또 다른 명사가 필요한데, several은 복수 가산명사를 수식하므로 (C) openings가 정답입니다.

어휘 currently 현재 several 여럿의, 몇몇의 temporary 임시의, 일시적인 nursing assistant 간호 보조 opening 공석, 빈자리

실전 감잡기

1. (A)	2. (B)	3. (D)	4. (A)	5. (B)
6. (C)	7. (D)	8. (C)	9. (D)	10. (C)

1.

정답 (A)

해석 지난주에 마케팅 부서에 의해 종합적인 설문조사가 실시되었다.

해설 형용사 comprehensive 뒤로 빈칸이 있고 동사 was conducted가 이어져 있으므로 빈칸은 형용사의 수식을 받을 명사 자리입니다. 그리고 부정관사 A는 단수 가산명사와 어울리므로 (A) survey가 정답입니다.

오답 (B) surveys: 복수명사의 형태이므로 부정관사와 어울리지 않는 오답입니다.
(C) surveyed: 동사 survey의 과거형 또는 과거분사형이므로 명사가 필요한 빈칸에 맞지 않는 오답입니다.
(D) surveying: 동사 survey의 동명사 또는 현재분사형이고 동명사는 부정관사로 수식할 수 없으므로 오답입니다.

어휘 comprehensive 종합적인 conduct ~을 실시하다, 수행하다 department 부서 survey n. 설문조사(지) v. ~에게 설문조사하다

2.

정답 (B)

해석 우리는 최근의 소프트웨어 업그레이드와 관련해 많은 불만을 접수했습니다.

해설 빈칸 앞에 위치한 a number of는 '많은'이라는 뜻으로 복수명사를 수식하는 역할을 합니다. 따라서 a number of의 수식을 받을 수 있는 복수명사의 형태인 (B) complaints가 정답입

니다.

오답 (A) complaint: 단수 명사의 형태이므로 a number of의 수식을 받을 수 없는 오답입니다.
(C) complain: 동사이므로 a number of의 수식을 받을 수 없는 오답입니다.
(D) complains: 3인칭 단수 주어와 어울리는 동사의 형태이므로 a number of의 수식을 받을 수 없는 오답입니다.

어휘 receive ~을 접수하다, 받다 a number of 많은 (수의) recent 최근의 complaint 불만, 불평 complain 불만을 제기하다, 불평하다

3.

정답 (D)

해석 사무실 내의 직원 생산성을 증가시키기 위해, 데보나 모터스 사는 직원 보상 프로그램을 시행했다.

해설 to부정사로 쓰인 동사 increase 뒤로 가산명사 employee가 부정관사 없이 복수형도 아닌 채로 쓰여 있으므로 employee가 증가 대상이 아니라는 것을 알 수 있습니다. 따라서 employee와 복합명사를 구성해 실제 증가 대상을 나타낼 또 다른 명사가 빈칸에 쓰여야 하는데, 직원과 관련된 것이어야 하므로 '생산성'을 뜻하는 명사 (D) productivity가 정답입니다.

오답 (A) productively: 부사이므로 명사가 필요한 빈칸에 어울리지 않는 오답입니다.
(B) productive: 형용사이므로 명사가 필요한 빈칸에 어울리지 않는 오답입니다.
(C) products: 명사이기는 하지만 '제품'을 뜻하므로 employee와 의미 연결이 어색한 오답입니다.

어휘 increase ~을 증가시키다 implement ~을 시행하다 incentive 보상(책), 장려(책) productively 생산적으로 productive 생산적인 product 제품 productivity 생산성

4.

정답 (A)

해석 건축가는 공사 프로젝트를 시작하기 위해 건축 허가서를 신청했다.

해설 빈칸 앞에 위치한 apply for는 '~을 신청하다, ~에 지원하다'를 뜻하므로 빈칸 앞에 위치한 명사 building이 공사 시작을 위한 신청 대상으로 맞지 않는다는 것을 알 수 있습니다. 따라서 building과 복합명사를 구성해 실제 신청 대상을 나타낼 또 다른 명사로서 '허가증'을 뜻하는 permit이 쓰여야 자연스러운데, 부정관사 a가 쓰여 있어 단수 형태가 되어야 하므로 (A) permit이 정답입니다.

오답 (B) permits: 복수 형태이므로 부정관사 a와 어울릴 수 없는 오답입니다.
(C) permission: 명사이기는 하지만 부정관사 a의 수식을 받을 수 없는 불가산명사이므로 오답입니다.
(D) permitted: 동사 permit의 과거형 또는 과거분사형이므로 명사가 필요한 빈칸에 맞지 않는 오답입니다.

어휘 architect 건축가 apply for ~을 신청하다, ~에 지원하다 permit n. 허가서 v. ~을 허용하다, 가능하게 하다 permission 허가, 승인

5.

정답 (B)

해석 하트 씨는 빌먼 엔지니어링 사의 임원들과 함께 하는 논의가 상호 이득이 되는 것이기를 바라고 있다.

해설 정관사 the와 전치사 with 사이에 위치한 빈칸은 the의 수식을 받을 명사 자리이므로 선택지에서 유일한 명사인 (B) discussions가 정답입니다.

오답 (A) discuss: 동사이므로 정관사 the의 수식을 받을 수 없는 오답입니다.
(C) discussed: 동사 discuss의 과거형 또는 과거분사형이므로 정관사 the의 수식을 받을 수 없는 오답입니다.
(D) discussing: 동사 discuss의 동명사 또는 현재분사형이므로 정관사 the의 수식을 받을 수 없는 오답입니다.

어휘 be hopeful that ~이기를 바라다 executive 임원 mutually 상호, 서로 간에 beneficial 이득이 되는, 유익한 discuss ~을 논의하다, 이야기하다 discussion 논의

6.

정답 (C)

해석 귀하의 주문품이 배송 중에 손상된 경우, 고객 지원 서비스를 위해 555-8698번으로 전화 주십시오.

해설 빈칸 앞에 위치한 customer는 가산명사로서 부정관사 a를 동반하거나 복수형으로 쓰여야 합니다. 둘 중 어디에도 해당하지 않는 상태인데, 이는 customer와 복합명사를 구성할 또 다른 명사가 빈칸에 필요하다는 뜻입니다. 따라서 선택지에서 유일한 명사인 (C) support가 정답입니다.

오답 (A) supported: 동사 support의 과거형 또는 과거분사형이므로 customer와 복합명사를 구성할 수 없는 오답입니다.
(B) supportive: 형용사이므로 customer와 복합명사를 구성할 수 없는 오답입니다.
(D) supporting: 동사 support의 동명사 또는 현재분사형이므로 customer와 복합명사를 구성할 수 없는 오답입니다.

어휘 order 주문(품) damaged 손상된, 피해를 입은 during ~ 중에 shipping 배송 support v. ~을 지원하다, 지지하다 n. 지원, 지지 supportive 지원하는

7.

정답 (D)

해석 조세프 씨는 자신의 작품이 메트로폴리탄 미술관에 전시될 것이라는 말을 듣고 기뻐했다.

해설 빈칸 앞에 위치한 his는 소유격 대명사이므로 빈칸에 명사가 와야 합니다. 또한 이 문장에서는 will be의 주어로서 전시되는(on display) 것을 나타내는 명사여야 하므로 '작품'을 뜻하는 사물명사인 (D) work가 정답입니다.

오답 (A) worked: 동사 work의 과거형 또는 과거분사형이므로 소유격 대명사 his의 수식을 받을 수 없는 오답입니다.
(B) to work: to부정사이므로 소유격 대명사 his의 수식을 받을 수 없는 오답입니다.
(C) worker: 명사이기는 하지만, 전시 대상이 될 수 없는 사람명사이므로 오답입니다.

어휘 be delighted to do ~해서 기쁘다 on display 전시된, 진열

된 work v. 일하다 n. 작품, 일

8.

정답 (C)

해석 두 달 동안의 개조 공사 후에, 스태포드 공원이 일반 대중에게 다시 개방되었다.

해설 전치사 of 뒤에 위치한 빈칸은 of의 목적어 역할을 할 명사 자리이므로 선택지에서 유일한 명사인 (C) renovation이 정답입니다.

오답 (A) renovative: 형용사이므로 전치사의 목적어 역할을 할 수 없는 오답입니다.
(B) renovate: 동사이므로 전치사의 목적어 역할을 할 수 없는 오답입니다.
(D) renovated: 동사 renovate의 과거형 또는 과거분사형이므로 전치사의 목적어 역할을 할 수 없는 오답입니다.

어휘 reopen ~을 다시 개방하다, 재개장하다 the public 일반 대중 renovative 혁신하는 renovate ~을 개조하다, 보수하다 renovation 개조 (공사), 보수 (공사)

9.

정답 (D)

해석 고객들께서는 555-2376번의 폴 하딩 씨와 이야기하셔서 저희의 어떤 프리미엄 채널에 대한 서비스 이용이든 갱신하실 수 있습니다.

해설 타동사 renew 뒤에 위치한 빈칸에 목적어 역할을 할 명사가 필요한데, 갱신 대상이 되는 것은 사물이어야 하므로 사물명사인 (D) subscriptions가 정답입니다.

오답 (A) subscribe: 동사이므로 renew의 목적어 역할을 할 수 없는 오답입니다.
(B) subscribes: 3인칭 단수 주어와 어울리는 동사 형태이므로 renew의 목적어 역할을 할 수 없는 오답입니다.
(C) subscribers: 사람명사이므로 갱신 대상이 될 수 없는 오답입니다.

어휘 renew ~을 갱신하다, 재개하다 subscribe 서비스에 가입하다, 구독 신청하다 subscriber 서비스 가입자, 구독자 subscription 서비스 가입, 구독 신청

10.

정답 (C)

해석 물리 치료를 받고자 하는 사람은 누구든 반드시 지역 의사의 추천서를 받아야 합니다.

해설 부정관사 a와 전치사 from 사이에 위치한 빈칸은 a의 수식을 받을 명사 자리이므로 선택지에서 유일하게 명사인 (C) referral이 정답입니다. -al로 끝나지만 명사임을 기억해 두는 것이 좋습니다.

오답 (A) referring: 동사 refer의 동명사 또는 현재분사형이므로 부정관사의 수식을 받을 수 없는 오답입니다.
(B) referred: 동사 refer의 과거형 또는 과거분사형이므로 부정관사의 수식을 받을 수 없는 오답입니다.
(D) refer: 동사이므로 부정관사의 수식을 받을 수 없는 오답입니다.

어휘 　seek ~을 찾다, 구하다 physiotherapy treatment 물리 치료법 obtain ~을 얻다, 획득하다 local 지역의, 현지의 refer 참조하다, 조회하다 referral 추천(서), 위탁

DAY 02 　대명사

1초 퀴즈

1.

정답　(A)

해석　히긴스 씨는 오늘 아침에 그의 예약을 취소했다.

해설　명사 appointments 앞은 명사를 수식할 소유격 대명사 자리인데, 여기서 말하는 예약은 주어 Mr. Higgins 씨의 예약이므로 3인칭 남성에 대해 사용하는 소유격 대명사 (A) his가 정답입니다.

어휘　cancel ~을 취소하다 appointment 예약, 약속

2.

정답　(B)

해석　보조 연구원들은 일과 종료 시에 반드시 그들의 보안 출입증을 반납해야 합니다.

해설　동사 return과 명사 목적어 security badges 사이는 명사를 수식할 소유격 대명사가 필요한 자리이므로 (B) their가 정답입니다.

어휘　research 연구, 조사 assistant 보조, 조수 return ~을 반납하다, 반환하다 security badge 보안 출입증

3.

정답　(B)

해석　부장님께서 직접 각 지원자를 면접보셨다.

해설　문장의 구조를 살펴보면, 주어 The department manager와 동사 interviewed, 그리고 목적어 each candidate까지 구성이 완전한 상태입니다. 따라서 빈칸에 부사처럼 부가적인 요소에 해당하는 단어가 필요하므로 이 역할이 가능한 재귀대명사 (B) himself가 정답입니다.

어휘　department 부서 interview ~을 면접하다 candidate 지원자, 후보자 oneself (부사처럼 쓰여) 직접, 스스로

4.

정답　(A)

해석　4층에 있는 직원 라운지가 이번 주에 일시적으로 이용 불가능할 것입니다.

해설　빈칸에는 빈칸 뒤에 있는 단수 명사 week를 수식할 수 있는 형용사가 쓰여야 합니다. 따라서 단수 명사를 수식할 수 있는 지시형용사 (A) this가 정답입니다.

어휘　temporarily 일시적으로, 임시로 inaccessible 이용 불가능한, 접근할 수 없는

5.

정답　(B)

해석　지역의 어떤 약국들은 일요일에 문을 닫지만, 다른 약국들은 그렇지 않다.

해설　빈칸 뒤에 조동사 don't가 있으므로 빈칸은 주어 자리입니다. 그런데 빈칸에 들어갈 주어는 바로 앞에 언급된 어떤 약국들 외에 다른 약국들을 의미해야 알맞으므로 '다른 일부'라는 의미로 쓰이는 (B) others가 정답입니다.

어휘　local 지역의, 현지의 pharmacy 약국 close 문을 닫다, 쉬다

6.

정답　(C)

해석　모든 발표자들께서는 세미나 중에 스스로 프로젝터를 다루셔야 합니다.

해설　전치사 on의 목적어 역할이 가능한 목적격 대명사 또는 재귀대명사 중에 하나를 골라야 합니다. 그런데 주어 All of the presenters를 가리켜 '스스로'라는 의미가 되어야 알맞으므로 전치사 on과 함께 '스스로'라는 뜻을 나타낼 때 사용하는 (C) their own이 정답입니다.

어휘　presenter 발표자 manage ~을 다루다, 관리하다, 해내다 on one's own 스스로, 혼자 during ~ 중에

실전 감잡기

1. (A)	2. (C)	3. (C)	4. (D)	5. (D)
6. (C)	7. (A)	8. (C)	9. (B)	10. (B)

1.

정답　(A)

해석　다른 사람들과 의사소통할 수 있는 능력뿐만 아니라, 무어 씨의 기획 능력 또한 주목할 만하다.

해설　전치사 to와 명사 목적어 ability 사이에 위치한 빈칸은 명사를 수식할 단어가 필요한 자리이므로 이 역할이 가능한 소유격 대명사 (A) his가 정답입니다.

오답　(B) him: 목적격 대명사는 명사를 수식하지 못하므로 오답입니다.
　　　(C) he: 주격 대명사는 명사를 수식하지 못하므로 오답입니다.
　　　(D) himself: 재귀대명사는 명사를 수식하지 못하므로 오답입니다.

어휘　in addition to ~뿐만 아니라, ~ 외에도 ability to do ~할 수 있는 능력 communicate with ~와 의사소통하다 skill 능력, 기술 planning 기획 remarkable 주목할 만한

2.

정답　(C)

해석　카이트 씨를 찾고 계신다면, 회계부 사무실에서 찾으실 수 있습니다.

해설　목적어를 필요로 하는 타동사 find와 전치사 in 사이에 위치한

빈칸은 find의 목적어 역할을 할 단어가 필요한 자리입니다. 그리고 찾는 대상으로서 앞서 언급된 Ms. Kite를 가리킬 목적격 대명사가 쓰여야 하므로 (C) her가 정답입니다.

오답   (A) she: 주격 대명사는 동사의 목적어 역할을 하지 못하므로 오답입니다.

(B) hers: 소유대명사가 동사의 목적어 역할을 할 수 있지만, you와 Ms. Kite가 동일인이 아니므로 오답입니다.

(D) herself: 재귀대명사도 동사의 목적어 역할을 할 수 있지만, 행위 주체(주어)와 대상(목적어)이 동일할 때 사용하므로 오답입니다.

어휘   **look for** ~을 찾다 **find** ~을 찾아내다, 발견하다 **accounting** 회계

3.

정답   (C)

해석   다른 부서장들과 달리, 트래스커 씨는 직접 월간 업무 일정표를 완성하고 싶어한다.

해설   빈칸 앞부분을 보면, Unlike 전치사구 뒤로 주어 Ms. Trasker와 동사, to부정사구로 이어지는 완전한 문장입니다. 따라서 맨 뒤에 위치한 빈칸은 부사처럼 부가적인 요소에 해당되는 단어가 쓰여야 하는데, 이 역할이 가능한 것이 재귀대명사이므로 (C) herself가 정답입니다.

오답   (A) hers: 소유대명사는 부사처럼 부가적인 역할을 하지 못하므로 오답입니다.

(B) her: 소유격 또는 목적격 대명사인데, 부사처럼 부가적인 역할을 하지 못하므로 오답입니다.

(D) her own: 명사를 수식하는 역할을 하므로 오답입니다.

어휘   **unlike** ~와 달리 **department** 부서 **supervisor** 부서장, 책임자, 상사 **would prefer to do** ~하고 싶어하다 **complete** ~을 완성하다, 완료하다 **monthly** 월간의, 달마다의 **oneself** (부사처럼 쓰여) 직접, 스스로 **one's own** 자신만의

4.

정답   (D)

해석   모든 신규 수강생들은 강의 교과 과정에 익숙해질 수 있도록 안내 책자 패키지를 받습니다.

해설   선택지가 모두 재귀대명사이므로 가리키는 대상이 무엇인지 파악해야 합니다. 빈칸은 타동사 familiarize의 목적어 자리이며, 그 앞에 주어로 쓰인 All new class members가 스스로를 익숙하게 만든다는 의미가 되어야 알맞습니다. 따라서 3인칭 복수 재귀대명사인 (D) themselves가 정답입니다.

오답   (A) itself: 3인칭 단수 재귀대명사이므로 오답입니다.

(B) yourself: 2인칭 단수 재귀대명사이므로 오답입니다.

(C) ourselves: 1인칭 복수 재귀대명사이므로 오답입니다.

어휘   **receive** ~을 받다 **information package** 안내 책자 묶음 **in order to do** ~할 수 있도록 **familiarize oneself with** ~에 익숙해지다, ~을 숙지하다 **curriculum** 교육 과정

5.

정답   (D)

해석   세미나에 참석하는 데 관심이 있는 분들께서는 오후 6시 전까

지 소속 부서장님께 연락하셔야 합니다.

해설   빈칸 뒤에 관계대명사 who가 이끄는 절이 있으므로 who절의 수식을 받을 수 있는 대명사 (D) Those가 정답입니다.

오답   (A) There: who절의 수식을 받지 못하므로 오답입니다.

(B) They: who절의 수식을 받지 못하므로 오답입니다.

(C) Which: who절의 수식을 받지 못하므로 오답입니다.

어휘   **those who** ~하는 사람들 **be interested in** ~에 관심이 있다 **attend** ~에 참석하다 **contact** ~에게 연락하다

6.

정답   (C)

해석   애스콧 은행의 메인 스트리트 지점과 하프 로드 지점은 크리스마스 이브에 문을 여는데, 이 지점들이 고객 서비스부를 포함하고 있기 때문입니다.

해설   접속사 as와 명사 주어 branches 사이에 위치한 빈칸은 명사를 수식할 단어가 필요한 자리이므로 이 역할이 가능한 지시형용사 (C) these가 정답입니다.

오답   (A) whose: 접속사의 역할을 하는 소유격 관계대명사로서 다른 접속사 as 바로 뒤에 나란히 쓰일 수 없으므로 오답입니다.

(B) theirs: 소유대명사는 명사를 수식하지 못하므로 오답입니다.

(D) ours: 소유대명사는 명사를 수식하지 못하므로 오답입니다.

어휘   **location** 지점, 위치 **remain + 형용사:** ~한 상태로 있다, 유지되다 **branch** 지점, 지사 **contain** ~을 포함하다 **department** 부서

7.

정답   (A)

해석   산업 공학 컨퍼런스에 참석했던 직원들 누구도 그것이 유익했다고 느끼지 않았다.

해설   빈칸 뒤에 위치한 「of the 복수명사」의 수식을 받을 수 있는 대명사인 (A) None이 정답입니다.

오답   (B) Whoever: 「of the 복수명사」의 수식을 받을 수 없는 복합관계대명사이므로 오답입니다.

(C) Anyone: 「of the 복수명사」의 수식을 받을 수 없는 대명사이므로 오답입니다.

(D) Nobody: 「of the 복수명사」의 수식을 받을 수 없는 대명사이므로 오답입니다.

어휘   **attend** ~에 참석하다 **industrial engineering** 산업 공학 **helpful** 유익한, 도움이 되는 **none** 아무도 ~ 않다 **whoever** ~하는 사람은 누구든

8.

정답   (C)

해석   회사는 돕슨 씨를 위해 비즈니스 클래스 항공권 한 장을, 샐먼 씨를 위해 또 한 장을 예약할 것이다.

해설   돕슨 씨에게 제공되는 비즈니스 클래스 항공권 한 장(one business class flight ticket)과 같은 종류의 것으로 샐먼 씨

에게도 제공되는 것을 나타낼 대명사가 필요합니다. 따라서 one과 짝을 이뤄 같은 종류의 또 다른 하나를 가리킬 때 사용하는 부정대명사 (C) another가 정답입니다.

오답 (A) those: 복수인 특정 대상을 지칭할 때 사용하므로 문장의 의미에 맞지 않는 오답입니다.
(B) others: 복수대명사이므로 문장의 의미에 맞지 않는 오답입니다.
(D) the others: 특정 범위 내의 일부를 제외한 나머지를 가리키는 복수대명사이므로 2인만 등장하는 상황에 맞지 않는 오답입니다.

어휘 reserve ~을 예약하다 those (수식어구와 함께) ~하는 사람들 another 또 다른 하나

9.

정답 (B)

해석 자신의 업무 보조 직원들이 모두 휴가 중이었기 때문에, 클락슨 씨는 스스로 예산 보고서를 수정해야 했다.

해설 전치사 by 뒤에 빈칸이 있으므로 목적어 역할이 가능한 대명사를 찾아야 하는데, 여기서 by의 목적어는 주절의 주어 Mr. Clarkson을 가리킵니다. 따라서 주어와 동일 대상을 가리킬 때 사용하는 재귀대명사 (B) himself가 정답입니다.

오답 (A) he: 주격 대명사는 전치사의 목적어로 쓰일 수 없으므로 오답입니다.
(C) his: 소유격 대명사 또는 소유대명사인데, 소유대명사가 전치사의 목적어로 쓰일 수는 있지만 주어와 동일한 대상이 아니므로 오답입니다.
(D) him: 전치사의 목적어 역할이 가능한 목적격 대명사이지만, 주절의 주어 Mr. Clarkson과 다른 사람을 가리키는 의미가 되므로 오답입니다.

어휘 assistant 보조, 조수 on vacation 휴가 중인 revise ~을 수정하다 budget 예산 by oneself 스스로, 혼자

10.

정답 (B)

해석 구직 지원자들은 배정된 시간 내에 스스로 직무 능력 시험을 쳐야 합니다.

해설 빈칸 앞에 위치한 on과 결합할 수 있는 대명사 특수 구조를 골라야 하므로 (B) their own이 정답입니다.

오답 (A) they: 주어 자리에 올 수 있는 주격 대명사이므로 오답입니다.
(C) them: 전치사의 목적어 자리에 올 수 있는 목적격 대명사이지만 시험 대상으로 맞지 않으므로 오답입니다.
(D) themselves: 주어와 목적어가 동일할 때 목적어 자리에 오거나 부사 역할을 하는 재귀대명사이므로 오답입니다.

어휘 applicant 지원자, 신청자 take a test 시험을 치다 proficiency 능숙, 숙달 on one's own 혼자, 스스로 within ~ 이내에 allocated 배정된, 할당된

DAY 03 동사의 종류

1초 퀴즈

1.

정답 (C)

해석 패스트푸드 레스토랑들이 최근 여러 동남아시아 시장에서 수익성이 좋아졌다.

해설 동사 become 다음은 주격보어 자리이므로 형용사 (C) profitable이 정답입니다. 명사 보어가 쓰이려면 주어와 동격이어야 하는데, 'Fast food restaurants = profit'의 관계가 아니므로 오답입니다.

어휘 recently 최근에 become + 형용사: ~한 상태가 되다 profit 수익, 이익 profitable 수익성이 좋은 profitably 이익이 되게

2.

정답 (D)

해석 모든 부서장들은 스스로 각자의 출장 준비를 해야 합니다.

해설 빈칸 앞에 위치한 make는 목적어를 필요로 하는 타동사이므로 목적어 역할이 가능한 명사 (D) arrangements가 정답입니다.

어휘 make an arrangement 준비하다, 조치하다 business trip 출장 by oneself 스스로, 혼자 arrange ~을 마련하다, 조치하다

3.

정답 (B)

해석 마케팅부장이 우리의 신제품과 관련해 아직 우리에게 어떠한 의견도 주지 않았다.

해설 빈칸 뒤로 두 개의 목적어(us와 any feedback)가 나란히 이어져 있으므로 목적어를 두 개 취할 수 있는 4형식 타동사인 (B) give가 정답입니다. 참고로, (C) arrive는 자동사이므로 목적어를 취할 수 없습니다.

어휘 have yet to do 아직 ~하지 않았다 feedback 의견 product 제품 receive ~을 받다 arrive 도착하다 schedule v. ~의 일정을 잡다

4.

정답 (C)

해석 뉴테크 회사의 앤드류 머피 대표는 새로운 마케팅 전략이 공격적이라고 생각했다.

해설 문장의 동사 find(found는 find의 과거 또는 과거분사)는 「find + 목적어 + 목적보어」의 구조로 쓰입니다. 이 문장에서 목적어 the new marketing strategy 뒤로 빈칸이 있는데, 이는 새 마케팅 전략의 성격을 나타낼 형용사 자리이므로 (C) aggressive가 정답입니다. 명사가 빈칸에 쓰이려면 목적어와 동격이어야 합니다.

어휘 find A 형용사: A를 ~하다고 생각하다 strategy 전략 aggression 공격(성) aggressiveness 공격적임 aggressive 공격적인 aggressively 공격적으로

5.

정답 (B)

해석 어떠한 추가 예산 업데이트라도 있다면, 멀린 씨께서 귀하께 알려 드릴 것입니다.

해설 빈칸 앞에 위치한 동사 let은 「let + 목적어 + 동사원형」의 구조로 쓰입니다. 따라서 목적어 you 뒤에 위치한 빈칸에 동사 원형이 쓰여야 하므로 (B) know가 정답입니다.

어휘 let A know: A에게 알리다 further 추가의 budget 예산

6.

정답 (A)

해석 IT 기술자가 여러분의 컴퓨터를 보호하는 데 어느 프로그램을 설치해야 하는지 결정하도록 도와 드릴 수 있습니다.

해설 빈칸 앞에 위치한 동사 help는 「help + 목적어 + 동사원형」 또는 「help + 목적어 + to부정사」의 구조로 쓰입니다. 따라서 목적어 you 뒤에 위치한 빈칸에 쓰일 수 있는 것은 동사원형인 (A) determine입니다.

어휘 help A do: A가 ~하도록 돕다 install ~을 설치하다 protect ~을 보호하다 determine ~을 결정하다 determination 결정

실전 감잡기

1. (A)	2. (B)	3. (A)	4. (C)	5. (B)
6. (A)	7. (C)	8. (D)	9. (D)	10. (C)

1.

정답 (A)

해석 월시 씨가 데넘 스트리트에 있는 주택에 관심을 계속 갖고 있기는 하지만, 그것을 구매하기를 주저하는 것 같다.

해설 빈칸 바로 뒤에 형용사 hesitant가 쓰여 있으므로 형용사를 보어로 취하는 2형식 동사가 필요하므로 '~한 것 같다'를 뜻하는 (A) seems가 정답입니다.

오답 (B) meets: 형용사 보어를 취하는 2형식 동사가 아니므로 오답입니다.
(C) applies: 형용사 보어를 취하는 2형식 동사가 아니므로 오답입니다.
(D) goes: 형용사 보어를 취하지 않는 1형식 자동사로 토익에 쓰이므로 오답입니다.

어휘 although 비록 ~이기는 하지만 be interested in ~에 관심이 있다 hesitant to do ~하기를 주저하는, 망설이는 seem + 형용사: ~한 것 같다 apply 신청하다, 지원하다, ~을 적용하다

2.

정답 (B)

해석 밀글렌 공공 도서관의 모든 회원카드는 발급일로부터 2년간 유효합니다.

해설 빈칸 바로 뒤에 형용사 valid가 쓰여 있으므로 형용사를 보어로 취하는 2형식 동사인 (B) remain이 정답입니다.

오답 (A) send: 목적어를 취하는 3형식 동사이므로 오답입니다.

(C) achieve: 목적어를 취하는 3형식 동사이므로 오답입니다.
(D) provide: 목적어를 취하는 3형식 동사이므로 오답입니다.

어휘 valid 유효한 issuing date 발급일 remain + 형용사: 계속 ~한 상태이다, ~한 상태로 유지되다 achieve ~을 달성하다, 이루다 provide ~을 제공하다

3.

정답 (A)

해석 수개월 동안의 협의 끝에, 제니스타 사는 로퍼 앤 코 사와 합의에 이르렀다.

해설 빈칸 뒤에 목적어 an agreement가 쓰여 있으므로 목적어를 취하는 타동사가 필요하며, an agreement와 어울려 '합의에 이르다'라는 의미를 나타내는 타동사 reach의 과거분사인 (A) reached가 정답입니다.

오답 (B) talked: 목적어를 취할 수 없는 자동사 talk의 과거분사이므로 오답입니다.
(C) experienced: 목적어를 취할 수 있는 타동사이지만 agreement와 의미가 맞지 않으므로 오답입니다.
(D) decided: 목적어를 취할 수 있는 타동사이지만 agreement와 의미가 맞지 않으므로 오답입니다.

어휘 negotiation 협의, 협상 agreement 합의, 동의 reach ~에 이르다, 다다르다 experience v. ~을 경험하다, 겪다 decide ~을 결정하다

4.

정답 (C)

해석 NCH 그룹은 주요 기차역과 가까운 곳에 편리하게 위치하는 여러 새 고급 호텔을 개장할 것이다.

해설 빈칸 뒤에 목적어 several new luxury hotels가 있으므로 목적어를 취할 수 있는 타동사 중에서 의미가 적절한 것을 찾아야 합니다. 목적어 several new luxury hotels에 대해 취해질 행위로는 '새 호텔들을 개장하다'라는 의미가 자연스러우므로 '~을 개장하다, 열다'를 뜻하는 타동사 (C) open이 정답입니다.

오답 (A) notice: 타동사이지만 의미가 맞지 않으므로 오답입니다.
(B) invite: 타동사이지만 의미가 맞지 않으므로 오답입니다.
(D) enter: 자동사 및 타동사이며 의미가 맞지 않으므로 오답입니다.

어휘 several 여럿의, 몇몇의 conveniently 편리하게 be located + 전치사: ~에 위치해 있다 notice v. ~을 알아차리다 invite ~을 초대하다, ~에게 요청하다 enter ~에 들어가다, 참가하다

5.

정답 (B)

해석 레스토랑 매니저는 좋지 못한 서비스에 대해 사과하기 위해 리치 씨에게 무료 식사 쿠폰을 제공했다.

해설 빈칸 뒤에 두 개의 목적어 Ms. Ritchie와 a free meal voucher가 나란히 위치해 있습니다. 따라서 목적어를 두 개 취할 수 있는 동사가 필요하므로 '~에게 …을 제공하다'를 의미하는 (B) offered가 정답입니다.

| 오답 | (A) traveled: 목적어를 취할 수 없는 자동사이므로 오답입니다. |

오답   (A) traveled: 목적어를 취할 수 없는 자동사이므로 오답입니다.
   (C) told: 목적어를 두 개 취할 수 있는 동사이기는 하지만 meal voucher와 의미가 맞지 않으므로 오답입니다.
   (D) asked: 목적어를 두 개 취할 수 있는 동사이기는 하지만 meal voucher와 의미가 맞지 않으므로 오답입니다.

어휘   **free** 무료의 **voucher** 쿠폰, 상품권 **apologize for** ~에 대해 사과하다 **poor** 좋지 못한, 형편 없는 **travel** 여행하다, 이동하다 **offer A B**: A에게 B를 제공하다

6.

정답   (A)

해석   모든 임시직 직원들은 반드시 인사부장에게 주간 업무 보고서를 보내야 한다.

해설   빈칸 뒤에 두 개의 목적어 the head of the personnel department와 a weekly work report가 나란히 위치해 있습니다. 따라서 목적어를 두 개 취할 수 있는 동사인 (A) send가 정답입니다.

오답   (B) attend: 두 개의 목적어를 취하지 않는 타동사이므로 오답입니다.
   (C) review: 두 개의 목적어를 취하지 않는 타동사이므로 오답입니다.
   (D) arrive: 목적어를 취할 수 없는 자동사이므로 오답입니다.

어휘   **temporary** 임시의, 일시적인 **head** 장, 책임자 **personnel department** 인사부 **weekly** 주간의, 매주의 **send A B**: A에게 B를 보내다 **attend** ~에 참석하다 **review** ~을 검토하다, 살펴보다 **arrive** 도착하다

7.

정답   (C)

해석   마케팅팀에서 우리에게 시장 설문조사 완료 마감기한이 일주일 정도 연장될 것이라고 알려주었다.

해설   빈칸 뒤에 「목적어 + that + 전달 내용」 구조가 이어져 있으므로 이 구조와 어울려 쓰이는 타동사 (C) informed가 정답입니다.

오답   (A) required: that절이 목적어로서 동사 바로 뒤에 이어지는 구조로 쓰이므로 오답입니다.
   (B) announced: that절이 목적어로서 동사 바로 뒤에 이어지는 구조로 쓰이므로 오답입니다.
   (D) released: 목적어를 하나만 가지므로 오답입니다.

어휘   **inform A that**: A에게 ~라고 알리다 **deadline** 마감기한 **complete** ~을 완료하다 **survey** 설문조사(지) **extend** ~을 연장하다 **by** (차이) ~정도, 만큼 **require** ~을 요구하다 **announce** ~을 알리다 **release** ~을 출시하다, 발표하다

8.

정답   (D)

해석   리버사이드 시장은 모든 지역 주민들에게 시청에서 열리는 공청회에 참석하도록 권고했다.

해설   빈칸 뒤에 「목적어 + to부정사」 구조가 이어져 있으므로 이 구조와 어울려 쓰이는 타동사 (D) encouraged가 정답입니다.

오답   (A) agreed: 「agree to do」 구조로 쓰이는 동사이므로 오답입니다.
   (B) purchased: 「목적어 + to부정사」 구조와 함께 사용하지 않는 타동사이므로 오답입니다.
   (C) discussed: 「목적어 + to부정사」 구조와 함께 사용하지 않는 자동사 및 타동사이므로 오답입니다.

어휘   **mayor** 시장 **encourage A to do**: A에게 ~하도록 권하다, 장려하다 **local** 지역의, 현지의 **resident** 주민 **attend** ~에 참석하다 **public hearing** 공청회 **agree** 동의하다 **purchase** ~을 구입하다 **discuss** ~을 논의하다, 이야기하다

9.

정답   (D)

해석   재러드 사는 기업체 소유주들이 잠재 고객들의 변화하는필요를 충족시키도록 돕는 서비스를 개발한다.

해설   빈칸 뒤에 목적어 the changing needs가 있으므로 목적어 needs와 어울리는 동사를 찾아야 합니다. 여기서 the changing needs는 변화하는 잠재 고객들의 필요를 의미하므로 그 필요를 충족시킨다는 뜻이 되어야 자연스럽습니다. 따라서 '~을 충족하다'를 의미하는 (D) meet가 정답입니다.

오답   (A) apply: 타동사와 자동사로 모두 쓰이는데, 타동사일 때 needs와 의미가 맞지 않으므로 오답입니다.
   (B) wait: 목적어를 취하지 않는 자동사이므로 오답입니다.
   (C) seem: 주격 보어를 취하는 2형식 자동사이므로 오답입니다.

어휘   **develop** ~을 개발하다 **help A do**: A가 ~하도록 돕다 **owner** 소유주 **potential** 잠재적인 **apply** 지원하다, 신청하다, ~을 적용하다 **seem** ~한 것 같다 **meet** (조건 등) ~을 충족하다

10.

정답   (C)

해석   여러분께서 특정 건물과 명소에 관해 더 많은 정보를 원하시는지를 저희 투어 가이드들에게 알려 주시기 바랍니다.

해설   빈칸 뒤에 「목적어 + 동사원형」 구조가 이어져 있으므로 이 구조와 어울리는 타동사 (C) let이 정답입니다.

오답   (A) join: 「목적어 + 동사원형」 구조와 어울려 쓰이지 않는 타동사이므로 오답입니다.
   (B) visit: 「목적어 + 동사원형」 구조와 어울려 쓰이지 않는 타동사이므로 오답입니다.
   (D) allow: 「목적어 + to부정사」 구조와 어울려 쓰이는 타동사이므로 오답입니다.

어휘   **let A know B**: A에게 B를 알리다 **whether** ~인지 (아닌지) **would like** ~을 원하다 **certain** 특정한, 일정한 **landmark** 명소, 인기 장소 **join** ~에 합류하다, 가입하다, 함께하다 **allow** ~을 허용하다, ~하게 해주다

DAY 04 동사의 시제

1초 퀴즈

1.

정답 (A)

해석 매뉴팩스 라이트 픽스처스 사는 자사의 제품 라인을 6개월 후에 확장할 것이라고 어제 발표했다.

해설 선택지가 모두 동사의 형태이고 시제가 다르므로 시제 단서를 찾아야 합니다. 빈칸 뒤에 과거 시간 표현 yesterday가 있으므로 과거시제 동사 (A) announced가 정답입니다.

어휘 announce that ~라고 발표하다 expand ~을 확장하다, 확대하다 in + 기간: ~ 후에

2.

정답 (A)

해석 존 윌리엄즈 밴드는 거의 15년 동안 소규모 기업 관객들을 즐겁게 해왔다.

해설 선택지가 모두 동사의 형태이고 시제가 다르므로 시제 단서를 찾아야 합니다. 빈칸 뒤에 기간을 나타내는 over almost fifteen years가 있으므로 이 기간 표현과 어울리는 현재완료시제 동사 (A) has entertained가 정답입니다.

어휘 corporate 기업의 audience 관객, 청중, 시청자 entertain ~을 즐겁게 해주다, 환대하다

3.

정답 (B)

해석 해밋 씨는 10년 전에 DAX 주식회사에서 근무하던 중에 '다이렉트 타게팅'이라는 영업 방식을 고안했다.

해설 선택지가 모두 동사의 형태이고 시제만 다르므로 시제 단서를 찾아야 합니다. 빈칸 뒤로 ten years ago라는 과거 시간 표현이 있으므로 과거시제 동사 (B) created가 정답입니다.

어휘 sales 영업, 판매(량), 매출 approach (접근) 방식 while ~하는 중에, ~하는 동안 create ~을 만들다

4.

정답 (D)

해석 저희가 다음 주에 만날 때쯤이면, 홀웨이 씨가 서류 작업을 완료했을 것입니다.

해설 By the time이 이끄는 절의 동사가 현재시제일 때, 주절의 동사는 미래완료시제여야 하므로 (D) will have completed가 정답입니다. 참고로, By the time이 이끄는 절의 동사가 과거시제이면 주절의 동사로 과거완료(had p.p.)를 사용합니다.

어휘 by the time ~할 때쯤 paperwork 서류 (작업) complete ~을 완료하다

실전 감잡기

1. (A)	2. (D)	3. (D)	4. (B)	5. (D)
6. (D)	7. (C)	8. (D)	9. (C)	10. (C)

1.

정답 (A)

해석 레스토랑 구내에 조경 작업이 이뤄져 있어서, 대부분의 우리 손님들이 일반적으로 바깥의 테라스 구역에 앉는 것을 택한다.

해설 선택지가 모두 능동태 동사이고 시제만 다르므로 시제 단서를 찾아야 합니다. 빈칸 앞에 위치한 부사 typically는 '일반적으로, 보통'이라는 의미로 현재시제 동사와 어울리는 부사입니다. 또한 빈칸 앞에 위치한 주절의 주어 most of our diners는 복수 명사구이므로 이 명사구와 수일치되는 현재시제 복수 동사 형태인 (A) choose가 정답입니다.

오답 (B) chose: 과거시제 동사이므로 typically와 어울리지 않는 오답입니다.
      (C) will have chosen: 미래완료시제 동사이므로 typically와 어울리지 않는 오답입니다.
      (D) chooses: 현재시제 동사이지만 3인칭 단수 주어와 수일치되는 형태이므로 오답입니다.

어휘 now that (이제) ~이므로 grounds 부지, 구내 landscape ~에 조경 작업을 하다 diner 식사 손님 typically 일반적으로, 보통 choose to do ~하기로 결정하다, 선택하다 terrace 테라스

2.

정답 (D)

해석 어제 있었던 회의에서, 벤틀리 사의 대표이사가 던레비 케이터링 사와의 계약서에 서명했다.

해설 선택지가 모두 능동태 동사이고 시제만 다르므로 시제 단서를 찾아야 합니다. 문장 시작 부분에 At yesterday's meeting이라는 과거 시간 표현이 쓰여 있으므로 과거시제인 (D) signed가 정답입니다.

오답 (A) sign: 현재시제 동사이므로 과거 시간 표현과 맞지 않는 오답입니다.
      (B) will sign: 미래시제 동사이므로 과거 시간 표현과 맞지 않는 오답입니다.
      (C) have signed: 현재완료시제 동사이므로 특정 과거 시간 표현과 맞지 않는 오답입니다.

어휘 sign a contract 계약(서)에 서명하다

3.

정답 (D)

해석 회사 인트라넷 및 데이터 파일이 유지 관리 작업으로 인해 내일까지 이용할 수 없을 것이다.

해설 선택지가 모두 능동태 동사이고 시제만 다르므로 시제 단서를 찾아야 합니다. 빈칸 뒤에 until tomorrow라는 미래 시간 표현이 있으므로 미래시제 (D) will be가 정답입니다.

오답 (A) are being: 현재진행시제 동사이므로 오답입니다.
      (B) were: 과거시제 동사이므로 미래 시간 표현과 맞지 않는 오답입니다.

(C) had been: 과거완료시제 동사이므로 미래 시간 표현과 맞지 않는 오답입니다.

어휘 access to ~의 이용, ~에 대한 접근 unavailable 이용할 수 없는 until (지속) ~까지 due to ~로 인해 maintenance 유지 관리, 시설 보수

4.

정답 (B)

해석 돼지고기에 알레르기가 있는 사람들을 위해, 많은 레스토랑들이 지난 10년 동안 더 많은 채식 음식들을 소개해 왔다.

해설 우선, 빈칸 앞에 For 전치사구와 주어가 있고 빈칸 뒤로 명사구와 in 전치사구가 있으므로 빈칸은 문장의 동사 자리입니다. 또한 in the last ten years라는 과거에서 현재에 이르는 기간 표현과 어울리려면 현재완료시제 동사가 쓰여야 하므로 (B) have introduced가 정답입니다.

오답 (A) will introduce: 미래시제 동사이므로 과거에서 현재에 이르는 기간 표현과 어울리지 않는 오답입니다.
(C) will have introduced: 미래완료시제 동사이므로 과거에서 현재에 이르는 기간 표현과 어울리지 않는 오답입니다.
(D) to introduce: 동사의 형태가 아니므로 동사가 필요한 빈칸에 맞지 않는 오답입니다.

어휘 those who ~하는 사람들 be allergic to ~에 알레르기가 있다 introduce ~을 소개하다, 도입하다

5.

정답 (D)

해석 우리의 캠든 지점 영업사원들이 우리가 예상했던 것보다 6일 더 빨리 월간 목표에 도달했다.

해설 비교 대상을 나타낼 때 사용하는 than 뒤로 주어 we와 빈칸만 위치한 구조입니다. we가 예상하는 행위의 주체이므로 능동태 동사가 필요하며, 예상하는 일을 한 시점은 주절에 과거시제로 쓰여 있는 reached보다 더 이전 시점의 일이어야 알맞습니다. 따라서 과거시제보다 더 이전의 과거를 나타낼 때 사용하는 과거완료시제 (D) had expected가 정답입니다.

오답 (A) expect: 현재시제 동사이므로 시점이 맞지 않는 오답입니다.
(B) are expecting: 현재진행시제 동사이므로 시점이 맞지 않는 오답입니다.
(C) were expected: 수동태 동사이므로 행위 주체인 we와 어울리지 않는 오답입니다.

어휘 salespeople 영업사원들 branch 지점, 지사 reach ~에 도달하다, 이르다 monthly 월간의, 달마다의 expect ~을 예상하다, 기대하다

6.

정답 (D)

해석 러시든 씨가 본사에서 새로운 관리자 직책을 시작할 때쯤이면, 인사팀이 그녀를 위한 새 사무실을 준비했을 것이다.

해설 우선, 빈칸이 속한 주절에서 빈칸 앞뒤로 주어와 목적어, 그리고 for 전치사구만 있으므로 빈칸은 주절의 동사 자리입니다. 또한 By the time이 이끄는 절의 동사가 현재시제(begins)일

때, 주절의 동사는 미래완료시제를 사용하므로 (D) will have prepared가 정답입니다.

오답 (A) prepared: 과거시제 동사이므로 By the time이 이끄는 절의 동사가 현재시제일 때 사용하는 주절의 동사 시제로 맞지 않는 오답입니다.
(B) preparing: 동사의 형태가 아니므로 주절의 동사 자리인 빈칸에 맞지 않는 오답입니다.
(C) had prepared: By the time이 이끄는 절의 동사가 과거시제일 때 주절에 사용하는 과거완료시제이므로 오답입니다.

어휘 by the time ~할 때쯤 management role 관리자 직책 headquarters 본사 personnel team 인사팀 prepare A for B: B를 위해 A를 준비하다

7.

정답 (C)

해석 저희 글로벌 피트니스는 귀하께서 지난 18개월 동안 저희 주중 요가 강좌를 즐겨오신 것에 대해 감사 드립니다.

해설 for가 이끄는 기간 전치사구는 완료시제와 어울리므로 현재완료진행시제인 (C) have enjoyed와 과거완료시제인 (D) had enjoyed 중에서 하나를 골라야 합니다. 그런데 주절에서 현재시제 동사 appreciate가 사용되므로 과거에서 현재까지의 기간을 나타낼 수 있는 현재완료시제 (C) have enjoyed가 정답입니다.

오답 (A) enjoyed: 과거시제 동사이므로 현재가 포함된 기간을 나타내지 못하는 오답입니다.
(B) enjoying: 동사의 형태가 아니므로 동사 자리인 빈칸에 맞지 않는 오답입니다.
(C) had enjoyed: 과거와 그보다 더 이전 사이의 기간을 나타내는 과거완료시제이므로 오답입니다.

어휘 appreciate that ~한 것에 대해 감사하다 past 지난, 과거의

8.

정답 (D)

해석 옴니 텔레콤 사의 본사는 10년 동안 신입사원들이 고객 불만을 처리하는 것을 돕도록 경험 많은 직원들을 배정해 오고 있다.

해설 선택지가 모두 동사의 형태이고 시제가 다르므로 시제 단서부터 찾아야 합니다. 문장 마지막에 위치한 기간을 나타내는 for 전치사구는 현재완료시제와 어울리며, 빈칸 뒤에 위치한 experienced employees를 목적어로 취할 수 있는 능동태인 (D) has assigned가 정답입니다.

오답 (A) assigns: 현재시제 동사이므로 기간을 나타내는 for 전치사구와 어울리지 않는 오답입니다.
(B) is assigning: 현재진행시제 동사이므로 기간을 나타내는 for 전치사구와 어울리지 않는 오답입니다.
(C) has been assigned: 현재완료시제 동사이지만 빈칸 뒤에 위치한 목적어(명사구)를 취할 수 없는 수동태이므로 오답입니다.

어휘 head office 본사 experienced 경험 많은 assist A in -ing: A가 ~하는 데 도움을 주다 new recruits 신입 사원 handle ~을 처리하다, 다루다 complaint 불만, 불평 assign ~을 배정하

다, 할당하다

9.

정답 (C)

해석 유가가 지난 6개월에 걸쳐 상승해 왔지만, 올 연말쯤 안정화될 것으로 예상되고 있다.

해설 우선, 빈칸이 속한 주절에서 주어와 빈칸 뒤로 over 전치사구만 있으므로 빈칸은 주절의 동사 자리입니다. 또한 과거에서 현재까지의 기간을 나타내는 over 전치사구는 현재완료시제와 어울리므로 (C) have increased가 정답입니다.

오답 (A) increase: 현재시제 동사이므로 문장의 over 전치사구와 어울리지 않는 오답입니다.
(B) increasing: 동사의 형태가 아니므로 주절의 동사 자리인 빈칸에 맞지 않는 오답입니다.
(D) will increase: 미래시제 동사이므로 문장의 over 전치사구와 어울리지 않는 오답입니다.

어휘 over ~ 동안에 걸쳐 past 지난, 과거의 be expected to do ~할 것으로 예상되다 stabilize 안정화되다 towards + 시점: ~쯤 increase 인상되다, 증가되다

10.

정답 (C)

해석 최근, 현재의 조세 제도에 급격한 변화를 주기 위해 정부 위원회가 구성되었다.

해설 문장 시작 부분에 쓰여 있는 Recently라는 부사는 과거 또는 현재완료시제와 어울립니다. 또한 '위원회'를 뜻하는 주어 a government committee는 사람에 의해 만들어지는 대상이므로 create가 수동태로 쓰여야 합니다. 따라서 수동태 현재완료시제 동사인 (C) has been created가 정답입니다.

오답 (A) created: Recently와 어울리는 과거시제 동사이지만 능동태이므로 오답입니다.
(B) will create: Recently와 어울리지 않는 미래시제 동사이며 능동태이므로 오답입니다.
(D) is creating: Recently와 어울리지 않는 현재진행시제 동사이며 능동태이므로 오답입니다.

어휘 recently 최근에 committee 위원회 make a modification 변경하다, 수정하다 dramatic 급격한 current 현재의 tax system 조세 제도 create ~을 만들다

DAY 05 동사의 특성 - 태/수일치

1초 퀴즈

1.

정답 (B)

해석 점심 식사와 다과가 참가비에 포함된다는 점을 유념하시기 바랍니다.

해설 주어와 동사가 포함되어야 하는 that절에서 주어와 빈칸 뒤로 전치사가 있습니다. 따라서 타동사 cover의 수동태가 빈칸에 쓰여야 하므로 (B) will be covered가 정답입니다. (A) to cover는 동사의 형태가 아니므로 동사 자리인 빈칸에 쓰일 수 없고, (C) cover와 (D) are covering은 목적어를 취해야 하는 능동태 동사이므로 오답입니다.

어휘 note that ~라는 점을 유념하다, 주목하다 refreshment 다과 attendance 참석, 출석 fee 수수료, 요금 cover ~을 포함하다, 충당하다

2.

정답 (C)

해석 모든 사업 거래는 반드시 고위 간부들에 의해 미리 승인받아야 한다.

해설 조동사 must 다음은 동사원형이 위치해야 하는 자리인데, 빈칸 뒤에 목적어 없이 by 전치사구만 있으므로 수동태 동사원형인 (C) be approved가 정답입니다.

어휘 transaction 거래 senior manager 고위 간부 in advance 미리, 사전에 approve ~을 승인하다

3.

정답 (B)

해석 회원 자격이 최소 2년 계약을 바탕으로 한다는 점을 유념하시기 바랍니다.

해설 빈칸 앞에 위치한 수동태 동사 be based는 전치사 on과 결합해 '~을 바탕으로 하다, 기반으로 하다'라는 의미를 나타내므로 (B) on이 정답입니다.

어휘 note that ~임을 유념하다, 주목하다 be based on ~을 바탕으로 하다, 기반으로 하다 minimum 최소한의, 최저의 contract 계약(서)

4.

정답 (C)

해석 제품 시연회는 무역 박람회 참가자들에 의해 매우 유익하다고 여겨졌다.

해설 선택지에 제시된 동사 consider는 「consider + 목적어」 또는 「consider + 목적어 + 목적보어」의 구조로 모두 쓰일 수 있는데, 빈칸 앞뒤 부분을 보면 「주어 + ----- + 형용사」의 순서로 되어 있습니다. 이는 「consider + 목적어 + 목적보어」 구조에서 목적어가 주어 자리로 이동하고 목적보어인 형용사만 남은 수동태 동사 구조임을 의미하는 것입니다. 따라서 (C) was considered가 정답입니다. very는 형용사를 수식하는 부사입니다.

어휘 demonstration 시연(회) informative 유익한 trade show 무역 박람회 participant 참가자 consider A 형용사: A를 ~하다고 여기다

5.

정답 (B)

해석 저희 마버리 인더스트리즈 사는 지난 분기에 자사의 매출 목표에 도달했음을 발표하게 되어 기쁩니다.

해설 3인칭 단수 주어인 Marbury Industries와 수일치되는 단수 동사인 (B) is pleased가 정답입니다. (A) be pleased는 3인칭 단수 주어 바로 뒤에 위치하지 못하는 동사원형이며, (C) are pleased와 (D) were pleased는 모두 복수 주어와 함께 사용합니다.

어휘 announce that ~라고 발표하다, 알리다 reach ~에 도달하다, 이르다 sales 매출, 판매(량), 영업 quarter 분기 be pleased to do ~해서 기쁘다

6.

정답 (A)

해석 팜파노 베이커리의 킹 케이크에 대한 판촉 행사가 3개월마다 열린다.

해설 주어와 전치사구, 빈칸, 그리고 반복 주기를 나타내는 부사구로 이어지는 구조이므로 빈칸에 문장의 동사가 필요합니다. 그리고 선택지에 제시된 hold는 타동사인데 빈칸 뒤에 목적어 없이 부사구만 있으므로 수동태 동사가 쓰여야 하며, 복수 주어 Promotional events와 수일치되는 (A) are held가 정답입니다.

어휘 promotional 판촉의, 홍보의 every three months 3개월마다 hold (행사, 회의 등) ~을 열다, 개최하다

실전 감잡기

1. (C)	2. (A)	3. (A)	4. (A)	5. (C)
6. (B)	7. (A)	8. (B)	9. (B)	10. (C)

1.

정답 (C)

해석 에디슨 초프라 교수는 유전 공학 분야의 선도적인 과학자들에 의해 매우 존경받고 있다.

해설 be동사 뒤에서 부사(highly)의 수식을 받을 수 있는 것은 현재분사 또는 과거분사입니다. 그런데 빈칸 뒤에 목적어 없이 by 전치사구만 쓰여 있어 수동태 동사를 구성하는 과거분사가 필요하다는 것을 알 수 있으므로 (C) regarded가 정답입니다. highly regarded를 하나의 숙어로 기억해두면 좋습니다.

오답 (A) regard: 명사 또는 동사원형인데, 명사일 경우에 부사의 수식을 받을 수 없고, 동사일 경우에 be동사 is 뒤에 위치할 수 없어 오답입니다.
(B) regarding: is 뒤에 위치하면 능동태 현재진행시제를 구성하게 되는데, regard가 타동사여서 목적어를 필요로 하므로 빈칸 뒤에 목적어가 쓰여 있지 않는 이 문장에 맞지 않는 오답입니다. 참고로, regarding은 전치사의 형태이기도 합니다.
(D) regards: 복수 명사 또는 3인칭 단수 주어와 어울리는 동사의 형태인데, 명사일 경우 부사의 수식을 받을 수 없고, 동사일 경우에 be동사 is 뒤에 위치할 수 없어 오답입니다.

어휘 highly regarded 매우 존경 받는, 높이 평가 받는 leading 선도적인, 앞서 가는 field 분야 genetic engineering 유전 공학 regard n. 관련, 고려, 존경, 주목 v. ~을 존경하다, (높이) 평가하

다 regarding ~와 관련해

2.

정답 (A)

해석 작업자들이 구내식당 개조 공사를 완료하는 동안 직원들은 점심 식사를 할 대체 장소를 찾아야 한다.

해설 접속사 while 뒤로 주어 the workers와 빈칸, 그리고 명사구만 쓰여 있으므로 빈칸에 while절의 동사가 쓰여야 하며, 빈칸 뒤에 위치한 명사구를 목적어로 취해야 하므로 능동태 동사인 (A) comeplete이 정답입니다.

오답 (B) completing: 동명사 또는 현재분사형이므로 while절의 동사 자리인 빈칸에 쓰일 수 없는 오답입니다.
(C) to complete: 동사의 형태가 아니므로 while절의 동사 자리인 빈칸에 쓰일 수 없는 오답입니다.
(D) are completed: 수동태 동사이므로 빈칸 뒤에 위치한 명사구를 목적어로 취할 수 없는 오답입니다.

어휘 alternative 대체의, 대안의 while ~하는 동안, ~인 반면 cafeteria 구내식당 renovation 개조 (공사), 보수 (공사) complete ~을 완료하다

3.

정답 (A)

해석 애거트 일렉트로닉스 사가 포틀랜드에서 곧 열리는 기술 컨벤션에서 자사의 새 휴대전화 제품 사용법을 시연할 것이다.

해설 조동사 다음은 동사원형이 필요한 자리입니다. 그런데 빈칸 뒤에 명사구(its new cell phone model)가 있으므로 이 명사구를 목적어로 취할 수 있는 능동태 동사원형인 (A) demonstrate이 정답입니다.

오답 (B) demonstrates: 3인칭 단수 주어와 수일치되는 동사 형태이므로 오답입니다.
(C) demonstrating: 동사의 형태가 아니므로 오답입니다.
(D) be demonstrated: 빈칸 뒤에 위치한 명사구를 목적어로 취할 수 없는 수동태 동사이므로 오답입니다.

어휘 upcoming 곧 있을, 다가오는 demonstrate ~의 사용법을 시연하다, 시범 보이다

4.

정답 (A)

해석 멀티코 엔터프라이즈 사는 향후 몇 년에 걸쳐 해외 시장으로의 지속적인 확장을 예상하고 있다.

해설 주어와 빈칸 뒤로 명사구와 전치사구들만 있으므로 빈칸은 문장의 동사 자리이며, 빈칸 바로 뒤에 위치한 명사구를 목적어로 취해야 하므로 능동태 동사인 (A) anticipates가 정답입니다.

오답 (B) anticipating: 동사의 형태가 아니므로 문장의 동사 자리인 빈칸에 쓰일 수 없는 오답입니다.
(C) to anticipate: 동사의 형태가 아니므로 문장의 동사 자리인 빈칸에 쓰일 수 없는 오답입니다.
(D) is anticipated: 수동태 동사이므로 빈칸 뒤에 위치한 명사구를 목적어로 취할 수 없는 오답입니다.

어휘 steady 지속적인, 꾸준한 growth 성장 into (이동 방향) ~ 안으로, 속으로 (변화 등) ~로, ~의 상태로 overseas ad. 해외에 a. 해외의 over ~ 동안에 걸쳐 anticipate ~을 예상하다, 기대하다

5.

정답 (C)

해석 그 영업부장은 새 마케팅 캠페인 이후로 최근의 매출 급등에 대해 놀라워하고 있다.

해설 빈칸 앞에 위치한 is surprised는 전치사 at과 결합해 놀라움의 대상을 나타내므로 (C) at이 정답입니다.

오답 (A) into: is surprised와 결합하는 전치사가 아니므로 오답입니다.
(B) over: is surprised와 결합하는 전치사가 아니므로 오답입니다.
(D) from: is surprised와 결합하는 전치사가 아니므로 오답입니다.

어휘 sales 영업, 매출, 판매(량) be surprised at ~에 대해 놀라워하다 recent 최근의 surge in ~의 급등

6.

정답 (B)

해석 래플스 골프 리조트의 안내 책자에 실린 모든 객실에는 주방용품이 완전히 갖춰져 있다.

해설 빈칸 앞에 위치한 are equipped는 전치사 with과 결합해 갖춰진 물품을 나타내므로 (B) with가 정답입니다.

오답 (A) at: are equipped와 결합하는 전치사가 아니므로 오답입니다.
(C) in: are equipped와 결합하는 전치사가 아니므로 오답입니다.
(D) to: are equipped와 결합하는 전치사가 아니므로 오답입니다.

어휘 listed in ~에 수록된, 나열된 brochure 안내 책자, 소책자 be equipped with A: A가 갖춰져 있다, A가 구비되어 있다 fully 완전히, 전부, 최대로 kitchen utensils 주방용품

7.

정답 (A)

해석 6개월 이상의 구독 신청에 대한 할인은 오직 저희 소식지 우편 발송 대상자 명단에 포함된 분들에게만 제공됩니다.

해설 be동사 are와 전치사 to 사이에 빈칸이 있으므로 목적어를 필요로 하는 타동사 offer의 과거분사가 빈칸에 들어가 수동태 동사를 구성해야 알맞은 구조가 됩니다. 따라서 (A) offered가 정답입니다.

오답 (B) offering: 현재분사로서 are와 함께 능동태 현재진행시제를 구성하게 되는데, 빈칸 뒤에 목적어가 나타나 있지 않으므로 빈칸에 맞지 않는 오답입니다.
(C) offer: 동사원형이므로 be동사 are 뒤에 나란히 위치할 수 없는 오답입니다.
(D) to offer: 능동태 to부정사여서 여전히 목적어를 필요로 하므로 오답입니다.

어휘 subscription 구독 신청, 서비스 가입 or more (숫자 표현 뒤에서) ~ 이상 those (수식어구와 함께) ~하는 사람들 mailing list 우편물 발송 대상자 명단 offer A to B: A를 B에게 제공하다

8.

정답 (B)

해석 유급 휴가 및 현금 보너스가 10월에 가장 뛰어난 출근 기록을 보유한 직원들에게 주어질 것이다.

해설 빈칸 앞에는 사물 주어(Paid vacations and cash bonuses)가, 빈칸 뒤에는 대상자를 나타내는 to 전치사구가 쓰여 있습니다. 이는 수여동사가 수동태로 쓰일 때 어울리는 구조이므로 수여동사의 과거분사인 (B) awarded가 정답입니다.

오답 (A) assumed: 빈칸 앞뒤 구조에 어울리는 수여동사의 과거분사가 아니므로 오답입니다.
(C) agreed: 빈칸 앞뒤 구조에 어울리는 수여동사의 과거분사가 아니므로 오답입니다.
(D) accepted: 빈칸 앞뒤 구조에 어울리는 수여동사의 과거분사가 아니므로 오답입니다.

어휘 paid vacation 유급 휴가 attendance 출근, 참석, 참석자 수 assume ~라고 생각하다, (책임 등) ~을 맡다 award A to B: A를 B에게 주다, 수여하다 agree 동의하다 accept ~을 받아들이다, 수용하다

9.

정답 (B)

해석 직원 복장 규정에 대한 아르코 정유회사의 새로운 사내 정책은 오직 정규직 직원들에게만 적용된다.

해설 우선, 빈칸 앞에는 주어와 for 전치사구가 있고, 빈칸 뒤에는 부사 only와 to 전치사구만 있으므로 빈칸이 문장의 동사 자리임을 알 수 있습니다. 또한 주어 Arko Petroleum Inc.'s new company policy는 3인칭 단수이므로 3인칭 단수 주어와 수일치되는 형태인 (B) applies가 정답입니다.

오답 (A) apply: 3인칭 단수 주어와 수일치되는 형태가 아니므로 오답입니다.
(C) applying: 동사의 형태가 아니므로 문장의 동사 자리인 빈칸에 쓰일 수 없는 오답입니다.
(D) are applied: 3인칭 단수 주어와 수일치되는 형태가 아니므로 오답입니다.

어휘 policy 정책, 방침 dress code 복장 규정 apply (to) (~에) 적용되다

10.

정답 (C)

해석 레아 맥켈란 주방장이 위생 검열 전에 음식 조리대를 청소하도록 주방 직원들에게 요청했다.

해설 선택지가 모두 동사의 형태이므로 수일치와 능/수동, 시제 단서를 통해 알맞은 것을 찾아야 합니다. 빈칸 앞에 위치한 Head Chef Leah McKellan이 3인칭 단수 주어이므로 단수 동사의 형태를 찾아야 하며, 빈칸 뒤에 위치한 명사구를 목적어로 취해야 하므로 능동태여야 합니다. 따라서 이 조건들을 만족하는 (C) has asked가 정답입니다.

오답 (A) ask: 3인칭 단수 주어와 수일치되는 형태가 아니므로 오답입니다.

(B) has been asked: 3인칭 단수 주어와 수일치되는 형태이기는 하지만 수동태이므로 오답입니다.

(D) are asking: 3인칭 단수 주어와 수일치되는 형태가 아니므로 오답입니다.

어휘 ask A to do: A에게 ~하도록 요청하다 preparation station 조리대 inspection 점검, 검열

DAY 06 가정법

1초 퀴즈

1.

정답 (C)

해석 회사에서 광고 예산을 증가시킨다면, 더 많은 사람들이 회사의 서비스를 이용할 수 있을 것이다.

해설 If절의 동사가 현재시제(increases)일 때, 주절의 동사는 미래시제여야 하므로 (C) will have가 정답입니다.

어휘 increase ~을 증가시키다, 늘리다 advertising 광고 (활동) budget 예산 have access to ~을 이용할 수 있다, ~에 접근할 수 있다

2.

정답 (D)

해석 워델 씨가 신중하게 가이드라인을 따랐었다면, 그가 대회에서 우승했을 것이다.

해설 If절의 동사가 과거완료시제(had p.p.)일 때, 주절의 동사는 「would/could/might/should + have p.p.」의 형태여야 하므로 (D) would have won이 정답입니다.

어휘 follow ~을 따르다, 준수하다 carefully 신중하게, 주의해서 win ~에서 우승하다, 승리하다

3.

정답 (D)

해석 어떤 의견이든 있으시면, 수석 디자이너이신 앨리스 베인스 씨에게 말씀하시기 바랍니다.

해설 선택지가 모두 조동사인데, 「----- + 주어 + 동사원형, please~」 구조에 쓰일 수 있는 것으로 가정법 미래 도치 구조를 구성하는(D) Should가 정답입니다. 이는 If절에서 If가 생략되고 조동사 should가 앞으로 이동하면서 도치된 구조입니다.

어휘 suggestion 의견, 제안 chief designer 수석 디자이너

4.

정답 (C)

해석 새로운 안전 기준은 모든 직원들이 공사 지역에서 안전모를 착용하는 것을 요구한다.

해설 require처럼 요구, 제안, 주장, 명령 등 반드시 이루어져야 하는 내용을 나타내는 동사의 목적어 역할을 하는 that절에서는 동사로 동사원형을 사용하므로 (C) wear가 정답입니다.

어휘 standard 기준, 표준 require that ~하는 것을 요구하다 hard hat 안전모 construction 공사

5.

정답 (B)

해석 직원들은 옷차림이 예를 갖추고 깔끔하다면 원하는 무엇이든 착용하도록 허용됩니다.

해설 빈칸 뒤에 주어 their outfit과 동사 is가 포함된 절이 있으므로 절을 이끄는 접속사가 빈칸에 필요하므로 선택지에서 유일한 접속사인 (B) provided that이 정답입니다. 나머지 선택지들은 모두 전치사입니다.

어휘 be allowed to do ~하도록 허용되다 whatever ~하는 무엇이든 outfit 옷차림, 복장 respectful 예를 갖춘, 존중하는 neat 깔끔한 regardless of ~에 상관없이 provided that 만약 ~한다면 in addition to ~뿐만 아니라, ~ 외에도 according to ~에 따르면, ~에 따라

6.

정답 (A)

해석 현재의 진행 속도를 감안하면, 새로운 서비스 센터는 4월 10일에 개장할 것이다.

해설 빈칸 뒤에 명사구가 위치해 있으므로 빈칸에는 전치사가 쓰여야 합니다. 전치사인 선택지는 (A) Given과 (B) Among인데, '현재의 진행 속도를 감안하면'이라는 단순 조건을 나타내는 의미가 되어야 하므로 (A) Given이 정답입니다. (C) Because와 (D) Provided는 접속사입니다.

어휘 current 현재의, 지금의 progress 진행, 진척 rate 속도, 비율

실전 감잡기

1. (A)	2. (B)	3. (D)	4. (C)	5. (B)
6. (B)	7. (B)	8. (C)	9. (A)	10. (D)

1.

정답 (A)

해석 조립 설명에 대한 문제에 부딪힐 경우, 설명서 뒤쪽에 있는 도표를 참고하십시오.

해설 주절이 명령문일 때 If절에 현재시제 동사를 사용하므로 (A) encounter가 정답입니다.

오답 (B) encountered: 과거시제 동사이므로 주절이 명령문일 때 If절의 동사로 맞지 않는 오답입니다.

(C) will encounter: 미래시제 동사이므로 주절이 명령문일 때 If절의 동사로 맞지 않는 오답입니다.

(D) had encountered: 과거완료시제 동사이므로 주절이 명령문일 때 If절의 동사로 맞지 않는 오답입니다.

어휘 assembly 조립 instructions 설명, 안내, 지시 refer to ~을

참고하다 **diagram** 도표 **manual** 설명서 **encounter** ~와 부딪히다, 마주하다

2.
정답 (B)

해석 공구들이 오늘 오후에 도착하면, 캐리 씨가 내일 아침에 개조 작업을 시작할 수 있을 것이다.

해설 주절의 동사가 「would/could/might/should + 동사원형」의 형태일 때 if절의 동사는 과거시제를 사용하므로 (B) arrived가 정답입니다.

오답 (A) to arrive: 동사의 형태가 아니므로 if절의 주어 뒤에 위치한 동사 자리인 빈칸에 쓰일 수 없는 오답입니다.
(C) arriving: 동사의 형태가 아니므로 if절의 주어 뒤에 위치한 동사 자리인 빈칸에 쓰일 수 없는 오답입니다.
(D) have arrived: 주절의 동사가 「would/could/might/should + 동사원형」의 형태일 때 if절의 동사로 사용하는 형태가 아니므로 오답입니다.

어휘 **renovation** 개조, 보수 **tool** 공구, 도구 **arrive** 도착하다

3.
정답 (D)

해석 린 씨가 자신이 승진에 대해 고려되고 있다는 것을 알았다면, 제때 그 프로젝트를 완료했을 것이다.

해설 주절의 동사가 「would/could/might/should + have p.p.」의 형태일 때 If절의 동사는 과거완료시제를 사용하므로 (D) had known이 정답입니다.

오답 (A) will know: 주절의 동사가 「would/could/might/should + have p.p.」의 형태일 때 If절의 동사로 사용하는 형태가 아니므로 오답입니다.
(B) knows: 주절의 동사가 「would/could/might/should + have p.p.」의 형태일 때 If절의 동사로 사용하는 형태가 아니므로 오답입니다.
(C) has known: 주절의 동사가 「would/could/might/should + have p.p.」의 형태일 때 If절의 동사로 사용하는 형태가 아니므로 오답입니다.

어휘 **be considered for** ~에 대해 고려되다 **promotion** 승진, 진급 **on time** 제때, 제 시간에

4.
정답 (C)

해석 연례 문학상이 벤자민 슬론 씨에게 주어진다면, 그는 3년 연속으로 그 상을 받는 첫 번째 작가가 될 것이다.

해설 If절의 동사가 현재시제일 때 주절의 동사로 「will/can/may/shall + 동사원형」을 사용하므로 (C) will become이 정답입니다.

오답 (A) become: If절의 동사가 현재시제일 때 주절의 동사로 사용하는 형태가 아니므로 오답입니다.
(B) becomes: If절의 동사가 현재시제일 때 주절의 동사로 사용하는 형태가 아니므로 오답입니다.
(D) would become: If절의 동사가 현재시제일 때 주절의 동사로 사용하는 형태가 아니므로 오답입니다.

어휘 **annual** 연례적인, 해마다의 **literature** 문학 **author** 작가, 저자 **win** (상 등) ~을 받다, 타다 **in three consecutive years** 3년 연속으로

5.
정답 (B)

해석 스미스 씨께서 출장 경비 영수증이 가급적 빨리 제출되도록 요청하셨습니다.

해설 우선, 빈칸이 속한 that절에 주어로 쓰인 명사구와 빈칸, 그리고 at 전치사구만 있으므로 빈칸은 that절의 동사 자리임을 알 수 있습니다. 또한 주절에 쓰인 ask처럼 요구, 제안, 주장, 명령 등 반드시 이루어져야 하는 내용을 전달하는 동사의 목적어 역할을 하는 that절에 쓰이는 동사는 동사원형만 사용하는데, submit이 타동사이고 빈칸 뒤에 목적어가 없으므로 수동태 동사원형인 (B) be submitted가 정답입니다.

오답 (A) submit: 동사원형이기는 하지만 능동태이므로 오답입니다.
(C) submitting: 동사의 형태가 아니므로 that절의 동사 자리인 빈칸에 맞지 않는 오답입니다.
(D) are submitted: 동사원형이 아니므로 빈칸에 어울리지 않는 오답입니다.

어휘 **ask that** ~하도록 요청하다 **expense** 경비, 지출 (비용) **receipt** 영수증 **at your earliest convenience** 가급적 빨리 **submit** ~을 제출하다

6.
정답 (B)

해석 에어컨 기기가 최소 일주일에 한번 철저히 청소되는 것이 중요하다.

해설 「It is ~ that 절」의 구조에서 that절에 동사원형 be cleaned가 쓰여 있으므로 필요성을 나타내는 문장임을 알 수 있습니다. 따라서 필요성을 나타내는 형용사들 중 하나인 (B) critical이 정답입니다.

오답 (A) particular: 필요성을 나타내는 형용사가 아니므로 오답입니다.
(C) eventful: 필요성을 나타내는 형용사가 아니므로 오답입니다.
(D) considerable: 필요성을 나타내는 형용사가 아니므로 오답입니다.

어휘 **unit** 기기, 기계 **thoroughly** 철저히 **at least** 최소한, 적어도 **particular** 특정한 **critical** 중요한 **eventful** 다사다난한 **considerable** 상당한

7.
정답 (B)

해석 시 의회에서 승인해 준다면 MJ 메가몰 공사 프로젝트가 이번 주에 시작될 것이다.

해설 빈칸 앞뒤로 주어와 동사가 각각 포함된 절이 하나씩 위치해 있으므로 빈칸은 이 절들을 연결할 접속사 자리입니다. 따라서 선택지에서 유일하게 접속사인 (B) provided that이 정답입니다.

오답 (A) regardless of: 전치사로서 두 개의 절을 연결하지 못하

므로 오답입니다.

(C) according to: 전치사로서 두 개의 절을 연결하지 못하므로 오답입니다.

(D) in addition to: 전치사로서 두 개의 절을 연결하지 못하므로 오답입니다.

어휘 council 의회 grant an approval 승인해 주다 regardless of ~에 상관없이 provided that 만약 ~한다면 according to ~에 따르면, ~에 따라 in addition to ~뿐만 아니라, ~ 외에도

8.

정답 (C)

해석 늦은 배송에 대한 증가하는 고객 불만을 감안하면, 우리는 더 빠른 배송 경로를 알아보고 배송 기사들을 재교육해야 한다.

해설 빈칸과 문장의 주어 we 사이에 명사구와 전치사구만 있으므로 빈칸은 명사구를 목적어로 취할 전치사 자리입니다. 따라서 선택지에서 유일한 전치사 (C) Given이 정답입니다.

오답 (A) Even if: 접속사이므로 오답입니다.

(B) In order that: 접속사이므로 오답입니다.

(D) Furthermore: 부사이므로 오답입니다.

어휘 increased 증가하는, 늘어나는 complaint 불만, 불평 late 늦은, 지각한 delivery 배송, 배달 identify ~을 알아보다, 찾아내다 route 경로 retrain ~을 재교육하다 even if 설사 ~라 할지라도 in order that ~할 수 있도록 given ~을 감안하면, 고려하면 furthermore 더욱이, 게다가

9.

정답 (A)

해석 우리가 정전 문제를 겪을 경우에, 예비 발전기가 전기를 즉시 제공해 줄 것이다.

해설 In the event that은 가정의 의미를 나타내는 접속사이므로 주절의 동사가 미래시제일 때 In the event that이 이끄는 절의 동사로 현재시제를 사용합니다. 따라서 (A) experience가 정답입니다.

오답 (B) experiencing: 동사의 형태가 아니므로 동사 자리인 빈칸에 맞지 않는 오답입니다.

(C) should have experienced: 주절의 동사가 미래시제일 때 In the event that이 이끄는 절의 동사로 어울리는 시제가 아니므로 오답입니다.

(D) were experienced: 주절의 동사가 미래시제일 때 In the event that이 이끄는 절의 동사로 어울리는 시제가 아니므로 오답입니다.

어휘 in the event that ~할 경우에 (대비해) power cut 정전 back-up 예비의 generator 발전기 provide ~을 제공하다 electricity 전기 immediately 즉시 experience v. ~을 겪다, 경험하다 should have p.p. ~했어야 했다

10.

정답 (D)

해석 제안된 장소가 안전 점검 담당자에 의해 승인된다면, 음악 축제는 공식적으로 발표될 것이다.

해설 빈칸 앞뒤로 주어와 동사가 각각 포함된 절이 하나씩 위치해

있으므로 빈칸은 이 절들을 연결할 접속사 자리입니다. 따라서 선택지에서 유일한 접속사인 (D) assuming that이 정답입니다.

오답 (A) out of: 전치사이므로 오답입니다.

(B) rather than: 접속사가 아니므로 오답입니다.

(C) in case of: 전치사이므로 오답입니다.

어휘 officially 공식적으로, 정식으로 announce ~을 발표하다, 알리다 proposed 제안된 site 장소, 현장, 부지 approve ~을 승인하다 inspector 점검 담당자 out of ~ 밖으로, ~에서 벗어나, ~에서 떨어져 rather than ~가 아니라, ~하지 않고 in case of ~의 경우에 assuming that ~라면, ~라고 가정하면

DAY 07 동명사

1초 퀴즈

1.

정답 (B)

해석 마케팅부장은 지역 광고 대행사를 고용하는 것을 제안했다.

해설 빈칸 뒤에 위치한 명사구를 목적어로 취함과 동시에 동사 suggested의 목적어 역할을 할 동명사가 빈칸에 쓰여야 알맞으므로 (B) hiring이 정답입니다. 빈칸 바로 뒤에 명사구가 있으므로 빈칸에 또 다른 명사가 쓰이려면 전치사가 필요합니다.

어휘 suggest -ing ~하는 것을 제안하다, 권하다 local 지역의, 현지의 advertising 광고 (활동) agency 대행사, 업체 hire ~을 고용하다

2.

정답 (C)

해석 여러 신제품을 소개하는 것이 다음 분기에 대한 우리의 목표들 중 하나가 될 것이다.

해설 명사구 several new items 뒤로 문장의 동사 will be가 쓰여 있으므로 빈칸에서 items까지가 문장의 주어 역할을 해야 합니다. 따라서 명사구를 목적어로 취하면서 주어 역할을 할 수 있는 동명사가 빈칸에 쓰여야 알맞으므로 (C) Introducing이 정답입니다.

어휘 several 여럿의, 몇몇의 quarter 분기 introduction 소개, 도입 introduce ~을 소개하다, 도입하다

3.

정답 (C)

해석 우리는 누군가를 외부에서 고용하는 대신 무어 씨를 승진시키기로 결정했다.

해설 전치사 instead of와 빈칸이 있고 대명사 someone과 부사 externally가 이어지는 구조입니다. 따라서 대명사를 목적어로 취하면서 전치사의 목적어 역할을 할 수 있는 동명사가 빈칸에 쓰여야 알맞으므로 (C) hiring이 정답입니다.

어휘 decide to do ~하기로 결정하다 promote ~을 승진시키다 instead of ~ 대신 externally 외부에서, 외부에 hire ~을 고용하다

4.

정답 (D)

해석 우리는 지출을 줄이기 위해 출장 정책을 수정할 필요가 있다.

해설 빈칸 앞에 위치한 to reduce에서 reduce는 목적어를 필요로 하는 타동사입니다. 따라서 빈칸에는 명사가 쓰여야 알맞으므로 (D) spending이 정답입니다.

어휘 revise ~을 수정하다, 개정하다 travel n. 출장, 여행 policy 정책 reduce ~을 줄이다 spending n. 지출, 소비

실전 감잡기

1. (A)	2. (B)	3. (D)	4. (B)	5. (C)
6. (C)	7. (B)	8. (D)	9. (D)	10. (A)

1.

정답 (A)

해석 이글 산으로 차를 운전해 가는 일은 그 지역의 형편없이 관리된 도로들로 인해 어려울 수 있다.

해설 동사 can be 앞은 문장의 주어 자리입니다. 따라서 빈칸 뒤의 to 전치사구와 결합해 문장의 주어 역할을 할 수 있는 동명사 (A) Driving이 정답입니다.

오답 (B) Drives: 3인칭 단수 주어와 어울리는 동사의 형태이므로 주어 역할을 할 수 없는 오답입니다.
(C) Drive: 동사원형이므로 주어 역할을 할 수 없는 오답입니다.
(D) Driven: Drive의 과거분사형이므로 주어 역할을 할 수 없는 오답입니다.

어휘 due to ~로 인해, ~ 때문에 poorly 형편없이, 좋지 못하게 maintain ~을 유지 관리하다

2.

정답 (B)

해석 개스턴 그릴 앤 비스트로는 건강에 좋은 곁들임 요리들을 메뉴에 추가함으로써 많은 신규 고객들을 끌어들이기를 바라고 있다.

해설 빈칸 뒤에 위치한 명사구(healthy side dishes)를 목적어로 취함과 동시에 전치사 by의 목적어 역할을 할 동명사가 빈칸에 필요하므로 (B) adding이 정답입니다.

오답 (A) add: 동사원형이므로 전치사의 목적어 역할을 할 수 없는 오답입니다.
(C) addition: 명사가 다른 명사(구)와 결합하려면 전치사가 필요하므로 오답입니다.
(D) added: add의 과거형 또는 과거분사형이므로 전치사의 목적어 역할을 할 수 없는 오답입니다.

어휘 hope to do ~하기를 바라다 attract ~을 끌어들이다 by (방법) ~함으로써, ~해서 add ~을 추가하다 addition 추가(되는 것)

3.

정답 (D)

해석 햄프셔 대학의 연구가들에 의해 설립된 위싱 웰 재단은 희귀

동물 종을 보호하는 데 전념하고 있다.

해설 빈칸 뒤에 위치한 명사구(rare animal species)를 목적어로 취함과 동시에 전치사 to의 목적어 역할을 할 동명사가 빈칸에 필요하므로 (D) protecting이 정답입니다.

오답 (A) protect: 동사원형이므로 전치사의 목적어 역할을 할 수 없는 오답입니다.
(B) protected: protect의 과거형 또는 과거분사형이므로 전치사의 목적어 역할을 할 수 없는 오답입니다.
(C) protection: 명사가 다른 명사(구)와 결합하려면 전치사가 필요하므로 오답입니다.

어휘 establish ~을 설립하다, 확립하다 be committed to -ing ~하는 데 전념하다, 헌신하다 rare 희귀한 species (동식물의) 종 protect ~을 보호하다 protection 보호

4.

정답 (B)

해석 저희 창고 직원들은 어떤 상품이든 손상시키는 것을 피하기 위해 정말로 세심하게 상품을 다룹니다.

해설 빈칸 뒤에 위치한 명사구(any items)를 목적어로 취함과 동시에 to부정사로 쓰인 동사 avoid의 목적어 역할을 할 동명사가 빈칸에 필요하므로 (B) damaging이 정답입니다.

오답 (A) damage: 동사 또는 명사의 형태인데, 동사일 경우에 avoid의 목적어 역할을 하지 못하며, 명사일 경우에 뒤에 이어지는 명사구와 연결시켜주는 전치사가 필요하므로 오답입니다.
(C) damaged: 동사의 과거형 또는 과거분사형인데, 과거분사로 명사를 수식하는 경우에 any 다음에 위치해야 알맞은 어순이 되므로 오답입니다.
(D) damages: 동사 또는 명사의 형태인데, 동사일 경우에 avoid의 목적어 역할을 하지 못하며, 명사일 경우에 뒤에 이어지는 명사구와 연결시켜주는 전치사가 필요하므로 오답입니다.

어휘 warehouse 창고 treat ~을 다루다, 처리하다 merchandise 상품 with the utmost care 정말로 세심하게, 극도로 주의해서 avoid -ing ~하는 것을 피하다 damage v. ~을 손상시키다 n. 손상, 피해

5.

정답 (C)

해석 저희는 여러분께서 남은 어떤 문서 작업이든 끝마치실 수 있도록 늦어도 오후 3시까지는 저희 사무실에 도착하시기를 권해 드립니다.

해설 빈칸 뒤에 위치한 동명사 arriving을 목적어로 취해야 하므로 동명사를 목적어로 취하는 동사인 (C) suggest가 정답입니다.

오답 (A) ask: 동명사를 목적어로 취하지 않으므로 오답입니다.
(B) decide: 동명사를 목적어로 취하지 않으므로 오답입니다.
(D) continue: 토익에서는 to부정사만 목적어로 취하므로 오답입니다.

어휘 suggest -ing ~하도록 권하다, 제안하다 arrive 도착하다 no later than + 시간: 늦어도 ~까지는 so that (목적) ~할 수 있도록 remaining 남아 있는 paperwork 문서 (작업) ask (A to do): (A에게 ~하도록) 요청하다 **decide (to do)** (~하기로) 결정하다 **continue (to do)** (~하기를) 계속하다, 지속하다

6.

정답　(C)

해석　수석 컨설턴트인 라미레즈 씨가 의사소통 능력 워크숍 및 인적 교류 행사들을 준비하는 일을 책임지고 있습니다.

해설　빈칸 뒤에 위치한 명사구(the communication skills workshop and networking events)를 목적어로 취함과 동시에 전치사 for의 목적어 역할을 할 동명사가 빈칸에 필요하므로 (C) organizing이 정답입니다.

오답　(A) organize: 동사원형이므로 전치사의 목적어 역할을 할 수 없는 오답입니다.
　　　(B) organization: 명사가 다른 명사(구)와 결합하려면 전치사가 필요하므로 오답입니다.
　　　(D) organized: organize의 과거형 또는 과거분사형이므로 전치사의 목적어 역할을 할 수 없는 오답입니다.

어휘　**be responsible for** ~에 대한 책임을 지다 **skill** 능력, 기술 **networking** 인적 교류 **organize** ~을 준비하다, 조직하다 **organization** 단체, 조직

7.

정답　(B)

해석　인턴십 프로그램을 완전히 끝내지 않는다면, 어떤 인턴도 사일러 엔지니어링 사에서 정규직 일자리를 제안받을 수 없을 것입니다.

해설　빈칸 뒤에 위치한 명사구(the internship program)를 목적어로 취함과 동시에 부사 fully의 수식을 받으면서 전치사 without의 목적어 역할을 할 동명사가 빈칸에 필요하므로 (B) completing이 정답입니다.

오답　(A) complete: 동사원형이므로 전치사의 목적어 역할을 할 수 없는 오답입니다.
　　　(C) completes: 3인칭 단수 주어와 어울리는 동사의 형태이므로 전치사의 목적어 역할을 할 수 없는 오답입니다.
　　　(D) be completed: 수동태 동사의 형태이므로 전치사의 목적어 역할을 할 수 없는 오답입니다.

어휘　**offer A B**: A에게 B를 제안하다, 제공하다 **position** 일자리, 직책 **without** ~하지 않는다면, ~없이 **fully** 완전히, 모두, 전적으로 **complete** ~을 완료하다

8.

정답　(D)

해석　우리 소식지 및 홍보용 전단의 국내 배포 작업이 제시카 로우 홍보부장에 의해 실시될 것이다.

해설　정관사 The 및 형용사 national과 전치사 of 사이는 정관사와 형용사의 수식을 받을 명사 자리인데, 실시되는(be carried) 일을 나타낼 명사가 필요하므로 '배포, 유통'을 뜻하는 (D) distribution이 정답입니다.

오답　(A) distribute: 동사원형이므로 정관사의 수식을 받을 수 없는 오답입니다.
　　　(B) distributing: 동명사는 정관사와 형용사의 수식을 받지 못하므로 오답입니다.
　　　(C) distributor: 명사이지만 사람을 나타내므로 의미가 맞지 않아 오답입니다.

어휘　**national** 국내의, 국가의 **promotional** 홍보의 **flyer** 전단 **carry out** ~을 실시하다, 수행하다 **public relations manager** 홍보부장 **distribute** ~을 배부하다, 나눠주다 **distributor** 유통회사 **distribution** 배포, 유통

9.

정답　(D)

해석　밋첨스 백화점에 지역 내 자격 있는 사람들을 대상으로 하는 관리직 공석이 있다.

해설　빈칸 앞에 위치한 명사 employment는 부정관사 a로 수식할 수 없는 불가산명사이므로 빈칸에 가산명사가 들어가 복합명사를 구성해야 알맞습니다. 따라서 가산명사인 (D) opening이 정답입니다.

오답　(A) opens: 3인칭 단수 주어와 어울리는 동사의 형태이므로 복합명사를 구성할 수 없는 오답입니다.
　　　(B) opened: open의 과거형 또는 과거분사형이므로 복합명사를 구성할 수 없는 오답입니다.
　　　(C) open: 동사 또는 형용사의 형태이므로 복합명사를 구성할 수 없는 오답입니다.

어휘　**managerial** 관리의, 운영의 **employment** 일자리, 고용, 직업 **qualified** 자격이 있는, 적격인 **individual** n. 사람, 개인 **local** 지역의, 현지의 **opening** 공석, 빈자리

10.

정답　(A)

해석　실험실의 모든 화학 물질은 글자가 선명히 보이는 상태로 라벨을 붙인 용기에 담아 보관되어야 한다.

해설　전치사 with와 정관사 the 다음은 정관사의 수식을 받음과 동시에 전치사의 목적어 역할을 할 명사 자리입니다. 그런데 눈에 보이는 것으로서 라벨로 붙여질 수 있는 것을 나타내야 하므로 '글자, 글(쓰기)' 등을 뜻하는 (A) writing이 정답입니다. with 전치사구는 「with + 목적어(writing) + 목적보어(visible)」의 구조로 '~인 채로, ~상태로'라고 해석됩니다.

오답　(B) written: write의 과거분사형이므로 정관사의 수식을 받거나 전치사의 목적어 역할을 하지 못하는 오답입니다.
　　　(C) write: 동사원형이므로 정관사의 수식을 받거나 전치사의 목적어 역할을 하지 못하는 오답입니다.
　　　(D) writer: 명사이지만 사람명사로서 문장에 맞지 않는 의미를 지니고 있으므로 오답입니다.

어휘　**chemical** n. 화학 물질 **laboratory** 실험실, 연구실 **store** v. ~을 보관하다, 저장하다 **container** 용기, 그릇 **label** v. ~에 라벨을 붙이다 **with A 형용사**: A가 ~한 상태로, A가 ~한 채로 **clearly** 선명히, 분명히 **visible** 눈에 보이는 **writing** n. 글자, 글(쓰기)

1초 퀴즈

1.

정답 (B)

해석 그 자선 행사를 준비하는 지역 회사들은 더 많은 자원봉사자들을 필요로 한다.

해설 문장에 이미 동사 need가 존재하므로 동사의 형태가 아닌 현재분사 (B) organizing이 정답입니다. 나머지 선택지는 모두 동사의 형태이므로 이미 존재하는 동사 need와 한 문장에 쓰일 수 없습니다.

어휘 local 지역의, 현지의 volunteer n. 자원봉사자 v. 자원하다 charity 자선 organize ~을 준비하다, 조직하다

2.

정답 (C)

해석 고객 불만을 처리하는 모든 직원들은 공손하고 책임감 있게 행동해야 한다.

해설 문장에 이미 동사 behave가 있으므로 현재분사와 과거분사 중에서 하나를 골라야 합니다. 그리고 빈칸 뒤에 위치한 명사구 customer complaints를 목적어로 취할 수 있는 것은 현재분사이므로 (C) handling이 정답입니다. 동사의 형태인 (A) handle과 (B) handles는 오답입니다.

어휘 complaint 불만, 불평 behave 행동하다, 처신하다 politely 공손하게 responsibly 책임감 있게 handle ~을 처리하다, 다루다

3.

정답 (B)

해석 새 매출 보고서에 따르면, 실망스러운 매출 수치가 많이 개선되었다.

해설 문장에 동사 have been improved가 있으므로 현재분사와 과거분사 중에서 하나를 골라야 합니다. 주어 sales figures를 수식할 수 있는 분사가 빈칸에 필요한데, 사람에게 실망감이라는 감정을 유발하는 원인을 수식할 때 감정동사의 현재분사를 사용하므로 (B) disappointing이 정답입니다. 동사의 형태인 (A) disappoint와 (D) disappoints는 오답입니다.

어휘 according to ~에 따르면 sales 매출, 영업, 판매 figure 수치, 숫자 improve ~을 개선하다, 향상시키다 disappoint ~을 실망시키다 disappointing 실망스러운 disappointed (사람이) 실망한

4.

정답 (C)

해석 저희는 지역 사회들과 지속적인 관계를 구축해 온 것을 자랑스럽게 여깁니다.

해설 부정관사 a와 명사 relationship 사이는 명사를 수식할 단어가 필요한 자리입니다. 따라서 형용사로 굳어진 현재분사의 형태인 (C) lasting이 정답입니다.

어휘 be proud of ~을 자랑스럽게 여기다 build ~을 구축하다, 세우다 local 지역의, 현지의 relationship 관계 last v. 지속되다 lasting 지속되는

실전 감잡기

1. (C)	2. (C)	3. (A)	4. (D)	5. (B)
6. (C)	7. (D)	8. (D)	9. (B)	10. (D)

1.

정답 (C)

해석 새롭게 선임된 지점장들을 환영하기 위해 저녁 만찬이 월도프 호텔에서 마련될 것이다.

해설 「관사 + 부사 + ----- + 명사」의 구조에서 빈칸은 부사의 수식을 받음과 동시에 명사를 수식할 분사 자리입니다. 그리고 '지점장'은 다른 사람들에 의해 선임되는 것이므로 수동의 의미를 나타낼 수 있는 과거분사 (C) appointed가 정답입니다.

오답 (A) appoint: 동사원형이므로 명사를 수식할 수 없는 오답입니다.
(B) appointing: 수동의 의미를 나타낼 수 없는 현재분사이므로 오답입니다.
(D) appoints: 3인칭 단수 주어와 어울리는 동사의 형태이므로 명사를 수식할 수 없는 오답입니다.

어휘 arrange ~을 마련하다, 조치하다 branch 지점, 지사 appoint ~을 선임하다, 임명하다

2.

정답 (C)

해석 파텔 씨에 의해 제안된 고용 전략이 포터블 폰즈 사의 인사부에 의해 검토되고 있다.

해설 문장에 이미 동사 is being reviewed가 있으므로 빈칸은 동사 자리가 아니며, by 전치사구와 결합해 명사구 A hiring strategy를 뒤에서 수식하는 구조가 되어야 합니다. 빈칸 뒤에 목적어 없이 by 전치사구만 있으므로 목적어를 필요로 하지 않는 과거분사 (C) proposed가 정답입니다.

오답 (A) propose: 동사원형이므로 동사 자리가 아닌 빈칸에 쓰일 수 없는 오답입니다.
(B) proposal: 명사가 앞뒤의 다른 명사(구)와 결합하려면 전치사가 필요하므로 오답입니다.
(D) proposing: 타동사 propose의 현재분사로서 목적어를 필요로 하므로 오답입니다.

어휘 hiring 고용 strategy 전략 review ~을 검토하다 personnel department 인사부 propose ~을 제안하다 proposal 제안(서)

3.

정답 (A)

해석 홀리데이 트래블 사는 세계적으로 인정받는 여행사이며, 본사는 뉴욕 시에 위치해 있다.

해설 「관사 + 부사 + ----- + 명사」의 구조에서 빈칸은 부사의 수
식을 받음과 동시에 명사를 수식할 분사 자리입니다. 그리고
여행사(travel agency)는 사람들에 의해 인정받는 것이므로
수동의 의미를 나타낼 수 있는 과거분사 (A) recognized가
정답입니다.

오답 (B) recognize: 동사원형이므로 명사를 수식할 수 없는 오답
입니다.
(C) recognizing: 수동의 의미를 나타낼 수 없는 현재분사이
므로 오답입니다.
(D) recognizes: 3인칭 단수 주어와 어울리는 동사의 형태이
므로 명사를 수식할 수 없는 오답입니다.

어휘 travel agency 여행사 head office 본사 be located + 전
치사: ~에 위치해 있다 recognize ~을 인정하다

4.

정답 (D)

해석 코미야 씨는 골드웨이 코즈메틱스 사를 보습제와 샴푸, 그리고
바디케어 크림 같은 다양한 제품을 판매하는 신개념 매장이라
고 설명한다.

해설 문장에 이미 동사 describes가 있으므로 또 다른 동사 sell은
분사의 형태로 쓰여 명사구 a new store를 뒤에서 수식하는
구조를 이뤄야 알맞습니다. 그리고 빈칸 뒤에 위치한 명사구(a
variety of items)를 목적어로 취해야 하므로 현재분사인 (D)
selling이 정답입니다.

오답 (A) sell: 동사원형이므로 명사를 뒤에서 수식할 수 없는 오답
입니다.
(B) sells: 3인칭 단수 주어와 어울리는 동사의 형태이므로 명
사를 뒤에서 수식할 수 없는 오답입니다.
(C) sold: 바로 뒤에 위치한 명사구를 목적어로 취할 수 없는
과거분사이므로 오답입니다.

어휘 describe A as B: A를 B라고 설명하다, 묘사하다 a variety of
다양한 such as ~와 같은

5.

정답 (B)

해석 크라우더 코퍼레이션 사의 모든 직원은 팀 기반의 사무실 환경
에 만족하고 있다고 말한다.

해설 be동사 뒤에 보어로 쓰일 분사가 필요한데, are 앞의 주어
they가 가리키는 사람명사 All employees의 감정을 나타낼
과거분사가 쓰여야 알맞으므로 (B) satisfied가 정답입니다.

오답 (A) satisfy: 동사원형이므로 be동사 are 바로 뒤에 나란히 위
치할 수 없는 오답입니다.
(C) satisfying: 만족감을 유발하는 원인에 대해 사용하므로
오답입니다.
(D) satisfaction: 빈칸 앞뒤에 위치한 be동사 및 전치사 with
와 어울려 쓰이지 않으므로 오답입니다.

어휘 A-based: A를 기반으로 하는, 바탕으로 하는 environment 환
경 satisfy ~을 만족시키다 satisfying 만족시키는 satisfied
(with) (사람이 ~에) 만족한 satisfaction 만족(도)

6.

정답 (C)

해석 벨코 일렉트로닉스 사의 대표이사가 인디고 소프트웨어 사와
의 협업에 관해 놀라운 발표를 할 것으로 예상된다.

해설 부정관사 a와 명사 announcement 사이는 명사를 수식
할 단어가 필요한 자리이므로 이 역할이 가능한 과거분사 또
는 현재분사 중에서 하나를 골라야 합니다. '발표' 등을 뜻하는
announcement가 사람을 놀라게 만드는 주체이므로 '놀라
게 하는'이라는 의미로 감정을 유발하는 원인에 대해 사용하는
현재분사 (C) surprising이 정답입니다.

오답 (A) surprise: 동사 또는 명사의 형태인데, 동사일 경우
에 명사를 수식할 수 없고, 명사일 경우에 다른 명사
announcement와 복합명사를 구성하지 않으므로 오답
입니다.
(B) surprised: 감정을 느끼는 사람에 대해 사용하므로 오답
입니다.
(D) surprisingly: 명사를 수식할 수 없는 부사이므로 오답입
니다.

어휘 be expected to do ~할 것으로 예상되다 make an
announcement 발표하다, 공지하다 collaboration 협업, 공
동 작업 surprise v. ~을 놀라게 하다 n. 놀라움 surprising 놀
라게 하는 surprised (사람이) 놀란 surprisingly 놀라울 정도
로, 놀랍게도

7.

정답 (D)

해석 새로운 저희 프로테우스 3 휴대전화의 화면은 시중에 나와 있
는 기존의 어떤 접이식 휴대전화기의 화면보다 훨씬 더 큽니
다.

해설 전치사 of와 명사구 목적어 any foldable cell phone 사이
에 위치한 빈칸은 명사구를 수식할 단어가 필요한 자리인데,
자동사 exist는 현재분사의 형태로만 명사구를 수식할 수 있으
므로 (D) existing이 정답입니다.

오답 (A) exist: 동사원형이므로 명사구를 수식할 수 없는 오답입니
다.
(B) exists: 3인칭 단수 주어와 어울리는 동사의 형태이므로
오답입니다.
(C) existed: exist의 과거형 또는 과거분사형인데, 자동사
exist는 과거분사의 형태로 명사구를 수식할 수 없으므로
오답입니다.

어휘 much (비교급 수식) 훨씬 foldable 접이식의, 접을 수 있는 on
the market 시중에 나와 있는 exist 존재하다 existing 기존
의

8.

정답 (D)

해석 소비자 소비 경향에 관한 상세한 조사가 마컴 마케팅 그룹에
의해 실시되었다.

해설 동사 was carried out 앞에 위치한 주어 research 앞에 빈칸
이 있으므로 빈칸은 주어인 명사 research를 수식할 단어가
쓰여야 하는 자리입니다. 따라서 동사 detail의 분사들 중 하
나를 골라야 하는데, '조사'는 사람에 의해 상세화되는 대상이

므로 수동의 의미를 나타낼 수 있는 과거분사 (D) Detailed가 정답입니다.

오답 (A) Detail: 동사 또는 명사의 형태인데, 동사일 경우에 명사 research를 앞에서 수식할 수 없고, 명사일 경우에 전치사를 통해 또 다른 명사 research와 연결되어야 하므로 오답입니다.

(B) Details: 3인칭 단수 주어와 어울리는 동사 또는 복수형 명사의 형태인데, 동사일 경우에 명사를 앞에서 수식할 수 없고, 또 다른 명사 research와 연결되려면 전치사가 필요하므로 오답입니다.

(C) Detailing: 수동의 의미를 나타낼 수 없는 현재분사이므로 오답입니다.

어휘 research 조사, 연구 consumer 소비자 spending 소비, 지출 trend 경향, 추세 carry out ~을 실시하다, 수행하다 detail v. ~을 상세히 설명하다 n. 상세 정보, 세부 사항 detailed 상세한

9.

정답 (B)

해석 의사에 의해 기록된 환자 의료 기록은 누구에게도 공개되지 말아야 하는 기밀 정보를 포함하고 있다.

해설 record는 동사와 명사로 모두 쓰이는데, 문장에 이미 동사 include가 있으므로 빈칸은 동사 자리가 아니며, 명사로서 앞에 위치한 다른 명사와 어울리려면 전치사가 필요합니다. 따라서 분사의 형태로 쓰여 명사 notes를 뒤에서 수식해야 하는데, 빈칸 뒤에 목적어가 없으므로 과거분사인 (B) recorded가 정답입니다.

오답 (A) record: 동사 또는 명사의 형태인데, 빈칸이 동사 자리가 아니므로 동사로 쓰일 수 없고, 명사일 경우에 전치사를 통해 또 다른 명사 notes와 연결되어야 하므로 오답입니다

(C) recording: 타동사 record의 현재분사는 목적어를 필요로 하므로 빈칸에 맞지 않는 오답입니다.

(D) records: 3인칭 단수 주어와 어울리는 동사 또는 복수형 명사의 형태인데, 동사일 경우에 명사를 뒤에서 수식할 수 없고, 또 다른 명사 notes와 연결되려면 전치사가 필요하므로 오답입니다

어휘 patient n. 환자 medical note 의료 기록 physician (내과) 의사 include ~을 포함하다 confidential 기밀의 disclose ~을 공개하다, 드러내다

10.

정답 (D)

해석 사이드 이브라힘 씨는 미국의 여러 금융 기관과 긴밀한 협업 관계로 일하는 손꼽히는 경제 전문가이다.

해설 부정관사 a와 명사 economist 사이에 위치한 빈칸은 명사를 수식할 단어가 필요한 자리이므로 분사에서 형용사로 굳어진 (D) leading이 정답입니다.

오답 (A) lead: 동사원형이므로 명사를 수식할 수 없는 오답입니다.

(B) leader: 바로 뒤에 위치한 명사 economist와 복합명사를 구성하지 않는 명사이므로 오답입니다.

(C) led: lead의 과거형 또는 과거분사형인데, 과거분사일 때 사물명사를 수식하므로 오답입니다.

어휘 economist 경제 전문가 in close collaboration with ~와 긴밀한 협업 관계로 several 여럿의, 몇몇의 financial 금융의, 재무의 institution 기관, 단체, 협회 lead ~을 이끌다, 진행하다 leading 손꼽히는, 선도적인

DAY 09 to부정사

1초 퀴즈

1.

정답 (B)

해석 저희는 내년 중에 신제품을 출시하기를 바랍니다.

해설 빈칸 앞에 위치한 hope는 to부정사를 목적어로 취하므로 (B) to release가 정답입니다.

어휘 hope to do ~하기를 바라다 release ~을 출시하다

2.

정답 (B)

해석 그 행사는 우리 매출을 향상시킬 좋은 기회가 될 수 있다.

해설 빈칸 앞에 위치한 명사 opportunity는 to부정사의 수식을 받는 명사이므로 (B) to improve가 정답입니다.

어휘 opportunity to do ~할 수 있는 기회 sales 매출, 판매(량), 영업 improve ~을 향상시키다, 개선하다

3.

정답 (A)

해석 존스 씨가 곧 우리 지점장들 중 한 명이 될 것으로 예상된다.

해설 빈칸 앞에 위치한 is expected는 to부정사와 결합하므로 (A) to become이 정답입니다.

어휘 be expected to do ~할 것으로 예상되다 branch 지점, 지사

4.

정답 (C)

해석 치열해진 경쟁으로 인해 우리가 더 빨리 상품을 배송하는 것이 필요합니다.

해설 It is necessary로 시작되는 가주어/진주어 문장에서 진주어 역할을 할 to부정사가 필요하므로 (C) to deliver가 정답입니다.

어휘 necessary 필요한, 필수의 goods 상품 due to ~로 인해 increased 늘어난, 증가된 competition 경쟁

실전 감잡기

1. (D)	2. (B)	3. (B)	4. (A)	5. (C)
6. (C)	7. (B)	8. (B)	9. (D)	10. (B)

1.

정답 (D)

해석 귀하의 사무 가구 디자인이 저희 전국 디자인 경연대회의 결선 진출작으로 선정되었음을 알려 드리고자 합니다.

해설 빈칸 앞에 위치한 would like는 to부정사를 목적어로 취하므로 (D) to announce가 정답입니다.

오답 (A) announce: 동사원형이므로 would like 바로 뒤에 나란히 위치할 수 없는 오답입니다.
(B) announcing: would like는 동명사를 목적어로 취하지 않으므로 오답입니다.
(C) announced: announce의 과거형 또는 과거분사형이므로 would like 바로 뒤에 나란히 위치할 수 없는 오답입니다.

어휘 would like to do ~하고자 하다, ~하고 싶다 be selected as ~로 선정되다 finalist 결선 진출작, 결선 진출자 competition 경연대회 announce (that) (~라고) 알리다, 발표하다

2.

정답 (B)

해석 우리의 주가가 우리 헤드폰 브랜드의 이미지를 개선하기 위한 노력에도 불구하고 지속적으로 하락하고 있다.

해설 선택지가 모두 명사인데, 빈칸 뒤에 to부정사가 위치해 있으므로 to부정사의 수식을 받을 수 있는 명사인 (B) efforts가 정답입니다.

오답 (A) issues: to부정사의 수식을 받지 않는 명사이므로 오답입니다.
(C) opinions: to부정사의 수식을 받지 않는 명사이므로 오답입니다.
(D) responses: 전치사 to와 어울려 쓰이는 명사이므로 오답입니다.

어휘 value 가치, 값어치 stock 주식 continually 지속적으로 decrease 하락하다, 감소하다 in spite of ~에도 불구하고 improve ~을 개선하다, 향상시키다 issue 문제, 사안 opinion 의견 effort (to do) (~하려는) 노력 response (to) (~에 대한) 대응, 반응, 답변

3.

정답 (B)

해석 프레시웨이즈 슈퍼마켓은 야간 교대 근무조로 일하는 직원들을 대상으로 초과 근무 수당을 인상하기로 결정했다.

해설 빈칸 앞에 현재완료형시제로 쓰인 동사 decide는 to부정사를 목적어로 취하므로 (B) to increase가 정답입니다.

오답 (A) increases: 3인칭 단수 주어와 어울리는 동사의 형태이므로 동사 has decided 뒤에 나란히 위치할 수 없는 오답입니다.
(C) increasing: decide는 동명사를 목적어로 취하지 않으므로 오답입니다.
(D) increased: increase의 과거형 또는 과거분사형이므로 오답입니다.

어휘 decide to do ~하기로 결정하다 overtime rate 초과 근무 수당 shift 교대 근무(조) increase ~을 인상하다, 증가시키다

4.

정답 (A)

해석 이력서를 강화하기 위해, 오도넬 씨는 비즈니스 경영과 재무 기획 강좌들을 이수했다.

해설 빈칸 뒤에 위치한 명사구(his résumé)를 목적어로 취하면서 To와 결합해 목적을 나타내는 to부정사구를 이룰 수 있는 동사원형인 (A) enhance가 정답입니다.

오답 (B) enhancement: 명사로서, 명사구를 목적어로 가질 수 없으므로 오답입니다.
(C) enhanced: enhance의 과거형 또는 과거분사형이므로 to부정사를 구성할 동사원형이 필요한 빈칸에 맞지 않는 오답입니다.
(D) enhancing: enhance의 동명사 또는 현재분사형이므로 to부정사를 구성할 동사원형이 필요한 빈칸에 맞지 않는 오답입니다.

어휘 résumé 이력서 complete ~을 완수하다, 완료하다 management 경영, 운영, 관리 financial 재무의, 금융의 planning 기획 enhance ~을 향상시키다, 강화하다 enhancement 향상, 강화

5.

정답 (C)

해석 마케팅 이사는 새로운 소셜 미디어 기반의 광고 캠페인 시행과 더불어 더 많은 고객들을 끌어들이기를 기대하고 있다.

해설 선택지가 모두 동사이며, 빈칸 뒤에 to부정사가 위치한 구조이므로 to부정사를 목적어로 취하는 (A) continues와 (C) expects 중에서 의미가 알맞은 것을 골라야 하는데, '광고 캠페인의 목적이 고객을 늘리는 것이므로 '기대하고 있다'와 같은 의미가 되어야 알맞으므로 '~하기를 기대하다'를 뜻하는 (C) expects가 정답입니다.

오답 (A) continues: to부정사를 목적어로 취하기는 하지만 문장의 의미에 맞지 않는 오답입니다.
(B) finishes: 동명사를 목적어로 취하는 동사이므로 오답입니다.
(D) considers: 동명사를 목적어로 취하는 동사이므로 오답입니다.

어휘 expect to do ~하기를 기대하다, 예상하다 attract ~을 끌어들이다 release 공개, 출시, 발표 A-based: A를 기반으로 하는, 바탕으로 하는 advertising 광고 (활동) continue (to do) (~하는 것을) 계속하다 finish (-ing) (~하는 것을) 끝마치다 consider (-ing) (~하는 것을) 고려하다

6.

정답 (C)

해석 어려운 여건 속에서 업무를 잘 수행하는 방문영업팀의 능력이 지사장에게 정말로 깊은 인상을 남겼다.

해설 빈칸 앞에 위치한 명사 ability는 to부정사의 수식을 받는 명사이므로 (C) to perform이 정답입니다.

오답 (A) performs: 3인칭 단수 주어와 어울리는 동사의 형태인데, 문장에 이미 동사 has impressed가 있으므로 오답입니다.
(B) performing: 동사 perform의 동명사 또는 현재분사형인데, 둘 모두 명사 ability를 수식하지 않으므로 오답입니다.

(D) performance: 명사 ability와 복합명사를 구성하지 않는 명사이므로 오답입니다.

어휘 **door-to-door sales** 방문 영업 **ability to do** ~할 수 있는 능력 **adverse** 어려운, 불리한 **circumstance** 여건, 사정, 상황 **impress** ~에게 깊은 인상을 남기다 **perform** 수행하다, 실시하다 **performance** 수행 능력, 성과, 실적, 공연

7.

정답 **(B)**

해석 저희 버던트 호텔은 숙박을 더욱 즐겁게 만들어 드리기 위해 저희 손님들께 기꺼이 도움을 드립니다.

해설 빈칸 앞에 위치한 willing은 to부정사와 어울려 쓰이는 형용사이므로 (B) to assist가 정답입니다.

오답 (A) assist: 동사원형이므로 형용사 willing 바로 뒤에 나란히 위치할 수 없는 오답입니다.
(C) assisting: assist의 동명사 또는 현재분사의 형태로서 형용사 willing 바로 뒤에 나란히 위치할 수 없는 오답입니다.
(D) assisted: assist의 과거형 또는 과거분사형이므로 형용사 willing 바로 뒤에 나란히 위치할 수 없는 오답입니다.

어휘 **be willing to do** 기꺼이 ~하다 **make A 형용사:** A를 ~하게 만들다 **enjoyable** 즐거운 **assist** ~을 돕다

8.

정답 **(B)**

해석 드레스에 생긴 손상에 대해 윈콧 씨에게 보상하기 위해, 세탁소에서 100달러의 상품권을 제공했다.

해설 빈칸 바로 뒤에 동사원형 compensate이 쓰여 있으므로 동사원형과 결합해 '~하기 위해'라는 의미를 나타낼 때 사용하는 (B) In order to가 정답입니다.

오답 (A) So that: 주어와 동사를 포함한 절을 이끌어야 하는 접속사이므로 오답입니다.
(C) When: 주어와 동사를 포함한 절을 이끌어야 하는 접속사이며, 주어가 없을 경우에 「When ~ing」의 구조로 된 분사구문을 이끌어야 하므로 오답입니다.
(D) Even if: 주어와 동사를 포함한 절을 이끌어야 하는 접속사이므로 오답입니다.

어휘 **compensate A for B:** B에 대해 A에게 보상하다 **damage** 손상, 피해 **cause** ~을 발생시키다, 야기하다 **offer A B:** A에게 B를 제공하다 **gift certificate** 상품권 **so that** (목적) ~할 수 있도록 **in order to do** ~하기 위해 **even if** 설사 ~라 하더라도

9.

정답 **(D)**

해석 오직 8세에서 15세 사이의 음악인들만 도시 축제의 음악 경연대회에 참가할 자격이 있습니다.

해설 빈칸 앞뒤에 각각 위치한 be동사 및 to부정사와 어울리는 형용사로서 '~할 자격이 있다'라는 의미를 나타낼 때 사용하는 (D) eligible이 정답입니다.

오답 (A) accessible: be동사 및 to부정사와 어울리는 형용사가 아니므로 오답입니다.
(B) variable: be동사 및 to부정사와 어울리는 형용사가 아니

므로 오답입니다.
(C) capable: 전치사 of와 어울리는 형용사이므로 오답입니다.

어휘 **aged A:** 나이가 A인 **between A and B:** A와 B 사이에 **enter** ~에 참가하다 **competition** 경연대회 **fair** 축제, 박람회, 설명회 **accessible (to 명사)** (~을) 이용 가능한, (~에) 접근 가능한 **variable** 변동이 심한, 가변적인 **capable (of -ing)** ~할 수 있는 **eligible (to do)** (~할) 자격이 있는

10.

정답 **(B)**

해석 해리슨 씨는 마케팅팀과 더 가까이 있기 위해 3층에 있는 사무실로 옮길 것이다.

해설 문장에 이미 동사 will move가 있으므로 빈칸은 동사 자리가 아니며, 「주어 + 동사 + 전치사구」로 구성된 완전한 절 뒤에서 부가적인 요소로서 목적을 의미할 때 사용하는 수식어구인 to부정사 (B) to be가 정답입니다.

오답 (A) being: 3층으로 사무실을 옮기는 목적을 나타내는 수식어구를 이끌지 못하므로 오답입니다.
(C) is: 동사의 형태이므로 동사 자리가 아닌 빈칸에 쓰일 수 없는 오답입니다.
(D) will be: 동사의 형태이므로 동사 자리가 아닌 빈칸에 쓰일 수 없는 오답입니다.

어휘 **move to** ~로 옮기다, 이동하다 **close to** ~와 가까운

DAY 10 형용사/부사

1초 퀴즈

1.

정답 **(C)**

해석 팀장님께서는 그 디자인 제안서들 중의 하나가 매우 흥미로워 보인다고 생각하신다.

해설 2형식 동사인 look 다음은 형용사가 위치할 자리입니다. 동사 looks 앞에 위치한 주어 one of the design proposals가 사람에게 흥미를 유발하는 주체이므로 현재분사 형태인 (C) interesting이 정답입니다.

어휘 **proposal** 제안(서) **look + 형용사:** ~한 것처럼 보이다 **interest** n. 관심(사), 이자, 이익 v. ~의 관심을 끌다 **interesting** 흥미로운 **interestingly** 흥미있게

2.

정답 **(B)**

해석 많은 직원들이 이 새 직책에 관심이 거의 없는 것 같다.

해설 빈칸 뒤에 위치한 명사 interest가 '관심'을 의미할 때는 불가산명사이므로 불가산명사를 수식할 수 있는 (B) little이 정답입니다. (A) a few는 복수 가산명사를, (C) each와 (D) one은 단수 가산명사를 수식합니다.

어휘 **seem to do** ~하는 것 같다 **interest in** ~에 대한 관심

3.

정답 (B)

해석 어떤 강좌들은 다른 것들보다 훨씬 더 비쌉니다.

해설 빈칸 뒤에 복수 가산명사 courses가 위치해 있으므로 복수 가산명사를 수식할 수 있는 (B) Some과 (D) Any 중에서 하나를 골라야 합니다. 그런데 문장 마지막 부분에 비교 대상이 되는 '다른 것들(others)'이라는 말이 있으므로 빈칸 뒤에 쓰인 courses는 선택 가능한 일부 강좌를 가리킨다는 것을 알 수 있습니다. 따라서 '일부의, 어떤, 몇몇의'를 뜻하는 (B) Some이 정답입니다.

어휘 much (비교급 수식) 훨씬 expensive 비싼

4.

정답 (B)

해석 그 새 기기는 쉽게 조작될 수 있는데, 기존의 것들과 유사하기 때문이다.

해설 빈칸 뒤에 to가 있는데, 그 뒤에 명사구가 있으므로 to가 전치사임을 알 수 있습니다. 따라서 전치사 to와 결합하는 형용사인 (B) similar가 정답입니다. (D) willing은 to부정사와 결합합니다.

어휘 device 기기, 장치 operate ~을 조작하다, 작동하다, 운영하다 existing 기존의 useful 유용한 similar (to) (~와) 유사한 skilled (at) (~에) 능숙한 willing (to do) 기꺼이 ~하는, ~할 의향이 있는

5.

정답 (B)

해석 우리 수익이 지난 5개월 동안 급격히 상승해 왔다.

해설 현재완료시제로 쓰인 자동사 rise와 전치사 over 사이에 위치한 빈칸은 자동사를 수식할 부사 자리이므로 (B) sharply가 정답입니다.

어휘 profit 수익 rise 상승하다, 오르다 past 지난, 과거의 sharp 급격한, 날카로운, 예리한 sharply 급격히 sharpen ~을 날카롭게 하다

6.

정답 (C)

해석 컨벤션 센터는 공항과 가까운 곳에 편리하게 위치해 있다.

해설 수동태 동사를 구성하는 be동사와 과거분사 사이에서 과거분사를 수식할 부사가 필요하므로 (C) conveniently가 정답입니다.

어휘 be located 위치해 있다 close to ~와 가까이 convenience 편리, 편의 convenient 편리한 conveniently 편리하게

7.

정답 (B)

해석 지난주에 터너 씨의 콘서트는 홍보 부족에도 불구하고 많은 사람들이 참석했다.

해설 수동태를 구성하는 과거분사 앞에 위치해 과거분사를 수식할

부사가 필요하므로 동사를 수식하는 강조 부사 (B) well이 정답입니다.

어휘 well attended 많은 사람들이 참석한 shortly 곧, 머지 않아 well 훨씬 nearly 거의 quite 상당히, 꽤

8.

정답 (B)

해석 회비가 500달러가 넘지만, 이번 달에 한해 할인됩니다.

해설 비용을 나타내는 숫자 표현 앞에 쓰일 부사가 필요하므로 이 역할이 가능한 (B) over가 정답입니다.

어휘 fee 요금, 수수료 discount ~을 할인해 주다 over ~가 넘는 quite 꽤, 상당히

실전 감잡기

1. (C)	2. (B)	3. (C)	4. (D)	5. (C)
6. (D)	7. (A)	8. (C)	9. (D)	10. (B)

1.

정답 (C)

해석 혼잡 시간대에는 공항에 도착하는 데 있어 충분한 시간 여유를 갖도록 하시기 바랍니다.

해설 부정관사 a와 명사 amount 사이에 위치한 빈칸은 명사를 수식할 단어가 필요한 자리이므로 이 역할이 가능한 형용사 (C) considerable이 정답입니다.

오답 (A) consideration: 바로 뒤에 위치한 amount와 복합명사를 구성하지 않으므로 오답입니다.
(B) consider: 동사원형이므로 부정관사와 명사 사이에 위치할 수 없는 오답입니다.
(D) considerably: 부사이므로 부정관사와 명사 사이에 위치할 수 없는 오답입니다.

어휘 make sure that 반드시 ~하도록 하다 give A B: A에게 B를 주다, 제공하다 a considerable amount of time 상당한 시간 arrive 도착하다 rush hour (교통) 혼잡 시간대 consideration 고려, 숙고, 배려 consider ~을 고려하다, ~을 …라고 여기다 considerably 많이, 상당히

2.

정답 (B)

해석 대부분의 고객들이 우리 매장을 방문하기에 앞서 온라인으로 우리의 최신 제품 안내 책자를 훑어보는 것이 유익하다고 생각한다.

해설 동사 find와 목적어 it 뒤에 위치한 빈칸은 it을 설명하는 목적보어 자리인데, 가목적어 it이 가리키는 진목적어인 to부정사구에서 말하는 일의 특성을 나타낼 형용사가 쓰여야 알맞으므로 (B) beneficial이 정답입니다.

오답 (A) benefit: 명사 또는 동사로서, 진목적어인 to부정사구에 대한 목적보어로 쓰이지 않으므로 오답입니다.
(C) beneficially: 부사로서 진목적어인 to부정사구에 대한 목

적보어로 쓰이지 않으므로 오답입니다.

(D) benefits: 복수명사 또는 3인칭 단수 주어와 어울리는 동사로서, 진목적어인 to부정사구에 대한 목적보어로 쓰이지 않으므로 오답입니다.

어휘   find it 형용사 to do: ~하는 것을 …하다고 생각하다 browse ~을 훑어보다, 둘러보다 latest 최신의 brochure 안내 책자 online 온라인으로 benefit n. 혜택, 이득 v. 이득을 얻다, ~에게 이득이 되다 beneficially 유익하게 beneficial 유익한, 이득이 되는

3.

정답   (C)

해석   행사 기획팀이 회사의 연례 연회를 위해 여러 장소를 검토했다.

해설   빈칸 뒤에 동사 considered의 목적어로 복수 가산명사 locations가 쓰여 있으므로 복수 가산명사를 수식하는 (C) several이 정답입니다.

오답   (A) every: 단수 가산명사를 수식하므로 오답입니다.
(B) each: 단수 가산명사를 수식하므로 오답입니다.
(D) much: 불가산명사를 수식하므로 오답입니다.

어휘   planning 기획 consider ~을 고려하다 location 장소, 위치, 지점 annual 연례적인, 해마다의 banquet 연회 several 여럿의, 몇몇의

4.

정답   (D)

해석   어떤 사람들이 신나는 놀이기구를 경험하기 위해 스플래시 캐년을 방문하는 반면, 다른 방문객들은 그저 걸어서 돌아다니며 경치를 즐기고 싶어 한다.

해설   접속사 While이 이끄는 절이 끝나는 콤마 뒤로 빈칸과 주절의 주어 visitors가 있으므로 빈칸은 visitors를 수식할 형용사가 필요한 자리입니다. 또한 복수 가산명사인 visitors를 수식하는 some과 연결되어 다른 일부를 나타내야 하므로 (D) other가 정답입니다.

오답   (A) another: 단수 가산명사를 수식하므로 오답입니다.
(B) any: 복수 가산명사를 수식할 수는 있지만 '어떠한 ~이든' 이라는 의미로 일부 사람들 외의 다른 사람들을 가리키는 뜻으로 쓰일 수 없으므로 오답입니다.
(C) everyone: 대명사이므로 명사를 앞에서 수식할 수 없는 오답입니다.

어휘   while ~인 반면 experience v. ~을 경험하다, 겪다 ride n. 놀이기구 simply 그저, 단순히 walk around 걸어서 돌아다니다 scenery 경치, 경관

5.

정답   (C)

해석   회사 도서관에서 빌린 모든 도서는 반드시 늦지 않게 도서관으로 반납되어야 합니다.

해설   부정관사 a와 명사 manner 사이에 위치한 빈칸은 명사를 수식할 단어가 필요한 자리이므로 이 역할이 가능한 형용사 (C) timely가 정답입니다.

오답   (A) time: 명사로서, 바로 뒤에 위치한 또 다른 명사 manner와 복합명사를 구성하지 않으므로 오답입니다.
(B) timing: 명사로서, 바로 뒤에 위치한 또 다른 명사 manner와 복합명사를 구성하지 않으므로 오답입니다.
(D) timer: 명사로서, 바로 뒤에 위치한 또 다른 명사 manner와 복합명사를 구성하지 않으므로 오답입니다.

어휘   borrow ~을 빌리다 return ~을 반납하다, 반환하다 in a timely manner 늦지 않게, 적절한 시기에

6.

정답   (D)

해석   블루 패브릭 사는 면, 비단, 가죽, 그리고 양모 같이 저렴하게 가격이 책정된 직물을 생산한다.

해설   「동사 + ----- + 과거분사 + 명사」의 구조에서 빈칸은 동사의 목적어로 쓰인 명사를 수식하는 과거분사를 앞에서 수식할 부사 자리이므로 (D) reasonably가 정답입니다.

오답   (A) reason: 명사 또는 동사이므로 빈칸 뒤에 위치한 과거분사를 수식할 수 없는 오답입니다.
(B) reasoned: 동사 reason의 과거형 또는 과거분사형으로 빈칸 뒤에 위치한 과거분사를 수식할 수 없는 오답입니다.
(C) reasonable: 형용사이므로 빈칸 뒤에 위치한 과거분사를 수식할 수 없는 오답입니다.

어휘   produce ~을 생산하다 priced 가격이 책정된 textile 직물, 섬유 such as ~와 같은 reason n. 이유 v. ~라고 판단하다 reasonable 저렴한, 합리적인 reasonably 저렴하게, 합리적으로

7.

정답   (A)

해석   그 영화제는 두 달 전에 발표되었지만, 주요 영화 목록은 여전히 공개적으로 발표되지 않았다.

해설   빈칸 뒤에 위치한 부정어 not과 어울릴 수 있는 부사 (A) still과 (B) yet 중에서, 현재완료시제를 구성하는 have 앞에 위치할 수 있는 (A) still이 정답입니다.

오답   (B) yet: 현재완료시제를 구성하는 have 앞에 위치할 수 없는 부사이므로 오답입니다.
(C) already: 현재완료시제를 구성하는 have 앞에 위치할 수 없는 부사이므로 오답입니다.
(D) only: 현재완료시제를 구성하는 have 앞에 위치할 수 없는 부사이므로 오답입니다.

어휘   announce ~을 발표하다 featured 주연의, 특별한, 주요한 release ~을 공개하다 publicly 공개적으로

8.

정답   (C)

해석   작년의 재활용 계획은 대단한 성공이었는데, 회사 내 연간 쓰레기의 약 80퍼센트가 재활용되었기 때문이다.

해설   접속사 as와 빈칸 뒤로 숫자 표현이 포함된 명사구가 as절의 주어로 쓰여 있습니다. 따라서 숫자 표현 앞에 위치하는 부사인 (C) approximately가 정답입니다.

오답 (A) approximate: 형용사 또는 동사이며, 숫자 표현 앞에 위치하지 않으므로 오답입니다.

(B) approximating: 동사 approximate의 동명사 또는 현재분사형이며, 숫자 표현 앞에 위치하지 않으므로 오답입니다.

(D) approximation: 명사이며, 숫자 표현 앞에 위치하지 않으므로 오답입니다.

어휘 **recycling** 재활용 **initiative** n. 계획 **success** 성공 **annual** 연간의, 해마다의 **waste** 쓰레기, 폐기물 **recycle** ~을 재활용하다 **approximate** a. 근사치의 v. (수량 등이) ~와 거의 비슷하다, ~에 근접하다 **approximately** 약, 대략 **approximation** 근사치, 비슷한 것

9.

정답 (D)

해석 마티 맥킨즈 씨는 원래 인턴이었지만, 지난달에 홍보팀 팀장으로 승진되었다.

해설 be동사 was와 보어로 쓰인 명사구 an intern 사이에 빈칸이 위치해 있으므로 명사(구) 앞에 쓰일 수 있는 부사 (D) originally가 정답입니다.

오답 (A) origin: 사람주어와 동격이 되지 않아 보어로 쓰일 수 없는 명사이며, 빈칸 뒤에 위치한 부정관사 an과 어순도 맞지 않으므로 오답입니다.

(B) original: 형용사이며, 부정관사 an 앞에 위치할 수 없으므로 오답입니다.

(C) originality: 사람주어와 동격이 되지 않아 be동사 뒤에서 보어로 쓰일 수 없는 명사이며, 빈칸 뒤에 위치한 부정관사 an과 어순도 맞지 않으므로 오답입니다.

어휘 **promote** ~를 승진시키다 **public relations** 홍보 **origin** 기원, 유래 **originality** 독창성 **original** 원래의, 원본의, 독창적인 **originally** 원래, 애초에

10.

정답 (B)

해석 카프 씨는 '더 시카고 포스트'에서 22년 동안 기자로 근무했는데, 그곳에서 높이 평가받은 수많은 기사를 썼다.

해설 명사 articles를 수식하는 과거분사 regarded를 앞에서 수식해 강조하는 역할을 하는 부사 (B) highly가 정답입니다.

오답 (A) high: 형용사 또는 부사이며, 과거분사를 앞에서 수식해 강조하는 역할을 하지 않으므로 오답입니다.

(C) higher: 비교급 형용사 또는 비교급 부사의 형태이며, 과거분사를 앞에서 수식해 강조하는 역할을 하지 않으므로 오답입니다.

(D) highest: 최상급 형용사의 형태이며, 과거분사를 앞에서 수식해 강조하는 역할을 하지 않으므로 오답입니다.

어휘 **journalist** 기자 **numerous** 수많은, 다수의 **highly regarded** 높이 평가받는

DAY 11 비교구문

1초 퀴즈

1.

정답 (C)

해석 고객들에게 설문조사를 함으로써, 우리는 가능한 한 많은 정보를 모아야 합니다.

해설 빈칸 뒤에 명사구와 함께 위치한 as possible과 짝을 이뤄 '가능한 한 ~한'이라는 원급 비교 구문을 구성하는 (C) as가 정답입니다.

어휘 **by** (방법) ~함으로써, ~해서 **survey** v. ~에게 설문조사하다 **gather** ~을 모으다 **as ~ as possible**: 가능한 한 ~한

2.

정답 (B)

해석 우리는 존슨 씨의 제안서가 우드 씨의 것보다 더 흥미롭다는 것을 알게 되었다.

해설 be동사 is 다음은 보어 역할을 할 형용사 자리이며, 빈칸 뒤에 위치한 than과 짝을 이루는 비교급 형용사가 필요하므로 (B) more interesting이 정답입니다.

어휘 **find that** ~임을 알게 되다 **proposal** 제안(서) **interesting** 흥미로운 **interestingly** 흥미롭게

3.

정답 (C)

해석 기존의 것을 수리하는 게 새 복사기를 구입하는 것보다 훨씬 더 효율적일 것이다.

해설 빈칸 뒤에 비교급 형용사 more efficient가 있으므로 비교급을 수식해 강조하는 부사 (C) even이 정답입니다.

어휘 **efficient** 효율적인 **rather than** ~하기보다 **repair** ~을 수리하다 **existing** 기존의 **even** (비교급 수식) 훨씬 **quite** 상당히, 꽤

4.

정답 (D)

해석 5번가의 그 이탈리안 레스토랑은 지역 내에서 가장 비싼 곳이다.

해설 정관사 the와 명사 places 사이에 위치한 빈칸은 명사를 수식할 형용사 자리이며, 그 뒤에 위치한 「in + 명사구」가 최상급의 범위를 나타내고 있으므로 (D) most expensive가 정답입니다.

어휘 **expensive** 비싼 **expensively** 비싸게

실전 감잡기

1. (C)	**2.** (A)	**3.** (B)	**4.** (C)	**5.** (A)
6. (B)	**7.** (A)	**8.** (C)	**9.** (B)	**10.** (A)

1.

정답 (C)

해석 한 인기 있는 독일 신문사에 실린 가장 최근의 기사가 증가하고 있는 베를린의 부동산 비용에 관한 내용을 다루었다.

해설 정관사 The와 명사 article 사이에 위치한 빈칸을 수식할 형용사 자리이며, 정관사 The와 결합할 수 있는 최상급 형용사가 쓰여야 알맞으므로 (C) most recent가 정답입니다.

오답 (A) more recent: than과 짝을 이루는 비교급 형용사이므로 오답입니다.
(B) more recently: than과 짝을 이루는 비교급 형용사이므로 오답입니다.
(D) most recently: 최상급 형태이지만 부사이므로 명사를 수식할 수 없는 오답입니다.

어휘 article (신문 등의) 기사 publish (출판물 등에) ~을 싣다, 출간하다 discuss ~을 논하다, 이야기하다 rising 증가하는 property 부동산, 건물 recent 최근의 recently 최근에

2.

정답 (A)

해석 운영체제가 업데이트되었기 때문에, 월러 씨의 오래된 노트북 컴퓨터가 새 것만큼 부드럽게 작동하고 있다.

해설 「부사 + as」와 함께 원급 비교 표현을 구성하는 요소인 (A) as가 정답입니다.

오답 (B) quite: 원급 형용사 또는 원급 부사를 수식해 강조하는 부사이므로 오답입니다.
(C) much: 비교급 형용사 또는 비교급 부사를 수식할 때 그 앞에 위치하므로 오답입니다.
(D) even: 비교급 형용사 또는 비교급 부사를 수식할 때 그 앞에 위치하며, 원급 부사를 수식해 강조할 수는 있지만 의미(심지어)가 맞지 않으므로 오답입니다.

어휘 since ~하기 때문에 run (기계 등이) 작동되다, 운영되다 smoothly 부드럽게 quite 상당히, 꽤 even 심지어 (~도), (비교급 수식) 훨씬

3.

정답 (B)

해석 재무팀장은 회사의 연간 수익이 예상보다 더 낮았다는 것을 알게 되었다.

해설 빈칸 앞에 위치한 비교급 형용사 lower와 짝을 이루는 것으로서 비교 대상 앞에 사용하는 (B) than이 정답입니다. 참고로, 「than expected」를 '예상보다'라는 의미의 숙어로 기억해 두면 좋습니다.

오답 (A) quite: 원급 형용사를 수식하는 부사이므로 오답입니다.
(C) as: 원급 비교를 나타낼 때 사용하는 접속사이므로 오답입니다.
(D) even: 비교급 형용사 또는 비교급 부사를 수식해 강조하

는 부사이므로 오답입니다.

어휘 financial 재무의, 금융의 find that ~임을 알게 되다 annual 연간의, 해마다의 profit 수익 than expected 예상보다 quite 상당히, 꽤 even 심지어 (~도), (비교급 수식) 훨씬

4.

정답 (C)

해석 여름 지역 축제가 작년에 그랬던 것보다 더 수익성이 좋았던 것으로 드러났다.

해설 빈칸 뒤에 위치한 than과 짝을 이루는 비교급 형태가 필요하므로 비교급 형용사인 (C) more profitable이 정답입니다.

오답 (A) profitable: 원급 형용사이므로 than과 짝을 이룰 수 없는 오답입니다.
(B) profitably: 원급 부사이므로 than과 짝을 이룰 수 없는 오답입니다.
(D) most profitable: 최상급 형용사이므로 than과 짝을 이룰 수 없는 오답입니다.

어휘 community 지역 사회 turn out to be ~: ~한 것으로 드러나다, 판명되다 profitable 수익성 있는 profitably 이익이 되게

5.

정답 (A)

해석 5호선 선로에 대한 유지 관리 작업이 진행되는 동안, 지하철 열차들이 평소보다 덜 운행될 것입니다.

해설 빈칸 뒤에 원급 부사 regularly와 비교 접속사 than이 있습니다. 따라서 이 원급 부사가 비교급 형태가 되어야 하므로 비교급 부사를 만들 때 앞에 추가되는 요소인 (A) less가 정답입니다.

오답 (B) lower: 이미 비교급의 형태이므로 원급 부사 regularly 앞에 위치할 수 없는 오답입니다.
(C) fewer: 이미 비교급의 형태이므로 원급 부사 regularly 앞에 위치할 수 없는 오답입니다.
(D) little: 원급 형용사의 형태이므로 원급 부사 regularly 앞에 위치할 수 없는 오답입니다

어휘 while ~하는 동안, ~인 반면 maintenance 유지 관리, 시설 관리 underway 진행 중인 run 운행되다, 작동되다 regularly 정기적으로 than usual 평소보다 less ad. 덜하게, 더 적게 a. 덜한, 더 적은

6.

정답 (B)

해석 브레이브테크 사의 새 컬러 프린터들이 9월에 출시된 유사 모델들보다 훨씬 더 저렴하다.

해설 be동사 are와 비교급 형용사 more affordable 사이에 위치한 빈칸은 비교급 형용사를 강조할 부사가 필요한 자리이므로 비교급 강조 부사인 (B) much가 정답입니다.

오답 (A) very: 원급 형용사 또는 원급 부사를 수식해 강조하므로 오답입니다.
(C) too: 원급 형용사 또는 원급 부사를 수식해 강조하므로 오답입니다.

(D) such: 명사를 수식하는 형용사 또는 원급 형용사를 수식하는 부사로 쓰이므로 오답입니다.

어휘 **affordable** 저렴한, 가격이 알맞은 **similar** 유사한, 비슷한 **release** ~을 출시하다, 공개하다 **much** (비교급 수식) 훨씬

7.

정답 **(A)**

해석 올해 첫 두 분기 동안, R&W 어패럴 사는 작년에 판매한 것보다 두 배나 많은 남성 의류 제품을 판매했다.

해설 「----- + 명사구 + as」의 구조이므로 원급 비교 구조임을 알 수 있습니다. 따라서 뒤의 as와 짝을 이루는 나머지 as가 포함된 선택지 중에서, 빈칸 뒤에 위치한 복수명사(men's clothing items)를 수식할 수 있는 many가 쓰인 (A) as many가 정답입니다.

오답 (B) as much: 「----- + 명사구 + as」의 원급 비교에 필요한 as가 있기는 하지만, much는 복수명사를 수식하지 못하므로 오답입니다.
(C) so many: so는 「----- + 명사구 + as」의 원급 비교에 필요한 요소가 아니므로 오답입니다.
(D) so much: so는 「----- + 명사구 + as」의 원급 비교에 필요한 요소가 아니므로 오답입니다.

어휘 **quarter** 분기 **twice as ~ as** 두 배나 ~한, 두 배 ~하게 **clothing item** 의류 제품

8.

정답 **(C)**

해석 크러스티즈 도넛이 올해 열 곳의 신규 지점을 개장하기만 하면, 의심의 여지없이 도시 내에서 가장 강력한 업체가 될 것이다.

해설 정관사 the 및 비교 범위를 나타내는 in 전치사구와 어울리는 최상급 형용사 (C) strongest가 정답입니다.

오답 (A) strongly: 원급 부사의 형태이므로 오답입니다.
(B) strength: 2형식 동사 become 뒤에 쓰이는 명사는 주어 (it = Crusty's Donuts)와 동격이어야 하지만, 그렇지 않으므로 오답입니다.
(D) strong: 원급 형용사의 형태이므로 오답입니다.

어휘 **once** ~하기만 하면, ~하자마자 **branch** 지점 **undoubtedly** 의심의 여지없이 **business** 업체, 회사 **strongly** 강력히, 튼튼하게, 강하게 **strong** 강한, 튼튼한 **strength** 힘, 장점

9.

정답 **(B)**

해석 벨트러그 홈 퍼니싱스 사는 스칸디나비아 지역에서 가장 큰 가구 제조사들 중의 하나이다.

해설 장소로서 비교 범위를 나타내는 in 전치사구가 빈칸 뒤에 있고, 정관사 the를 비롯한 빈칸 앞쪽 단어들과 함께 '~에서 가장 … 한 것들 중의 하나'라는 의미를 나타낼 수 있는 최상급 형용사 (B) largest가 정답입니다.

오답 (A) large: 원급 형용사의 형태이므로 오답입니다.
(C) larger: 비교급 형용사의 형태이므로 오답입니다.

(D) largely: 원급 부사이므로 오답입니다.

어휘 **manufacturer** 제조사 **furniture** 가구

10.

정답 **(A)**

해석 3개월 연속으로 기록을 경신한 매출을 고려하면, MCA 주식회사는 그야말로 올해 최고의 신생 기업체였다.

해설 최상급 형용사를 구성하는 정관사 the와 best 사이에 위치한 빈칸은 최상급 형용사를 수식해 강조할 부사가 필요한 자리이므로 최상급 강조 부사인 (A) very가 정답입니다.

오답 (B) much: 비교급 형용사 또는 비교급 부사를 수식해 강조하므로 오답입니다.
(C) such as: 예시를 나타낼 때 사용하는 전치사이므로 오답입니다.
(D) even: 비교급 형용사 또는 비교급 부사를 수식해 강조하므로 오답입니다.

어휘 **considering** ~을 고려해, 감안해 **consecutive** 연속적인 **record-breaking** 기록을 경신하는, 기록적인 **sales** 매출, 판매(량), 영업 **best** 최고의 **start-up business** 신생 업체 **such as** ~와 같은 **even** 심지어 (~도), (비교급 수식) 훨씬

DAY 12 접속사

1초 퀴즈

1.

정답 **(B)**

해석 저희는 잉크 카트리지와 복사용지를 더 주문하고자 합니다.

해설 빈칸 앞뒤에 각각 위치한 명사구들은 '잉크 카트리지'와 '복사용지'를 뜻합니다. 이 둘은 order의 목적어로서 주문 대상에 해당되는 동일 요소이므로 '그리고'를 뜻하는 등위접속사 (B) and가 정답입니다. (A) but도 등위접속사이지만 의미가 맞지 않으며, (C) also는 부사이므로 두 명사구를 연결하지 못합니다. 전치사인 (D) to도 의미가 맞지 않습니다.

어휘 **would like to do** ~하고자 하다, ~하고 싶다

2.

정답 **(B)**

해석 라이트 씨 또는 브라운 씨 둘 중 한 사람이 클린 월드 컨벤션에서 연설할 것이다.

해설 빈칸 뒤에 「A or B」의 구조로 사람 이름이 쓰여 있습니다. 「A or B」 either와 짝을 이뤄 상관접속사를 구성하는 구조이므로 (B) Either가 정답입니다.

어휘 **either A or B** A 또는 B 둘 중의 하나 **deliver a speech** 연설하다 **neither (A nor B)**: (A도 B도) 둘 다 아닌 **both (A and B)**: (A와 B) 둘 모두

3.

정답 (A)

해석 우리가 신임 마케팅부장을 채용한 후에, 우리 수익이 급격히 증가했다.

해설 빈칸 뒤로 주어와 동사가 각각 포함된 절들이 콤마 앞뒤에 위치해 있습니다. 따라서 빈칸에는 이 두 개의 절들을 연결할 접속사가 쓰여야 하며, '신임 마케팅부장을 채용한 후에, 수익이 급격히 증가했다'와 같은 의미가 되어야 알맞으므로 '~한 후에'를 뜻하는 종속접속사 (A) After가 정답입니다.

어휘 hire ~를 채용하다 profit 수익, 이익 increase 증가하다, 오르다 drastically 급격히

4.

정답 (A)

해석 본사를 이전하던 중에, 글로벌 로지스틱스 사는 많은 문제점을 겪었다.

해설 선택지에 동사 relocate의 여러 형태가 쓰여 있는데, 접속사 While 바로 뒤에 주어 없이 빈칸이 위치해 있습니다. 따라서 「접속사 + 분사」로 된 분사구문 구조가 되어야 한다는 것을 알 수 있으며, 빈칸 뒤에 위치한 명사구(its headquarters)를 목적어로 취하려면 현재분사가 필요하므로 (A) relocating이 정답입니다.

어휘 while ~하는 중에, ~인 반면 headquarters 본사 relocate ~을 이전하다

5.

정답 (B)

해석 다가오는 워크숍이 저조한 등록으로 인해 취소되었다는 점에 유념하시기 바랍니다.

해설 동사 note 뒤로 빈칸이 있고 그 뒤로 주어와 동사가 포함된 절이 바로 이어지는 구조입니다. 이는 빈칸 뒤의 절이 동사 note의 목적어 역할을 할 명사절이 되어야 한다는 뜻이므로 명사절 접속사인 (B) that이 정답입니다. (A) about과 (D) due to 는 전치사이며, (C) because는 부사절 접속사이므로 오답입니다.

어휘 note that ~라는 점에 유념하다, 주목하다 cancel ~을 취소하다 due to ~로 인해, ~ 때문에 enrollment 등록

6.

정답 (A)

해석 몇몇 지원자들이 지원하기 위해 무엇을 제출해야 하는지에 관해 문의했다.

해설 전치사 about 뒤로 빈칸이 있고 그 뒤로 주어와 동사가 포함된 절이 바로 이어지는 구조입니다. 이는 빈칸 뒤의 절이 전치사 about의 목적어 역할을 할 명사절이 되어야 한다는 뜻인데, 이 명사절을 보면 타동사 submit 뒤에 목적어가 나타나 있지 않은 불완전한 절입니다. 따라서 불완전한 명사절을 이끄는 접속사인 (A) what이 정답입니다. (B) that은 완전한 명사절을 이끄는 접속사이며, (C) since는 부사절 접속사입니다.

어휘 applicant 지원자 inquire about ~에 관해 문의하다 submit ~을 제출하다 apply 지원하다, 신청하다 since ~하기 때문에, ~한 이후로

실전 감잡기

1. (C)	2. (C)	3. (B)	4. (A)	5. (C)
6. (C)	7. (B)	8. (A)	9. (C)	10. (D)

1.

정답 (C)

해석 유효한 영수증이 없다면, 저희가 고객들께 환불을 제공해 드릴 수 없지만, 반품된 제품을 교환해 드리겠다고 제안할 수 있습니다.

해설 빈칸 앞뒤로 주어와 동사가 각각 포함된 절이 하나씩 위치해 있으므로 이 절들을 연결할 접속사가 빈칸에 필요하며, '환불해 줄 수는 없지만, 교환해 줄 수는 있다'와 같은 상반 관계가 되어야 알맞으므로 '하지만, 그러나' 등을 뜻하는 등위접속사 (C) but이 정답입니다.

오답 (A) or: '또는'을 뜻하는 등위접속사이므로 의미가 맞지 않는 오답입니다.
(B) and: '그리고'를 뜻하는 등위접속사이므로 의미가 맞지 않는 오답입니다.
(D) as: 등위접속사가 아니므로 문장 구조상 맞지 않는 오답입니다.

어휘 without ~ 없이, ~가 없다면 valid 유효한 receipt 영수증 provide A with B: A에게 B를 제공하다 refund 환불 offer to do ~하겠다고 제안하다 exchange ~을 교환하다 returned 반품된, 반납된

2.

정답 (C)

해석 비록 WJE 엔지니어링 사에서 20년 넘게 근무해 왔지만, 그 회사는 그레이브스 씨에게 한 번도 책임자 역할을 제안한 적이 없었다.

해설 선택지가 모두 부사절 접속사이므로 의미가 어울리는 것을 찾아야 합니다. '비록 20년 넘게 근무했지만, 한 번도 책임자 역할을 제안하지 않았다'와 같은 상반 관계가 되어야 알맞으므로 '비록 ~이기는 하지만'을 뜻하는 (C) Although가 정답입니다.

오답 (A) Once: '일단 ~한다면, ~하자마자'를 뜻하는 접속사이므로 의미가 맞지 않는 오답입니다.
(B) Before: '~하기 전에'를 뜻하는 접속사이므로 의미가 맞지 않는 오답입니다.
(D) Since: '~하기 때문에, ~한 이후로'를 뜻하는 접속사이므로 의미가 맞지 않는 오답입니다.

어휘 over ~ 넘게 offer A B: A에게 B를 제안하다, 제공하다 leading 이끄는, 선도적인 role 역할 once 일단 ~하는 대로, ~하자마자 although 비록 ~이기는 하지만 since ~하기 때문에, ~한 이후로

3.

정답 (B)

해석 에다드 제조사의 생산량이 올해 감소한 반면, 월간 순수익은 상당히 증가해 왔다.

해설 선택지가 모두 부사절 접속사이므로 의미가 어울리는 것을 찾아야 합니다. '생산량이 감소한 반면, 월간 순수익은 상당히 증가했다'와 같은 상반 관계가 되어야 알맞으므로 '~한 반면'을 뜻하는 접속사 (B) While이 정답입니다.

오답 (A) Because: '~하기 때문에'를 뜻하는 접속사이므로 의미가 맞지 않는 오답입니다.
(C) Until: '~할 때까지'를 뜻하는 접속사이므로 의미가 맞지 않는 오답입니다.
(D) As long as: '~하는 한, ~하기만 하면'을 뜻하는 접속사이므로 의미가 맞지 않는 오답입니다.

어휘 output 생산량 decline 감소하다, 하락하다 monthly 월간의, 달마다의 net profit 순수익, 순이익 increase 증가하다, 오르다 significantly 상당히 while ~한 반면 until (지속) ~할 때까지 as long as ~하는 한, ~하기만 하면

4.

정답 (A)

해석 저희 요가 강좌들 중 하나에 등록하시면 무료 매트와 수건을 드릴 것입니다.

해설 빈칸 앞뒤로 주어와 동사가 각각 포함된 절이 하나씩 위치해 있습니다. 따라서 빈칸은 이 절들을 연결할 접속사가 필요한 자리인데 '등록하면, 무료 선물이 포함된다'와 같은 의미가 되어야 알맞으므로 조건 접속사인 (A) if가 정답입니다.

오답 (B) with: 전치사이므로 두 개의 절을 연결할 수 없는 오답입니다.
(C) but: 접속사이지만 의미가 맞지 않으므로 오답입니다.
(D) either: 「A or B」의 구조와 짝을 이뤄 상관접속사를 구성하므로 오답입니다.

어휘 complimentary 무료의 include ~을 포함하다 sign up for ~에 등록하다, ~을 신청하다 either (A or B): (A 또는 B) 둘 중의 하나

5.

정답 (C)

해석 여러 베스트셀러 소설을 집필했지만, 티모시 쿡 씨는 자신의 작품에 대해 한 번도 상을 받지 못했다.

해설 접속사와 주어가 없는 채로 과거분사 written과 결합해야 하므로 목적을 나타내는 to부정사구를 구성할 수 있는 (A) To have와 분사구문을 구성할 수 있는 (C) Having 중에서 하나를 골라야 합니다. 구조적으로는 둘 모두 어울리므로 해석을 통해 알맞은 것을 골라야 하는데, 목적을 나타내는 to부정사구가 되면 '베스트셀러 소설을 쓰기 위해, 상을 받은 적이 없다'라는 어색한 의미가 되므로 분사구문을 구성하는 (C) Having이 정답입니다.

오답 (A) To have: 목적을 말하는 to부정사구를 구성하게 되는데, 어색한 의미를 나타내므로 오답입니다.
(B) Have: 과거분사와 함께 현재완료시제 동사를 구성하는 요소인데, 접속사와 주어가 없는 상태에서 빈칸에 쓰일 수 없는 오답입니다.
(D) Had: 과거분사와 함께 과거완료시제 동사를 구성하는 요소인데, 접속사와 주어가 없는 상태에서 빈칸에 쓰일 수 없는 오답입니다.

어휘 several 여럿의, 몇몇의 novel 소설 win an award 상을 받다 work 작품, 작업(물)

6.

정답 (C)

해석 노스팜의 의료 연구가들이 새로운 진통제가 무엇이든 부정적인 부작용을 야기하는지 밝힐 것이다.

해설 목적어를 필요로 하는 타동사 determine 뒤로 빈칸이 있고 그 뒤로 주어와 동사가 포함된 절이 하나 이어져 있습니다. 따라서 이 절이 determine의 목적어 역할을 하는 명사절이 되어야 하는데, '무엇이든 부작용을 야기하는지 밝힐 것이다'와 같은 불확실성을 포함한 의미가 되어야 알맞으므로 '~인지 (아닌지)'를 뜻하는 명사절 접속사 (C) whether가 정답입니다.

오답 (A) about: 전치사이므로 빈칸 뒤에 이어지는 절을 이끌 수 없는 오답입니다.
(B) that: 명사절 접속사이지만 '~라는 점, ~라는 사실' 등의 의미로 확실한 내용을 말할 때 사용하므로 문장의 의미에 어울리지 않는 오답입니다.
(D) unless: 부사절 접속사이므로 명사절 접속사가 필요한 빈칸에 쓰일 수 없는 오답입니다.

어휘 determine ~을 밝히다, 알아내다 pain medication 진통제 cause ~을 야기하다, 초래하다 negative 부정적인 side effect 부작용 whether ~인지 (아닌지) unless ~가 아니라면, ~하지 않는다면

7.

정답 (B)

해석 MJD 푸드 인터내셔널이 자사의 인기 있는 냉동 피자 제품군을 확장할 것이라고 오늘 아침에 발표했다.

해설 목적어를 필요로 하는 타동사 announced 뒤로 시점 부사 this morning과 빈칸이 있고, 그 뒤로 주어와 동사가 포함된 절이 하나 이어져 있습니다. 따라서 이 절이 announced의 목적어 역할을 하는 명사절이 되어야 하는데, 빈칸 뒤로 「주어 + 동사 + 목적어」로 구성된 완전한 절이 있으므로 완전한 명사절을 이끄는 접속사 (B) that이 정답입니다.

오답 (A) what: 불완전한 명사절을 이끄는 접속사이므로 오답입니다.
(C) because: 부사절 접속사이므로 명사절 접속사가 필요한 빈칸에 쓰일 수 없는 오답입니다.
(D) while: 부사절 접속사이므로 명사절 접속사가 필요한 빈칸에 쓰일 수 없는 오답입니다.

어휘 announce that ~라고 발표하다 expand ~을 확대하다, 확장하다 range 제품군, 종류, 범위 while ~인 반면, ~하는 동안

8.

정답 (A)

해석 이사진은 홍콩에서 열리는 세미나에서 누가 제품 발표를 진행할 것인지 결정해야 한다.

해설 목적어를 필요로 하는 타동사 decide 뒤로 빈칸이 있고 그 뒤로 주어 없이 동사부터 시작되는 불완전한 절이 하나 이어져 있습니다. 따라서 이 절이 decide의 목적어 역할을 하는 명사절이 되어야 하므로 불완전한 절을 이끄는 명사절 접속사 (A) who가 정답입니다.

오답 (B) that: 명사절 접속사로 쓰일 때 완전한 절을 이끌어야 하므로 오답입니다.
(C) where: 완전한 절을 이끄는 명사절 접속사이므로 오답입니다.
(D) why: 완전한 절을 이끄는 명사절 접속사이므로 오답입니다.

어휘 board members 이사진, 이사회 decide ~을 결정하다 lead ~을 진행하다, 이끌다 presentation 발표(회)

9.

정답 (C)

해석 하티건 씨 또는 로즈 씨 둘 중 한 사람이 매닝 엔터프라이즈 사의 최고재무이사 자리를 맡을 것이다.

해설 빈칸 뒤로 문장의 주어가 「A or B」의 구조로 쓰여 있습니다. 따라서 이 구조와 함께 「A 또는 B 둘 중의 하나」라는 의미로 상관접속사를 구성하는 (C) Either가 정답입니다.

오답 (A) Both: 「A and B」의 구조와 함께 상관접속사를 구성하므로 오답입니다.
(B) Each: 형용사 또는 대명사로 쓰이므로 빈칸에 맞지 않는 오답입니다.
(D) Neither: 「A nor B」의 구조와 함께 상관접속사를 구성하므로 오답입니다.

어휘 either A or B: A 또는 B 둘 중의 하나 assume (역할, 책임 등) ~을 맡다 role 자리, 직책, 역할 both (A and B): (A와 B) 둘 모두 neither (A nor B): (A도 B도) 둘 다 아닌

10.

정답 (D)

해석 직원 보상 프로그램을 시행함으로써, 우리는 사무실 분위기를 개선할 수 있을 뿐만 아니라 생산성도 증대할 수 있다.

해설 빈칸 앞에 첫 번째 동사구와 함께 쓰인 not only와 짝을 이뤄 상관접속사를 구성하는 요소인 (D) but이 정답입니다.

오답 (A) so that: 부사절 접속사이므로 오답입니다.
(B) both: 「A and B」의 구조와 함께 상관접속사를 구성하므로 오답입니다.
(C) much: 대명사, 형용사 또는 부사로 쓰이므로 빈칸에 맞지 않는 오답입니다.

어휘 by (방법) ~함으로써, ~해서 implement ~을 시행하다 incentive 보상(책), 장려(책) not only A but also B: A뿐만 아니라 B도 improve ~을 개선하다, 향상시키다 atmosphere 분위기 boost ~을 증대하다, 촉진하다 productivity 생산성 so that (목적) ~할 수 있도록 both (A and B): (A와 B) 둘 모두

DAY 13 관계사

1초 퀴즈

1.

정답 (B)

해석 고객들께서는 다음 번 구매에 대해 사용될 수 있는 쿠폰을 받으실 것입니다.

해설 선택지가 모두 관계대명사이므로 빈칸 앞의 명사 및 빈칸 뒤의 구조를 통해 알맞은 것을 찾아야 합니다. 빈칸 앞에 위치한 명사 voucher는 사물이며, 빈칸 뒤에 주어 없이 동사가 이어져 있으므로 사물명사를 수식하면서 주어의 역할이 가능한 (B) that이 정답입니다.

어휘 receive ~을 받다 voucher 쿠폰, 상품권 purchase 구매(품)

2.

정답 (A)

해석 늦게 출근하는 직원들은 즉시 소속 부서장에게 보고해야 합니다.

해설 주격 관계대명사 바로 다음은 동사 자리입니다. 선택지에서 동사의 형태는 (A) come과 (B) comes인데, 주격 관계대명사절의 동사는 who 앞의 명사인 선행사와 수일치합니다. Employees가 복수이므로 복수 동사의 형태인 (A) come이 정답입니다.

어휘 immediately 즉시

3.

정답 (D)

해석 그 극장은 한때 공장이 있던 자리에 지어질 것이다.

해설 선택지가 모두 관계부사이므로 빈칸 앞에 위치한 명사의 특성에 따라 알맞은 것을 골라야 합니다. 빈칸 앞에 위치한 명사 site는 '자리, 부지, 현장' 등을 의미하는 장소명사이므로 장소 관계부사인 (D) where가 정답입니다.

어휘 site 자리, 부지, 현장 used to do 한때 ~했다

4.

정답 (D)

해석 누구든 인원 모집을 책임지고 있는 사람에게 그 문서를 보내는 것이 좋다.

해설 빈칸 이하 부분은 문서를 받는 대상을 나타내는 전치사 to의 목적어 역할을 해야 하므로 명사절이어야 합니다. 따라서 명사절을 이끄는 복합 관계대명사 (B) whichever와 (D) whoever 중에서 하나를 골라야 하는데, 문서를 받는 대상이자 인원 모집을 책임질 수 있는 것은 사람이므로 사람을 가리키는 (D) whoever가 정답입니다.

어휘 It is recommended that ~하는 것이 좋다, 권장되다 be responsible for ~에 대한 책임이 있다 recruiting 인원 모집, 채용 whenever ~하는 언제든, ~할 때마다 whichever ~하는 어느 것이든, 어느 것을 ~하든 wherever ~하는 어디든 whoever ~하는 누구든

5.

정답 (B)

해석 이사진이 2주 전에 제출된 크로포드 씨의 보고서를 여전히 검토하고 있다.

해설 선택지가 모두 관계사이므로 빈칸 앞에 위치한 명사의 특성 및 빈칸 이하 부분의 구조를 파악해야 합니다. 빈칸 앞에 위치한 명사 report가 사물이고, 빈칸 뒤로 주어 없이 동사부터 시작되는 불완전한 절이 쓰여 있습니다. 따라서 사물명사를 수식하면서 불완전한 절을 이끌 수 있는 관계대명사 (B) that이 정답입니다.

어휘 board 이사진, 이사회 review ~을 검토하다 submit ~을 제출하다

6.

정답 (B)

해석 우리가 10주년 기념 행사를 위해 고려하고 있는 여러 장소들이 있다.

해설 우선, 빈칸 앞뒤로 주어와 동사가 각각 포함된 두 절이 있고 빈칸 뒤에 타동사 are considering의 목적어가 없으므로 불완전한 절을 이끌 수 있는 (B) that과 (C) what 중에서 하나를 골라야 합니다. 그런데 빈칸 이하의 절은 바로 앞에 위치한 명사 venues를 수식하는 역할을 해야 하므로 명사를 수식할 수 있는 (B) that이 정답입니다. (D) there는 부사입니다.

어휘 several 여럿의, 몇몇의 venue 행사 장소, 개최 장소 consider ~을 고려하다 anniversary 기념일

실전 감잡기

1. (A)	2. (C)	3. (D)	4. (A)	5. (C)
6. (C)	7. (C)	8. (A)	9. (A)	10. (A)

1.

정답 (A)

해석 엠파이어 스테이트 빌딩의 가이드 동반 투어에 관심 있으신 손님들께서는 오전 10시까지 로비에 모이셔야 합니다.

해설 선택지가 모두 관계대명사이므로 수식하는 명사(선행사) 및 빈칸 뒤의 구조에 어울리는 것을 찾아야 합니다. 빈칸 앞에 사람명사 Guests가 있고 빈칸 뒤로 주어 없이 동사 are가 쓰여 있습니다. 따라서 사람 명사를 수식하는 주격 관계대명사인 (A) who가 정답입니다.

오답 (B) which: 사물명사를 수식하는 관계대명사이므로 오답입니다.
(C) whose: 사람명사를 수식하지만, 바로 뒤에 명사가 딸려 있어야 하는 소유격 관계대명사이므로 오답입니다.
(D) whom: 사람명사를 수식하지만, 바로 뒤에 주어와 동사가 위치하는 구조에 어울리므로 오답입니다.

어휘 be interested in ~에 관심이 있다 guided 가이드를 동반한

2.

정답 (C)

해석 전 직원이 회사 대표를 통해 로스앤젤레스에 본사를 둔 보텍스 엔터테인먼트 사와의 합병에 관해 들었다.

해설 선택지가 관계대명사와 관계부사로 구성되어 있으므로 수식하는 명사(선행사) 및 빈칸 뒤의 구조에 어울리는 것을 찾아야 합니다. 빈칸 앞에 업체명에 해당되는 사물명사 Vortex Entertainment가 있고 빈칸 뒤로 주어 없이 동사 is가 쓰여 있습니다. 따라서 사물명사를 수식하는 주격 관계대명사인 (C) which가 정답입니다.

오답 (A) who: 사람명사를 수식하는 관계대명사이므로 오답입니다.
(B) whose: 사람명사 또는 사물명사를 수식하지만, 바로 뒤에 명사가 딸려 있어야 하는 소유격 관계대명사이므로 오답입니다.
(D) how: 방법을 나타내는 명사가 필요한 관계부사이므로 오답입니다.

어휘 inform ~에게 알리다 merger with ~와의 합병 be based in ~에 본사를 두다, 기반을 두다

3.

정답 (D)

해석 축제 주최자가 행사 개최 장소와 여러 버스 및 지하철 노선을 연결하는 셔틀버스 서비스를 발표했다.

해설 명사구 a shuttle bus service 뒤로 관계대명사 that과 빈칸이 있고 그 뒤로 명사구와 전치사구만 쓰여 있습니다. 따라서 빈칸에 that절의 동사가 쓰여야 하는데, 이 that절이 수식하는 명사(선행사)인 a shuttle bus service가 단수이므로 단수 명사와 수일치되는 단수 동사 (D) connects가 정답입니다.

오답 (A) connect: 복수 명사와 수일치되는 복수 동사이므로 오답입니다.
(B) connection: 명사이므로 that절의 동사가 필요한 빈칸에 맞지 않는 오답입니다.
(C) connecting: 동명사 또는 현재분사형이므로 that절의 동사가 필요한 빈칸에 맞지 않는 오답입니다.

어휘 organizer 주최자, 조직자 announce ~을 발표하다, 공지하다 venue 개최 장소 several 여럿의, 몇몇의 connect (A with B): (A를 B와) 연결하다 connection 연결, 접속, 관련

4.

정답 (A)

해석 재직 기간이 5년이 넘으면서 8월에 유급 휴가를 떠나기를 바라는 정규직 직원들은 늦어도 4월 30일까지 요청 양식을 제출해야 한다.

해설 사람명사 Full-time employees를 수식하는 관계대명사 who 뒤로 빈칸과 to부정사가 이어져 있습니다. 따라서 빈칸에 who절의 동사가 쓰여야 하는데, 이 who절이 수식하는 명사(선행사) Full-time employees가 복수형이므로 복수 동사의 형태인 (A) wish가 정답입니다.

오답 (B) wishes: 단수 명사와 수일치되는 단수 동사의 형태이므로 오답입니다.
(C) wishing: 동명사 또는 현재분사형이므로 who절의 동사가 필요한 빈칸에 맞지 않는 오답입니다.
(D) wishful: 형용사이므로 who절의 동사가 필요한 빈칸에 맞지 않는 오답입니다.

어휘 **paid vacation** 유급 휴가 **submit** ~을 제출하다 **request** 요청 **form** 양식, 서식 **no later than** 늦어도 ~까지는 **wishful** 바라는, 갈망하는

5.
정답 (C)

해석 애스펜에 있는 많은 업체들이 관광객 숫자가 최고 수준에 이르는 겨울 중에 직원을 추가로 고용한다.

해설 선택지가 모두 관계부사들이므로 빈칸 앞에 위치한 명사의 특성에 따라 알맞은 것을 골라야 합니다. 빈칸 앞에 시점을 나타내는 the winter가 쓰여 있으므로 시간 관계부사인 (C) when이 정답입니다.

오답 (A) where: 장소 관계부사이므로 빈칸에 맞지 않는 오답입니다.
(B) why: 이유 관계부사이므로 빈칸에 맞지 않는 오답입니다.
(D) how: 방법 관계부사이므로 빈칸에 맞지 않는 오답입니다.

어휘 **business** 업체, 회사 **hire** ~을 고용하다 **additional** 추가적인 **during** ~ 중에, ~ 동안 **the number of** ~의 수, 숫자 **at one's highest** 최고 수준인, 최고치인

6.
정답 (C)

해석 그레이 씨는 자신의 면접이 있었던 대회의실에 실수로 지갑을 놓고 왔다.

해설 선택지에 관계대명사와 관계부사가 섞여 있는데, 빈칸 뒤에 주어와 자동사로 구성된 완전한 절을 이끌 수 있는 것은 관계부사이므로 관계부사 (C) where가 정답입니다.

오답 (A) what: 불완전한 절을 이끌어야 하므로 오답입니다.
(B) which: 불완전한 절을 이끄는 관계대명사이므로 오답입니다.
(D) that: 불완전한 절을 이끄는 관계대명사이므로 오답입니다.

어휘 **accidentally** 실수로, 우연히 **leave** ~을 놓다, 두다 **take place** (일, 행사 등이) 발생되다, 개최되다

7.
정답 (C)

해석 사용 설명서를 분실하신 고객들께서 저희 가구가 어떻게 조립되는지 보시려면 저희 웹사이트를 방문하시면 됩니다.

해설 선택지가 관계대명사와 관계부사로 구성되어 있으므로 수식하는 명사(선행사) 및 빈칸 뒤의 구조에 어울리는 것을 찾아야 합니다. 그런데 빈칸 앞에 명사(선행사) 없이 to부정사로 쓰인 동사 see만 있으므로 선행사 the way만 사용하거나 the way 없이 사용하는 관계부사 (C) how가 정답입니다.

오답 (A) which: 수식해야 하는 명사(선행사)가 필요한 관계대명사이므로 오답입니다.
(B) what: 뒤에 불완전한 절을 이끌어야 하므로 오답입니다.
(D) whom: 수식해야 하는 명사(선행사)가 필요한 관계대명사이므로 오답입니다.

어휘 **misplace** ~을 분실하다, ~을 둔 곳을 잊다 **instruction manual** 사용 설명서 **assemble** ~을 조립하다

8.
정답 (A)

해석 벤틀리 씨는 다음 달에 누구든 급여 업무 책임자로 자신의 후임자가 되는 사람에게 2주간의 교육 및 지원을 제공할 것이다.

해설 선택지가 모두 복합 관계사들이므로 빈칸 이하 부분의 역할 및 구조를 확인해 알맞은 것을 찾아야 합니다. 전치사 to 다음에 빈칸이 있고 그 뒤로 주어 없이 동사 replaces부터 시작되는 불완전한 절이 위치해 있습니다. 따라서 불완전한 명사절을 이끌 수 있는 복합 관계대명사가 필요한데, replaces의 주어로서 누군가의 후임이 되는 것은 사람이어야 하므로 사람을 의미하는 주격 복합 관계대명사인 (A) whoever가 정답입니다.

오답 (B) whichever: 불완전한 명사절을 이끌 수 있는 복합 관계대명사이지만, 사람을 의미하지 않으므로 오답입니다.
(C) whenever: 부사절의 역할을 하는 완전한 절을 이끄는 복합 관계부사이므로 오답입니다.
(D) wherever: 부사절의 역할을 하는 완전한 절을 이끄는 복합 관계부사이므로 오답입니다.

어휘 **provide** ~을 제공하다 **training** 교육 **support** 지원, 지지 **replace** ~의 후임이 되다, ~을 대체하다 **payroll** 급여 대상자 명단 **whoever** ~하는 누구든 **whichever** ~하는 어느 것이든, 어느 것을 ~하든 **whenever** ~하는 언제든, ~할 때마다 **wherever** ~하는 어디든

9.
정답 (A)

해석 우리의 시장 조사 설문 결과는 왜 우리 제품이 17세에서 25세 사이의 소비자들에게 가장 인기가 높은지를 보여준다.

해설 목적어를 필요로 하는 타동사 shows 뒤로 빈칸이 있고, 그 뒤로 주어와 동사를 포함한 완전한 절이 이어지는 구조입니다. 따라서 이 절이 shows의 목적어 역할을 하는 관계부사인 (A) why가 정답입니다. 참고로, why 앞에서 이유의 명사 the reason이 생략되었습니다.

오답 (B) which: 불완전한 명사절을 이끄는 접속사이므로 오답입니다.
(C) what: 불완전한 명사절을 이끄는 접속사이므로 오답입니다.
(D) those: 대명사이므로 주어와 동사가 포함된 절을 이끌 수 없는 오답입니다.

어휘 **research** 조사, 연구 **survey** 설문조사(지) **show** 보여주다, 나타내다 **consumer** 소비자 **aged + 연령**: 나이가 ~인 **between A and B**: A와 B 사이에

10.
정답 (A)

해석 존슨 씨가 작년에 설치된 제조 기계들을 점검하기 위해 어제 공장을 방문했다.

해설 빈칸 뒤에 주어 없이 동사 were installed부터 시작되는 불완전한 절이 있습니다. 따라서 이 불완전한 절은 빈칸 바로 앞에 위치한 사물명사 manufacturing machines를 수식하는 역할을 해야 알맞으므로 불완전한 절을 이끌어 명사(선행사)를 수식하는 주격 관계대명사 (A) that이 정답입니다.

오답 (B) what: 불완전한 절을 이끌기는 하지만 명사(선행사)가 필
요하지 않으므로 오답입니다.

(C) who: 불완전한 절을 이끄는 주격 관계대명사이지만 사람
명사를 수식해야 하므로 오답입니다.

(D) there: 부사 또는 명사로 쓰이므로 절을 이끌 수 없는 오
답입니다.

어휘 inspect ~을 점검하다 manufacturing 제조 install ~을 설
치하다

DAY 14 전치사

1초 퀴즈

1.

정답 (C)

해석 블루버드 항공사는 지난 3년에 걸쳐 빠르게 성장해 왔다.

해설 빈칸 뒤에 숫자가 포함된 기간 명사구(the past three years)
가 있는데, 현재완료시제 동사와 어울리는 기간을 나타내야 하
므로 (C) over가 정답입니다.

어휘 about ~에 관해 before ~ 전에 over ~ 동안에 걸쳐 within
~ 이내에

2.

정답 (D)

해석 그 연례 음악 축제는 좋지 못한 날씨로 인해 연기되었다.

해설 빈칸 뒤에 위치한 명사구는 '좋지 못한 날씨'를 의미하며, 축제
가 연기된 이유에 해당되므로 이유 전치사 (D) due to가 정답
입니다.

어휘 annual 연례적인, 해마다의 postpone ~을 연기하다 within
(기간) ~ 이내에, (장소) ~ 내에 among ~ 사이에서 due to
~로 인해, ~ 때문에

3.

정답 (C)

해석 보고서를 끝마치는 대로, 저에게 이메일로 보내 주시기 바랍니
다.

해설 선택지가 모두 전치사이므로 의미가 적절한 것을 찾아야 합니
다. 빈칸 앞에 보고서를 보내 달라는 말이 쓰여 있으므로 빈칸
뒤에 위치한 이메일이 그 수단임을 알 수 있습니다. 따라서 '~
로'라는 의미로 수단을 나타내는 전치사 (C) by가 정답입니다.

어휘 once ~하는대로, 일단 ~하면 over (기간) ~ 동안에 걸쳐, (분리
된 위치) ~ 위로 가로질러, ~ 너머

4.

정답 (D)

해석 라슨 씨는 그 제안서가 제출에 앞서 철저하게 확인되도록 요청
했다.

해설 빈칸 뒤에 위치한 명사를 목적어로 취할 전치사가 필요한데,
'제출 전에 철저히 확인되어야 한다'와 같은 의미가 되어야 알
맞으므로 '~에 앞서, ~ 전에'라는 의미로 순서를 나타내는 전
치사 (D) prior to가 정답입니다. 참고로, (C) while은 접속사
입니다.

어휘 request that ~하도록 요청하다 proposal 제안(서)
thoroughly 철저하게 submission 제출(되는 것) instead
of ~ 대신 despite ~에도 불구하고 while ~하는 동안, ~인 반
면 prior to ~에 앞서, ~ 전에

5.

정답 (C)

해석 그 새로운 애플리케이션은 쇼핑할 시간이 충분하지 않은 사람
들에게 이상적이다.

해설 선택지가 모두 전치사이므로 의미가 적절한 것을 찾아야 합니
다. 빈칸 앞에 '이상적'이라는 말이 있고, 빈칸 뒤에는 '쇼핑할
시간이 충분하지 않은 사람들'이라는 말이 쓰여 있습니다. 따
라서 애플리케이션이 이상적일 수 있는 대상을 말하는 문장이
어야 한다는 것을 알 수 있으므로 대상을 나타내는 전치사 (C)
for가 정답입니다.

어휘 ideal 이상적인 those who ~하는 사람들 have enough
time for ~할 시간이 충분히 있다 by (방법) ~함으로써, (위치)
~ 옆에, (차이) ~만큼, (기한) ~까지, (교통편) ~을 타고, (행위 주
체) ~에 의해 except ~을 제외하고

6.

정답 (D)

해석 저희 데이터베이스 기록에 따르면, 귀하의 주문품은 지난 금요
일에 배송되었습니다.

해설 선택지에 접속사와 전치사가 섞여있어 빈칸 뒤의 구조를 보고
정답을 찾아야 합니다. 빈칸 뒤에 '기록'을 의미하는 명사가 쓰
여 있으므로 빈칸에는 전치사가 와야 합니다. 따라서 '~에 따
르면'이라는 의미로 출처 또는 근거를 말할 때 사용하는 (D)
According to가 정답입니다.

어휘 package 물품, 소포 deliver ~을 배송하다, 배달하다 even
though 비록 ~이지만 in case (that) ~인 경우에 provided
that ~라면

실전 감잡기

| 1. (C) | 2. (C) | 3. (D) | 4. (B) | 5. (D) |
| 6. (C) | 7. (D) | 8. (C) | 9. (A) | 10. (B) |

1.

정답 (C)

해석 전 세계에서 오는 수많은 클래식 음악가들이 제5회 연례 밴쿠
버 음악 축제 중에 공연할 것이다.

해설 빈칸 뒤에 명사구가 위치해 있으므로 빈칸은 명사구를 목적어
로 취하는 전치사 자리이며, the Fifth Annual Vancouver
Music Festival은 기간의 의미를 포함하고 있는 명사구이므로

기간 명사 앞에 사용하는 전치사 (C) during이 정답입니다.

오답 (A) among: 복수명사를 목적어로 취하는 전치사이므로 오답입니다.
(B) between: 「A and B」또는 복수명사로 된 목적어를 취하는 전치사이므로 오답입니다.
(D) while: 접속사이므로 전치사 자리인 빈칸에 맞지 않는 오답입니다.

어휘 numerous 수많은, 다수의 perform 공연하다, 연주하다 among ~ 사이에서 between (A and B): (A 또는 B) 사이에 during ~ 중에, ~ 동안 while ~하는 동안, ~인 반면

2.

정답 (C)

해석 퍼시픽 텔레콤 사의 모든 서비스에 대한 비용 지불은 보통 매달 20일이 기한이다.

해설 빈칸 뒤에 위치한 명사구는 날짜를 나타내므로 날짜 앞에 사용하는 전치사 (C) on이 정답입니다.

오답 (A) in: 월 또는 연도 앞에 사용하는 전치사이므로 오답입니다.
(B) at: 시각 앞에 사용하는 전치사이므로 오답입니다.
(D) with: 날짜 앞에 사용하는 전치사가 아니므로 오답입니다.

어휘 payment 지불(금) normally 보통, 일반적으로 due + 날짜: ~가 기한인

3.

정답 (D)

해석 트레드스톤 씨와 부동산 중개업자가 그 빈 건물을 보기 위해 존스 스트리트 452번지에서 만날 것이다.

해설 빈칸 뒤에 위치한 명사구는 주소를 나타내므로 하나의 지점 앞에 사용하는 전치사 (D) at이 정답입니다.

오답 (A) along: 도로나 해변처럼 길게 이어져 있는 장소 앞에 사용하는 전치사이므로 오답입니다.
(B) on: 주소 앞에 사용할 수 있는 전치사가 아니므로 오답입니다.
(C) under: 주소 앞에 사용할 수 있는 전치사가 아니므로 오답입니다.

어휘 real estate agent 부동산 중개업자 view v. ~을 보다 vacant 비어 있는 along (길 등) ~을 따라

4.

정답 (B)

해석 미란다 실바 박사가 좋은 신체 자세의 중요성에 관한 연구로 셔우드 상을 받았다.

해설 빈칸 뒤에 위치한 명사구는 '연구'를 뜻하는데, 실바 박사가 상을 받은 이유에 해당되는 것으로 볼 수 있으므로 이유를 나타내는 전치사 (B) for가 정답입니다.

오답 (A) of: 이유를 나타내는 전치사가 아니므로 오답입니다.
(C) to: 이유를 나타내는 전치사가 아니므로 오답입니다.
(D) about: 이유를 나타내는 전치사가 아니므로 오답입니다.

어휘 award A B: A에게 B를 주다, 수여하다 research 연구, 조사 importance 중요성 posture 자세

5.

정답 (D)

해석 다음 달부터, 오직 허가증이 있는 사람들만 노스 베이 주차장을 이용하도록 허용될 것입니다.

해설 빈칸 앞에 위치한 those는 수식어구를 동반해 '~하는 사람들'이라는 의미를 나타내는 대명사이며, 빈칸 뒤에 위치한 명사구 a permit은 '허가증'을 나타냅니다. 따라서 '허가증을 가진 사람들'이라는 뜻이 되어야 알맞으므로 '~을 가진'의 의미를 나타내는 동반 전치사 (D) with가 정답입니다.

오답 (A) toward: 동반을 나타내는 전치사가 아니므로 오답입니다.
(B) for: 동반을 나타내는 전치사가 아니므로 오답입니다.
(C) of: 동반을 나타내는 전치사가 아니므로 오답입니다.

어휘 starting + 날짜: ~부터 those (수식어구와 함께) ~하는 사람들 permit 허가증 be allowed to do ~하도록 허용되다 parking lot 주차장 toward (방향 등) ~ 쪽으로, ~을 향해

6.

정답 (C)

해석 자료에 따르면, 5번가의 교통 혼잡은 오전 7시와 9시 사이에 최악의 수준에 이른다.

해설 빈칸 뒤에 기준이 되는 두 시점이 「A and B」의 구조로 쓰여 있습니다. 따라서 이와 같은 구조와 함께 'A와 B 사이에'라는 의미를 나타낼 때 사용하는 전치사 (C) between이 정답입니다.

오답 (A) among: 「A and B」의 구조와 어울리는 전치사가 아니므로 오답입니다.
(B) under: 「A and B」의 구조와 어울리는 전치사가 아니므로 오답입니다.
(D) both: 「A and B」의 구조와 어울리기는 하지만 전치사가 아니며, 의미도 맞지 않는 오답입니다.

어휘 according to ~에 따르면 traffic congestion 교통 혼잡 at one's worst 최악의 수준인 between A and B: A와 B 사이에 among ~ 사이에서 both (A and B): (A와 B) 둘 모두

7.

정답 (D)

해석 햄튼 대학교의 경영학 교수인 프랭크 라일즈 씨가 시간 관리 기술에 관해 강연하실 것입니다.

해설 빈칸 뒤에 '시간 관리 기술'을 뜻하는 명사구가 쓰여 있는데, 이는 빈칸 앞에 언급된 강연(lecture)의 주제인 것으로 판단할 수 있습니다. 따라서 주제를 나타내는 전치사 (D) on이 정답입니다.

오답 (A) by: 주제를 나타내는 전치사가 아니므로 오답입니다.
(B) to: 주제를 나타내는 전치사가 아니므로 오답입니다.
(C) with: 주제를 나타내는 전치사가 아니므로 오답입니다.

어휘 deliver a lecture 강연하다 management 관리, 운영, 경영 skill 기술, 능력

8.

정답 (C)

해석 새로운 사내 보안 정책과 관련된 회람을 받지 못하셨다면, 인사부의 스콧 씨에게 연락하십시오.

해설 빈칸 뒤에 '새로운 사내 보안 정책'을 뜻하는 명사구가 쓰여 있는데, 이는 빈칸 앞에 언급된 회람(memorandum)의 주제인 것으로 판단할 수 있습니다. 따라서 주제를 나타내는 전치사 (C) regarding이 정답입니다.

오답 (A) without: 주제를 나타내는 전치사가 아니므로 오답입니다.
(B) following: 주제를 나타내는 전치사가 아니므로 오답입니다.
(D) throughout: 주제를 나타내는 전치사가 아니므로 오답입니다.

어휘 contact ~에게 연락하다 personnel 인사(부) receive ~을 받다 memorandum 회람 corporate 기업의 security 보안 policy 정책, 방침 without ~없이, ~하지 않고 following ~ 후에 regarding ~와 관련해 throughout (기간) ~ 동안에 걸쳐, (장소) ~ 전역에 걸쳐

9.

정답 (A)

해석 가격이 적당한 주택 및 많은 수의 학교들 때문에, 렙포드 지역은 젊은 가정들에게 매우 인기가 있다.

해설 빈칸과 콤마 사이에 두 개의 명사구가 and로 연결되어 있습니다. 따라서 이 두 개의 명사구들을 목적어로 취할 전치사가 빈칸에 쓰여야 알맞으므로 선택지에서 유일한 전치사인 (A) Owing to가 정답입니다.

오답 (B) Assuming: 주어와 동사가 포함된 절을 이끌어야 하는 접속사이므로 오답입니다.
(C) Rather: 부사이므로 명사구를 목적어로 취할 수 없는 오답입니다.
(D) Because: 주어와 동사가 포함된 절을 이끌어야 하는 접속사이므로 오답입니다.

어휘 affordable 가격이 적당한 housing 주택 neighborhood 지역, 인근 popular with ~에게 인기 있는 owing to ~ 때문에 assuming (that) ~라고 가정하면 rather 다소, 오히려, 좀, 약간

10.

정답 (B)

해석 그린버그 마케팅 그룹은 데넘 백화점을 대신해 광범위한 고객 설문조사를 실시하기로 결정했다.

해설 빈칸 앞에 위치한 on behalf는 전치사 of와 결합해 '~을 대신해, 대표해'라는 의미를 나타내는 전치사구를 구성하므로 (B) of가 정답입니다.

오답 (A) for: on behalf와 어울려 전치사구를 구성하지 않으므로 오답입니다.
(C) with: on behalf와 어울려 전치사구를 구성하지 않으므로 오답입니다.
(D) to: on behalf와 어울려 전치사구를 구성하지 않으므로 오답입니다.

어휘 decide to do ~하기로 결정하다 conduct ~을 실시하다, 수행하다 extensive 광범위한, 폭넓은 survey 설문조사(지) on behalf of ~을 대신해, 대표해

PART 6

DAY 15   접속부사

실전 감잡기

1. (D)	2. (B)	3. (D)	4. (A)	5. (A)
6. (C)	7. (B)	8. (A)		

1-4 다음 이메일을 참조하시오.

프랫 씨께,

귀사의 본사에 근무하는 직원들에게 영양가 있는 식사를 **1** 제공하기 위해 저희 회사를 고용하는 데 있어 훌륭한 결정을 내리셨습니다. 저는 지난주 금요일에 있었던 회의 중에 저희가 논의했던 몇몇 조건들을 최종 확정하고자 이 메시지를 씁니다.

합의한 바와 같이, 귀사에서 특정 요일에 얼마나 많은 식사를 필요로 하시는지 저희에게 **2** 알려 주시기 위해 월요일부터 금요일까지 매일 대략 오전 9시 30분에 저희에게 연락하시게 됩니다. 저희는 그 후에 귀사의 직원들을 위해 점심 식사를 준비해 늦어도 정오까지는 사무실로 배달해 드릴 것입니다. 귀사의 직원들 중 어느 분이든 식사와 관련된 요구 사항이 있으시면, 저희는 기꺼이 그것들을 수용할 것입니다. **3** 게다가, 귀사에서 최소 일주일 전에 미리 저희에게 알려주시기만 하면, 저희 세트 메뉴를 전적으로 맞춤 제공해 드릴 수도 있습니다.

위에 간략히 말씀드린 준비사항에 만족하신다고 확인해 주시는 대로, 정식 계약서를 작성해 보내 드리겠습니다. **4** 저는 저희가 함께 긴밀한 사업 관계를 형성할 것이라고 확신합니다.

안녕히 계십시오.

쉐릴 분, 그린필즈 케이터링

어휘 make a decision 결정을 내리다 hire ~을 고용하다 nutritious 영양가 있는 headquarters 본사 finalize ~을 최종 확정하다 terms (계약 등의) 조건, 조항 discuss ~을 논의하다, 이야기하다 agree 합의하다 contact ~에게 연락하다 approximately 약, 대략 require ~을 필요로 하다 particular 특정한 prepare ~을 준비하다 no later than 늦어도 ~까지는 dietary 식사의 requirement 요구, 요건 be happy to do 기꺼이 ~하다 accommodate ~을 수용하다 be able to do ~할 수 있다 fully 전적으로, 완전히 customize ~을 맞춤 제공하다 as long as ~하기만 하면, ~하는 한 notify ~에게 알리다 at least 최소한, 적어도 in advance 미리, 사전에 once 일단 ~하는 대로, ~하자마자 confirm that ~임을 확인해 주다 be satisfied with ~에 만족하다 arrangement 준비, 조치, 조정 outline v. ~을 간략히 말하다 above ad. 위에 have A p.p.: A가 ~되게 하다 formal 정식의, 공식적인 contract 계약(서) draw up ~을 작성하다

1.

정답 (D)

해설 선택지가 동사 provide의 여러 형태이므로 빈칸의 역할부

터 파악합니다. 문장에 이미 동사 have made가 있으므로 provide는 동사의 형태로 쓰일 수 없으며, '직원들에게 영양가 있는 식사를 제공하기 위해'라는 목적을 나타내는 역할을 해야 알맞습니다. 따라서 목적을 나타낼 때 사용하는 to부정사의 형태인 (D) to provide가 정답입니다.

오답 (A) providing: 동명사 또는 현재분사형이므로 목적을 나타낼 수 없는 오답입니다.
(B) will provide: 조동사 will을 포함한 동사의 형태이므로 동사 자리가 아닌 빈칸에 쓰일 수 없는 오답입니다.
(C) provides: 3인칭 단수 주어와 어울리는 동사의 형태이므로 빈칸에 쓰일 수 없는 오답입니다.

어휘 provide ~을 제공하다

2.

정답 (B)

해설 빈칸 다음을 보면, 사람을 가리키는 목적어 us가 있고 의문사 how가 이끄는 명사절이 곧바로 이어지는 구조입니다. 따라서 「사람 목적어 + 의문사 명사절」의 구조와 함께 쓰일 수 있는 동사 (B) inform이 정답입니다.

오답 (A) remember: 「사람 목적어 + 의문사 명사절」의 구조와 함께 쓰이지 않는 동사이므로 오답입니다.
(C) describe: 「사람 목적어 + 의문사 명사절」의 구조와 함께 쓰이지 않는 동사이므로 오답입니다.
(D) clarify: 「사람 목적어 + 의문사 명사절」의 구조와 함께 쓰이지 않는 동사이므로 오답입니다.

어휘 inform A how: 얼마나 ~한지 A에게 알리다 describe ~을 설명하다, 묘사하다 clarify ~을 분명히 말하다, 명확하게 하다

3.

정답 (D)

해설 문장 시작 부분에 콤마와 함께 빈칸이 위치하는 경우, 접속부사 문제이므로 앞뒤 문장의 의미를 확인해 그 관계를 파악합니다. 앞 문장에는 식사 관련 요구 사항들을 수용하겠다는 말이 있고, 빈칸 뒤에는 세트 메뉴를 맞춤 제공해 주겠다는 말이 쓰여 있습니다. 따라서 업체 측에서 해줄 수 있는 서비스를 추가로 알리는 흐름임을 알 수 있으므로 추가 접속부사 (D) Furthermore가 정답입니다.

오답 (A) Consequently: 결과를 말할 때 사용하는 접속부사이므로 오답입니다.
(B) Recently: 접속부사로 쓰이지 않으며, 대략적인 과거 시점을 나타내므로 오답입니다.
(C) Instead: 대체되는 것을 말할 때 사용하는 접속부사이므로 오답입니다.

어휘 consequently 결과적으로 recently 최근에 instead 대신에 furthermore 게다가, 더욱이

4.

정답 (A)

해석 (A) 저는 저희가 함께 긴밀한 사업 관계를 형성할 것이라고 확신합니다.
(B) 그린필즈에서의 첫 근무일에 귀하를 맞이할 수 있기를 고대합니다.

(C) 행사 메뉴를 논의할 시간이 있으실 때 저에게 알려 주시기 바랍니다.
(D) 저희 제품 및 서비스에 관한 귀하의 의견에 진심으로 감사드립니다.

해설 지문 전체적으로 첫 거래를 위해 가진 회의 내용을 요약하고 있고, 빈칸 바로 앞에는 그 요약 내용에 만족할 경우에 정식 계약서를 보내겠다고 알리고 있습니다. 따라서 이제 막 계약이 성사되려는 시점이므로 상대 업체와 함께 좋은 관계를 형성하기를 원하는 바람을 담은 (A)가 정답입니다.

오답 (B) 지문 전체적으로 상대방의 첫 근무와 관련된 내용이 아니므로 흐름상 맞지 않는 오답입니다.
(C) 지문 전체적으로 행사 메뉴와 관련된 내용이 아니므로 흐름상 맞지 않는 오답입니다.
(D) 지문 전체적으로 제품 및 서비스에 관한 상대방의 의견과 관련된 내용이 아니므로 흐름상 맞지 않는 오답입니다.

어휘 be confident that ~임을 확신하다 establish ~을 형성하다, 확립하다 relationship 관계 look forward to -ing ~하기를 고대하다 let A know B: A에게 B를 알려주다 be free to do ~할 시간이 있다 appreciate ~에 대해 감사하다 feedback 의견

5-8 다음 이메일을 참조하시오.

> 안녕하세요,
>
> 저는 지난 한 해에 걸친 노고에 감사하기 위해 저희 직원들을 데리고 여행을 떠날 계획을 세우고 있습니다. 제 동료 중 한 명이 직원 야유회 및 팀 빌딩 시간에 이상적인 장소로 파인 밸리 파크를 추천해 주었기 때문에, 귀사에 예약하는 것을 고려하고 있습니다. **5** 하지만, 귀사 시설물의 적합성에 관해 몇 가지 우려 사항이 있습니다.
>
> 가장 먼저, 대략 총 50명의 책임자와 직원들이 있을 것이기 때문에, 저희 단체를 **6** 수용하기에 충분한 객실들이 있는지 잘 모르겠습니다. 또한, 발표 및 그룹 활동에 필요한 장내 방송 시스템과 스크린을 **7** 포함하는 대규모 모임 공간이 있는지도 확실히 해 두고 싶습니다.
>
> 객실과 모임 장소에 관한 추가 상세 정보를 비롯해 파인 밸리 파크에서 이용 가능한 야외 활동들을 담은 전체 목록도 제공해 주실 수 있다면 감사하겠습니다. **8** 여러 직원들이 하이킹 기회에 관해서 문의했습니다. 귀사에서 저희의 모든 필요 사항들을 충족해 주실 수 있다면, 기꺼이 즉시 예약하겠습니다.
>
> 안녕히 계십시오,
>
> 콜린 코넬, JKX 출판그룹

어휘 plan to do ~할 계획이다 take A on a trip: A를 데리고 여행을 떠나다 thank A for B: B에 대해 A에게 고마워하다 over ~ 동안에 걸친 colleague 동료 (직원) ideal 이상적인 destination 도착지, 목적지 outing 야유회 session (특정 활동을 위한) 시간 consider -ing ~하는 것을 고려하다 make a booking 예약하다 concern 우려, 걱정 suitability 적합성 facility 시설(물) approximately 약, 대략 in total 총, 전부 합쳐 whether ~인지 (아닌지) cabin 객실 make sure that ~인지 확실히 하다, 반드시 ~하도록 하다 public address system 장내 방송 시스템 **presentation** 발표 **grateful** 감사하는 **provide** ~을 제공하다 **details** 상세 정보, 세부 사항 **available** 이용 가능한 **assuming that** ~한다면, ~라고 가정하면 **meet** (조건 등) ~을 충족하다 **be happy to do** 기꺼이 ~하다 **make a reservation** 예약하다 **immediately** 즉시

5.

정답 **(A)**

해설 문장 시작 부분에 콤마와 함께 빈칸이 위치하는 경우, 접속부사 문제이므로 앞뒤 문장의 의미를 확인해 그 관계를 파악합니다. 앞 문장에는 예약하는 것을 고려하고 있다는 긍정적인 말이 있고, 빈칸 뒤에는 우려 사항이 있다는 부정적인 말이 쓰여 있습니다. 따라서 상반되는 내용을 말하는 흐름임을 알 수 있으므로 양보 접속부사 (A) However가 정답입니다.

오답 (B) Therefore: 결과를 말할 때 사용하는 접속부사이므로 오답입니다.
(C) Furthermore: 추가 사항을 말할 때 사용하는 접속부사이므로 오답입니다.
(D) Similarly: 유사성을 말할 때 사용하는 접속부사이므로 오답입니다.

어휘 **however** 하지만, 그러나 **therefore** 따라서, 그러므로 **furthermore** 게다가, 더욱이 **similarly** 마찬가지로

6.

정답 **(C)**

해설 선택지가 모두 타동사이므로 문장의 의미에 어울리는 동사를 찾아야 합니다. 빈칸 앞에 '충분한 객실이 있는지'라는 말이 쓰여 있고 빈칸 뒤에는 목적어로 '우리 단체'를 뜻하는 명사구가 쓰여 있습니다. 이 둘의 의미 관계로 볼 때 '우리 단체를 수용할 만큼 충분한 객실이 있는지'라는 뜻이 되어야 적절하므로 '~을 수용하다'를 뜻하는 (C) accommodate이 정답입니다.

오답 (A) compromise: '~을 타협하여 해결하다'를 뜻하므로 문장의 의미에 어울리지 않는 오답입니다.
(B) mediate: '~을 중재하다, 조정하다'를 뜻하므로 문장의 의미에 어울리지 않는 오답입니다.
(D) gather: '~을 모으다'를 뜻하므로 문장의 의미에 어울리지 않는 오답입니다.

어휘 **compromise** ~을 타협하여 해결하다 **mediate** ~을 중재하다, 조정하다 **accommodate** ~을 수용하다 **gather** ~을 모으다

7.

정답 **(B)**

해설 선택지가 동사 include의 여러 형태이므로 빈칸의 역할부터 파악합니다. 명사구 a large meeting room 뒤로 that이 바로 이어져 있으므로 a large meeting room을 수식하는 that절임을 알 수 있고, 빈칸 뒤로 명사구와 전치사구만 있으므로 빈칸은 이 that절의 동사 자리입니다. 그리고 모임 공간이 지닌 일반적인 특성을 나타내야 하므로 include가 현재시제로 쓰여야 합니다. 또한 that이 수식하는 명사(선행사) a large meeting room이 3인칭 단수이므로 3인칭 단수 명사와 수일치되는 형태인 (B) includes가 정답입니다.

오답 (A) include: 현재시제이지만 3인칭 단수 명사와 수일치되는 형태가 아니므로 오답입니다.
(C) to include: 동사의 형태가 아니므로 that절의 동사 자리인 빈칸에 쓰일 수 없는 오답입니다.
(D) included: 과거시제이므로 모임 공간이 지닌 일반적인 특성을 나타내는 의미로 쓰일 수 없는 오답입니다.

어휘 **include** ~을 포함하다

8.

정답 **(A)**

해석 **(A) 여러 직원들이 하이킹 기회에 관해서 문의했습니다.**
(B) 저희 직원들이 귀사의 지역 투어를 특히 즐거워했습니다.
(C) 따라서, 귀사의 객실들 중 최소 20개를 예약하고자 합니다.
(D) 저희 예약에 단체 할인을 적용해 주셔서 감사드립니다.

해설 바로 앞 문장에 이용 가능한 야외 활동에 관한 세부 정보도 제공해 달라는 말이 있으므로 그렇게 요청하는 이유로서 여러 직원들이 하이킹 기회에 관해 문의했음을 언급하는 (A)가 정답입니다.

오답 (B) 빈칸 앞뒤 내용이 과거에 이미 즐겁게 경험한 일과 관련된 것이 아니므로 흐름상 맞지 않는 오답입니다.
(C) 빈칸 앞뒤 내용이 이미 예약을 결정한 상황이 아니므로 흐름상 맞지 않는 오답입니다.
(D) 빈칸 앞뒤 내용이 할인 서비스와 관련된 것이 아니므로 흐름상 맞지 않는 오답입니다.

어휘 **several** 여럿의, 몇몇의 **inquire about** ~에 관해 문의하다 **opportunity** 기회 **particularly** 특히, 특별히 **as such** 따라서, 그러한 이유로 **would like to do** ~하고자 하다, ~하고 싶다 **reserve** ~을 예약하다 **at least** 최소한, 적어도 **apply** ~을 적용하다 **booking** 예약

DAY 16 문맥 파악

실전 감잡기

1. (C)	**2.** (B)	**3.** (C)	**4.** (C)	**5.** (D)
6. (D)	**7.** (C)	**8.** (B)		

1-4 다음 광고를 참조하시오.

저희 케이준 프라이드 치킨에서, 저희 고객들과 함께 개업 50주년을 기념하고자 합니다. 따라서, 이번 주에 한해, 저희 주 메뉴의 치킨 샌드위치, 버거, 또는 버킷 중 어느 것을 주문하시던지 무료 아이스크림 선디와 라지 탄산 음료가 **1** 포함될 것입니다.

고객 여러분께서는 11월 16일 일요일 영업 종료 시간까지 영국 전역에 있는 저희 지점 33곳 어디에서든 이 **2** 특별 서비스를 이용하실 수 있습니다.

추가로, 저희는 11월 한 달 내내 신나는 상품을 받으실 수 있는 콘테스트 참가 기회를 고객 여러분께 제공해 드릴 것입니다. 단지 **3** 여러분의 영수증에서 찾아보실 수 있는 고유 코드를 확인하신 다음, www.cfc.co.uk/prizedraw에서 입력하시기만 하

면 됩니다. 4 이런 방법으로 저희는 고객 여러분의 성원에 감사드리고자 합니다.

어휘 celebrate ~을 기념하다, 축하하다 free 무료의 purchase 구매(품) take advantage of ~을 이용하다 branch 지점, 지사 throughout (장소) ~ 전역에 걸쳐, (기간) ~ 동안 내내 additionally 추가로, 게다가 give A B: A에게 B를 주다, 제공하다 enter ~에 참가하다, ~을 입력하다 win (상 등) ~을 받다, 타다 prize 상품, 상 unique 고유한, 독특한 receipt 영수증

1.

정답 (C)

해설 우선, 빈칸 앞에는 for 전치사구와 주어에 해당되는 명사구가 있고, 빈칸 뒤에는 with 전치사구만 있으므로 빈칸에 문장의 동사가 쓰여야 합니다. 또한 for this weekend only라는 말로 서비스가 제공되는 특정 미래 시점을 나타내는 표현이 쓰여 있으므로 미래시제를 대신할 수 있는 현재진행시제인 (C) are being included가 정답입니다.

오답 (A) including: 동사의 형태가 아니므로 문장의 동사 자리인 빈칸에 맞지 않는 오답입니다.
(B) to include: 동사의 형태가 아니므로 문장의 동사 자리인 빈칸에 맞지 않는 오답입니다.
(D) had been included: 서비스가 제공되는 특정 미래 시점 표현 for this weekend only와 어울리지 않는 과거완료 시제이므로 오답입니다.

어휘 include ~을 포함하다

2.

정답 (B)

해설 선택지가 모두 명사이므로 의미가 알맞은 것을 찾아야 합니다. 빈칸 앞에 앞서 언급된 것을 가리킬 때 사용하는 지시형용사 this가 쓰여 있고 그것을 이용할 수 있는 장소를 알리는 문장입니다. 앞 문장에 기념을 위해 이번 주말에 한해 이용할 수 있는 특별 서비스가 언급되어 있으므로 이를 한 단어로 가리킬 명사로 '제안'을 뜻하는 (B) offer가 정답입니다.

오답 (A) item: '제품, 품목, 항목' 등을 뜻하므로 앞서 언급된 주말 동안 이용할 수 있는 특별 서비스를 대신하기에 알맞지 않은 오답입니다.
(C) vacancy: '공석, 빈 자리' 등을 뜻하므로 앞서 언급된 주말 동안 이용할 수 있는 특별 서비스를 대신하기에 알맞지 않은 오답입니다.
(D) range: '제품군, 범위, 종류' 등을 뜻하므로 앞서 언급된 주말 동안 이용할 수 있는 특별 서비스를 대신하기에 알맞지 않은 오답입니다.

어휘 item 제품, 품목, 항목 offer 제안 vacancy 공석, 빈 자리 range 제품군, 범위, 종류

3.

정답 (C)

해설 빈칸 앞의 내용으로 보아 receipt는 고유 코드가 적힌 영수증을 의미한다는 것을 알 수 있습니다. 여기서 영수증은 이 광고에 담긴 정보를 보는 사람들, 즉 고객들(our customers)이 갖

고 있는 영수증이어야 하므로 상대방을 지칭할 때 사용하는 대명사인 (C) your가 정답입니다.

오답 (A) his: 이 광고를 보는 고객들을 지칭하는 대명사로 맞지 않으므로 오답입니다.
(B) her: 이 광고를 보는 고객들을 지칭하는 대명사로 맞지 않으므로 오답입니다.
(D) their: 이 광고를 보는 고객들을 지칭하는 대명사로 맞지 않으므로 오답입니다.

4.

정답 (C)

해석 (A) 놀라운 저희 경품들 중 하나를 받게 되신 것에 대해 축하드립니다.
(B) 저희 메뉴의 새로운 추가 품목을 즐기시기를 바랍니다.
(C) 이런 방법으로 저희는 고객 여러분의 성원에 감사드리고자 합니다.
(D) 다시 한 번, 일부 저희 영국 지점들을 닫는 것에 대해 사과드립니다.

해설 지문 전체적으로, 50주년을 기념하기 위해 제공하는 무료 서비스 이용 방법과 콘테스트 참가 기회에 관해 설명하고 있습니다. 따라서 이와 같은 혜택을 하나로 가리키는 This와 함께 그러한 행사들을 진행하는 이유로서 고객에게 감사하는 방법임을 언급하는 내용을 담은 (C)가 정답입니다.

오답 (A) 빈칸 앞뒤가 상품 수령에 대한 축하와 관련된 내용이 아니므로 흐름상 맞지 않는 오답입니다.
(B) 빈칸 앞뒤가 새 추가 품목과 관련된 내용이 아니므로 흐름상 맞지 않는 오답입니다.
(D) 빈칸 앞뒤가 지점 폐업에 따른 사과와 관련된 내용이 아니므로 흐름상 맞지 않는 오답입니다.

어휘 Congratulations on ~에 대해 축하 드립니다 amazing 놀라운 addition 추가(되는 것) one's way of -ing ~하는 방법 patronage 성원, 단골 이용 apologize for ~에 대해 사과하다

5-8 다음 이메일을 참조하시오.

헨더슨 씨께,

5 저희 회사의 일자리를 귀하께 제안해 드리게 되어 기쁩니다. 귀하께서는 매년 63,000달러를 기본 급여로 6 받으실 것이며, 이는 귀하의 업무 능력 평가 결과를 바탕으로 해마다 인상될 수 있습니다. 저희 바이오킹 주식회사에서의 귀하의 첫 근무일은 10월 23일 월요일로 잠정적으로 정해졌습니다. 하지만, 그날 근무를 시작하지 7 못하게 하는 어떠한 일정상의 충돌 문제라도 있으실 경우에 재조정될 수 있습니다.

이번 주 후반에, 면접 중에 만나셨던 피터 패러데이 씨께서 저희 바이오킹 내에서 8 귀하의 역할 및 직무와 관련된 상세 정보를 담은 안내 책자 묶음을 보내 드릴 것입니다. 첫 근무일 이전에 이것을 살펴보시기 바라며, 어떤 문의 사항이든 있으시면, 저에게 555-0139번으로 연락 주시기 바랍니다.

안녕히 계십시오.

바바라 스테이플스, 인사부장
바이오킹 주식회사

어휘 salary 급여, 봉급 **increase** 인상되다, 증가되다 **annually** 해마다 **based on** ~을 바탕으로, 기반으로 **outcome** 결과 **performance** 업무 수행 능력, 실적, 성과 **review** n. 평가, 검토 v. ~을 살펴보다, 검토하다 **tentatively** 잠정적으로 **be set for** + 날짜: ~로 정해지다 **however** 하지만, 그러나 **rearrange** ~을 재조정하다 **schedule conflict** 일정상의 충돌, 겹침 **information pack** 안내 책자 묶음 **contain** ~을 포함하다, 담고 있다 **detailed** 상세한 **regarding** ~와 관련된 **role** 역할 **responsibility** 책임, 직무 **prior to** ~에 앞서, ~ 전에 **contact** ~에게 연락하다 **query** 문의 (사항)

5.

정답 (D)

해석 (A) 면접을 위해 찾아와 주실 수 있다면 감사할 것입니다.
(B) 안타깝게도, 저희가 현재 신입 직원을 고용하고 있지 않습니다.
(C) 관리직으로의 최근 승진에 대해 축하 드립니다.
(D) 저희 회사의 일자리를 귀하게 제안해 드리게 되어 기쁩니다.

해설 빈칸 뒤에 이어지는 내용을 보면, 상대방이 받는 급여 및 첫 근무 시작 시점 등과 관련된 정보가 제공되고 있습니다. 이는 새로 입사하는 직원에게 할 수 있는 말이므로 입사가 확정된 직원에게 할 수 있는 인사말에 해당되는 (D)가 정답입니다.

오답 (A) 지문 전체적으로 면접과 관련된 내용이 아니므로 흐름상 어울리지 않는 오답입니다.
(B) 지문 전체적으로 고용 불가능성과 관련된 내용이 아니므로 흐름상 어울리지 않는 오답입니다.
(C) 지문 전체적으로 상대방의 승진과 관련된 내용이 아니므로 흐름상 어울리지 않는 오답입니다.

어휘 grateful 감사하는 come in for ~하러 오다 unfortunately 안타깝게도, 아쉽게도 currently 현재 hire ~을 고용하다 Congratulations on ~에 대해 축하 드립니다 recent 최근의 promotion 승진 management 관리(직), 경영(진) offer A B: A에게 B를 제안하다, 제공하다 firm 회사, 업체

6.

정답 (D)

해설 우선, 주어 You 뒤로 빈칸이 있고 그 뒤에 명사구 및 which절이 있으므로 빈칸은 주절의 동사 자리임을 알 수 있습니다. 또한 입사가 확정된 직원의 첫 근무가 아직 시작되지 않았으므로 빈칸 뒤에 쓰여 있는 급여를 받는 것도 미래의 일이어야 합니다. 따라서 미래시제 동사 (D) will receive가 정답입니다.

오답 (A) receiving: 동사의 형태가 아니므로 주절의 동사 자리인 빈칸에 맞지 않는 오답입니다.
(B) received: 동사이기는 하지만 과거시제이므로 뒤에 이어지는 문장과 흐름상 맞지 않는 오답입니다.
(C) to receive: 동사의 형태가 아니므로 주절의 동사 자리인 빈칸에 맞지 않는 오답입니다.

어휘 receive ~을 받다

7.

정답 (C)

해설 선택지가 모두 동사의 현재분사형 또는 동명사이므로 문장의 구조 또는 의미에 적절한 것을 찾아야 합니다. 빈칸 다음을 보면 「목적어 + from -ing」 구조가 이어져 있는데, 이는 동사 prevent와 함께 '~가 …하는 것을 막다, 방해하다' 등을 의미할 때 사용하므로 (C) preventing이 정답입니다.

오답 (A) opposing: 「목적어 + from -ing」 구조와 어울리는 동사가 아니므로 오답입니다.
(B) recommending: 「목적어 + from -ing」 구조와 어울리는 동사가 아니므로 오답입니다.
(D) finalizing: 「목적어 + from -ing」 구조와 어울리는 동사가 아니므로 오답입니다.

어휘 oppose ~을 반대하다 recommend ~을 추천하다, 권하다 prevent (A from -ing): (A가 ~하는 것을) 막다, 방해하다 finalize ~을 최종 확정하다

8.

정답 (B)

해설 우선 전치사 regarding과 명사 목적어 사이에 위치한 빈칸은 명사를 수식할 수 있는 소유격 대명사 자리입니다. 또한 빈칸 앞뒤를 보면, 상대방(you)에게 상세 정보를 담은 책자 묶음을 보내줄 거라는 말이 쓰여 있습니다. 따라서 빈칸 뒤에 위치한 role and responsibilities는 상대방의 '역할과 직무'를 의미하는 것이어야 자연스러우므로 (B) your가 정답입니다.

오답 (A) you: 주격 또는 목적격 대명사이므로 명사를 수식할 수 없는 오답입니다.
(C) his: 상대방을 가리킬 수 없는 3인칭 대명사이므로 오답입니다.
(D) their: 상대방을 가리킬 수 없는 3인칭 대명사이므로 오답입니다.

DAY 17 문장삽입

실전 감잡기

1. (B)	2. (A)	3. (B)	4. (D)	5. (D)
6. (A)	7. (C)	8. (A)		

1-4 다음 기사를 참조하시오.

포틀랜드 데일리 뉴스

포틀랜드 (6월 5일) – 최근의 설문조사에 따르면, 포틀랜드 시내의 하프 스트리트를 보행자 전용 도로로 만들겠다는 시의회의 계획이 지역 주민들의 압도적으로 **1** 부정적인 반응에 직면했습니다.

약 85퍼센트의 설문조사 응답자들은 그곳이 개인 차량을 이용하는 통근자들에게 중요한 경로라는 점을 특별히 언급하면서 그 아이디어를 비난했습니다. 이 도로는 쇼핑 및 외식 구역으로서의 매력을 증대하기 위한 노력의 일환으로 8월에 모든 차량을 대상으로 **2** 폐쇄될 것입니다.

3 현재, 하프 스트리트는 도시를 동쪽에서 서쪽 방향으로 또는 그 반대로 가로질러 이동해야 하는 사람들에게 중요한 통근 경로

의 역할을 하고 있으며, 또한 시내버스 노선에 있어서도 상당한 역할을 하고 있습니다. **4** 따라서, 많은 사람들이 대체 이동 수단을 마련해야 할 것입니다.

어휘 according to ~에 따르면 recent 최근의 survey 설문조사(지) council 시의회 plan to do ~하려는 계획 pedestrianize ~을 보행자 전용 도로로 만들다 be met with ~에 직면하다, ~에 부딪히다 overwhelmingly 압도적으로 response 반응, 대응 local 지역의, 현지의 resident 주민 approximately 약, 대략 respondent 응답자 criticize ~을 비난하다 note that ~임을 특별히 언급하다, ~임에 주목하다 route 경로, 노선 commuter 통근자 vehicle 차량 in an effort to do ~하기 위한 노력의 일환으로 boost ~을 증대하다, 촉진하다 attractiveness 매력 serve as ~의 역할을 하다 those who ~하는 사람들 cross ~을 가로지르다 vice versa (앞서 언급된 것에 대해) 그 반대로 play a significant role in ~에 있어 상당한 역할을 하다

1.

정답 (B)

해설 선택지가 모두 형용사이므로 의미가 알맞은 것을 찾아야 합니다. 빈칸에 쓰일 형용사는 바로 뒤에 위치한 response를 수식해 지역 주민들이 보인 반응의 특성을 나타내야 합니다. 다음 문장을 보면 85퍼센트의 설문조사 응답자들이 비난했다는 말이 있으므로 좋지 못한 반응을 보였다는 것을 알 수 있습니다. 따라서 '부정적인'을 뜻하는 (B) negative가 정답입니다.

오답 (A) contented: '만족하는'을 뜻하므로 다음 문장과 흐름상 맞지 않는 의미를 나타내는 오답입니다.
(C) favorable: '호의적인' 등을 뜻하므로 다음 문장과 흐름상 맞지 않는 의미를 나타내는 오답입니다.
(D) faulty: '결함이 있는'을 뜻하므로 다음 문장과 흐름상 맞지 않는 의미를 나타내는 오답입니다.

어휘 contented 만족하는 negative 부정적인 favorable 호의적인 faulty 결함이 있는

2.

정답 (A)

해설 선택지가 모두 수동태 동사이고 시제만 다르므로 시점 관련 단서를 찾아야 합니다. 빈칸 뒤에 발생 시점으로 8월(in August)이 언급되어 있는데, 이는 지문 상단의 기사 작성 시점(June 5)보다 미래입니다. 따라서 미래시제 동사인 (A) will be closed가 정답입니다.

오답 (B) had been closed: 과거완료시제이므로 알맞은 시점 관계를 나타내지 못하는 오답입니다.
(C) was closed: 과거시제이므로 알맞은 시점 관계를 나타내지 못하는 오답입니다.
(D) is closed: 현재시제이므로 알맞은 시점 관계를 나타내지 못하는 오답입니다.

3.

정답 (B)

해설 빈칸 뒤에 쓰인 동사 serves가 현재시제이므로 하프 스트리트

가 현재 어떤 역할을 하고 있는지 말하는 문장임을 알 수 있습니다. 따라서 현재시제 동사와 어울리는 부사 (B) Currently 가 정답입니다.

오답 (A) Gradually: '점차적으로'를 뜻하므로 현재 하프 스트리트의 역할을 나타내는 문장에 맞지 않는 오답입니다.
(C) Eventually: '결국, 마침내'를 뜻하므로 현재 하프 스트리트의 역할을 나타내는 문장에 맞지 않는 오답입니다.
(D) Fortunately: '다행히'를 뜻하므로 현재 하프 스트리트의 역할을 나타내는 문장에 맞지 않는 오답입니다.

어휘 gradually 점차적으로 currently 현재 eventually 결국, 마침내 fortunately 다행히

4.

정답 (D)

해석 (A) 포틀랜드 주민들은 요금이 적절한 시의 대중 교통을 자랑스러워 하고 있습니다.
(B) 시의회가 교통 혼잡을 줄이기 위해 그 도로를 넓히는 것을 목표로 삼고 있습니다.
(C) 예를 들어, 그 경로는 다른 도시에서 근무하는 사람들에게 유용할 것입니다.
(D) 따라서, 많은 사람들이 대체 이동 수단을 마련해야 할 것입니다.

해설 바로 앞에 하프 스트리트가 통근과 시내버스 노선에 중요한 역할을 한다고 설명하므로 이 도로가 폐쇄될 때 사람들이 해야 하는 일, 즉 대체 이동 수단을 마련해야 한다는 점을 언급한 (D)가 정답입니다.

오답 (A) 빈칸 앞부분의 내용이 대중 교통의 요금과 관련되어 있지 않으므로 흐름상 맞지 않는 오답입니다.
(B) 빈칸 앞부분의 내용이 도로 확장과 관련되어 있지 않으므로 흐름상 맞지 않는 오답입니다.
(C) 이 도로가 현재 통근자들에게 중요하다는 빈칸 앞부분의 내용과 맞지 않는 오답입니다.

어휘 be proud of ~을 자랑스러워 하다 affordable 가격이 적정한 public transportation 대중 교통 aim to do ~하는 것을 목표로 삼다 widen ~을 넓히다, 확장하다 reduce ~을 줄이다, 감소시키다 traffic congestion 교통 혼잡 those who ~하는 사람들 as such 따라서, 그러한 이유로 make an arrangement 마련하다, 조치하다 alternative 대안의, 대체의 travel 이동

5-8 다음 안내를 참조하시오.

> 코즈믹 디멘션즈 – 희귀 만화책 판매 업체
>
> 희귀 만화책 구입하기
>
> 저희 코즈믹 디멘션즈에서는, 모든 재고를 반드시 적절하게 보관하고 취급함으로써 완벽한 상태로 유지합니다. 일부 더 오래되고 희귀한 만화책들은 다소 망가지기 쉬우며, 그로 인해 손상에 취약합니다. **5** 따라서, 구매하시는 어떤 만화책이든 몇몇 간단한 가이드라인을 따라 함으로써 관리하는 일은 여러분이 직접 하시기 바랍니다. 저희의 모든 만화책은 밀봉된 비닐 가방에 담긴 채로 나오며, 이용하지 않으실 때는 항상 이 가방 안에 **6** 보관되어야 합니다. 또한, 우연한 찢김이나 구겨짐을 피하기 위해 만화책을 읽으실 때 조심스럽게 다루셔야 합니다. **7** 이런 일들은 페이지를 너무 빨리 넘기시거나 너무 꽉 붙잡으실 때 발생될 수

있습니다. **8** 이 조언이 여러분의 만화책 상태를 보존하는 데 도움이 될 것입니다. 하지만, 수선 또는 복원과 관련된 정보가 필요하실 경우, 555-2828번을 통해 저희 직원들 중 한 명과 이야기하시기 바랍니다.

어휘 **rare** 희귀한 **keep A in perfect condition:** A를 완벽한 상태로 유지하다, 보관하다 **stock** 재고(품) **by** (방법) ~함으로써 **ensure (that)** 반드시 ~하도록 하다, ~임을 보장하다 **store** ~을 보관하다 **handle** ~을 취급하다, 다루다 **properly** 적절히, 제대로 **rather** 다소, 좀, 오히려 **fragile** 망가지기 쉬운, 손상되기 쉬운 **as such** 그로 인해, 따라서 **be susceptible to** ~에 취약하다, ~되기 쉽다 **damage** 손상, 피해 **up to** ~에게 달려 있는 **take care of** ~을 관리하다, 돌보다, 처리하다 **purchase** ~을 구매하다 **follow** ~을 따르다, 준수하다 **sealed** 밀봉된 **at all times** 항상 **when not in use** 이용하지 않을 때 **gentle** 조심스러운, 부드러운, 온화한 **avoid** ~을 피하다 **accidental** 우연한 **tear** 찢김 **wrinkle** 구겨짐, 주름 **occur** 발생되다 **turn a page** 페이지를 넘기다 **grip** ~을 붙잡다 **firmly** 꽉, 단단히 **require** ~을 필요로 하다 **repair** 수선, 수리 **restoration** 복원, 복구

5.

정답 (D)

해설 선택지가 모두 접속부사이므로 앞뒤 문장을 확인해 의미의 흐름을 파악해야 합니다. 앞 문장에는 망가지기 쉽고 손상에 취약하다는 말이, 뒤에 위치한 문장에는 구매자(you)에게 잘 관리할 책임이 있음을 알리는 말이 쓰여 있습니다. 이는 '취약한 특성'이라는 원인에 따른 '관리 책임'이라는 결과를 말하는 것이므로 '따라서, 그러므로' 등의 의미로 결과를 나타내는 접속부사 (D) Therefore가 정답입니다.

오답 (A) Otherwise: 특정 조건에 따른 부정적인 결과를 말할 때 사용하므로 오답입니다.
(B) For instance: 예시를 나타낼 때 사용하므로 오답입니다.
(C) Similarly: 유사 정보를 언급할 때 사용하므로 오답입니다.

어휘 **otherwise** 그렇지 않으면 **for instance** 예를 들어 **similarly** 마찬가지로, 유사하게 **therefore** 따라서, 그러므로

6.

정답 (A)

해설 선택지가 모두 동사이므로 문장의 구조 및 의미를 확인해 알맞을 것을 골라야 합니다. 조동사(should)와 전치사구(inside this) 사이는 자동사 자리이며, they가 지칭하는 만화책들이 이용되지 않을 때 보관되는 곳을 나타내는 의미가 되어야 하므로 '유지되다, 남아 있다' 등을 뜻하는 (A) remain이 정답입니다.

오답 (B) place: 목적어를 필요로 하는 타동사이므로 문장 구조에 맞지 않는 오답입니다.
(C) look: 자동사이지만 의미가 어울리지 않는 오답입니다.
(D) hold: 목적어를 필요로 하는 타동사이므로 문장 구조에 맞지 않는 오답입니다.

어휘 **remain** (~한 상태로) 유지되다, 남아 있다 **place** v. ~을 놓다, 두다 **look** 보다 **hold** ~을 붙잡다, 보유하다, 개최하다

7.

정답 (C)

해설 바로 뒤에 조동사와 동사가 있으므로 주어 역할이 가능한 대명사를 골라야 합니다. 또한 동사 occur를 통해 발생 가능성을 말하는 것을 볼 때, 빈칸 바로 앞에 언급된 두 가지 부정적인 일(tears or wrinkles)을 지칭할 대명사가 필요하다는 것을 알 수 있으므로 이 역할이 가능한 복수 지시대명사 (C) These가 정답입니다.

오답 (A) Theirs: '그들의 것'을 뜻하는 소유대명사이므로 의미가 맞지 않는 오답입니다.
(B) Either: 앞서 언급된 것을 대신하는 대명사가 아니므로 오답입니다.
(D) Every: 형용사이므로 주어 자리인 빈칸에 쓰일 수 없는 오답입니다.

어휘 **either (A or B):** (A 또는 B) 둘 중의 하나

8.

정답 (A)

해석 (A) 이 조언이 여러분의 만화책 상태를 보존하는 데 도움이 될 것입니다.
(B) 저희는 그 제품들이 귀하께 만족스럽지 못했다는 점에 대해 사과드립니다.
(C) 모든 제품은 영업일로 2일 이내에 특별 포장되어 배송됩니다.
(D) 귀하께서 문의하신 만화책은 현재 재고가 없는 상태입니다.

해설 빈칸에 앞서 지문 전체적으로 만화책 관리 방법을 간략히 설명하고 있으므로 이를 '조언'(This advice)이라는 말로 대신해 이 글을 읽는 구매자(you)에게 도움을 줄 것이라고 말하는 (A)가 정답입니다.

오답 (B) 지문 전체적으로 고객의 불만과 관련된 내용이 아니므로 흐름상 맞지 않는 오답입니다.
(C) 지문 전체적으로 제품 배송과 관련된 내용이 아니므로 흐름상 맞지 않는 오답입니다.
(D) 지문 전체적으로 특정 제품의 재고 보유 여부와 관련된 내용이 아니므로 흐름상 맞지 않는 오답입니다.

어휘 **help A do:** ~하는 데 A에게 도움이 되다 **preserve** ~을 보존하다 **apologize that** ~라는 점에 대해 사과하다 **item** 제품, 물품, 품목 **to one's satisfaction** ~에게 만족스러운 **ship** ~을 배송하다 **packaging** 포장(재) **within** ~ 이내에 **inquire about** ~에 관해 문의하다 **currently** 현재 **out of stock** 재고가 없는

PART 7

DAY 18 세부사항/주제·목적/사실확인

실전 감잡기

1. (C) **2.** (D) **3.** (C) **4.** (B) **5.** (A)

1-2 다음 광고를 참조하시오.

> ### 페르세우스 디렉트를 확인해 보십시오!
>
> 요즘 일정이 바쁘신가요? 식료품이나 기타 상품을 쇼핑하실 시간을 찾기 어렵다고 생각하고 계신가요? 그러시다면, 모바일 기기에 '페르세우스 디렉트' 애플리케이션을 설치하셔야 합니다. '페르세우스 디렉트'는 카버 시티 및 인근 지역에 위치한 3,000개가 넘는 업체들과 제휴를 맺고 있으며, **1** 여러분을 위해 아주 다양한 제품을 받아 자택으로 가져다 드릴 준비가 되어 대기하고 있습니다. 신선한 농산품과 제과 제품에서부터 운동 장비와 비타민 보충제에 이르기까지, 신속하고 편리하게 전달해 드릴 수 있습니다. **2** 저희는 이미 약 30명의 기사들로 구성된 팀을 고용하고 있으며, 20명을 더 추가하는 과정에 있습니다. 따라서, 여러분의 필요를 충족시켜 드릴 수 있는 사람을 언제든지 찾아보실 수 있을 것입니다. 선호하시는 앱 스토어에서 '페르세우스 디렉트'를 다운로드하시거나 www.perseusdirectonline.ca를 방문하셔서 더 많은 정보를 알아보시기 바랍니다.

어휘 check out ~을 확인해 보다 find A 형용사: A를 ~하다고 생각하다 groceries 식료품 goods 상품 if so 그렇다면 install ~을 설치하다 device 기기, 장치 partner with ~와 제휴하다 more than ~가 넘는 surrounding 인근의, 주변의 pick up ~을 가져오다, 가져가다 a wide variety of 아주 다양한 produce n. 농산품 equipment 장비 supplement 보충(제) get A to B: A를 B에게 갖다 주다 conveniently 편리하게 employ ~을 고용하다 around 약, 대략 in the process of -ing ~하는 과정에 있는 add ~을 추가하다 another 또 한 번의 available 이용 가능한, 시간이 나는 meet (조건 등) ~을 충족하다 preferred 선호하는 find out 알아보다

1. 페르세우스 디렉트는 무슨 종류의 업체인가?

(A) 식료품 매장
(B) 소프트웨어 개발업체
(C) 배달 서비스 회사
(D) 피트니스 센터

정답 (C)

해설 해당 업체의 업무 특성이 드러나는 중반부에, 아주 다양한 제품을 받아 자택으로 가져다 줄 준비가 되어 대기하고 있다고(we are ready and waiting to pick up a wide variety of items for you and bring them to your door) 알리고 있습니다. 이는 배달 서비스를 말하는 것이므로 (C)가 정답입니다.

어휘 developer 개발업체, 개발자

Paraphrase pick up a wide variety of items for you and bring them to your door → delivery

2. 페르세우스 디렉트에 관해 알려진 것은 무엇인가?

(A) 해외로 사업을 확장하고 있다.
(B) 여러 가지 상을 받았다.
(C) 등록비를 필요로 한다.
(D) 직원을 추가로 고용하는 중이다.

정답 (D)

해설 지문 후반부에 이미 약 30명의 기사들로 구성된 팀을 고용하고 있고 20명을 더 추가하는 과정에 있다고(We already employ a team of around 30 drivers, and are in the process of adding another 20) 알리고 있습니다. 이는 직원을 추가로 고용하는 중임을 의미하는 말이므로 (D)가 정답입니다.

어휘 expand (사업 등을) 확장하다, 확대하다 overseas 해외로 win an award 상을 받다 several 여럿의, 몇몇의 require ~을 필요로 하다 registration 등록 fee 요금, 수수료

3-5 다음 편지를 참조하시오.

> 고용 관리 책임자께,
>
> **3** 글로벌 트랜짓 사의 웹사이트에 게시된 영업이사 직책과 관련해 검토해 보실 수 있도록 첨부해 드린 제 이력서를 확인해 보시기 바랍니다. 저는 소비자 직접 영업 영역에 폭넓은 경험을 지니고 있으며, 현재 새로운 취업 기회를 찾고 있습니다. 저는 특히 귀사에 관심이 있는데, 제가 최근 글로벌 트랜짓 사가 아주 많은 사업을 하고 있는 지역으로 이사했기 때문입니다.
>
> 이전의 영업직에서, 저는 기존의 시장을 확장하고 새로운 시장에서 사람들과 접촉함으로써 영업 수익을 늘렸습니다. **4** 저는 4년 연속으로 최고의 영업사원 상을 받았으며, 매우 성공적인 영업 설명서를 만든 것에 대해 혁신가 상도 받았습니다.
>
> **5** 첨부해 드린 것에서 연락처가 포함된 여러 추천서와 함께 제 상세 근무 경력을 확인해 보실 수 있습니다. 광고된 직책에 대해 저를 고려해 주시기를 바랍니다.
>
> 안녕히 계십시오.
>
> 마이클 윌슨

어휘 résumé 이력서 attach ~을 첨부하다 review 검토, 평가 in regard to ~와 관련해 sales 영업, 매출, 판매 executive 이사, 임원 position 직책, 일자리 post ~을 게시하다 extensive 폭넓은, 광범위한 direct consumer sales 소비자 직접 영업 currently 현재 look for ~을 찾다 career opportunity 취업 기회 particularly 특히 be interested in ~에 관심이 있다 recently 최근에 conduct ~을 수행하다, 실시하다 a great deal of 아주 많은 previous 이전의, 과거의 role 역할, 직책 increase ~을 늘리다, 증가시키다 revenue 수익 by (방법) ~해서, ~함으로써 expand ~을 확장하다, 확대하다 existing 기존의 make a contact 접촉하다 receive ~을 받다 for four consecutive years 4년 연속으로 create ~을 만들다 highly 매우, 아주 successful 성공적인 manual 설명서 detailed 상세한 several 여럿의, 몇몇의 a letter of reference 추천서 consider ~을 고려하다 advertised 광고된

126 시원스쿨 기본토익 700+

3. 편지의 목적은 무엇인가?

(A) 공석을 알리기 위해
(B) 더 많은 정보를 요청하기 위해
(C) 한 일자리에 대한 관심을 나타내기 위해
(D) 한 직원을 기리기 위해

정답 **(C)**

해설 첫 단락 시작 부분에 글로벌 트랜짓 사의 영업이사 직책과 관련해 검토할 수 있도록 첨부한 이력서를 확인해 달라고 요청하는(Please find my résumé attached for your review in regard to the sales executive position) 말이 있습니다. 이는 그 자리에 대한 관심을 보임으로써 자신을 채용 대상자로 고려하도록 요청하는 것이므로 (C)가 정답입니다.

어휘 announce ~을 알리다, 발표하다 job opening 공석 request ~을 요청하다 express (의견, 감정 등) ~을 나타내다, 표현하다 interest in ~에 대한 관심 honor v. ~을 기리다, ~에게 영예를 주다

4. 윌슨 씨에 관해 사실인 것은 무엇인가?

(A) 글로벌 트랜짓 사에서 일한다.
(B) 수상자이다.
(C) 광고 분야에서의 경험이 있다.
(D) 새로운 회사를 차렸다.

정답 **(B)**

해설 두 번째 단락에 4년 연속 최고의 영업사원 상과 매우 성공적인 영업 설명서를 만든 것에 대해 혁신가 상도 받았다는(I received the Top Salesperson Award for four consecutive years, and also the Innovator Award for creating a highly successful sales manual) 말이 있으므로 (B)가 정답입니다.

어휘 advertising 광고 (활동) experience n. 경험

5. 편지에 동봉된 것은 무엇인가?

(A) 추천서
(B) 대학 성적 증명서
(C) 고객 명단
(D) 명함

정답 **(A)**

해설 질문에 포함된 enclosed와 동의어인 Attached로 시작되는 마지막 단락에 여러 추천서가 함께 동봉되었음을(Attached you will find my detailed job history with several letters of reference) 알리고 있으므로 (A)가 정답입니다.

어휘 enclosed 동봉된 recommendation letter 추천서 transcript 성적 증명서

Paraphrase Attached → enclosed

DAY 19 문맥 파악

실전 감잡기

1. (B) **2.** (D) **3.** (B) **4.** (C) **5.** (B)
6. (B)

1-3 다음 온라인 채팅 대화를 참조하시오.

> **그랜트 [오전 10:35]**
> 안녕하세요, 올리비아 씨… **1** 우리 본사의 꼭대기 층이 개조 공사 작업이 진행되는 다음 주 내내 폐쇄될 겁니다. 이 말은 우리가 마케팅 부서 직원들에게 새 업무 장소를 찾아줘야 한다는 뜻입니다.
>
> **올리비아 [오전 10:37]**
> 네, 알고 있어요. **2** 마케팅 팀의 최소 절반이 다음 주에 능력 개발 워크숍 때문에 런던에 가 있을 것이기 때문에, 그 나머지 직원들을 위한 새로운 임시 공간을 찾기만 하면 됩니다.
>
> **그랜트 [오전 10:39]**
> 아, 맞아요. 그럼, 다음 주에 기껏해야 약 10명의 부서 직원들만 있게 되는 건가요?
>
> **올리비아 [오전 10:40]**
> 맞습니다. 그래서, 저는 우리가 3층에 있는 그래픽디자인팀과 함께 그 직원들이 들어갈 공간을 만들 수 있을 것이라고 생각하고 있었어요. **3** 제가 지난번에 확인했을 때, 그곳에 빈 책상들이 여럿 있었거든요.
>
> **그랜트 [오전 10:42]**
> 상황이 변했습니다. **3** 그들이 최근에 많은 신입사원들을 뽑았어요.
>
> **올리비아 [오전 10:45]**
> 음… 그렇다면, 우리가 3번 회의실에 임시 업무 자리를 몇 개 마련할 수 있을지 확인해 보겠습니다. 그곳은 요즘 그렇게 많이 이용되고 있지 않아요.

어휘 headquarters 본사 while ~하는 동안 remodeling 개조, 보수 underway 진행 중인 mean (that) ~임을 의미하다 workspace 업무 공간 at least 최소한, 적어도 skill 능력, 기술 development 개발 temporary 임시의, 일시적인 remaining 나머지의, 남아 있는 about 약, 대략 fit A in: A가 들어갈 공간을 만들다 several 여럿의, 몇몇의 recently 최근에 recruit ~을 뽑다, 모집하다 in that case 그렇다면, 그런 경우라면 see if ~인지 확인하다 set up ~을 마련하다, 설치하다 workstation 업무 자리 that much 그렇게 많이

1. 회사에 관해 언급된 것은 무엇인가?

(A) 새 본사로 이전했다.
(B) 일부 개조 공사 일정을 잡아 놓았다.
(C) 최근에 마케팅 직원들을 추가로 고용했다.
(D) 일주일 동안 문을 닫을 것이다.

정답 **(B)**

해설 그랜트 씨의 첫 메시지에 본사 꼭대기 층이 개조 공사가 진행

되는 다음 주에 폐쇄된다고(will be closed all of next week while the remodeling work is underway) 나타나 있으므로 개조 공사 일정이 잡혀 있다는 것을 알 수 있습니다. 따라서 이를 언급한 (B)가 정답입니다.

어휘 schedule v. ~의 일정을 잡다 renovation 개조, 보수 recently 최근에 hire ~을 고용하다

Paraphrase remodeling work → renovations

2. 일부 마케팅 부서 직원들에 관해 올리비아 씨가 언급한 것은 무엇인가?

(A) 자주 그래픽 디자이너들과 협업한다.
(B) 새 업무용 장비를 요청했다.
(C) 런던 지사를 기반으로 한다.
(D) 교육 행사에 참석할 것이다.

정답 **(D)**

해설 올리비아 씨가 10시 37분에 작성한 메시지를 보면, 마케팅 팀의 최소 절반이 다음 주에 능력 개발 워크숍 때문에 런던에 가 있을 것이라고(At least half of the marketing team will be in London next week for a skills development workshop) 알리는 말이 있습니다. 이는 교육 행사에 참석한다는 말과 같으므로 (D)가 정답입니다.

어휘 collaborate with ~와 협업하다 request ~을 요청하다 equipment 장비 be based at ~에 기반을 두고 있다 branch 지사, 지점 attend ~에 참석하다

Paraphrase skills development workshop → training event

3. 오전 10시 42분에, 그랜트 씨가 "상황이 변했습니다"라고 쓴 의도는 무엇인가?

(A) 일부 업무가 연기되도록 권하고 있다.
(B) 충분한 업무 공간이 이용 가능할지 의구심을 갖고 있다.
(C) 마케팅 팀이 꼭대기 층에 남아 있어야 한다고 생각한다.
(D) 새 책상들이 몇 개 주문되었다고 생각하고 있다.

정답 **(B)**

해설 10시 40분 메시지에서 올리비아 씨가 3층의 공간에 빈 책상들이 많이 있었다고(there were several empty desks there) 알리자 그랜트 씨가 '상황이 변했다'고 알리면서 신입사원들을 많이 뽑은 사실을(They have recently recruited a lot of new workers) 밝히는 흐름입니다. 즉 3층에 공간이 충분하지 않다는 뜻을 나타내는 말에 해당되므로 이와 유사한 의미로 쓰인 (B)가 정답입니다.

어휘 recommend that ~하도록 권하다, 추천하다 postpone ~을 연기하다, 미루다 doubt (that) ~인지 의구심을 갖다, 의심하다 available 이용 가능한 remain 남아 있다 order ~을 주문하다

4-6 다음 편지를 참조하시오.

해니건 씨께,

4 로얄은행을 대표해, 귀하의 대출 신청이 받아들여져 처리되었음을 알려 드리게 되어 기쁩니다. 따라서, 저희는 동봉해 드린 계약서 내에 제시되어 있는 약관에 따라 총액 만 달러를 드릴 것입니다. — [1] —.

6 저희는 지난 6개월을 아우르는 귀하의 급여 명세서 사본과 우리 주에서 발급된 사진이 들어 있는 2개의 신분증, 그리고 주민 등록 번호를 이미 받았습니다. — [2] —. 자금이 귀하의 업체 은행 계좌로 입금되는 대로, 문자 메시지로 통보받을 것이며, 참고 용으로 보관하실 수 있는 서면 확인서를 우편으로 받으시게 될 겁니다. — [3] —.

계약서에 상세히 설명된 바와 같이, 총액과 이자는 반드시 10년 내에 상환되어야 합니다. 저희는 9퍼센트의 이자율을 제공해 드릴 수 있으며, 이는 오리건 주의 은행들 사이에서 상당히 경쟁력 있는 이자율입니다. **5** 저희는 매달 1일에 최소 75달러의 상환금을 예상하고 있으며, 이 조건을 준수하지 못하실 경우에는 추가 행정 처리 부담금 또는 수수료가 초래될 수 있습니다. — [4] —.

어떤 질문이나 우려 사항이든 있으시면 555-1103번으로 언제든지 저에게 직접 연락 주시기 바랍니다.

안녕히 계십시오.

라제시 술만, 기업 대출 관리 책임, 로얄 은행

어휘 on behalf of ~을 대표해, 대신해 inform A that: A에게 ~라고 알리다 loan 대출 application 신청(서) accept ~을 받아들이다 process ~을 처리하다 therefore 따라서, 그러므로 grant A B: A에게 B를 주다, 승인하다 sum 총액, 액수 in accordance with ~에 따라 terms and conditions (계약서 등의) 약관 lay out ~을 제시하다 enclosed 동봉된 agreement 계약(서) receive ~을 받다 pay slip 급여 명세서 cover ~을 포함하다 state-issued 주에서 발급한 social security number 주민등록번호 once ~하는 대로, ~하자마자 fund 자금 deposit ~을 입금하다 account 계좌, 계정 notify ~에게 통보하다 SMS 문자 메시지 confirmation 확인(서) reference 참고 detail v. ~을 상세히 설명하다 interest 이자 pay back ~을 상환하다, 갚다 offer A B: A에게 B를 제공하다 rate 비율, 요금, 속도, 등급 fairly 상당히, 꽤 competitive 경쟁력 있는 expect ~을 예상하다 minimum 최소한의 repayment 상환(금) failure to do ~하지 못함 adhere to ~을 준수하다, 고수하다 result in ~을 초래하다, ~라는 결과를 낳다 additional 추가의 administration 행정(처리) charge (부과) 요금 fee 수수료, 요금 Please feel free to do 언제든지 ~하세요 contact ~에게 연락하다 concern 우려, 걱정

4. 편지가 왜 해니건 씨에게 보내졌는가?

(A) 한 계좌의 개설을 확인해 주기 위해
(B) 사업을 시작하는 것에 관해 조언해 주기 위해
(C) 자금 제공 요청을 승인하기 위해
(D) 추가 정보를 요청하기 위해

정답 **(C)**

해설 지문 시작 부분에 상대방의 대출 신청이 받아들여져 처리되었음을 알리게 되어 기쁘다는 말이(~ your bank loan application has been accepted and processed) 쓰여 있습니다. 이는 대출을 통한 자금 제공 요청이 승인되었다는 뜻이므로 (C)가 정답입니다.

어휘 confirm ~을 확인해 주다 provide ~을 제공하다 approve

~을 승인하다 request 요청 financing 자금 제공

Paraphrase your bank loan application has been accepted and processed → approve a request for financing

5. 해니건 씨는 한달 단위로 무엇을 하도록 요청받는가?

(A) 은행 방문하기
(B) 비용 납입하기
(C) 문서 제출하기
(D) 술만 씨에게 전화하기

정답 (B)

해설 세 번째 단락을 보면 매달 1일에 최소 75달러의 상환금을 예상하고 있다고 (We expect a minimum repayment of $75 on the 1st of each month) 알리는 말이 쓰여 있습니다. 이는 해니건 씨에게 매달 비용을 납입하도록 요청하는 말에 해당되므로 (B)가 정답입니다.

어휘 be asked to do ~하도록 요청 받다 on a monthly basis 한 달 단위로 submit ~을 제출하다

Paraphrase expect a minimum repayment of $75 → Make a payment on the 1st of each month → on a monthly basis

6. [1], [2], [3], 그리고 [4]로 표기된 위치들 중에서 다음 문장이 가장 잘 어울리는 위치는 어느 것인가?

"따라서, 저희는 필요한 모든 정보를 갖고 있으며, 다른 어떤 것에 대해서도 귀하를 곤란하게 해 드릴 필요가 없습니다."

(A) [1]
(B) [2]
(C) [3]
(D) [4]

정답 (B)

해설 제시된 문장은 결과를 나타내는 As such로 시작해 필요한 모든 정보를 갖고 있기 때문에 더 이상 문제될 것이 없다는 의미를 지니고 있습니다. 따라서 특정 정보를 보유하고 있음을 알리는 문장 뒤에 쓰여야 자연스럽다는 것을 알 수 있으므로 급여 명세서 사본과 신분증 등의 개인 정보 자료를 언급한 문장 뒤에 위치한 [2]에 들어가 그 자료들을 받은 것에 따른 결과에 해당되는 말을 전하는 흐름이 되어야 알맞으므로 (B)가 정답입니다.

어휘 as such 따라서, 그러한 이유로 necessary 필요한, 필수의 trouble v. ~을 곤란하게 하다, 애먹이다

DAY 20 다중지문

실전 감잡기

1. (B)	2. (A)	3. (D)	4. (B)	5. (C)
6. (D)	7. (D)	8. (B)	9. (C)	10. (D)

1-5 다음 이메일들을 참조하시오.

제목: 마리포사 비스트로
2 날짜: 11월 4일

관계자께,

2 제가 이틀 전에 몇몇 친구들과 함께 귀하의 레스토랑에서 식사했는데, 저희는 테라스가 있는 바깥에 예약한 테이블 그리고 방대한 해산물 메뉴와 함께 정말 즐거운 시간을 보냈습니다. 그럼에도 불구하고, **1** 제가 이메일을 쓰는 이유는 귀하의 직원들 중 한 분과 관련된 사건에 주목해 주시기를 바라고 있기 때문입니다. **3** 이름표에 스티븐이라고 밝혀져 있던 그 직원은 디저트 코스를 내오던 중에 아이스크림 그릇을 부주의하게 떨어뜨렸습니다. 안타깝게도, 이것이 탁자에 놓여 있던 제 휴대 전화기 위로 떨어지면서 화면을 깨트리고 가죽 폰 케이스를 손상시켰습니다.

저는 여전히 이 상황에 대해 매우 불쾌한데, 그분이 당시에 너무 많은 접시를 나르고 있어서 사고가 발생할 가능성이 컸기 때문입니다. 결과적으로, 저는 어제 전화기 매장을 방문해 화면 수리에 120달러를 지불할 수밖에 없었습니다. 폰 케이스는 추가 50달러의 가치가 있는 것이지만, 다행히도, 제가 어떻게든 깨끗하게 할 수 있었고, 거의 원래의 모습으로 복구되었습니다. 따라서, **5** 저는 170달러 전액에 대해 보상받을 것으로 기대하고 있지는 않지만, 최소한 수리 비용이라도 받을 수 있다면 좋겠습니다.

이 문제와 관련해 곧 답변을 들을 수 있기를 바랍니다.

안녕히 계십시오.

리사 멀베이니

어휘 dine 식사하다 extensive 폭넓은, 방대한 reserve ~을 예약하다 patio 테라스 nevertheless 그럼에도 불구하고 incident 사건 bring A to one's attention: A에 ~가 주목하게 하다 regarding ~와 관련된 identify (신원 등) ~을 밝혀내다, 확인하다 carelessly 부주의하게 while ~하는 동안 bring out ~을 내오다 unfortunately 안타깝게도, 아쉽게도 land v. 떨어지다 crack ~을 깨트리다, 갈라지게 하다 damage ~을 손상시키다 leather 가죽 carry ~을 나르다 accident 사고 be bound to do ~할 가능성이 크다 as a result 결과적으로 have no choice but to do ~하는 수 밖에 없다 repair 수리 worth + 비용: ~의 가치가 있는 additional 추가의 manage to do 간신히 ~해내다 appearance 모습, 외관 expect to do ~할 것으로 기대하다, 예상하다 compensate A for B: B에 대해 A에게 보상하다 at least 최소한, 적어도 have A p.p.: A가 ~되게 하다 cover (비용 등) ~을 부담하다, 충당하다

날짜: 11월 5일
제목: 마리포사 비스트로

멀베이니 씨께,

제 레스토랑에서 그것만 아니라면 즐거우실 수도 있었던 경험을 망치게 한 사건에 관한 말씀을 듣게 되어 대단히 유감스럽습니다. 귀하께서 언급하신 직원과 이야기를 나눴으며, 이번 주에 전 직원이 재교육을 받도록 조치해 두었습니다. 호의의 표시로, **5** 수리 비용 및 여전히 완벽하지 않은 상태라고 말씀하신 케이스에 대한 비용 모두를 꼭 부담하겠습니다. **4** 괜찮으시다면 제가 직접

금액을 이체해 드리겠습니다. 가급적 빨리 귀하의 계좌 정보를 알려 주시기 바라며, 즉시 이 문제를 처리해 드리겠습니다. 다시 한번, 사과를 받아주시기 바라며, 마리포사 비스트로에서 다시 뵐 수 있기를 고대합니다.

안녕히 계십시오.

앨런 크랜덜
소유주, 마리포사 비스트로

어휘 **terribly** 대단히, 끔찍이 **spoil** ~을 망치다 **otherwise** 그렇지 않다면 **arrange for A to do:** A가 ~하도록 조치하다, 준비하다 **undergo** ~을 거치다, 겪다 **retraining** 재교육 **as a token of** ~의 표시로, 뜻으로 **goodwill** 호의 **insist on -ing** 꼭 ~하다 **in perfect condition** 완벽한 상태인 **bank transfer** 계좌 이체(금) **if that suits you** 괜찮으시다면 **let A know B:** A에게 B를 알려 주다 **at your earliest possible convenience** 가급적 빨리 **take care of** ~을 처리하다 **immediately** 즉시 **please accept my apologies** 사과를 받아주십시오 **look forward to -ing** ~하기를 고대하다

1. 첫 번째 이메일의 주 목적은 무엇인가?

(A) 테이블을 예약하기 위해
(B) 불만을 제기하기 위해
(C) 메뉴에 관해 문의하기 위해
(D) 한 직원을 칭찬하기 위해

정답 **(B)**

해설 첫 번째 이메일의 첫 단락에 직원들 중 한 명과 관련된 일에 주목해 주기를 바란다는(I am writing to you because I wish to bring an incident regarding a member of your staff to your attention) 말과 함께 그 직원이 발생시킨 문제점을 설명하고 있습니다. 이는 불만을 제기하는 것에 해당되므로 (B)가 정답입니다.

어휘 **reserve** ~을 예약하다 **make a complaint** 불만을 제기하다, 불평하다 **inquire about** ~에 관해 문의하다 **praise** ~을 칭찬 하다

2. 멀베이니 씨는 언제 마리포사 비스트로를 방문했는가?

(A) 11월 2일에
(B) 11월 3일에
(C) 11월 4일에
(D) 11월 5일에

정답 **(A)**

해설 첫 번째 이메일의 시작 부분에 친구들과 이틀 전에 식사한(I dined at your restaurant with some friends two days ago) 사실을 알리고 있는데, 첫 번째의 이메일 작성 날짜가 11월 4일이므로(Date: November 4) 11월 2일에 방문했음을 알 수 있습니다. 따라서 (A)가 정답입니다.

3. 스티븐 씨는 누구일 것 같은가?

(A) 요리사
(B) 청소부

(C) 사업가
(D) 종업원

정답 **(D)**

해설 스티븐이라는 이름이 언급되는 첫 이메일 첫 단락에 그 사람이 디저트 코스를 내오는 일을 했다고(The employee, whose name tag identified him as Steven, ~ while bringing out the dessert course) 알리고 있습니다. 이는 식당 종업원이 하는 일이므로 (D)가 정답입니다.

어휘 **chef** 요리사 **cleaner** 청소부 **server** 종업원

4. 두 번째 이메일에서, 첫 번째 단락, 다섯 번째 줄의 단어 "suits"와 의미가 가장 가까운 것은 무엇인가?

(A) 적응시키다
(B) 만족시키다
(C) 확인해 주다
(D) 갖추어 주다

정답 **(B)**

해설 suits가 포함된 if절에서 주어로 쓰인 that은 앞서 언급된 일, 즉 금액을 이체하는 일(send you a direct bank transfer)을 가리키며, suits의 목적어로는 상대방을 가리키는 you가 쓰여 있습니다. 따라서 그러한 방법이 상대방에게 괜찮은지 묻는 if 절인 것으로 판단할 수 있으며, 이는 상대방에게 만족스러운지 확인하는 것과 같으므로 '만족시키다'를 뜻하는 (B) satisfies 가 정답입니다.

어휘 **adapt** 적응하다, 맞추다 **confirm** (사실로) 확인해 주다 **outfit** v. ~을 갖추어 주다 n. 옷, 복장

5. 크랜덜 씨는 얼마나 많은 돈을 멀베이니 씨에게 보낼 것인가?

(A) 50달러
(B) 120달러
(C) 170달러
(D) 220달러

정답 **(C)**

해설 연계 문제입니다. 크랜덜 씨가 쓴 이메일인 두 번째 이메일 중반부에 수리 비용과 케이스에 대한 비용 모두를 부담하겠다고 (I insist on covering the cost of both the repairs and the case) 밝히고 있습니다. 그리고 첫 지문 두 번째 단락 후반부에 두 가지 사항에 대한 비용이 각각 120달러와 50달러라고 알리면서 170달러 전액을 보상 받을 것으로 기대하지 않는다는(I do not expect to be compensated for the full $170) 말이 있습니다. 따라서 크랜덜 씨는 170달러를 모두 보상하겠다는 뜻을 나타낸 것이므로 (C)가 정답입니다.

6-10 다음 웹페이지와 보도자료, 그리고 메시지를 참조하시오.

---

www.moscowballetgroup.com/about

| 소개 | 무용수 | 공연 | 연락처 |

모스크바 발레단

모스크바 발레단은 2002년에 드미트리 포포프 씨에 의해 설립되었으며, 처음 설립된 이후로 해마다 전 세계적으로 폭넓게 투어를 해 왔습니다. 러시아 최고의 여러 발레 무용수들이 현재 단원으로 활동 중이며, 여기에는 **6** 세계 일류의 현대 발레 무용수로 자주 언급되고 있는 니콜라이 누레예프 씨도 포함되어 있습니다. 곧 시작될 저희 북미 투어가 3월 20일에 로스앤젤레스에서 시작되어 4월 23일에 뉴욕 시에서 종료됩니다. **10** 이 공연들은 저희 훌륭한 안무가이신 올가 바가노바 씨에 의해 고안된 완전히 독창적인 춤 동작들을 포함하며, 유명 미술가 이반 소모바 씨에 의해 제작된 손으로 페인트칠한 굉장히 멋진 배경을 특징으로 합니다. 저희는 지금까지 중에서 가장 놀라운 공연을 만들기 위해 이 모든 훌륭한 요소들이 조화를 이루도록 해 주신 공연 연출자 나탈리아 겔처 씨께 감사드리고자 합니다.

발레 팬들께서는 저희 모스크바 발레단이 내년에 있을 전 세계적인 투어에 스스로 대비하기 위한 연습과 훈련에 집중하기 위해 **7** 올해 남은 기간에 공연을 쉴 예정이라는 점에 유의하시기 바라며, 그에 따라 이번이 한동안 저희 공연들 중 하나를 관람하실 수 있는 마지막 기회가 될 것입니다. 입장권은 상단의 '공연' 탭을 클릭하셔서 구입하실 수 있습니다.

어휘 performance 공연 found ~을 설립하다(= establish) extensively 폭넓게, 광범위하게 on an annual basis 해마다, 매년 since ~한 이후로 several 여러 명, 여러 개 currently 현재 active 활동 중인 including ~을 포함한 frequently 자주, 빈번히 be cited as ~로 인용되다 leading 일류의, 선도적인 contemporary 현대의 upcoming 다가오는, 곧 있을 kick off 시작되다 include ~을 포함하다 completely 완전히, 전적으로 original 독창적인 dance routines 춤 동작들 devise ~을 고안하다 choreographer 안무가 feature ~을 특징으로 하다 stunning 굉장히 멋진 backdrop 배경 bring A together: A를 조화시키다, 한데 모으다 element 요소 create ~을 만들다 amazing 놀라운 yet (최상급과 함께) 지금까지 중에서 note that ~임에 유의하다 take A off: A만큼 쉬다 focus on ~에 집중하다 practice 연습 training 훈련, 교육 prepare A for B: B를 위해 A를 대비시키다 for a while 한동안 purchase ~을 구입하다

공식 보도 자료
모스크바 발레단
연락처: inquiries@mbg.com

(4월 5일) – 현재 진행 중인 저희 북미 투어에 캐나다 공연 날짜들을 충분히 포함하지 않았다는 점에 최근 주목하게 되었습니다. 캐나다 팬들이 저희에게 매우 중요하므로, 저희는 온타리오 주와 퀘벡 주에서 몇몇 별도의 공연을 추가해 투어를 연장하기로 결정했습니다. 추가 공연 상세 정보는 다음과 같습니다.

팰리세이드 뮤직 센터 (오타와) – 4월 27일
프레더릭 빌딩 (몬트리올) – 4월 29일

---

9 GQ 컨벤션 센터 (오타와) – 5월 1일
러빗 콘서트 홀 (토론토) – 5월 3일

상기 날짜에 대한 입장권이 현재 판매 중이며, 공연 장소에서 직접 구입하시거나 저희 웹사이트 www.moscowballetgroup.com/performances를 방문해 구입하실 수 있습니다.

어휘 press release 보도 자료 recently 최근에 It has come to one's attention that ~라는 점에 주목하게 되다 include ~을 포함하다 current 현재의 decide to do ~하기로 결정하다 extend ~을 연장하다, 확대하다 by (방법) ~함으로써 add ~을 추가하다 additional 별도의, 추가적인 province (행정 구역) 주 details 상세 정보, 세부 사항 as follows 다음과 같습니다 on sale 판매 중인 directly 직접, 곧장 venue 행사 장소

앤젤라 로우덴 [오후 3:25]

안녕하세요, 셀마 씨. **9** 메리 씨와 제가 GQ 컨벤션 센터에 가서 모스크바 발레단을 꼭 보고 싶은데, 저희는 당신이 저희와 함께 가는 데 관심이 있으실 거라고 **8** 생각했습니다. 아마 이미 아시겠지만, **9** 그 공연 장소가 제 집에서 차로 얼마 걸리지 않는 거리에 있기 때문에, 가서 그 공연을 보기 전에 먼저 당신과 메리 씨를 저녁 식사에 꼭 초대하고 싶습니다. **10** 제가 채널 4에서 모든 무용수들의 동작을 연출한 분의 인터뷰를 봤는데, 정말 놀라웠습니다. 관심 있으시면 저에게 알려 주세요!

어휘 figure (that) ~라고 생각하다, 판단하다 be interested in ~에 관심이 있다 have A over for B: B를 위해 A를 초대하다 choreograph (안무 등) ~을 연출하다 move 동작, 움직임 be amazed at ~에 대해 놀라워하다

---

6. 니콜라이 누레예프 씨에 관해 언급된 것은 무엇인가?

(A) 모스크바 발레단을 설립했다.
(B) 자신의 춤으로 여러 상을 받았다.
(C) 다가오는 투어에 합류할 수 없다.
(D) 자신의 전문 능력에 대해 종종 찬사를 받는다.

정답 **(D)**

해설 누레예프 씨의 이름이 언급된 첫 지문 첫 단락을 보면, 세계 최고의 현대 발레 무용수로 자주 언급된다는 말이(Nikolai Nureyev, who is frequently cited as the world's leading contemporary ballet dancer) 쓰여 있습니다. 이는 그 사람이 지닌 전문 능력에 대해 매우 좋은 평가를 받는다는 뜻이므로 (D)가 정답입니다.

어휘 win an award 상을 받다 be unable to do ~할 수 없다 praise A for B: B에 대해 A를 칭찬하다 expertise 전문 능력, 전문 지식

Paraphrase is frequently cited as the world's leading contemporary ballet dancer → is often praised for his expertise

---

7. 웹페이지에 따르면, 모스크바 발레단의 북미 투어에 관해 무엇이 사실인가?

(A) 3개월 동안 진행된다.

(B) 뉴욕 시에서 시작된다.

(C) 독창적인 음악 작품을 포함한다.

(D) 올해 발레단의 마지막 투어이다.

정답 **(D)**

해설 웹페이지인 첫 지문 두 번째 단락을 보면, 이번 투어가 끝나면 올해 남은 기간에 공연을 쉴 예정이라는(~ will be taking the rest of the year off) 말이 쓰여 있습니다. 이는 이번 투어가 올해 마지막 투어임을 나타내는 것이므로 (D)가 정답입니다.

어휘 **run** 진행되다 **score** (음악) 작품

Paraphrase will be taking the rest of the year off
→ is the group's final tour this year

8. 메시지에서, 첫 번째 단락, 두 번째 줄의 단어 "figured"와 의미가 가장 가까운 것은 무엇인가?

(A) 계산했다

(B) 생각했다

(C) 해결했다

(D) 간략히 말했다

정답 **(B)**

해설 해당 문장에서 동사 figured 뒤로 상대방이 함께 하는 데 관심이 있을 것이라는 말이 쓰여 있습니다. 이는 앞선 문장에서 공연을 꼭 보러 가고 싶다고 말한 것과 관련해 상대방도 관심 있을 것이라고 생각한 부분을 밝히는 내용으로 판단할 수 있습니다. 따라서 '생각하다'를 뜻하는 또 다른 동사인 (B) guessed 가 정답입니다.

어휘 **count** ~을 계산하다, 세다 **guess** ~을 생각하다 **solve** ~을 해결하다, 풀다 **outline** ~을 간략히 말하다

9. 로우덴 씨는 어느 도시에 거주하고 있을 것 같은가?

(A) 퀘벡 시

(B) 몬트리올

(C) 오타와

(D) 토론토

정답 **(C)**

해설 연계 유형입니다. 로우덴 씨가 쓴 메시지의 세 번째 지문 첫 단락에 공연 장소로 GQ 컨벤션 센터가 언급되어 있고(Mary and I would really like to go and see the Moscow Ballet Group at the GQ Convention Center), 그곳이 자신의 집에서 가깝다는(the venue is just a short drive from my house) 말도 함께 쓰여 있습니다. 그리고 공연장 및 개최 도시 정보가 담긴 두 번째 지문에 GQ 컨벤션 센터가 오타와에 있는 것으로(GQ Convention Center (Ottawa)) 나타나 있으므로 (C)가 정답입니다.

10. 로우덴 씨는 누가 텔레비전에서 인터뷰하는 것을 보았는가?

(A) 이반 소모바

(B) 나탈리아 겔처

(C) 드리트리 포포프

(D) 올가 바가노바

정답 **(D)**

해설 연계 유형입니다. 로우덴 씨가 쓴 이메일인 세 번째 지문 두 번째 단락에 무용수들의 동작을 연출한 사람의 인터뷰를 텔레비전에서 봤다는(I watched an interview on Channel 4 with the person who choreographs all the dancers' moves) 말이 쓰여 있습니다. 안무가와 관련된 정보가 담긴 첫 지문 첫 단락에 안무가 이름이 올가 바가노바(our brilliant choreographer, Olga Vaganova)라고 알리고 있으므로 (D)가 정답입니다.

시원스쿨 **LAB**

시원스쿨 LAB